바울의 아담 기독론과 새 관점

이승현 지음

바울의 아담 기독론과 새 관점

초판1쇄   2020.10.05.
지은이   이승현
편집   이영욱
교정교열   김덕원 박이삭

발행처   감은사
발행인   이영욱
전화   070-8614-2206
팩스   050-7091-2206
주소   서울시 강동구 암사동 아리수로 66, 401호
이메일   editor@gameun.co.kr

ISBN   9791190389143
정가   36,000원

이 도서의 국립중앙도서관 출판예정도서목록(CIP)은 서지정보유통지원시스템 홈페이지(http://seoji.nl.go.kr)와 국가자료종합목록시스템(http://www.nl.go.kr/kolisnet)에서 이용하실 수 있습니다. (CIP제어번호: CIP2020039329).

* 이 저서는 2017년 정부(교육부)의 재원으로 한국연구재단의 지원을 받아 수행된 연구입니다 (NRF-2017S1A6A4A01019811).

이 책은 필자의 모친 이영애 권사님과

주님 안에서 안식하고 계신 이길수 안수집사님께 헌정한다.

| 편집자의 일러두기 |

1. "저자" 혹은 "본 저자"라고 표현된 것은 본서의 필자(이승현)를 뜻합니다.

2. 사해문서 인용방식은 세 가지로, 예를 들자면, (1) 1Q28, (2) 1QS (3) "공동체규율"
   이 가능합니다. 본서에서는 (2)를 기준으로 하되 경우에 따라 (1)도 사용합니다.

3. 외경/위경 목록은 '통상' 겹낫표를 사용하지 않습니다(단, 서명이 혼동을 줄 수 있
   는 경우는 사용하기도 했습니다). 서명과 관련한 자세한 내용은 『성서학 용어 사
   전』 (알맹e, 2019)을 참고하십시오.

서문

바울의 아담 기독론과 새 관점에 대한 필자의 관심은 필자가 하버드 대학교에서 신약학으로 박사학위를 받기 위해 수학하던 2005년으로 거슬러 올라간다. 그 해 필자의 박사학위 논문 지도 교수였던 프랑쉬와 보봉(Francois Bovon) 선생님은 로마서 세미나를 가르치셨다. 보봉 교수님은 로마서 5장을 논의하던 중, 바울신학이 전 분야에 걸쳐서 엄청나게 깊이 연구된 반면, 바울의 아담 기독론은 학자들의 큰 관심을 받지 못한 미개척 분야임을 언급하셨다. 이에 당시 바울신학과 기독론에 관심이 많았던 필자는 아담 기독론으로 박사학위 논문을 쓸지에 대해 심각하게 고려하기도 했지만, 이후에 완성할 프로젝트로 남겨두기로 결정했다. 필자가 공부할 당시 페미니즘과 영지주의적 경향이 강했던 하버드 대학교에서, 바울은 종종 학생들의 논쟁과 성토의 대상이 되곤 했다. 더불어 신약학 박사과정 학생들은 매 학기 자신의 논문 한 챕터를 다른 박사과정 학생들과 교수들 앞에서 발표해야 했는데, 만약 바울의 아담 기독론에 대해서 발표한다면, 바울처럼, 필자도 졸업하기 전에 많은 핍박을 받겠다는 막연한 두려움이 생겼다. 이에 기독론을 중심으로 복음서와 신약외경에 대한 연구로 박사학위를 받고, 그 후에 곧바로 바울의 아담 기독론에 대한 연구에 착수했다. 하지만 바울의 아담 기독론에 대한 연구가 바울신학 전체에 대한 해박한 이해를 요구하고, 바울에 관한 새 관점 논쟁에 대한 폭넓은 지식을 필요로 한다는 사실을 알게 되었다.

필자는 2008년도에 하버드를 졸업한 후, 하버드에서 30여분 떨어진 뉴튼 센터에 위치한 앤도버-뉴튼 신학교의 신약학 교수로 재직하게 되었다. 거기서 바울에 관한 최근의 학문적인 논의들을 본격적으로 검토하기 시작했다. 바울에 관한 전반적인 이해와 더불어 그에 관한 새 관점의 논쟁에 적극적으로 참여하면서, 바울의 아담 기독론에 대한 자료 준비와 분석을 동시에 진행했다. 그 과정 중, 필자의 박사학위 논문은 독일의 모어 지벡(Mohr Siebeck) 출판사에서 출판되었고, 『신약주해』와 『성령』은 한글판으로 출판하게 되었다. 바울의 아담 기독론에 대한 연구를 계속 진행하던 중, 2016년에는 한국으로 돌아와 호서대학교에서 교수생활을 하게 되었다. 20년간의 외국생활을 마치고 귀국한 필자는 다시 한국 문화에 재적응하는 시간을 가져야 했다. 그러던 중 한국연구재단으로부터 받은 3년간의 저술출판 지원사업은 필자가 바울의 아담 기독론 저술을 마무리할 수 있는 강력한 외적 동기로 작용했다. 바울과 그의 신학에 관한 저술 작업은 방대한 자료들에 대한 분석과 더불어 엄청난 양의 개인적인 헌신을 필요로 한다. 수 년, 혹은 수십 년에 걸쳐서 연구실에 혼자 격리된 채 바울과 씨름해야 하는 시간을 보내야 했기 때문이다. 그리고 마침내 올해 봄, 필자는 바울의 아담 기독론에 대한 저술을 마무리할 수 있게 되었다.

한국에서 신학을 하고 가르치는 신학자들에게는, 다른 모든 인문학자들과 마찬가지로, 하나의 큰 딜레마가 존재한다. 학문적으로 심도 있는 저술의 창출은 학자들에게 엄청난 분량의 헌신과 희생을 요구하는 반면에, 일반 대중들로부터는 외면당할 수 있다는 운명을 감수해야 하기 때문이다. 그래서 종종 학자들은 대중들에게 어필할 수 있는 쉬운 책을 써서 일반 대중들로부터 오는 대중적 인지와 자신의 학문적 수고에 대한 보상을 기대하는 방향으로 나가기도 한다. 물론 학문은 일반 대중을, 그리고 신학은 교회와 일반 성도들을 섬겨야 한다는 책임감을 소유하고 있기에, 대중들을 위한 양질의 입문서와 개론서들을 생산하는 일은 학자들의 중요한 책임들 중 하나이다. 그러나 오랜 시간 연구실에서 혼자 고립된 채 행하는 깊은 학문의 결과로 탄생한 신학 저술들은 오랫동안 한국 교회의 신학적 토양으로 작용할 중요한 교회의 유산이 된다. 이에 어떤 신학자들은 다른 학자들과 목사들, 그리고 조금 더 진지하게 성서를 연구하고 싶은 평신도들을 위한 좋은 신학 책들을 양산해내는 일에 소명감을 가지고 헌신한다. 본서는 이 후자의 목적을 위해서 저술되었다.

한국 교회의 신학적 발전을 위해서 훌륭한 학문적 저술들이 계속해서 양산되어야 할 필요가 있다고 저자는 굳세 믿고 있다. 그러나 부드러운 책을 선호하는 한국 교회 성도들의 경향성은 기독교 출판사들로 하여금 일반 대중을 위한 책들의 출판에 집중한 채, 소수의 독자들을 타겟으로 한 어려운 신학서의 출판을 지양하게 만들었다. 특히 코로나의 위기로 심각한 경영위기를 겪게 된 기독교 출판사들의 현실은 우수 학술서의 출판을 더욱더 기피하게 만들었다. 그래서 본서의 원고를 보고 즉각적으로 출판을 결정한 감은사와 이영욱 대표에게 깊은 감사의 말씀을 전하는 바다. 필자의 학문적 노력과 감은사의 출판 수고를 통해서 탄생한 이 책이 한국 교회의 신학적 성숙에 한 작은 마중물이 되기를 기대한다. 그리고 20년만에 한국으로 돌아온 필자의 한국생활 적응을 위해서 적극적으로 도와주고 동료애로 격려해준 호서대학교의 여러 교수님들, 특별히 김동주, 조태연, 그리고 염창선 교수님께 감사의 말씀을 전한다. 가족이라는 이름의 의미를 알게 해준 부인 심현성 그리고 아들 이사야는 항상 필자의 영감의 원천이요 감사의 대상이다. 그리고 마지막으로, 직접 재배한 신선한 야채들로 필자를 위해서 건강한 음식을 만들어 주신 필자의 모친 이영애 권사님께 감사의 말씀을 전한다. 이 책은 이영애 권사님과 현재 주님 안에서 안식하고 계신 필자의 부친 이길수 안수집사님께 헌정한다.

2020년 6월

태조산 자락에서

저자 이승현

제1장
서론:
주제와 방법론, 그리고 목차

주제

아담 모티프는, 제임스 던(James D. G. Dunn)이 주장하기를, 바울의 사상에서 굉장히 중요한 트렌드 중의 하나로서 바울서신들의 형성과 신학적 표현들에 깊은 영향을 미쳤다.[1] 그리고 아담 모티프는, 비록 이 모티프가 분명하게 드러나지 않는 곳에서조차도, 바울의 복음 이해에 대단히 중요한 해석학적 빛을 비추어 준다. 또한 바울은 자신의 신학적 중심을 이루는 예수 이해를 아담 기독론적으로 '다양하게' 표현하고 있기도 하다. 예를 들어, 예수의 생애를 하나님의 뜻에 대한 순종과 낮아짐 그리고 높아짐으로 이해하면서 불순종으로 낮아진 아담의 생애와 비교하기도 하며(빌 2:6-11), 예수의 희생을 불순종한 아담이 초래한 모든 부정적인 현상들을 극복하기 위한 근거로 묘사하기도 한다(롬 5:12-21). 그 외에도 바울은 자신의 이방인 사도직과 이방인 선교의 정당성을 변호하면서는 성령의 사역과 예

---

1. James D. G. Dunn, *Christology in the Making: A New Testament Inquiry into the Origins of the Doctrine of the Incarnation* (Philadelphia: Westminster Press, 1980), 107.

수의 영광, 즉 하나님의 형상—아담 모티프—의 기능에 주목하며(고후 3:1-4:6), 각 성도들의 종말론적 변화(즉, 부활의 영광스러운 몸)를 부활한 예수가 지닌 하늘의 형상—아담 모티프와 관련된—을 따른 변화로 자세히 설명한다 (고전 15장; 고후 5장; 빌 3:7-21). 또한 바울은 '예수 안에서'로 대변되는 예수와 성도들 간에 존재하는 긴밀한 연합을 인류의 대표자들로서의 아담과 예수 간의 대조와 비교를 통해서 묘사한다. 더불어 바울의 '예수 안에서'라는 표현은 바울에게 인류와 그들의 대표자들인 예수와 '아담' 간에 존재하는 긴밀한 연대를 의미하면서, 바울의 구원론적 논의 전체를 주도하는 핵심적인 기독론 개념이다(롬 1, 3, 5, 7장; 갈 3:26-28). 또한 바울, 혹은 그의 제자는 '아담 모티프'와 지혜 모티프를 결합한 후, 하나님의 형상을 품은 예수를 지혜, 즉 하나님과 함께 세상을 창조한 분으로 제시하기도 한다(골 1:15-20; 비교, 히 1:3-4). 하나님의 형상이란 보이지 않는 하나님이 인간의 눈에 계시될 때 인간에게 인식되는 외형적인 모습을 의미한다. 물론 바울과 유대인들의 이해에서, 하나님의 형상은 하나님의 영광을 가리키는 것이자 하나님 내면의 신적 본질이 외면적으로 계시되는 것을 강조한다. 따라서 바울의 신학에서 예수는 보이지 않는 하나님이 이 땅에서 시각적으로 계시되는 것이자 동시에 하나님의 신적인 본질에 참여한 분으로 이해된다.

이처럼 아담 모티프는 바울의 신학에 지대한 영향을 끼친, 그리고 바울의 기독론을 가장 잘 표현하는 핵심적인 개념임을 우리는 부인할 수 없다. 그러나 바울신학에 대한 아담 모티프의 폭넓은 영향력에도 불구하고, 지난 30-40여년 동안 아담 모티프는 바울 학자들로부터 별로 큰 관심을 받지 못했다. 이 기간 동안에 바울 학자들은 소위 새 관점학파(New Perspective on Paul)의 도전 아래서, 혹은 그들의 도전에 반응하면서, 바울신학의 중요한 신학적 개념들을 재평가하기 위하여 수많은 책과 논문들을 생산해

내었다.[2] 그러나 이 과정에서 바울 학자들은 바울의 아담 기독론에 마땅히 기울여야 할 충분한 관심을 기울이지 않음으로써, 바울신학의 핵심적인 가르침을 간과하고 그에 대한 균형 잡힌 평가를 제공하지 못하는 실수를 범했다.[3] 이 사실은 우리에게 다소 놀랍고 실망스럽게 다가온다. 왜냐하면 새 관점의 영향 아래서 최근 바울 학자들이 토론한 다양한 주제들, 즉 '이신칭의', '율법'과 '율법의 일들', '복음', '예수-믿음', '하나님의 백성', '하나님의 의', '종말론', '예수의 정체', 그리고 '이방인 선교'와 '이방인 사도직' 등은 바울이 예수를 아담 모티프로 묘사하는 본문들과 아주 깊은 연관이 있기 때문이다. 사실, 뒤에서 자세히 설명되겠지만, 바울 학자들이 논의한 위의 중요한 주제들은 모두 바울의 아담 기독론적 이해를 전제로 한 본문들에서 빈번하게 발견되고 있다. 이 사실은 우리가 바울의 아담 기독론에 대해서 조금 더 합당한 관심을 기울어야 하고, 아담 기독론에 대한 새로운 강조 속에서 새 관점의 도전과 위의 주제들을 재조명해보아야 함을 알려준다.

본 저서의 주제는 크게 세 가지 질문들을 염두에 두고 전개될 바울의 아담 기독론에 대한 삼중적인 분석으로 구성된다. 첫 번째, 본 저자는 구

---

2. 바울의 새 관점(NPP) 안에는 엄청난 정도의 다양성이 존재하기에 NPP라는 한 단어로 이 새로운 해석학적 흐름을 요약한다는 것이 다소 무리라는 것을 본 저자는 잘 인식하고 있다. 저자는 이 단어를 최근 바울 해석의 새로운 도전을 담은 해석학적 경향성을 일괄적으로 표현하기 위하여 우산 용어(umbrella term)로 사용한다.

3. 아담 기독론에 관해서는 다음과 같은 단지 몇 권의 손꼽히는 책들만 존재한다. 참고, Seyoon Kim, *The Origin of Pauls Gospel*, American ed. (Grand Rapids: Eerdmans Co., 1982); Dunn, *Christology In the Making: A New Testament Inquiry into the Origins of the Doctrine of the Incarnation*, 98-127; N. T. Wright, *The Climax of the Covenant: Christ and the Law in Pauline Theology*, 1st Fortress Press ed. (Minneapolis: Fortress, 1992), 18-40. 최근에 김세윤은 Dunn과 위의 주제에 관한 열띤 논쟁을 벌였다. 참고, Kim, *Paul and the New Perspective: Second Thoughts on the Origin of Paul's Gospel* (Grand Rapids: Eerdmans, 2001), 165-213.

약과 제2성전시대 유대교의 빛 아래서 바울의 기독론적 전제들에 대한 분석을 통하여, 그의 아담 기독론의 형성과 발전에 대해서 자세히 조사해 볼 것이다. 특별히 바울의 아담 기독론에 대한 재조명을 위해서 우리는 최근에 발전된 바울에 관한 해석학적 방법론들에 관한 현대적 연구를 적극적으로 활용할 것이다. 본 저자는 아담 기독론의 발전에 관한 해석학적 모델로 한 기원에서 시작하여 한 방향으로 발전해가는 일직선 모델이 아니라, 다양한 요소들의 충돌과 순환적 변증법적 대화를 통한 역동적 대화의 모델을 채택할 것이다. 두 번째, 본 저자는 아담 기독론이 바울의 교회들의 다양한 목회적 상황들 속에서 어떤 방식으로 구체적으로 표현되는지에 대해서 조사해 볼 것이다. 아담 기독론은 바울의 기독론적 신학의 한 일관된 토대를 구성하면서, 분명한 형태로 재구성될 수 있는 매우 포괄적인 개념이다. 그러나 바울은 단순히 예수에 대한 기독론적 관심사의 결과로 아담 기독론을 신학적으로 발전시킨 것이 아니라, 그의 교회들이 가진 다양한 목회적 문제들에 대한 신학적 근거로 활용하는 과정에서 아담 기독론을 발전시킨다. 여기서 우리는 바울이 단순히 상아탑에 갇힌 조직신학자가 아니라, 목회적·선교적·사도적 자의식과 함께 깊이 신학하는 마음을 가진 '예수의 종'이었음을 기억해야 한다. 마지막으로, 본 저자는 본 연구가 분석하는 바울의 주요 본문들에서 바울의 아담 기독론과 새 관점학파에 의해서 초래된 다양한 바울 해석들과 함께 주요 주제들을 중심으로 한 대화를 시도해 볼 것이다. 이 과정에서 본 저자는 '새 관점'과 '옛 관점' 둘 다가 주는 장점들을 취합하여 정리하면서 단점들을 보완한 후, 바울에 대한 '새 관점 이후의 관점', 즉 21세기 바울 학문이 나아가야 할 생산적이고 긍정적인 해석 방향에 대해서 도모해 볼 것이다. 이러한 우리의 시도는 현재 옛 관점과 새 관점의 이분법적 덫에 갇혀, 좀처럼 움직이지 못하고 있는 바울신학을 한 걸음 더 전진하도록 도울 것이다.

해석학적 방법론

바울의 아담 기독론에 대한 논의를 진행함에 있어서, 우리는 먼저 바울에 관한 해석학적 방법론에 대해서 생각해보아야 한다. 최근 바울 해석에 관한 다양한 방법론들이 제시되고 논의되었기에, 그 방법론들의 장단점들에 대한 면밀한 분석을 통하여 우리의 바울 해석은 많은 유익을 얻을 수 있을 것으로 사료된다. 특별히 여기서 분석되는 바울 해석에 관한 방법론적 논의들은 베커(J. C. Beker)의 "일관성-돌발성"(coherence-contingency)모델,[4] 바울의 신학을 바리새인 사울, 그리스도인 바울, 그리고 사도 바울 간의 내적인 대화로 해석하는 던의 모델,[5] 베커와 토마스 쿤(Thomas Kuhn)의 패러다임 변화 방법론에 근거한 도날드슨(Terence Donaldson)의 해석학적 방법론,[6] 그리고 SBL(Society of Biblical Literature)의 바울신학 그룹에서 최근 논의된 다양한 해석학적 방법론 등을 포함한다.[7] 우리는 우리의 바울 해석에서 위의 방법론들을 기계적으로 적용하는 것을 지양하고, 대신 위의 방법론들이 제시하는 해석학적 민감성을 가지고 조금 더 자유롭게 바울의 본문들을 해석하도록 시도할 것이다.

---

4. Johan Christiaan Beker, *Paul the Apostle: The Triumph of God in Life and Thought* (Philadelphia: Fortress, 1980); idem., *The Triumph of God: The Essence of Paul's Thought* (Minneapolis: Fortress, 1990); idem., "Recasting Pauline Theology: The Coherence-Contingency Scheme as Interpretive Model," in *Pauline Theology, Vol 1* (Minneapolis: Fortress, 1991).

5. J. D. G. Dunn, *The Theology of Paul the Apostle* (Grand Rapids: Eerdmans, 1998), 713-37.

6. Terence L. Donaldson, *Paul and the Gentiles: Remapping the Apostle's Convictional World* (Minneapolis, Minn.: Fortress, 1997), 16-47.

7. Jouette M. Bassler, David M. Hay, and E. Elizabeth Johnson, *Pauline Theology*, 4 vols. (Minneapolis: Fortress, 1991). Especially refer to volume 2, 3-34 and 209-254.

일관성(Coherence)과 돌발성(Contingency)

바울은, 이미 잘 알려진 바와 같이, 이방인의 사도로서 조직신학적인 책들을 저술하지 않고, 대신 그의 교회들의 다양한 목회적 위기들에 대처하기 위한 특별한 상황적 편지들을 우리에게 남겨주었다. 따라서 바울의 해석자들이 안고 있는 가장 중요한 해석학적 도전은 그의 편지가 지닌 '상황적 특성'으로부터 온다. 우리는 바울의 편지들을 통해서 그의 신학적인 생각들과 더불어 역사적 혹은 비유적 삶의 환경들 사이의 정보를 직접적으로 획득하는 반면에, 그의 신학적 사고체계에 대해서는 간접적인 접근만을 얻을 수 있기 때문이다.[8] 왜냐하면 바울은 서신들을 통해서 신학적인 교리들을 집대성하거나 교리 자체를 변호하려 하기보다는, 교회들이 처한 특별한 상황에서 목회적인 해결책을 제시하기 위해 자신의 신학적 전제들을 설명하며 적용하기 때문이다. 여기서 우리는 이 서신들이 가진 상황적 특성을 고려하면서, 자칫 바울의 사상 세계 안에서 추상적으로 재구성된 현대적 산물일 수도 있는 바울의 아담 기독론을 어떻게 제대로 표현할 수 있을지 고민해보아야 한다.

본 저자는 바울의 서신들이 아담 기독론에 대한 접근을 두 가지 다른 방식으로 하고 있다고 본다. 첫 번째, 바울은 자신의 서신들을 작성하기에 앞서, 예수를 아담 모티프로 표현하는 방식에 있어서, 조금 더 안정적이고 일관된 신학적 전제들을 이미 소유하고 있다. 그러나 바울의 아담 기독론적 신학 전제들은 서신들에 표현된 다양한 신학적 논쟁 이면에 감춰져 있다. 둘째, 교회들의 특별한 문제들에 대한 아담 기독론의 적용은 그 교회들의 상황에 의해 주도되는 동시에, 바울 자신의 신학적 창조성이 표현된

---

8.   J. Paul Sampley, "From Text to Thought World: The Route to Paul's Ways," in *Pauline Theology, Vol 1* (Minneapolis: Fortress, 1991), 3.

결과다. 물론 바울의 신학적 창조성은 자신이 믿고 이해하는 예수-복음이 지닌 내적 체계와 역동적인 긴장 관계에 놓여 있다. 바울이 신학적 전제들을 이방인 교회들의 특별한 상황들에 맞게 적용시키고자 하는 과정에서 사상가로서의 창조성이 다양하게 빛을 발하지만, 자신의 복음에 내재한 내적 체계는 그 모든 과정들을 통제하는 기능을 한다. 예를 들면, 바울은 자신의 유대적 전통의 해석학적 틀을 그대로 답습하지 않고, 자신보다 먼저 제자가 된 성도들의 해석학적 결론에 머무르기를 거부한다. 바울은 자신의 새로운 경험 속에서 이 두 전통들을 창조적으로 녹여내고, 자신만의 새로운 해결책들을 창조하려 힘쓴다. 이 사실은 바울이 유대인들과 유대인 출신 그리스도인 둘 모두로부터 많은 오해와 핍박을 받은 이유를 보여준다. 그러나 이 두 가지 요소들은 바울의 마음 속에서 다양한 해석학적 대화들을 창조하는 역동적인 긴밀함 안에 함께 존재하고, 그 역동적인 해석학적 대화들을 주도하는 요소는 예수-복음 안에 존재하는 내적인 일관성이다. 바울은 전통과 상황이라는 자신의 신학의 구심력과 창조성이라는 자신의 신학의 원심력 간에 필요한 균형을 매우 잘 유지하는 사상가다. 바울에게 이 두 힘들을 균형있게 제어하는 장치는 복음 안에 담긴 하나님의 구원 메시지의 항구성이다. 따라서 여기서 우리가 질문해보아야 할 것은 바울의 아담 기독론이 어느 정도로 그의 복음의 메시지의 일관된 체계에 기여하고 있는가의 여부이다.

그러나 만약 우리가 바울을 목회자이기에 앞서 예수 복음에 대한 신자요 사상가임을 받아들인다면, 교회들이 처한 특별한 상황에서 목회적 효과를 위해 아담 기독론을 창출하기에 앞서, 자신의 예수와 복음이 지닌 의미를 아담과 연관지어 먼저 고민했다는 사실도 받아들여야 한다. 이 사실은 바울이 인류에 미친 아담의 부정적인 영향을 극복하는 인류의 대표자로서의 예수 이해를 위해서 아담 기독론의 기본적인 형태를 발견하는

데 관심이 있었다는 것을 암시한다.[9] 따라서 바울은 편지들에서 아담에
관한 담론들이 특정한 목회적 문제들에 내포된 의미들을 공개하기에 앞
서, 이미 예수를 아담에 관한 동기들을 통해서 상당히 일관된 방식으로
이해했을 가능성이 높다. 왜냐하면 바울의 아담 기독론적 적용은 아담 기
독론에 대한 사상적 이해를 전제해야만 가능하기 때문이다. 그렇다면 그
의 아담 기독론의 형성과 발전에 중요한 영향을 끼쳤던 주요 동기들은 무
엇이었을까? 바울은 어떻게 과거의 오래된 아담에 관한 유대인 전통들과
자신의 새로운 예수 믿음과 이방인 사역의 경험을 통해서 아담 기독론을
구성하게 되었을까? 본 저자의 견해로는, 바울은 그의 사상 세계에 존재
하는 다양한 신/구 요소들 간의 변증법적 대화들을 통하여 어느 정도 일
관된 자신의 아담 기독론을 먼저 형성하였을 것이고, 이어지는 해석학적
과정을 통하여 자신의 아담 기독론을 계속해서 발전시켰을 것이다. 물론
본 저자는 이 추론을 논증을 통하여 증명해야 할 책임을 지니고 있다. 바
울의 아담 기독론의 형성과 발전에 영향을 끼친 다양한 요소들로 우리는
부활한 영광스러운 예수와의 만남, 아담에 관한 유대인들의 해석전통, 초
기 예수 전통, 이방인의 사도로서의 소명과 이방인들 가운데서의 삶의 경
험 등을 들 수 있다.[10] 물론 그가 사역 중에 직면한 다양한 내외적인 도전
들도 그가 자신의 믿음을 더 첨예하게 표현하는 데 크게 기여했을 것이라
는 사실을 우리는 부인할 수 없다. 아마도 부활한 예수를 경험한 바울은
아담에 관한 유대교적 동기들과 초기 예수 전통을 중심으로 자신의 아담

---

9.   비교, Donaldson, *Paul and the Gentiles: Remapping the Apostle's Convictional World*,
     42.

10. 본 저자는 그리스도가 바울신학의 핵심이며 바울의 일관된 신앙체계의 중심에 항상
     서 있다는 Dunn의 견해에 적극적으로 동의한다. 참고, Dunn, *The Theology of Paul
     the Apostle*, 722-28.

기독론의 기본적인 전제들을 형성하였고, 그 후에 자신의 사역 과정에서
그 전제들을 자신의 선교적, 인류학적, 그리고 구원론적 전제들로 확장해
갔을 것이다. 이러한 다양한 신학적 전제들은 일관된 아담 기독론 체계를
구성하는 구성원들이 되었을 것이고, 그 일관된 기독론적 체계는 바울의
사역 이력을 통해서 계속해서 발전해갔을 것이다. 그러므로 우리가 현재
소유하고 있는 바울서신들에 담긴 아담 기독론적 논의들은 바울이 서신
들을 기록할 당시 자신의 마음 속에 존재했던 아담 기독론에 대한 '현재
적 표현들'이다.

   바울은 아담 기독론적 전제들을 계속되는 논쟁과 대화 속에서 특정한
목회적·신학적 문제들에 적용하려 시도했고, 그 적용을 통하여 자신이 전
하고자 하는 해결책들을 발견하려 했다. 그리고 바울은 다시 그 해결책들
을 근거로 자신의 아담 기독론적 전제들을 재방문하고 재수정 하는 작업
을 계속해서 반복했을 것이다. 바울의 신학적 독특성이 기독론에서 발견
된다는 사실은 그가 계속해서 기독론적 사유의 과정에 적극적으로 관여
했다는 것을 우리에게 알려준다. 바울의 머릿속에서 발생한 이러한 해석
학적 순환의 결과, 바울서신들은 그의 아담 기독론의 기본적인 전제들을
특정한 상황들에 따라 다양하게 적용한 해석학적 활동들을 포함하게 되
었다. 그러므로 만약 우리가 바울서신들에 담긴 아담과 예수에 관한 이야
기들을 상호 비교하고, 이방인 교회들의 상황 속에 존재하는 수사학을 분
명하게 인식한다면, 우리는 다소 안정된 형태로 존재하는 바울의 아담 기
독론의 기본적인 윤곽을 발견할 수 있을 것이다. 바울의 아담 기독론이
다양한 서신들의 특정한 상황들 속에서 다양한 수사학적 강조점들 안에
숨겨져 있기에, 바울서신의 논지와 그 논지를 표현하는 수사학적 방법론
들에 대한 이해는 바울의 아담 기독론에 대한 윤곽을 발견하는 일에 큰
도움이 될 것이다. 다행히, 뒤에서 더 자세히 설명되겠지만, 바울은 자신

의 아담 기독론을 무에서 유로 새롭게 창조한 것이 아니라, 자신에 앞서 아담 전통을 발전시킨 유대인들의 해석학적 논쟁에 적극적으로 참여했다.[11] 그리고 유대인들의 아담 전통에 담긴 다소 일관된 논의들은, 예수 전통에 담긴 복음의 일관성과 함께, 바울서신 안에서 아담 기독론을 다소 일관성 있는 형태로 발전시키는 해석학적 틀로 기능했다.[12]

다양한 대화들 간의 변증법적 모델

우리가 수행할 현대적 바울 해석에서 아담 기독론이 지닌 어떤 일관된 패턴들이 분명하게 감지될 수도 있지만, 이 패턴들이 사실상 우리의 현대적 주제와 관심사들을 위해서 작위적으로 형성된 인위적 패턴일수도 있다는 위험을 우리는 항상 자각하고 있어야 한다.[13] 모든 성서 해석은 해석자의 주관성과 환경적 필요로부터 전혀 자유롭지 못하기 때문이다. 이러한 해석학적 위험은 고대 문서들을 연구 분석하는 현대 학자들의 연구 수행에 필연적으로 동반하는 위험이다. 그러나 이 위험보다도 더 심각한 위험은 해석자 자신이 얼마나 주관적인 존재인지, 그리고 해석학적 방법론들이 해석자의 주관적인 전제들에 의해서 얼마나 작위적으로 왜곡될 수 있는지를 자각하지 못하는 것이다. 이러한 위험을 피하기 위해서 우리 현대인들은 자신들이 생각하는 현대적 해석 패턴을 1세기 바울에게 강요하지 않도록 최대한의 노력을 기울여야 한다. 특별히, 우리는 바울의 아담 기독론의 형성과 발전에 영향을 미친, 그리고 그의 사상적 세계 전반에

---

11. Ibid., 90.
12. Dunn, *Christology in the Making: A New Testament Inquiry into the Origins of the Doctrine of the Incarnation*, 126.
13. Jouette M. Bassler, "Paul's Theology: Whence and Whither? A Synthesis (of Sorts) of the Theology of Philemon, 1 Thessalonians, Philippians, Galatians, and 1 Cor Corinthians," *SBL Seminar Papers*, no. 28 (1989): 413.

지대한 영향을 끼친 모든 고대의 전통들과 그의 마음 속에서 일어난 그 전통들 간의 대화들에 조심스럽게 귀를 기울여야 한다. 만약, 아담 기독론이 바울서신 안에서 처음으로 등장하는 곳에서부터 아담 기독론의 탄생 시까지 역추적해 간다면, 그리고 어떤 특별한 전통들과 영향들이 그의 아담 기독론의 발전의 특별한 단계에 놓여 있었는지에 대해서 관찰해 본다면, 아마도 우리는 바울의 아담 기독론의 형성과 발전에 관한 다양한 궤적들을 재구성할 수 있을 것이다. 물론 우리는 아담 기독론의 발전 단계들에서 바울에게 영향을 미친 전통들을 정확하게 분별할 능력을 가지고 있다고 낙관해서는 안 된다. 그러나 바울 자신의 자서전적 고백들과 교회가 당면한 분명한 위기늘 및 초대 교회사에 나타나는 핵심 사건들에 대한 우리의 선행지식은 바울의 아담 기독론에 관한 연구에서 우리가 조금 더 현명한 판단을 내릴 수 있도록 도울 수 있을 것이다.

바울은 먼저 아담에 관한 자신의 옛 유대 전통과 새 예수 전통들이 가져다준 다양한 신학적 동기들 간에 존재할 수 있는 갈등과 긴장들을 발견한다. 왜냐하면 바울은 자신의 신/구 전통들 간의 연속성뿐만 아니라, 예수 사건이 가져온 급진적인 비연속성도 함께 경험하기 때문이다. 여기서 바울은 아담의 원형으로서의 예수에 관한 만족할 만한 일관된 이야기를 발견하기 위하여, 신/구 전통들 간의 긴장과 갈등들을 해석학적 창의성으로 해결하려 시도한다. 이 과정에서 바울이 경험한 모든 전통들은, 새로운 아담 예수에 관한 일관된 사상체계에 이르기까지, 다양하고도 계속적인 대화들 속에 놓이게 된다. 바울의 마음 안에서 발생하는 해석학적 대화의 과정에 대해서 우리는 다음과 같은 중요한 질문을 제기해야 한다. 특별한 형태의 아담 기독론을 형성하도록 바울을 인도했던 "해석학적 긴급성"

(hermeneutical exigency)은 무엇이었을까?[14] 사실 바울이 일관된 모종의 아담 모
티프들을 자신의 새로운 특별한 목회적 상황들에 적용할 때, 기존의 아담
모티프들과 새로운 역사적 상황의 충돌로 인한 또 다른 새로운 종류의 긴
장들을 느낄 수 있다. 이 경우 바울은 기존의 일관된 아담 모티프들과 돌
발적 상황들 둘 모두를 여러 개의 변증법적 대화들 속에 위치시킨다. 그
리고 이 변증법적 대화들의 결과로 발생한 신학함의 과정을 통하여 바울
은 교회들이 직면한 문제들에 대한 최선의 해결책들을 자신의 관점에서
'성공적'으로, 그리고 '창조적'으로 발견해낸다. 물론 바울의 성공적인 해
결책이 어떤 이들에게는 충분히 성공적인 해결책이 되지 못하고, 창조적
인 해결책은 어떤 이들에게는 너무도 급진적인 주장일 수 있다. 우리는
바울의 성서 해석으로 인한 유대인들과 유대인 출신 성도들 사이의 다양
한 갈등이 바울서신들의 배경으로 작용하고 있음을 종종 목격한다.

　　아담 기독론에 대한 바울의 신념은 대체적으로 안정적이고 일관된 면
을 보이지만, 어떤 이들이 주장하듯이, 완전히 닫히고 고정된 일련의 추상
적인 사고체계와는 거리가 멀다. 바울의 아담 기독론 중심에 놓인 몇 가
지 핵심 사상들은 교회들이 놓인 특별한 상황에서 아담 기독론의 적용적
표현을 주도하지만, 아마도 바울은 편지들을 쓰는 과정 속에서, 혹은 쓰기
전에 이미, 자신의 핵심 사상들을 재고하며 수정할 필요를 느꼈는지도 모
른다.[15] 이 과정에서 바울의 마음 안에는 아담 기독론에 관해 믿고 있는 자
신의 핵심적인 개념들과 특별한 상황들이 야기하는 문제들 간에 변증법

14. 참고, Seung Hyun Simon Lee, "Paul's Gentile Mission and Apostleship as
    Hermeneutical Exigency for His Presentation of Jesus as the New Adam,"「신약논
    단」19(2) (2012), 525-559.
15. 비교, Steven J. Kraftchick, "Seeking a More Fluid Model," ed. D. M. Hay, *Pauline The-
    ology Volume II: 1 & 2 Corinthians* (Minneapolis: Fortress, 1993). 24-25.

적 대화가 발생한다. 이 대화를 통하여 바울은 후자에 대한 전자의 의미
들을 설명하는 동시에, 후자의 도전을 통하여 전자에 대한 새로운 이해에
도달하기도 한다. 이러한 변증법적 해석의 순환과정 속에서, 바울은 새로
운 목회적 도전들이 가져오는 새로운 영감과 더불어 아담 기독론에 관한
믿음 중심에 있는 중요 요소들을 재배치하기도 한다. 물론 바울은 새로운
상황의 빛 아래서 과거의 통찰들을 더 분명히 할 것이고, 과거 자신에게
숨겨졌을 수도 있는 의미와 함축을 더 분명하게 이해할 수 있을 것이다.
이처럼 바울의 새로운 경험들과 사건들은 자신의 기존 아담 기독론의 강
조점들을 변화시킬 수 있고, 그 새로운 문제들을 다루는 데에 훨씬 더 효
과적인 해결책들을 창조해낼 수 있다.[16] 그러나 바울은 교회들의 특별한
상황들이 이 상황에 대한 자신의 해결책을 완전히 통제하도록 허락하지
는 않을 것이다. 왜냐하면 자신의 아담 기독론에 담긴 내적 논리가 하나
님의 진리에 속한 것임을 믿기에, 새로운 상황이 가져오는 도전들에 굴복
하기보다는 그 내적 논리를 유지하기 위하여 최선을 다할 것이기 때문이
다. 적어도 바울은 자신이 그 내적 논리를 꼭 수정해야 한다고 느끼기 전
까지는 자신의 사고의 일관된 체계를 쉽게 포기하지 않을 것이다.[17] 회심
전 바울은 토라 중심의 바리새적 세계관과 제자들이 제시하는 예수 복음
간의 충돌을 경험하고, 그 충돌이 야기하는 긴장을 제거하기 위하여 자신
의 바리새적 세계관을 수정하기보다는 예수의 제자들을 핍박하는 선택을
한다. 그러나 부활한 예수와의 만남은 그의 기존의 신앙체계의 전면적인
수정을 요구하고, 이 수정의 결과로 탄생한 회심한 바울의 신학이 서신들
의 탄생을 주도하는 새로운 일관된 체계로 등장한다. 이 현상을 우리는

---

16. 비교, Dunn, *The Theology of Paul the Apostle*, 730.
17. 비교, Leander E. Keck, "Response to Calvin J. Roetzel," in *Pauline Theology, V 3: Romans*, ed. David M. Hay and E. Elizabeth Johnson (Minneapolis: Fortress, 1995).

뒤에서 자세히 설명할 바울신학의 '패러다임 이동'이라고 부를 수 있다.

그러나 바울이 자신의 마음 안에서 경험하는 다양한 변증법적 대화들은 화석처럼 굳어진 형태의 경직된 형태로 진행되는 것이 아니라, 다소 유연한 형태로 진행되어 어느 정도 일관된 모양의 신학을 창조한다. 특별히, 바울의 새로운 신학체계 안에 존재하게 된 아담 기독론은 변증법적 대화 속에 놓인 세 가지 구조들을 통해서 표현된다: (1) 아담 기독론에 대한 일관된 중심 개념들, (2) 아담 기독론의 중심 개념들에 대한 신학적인 설명들, 그리고 (3) 돌발적 목회적 상황들을 해결하기 위한 아담 기독론의 창조적인 해석 및 재해석들.[18] 또한 바울의 아담 기독론의 태동과 연관하여, 우리는 아담 기독론의 일관된 신념의 중심사상 밑에 깊숙이 존재하는 두 가지 상호 다른 전통적 '퇴적층들'의 존재를 본다. 하나는 유대 전통 속에서 아담에 관한 오래된 신념들로 구성된 층이고, 또 다른 하나는 아담의 원형으로서의 예수에 대한 새로운 믿음으로 구성된 층이다. 물론 바울이 자신의 새로운 믿음 하에서 그의 상속된 과거의 신념들을 완전히 새롭게 재해석하고 재구성할 것이라는 데에는 의심의 여지가 없다. 왜냐하면 바울은 예수에 관한 자신의 새 믿음은 자신의 과거의 신앙을 떠나는 것이 아니라, 그 과거 신앙의 결정적인 완성이라고 굳게 믿기 때문이다.[19] 과거에 그가 바리새인 사울로서 체득한 옛 전통이 예수에 대한 새 믿음을 해석하는 해석학적 틀로 기능하지만, 예수에 관한 그의 새 믿음은 옛 전통의 참된 의미를 발견하는 해석학적 열쇠라고 그는 굳게 믿고 있다.

---

18. 참고, Donaldson, *Paul and the Gentiles: Remapping the Apostle's Convictional World*, 37.

19. 비교, Dunn, *The Theology of Paul the Apostle*, 716.

양방향성(Bi-directional)과 상호성(Reciprocal)

바울의 마음 속에서 일어나고 있는 신학적 해석과 적용을 포함하는 대화의 과정들은 일방적이고 굳어진 형태로 진행되는 것이 아니라, 역동적이고 지속적인 양방향의 대화를 통해서 진행된다. 아담 기독론이 품고 있는 중심 사상들은 바울의 마음 속에서 발생하는 해석학적 대화들에 소개된 새로운 돌발적 요소들과의 변증법적 대화를 통해서 계속해서 자라간다. 이 해석학적 성장의 과정에서 아담 기독론의 일관된 중심사상은 그 세부적인 요소들의 재배치를, 때로는 바울이 기대하지 못했던 엄청난 정도로, 경험하기도 한다. 그리고 새로운 상황들이 소개하는 돌발적 요소들은 대체로 아담 기독론의 일관된 중심 사상에 존재하는 내적인 논리를 따라서 해석된다. 이처럼 아담 기독론의 내적인 논리와 새로운 요소들 간의 대화는 상호 간에 영향을 미치는 양방향성 및 상호성의 특징을 띤다. 물론 교회들의 새로운 돌발적 요소들에 대한 바울이 해석은 공중 이전에 교회들에서, 혹은 그의 대적들에 의해서 해석되던 것과는 완전히 다른 방식으로 진행되기도 한다. 바울신학의 핵심 사상에 존재하는 내적인 논리가 종종 새롭게 소개된 요소들 안에 존재하는 기존의 내적인 논리를 기각시켜 버리기 때문이다. 이 사실은 왜 바울의 과거 유대인 동료들이 종종 그의 신학적 사고를 '이단적'이라고 생각하는지를, 그리고 그의 유대인 출신 그리스도인 형제자매들이 왜 그의 생각을 너무도 '급진적'이라고 생각하는지에 대한 이해를 제공한다.

바울의 신학세계에 존재하는 다양한 요소들 간의 상호작용은 기존의 일관된 중심에서 새로운 돌출적 요소들로의 한 방향으로만 발생하지 않는다. 위에서 이미 논의되었듯이, 자신의 해석학적 사고 과정에서 새로운 요소들을 접한 바울은 이 새로운 요소들이 주는 새로운 영감의 빛 아래서 기존의 신학적 사고들을 재방문한다. 왜냐하면 새로운 요소들과 과거의

생각들 간의 변증법적 대화들을 통해서 바울은 새로운 영감들을 깨닫게
되고, 또 과거의 생각들의 의미에 대해서 한층 더 깊게 이해할 수 있게 되
기 때문이다. 따라서 그의 해석학적 대화는 한 방향성이 아니라, 양방향성
을 띠며 동시에 상호성을 소유하게 된다.[20] 바울의 아담 기독론적 사상의
중심에 놓인 신학적인 전제들은 새로운 돌발적 상황들과 요소들을 해석
하는 해석학적 틀로 기능하고, 새로운 상황들과 요소들은 기존의 신학적
전제들에 대한 새로운 이해 혹은 재해석을 유도하는 해석학적 자극으로
기능한다. 물론 이 과정에서 바울의 아담 기독론의 중심적 요소들은 여전
히 새로운 요소들과의 대화 방향을 주도하는 주요소로 기능한다.[21] 이 사
실은 우리로 하여금 바울의 신/구 전통들과 새로운 목회적 환경 전체를
살펴보고, 그것들을 통해서 바울의 마음 안에서 발생하는 해석학적 대화
들의 역동성에 조금 더 많은 관심을 기울일 것을 요청한다. 역동적인 신
학적 대화의 구성원들로 우리가 고려해야 할 요소들은 바울의 유대적 교
육과 배경, 예수에 대한 새로운 믿음과 다메섹 사건, 예수 전통, 그리고 이
방인 선교 활동과 이방인 사도로서의 정체성 등이다. 이 모든 요소들 사
이의 충돌 결과로 탄생한 바울의 내적 신학함의 과정을 통하여 바울의 아
담 기독론은 탄생하고, 또 지속적으로 발전한다. 바울서신에 나타난 아담
기독론적 담론들은 그 발전 과정에서 특별한 순간들의 특별한 표현들을
의미한다. 따라서 우리가 바울서신 분석을 통해서 추구하는 또 다른 해석
학적 작업은 서신들 너머에 존재하는 바울의 아담 기독론의 탄생과 발전
에 관한 다양한 궤도들을 발견해보는 것이다.

---

20. 비교, Kraftchick, "Seeking a More Fluid Model," 24.

21. William S. Campbell, "The Contribution of Traditions to Paul's Theology," ed. D. M.
Hay, *Pauline Theology, Volume II: 1 & 2 Corinthians* (Minneapolis: Augsburg Fortress,
1993). 251.

옛 전통, 새로운 경험, 그리고 패러다임 이동

이방인 사도로서 바울의 이력에서 가장 중요한 사건은 다메섹 도상에서 부활한 예수를 만난 것이라는 데에는 이견이 별로 없을 것이다.[22] 오랜 시간이 지난 후에도 바울 자신이 이 사건을 생생하게 기억하고 있듯이(갈 1장; 빌 3장), 부활한 예수를 만난 사건은 바울로 하여금 자신이 그동안 당연한 것으로 여겨왔던 모든 신념들과 개념들을 재고하고 재해석하도록 요구하는 패러다임 이동의 사건이었다. 따라서 바울신학의 첫 모습은 예수에 대한 새로운 믿음과 유산으로 물려받은 유대적 믿음 간의 충돌과 역동적 대화의 결과로 형성되었다. 바울이 과거 교회들을 핍박했던 것은 한때 이 두 믿음 체계들이 상호 공존할 수 없을 뿐만 아니라, 예수에 대한 믿음이 유대적 전통에 대한 믿음에 위협이 된다고 생각했음을 알려준다. 그러나 바울의 다메섹 경험은 자신의 과거 유대적 믿음 체계를 새로운 그리스도인 믿음 체계로 대치시킨 것이 아니라, 옛 믿음 체계의 결정적인 완성과 성취로서 새로운 믿음 체계를 해석하게 했다. 물론 연속성과 예언-성취라는 이해 아래 공존하게 된 바울의 두 믿음 체계는 그 자체로 여전히 수많은 긴장과 모순들을 안고 있었다. 이에 바울은 사도로서의 이력 시작부터 이 긴장과 모순들을 해결해야만 하는 해석학적 필요에 직면했다.

다메섹 도상에서 갖게된 새로운 믿음에 대한 바울의 이해는 어떤 선행하는 해석학적 틀이 결여된 채, 신학적 공백상태에서 이루어진 것이 아니다. 구약성경을 포함하여 과거 유대인들의 믿음 체계가 새로운 예수 체험을 이해하는 데 필수불가결한 요소로 작용했다. 하나님의 아들 예수가

---

22. 물론 우리는 바울의 신학이 이때 부활한 예수와의 단 한번의 만남의 결과로 완성되었다고 생각하지 말아야 한다. 이 만남은 바울신학의 시작을 의미하고, 바울의 부활한 예수 체험은 이후에도 지속적으로 계속되었음이 틀림없다.

다메섹 도상에서 계시될 때, 바울은 유산으로 물려받은 유대인 신앙 체계를 통해 약속된 메시아와 영광 중에 높아진 주님의 도래를 보았다.[23] 반면에, 예수에 대한 이러한 새 믿음은 바울로 하여금 자신이 유산으로 물려받은 과거의 믿음을 획기적으로 수정할 것을 요구했다. 옛 믿음의 수정은 즉각적으로, 그리고 동시에 오랜 기간에 걸친 해석학적 작업을 통해서 이루어졌다. 바울의 새 믿음은 옛 믿음 전부를 완전히 새로운 방향으로 움직이게 했기에, 회심 후 바울은 이제 더 이상 과거 바리새인 사울로 돌아갈 수 없었다. 물론 예수에 대한 새 믿음이 바울을 옛 믿음 체계 바깥으로, 혹은 하나님의 백성을 의미하는 이스라엘 영역 바깥으로 내몰진 않았다 (비교, 롬 9-11장).[24] 단지 바울은 예수의 빛 아래서 옛 신념을 재해석하고, 이 신념들의 여러 요소들을 새 믿음의 중요성에 따라 재배치했다. 여기서 예수 그리스도가 바울신학의 가장 결정적인 요소이자 새로운 환경들(예수 전통과 이방인 선교)에서의 가장 핵심적인 요소로 기능할 것은 너무도 자명하다. 예수 그리스도는 바울에게 무엇이 중요한지, 혹은 중요하지 않은지에 대한 해석학적 결정에 있어서 가장 핵심적인 기준으로 계속해서 기능할 것이다. 물론 이 과정에서 바울의 해석을 주도하는 예수는 예수 전통에 기록된 화석화된 예수가 아니라, 성령을 통해서 바울이 계속해서 체험하는 부활한 주 예수다. 그러므로 옛 믿음 체계의 모든 요소들은 주 예수의 새로운 빛 아래서 재해석되고, 하나님의 아들을 중심축으로 한, 새롭게 수정된 이스라엘의 구원사를 따라 재배치될 것이다. 이런 면에서 우리는 바울신학이 기독론 중심으로 형성되고 발전되었다는 사실을 부인할 수 없

---

23. 물론 바울은 다메섹 체험에서 즉각적으로 모든 신학적인 결론을 내린 것이 아니라, 신학함의 시작을 경험했다. 다메섹 체험에 대한 바울의 고백의 많은 부분들은 추후에 그가 그 사건을 돌아보면서 회고하는 내용을 담고 있다.

24. Dunn, *The Theology of Paul the Apostle*, 722-23.

다.[25]

옛 믿음과 새 믿음 사이에 존재하는 긴장과 모순들은 새 믿음이 옛 믿음의 대체가 아니라, 새 믿음이 옛 믿음의 완성이라는 바울의 이해를 통해서 일차적으로 해소된다. 이 일차적인 해결책의 결과는 신/구 두 믿음들 간의 불완전한 연합이 아니라, 바울의 세계를 의미 있는 방식으로 새롭게 재정립하는 새로운 신앙 패러다임의 형성이다. 바울이 경험한 이 해석학적 과정을 우리는 패러다임 이동이라고 부를 수 있다.[26] 바울은 이 패러다임 이동을 통해서 신/구 신앙체계들 간에 남아 있던 기존의 긴장들을 계속해서 해소하려 할 것이며, 이 패러다임이 돌발적 상황들에 대해서 가지는 의미에 대해서 심도 깊게 묵상해 나갈 것이다. 이때 우리는 이 새로운 패러다임이 제자리에 머물러 화석화되지 않고, 계속해서 성장해 나가는 것을 볼 수 있다. 그러므로 우리가 바울의 머릿속을 MRI로 촬영해 본다면, 옛 전통과 새로운 전통 그리고 새로운 경험들로 구성된 여러 해석층들을 동시에 보게 될 것이다. 그리고 그 해석층들로 구성된 바울의 해석학적 신앙체계는 굳어버린 화석층들이 아니라, 살아있는 생물처럼 상호 간의 지속적인 도전과 변화를 통하여 성장하고 성숙해가는 유기체의 모습일 것이다.

무엇보다도, 바울이 다메섹 도상에서 부활한 예수를 만난 사건은 영

---

25. 물론 바울의 신학에서 예수의 등장은 이스라엘과 창조세계를 향한 하나님의 신실함의 표현이다. 그런 면에서 바울의 기독론은 하나님에 대한 변호의 표현으로 이해할 수 있다. 바울의 이해에서 하나님의 아들 예수와 하나님 아버지는 쉽게 분리될 수 없다.

26. 이것이 바로 Donaldson이 Khun의 이론에 근거하여 바울의 새로운 믿음 체계라고 부르는 것이다. 참고, Donaldson, *Paul and the Gentiles: Remapping the Apostle's Convictional World*, 45-47. 본 저자는 여기서 Donaldson의 이해를 아담 기독론에 적용하고 있다.

광 중에 거하는 주를 시각적으로 경험하게 한 충격적인 사건이었다. 바울은 하나님의 영광에 관한 옛 유대적 해석학적 틀에 따라 부활한 예수를 하나님의 영광의 가시적인 현현, 혹은 하나님의 형상으로 이해했을 것이다. 물론 이러한 시각적인 경험과 더불어, 바울은 예수가 부활을 통해서 죽음을 극복하게 되었다는 새로운 지식에도 이르게 될 것이다. 바울에게 있어서 예수의 부활은, 아담에게 주어진 저주의 핵심이자 모든 인류의 공통 운명으로서의 죽음을 극복하는 종말론적 현상이다. 이때 예수는 자신의 죄에 대한 저주로서가 아니라, 하나님의 뜻에 대한 순종의 표현으로서 죽음을 경험했다. 바울에게 예수의 순종-죽음은 아담의 불순종-죽음과 극명하게 대조되는 것으로 이해된다. 또한 유대인들의 전통, 특히 묵시전통에 따르면, 아담이 타락 후 잃어버렸던 것들(영광, 통치, 그리고 의로움 등)이 메시아의 시대에 회복될 것으로 기대되었다. 바울에게 있어서 메시아의 시대는 메시아 예수가 이 땅에 온 사건을 통해 이미 시작되었다. 그러므로 이러한 옛 믿음체계와 새 믿음체계 간의 변증법적 대화들을 통해서 바울은 예수가, 아담에 의한 저주를 되돌리고, 아담이 상실했던 것들을 다시 회복시키는 새 아담으로 기능하는 것을 깨닫게 된다. 여기서 우리는 예수를 아담에 관한 모티프들로 표현하는 기독론적 해석의 탄생을 목격한다. 이러한 바울의 아담 기독론적 이해의 초기 모습은 빌립보서 2:6-11에서 잘 나타나므로, 우리는 이 본문을 바울의 아담 기독론의 가장 기본적 패러다임이 발견되는 분문으로 간주할 수 있다.[27]

논증으로서의 바울의 아담 기독론

지금까지 우리는 다양한 방법론적 측면에서 아담 기독론의 형성과 발

---

27. 참고, 이승현, "빌립보서 2:6-11을 통해서 본 바울의 기독론적 구약 사용," 「신약논단」 26(1), 215-256.

전을 이해하고 해석하는 방법들에 대해서 논의해 왔다. 그러나 우리에게는 여전히 핵심적인 질문 하나가 해결되지 않은 채 남아 있다. 그 질문은 다음과 같다: 왜 이 아담 기독론은 바울을 제외한 다른 유대인 출신 사도들의 기록들, 혹은 신학적인 논의들에서 바울서신에서처럼 분명하게 증거되고 있지 않을까? 달리 말하면, 바울이 직면한 어떤 해석학적 긴급상황들이 바울로 하여금 그의 부활한 예수 이해와 유대인들의 아담에 관한 전통, 그리고 예수 전통을 통하여 현재와 같은 아담 기독론을 형성하도록 유도하였을까? 다른 유대인 출신 사도들의 침묵은 그들이 바울의 아담 기독론적 논의에 동의하고 있다는 사실을 말해주는 것일까?

신약성경에는 예수에 관한 두 개의 다른 족보들이 등장한다. 첫 번째, 마태복음 1:1-17에 등장하는 예수의 족보에는 예수의 기원이 아브라함에게까지 거슬러 올라간다. 그러나, 두 번째, 누가복음 3:23-38에서 발견되는 예수의 족보는 아브라함을 뛰어넘어 하나님의 아들로 불리는 첫 번째 인간인 아담에게까지 거슬러 올라간다. 여기서 우리는 두 명의 다른 시조들을 가진, 두 개의 다른 족보들의 발생에 대해서 질문해 볼 수 있다. 물론 그 질문에 대한 답은 마태와 누가에 대한 약간의 이해만 있어도 쉽게 추론해 볼 수 있는 것이다. 이방인들을 하나님의 백성으로 편입시키는 일에 지대한 관심이 있는 바울의 제자 누가에게는 예수의 족보의 시작이 유대인들의 조상 아브라함이 아니라, 인류의 조상인 아담이어야 한다. 반면에, 유대인 출신 제자 마태와 그의 유대인 독자들에게 메시아 예수의 족보는 그들의 시조인 아브라함에게 초점을 맞춰야 한다. 유사한 맥락에서, 이방인들의 사도로 보냄을 받은 바울과 달리 베드로나 야고보, 그리고 요한 같은 유대인 사도들은 예수를 새 아담으로 인식하는 데 별로 관심이 없다. 반면에, 하나님, 그리고 부활한 예수에 의하여 이방인들에게로 보내진 이방인들의 사도 바울은 어떻게 이방인들을 하나님의 백성의 계보에 편입시킬지에 대해서 항상 고민한다.[28] 그리고 그의 이방인 선교 중에 발생한 이방인들의 하나님의 백성됨에 대한 논증적 상황들은 예수를 아브라함이 아니라, 아담과 비교하면서 그가 가져온 복음의 의미에 대해서 묵상하도록 바울을 격려한다.[29] 다시 말하면, 이방인 선교에 그다지 관심이 없는 유대인 출신 사도들은 바울과 달리 아담 기독론적 논의에 별다른 관심을 기울일 필요가 없다.

바울을 읽고 연구하는 현대의 독자들은 바울이 교회 안팎의 대적들에 의해 많은 괴롭힘을 당했다는 사실을 잘 알고 있다. 따라서 바울서신들의 논쟁 구조, 혹은 특별한 돌발 상황들에 대한 해결책들은 대적들에 의해 야기된 논쟁들에 가장 효과적으로 대응하는 방식으로 형성되었을 것이 틀림없다. 그런데 여기서 놀라운 사실 한 가지는 바울의 아담 기독론이 발견되는 본문들에서 이스라엘의 정의, 메시아, 율법, 칭의, 하나님의 의, 그리고 하나님의 언약에 대한 바울의 변증들이 강하게 드러나고 있다는 것이다.[30] 이 사실은 아담 기독론의 형성과 발전을 주도한 주요 동기들 중하나가 바울의 복음에 대한 논증, 특별히 이방인 사역의 정당성과 연관된 신학적 논증에 있음을 알려준다. 누가가 예수의 족보에 대한 그의 묘사에서 그러하듯이, 바울도 예수의 기원과 의미에 대한 고찰을 유대인들의 영웅인 모세와 아브라함을 뛰어넘어 아담에게로 연결시킨다(롬 5:12-21; 비교, 빌

---

28. 참고, Seung Hyun Simon Lee, "Paul's Gentile Mission and Apostleship as Hermeneutical Exigency for His Presentation of Jesus as the New Adam," 「신약논단」 19(2) (2012), 525-559.
29. 물론 바울은 로마서 4장과 갈라디아서 3장에서 아브라함의 믿음과 이방인 성도들의 믿음의 동질성을 강조함으로써, 아브라함을 이방인들의 믿음의 시조로 그리고 이방인들을 아브라함의 약속의 자손으로 칭한다. 그러나 바울은, 새 관점 학자들이 주장하듯이, 순종하는 예수를 신실한 아브라함과 비교하는 것이 아니라, 불순종한 아담과 비교한다. 아브라함의 믿음의 본질은 하나님의 약속의 자손 예수를 향한다.
30. 비교, Dunn, *The Theology of Paul the Apostle*, 719.

2:6-11). 또한 바울은 이스라엘이 하나님의 백성으로 선택되었다는 사실 이전에, 창조주 하나님이 첫 인간 아담과 인류를 창조한 이야기를 바라본다. 바울에게 하나님은 단순히 아브라함의 육체적 자손들인 유대인들만의 하나님이 아니라(롬 3:10), 아브라함 안에서 모든 인류를 축복하기 원하시는 창조주 하나님이다(갈 3장). 또한 바울에게 인류의 운명은 이방인들이 율법의 일들—유대인들이 하나님 백성됨의 정체성의 상징으로 주장하는—을 소유함으로써가 아니라, 유대인들과 이방인들의 변화—그리스도의 형상에 따른—를 통해서 결정지어진다. 바울의 아담 기독론이 이방인들을 하나님의 구원의 계획 속에 포함시키는 것과 관련한 논쟁적인 상황들 속에서 발견된다는 사실은, 우리로 하여금 바울의 이방인 사도직과 이방인 선교가 아담 기독론의 형성을 유발한 가장 중요한 해석학적 동기였음을 알려준다.[31] 다시 말하면, 이방인 선교와 연관된 논증적인 상황들을 극복하기 위하여 바울은 자신의 이담 기독론을 현재의 형태로 발선시켰나는 것이다. 이렇게 형성된 초기의 아담 기독론은 곧이어 종말론, 인간론, 구원론적 변화, 그리고 하나님의 백성됨의 개념 등을 명확히 해야 할 본문들에서 더욱더 확장된 형태로 발전하게 된다.

---

31. 빌립보서 2:6-11은 다소 예외적이다. 이 시에서 예수의 생애는 아담의 생애와 대조되지만, 어떤 변증론적 노력이 감지되지 않는다. 케노시스 시는 지혜 전통과 이사야의 고난받는 종을 통해서 아담의 이야기를 근거로 예수의 생애를 이해한 바울의 신학적인 묵상의 결과로 보인다. 참고, 이승현, "빌립보서 2:6-11을 통해서 본 바울의 기독론적 구약 사용," 「신약논단」 26(1), 215-256.

각 장들에 대한 기본적인 설명

이어지는 논의에서 저자는 바울의 아담 기독론의 탄생과 발전, 그리고 적용에 대한 관찰을 이와 관련된 바울서신들을 중심으로 자세히 설명해보고자 한다. 그러나 여기서 먼저 저자는 각 장들에 대한 기본적인 정보를 요약의 형태로 제시하고자 한다. 각 장들에서 우리는 분석대상이 되는 교회 혹은 서신의 기본적인 정보와 더불어, 어떤 목회적·신학적 요소들이 그 배경에 놓여 있는지에 대해서 간략하게 요약해 볼 것이다. 그러한 기본적인 정보들을 중심으로 바울의 아담 기독론이 어떻게 적용되며 혹은 어떻게 형성되고 있는지에 대해서 질문해 볼 것이다. 그리고 마지막으로 각 장들에서 다루어지는 바울의 아담 기독론의 특징들을 개략적으로 요약하여 소개할 것이다.

첫 번째, 위의 서론에서 저자는 본 연구의 주제인 바울의 아담 기독론에 대해서 이미 간략하게 소개했다. 바울신학에서 아담 기독론이 차지하는 영향력에 비해서 아담 기독론이 학자들의 관심의 대상에서 벗어났다는 평가를 통해 본 연구의 필요성을 강조한 바 있다. 그리고 이에 더하여, 최근 바울의 이해에서 새롭게 강조되거나 소개된 해석학적 방법론을 다섯 가지 소주제들을 중심으로 간략하게 살펴보았다. 저자는 이러한 해석학적 민감성을 가지고 신중하게 그리고 최대한 객관적으로 바울의 서신들을 분석할 필요에 대해서 강조했다.

제2장에서 우리는 아담 기독론에 대한 그간의 학문적 대화에 대해서 살펴볼 것이다. 아담 기독론에 대한 학자들의 침묵에도 불구하고, 로빈 스크록스(Robin Scroggs)는 바울의 아담 기독론의 배경이 되는 유대인들의 사상을 간략하게 정리한 후, 관련되는 바울의 서신들의 분석을 시도했다. 스크록스의 뒤를 이어, 제임스 던과 라이트(N.T. Wright) 그리고 김세윤 등이 아

담 이야기를 통한 바울의 예수 이해에 학자들의 관심을 유도했다. 비록
존 레비슨(John R. Levison)은 바울의 서신서의 배경이 된 유대인들의 아담 이
해에 일정한 패턴들이 존재하지 않는다면서 아담 기독론에 대한 학자들
의 관심 그 자체를 문제 삼았지만, 여러 가지 패턴들 속에 존재하는 유대
인들의 다양한 아담 이해가 바울신학의 풍부한 토양이 되었음을 우리는
부인할 수 없다. 바울 전에 있었던 유대인들의 아담 이야기는, 만약 일관
된 형태의 패턴을 따르지 않았다면, 다양한 형태로 논의되고 있었음을 우
리는 부인할 수 없다. 이런 맥락 속에서, 최근에 영미권에서 아담 기독론
에 관한 박사 논문들이 연이어 발표되었다. 본 저자는 뒤에서 세 명의 학
자들을 소개할 것이다: 펠립페 러가렛타(Felipe De J. Legarreta), 로버트 키드웰
(Robert B. Kidwell), 그리고 제니퍼 존슨(Jennifer J. J. Johnson). 이 장에서 우리는 바
울의 아담 기독론에 대한 관심이 학자들 사이에 조금씩 증가하고 있음을
관찰할 수 있다.

제3장에서 우리는 빌립보서 2:6-11을 중심으로 하나님의 뜻에 대한
예수의 순종과 높아짐을 아담의 이야기와의 비교를 통해서 조사해 볼 것
이다. 빌립보서 2:6-11이 우리의 본론의 첫 번째 본문인 이유는 그 안에 담
겨 있는 케노시스 시가 30년대 중후반 예수에 대한 초기 기독교의 신학을
대변하고 있다는 믿음 때문이다. 케노시스 시 안에 담겨 있는 다양한 신
학적인 표현들, 즉 하나님의 뜻에의 순종, 하나님의 형상, 하나님과 동등
됨, 종의 형상, 그리고 취할 것 등의 개념들은 학자들의 지속적인 관심의
대상이다. 특별히, 이 시의 배경 이야기가 영지주의의 초인인지, 이사야의
고난받는 종의 이야기인지, 혹은 창세기의 아담 이야기인지에 대한 논의
는 지금도 학자들의 지속적인 논쟁의 중심에 서 있다.[32] 그런데 케노시스

32. 물론 이제 더 이상 영지주의의 초인 이야기는 케노시스 시의 직접적인 배경으로 제
    시하지 않는다.

시에 담긴 예수의 생애는 '이사야의 고난받는 종'과 '아담 이야기'를 통해서 흥미롭게 묘사될 수 있다. 예수의 고난과 높아짐과 영광은 이사야의 고난받는 종에 대한 해석학적 메아리를 품고 있다. 그러나 이 시의 시작에 담긴 선재한 예수의 자기 비움과 순종의 결정과 낮아짐, 그리고 영광의 주로 높아지는 사건은 창세기의 아담의 이야기와 여러 면에서 대조를 이룬다. 하나님과 동등됨을 얻고자 했던 아담의 불순종과 낮아짐은 예수의 순종과 높아짐에 대한 부정적인 배경으로 기능한다. 그리고 아담의 타락과 낮아짐과 대조적으로 순종한 예수는 우주의 주로 높아진다. 이 장에서 우리는 빌립보서 2:8-11에 담긴 케노시스 시에 대한 간략한 소개를 진행한 후, 해석학적 분석을 시도하고, 그 후에 아담의 이야기의 빛 아래서 예수의 이야기를 비교 설명해볼 것이다.

제4장에서 우리는 로마서 1-4장을 중심으로, 바울의 예수 이해를 아담의 빛 아래서 살펴볼 것이다. 물론 이 본문에서 바울은 아담의 이름을 직접적으로 언급하거나, 예수를 아담과 직접적으로 비교하지는 않는다. 그런데 로마서 1:16-17에는 하나님의 의를 근간으로 한 바울의 복음의 핵심이 가장 간결하게 요약되어 있다. 이 복음의 핵심을 바울은 로마서 1-4장에서 두 가지 형태로 표현한다. 먼저 1:18-3:20에서 바울은 인류를 향한 진노로 표현된 하나님의 의를 인류의 죄와 심판의 관점에서 자세히 설명한다. 율법을 소유하지 못한 이방인들은 창조주에 대한 양심과 자연의 계시를 거슬러 창조주를 인정하지 않는 죄를 범했다. 그리고 율법을 소유한 유대인들은 창조주에 대한 진리의 계시를 담은 율법에 대한 지식에도 불구하고, 불의한 행위로 그 진리를 억누르는 죄를 범했다. 그러므로 바울은 유대인과 이방인을 포함한 모든 인류가 다 하나님 앞에서 죄를 범했고, 하나님의 영광에 이르지 못했다고 선포한다(롬 3:23). 여기서 바울은 인류의 타락을 아담의 이야기에 등장하는 다양한 모티프들을 통해서 설명하

고 있다. 그리고 이어지는 로마서 4장에서 바울은 하나님의 의와 믿음을 아브라함의 이야기를 통해서 자세히 설명한다. 여기서 창조주 하나님의 생명을 주는 능력에 대한 아브라함의 믿음은 그를 의로운 자로 선포되게 하는 근거로 제시된다. 아브라함의 믿음은 그 본질상 아담과 그에게 속한 인류가 창조주를 향하여 보인 불신앙과 불순종의 죄를 결정적으로 극복한다. 이처럼 우리는 로마서 1-4장에서 아담의 이야기가 예수 복음의 시작과 그 복음에 대한 믿음의 부정적인 배경으로 기능하고 있음을 살펴볼 것이다. 아담과 그에게 속한 인류가 하나님께 영광을 돌리는 일에 실패하고 우상숭배의 죄를 범한 반면, 하나님의 의에 대한 믿음은 아담의 타락으로부터의 구원을 가능하게 하고 하나님께 영광을 돌리게 한다. 아담의 타락과 인류의 죄를 극복하는 이 믿음은 아브라함 이야기에서 가장 모범적으로 발견된다.

　제5장에서 우리는 로마서 5:12-21을 중심으로 아담의 저주와 타락을 극복하는 예수 이야기에 대해서 살펴볼 것이다. 로마서 5:12-21은 바울의 아담 기독론이 가장 선명하게 드러나는 핵심 본문이다. 여기서 바울은 옛 아담과 새 아담 예수의 사역이 인류에게 미친 의미를 죄와 죽음, 그리고 의와 생명, 이 두 가지 큰 관점에서 대조하며 묘사한다. 아담은 한 불순종의 죄를 통하여 정죄와 죽음을 인류에게 가져온 반면에, 새 아담 예수는 한 의로운 순종의 행위를 통하여 인류에게 칭의와 생명을 가져온다. 이 두 아담들의 하나님을 향한 개인적인 행동들은 자신들의 개인적인 운명에만 영향을 미친 것이 아니라, 그들에게 속한 전 인류의 운명에도 결정적인 영향을 미친다. 따라서 인류는 자신들의 소속을 첫 아담에게서 새 아담에게로 옮김으로써, 자신들의 운명의 방향을 변경할 수 있다. 예수를 향한 믿음을 근거로 예수와 연합하여 세례를 받은 새 인류는 아담이 잃어버렸던 하나님의 영광의 회복에 예수와 함께 동참한다. 뿐만 아니라, 그들

이 속한 피조세계도 하나님의 자녀들과 함께 생명으로 회복될 종말론적 소망에 동참하게 된다. 피조세계도 첫 아담의 불순종으로 인해 모든 인류와 함께 죽음의 허무함에 굴복했기 때문이다. 그러므로 새 아담 예수가 순종을 통해서 가져온 종말론적 영광의 소망을 그에게 속한 새 인류와 피조세계는 간절히 기다리고 있다. 우리는 로마서 5:12-21에 담긴 아담 기독론적 논의가 이 짧은 본문에만 그치지 않고, 이어지는 로마서 6-8장 전체에 걸쳐서 전개되는 바울의 복음과 율법 그리고 성령에 관한 전체적인 논의를 주도하고 있음을 관찰할 것이다. 그리고 5:12-21에 담긴 아담 기독론적 예수 이해는 1-4장에 걸쳐서 바울이 묘사한 인류의 문제에 대한 궁극적인 해결책을 담고 있음을 알게 될 것이다. 결국, 로마서에 기록된 예수 사건은 아담의 타락을 극복하는 하나님 은혜의 계시 사건으로 한 마디로 요약될 수 있다.

　제6장에서 우리는 로마서 6-8장에 담긴 예수의 영인 성령을 통한 아담의 불순종 극복을 중심으로 새 아담 예수의 사역을 계속해서 관찰해 볼 것이다. 바울은 로마서 1-3장에서 묘사된 인류의 문제에 대한 해결책으로 새 아담 예수를 통해서 나타난 하나님의 은혜를 제시했다. 5:12-21에서 하나님의 은혜는 이 땅으로 보내진 한 사람, 아담 예수를 의미하는데, 예수는 순종의 행위를 통해서 아담의 불순종의 행위를 극복한다. 그런데 아담의 불순종의 행위와 마찬가지로, 예수의 순종 행위는 모든 인류에게 영향을 미치는 우주적인 사건이었다. 이에 바울은 로마서 6-8장에서 5장에서 설명된 아담 기독론적 논의를 인류에게 적용하면서 성도들의 과거와 현재의 체험들을 중심으로 자세히 설명한다. 새 아담과 첫 아담의 이야기들에 담긴 대조들을 통해서 바울은 인류의 두 가지 운명을 묘사한다. 먼저, 6:1-7:6에서는 세 가지 대조적인 관계들을 통해 인류의 운명을 비교한다: (1) 옛 사람과 새 사람, (2) 옛 주인과 새 주인, 그리고 (3) 옛 남편과 새 남

편. 그리고 이 세 번째 대조를 율법과 성령을 주인으로 모시고 사는 삶을 통해서 자세하게 설명한다. 두 번째, 바울은 로마서 7:7-25에서 율법의 문자 아래 놓인 인류의 저주받은 삶을, 그리고 8:1-13에서는 성령을 모시고 살면서 생명을 경험하는 인류의 축복받은 삶을 자세히 묘사한다. 인류가 율법 아래서 저주에 갇혀 버린 이유는 아담의 불순종의 마음을 가졌기 때문이다. 아담의 모든 후손들은 다 이 불순종의 마음으로 인하여 아담처럼 계속해서 불순종의 죄를 행하고, 사망을 경험해야 할 저주받은 운명으로부터 자유롭지 못하다. 반면에, 예수의 영인 성령은 자신이 거한 인류의 마음 안에 변화를 일으켜 하나님의 법을 마음으로부터 순종하게 한다. 그러므로 바울은 새 아담 예수의 영인 성령을 아담의 저주로부터 구원하는 하나님 은혜의 실행자로 제시한다.[33] 성령은 성도들로 하여금 하나님의 영광을 공유하는 소망을 품게 하고(롬 5:2; 6:4), 그 영광의 소망에 모든 피조세계를 초대하며 성도들을 위해서 중보 기도한다(8:1-39). 이처럼 바울은 로마서 1-8장에 담긴 인류를 향한 하나님의 구원 계획을 자신의 독특한 아담 기독론을 토대로 로마교회 성도들에게 설명하고 있다.

제7장에서 우리는 고린도전서 15장을 중심으로 예수와 부활을 아담 이야기를 중심으로 설명해볼 것이다. 고린도전서 15장에서 바울은 예수가 부활을 통하여 죽음을 이기고 승리하여 생명을 주는 영이 되었다고 선포한다. 바울에 따르면, 죽음은 아담의 죄의 결과로 세상에 들어와 인류를 통치한 권세로서, 우주의 주로 높아진 부활한 예수가 정복할 권세들 중 마지막 권세이다. 로마서에서와 마찬가지로, 고린도전서에서 바울은 예수의 부활과 죽음을 극복한 사건이 그에게 속한 인류에게도 동일하게 허락될 사건임을 가르친다. 바울은 부활한 예수에게서 하늘의 형상이 발견

---

33. 참고, 이승현, "아담의 저주에 대한 해결책으로서의 성령," 「영산신학저널」 40 (2017), 75-106.

되는데, 그 형상의 특징은 강함과 영광 그리고 영생이다. 이 하늘의 형상은 아담의 땅의 형상으로 만들어진 성도들의 죽을 몸을 부활의 몸으로 변화시킨다. 아담에게서 물려받은 성도들이 현재 지닌 땅의 형상은 약함과 불명예, 그리고 죽음이다. 부활의 몸으로 변화될 것에 대한 종말론적 소망은 씨앗의 비유를 통해서 묘사된다. 마치 씨앗이 땅에 심겨져 꽃을 피우고 식물로 자라나듯이, 땅에 묻힌 아담의 형상을 지닌 성도들의 육체 안에서 하늘의 형상을 지닌 부활의 몸이 자라날 것이다. 여기서 바울은 성도들의 부활 전후의 몸이 존재론적 연속성을 지니고 있는 반면에, 질적인 비연속성도 지니고 있음을 강조한다. 바울이 고린도전서 15장에서 부활을 아담 기독론적 관점으로 설명하는 이유는 고린도인들이 제기한 두 가지 질문들에 대한 답을 제공하기 위해서다. 고린도인들은 '어떻게' 부활의 몸이 가능한지, 그리고 부활의 몸의 특징들이 '무엇인지'에 대해서 바울에게 질문했다. 바울은 성도들의 부활의 몸이 하나님의 영광을 품은 예수—하나님의 형상인—의 영광스러운 몸에 따른 변화를 자신들의 죽은 몸에 경험하게 되는 종말론적 축복이라고 가르친다.

제8장에서는 고린도후서 3-5장을 중심으로 바울의 새 언약적 생명의 사역—하나님의 영광의 형상(예수)에 따른 변화를 유도하는—에 대해서 살핀다. 고린도전서 15장에서와 마찬가지로, 고린도후서 3-5장에서 바울은 예수를 가리켜 하나님의 형상—하나님의 영광을 자신의 얼굴에 품고 있는—이라고 칭한다. 하나님의 형상은 보이지 않는 하나님 외모의 영광스러운 계시로서, 그의 신적인 본질에의 참여를 암시한다. 그리고 고린도전서에서와 마찬가지로, 고린도후서에서 예수의 형상에 따른 영광스러운 변화는 예수의 부활의 몸과 영생에의 참여를 최종적인 목적으로 삼고 있다. 바울은 고난을 경험하면서 죽어가고 있는 자신의 겉사람—땅의 장막—이 하나님이 준비한 하늘의 장막—영광의 부활의 몸—으로 덧입힘을

입을 것을 간절히 소망한다. 여기서도 우리는 바울이 성도의 부활 전후의
육체 간에 존재론적 연속성과 더불어, 질적인 비연속성이 함께 공존하는
것을 가르치고 있음을 본다. 그러나 고린도후서에서 바울은 부활의 몸을
바라보는 영광스러운 변화가 이미 성도들의 속사람 안에서 진행되고 있
다고 가르친다. 부활의 보증으로 하나님 편에서 보내진 성령은 바울의 새
언약의 사역의 주체이다. 성령은 성도들 안에 거하면서 그들의 내면을 계
속해서 영광에서 영광으로 변화시켜가고 있다. 그런데 이 영광스러운 변
화는 성령이 그들 마음에 새긴 하나님의 법을 따라 변화된 마음으로 하나
님 앞에서 살아가는 것이다. 그러므로 고린도후서에서 우리는 새 언약의
성령을 통한 예수의 복음이 가져온 새 언약의 사역이 하나님의 형상을 소
유한 예수를 하나님의 형상을 따라 창조된 아담과 비교하고 있음을 본다.
그리고 하나님의 형상인 예수의 부활의 몸을 따르는 영광스러운 변화는
아담의 죄의 결과인 사망을 극복하는 시간이다. 나아가 새 언약의 성령은
아담의 죄의 원인이 되었던 불순종하는 마음, 즉 성도들의 속사람을 변화
시켜 하나님께 순종하는 마음을 품은 새 인류가 되게 한다. 고린도후서에
서 발견되는 바울의 아담 기독론은 고린도교회를 찾아온 대적자들의 두
가지 공격에 대한 바울의 해답을 담고 있다. 첫 번째, 인간들이 써준 추천
서와는 달리, 새 언약의 사역으로 탄생한 고린도교회와 성도들의 변화는
그리스도가 성령을 통해서 쓴 가장 권위 있는 바울의 추천서이다. 두 번
째, 새 언약의 사역 중에 고난과 핍박을 경험하면서 약해지는 바울의 겉
사람은 하나님의 징벌을 의미하는 것이 아니라, 새 언약의 사역이 가져올
부활의 소망을 향한 과정을 의미한다. 이처럼 자신의 사도성과 사역의 정
당성에 대한 대적들의 질문들을 바울은 자신의 아담 기독론적 논의를 통
해서 대답하고 있다.

　제9장에서 우리는 앞에서 논의된 바울서신들에 대한 해석학적 관찰

을 근거로, 바울의 아담 기독론의 형성과 발전에 대해서 종합적으로 살펴
볼 것이다. 먼저 우리는 바울의 종교적인 토양이 되었던 유대인 전통에서
아담의 이야기가 어떻게 전해지고 있는지에 대해서 살펴볼 것이다. 흥미
로운 사실은 유대인들은 아담의 이야기를 통해서 자신들의 현재의 고난
과 비극에 대해서 설명하고, 아담이 잃어버렸던 창조 시의 순수함과 영광
그리고 통치를 종말의 때에 의로운 자들이 회복할 것으로 기대한다는 것
이다. 그중에서도 묵시론적 유대교의 악한 마음 사상은 바울의 인간관과
메시아 역할 이해에 깊은 영향을 미쳤다. 그럼에도 불구하고, 바울의 아담
기독론의 발전에서 가장 중요한 시작점은 다메섹에서 경험한, 그리고 사
역을 통해서 계속해서 경험할, 부활한 예수와의 만남이다. 죽음을 극복한
메시아, 그리고 영광 중에 나타난 주 예수의 모습은 바울로 하여금 기대
하던 종말론적 시작이 이제 막 시작되었음을 깨닫게 한다. 그리고 죽음을
극복하고 영광 중에 나타난 주 예수는 아담의 저주를 극복하고, 아담이
잃어버렸던 특권들을 회복한 분으로 이해된다. 이러한 아담 기독론적 이
해는 바울이 접한 예수 전통과 메시아적 시편 인용을 통해서 한층 더 발
전한다. 그러나 바울의 아담 기독론의 형성과 발전을 주도한 해석학적 긴
급성은 이방인 사도로서의 정체성과 이방인 공동체에서의 삶의 경험으로
부터 온다. 유대인들과 동등한 조건으로 이방인들이 하나님의 백성으로
유입되게 하는 예수의 메시아적 사역은 아담의 역할과 대조되는 그의 새
아담의 사역을 통한 것이기 때문이다. 그리고 이방인들의 구원은 모세의
율법에 근거한 시내산 언약을 넘어서, 아브라함의 언약과 피조세계와 세
운 언약들에 대한 창조주 하나님의 신실함의 결과이기 때문이다. 이런 면
에서, 바울에게 이방인 사역을 위한 예수의 중요성은 특별히 첫 아담과
대조되는 새로운 인류를 창조하는 새 아담의 정체와 역할에서 발견된다.

　제10장에서 우리는 바울의 아담 기독론에 대한 우리의 발견을 최근의

바울에 관한 새 관점 논의와 연관지어 살펴보고자 한다. 바울에 관한 새 관점은 바울이 상대한 유대교의 모습을 옛 관점이 종종 묘사하는 율법제 일주의적 유대교에서 언약적 율법주의로 수정할 것을 요청한다. 이러한 샌더스(E.P. Sanders)의 주장에 영향을 받아 던과 라이트는 바울신학의 중요 개념들을 바울에 관한 새로운 관점에서 해석하려 시도한다. 특별히 율법 과 율법의 일들은, 그들이 주장하기를, 유대인들의 정체성의 표식, 혹은 국가적인 배지로서 이방인들과 유대인들을 구분하는 장벽으로 기능했다. 새 관점에 속한 학자들은 바울이 유대교를 비판한 이유는 하나님의 백성 안에 이방인들의 포함을 거절하는 그들의 편협한 자세 때문이었다고 주 장한다. 그러나 새 관점에 대한 다양한 반응을 통해서 바울 학자들은 제2 성전시대 유대교가, 샌더스가 주장하듯이, 하나의 균일한 종교적 현상이 아니라, 그 안에 다양성을 포함한 역동적인 실체임을 주장한다. 그리고 샌 더스가 언약적 율법주의의 예외로 간주하는 유대 묵시전통이 사실은 제2 성전시대 유대교의 또 다른 중요한 축을 구성하고 있음을 알려준다. 바울 은 이 유대 묵시전통으로부터 악한 마음과 연관된 비관적인 인간관과 종 말론의 영역에서 깊은 영향을 받았다. 바울에게 율법은 단순히 하나님과 의 언약관계에 머무는 수단이 아니라, 종말론적 생명을 주기로 약속된 하 나님의 선물이었다. 그러나 악한 마음을 품은 인간의 약함은 인류로 하여 금 율법 아래서 저주받고 죽음을 경험하게 했다. 이러한 바울의 복음 이 해는 아담 기독론을 통해서 가장 잘 표현된다. 결국, 새 관점과 옛 관점이 논쟁한 바울의 여러 신학적 개념들은 그의 아담 기독론적 논의에 깊숙이 포함되어 있다. 이제 우리 바울 학자들은 옛 관점과 새 관점의 가상적인 이분법을 극복하고, 두 관점들의 약점들을 배제하고 강점들을 통해서 재 구성된 새 관점 이후의 바울 읽기를 추구해야 한다. 그리고 이 새 관점 이 후의 바울 읽기는 그의 아담 기독론에 대한 새로운 이해를 통해서 한층 더 발전할 수 있을 것이다.

마지막으로, 제11장의 결론부에서 우리는 이 연구를 통해서 우리가 새롭게 발견한 해석학적 결과물들을 함께 모아 논의해 볼 것이다. 바울의 서신들 여기저기에 흩어져 있는 아담 기독론적 논의들을 한 자리에 모아 함께 관찰해보면, 바울의 아담 모티프들 이면에 놓여 있는 그의 아담 기독론에 관한 안정적인 토대를 발견할 수 있을 것이다. 이 토대는 바울로 하여금 개 교회들의 목회적·신학적 도전들과 문제들에 대한 해답을 제공할 신학적인 근거로 작용했다. 다양한 이방인 교회들의 문제들에 대한 해답들을 바울은 이 아담 기독론의 신학적 토대를 중심으로 생산 발전시켰다. 물론 바울의 아담 기독론적 토대는 화석처럼 변하지 않는 굳어진 결정체가 아니라, 그의 이방인 사역 전 과정을 통한 역동적인 신학함을 통하여 계속해서 자라가는 생명체와 같은 존재였다. 그러므로 우리는 이 결론부에서 바울의 아담 기독론의 시작과 발전, 그리고 성숙해지는 과정을 큰 그림으로 한번 묘사해보고자 한다. 마지막으로, 우리는 바울의 아담 기독론에 대한 논의를 통해서 발견한 것들을 최근의 바울에 관한 새 관점과의 긴밀한 대화 속에 놓아, 향후 바울신학이 나아가야 할 방향에 대해서 진지하게 고민해 볼 것이다.

제2장
아담 기독론에 대한 그간의 학문적 대화

아담 기독론에 대한 그간의 학문적 대화를 한 마디로 요약하자면, '바울신학은 바울의 아담 기독론에 관한 충분한 학문적 토론을 경험하지 못했다'일 것이다.[1] 보통, 학자들은 바울신학을 "센티미터 넓이에 수 킬로미터 깊이를 지닌"(inch wide, but miles deep)이라는 표현으로 묘사하곤 한다. 바울에 관한 사소한 주제 하나조차에 대해서도 엄청난 분량의 책과 논문들이 쓰였다는 사실을 잘 묘사하는 표현이다. 사실, 지난 30-40여년 동안 단지 몇 명의 학자들만이, 예수를 새 아담 혹은 마지막 아담으로 묘사하는 아담 모티프에 주목했던 것은 다소 실망스럽다.[2] 그럼에도 불구하고, 제임스

---

1. 아담 기독론에 대한 그간의 학문적 대화를 담은 제2장은 이미 저자가 다른 논문에서 다룬 내용의 일부분을 확장하고 이 책의 흐름에 맞도록 수정한 것이다. 출판사의 허락을 받고 다음 논문의 일부분을 현재의 본문에서 사용한다. 참고, Seung Hyun Simon Lee, "Paul's Gentile Mission and Apostleship as Hermeneutical Exigency for His Presentation of Jesus as the New Adam," *Korean New Testament Studies* 19.2 (2012), 528-31.

2. 학자들의 선행연구에 대한 정보를 위해서는 다음을 참조하라. 참고, Jacob Jervell, *Imago Dei. Gen 1, 26 F. Im Spätjudentum, in Der Gnosis Und in Den Paulinischen Briefen* (Göttingen: Vandenhoeck & Ruprecht, 1960); C. K. Barrett, *From First Adam to Last* (New York: Scribner, 1962); Robin Scroggs, *The Last Adam: A Study in Pauline Anthropology* (Oxford: Blackwell, 1966); Morna Dorothy Hooker, *From Adam to Christ: Essays on Paul* (Cambridge England; New York: Cambridge University

던은 창세기의 창조와 타락의 이야기가 어떻게 바울의 인간과 구원에 대한 이해에 깊은 영향을 미치는지에 대해서 증명하려 하였다.[3] 던에 따르면, 바울의 아담 기독론은 30-40년경 초대 기독교에서 유행하였고, 이 아담 기독론은 아담에 대한 유대인들의 사상을 한층 확장시킨 신학적 개념이다. 로빈 스크록스와[4] 김세윤에 동의하면서, 던은 아담 기독론이 유대적 현상으로서 영지주의의 초인 혹은 구원자 신화와는 전혀 무관한 현상임을 강조한다.[5] 본 저자의 견해로도 영지주의의 초인 혹은 구원자 신화는 2세기 이후 발전한 기독교 신학의 한 부류로 분류하는 것이 더 옳다.

바울의 신학에서 아담 기독론은 어떻게 표현되고 있는가? 아담 기독론의 시작에 대해서, 던은 초기 기독교인들이 시편 110:1과 8:6을 연관지어 이해했던 사실에 주목한다. 시편 8:6은 초기 기독교의 시작부터 영광 중에 높아진 예수 그리스도의 주 되심을 묘사하기 위하여 사용된 본문이다.[6] 그리고 시편 110:1에 나타난 그리스도의 주 되심에 대한 묘사는 초대 교회에 의해서 시편 8:6이 묘사하는 아담과 인류를 향한 하나님의 의도와 목적을 완성하는 것으로 이해되었다. 인류를 향한 하나님의 태초 의도가

Press, 1990); A. J. M. Wedderburn, "Philo's Heavenly Man," *NovTest* 15 (1973); A. J. M. Wedderburn, "Adam in Paul's Letter to the Romans," in Studia Biblica 1978, 3 (Sheffield: JSOT, 1980); idem., "Body of Christ and Related Concepts in 1 Corinthians," *SJT* 24, no. 1 (1971).

3.   Dunn, *Christology in the Making: A New Testament Inquiry into the Origins of the Doctrine of the Incarnation*, 101-07.

4.   Scroggs, *The Last Adam: A Study in Pauline Anthropology*.

5.   Dunn은 바울의 아담 기독론의 배경으로 제시된 영지주의적 구원자 신화를 거부하기에, 바울이 예수를 두 번째 아담으로 묘사하는 곳에서 선재 사상을 제거하려는 경향이 있다. 심지어 빌립보서 2:6-11에서조차 Dunn은 예수는 그의 성육신 전에 선재한 존재가 아니라, 그의 생애를 통해서 단순히 선재한 지혜에 대한 사상을 체현 했다고 주장한다.

6.   Ibid., 109.

부활하고 높아진 그리스도에 의해서 성취된 것이다. 초대 기독교의 메시
아 시편 이해에 비추어 바울의 아담 기독론의 형성과 발전을 설명하는 던
의 시도는 충분히 통찰력이 있다. 그러나 그의 설명은 바울의 아담 기독론
의 탄생과 연관된 모든 복잡한 비밀들을 다 설명하기에는 많은 한계가 있
다. 또한 던은 바울이 아담 기독론을 설명하기 전 초대 교회에서 아담 기
독론이 어떤 형태로 존재했는지에 대해서 침묵하고 있다.[7]

　이에 반하여, 김세윤은 아담 기독론에 대한 그전의 학문적인 성과들
을 방대하게 조사한 후, 그 기원을 바울의 다메섹 도상에서의 경험으로
돌린다. 김세윤에 따르면, 바울이 영광의 주를 목도한 그 사건에서 바울은
부활한 예수를 하나님의 형상, 즉 영광으로 이해하고, 곧이어 이 형상 기
독론을 아담 기독론과 지혜 기독론으로 발전시킨다.[8] 김세윤은 하나님의
영광과 인자—그 영광의 체현으로서의—에 관한 성서 본문들로부터 바울
이 가진 하나님 형상으로서의 예수 이해를 해석해낸다. 김세윤은 이러한
자신의 주장이 유대인들의 묵시전통, 그리고 지혜전통에서 발견되는 에
스겔 1장의 하나님의 보좌 현현에 관한 최근의 연구에 의해서 뒷받침된다
고 주장한다.[9] 자신의 첫 번째 저술에서 김세윤은 바울의 아담 기독론의

7.　히브리서는 바울을 선행하는 아담 기독론의 증거로 제시될 수 없다. 왜냐하면 히브
리서는 바울보다 그 시기상 후대에 속할 뿐만 아니라, 바울의 신학에 의해서 영향
을 받았기 때문이다. 비교, Dunn, *Christology in the Making: A New Testament Inquiry
into the Origins of the Doctrine of the Incarnation.*

8.　*Kim, The Origin of Paul's Gospel*, 136-258; Kim, *Paul and the New Perspective: Sec-
ond Thoughts on the Origin of Paul's Gospel*, 165-213.

9.　Alan F. Segal, *Paul the Convert: The Apostolate and Apostasy of Saul the Pharisee* (New
Haven: Yale University Press, 1990), 34-71; Alan F. Segal, "Paul and the Beginnings
of Jewish Mysticism," in *Death, Ecstasy, and Other Worldly Journeys* (AlbaNew
York: State Univ of New York Pr, 1995); Alan F. Segal, "Paul's Thinking About
Resurrection in Its Jewish Context,' *NTS* 44, no. 3 (1998). 선행연구에 관한 참고문헌
정보를 위해서는 다음을 참조하라. Kim, *Paul and the New Perspective*, 175.

탄생을 다소 일직선적인 모형으로 설명하고 있으나, 두 번째 저술에서는 다양한 요소들의 상호작용으로 해석하려 시도한다. 그가 언급하는 다양한 요소들은 다메섹 사건, 인자에 관한 예수 전통, 그리고 창세기 1, 3장, 시편 8, 110편, 그리고 인자에 관한 다니엘서 7장 등의 성경 본문들이다. 김세윤은 이러한 요소들이 상호 해석하거나 확증하는 역할을 담당했다고 주장한다.[10] 여기서 우리는 김세윤이 던과의 다양한 대화들을 통해서 자신의 과거 주장을 더 분명하게 하고, 더 유연하게 만들었다는 것을 알 수 있다. 과거에 김세윤은 바울의 다메섹 사건을 유일무이한 아담 기독론의 원인, 심지어는 바울신학의 기원으로 제시했다면, 이제는 위에서 언급된 다양한 요소들 상호 간의 해석학적 대화들의 과정을 주목하여 본다. 그럼에도 불구하고, 여전히 그는 바울이 다메섹 도상에서 예수를 하나님의 형상으로 보게 되었고, 이 사실이 그의 아담 기독론의 기원이라고 주장한다.[11]

라이트는 던과 김세윤의 의견을 비판하면서, 그들은 바울의 아담 기독론의 배경이 되는 유대 배경의 핵심 요소를 간과했다고 주장한다.[12] 라이트에 따르면, 중간기 및 랍비 문서들에 나타난 아담에 관한 유대인들의 사상은 인간/아담에 대한 일반적인 사상이 아니라, 이스라엘에 대한 하나님의 특별한 사상이다. 라이트는 "아마도, 이 점이 그토록 오랫동안 간과되었다는 사실은 그리 놀랄 일이 아니다"라고 말한다.[13] 라이트에 따르면, 유대 문헌들에서 아담 모티프들의 사용은 일관되게 한 가지를 그 목적으로 한다. 그 목적은 바로 하나님의 인류 전체에 대한 구원의 계획들이 특별히 이스라엘을 통해서 이루어질 것임을 강조하는 것이다. 라이트가 생

---

10. Ibid., 211.

11. Ibid., 192-93.

12. Wright, *The Climax of the Covenant: Christ and the Law in Pauline Theology*, 20.

13. Ibid.

각하는 유대인들에게 있어서 이스라엘은 하나님의 참된 인류이고, 미래
에도 그러할 것이다. 이러한 유대 사상에서 이스라엘의 역할은 기름부음
받은 왕 예수 그리스도에 의해서 성취된다. 이스라엘이 완수할 것으로 예
상된 하나님의 구원론적 의도가 그들의 메시아인 예수를 통해서 완성되
고 현실화된다. 이런 의미에서 라이트에게 바울의 아담 기독론은 기본적
으로 이스라엘 기독론이다.[14] 다메섹 환상에 관해서 라이트는 부활한 예수
가 하나님의 영광과 동일시되기보다는, 하나님의 백성을 대표하거나 하
나님의 백성과 동일시되는 기초를 제공한 것으로 이해한다. 다메섹 도상
에서 바울은 십자가에 달린 예수가 바로 세상의 주요, 이스라엘의 메시아
임을 자각하게 되었다. 라이트도 아담 기독론을 포함한 바울신학의 다른
모든 요소들은 다 이 사실로부터 자연스럽게 흘러 나왔다고 주장한다.[15]

　그러나 라이트의 주장처럼 유대인들의 문서에서 이스라엘이 종종 아
담의 역할을 수행하는 것은 사실이지만, 라이트의 이해와 달리 그들의 이
담 이해 혹은 아담 모티프들의 사용은 균일하지도 않고 일관적이지도 않
다. 유대인들의 아담 이해는 그 자체로 굉장히 다양하고, 각 저자들의 이
해관계와 역사적·수사적 상황에 따라 다면적으로 표현된다.[16] 또한 로마
서를 자세히 살펴보면, 바울은 의로운 이스라엘의 회복보다도 전체 인류
의 회복에 관하여 더 큰 관심을 보이고 있음을 알 수 있다. 뿐만 아니라,

---

14. Ibid., 29.
15. N. T. Wright, "Adam in Pauline Christology," ed. K. H. Richards, *SBL 1983 Seminar Papers* (Chico, California: Scholars Press). 387.
16. Kim, *The Origin of Paul's Gospel*, 187-90; John R. Levison, *Portraits of Adam in Early Judaism: From Sirach to 2 Baruch* (Sheffield: JSOT, 1988). Roetzel은 Wright의 바울 해석에서 일반화의 오류를 심각하게 범하는 것에 대해서 경고한다. 참고, Calvin J. Roetzel, "The Grammar of Election in Four Pauline Letters," in *Pauline Theology. Vol. 2: 1 & 2 Corinthians*, ed. D. M. Hay (Minneapolis: Fortress, 1993), 211.

에스라4서와 바룩2서와 달리, 아담의 문제와 연관된 이스라엘의 역할에 대해서 바울은 어떠한 정보도 제공하지 않는다.[17] 이 사실은 왜 바울이 종종 모세의 언약보다도 아브라함의 언약과 아담의 언약을 더 강조하는지를 설명해준다(비교, 갈 3장; 롬 5장). 만약, 라이트의 견해처럼 이스라엘이 아담의 역할을 담당한다고 바울이 믿고 있다면, 왜 바울은 자신의 서신들에서 이 사실에 대해서 침묵하는지 우리는 의문을 품을 수밖에 없다. 사실, 라이트는 바울에게 있어서 이스라엘의 개념이 혈통적 이스라엘에서 종말론적, 영적 이스라엘로 변화되었음을 인정한다(비교, 롬 11장).[18] 에스라4서와 이사야에서 잘 발견되듯이, 메시아의 시대는 종종 낙원의 회복과 연관지어 이해되기에, 예수의 메시아 됨과 아담 기독론 간의 관계에 대한 라이트의 지적은 통찰력이 넘치는 옳은 견해다. 그러나 본 저자는 여전히 왜 바울에 선행하여 예수의 메시아 됨을 인지한 예루살렘 교회의 유대인 출신 성도들은 바울처럼 아담 기독론을 발전시키는 데 별로 관심이 없었는지에 대해서 의문이 든다. 이 관찰은 저자로 하여금, 라이트의 주장에 반박하면서, 다음과 같이 질문하게 만든다: "혹시 예수의 메시아 됨 이외에 우리가 현재 바울의 서신들에서 발견하는 형태로 아담 기독론을 발전시키도록 유도한 또 다른 요소가 있지는 않았을까?"

위에서 언급된 세 명의 학자들은 공통적으로 동의하기를, 바울의 아담 기독론은 그의 신학 중심에 서 있고, 그의 유대적 배경 아래서 이해되어야 한다. 그러나 던과 김세윤이 수용할 수 있고 라이트가 강조하듯이, 바울의 유대적 배경은 바울에게 예수의 복음을 즉각적으로 수용하고 사

---

17. 비교, Heikki Räisänen, *Beyond New Testament Theology: A Story and a Programme* (London; Philadelphia: SCM Press; Trinity Press International, 1990), 81.
18. N. T. Wright, *The New Testament and the People of God. Vol. 1: Of Christian Origins and the Question of God* (Minneapolis; London: Fortress, 1992).

용하기에 합당한 모델을 제공하지는 않았다.[19] 바울의 유대적 배경과 그의
신학에서의 유대적 경향성 간에는 상당히 큰 간극이 존재함을 우리는 부
인할 수 없기 때문이다. 다시 말하면, 어떤 개념이 철저히 유대적이라는
사실이 현재 바울이 그 개념을 어떻게 이해하고 있는지 충분히 다 설명하
지 못한다는 것이다. 물론 우리는 아담 모티프에 대한 유대인들의 이해가
어느 정도로 바울의 아담 기독론의 형성에 영향을 미쳤는지에 대해서 자
세히 조사해보아야 한다. 또한 우리는 어떻게 그리고 왜 바울이 자신이
새롭게 획득한 하나님의 아들의 복음을 위하여 이 유대적 동기를 수정했
는지에 대해서도 살펴보아야 한다. 나아가 우리는 그의 아담 기독론의 형
성을 도운 다른 결정적인 요소들은 없었는지, 또 어떻게 아담 기독론이
그의 복음의 정적들을 향한 변증에서 기능하고 있는지에 대해서도 면밀
히 조사해보아야 한다.

  예수의 메시아 됨과 바울의 아담 기독론 간의 상관성에 대한 라이트
의 강조에는 부인할 수 없는 통찰력이 있다. 물론 라이트가 아담 기독론
에 대한 예수의 주 되심의 의미에 대해서는 아무런 설명을 하지 않고 있
다는 사실은 다소 실망스럽다. 바울의 아담 기독론을 영지주의의 구원자
신화 대신에 초대교회의 시편 이해의 빛 아래서 해석한 던의 설명도 상당
히 설득력이 있다. 바울이 영광 중에 나타난 예수를 하나님의 형상으로
인식한 것이 그의 아담 기독론의 형성의 기초를 이룬다는 김세윤의 이론
도 틀리지 않아 보인다.[20] 그러나 이들의 주장들은 다소 일직선적인 바울

---

19. Wright, "Adam in Pauline Christology," 387.
20. Dunn의 비판에 반하여, Kim은 바울신학의 발전을 초대교회의 선포, 히브리 성경,
    유대인들의 해석전통, 그리고 예수 전통을 근거로 한 발전적인 과정을 통한 결과로
    보고 있다. 그의 서신들 안에 포함된 현재의 바울의 신학적 이해들은 다 그 과정의
    결과물들이다. 참고, Kim, *The Origin of Paul's Gospel*, 3.

이해에 기초를 두고 있기에, 바울의 아담 기독론의 복잡하고 변증적인 본질을 충분히 설명할 수 없다는 약점을 안고 있다.[21] 다메섹 경험이 바울의 신학의 형성과 발전에 있어서 가장 중요한 요소로 기능했다는 사실에는 의심의 여지가 없다. 그러나 그 경험을 그의 신학의 기원이라고 부르며 일직선적인 발전 모델로 그의 신학의 형성을 설명하는 것이 과연 바울의 아담 기독론의 설명에 대한 최선책인지에 대해서는 여전히 의문이 남는다. 왜냐하면 기원을 통한 일직선적인 발전 모델은 순수한 기원에 대한 너무도 많은 감상적 요소들을 그 안에 포함하고 있기 때문이다.[22] 이 관찰은 우리로 하여금 다른 몇 개의 질문들로 유도한다. 예수가 하나님의 형상이요 메시아라는 사실과 별개로, 바울의 다메섹 경험의 또 다른 요소들이 바울의 아담 기독론의 형성에 영향을 미치지는 않았을까? 여기서 저자는 바울이 다메섹 도상에서 자각하기 시작한 또 다른 중요한 신학적 요소들로 예수가 부활을 통하여 죽음을 극복한 사실, 종말론적으로 새로운 시대가 도래했다는 자각, 이방인들에게 임한 성령의 부인할 수 없는 능력 있는 임재, 그리고 이방인들에게 보내진 그의 이방인 사도로서의 책임 등을 생각하고 있다. 만약, 이러한 여러 요소들이 바울의 아담 기독론의 형성에 동시에 그리고 복합적으로 작용하고 있었다면, 우리는 어떻게 개개의 요소들이 그를 도왔는지에 대해서, 혹은 여러 요소들이 상호 복잡한

---

21. 바울신학의 변증법적 본질에 대한 강조를 위해서는 다음을 참조하라. Räisänen, *Beyond New Testament Theology: A Story and a Programme*, 131.

22. 참고, François Bovon, "The Emergence of Christianity," ASE 24, no. 1 (2007): 13; Burton L. Mack, *A Myth of Innocence: Mark and Christian Origins* (Philadelphia: Fortress, 1988); Jonathan Z. Smith, *Drudgery Divine: On the Comparison of Early Christianities and the Religions of Late Antiquity*, Jordan Lectures in Comparative Religion (Chicago: University of Chicago Press, 1990); Karen L. King, *What Is Gnosticism?* (Cambridge, Mass.: Belknap Press of Harvard University Press, 2003).

대화를 통하여 그의 사고를 이끌었는지에 대해서 설명할 수 있는 조금 더 복잡한 해석학적 모델을 개발해야 한다. 뿐만 아니라, 만약 바울의 아담 기독론이 이방인 선교활동의 신학함 과정 속에서 그 자체의 발전을 경험했다면, 우리는 그가 소유하게 되었던 초창기 아담 기독론적 이해와 예수 전통, 유대인들의 해석학적 전통과 성경, 그리고 그의 이방인 교회들의 특별한 상황들 간에 발생한 지속적이고 다양한 대화들이 초래한 아담 기독론의 발전에 대해서도 조사해보아야 할 것이다.

최근에 영미권에서 세 편의 훌륭한 박사학위 논문들이 아담 기독론과 연관해서 출판되었다. 펠립페 러가렛타(Felipe De J. Legarreta)는 자신의 논문에서 로마서 5:12-21과 고린도전서 15:21-49을 중심으로 바울의 아담 기독론이 끼친 윤리적·사회적 영향에 대해서 조사한다.[23] 그녀는 기존의 바울학자들이 바울의 아담 기독론을 종교적, 문화적, 그리고 문학적 배경 속에서 조사한 것에 대해서 먼저 칭찬하면서도, 기존 학자들의 논의가 바울의 아담 기독론의 배경으로서의 영지주의와 유대교에 집중해 있는 것을 문제 삼는다. 러가렛타는 기존의 학자들이 관심을 갖지 않은, 그러나 바울신학에서 아담 기독론이 소유한 두 가지 중요한 함축들에 대해서 살핀다. 첫 번째, 아담 이야기가 고린도전서와 로마서 전체의 맥락에서 어떻게 사용되고 있는가에 대해서 거시적으로 관찰한다. 두 번째, 바울이 아담 기독론에 대한 논의를 통해서 어떤 윤리적·사회적 함의들을 이끌어내는지에 대해 조사한다. 사실, 바울의 두 편지들에서 아담의 이야기가 중요한 신학적 근거로 기능하고 있다는 러가렛타의 첫 번째 관찰에 본 저자는 전적으로 동의한다. 그리고 아담 기독론이 바울신학에 미친 윤리적·사회적 영향

---

23. Felipe De J. Legarreta, "The Figure of Adam in Rom 5:12-21 and 1 Cor 15:21-22, 45-49: The New Creation and Its Ethical and Social Reconfigurations" (Ph.D diss., Loyola University, 2011).

의 중요성에 대해서도 저자는 전적으로 동의한다. 그러나 러가렛타가 이 윤리적·사회적 영향의 중요성을 하나님의 의에 대한, 그리고 이방인과 유대인들 간의 관계에 대한 바울의 다양한 논의들과 더 긴밀하게 연관시켜 분석해야 했다고 저자는 생각한다. 왜냐하면, 앞에서도 강조되었지만, 바울은 위의 개념들을 논증하면서 아담 기독론을 발전시켰기 때문이다.

또 다른 박사학위 논문으로 로버트 키드웰(Robert Brian Kidwell)은 자신의 글에서 로마서 7장에 담긴 아담 기독론의 배경에 집중한다.[24] 이 논문에서 키드웰은 유대교와 바울 이외의 신약성서에 담긴 아담 이야기들에 대해서 먼저 조사한다. 그리고 키드웰은 로마서 7장의 배경이 되는 로마서 전체에 담긴 아담에 대한 다양한 바울의 신학적인 논의를 전체적으로 분석한다. 키드웰은 아담과 예수가 지닌 다양한 대조들이 다양한 형태로 로마서 전반에 녹아내려 있는 것을 발견한다. 이 부분에 대해서 본 저자는 키드웰에 전적으로 동의한다. 그리고 자신의 논문의 핵심 주제로 키드웰은 로마서 7장에 담긴 1인칭 화자인 나의 정체에 대해서 집중한다. 과거 학자들이 이 1인칭 화자에 대해서 제시한 다양한 견해들에 대해서 비판적으로 분석한 후, 키드웰은 바울이 로마서 7장에서 논의하는 1인칭 화자는 아담이라고 주장한다. 다시 말하면, 1인칭 화법을 통해서 바울은 아담을 의인화시키고 있다는 것이다. 그러나 바울이 로마서 7장을 8장에서 묘사되는 성도들의 성령체험과 자유함에 대한 부정적인 필터로 사용하고 있다는 사실은, 로마서 7장의 1인칭 화자가 예수 바깥에 거하는 아담에게 속한 보편적인 인류를 의미한다고 보는 것이 더 설득력이 있음을 말해준다. 다시 말하면, 로마서 7장에서 바울은 아담의 이야기를 근거로 아담과 그에게 속한 인류가 율법 앞에서 가지는 내면적인 갈등을 일반화 그리고 전형화

---

24. Robert Brian Kidwell, "The Adamic Backdrop of Romans 7" (Ph.D diss., Asbury Theological Seminary, 2012).

시킨다. 바울은 아담의 이야기를 근거로 1인칭 화자의 견해를 제시함으로써, 로마교회 성도들을 포함한 자신의 독자들이 로마서 7장의 나의 이야기 속에서 자신들의 내면적인 갈등을 보기를 원한다. 왜냐하면 바울에게 8:1-3의 성령의 선물은 아담의 저주 아래 갇힌 인류를 향한 하나님의 보편적인 구원의 선물이기 때문이다.

마지막으로, 제니퍼 존슨(Jennifer J. Leese)은 자신의 논문에서 최근 바울학자들의 연구에서 감지되는 창조 동기에 대한 새로운 관심을 지적한다.[25] 이러한 관심의 배경으로 존슨은 자연환경의 보존에 관심을 가진 새로운 신학적인 경향성을 든다(eco theology). 그러나 존슨은 자연신학 논의에서 바울의 저술들이 주도적인 역할을 행하지 못한 것에 주목하면서, 이러한 자연신학의 관점으로 바울서신들을 조사하기 원한다. 나아가 존슨은 최근의 성서해석학적 방법론의 한 변화에 대해서도 주목한다. 기존의 역사비평의 주도적인 영향력에 반하여, 교회사에 있어서 후내 그리스도인들의 성서 해석학적 역사(history of reception)에 최근 학자들의 관심이 쏠리고 있는 것을 언급한다. 따라서 존슨은 그녀의 논문의 핵심주제로 성서 해석학적 역사의 관점에서, 특별히 이레니우스에 집중하면서, 바울서신들에서 발견되는 창조의 동기들을 자연신학적인 관점에서 분석할 것을 제시한다. 이 과정에서 그녀의 논문을 주도하는 질문은 바울신학에서 창조와 기독론 간의 구조적인 분석을 위해서 이레니우스에 대한 연구가 어떤 도움을 줄 수 있는가 하는 것이다. 이 논문은 고대의 바울에 대한 현대적인 연구가 그에 대한 해석학적 역사 속에서 어떻게 현대의 문제들에 대한 해납을 줄 수 있는지를 관찰하는 훌륭한 논문이다. 그러나 아담 기독론이 바울신

---

25. Jennifer J. Leese, "Christ, New Creation, and the Cosmic Goal of Redemption: A Study of Pauline Ktisiology and Its Interpretation by Irenaeus" (Ph.D diss., Durham University, 2014).

학에서 차지하는 중요도에 비하여, 존슨의 논문의 관심이 특정한 몇 개의 창조 동기들에 집중해 있다는 사실은 이 논문의 약점들 중 하나이다. 바울의 아담 기독론에 대한 포괄적이고도 적절한 분석을 행한 후에야 비로소 현대 해석자들은 자신들의 현대적 문제들에 대한 바울 사상의 연관성에 대해서 논의할 수 있을 것이다.

제3장
하나님의 뜻에 대한 예수의 순종과 높아짐
(빌 2:6-11)

빌립보서 2:6-11에서 발견되는 케노시스 시는 신약성경 가운데서도 초대교회의 기독론적 이해를 담고 있는 가장 오래된 시들 중의 하나이다.[1] 대략 기원후 50년대 중후반 빌립보서가 쓰이기 전 작성된 것으로 보이는 케노시스 시는 30-40년대 초기 기독교인들의 예수에 내한 중요한 이해를 담고 있다.[2] 이에 바울 학자들은 수많은 책들과 논문들을 통하여 이 시에 담긴 바울, 혹은 초대교회의 예수에 대한 기독론적 이해를 분석하고자 시도했다. 그러나 케노시스 시의 중요성에 대한 학자들의 공통된 의견에도 불구하고, 이 시와 연관된 대부분의 요소들은 학자들의 지속적인 논쟁의 대상이 되어왔다. 케노시스 시의 문학적인 장르, 저자 그리고 기원에 대한 질문들뿐만 아니라, 그 안에 담긴 다양한 신학적인 표현들, 즉 하나님의 형상, 하나님과 동등됨, 종의 형상, 취할 것 등의 표현들은 계속해서 학자

---

1.   Gerald F. Hawthorne and Ralph P. Martin, *Philippians*, Word Biblical Commentary (Dallas, TX: Thomas Nelson, 2004), 99.

2.   John Henry Paul Reumann, *Philippians: A New Translation with Introduction and Commentary*, The Anchor Yale Bible (New Haven: Yale University Press, 2008), 16-18; G. Walter Hansen, *The Letter to the Philippians*, The Pillar New Testament Commentary (Grand Rapids: Eerdmans, 2009), 19-25.

들의 토론의 대상이 되고 있다. 이에 덧붙여, 이 시의 배경이 되는 이야기가 창세기의 아담 이야기인지, 혹은 이사야의 고난받는 종의 이야기인지, 혹은 영지주의의 초인(primal man)에 관한 이야기인지에 대한 논쟁이 있었다. 케노시스 시의 기독론적 중요성에 대한 학자들의 공감대 이외의 모든 요소들이 지금도 바울 학자들의 관심과 토론의 대상이 되고 있다는 사실을 우리는 부인할 수 없다. 그러나 이 장에서 우리는 케노시스 시의 모든 요소들에 대한 자세한 해석을 시도하지는 않을 것이다. 대신 우리는 이 책의 가장 기본적인 주제인 아담 이야기를 통해서, 그리고 아담 모티프와 연관된 주제들에 집중함으로써 케노시스 시가 제시하는 예수 이야기를 설명해보고자 한다.[3]

이 책의 저자는 기본적으로 아담에 관한 이야기가 케노시스 시의 예수 이해에 있어서 가장 중요한 배경을 이루고 있다는 입장에 동의한다. 그러나 케노시스 시가 아담을 직접적으로 언급하고 있지 않기 때문에, 본 저자는 이 시가 아담의 이야기를 간접적인 배경으로 사용하고 있음을 주장한다. 하나님의 형상으로 지어진 아담, 하나님과 같아지려 했던 아담의 시도와 불순종 그리고 타락, 그리고 죽음의 저주 등은 하나님의 형상으로 존재한 예수와 하나님과의 동등됨을 취하려 하지 않았던 예수의 자기부인과 순종, 그리고 높아짐과 선명한 대조를 이루고 있다. 물론 케노시스 시가 아담 이야기를 그 주 배경으로 하고 있다는 사실은 아담의 이야기를 통해서 케노시스 시의 모든 면을 다 설명해야 한다는 말이 아니다. 케노시스 시의 저자는 구약의 이야기들을 통해서 자신만의 예수 이야기를 전

3.   본 저자는 이미 빌립보서 2:6-11에 담긴 아담 기독론을 저자의 다른 논문에서 간략하게 다룬 바 있다. 이번 장은 그 논문을 책의 형태로 크게 확장시킨 것이다. 참고, 이승현, "빌립보서 2:6-11을 통해서 본 바울의 기독론적 구약 사용," 「신약논단」26, no. 1 (2019): 215-56.

달하려 하기에, 그가 구약 이해함에 있어서 항상 새로운 해석학적 시도들을 통한 새로운 요소들이 첨가된다. 또한 케노시스 시가 아담 이야기를 그 주 배경으로 한다는 사실은 아담 이야기 이외의 다른 어떤 구약성경 이야기에 의존하고 있지 않다는 말도 아니다. 사실, 케노시스 시에는 이사야의 고난받는 종의 이야기와 시편에 나타난 하나님의 우편으로 높여진 주와 메시아에 대한 성서적 메아리가 중요하게 담겨 있다. 고난받는 종의 높아짐을 묘사하는 이사야의 예언을 통하여 케노시스 시의 저자는 하나님이 예수를 높여준 사건을 시적으로 묘사하고 있다.[4]

이에 본 장에서 우리는 빌립보서 2:6-11에 담긴 케노시스 시의 아담 기독론을 다양한 학자들의 의견과 비교하며 설명해보고자 한다. 그러나 이에 앞서 우리는 먼저 빌립보서 2:6-11에 대한 간략한 소개와 더불어, 바울 학자들의 논쟁의 중심에 섰던 케노시스 시의 일부 신학적인 표현들에 대해서 조사해 볼 것이다. 그리고 케노시스 시의 전반적인 구조에 대한 분석을 행한 후에 아담의 이야기와 예수의 이야기를 비교하면서 케노시스 시의 아담 기독론적 특징들을 설명해 볼 것이다.

케노시스 시에 대한 배경 질문들

케노시스 시에 대한 자세한 분석과 아담 기독론에 대한 고찰에 앞서서 우리는 이 시에 대한 몇 가지 전제들에 대해서 간략하게 살펴보고자 한다. 그동안 학자들은 빌립보서 2:6-11의 본문이 예수에 대한 시인지 아

---

4. 물론 케노시스 시의 기독론에 미친 아담 이야기의 영향에 관한 학자들의 강조는 일부 학자들의 반발에 직면하기도 했다. 따라서 뒤에서 우리는 그들의 반발에 대해서도 자세히 살펴보게 될 것이다.

니면 산문인지, 만약 시라면 이 시의 저자가 바울인지 아니면 다른 사람인지, 그리고 이 시가 빌립보서의 작성 이전에 쓰여졌는지 아니면 빌립보서의 작성과 동시에 쓰여졌는지 등에 대해서 토론해 왔다. 또한 이 본문의 배경이 되는 상황 혹은 기원에 관한 이야기가 영지주의의 초인인지, 아니면 빌립보를 포함한 그리스-로마 사회의 황제 숭배 사상인지, 아니면 구약 성서의 아담 혹은 이사야의 고난받는 종인지에 대한 논의가 있었다.[5] 따라서 우리는 여기서 빌립보서 2:6-11의 문학적 장르와 저자 그리고 저작 시기와 더불어, 이 시의 역사적인 배경과 기원의 문제에 대해서 간략하게 살펴보고자 한다.

빌 2:6-11의 문학적인 장르에 대한 문제: 시 혹은 산문

빌립보서 2:6-11은 그 전후 문맥을 구성하고 있는 다른 본문들과 문학적인 형태에서 상당한 차이를 보여주고 있다. 빌립보서 1:27-2:5에서 바울은 빌립보교회가 직면한 현실적인 문제, 즉 외부로부터의 핍박과 이로 말미암는 고난에 대해서 언급한다. 빌립보교회가 직면한 외부로부터의 고난을 극복하기 위해서 빌립보교회에게는 내부적인 연합이 절실히 요구된다. 바울에 따르면, 빌립보교회의 내부적인 하나 됨의 연합은 공동체의 모든 구성원들이 스스로를 겸손히 낮추고 타인을 자신보다 높이는 이타적인 자세를 통해서 이루어진다. 이 자세에 대한 실례로서 바울은 2:12-18에서 교회 공동체를 위해서 스스로를 낮추고 희생한 바울 자신을 제시한다. 또한 2:19-30에서 바울은 복음을 위하여 자신들을 희생한 디모데와 에바브로디도를 또 다른 모범으로 추가 제시한다. 이 본문들에서 바울은 1인칭 화자의 수법으로 빌립보교회 성도들을 2인칭 대화자로 부르면서, 자신

---

5.   Reumann, *Philippians: A New Translation with Introduction and Commentary*, 334-37.

의 윤리적인 가르침을 친밀하게 전달한다. 따라서 이 본문들에서 바울이
사용하는 단어들과 목회적인 내용들은 다분히 바울신학의 전형적인 특징
들을 잘 보여주고 있다고 할 수 있다.[6]

그러나 빌립보서 2:6-11에서 우리는 갑자기 익숙한 바울의 산문적인
서술이 아니라, 잘 균형잡힌 형태로 쓰인 시적인 본문을 접하게 된다. 이
본문은 전후의 문맥과 약간 동떨어진 기독론적 내용을 담고 있고 다른 바
울서신들에서 쉽게 발견되지 않는 신학적인 용어들과 표현들을 포함하고
있다. 물론 2:6-11은 고대 유대인들과 그리스인들이 작성한 전형적인 시
의 모습들과 모든 면에서 정확하게 일치하지는 않는다. 이에 수많은 바울
학자들은 이 본문의 시적인 형태와 구성에 대해서 다양한 의견을 제시했
다.[7] 이 본문의 시적인 문학적 특징에 대한 학자들의 전반적인 공감대에도
불구하고, 고든 피(Gordon Fee)는 스티븐 파울(Stephen Fowl)의 견해를 인용하면
서 빌립보서 2:6-11은 고대인들의 문학적 장르로서의 시에 적합하지 않다
고 주장한다.[8] 나아가 피는 빌립보서 2:6-11에서 바울이 단순히 예수의 이

---

6. Hansen, *The Letter to the Philippians*, 122.
7. Ralph P. Martin, *A Hymn of Christ: Philippians 2:5-11 in Recent Interpretation & in the Setting of Early Christian Worship*, 1st ed. (Downers Grove, Ill.: InterVarsity Press, 1997), 1-23; Morna Hooker, "Philippians 2:6-11," in *Jesus Und Paulus: Festschrift F. Werner Georg Kümmel* ed. Werner Georg Kümmel, E. Earle Ellis, and Erich Grässer (Göttingen: Vandenhoeck und Ruprecht, 1975), 157; Gordon D. Fee, *Philippians* (Downers Grove, Ill.: InterVarsity Press, 1999), 193-94; Peter Thomas O'Brien, *The Epistle to the Philippians: A Commentary on the Greek Text*, The New International Greek Testament Commentary (Grand Rapids: Eerdmans, 1991), 188; Reumann, *Philippians: A New Translation with Introduction and Commentary*, 339, 61-62; Hawthorne and Martin, *Philippians*, 99-102.
8. Gordon D. Fee, *Pauline Christology: An Exegetical-Theological Study* (Peabody: Hendrickson, 2007), 373-74; Stephen D Fowl, *The Story of Christ in the Ethics of Paul* (Sheffield: Sheffield Academic Press, 1990), 31-45.

야기를 그리스도인들의 겸손의 모범의 표준으로 전달해주고 있으므로,
이 본문을 그리스도에 관한 시가 아니라 그리스도 이야기라고 부른다. 그
럼에도 불구하고, 피는 이 본문을 둘러싼 시적인 구조와 노래로 부르기에
적합한 시적인 특징들을 완전히 부정하진 못한다.[9] 랄프 마틴(Ralph Martin)
은 문학적인 장르로서의 시가 가지는 특징들로서 리듬, 음률, 대칭 구조,
음보, 그리고 여러 음운학적 장치들을 제시한다. 마틴은 2:6-11은 문학적
인 장르로서의 시가 가지는 이러한 다양한 특징들을 다 보유하고 있기에
초대교회의 가장 중요한 시들 중의 하나라고 결론짓는다.[10] 본 저자는, 마
틴과 다른 많은 학자들과 의견을 같이 하면서, 빌립보서 2:6-11에 포함된
케노시스 본문은 초대교회의 가장 오래된 시들 중의 하나로 간주한다.

빌립보서 2:6-11은 예수 그리스도의 겸손함을 자신을 비운 행위로 묘
사하기에 '비움'을 의미하는 헬라어 단어 κενόω(2:7)에 근거하여 케노시스
시라고 불린다. 학자들의 케노시스 시에 대한 분석은 에른스트 로마이어
(Ernst Lohmeyer)의 구조적 분석으로부터 시작했다고 말할 수 있다.[11] 로마이
어는 케노시스 시를 6개의 연(stanza)으로 구분하고, 각각의 연은 세 개의
문장들을 포함하고 있다고 다음과 같이 주장한다:[12]

9. Fee, *Pauline Christology: An Exegetical-Theological Study*, 374.

10. Martin, *A Hymn of Christ: Philippians 2:5-11 in Recent Interpretation & in the Setting of Early Christian Worship*, 12-13.

11. Colin Brown, "Ernst Lohmeyer's Kyrios Jesus," in *Where Christology Began: Essays on Philippians 2*, ed. Ralph P. Martin and Brian J. Dodd (Louisville: Westminster John Knox, 1998), 6.

12. Ernst Lohmeyer, *Kyrios Jesus: Eine Untersuchung Zu Phil 2,5-11* (Sitzungsberichte der Heidelberger Akademie der Wissenschaften, 1927), 4.

(1) 하나님의 형체로 존재하시던 분이

　　하나님과 동등됨을

　　취해야 할 것으로 간주하지 않으셨다

(2) 대신 그는 자신을 비우셨다

　　종의 형체를 취하시고

　　인간의 모습을 취하심으로써

(3) 그리고 인간의 모습으로 발견된 다음에

　　그는 자신을 낮추셨다

　　죽음에까지 순종하심으로써-십자가에서의 죽음에 이르기까지

(4) 그러므로 하나님은 그를 지극히 높이셨다

　　그리고 그에게 이름을 주셨다

　　모든 이름 위에 뛰어난 이름을

(5) 그리히어 예수의 이름 앞에

　　모든 무릎이 꿇고

　　하늘과 땅과 땅 아래에 있는

(6) 그리고 모든 혀가 인정하기를

　　예수 그리스도는 주이시다

　　하나님 아버지의 영광을 위하여

　　로마이어의 케노시스 시의 구조 분석에서 처음 세 연은 예수의 하나님이 영광스러운 자리에서 그의 십자가 상에서의 죽음끼지로의 밑으로 향하는 여정을 묘사하고 있다. 이 부분에서 동사들의 주어는 예수고, 그 동사들을 통해서 묘사되는 것은 예수가 취한 마음의 자세와 행동들이다. 반면에 마지막 세 연은 자신을 비우고 죽임을 당한 예수를 향하여 취한 하나님의 행동들을 묘사한다. 이 부분에서 동사들의 주어는 예수가 아니

라 하나님이고, 예수를 위한 하나님의 행동은 그를 지극히 높여 만물의 경배의 대상이 되게 한 것이다. 케노시스 시의 이러한 구조는 이 시가 분명한 시작과 끝을 가지고 있는 그 자체로 완전한 독립된 문학 작품임을 잘 보여준다. 추후에 다룰 본 저자의 케노시스 시 구조 분석도 로마이어의 분석과 크게 다르진 않을 것이다. 로마이어의 빌립보서 시에 대한 분석을 면밀히 검토한 후, 콜린 브라운은 케노시스 시가 초대교회에 의하여 아주 조심스럽게 쓰인 훌륭한 시라고 결론짓는다.[13] 본 저자는 케노시스 시에 대한 학자들의 이러한 평가에 적극적으로 동의하는 바다.

빌립보서 2:6-11의 저자와 저작 시기

케노시스 시의 문학적인 장르와 더불어 많은 학자들의 논쟁의 대상이 되었던 것은 이 시의 저자와 저작 시기에 대한 문제이다. 만약 빌립보서 2:6-11이 시라면, 이 시를 빌립보서의 저자인 바울이 직접 작성하였는지, 아니면 초대교회의 예배시간에 낭송되던 시를 바울이 여기서 인용하고 있는지가 논쟁의 대상이다. 또한 만약 바울이 이 시의 저자라면, 그가 과거에 미리 작성한 시를 현재 빌립보서를 쓰고 있는 순간에 인용하고 있는지, 아니면 빌립보서를 작성하면서 이 시를 썼는지도 역시 논쟁의 대상이다.

먼저, 이 시에 대한 바울의 저작설을 부인하는 학자들의 견해는 대략 다섯 가지 정도로 요약해 볼 수 있다.[14] 첫 번째, 케노시스 시와 그 시를 둘러싼 빌립보서의 문학적인 표현들과 신학적인 용어들에서 우리는 분명한 차이점들을 확인할 수 있다. 빌립보서 1-2장에서 바울이 1인칭 화자로 빌

---

13. Brown, "Ernst Lohmeyer's Kyrios Jesus," 9.
14. 이 부분에서 저자는 한슨의 견해를 참고하고 있다. 참고, Hansen, *The Letter to the Philippians*, 127-30.

립보 교인들을 향하여 전하는 목회적인 교훈과는 대조적으로, 케노시스 시는 예수에 대한 찬미를 3인칭 화자의 관점으로 제시하고 있다. 이 시에는 앞에서 언급된 바울의 목회적인 교훈과는 무관하게 예수의 태도와 자세, 그리고 그에 대한 하나님의 높여주심이 아름답게 묘사되고 있다. 따라서 많은 학자들은 이 시가 초대교회 예배 중에 주이신 그리스도를 찬미하기 위하여 함께 불렀던 시라고 주장한다.[15] 바울은 빌립보 교인들도 잘 알고 있는 이 시를 빌립보서의 새로운 환경 속에 위치시킴으로써, 예수의 태도와 결정을 빌립보 교인들의 태도와 행동에 대한 표준적인 모범으로 제시하고 있다. 그러나 설혹 이 시가 빌립보서를 작성하기 전 이미 널리 알려진 시이고 바울이 지금 이 시를 인용하고 있다고 할지라도, 이 사실이 바울의 저작설을 완전히 부인하는 증거가 되지는 못한다. 왜냐하면 바울이 이처럼 아름다운 시를 쓸 능력이 없다고 아무도 증명할 수 없기 때문이다.[16] 뿐만 아니라, 일부 학자들의 견해처럼, 파서 이 시의 작성에 풍부한 성경적인 지식과 영적인 상상력을 소유한 바울이 적극적으로 참여했을 수도 있다는 사실을 우리는 완전히 배제할 수 없다.

두 번째, 분명한 시작과 결론을 가진 문학적인 완전체로서의 케노시스 시의 구조는 바울이 여기서 이미 완성된 시를 인용하고 있다는 사실을 분명하게 해준다.[17] 또한 앞에서 제시된 로마이어의 분석에서 잘 나타나듯이, 케노시스 시의 여섯 개의 연은 그리스도의 하늘에서 땅으로의 하강과 땅에서 하늘로의 상승을 아주 대칭적으로 완벽하게 묘사하고 있다.[18] 그리

15. 참고, Reumann, *Philippians: A New Translation with Introduction and Commentary*, 374-77.
16. Hansen, *The Letter to the Philippians*, 127.
17. Ibid., 128.
18. 참고, Reumann, *Philippians: A New Translation with Introduction and Commentary*, 334-35.

고 이 시를 구성하는 표현들 하나 하나가 신학적인 깊이를 담은 채, 잘 가
공된 모습으로 현재의 위치에 자리하고 있다. 이 표현들은 케노시스 시의
전후 문맥과 전혀 무관하지는 않지만, 전후 문맥에서 사용되는 바울의 다
른 신학적 용어들과는 확연하게 구분되는 장엄함을 보여주고 있다. 케노
시스 시의 그 자체로 완벽한 구성과 더불어, 이 시의 세련되고 정제된 단
어들의 선택은 이 시가 빌립보서가 바울에 의하여 쓰이기 이전에 완성된
시였음을 증거하는 기능을 한다. 이처럼 그 주변 문맥들의 단어들과 확연
하게 구분되는 케노시스 시의 표현들은 바울이 빌립보서를 작성하던 중
케노시스 시를 통하여 그리스도의 이야기를 함께 작성했다고 보는 피의
견해에 대한 좋은 반박이 될 수 있다. 그러나 케노시스 시가 그 자체로 독
립적인 문학적 완전체로서 빌립보서에서 발견되는 바울의 일반적인 신학
적 표현들과 구분되어 미리 작성된 시라는 사실이 이 시에 대한 바울의
저작설을 부인하는 견해에 대한 직접적인 증거라고 보기도 어렵다. 왜냐
하면 바울이 이 시를 빌립보서 전에 미리 작성하였다면, 얼마든지 빌립보
서에서 발견되는 신학적인 표현들과 상이한 표현들을 통하여 예수에 대
한 독립적인 노래를 만들 수 있었기 때문이다.

세 번째, 어떤 학자들은 케노시스 시의 스타일은 다른 빌립보서 본문
에서 발견되는 바울의 신학적 스타일과 너무 상이하기에, 이 시는 바울이
아닌 초대교회의 또 다른 사상가에 의해서 기록된 문학작품이라고 주장
한다.[19] 케노시스 시에서 발견되는 리듬감, 병행 구절들과 아이디어들, 독
립적인 동사들과 그 동사들을 수식하는 동명사들, 그리고 하강과 상승의
구조를 통한 그리스도에 대한 기독론적 묘사 등은 바울서신에서 발견되

---

19. Hansen, *The Letter to the Philippians*, 128-29; Martin, *A Hymn of Christ: Philippians 2:5-11 in Recent Interpretation & in the Setting of Early Christian Worship*, 43.

는 바울신학의 문학적 스타일과는 확연하게 구분되기 때문이다.[20] 반면에, 고린도전서 13장이나 로마서 8:31-39에서 발견되는 시, 혹은 시적인 본문들은 바울의 다른 서신들에서 발견되는 신학적인 특성과 아주 유사한 신학적인 경향성을 잘 보여준다. 그렇다면 만약 케노시스 시가 바울이 아닌 다른 이에 의해서 쓰여졌다면, 그 저자는 누구였을까? 신적인 영역에서 인간의 영역으로의 예수의 하강과 같은 신학적인 이해들은 예루살렘의 유대인 출신 교회보다는, 안디옥의 이방인 출신 교회들에 의해서 강조되었을 가능성이 더 높다. 그렇다면 빌립보서가 쓰이기 전 30년대 중후반, 혹은 40년대 초반에 안디옥 교회에서 활발하게 활동했던 사상가로 우리는 누구를 생각할 수 있을까? 설혹, 케노시스 시가 바울에 의해서 쓰인 것이 아니라고 할지라도, 우리는 안디옥 교회를 포함한 이방인 교회의 신학적인 발전에 미친 바울의 영향력을 과소평가할 수 없다. 그렇다면 이 케노시스 시에 담긴 기독론적 이해는 여전히 바울의 사상나 밀접하게 연관되어 있다고 추정해 볼 수 있다. 사실, 바울이 케노시스 시를 빌립보서 2장에서 그대로 인용한다는 사실은 바울 스스로 이 시에 담긴 기독론적 이해에 전적으로 공감한다는 사실에 대한 증거이다.[21] 그렇다면 우리는 케노시스 시에 담긴 기독론적 주장들을, 바울의 저작설의 여부와 상관없이, 바울신학의 일부로 간주할 수 있다. 다시 말하면, 우리는 케노시스 시에서 발견되는 아담 기독론적 논의에 바울이 전적으로 동의하고 있기에, 이 시에 대한 그의 저작설의 여부와 상관없이, 이 시의 신학적인 논의를 바울의 것으로 여기고 분석할 수 있다.

네 번째, 많은 학자들은 케노시스 시에서만 발견되고 바울의 다른 서

---

20. Hansen, *The Letter to the Philippians*.
21. 참고, N. T. Wright, *The Climax of the Covenant: Christ and the Law in Pauline Theology* (Minneapolis: Fortress, 1992), 57.

신들에서는 발견되지 않는, 단 한번만 기록에 남아 있는 어구들(hapax legome-
ena: "하팍스 레고메나")은 바울이 이 시의 저자가 아니라는 사실에 대한 가장
강력한 증거라고 주장한다.[22] 하팍스 레고메나의 예로서 ἁρπαγμὸν(2:6)과
καταχθονίων(2:10)은 바울서신뿐만 아니라, 신약성경 전체, 심지어는 칠십
인역에서도 발견되지 않는 단어들이다. 뿐만 아니라, μορφή(2:6)와 ὑπερυ-
ψόω(2:9)도 바울의 다른 서신들과 신약성경의 다른 본문들 어디에서도 발
견되지 않는 용어들이다. Μορφή의 경우는 신약성경에서 오직 그 진위성
이 의심받는 마가복음의 긴 결론에서만 한 번 발견되고 있다(막 16:12). 케노
시스 시에 발견되는 이 네 개의 하팍스 레고메나 외에도 서너 개의 중요
한 신학적 표현들은, 비록 바울서신들의 다른 곳에서 발견되기는 하지만,
바울의 일상적인 용법들과 약간 상이하게 사용되고 있다.[23] 예를 들면, 케
노시스 시에서 ἑαυτὸν ἐκένωσεν(2:7)은 예수의 자기 부정과 겸손한 태도를
지칭하면서 긍정적인 의미로 사용되고 있다. 그러나 헬라어 동사 ἐκένω-
σεν은 바울서신서 다른 곳에서는 바울이 싫어하는 것들을 경멸하는 의미
로 부정적으로 사용되고 있다(롬 4:14; 고전 1:17; 9:15; 고후 9:3). 인간의 외적인
모양을 가리키는 헬라어 단어 σχῆμα(2:8)의 경우 고린도전서 7:31에서는 주
의 재림을 앞두고 사라져버릴 유한한 세상의 모양을 가리키기 위해서 쓰
인다. 그리고 헬라어 표현 ἐπουρανίων καὶ ἐπιγείων(2:10)은 바울서신 다른
곳에서 인간 존재의 두 가지 상호 다른 형태를 지칭하기 위해서 사용되고
있다(빌 3:19-20; 고전 15:40; 고후 5:1-2). 또한, 케노시스 시에서 "예수의 이름"이
라는 표현이 사용되는 데 반하여, 바울은 일반적으로 "우리 주 예수 그리
스도의 이름"(고전 1:2; 6:11; 비교, 엡 5:20), "우리 주 예수의 이름"(고전 5:4; 비교, 살

---

22. 아래의 예들은 Hansen으로부터 빌려왔다. 참고, Hansen, *The Letter to the Philippians*,
    128.
23. Ibid., 129.

후 1:12; 골 3:17), 그리고 "주의 이름"(롬 10:13; 비교, 살후 3:6)이라는 표현들을 통해서 예수의 주 되심을 더욱 강조한다. 따라서 케노시스 시에서 발견되는 독특한 표현들과 용어들은 일부 학자들로 하여금 케노시스 시에 대한 바울의 저작설을 부정하는 중요한 근거로 간주되었다.[24] 그러나 정경화된 제한된 분량의 바울서신들은 그 자체만으로 바울의 어휘 능력의 최대치, 혹은 그의 어휘 목록에 대한 완벽한 판단의 근거가 될 수는 없다. 그리고 위의 독특한 단어들과 표현들은, 비록 때로 바울서신들에서 다른 형태 혹은 다른 의미로 사용되기도 하지만, 현재의 본문에서는 바울의 일반적인 용례와 유사한 형태/의미로 사용되고 있다.[25]

마지막으로, 어떤 학자들은 케노시스 시에서 발견되는 일부 신학적인 개념들은 바울의 전형적인 예수 이해와 대조된다고 주장한다.[26] 예를 들면, 그리스도를 '종/노예'로 지칭하는 케노시스 시의 용법(2:7), 하나님이 그리스도를 높이고 그에게 모든 이름 위에 뛰어난 이름을 준 사실(2:9), 그러나 그리스도의 부활이 전혀 언급되지 않고 있다는 측면, 그리고 세상을 하늘과 땅과 땅 아래로 삼등분하는 구분(2:20) 등은 바울서신 어디에서도 발견되지 않는다. 일반적으로 바울은 자신과 자신의 동역자들을 예수 그리스도의 종/노예라고 칭한다(롬 1:1; 빌 1:1). 또한 바울은 자신의 서신들에서 하나님이 예수 그리스도를 부활시켰다는 사실에 대해서는 종종 언급하지만, 그를 높이신 사건에 대해선 침묵한다. 바울에게 있어서 하나님의 은혜의 주요 수혜자들은 바울 자신을 포함한 성도들이지, 예수 그리스도

24. Martin, *A Hymn of Christ: Philippians 2:5-11 in Recent Interpretation & in the Setting of Early Christian Worship*, 48.

25. Bonnie Bowman Thurston and Judith Ryan, *Philippians and Philemon*, Sacra Pagina Series (Collegeville, Minn.: Liturgical Press, 2005), 85-86.

26. Hansen, *The Letter to the Philippians*, 129; Martin, *A Hymn of Christ: Philippians 2:5-11 in Recent Interpretation & in the Setting of Early Christian Worship*, 49.

가 아니기 때문이다. 그리고 바울은 자신이 삼층천으로 올라간 경험에 대해서 한 번 언급할 뿐, 어둠의 영들이 거하는 땅 밑의 세계에 대해서는 침묵하고 있다(고후 12:2). 이러한 독특한 신학적인 생각들과 더불어, 케노시스 시는 바울이 다른 서신들에서 강조하는 구속, 부활, 교회, 칭의, 성령, 그리고 대속의 죽음 등에 대해서는 아무런 언급이 없다. 바울의 복음의 핵심은 단순히 그리스도가 십자가에서 죽었다는 사실이 아니라, "우리를 위하여" 대속의 죽음을 죽었다는 사실에서 발견되는데(고전 15:3; 고후 5:15; 살전 5:10), 케노시스 시는 이 사실에 대해서 아무런 언급을 하지 않고 있다. 바울이 이 시의 저자라면, 그는 틀림없이 θανάτου δὲ σταυροῦ(2:8)라는 표현 뒤에 ὑπὲρ τῶν ἁμαρτιῶν ἡμῶν 혹은 ὑπὲρ ἡμῶν을 포함시켰을 가능성이 아주 높다. 물론 케노시스 시처럼 짧은 시 하나에서 바울신학의 전부를 찾고자 하는 바람은 그 시가 전할 수 있는 능력 이상의 것을 요구하는 무리한 시도로 간주될 수 있다. 끝으로, 바울이 자신의 서신들에서 예수의 주되심에 대해서 강조하는 바는 케노시스 시에서처럼 세상의 모든 존재들이 자신들의 의사와 상관 없이 내뱉는 우주적인 고백이 아니라, 성령에 의하여 감동받고 구원받은 성도들의 믿음의 고백이다(롬 10:9; 고전 12:3).

이런 여러 가지 이유들로 인해서 케노시스 시에 대한 바울의 저작설은 학자들의 논쟁의 대상이 되었다. 그리고 현재는 영미권의 복음주의 학자들은 바울의 저작설을 옹호하는 반면에, 독일과 영국의 학자들은 바울의 저작설을 부인하면서 상호 팽팽하게 맞서고 있는 형국이다. 그러나 위에서 언급된 어떠한 논의도 바울의 저작설의 진위여부에 대한, 긍정적인 혹은 부정적인 측면에서, 어떤 결정적인 증거가 되지는 못한다. 본 저자는 빌립보서 2:6-11에서 발견되는 본문은 시이고, 이 시는 바울이 빌립보서를 작성하기 전에 이미 초대교회에 널리 알려진 시라는 학자들의 일반적인 의견에 동의한다.[27] 그러나 바울이 이 시의 작성에 직접 관여했든 그렇지 않았든지에 상관없이, 그가 이 시를 자신의 빌립보교회를 향한 편지에 포함시킨다는 사실은 케노시스 시가 담고 있는 신학적인 용어와 표현, 그리고 그 의미들에 그가 전적으로 동의하고 있다는 사실을 증거한다. 따라서 본 저자는 케노시스 시에 대한 바울의 저작설의 진위 여부에 상관없이, 이 시는 바울의 기독론적 이해를 잘 대변하는 것으로, 즉 빌립보서 전체를 통하여 그가 전달하고자 하는 기독론적 메시지의 필수불가결한 일부분으로 간주한다.[28]

빌립보서 2:6 11의 배경과 기원

만약, 빌립보서 2:6-11에 담긴 케노시스 시가 빌립보서의 저술에 선행하고 빌립보교회의 상황과 별개로 독립적으로 작성되었다면, 우리는 이 시 자체의 역사적 혹은 사상적 배경 내지는 기원에 대해서 추론해 볼 수 있을까? 이 질문에 답하기 위하여 케노시스 시에 대한 배경과 기원에 대한 후보들로 수많은 선택지들이 제시되었다.[29] 케노시스 시의 배경사상으로는 이사야의 고난받는 종, 창세기의 아담 이야기, 영지주의의 초인(Gnostic primal man) 혹은 구원자 신화(redeemer myth), 빌립보의 황제 숭배 사상 등이 제시되었다. 사실 바울은 케노시스 시에서 종의 형체(2:7)라는 표현과 더불어, 빌립보서 2:10-11에서 이사야 45:23을 인용하고 있다. 뿐만 아니라, 이사야 52:13-53:12과 케노시스 시에는 많은 유사점들이 존재한다. 이사야

---

27. Thurston and Ryan, *Philippians and Philemon*, 86; Hansen, *The Letter to the Philippians*, 130-31; Larry W. Hurtado, *Lord Jesus Christ: Devotion to Jesus in Earliest Christianity* (Grand Rapids: Eerdmans, 2003), 112.

28. 비교, Fee, *Philippians*, 193; Wright, *The Climax of the Covenant: Christ and the Law in Pauline Theology*, 98.

29. Reumann, *Philippians: A New Translation with Introduction and Commentary*, 360-65.

서에서 주의 종은 고난에의 복종과 하나님의 뜻에 대한 순종을 인하여 영
광에 이르게 된다. 마찬가지로, 케노시스 시에서 예수도 하나님의 뜻에 대
한 순종과 죽음의 고난에 대한 복종을 통해서 영광스러운 우주의 주로 높
아지게 된다. 이 사실은 이사야의 고난받는 종에 대한 유대인들의 이해가
케노시스 시의 중요한 사상사적 배경이 되었음을 알려준다.[30] 또한 학자
들은 창세기 1-3장에서 발견되는 아담의 이야기와 케노시스 시에서 발견
되는 예수의 이야기 사이에 많은 유사점들이 공유되고 있음을 본다. 아담
은 하나님과의 동등됨을 얻기 위하여 불순종하다가 죽음의 저주를 받았
고, 예수는 하나님과의 동등됨을 포기하고 하나님의 뜻에 대한 순종을 통
하여 자신을 비우고 죽음을 경험하게 되었다. 이 순종의 죽음에 대한 보
상으로 예수는 하나님과의 동등됨, 즉 모든 이름 위에 뛰어난 이름인 하
나님의 이름 '주'와 그에 따른 우주적인 주권을 부여받게 된다.[31] 따라서
우리는 구약에 담긴 아담 이야기와 고난받는 주의 종의 이야기를 케노시
스 시와 연관하여 뒤에서 조금 더 자세히 다루어 볼 것이다.[32]

　　케노시스 시가 기독교에 앞서 존재했던 영지주의의 구원자, 혹은 영
지주의의 초인에 관한 신화로부터 기원했다고 보는 견해는 불트만(R. Bult-
mann)과 케제만(Ernst Käsemann)에 의해서 강조되었다.[33] 불트만과 케제만은
기원 후 1세기에 이미 선재하는 우주적인 존재, 즉 영지주의적 초인이 인
간의 모습을 띠고 이 땅에 내려와 아버지의 뜻을 따라 진리에 대한 지식

---

30. 참고, 이승현, "빌립보서 2:6-11을 통해서 본 바울의 기독론적 구약 사용," 225-35.

31. 이승현, "'하나님과 동등됨"(Tò εἶναι Ἴσα Θεῷ)의 의미에 대한 고찰과 빌립보서 2:6-
　　11 해석," 「성경원문연구」 39 (2016): 203-22.no. 39 (2016): 203-22.

32. 이승현, "빌립보서 2:6-11을 통해서 본 바울의 기독론적 구약 사용," 235-50.

33. Rudolf Bultmann, *Theology of the New Testament*, 2 vols. (New York: Scribner, 1951),
　　vol. 1, 166f.; Ernst Käsemann, "A Critical Analysis of Philippians 2.5-11," *ZTK* 47
　　(1950): 313-60.

을 전달하는 이야기, 즉 영지주의의 구원자 신화가 존재했다고 주장한다. 그들은 바울을 비롯한 초대교회의 기독론은 이 영지주의의 초인에 관한 신화에 그 뿌리를 두고 있다고 강조한다. 그들에 따르면, 빌립보서에서 발견되는 케노시스 시의 예수에 관한 묘사도 이 영지주의의 초인의 하강과 상승에 대한 묘사에 깊이 의존하고 있다. 그러나 이들이 주장하는 영지주의의 구원자 신화는 사실 바울 이후에 존재하는 2세기 이후의 문서들을 통해서 재구성되었다. 사실, 바울 이전 혹은 바울 당시에 원시 기독교와 확연하게 구분되는 영지주의 운동이나 문서가 분명하게 존재했다는 어떠한 증거도 없다.[34] 또한 영지주의의 구원자 신화에서 발견되는 악한 창조사에 관한 이야기는 바울과 초대교회가 성경으로 굳게 믿고 있는 창세기의 창조주 하나님 이야기와 정면으로 대치된다. 구약의 선한 창조주 하나님은 영지주의 문서들에서 악한 창조자로 묘사되고 있다. 영지주의의 초인은 이 악한 창조자의 계략으로부터 인류를 구원하고자 이 땅에 내려왔다. 영지주의의 초인과 수많은 영적인 존재들 간의 갈등과 투쟁 이야기는 구약과 신약 어디에서도 발견되지 않는다. 뿐만 아니라, 케노시스 시의 가장 중요한 신학적 토대를 구성하는 예수의 겸손한 낮아짐과 순종, 그리고 하나님의 높여주심은 영지주의의 구원자 신화에서 전혀 발견되지 않는다. 그러므로 이제 바울 학자들은 더 이상 영지주의적 초인 내지는 구원자 신화를 케노시스 시의 배경으로 제시하지 않는다.[35]

34. James D. G. Dunn, *Christology in the Making: A New Testament Inquiry into the Origins of the Doctrine of the Incarnation*, 2nd ed. (Grand Rapids: Eerdmans Co., 1996), 99-100; Hansen, *The Letter to the Philippians*, 131.

35. Thurston and Ryan, *Philippians and Philemon*, 87-88. 참고, Robert Morgan, "Incarnation, Myth, and Theology: Ernst Käsemann's Interpretation of Philippians 2:5-11," in *Where Christology Began: Essays on Philippians 2*, ed. Ralph P. Martin and Brian J. Dodd (Louisville: Westminster John Knox, 1998), 43-73.

빌립보교회가 속한 그리스-로마 제국은 황제 숭배 사상을 통하여 단일한 왕국을 유지하기 위한 종교체계를 수립하였다. 로마의 황제 카이사르는 우주의 주인인 제우스의 아들로 간주되었고, 따라서 그는 신적인 능력과 자질을 소유한 세상의 주로 선포되었으며, 그가 전쟁을 끝내고 평화를 가져왔다는 소식은 그리스-로마 제국에 속한 모든 이들에게 참 복음으로 제시되었다. 그러나 빌립보서 2:6-11의 케노시스 시는 로마의 황제가 아니라 예수가 우주의 참된 왕인 하나님의 아들로서 우주의 주권을 소유하고 있다고 주장한다. 따라서 세상의 모든 백성들은 로마 황제를 자신들의 주로 숭배하는 것이 아니라, 높아진 예수를 자신들의 주로 숭배해야한다. 이런 측면에서 어떤 학자들은 로마의 황제 숭배 사상에 대한 반발로 케노시스 시가 작성되었다고 주장한다.[36] 그러나 황제 숭배 사상은 케노시스 시가 반박하는 빌립보가 속한 이방 세계의 주된 사상이지, 케노시스 시를 구성하게 한 초대교회의 사상적 기원으로 보기에는 좀 무리가 있다. 황제 숭배 사상이 케노시스 시를 통한 예수의 찬미의 직접적인 원인이었다기보다는, 그리스-로마 사회의 역사적 배경으로서 초대교회 성도들의 삶에 직간접적인 영향을 미쳤다고 보는 것이 더 옳다. 이와 연관하여, 케노시스 시가 빌립보교회의 두 여자 지도자 유오디아와 순두게가 속한 그룹으로부터 기원했다는 주장도 별로 설득력이 없다.[37] 우리는 유오디아와 순두게에 대한 어떠한 기록된 정보도 소유하고 있지 않다.

케노시스 시의 헬라적 기원에 반하여, 샌더스(J.A. Sanders)는 유대 지혜 문학, 특히 잠언 8:22-31과 지혜서 9:9-10을 중심으로 『헤르메스주의 전집』(*Corpus Hermeticum*)과 케노시스 시를 상호 비교하였다. 샌더스는 유대인

---

36. Reumann, *Philippians: A New Translation with Introduction and Commentary*, 337-38.
37. Ibid., 362; Wolfgang Schenk, *Die Philipperbriefe Des Paulus: Kommentar* (Stuttgart: W. Kohlhammer, 1984), 173-75.

의 지혜 개념과 더불어, 에녹을 겸손하게 이 땅에 내려온 신 사상의 중요
한 기원으로 제시하였다.[38] 요셉 피츠마이어(Joseph A. Fitzmyer)는 케노시스 시
의 유대적 배경, 스타일, 언어 그리고 신학적 용어들에 주목하면서, 케노
시스 시를 아람어로 번역하여 아람어 원형을 복구하려 하였다.[39] 피츠마
이어는 유대인 출신으로 아람어를 말하는 그리스도인이 이 시의 저자라
고 보았다. 그러나 피츠마이어의 이론의 최고의 약점은 헬라어 시를 아람
어 시로 번역하는 것의 어려움에서 발견된다. 케노시스 시에 담긴 시적인
운율과 상용구들은 헬라어 언어 용법과 직접적으로 연관되어 있기 때문
이다. 또한 케노시스 시에는 부인할 수 없는 헬라 사상적 요소들이 강하
게 스며들어 있기에, 이 시를 쓴 저자는 유대인 출신 그리스도인이라기보
다는 바울처럼 이방 문화에 익숙한 디아스포라 출신 유대인 그리스도인,
혹은 이방인 출신 그리스도인일 가능성이 지극히 높다.[40] 특별히, 케노시
스 시의 전반부를 구성하는 신적 존재의 성육신 사상이나, 후반부를 구성
하는 하나님의 고유한 이름인 주와 우주적인 주권을 소유하는 제2의 하
나님, 혹은 하나님과 동등된 자의 개념은 유대인 출신 그리스도인들이 쉽
게 받아들이기 어려운 개념들이었을 것이다. 그렇지만 이 시의 저자가 헬
라파 일곱 집사들 중 하나인 스데반인지,[41] 아니면 바울 혹은 그에게 속한
학파의 한 구성원인지에 대해서 우리는 정확하게 결론 내릴 수 없다.[42] 그

38. John A. Sanders, "Dissenting Deities and Phil. 2:1-11," *J.B.L.* 88 (1969): 279-90.
39. Joseph A. Fitzmyer, "The Aramaic Background of Philippians 2:6-11," *The Catholic Biblical Quarterly* 50, no. 3 (1988): 470-83.
40. Wright, *The Climax of the Covenant: Christ and the Law in Pauline Theology*, 98.
41. Martin, *A Hymn of Christ: Philippians 2:5-11 in Recent Interpretation & in the Setting of Early Christian Worship*, 304-05, 12-13.
42. J. Murphy-O'Connor, *Paul: A Critical Life* (New York: Oxford University Press, 1996), 226.

러나 한 가지 분명한 사실은 바울은 자신이 빌립보교회에게 보내는 서신에서 이 시를 그대로 인용함으로써, 이 시에 담긴 모든 신학적 중요성들을 자신의 신학의 일부로 삼았다는 것이다. 바울은 케노시스 시가 노래하는 예수에 대한 기독론적 이해를 바탕으로 빌립보 교인들을 향한 자신의 윤리적인 교훈을 전달하고 있다. 이런 측면에서 볼 때, 바울은 이 시의 "실질적인 주인"이 되고 이 시의 "실질적인 저자"가 되어 이 시에 담긴 기독론적 이해를 자신의 가르침의 토대로 제시하고 있다.[43]

케노시스 시의 구조와 해석

빌립보서 2:1-5에 담긴 바울의 가르침은 이어지는 케노시스 시에 담긴 예수의 이야기가, 바울이 요구하는 바, 곧 성도들이 취해야 할 겸손한 자세의 가장 훌륭한 모범으로 제시되고 있음을 독자들에게 분명하게 알려준다.[44] 빌립보 교인들은 자신들을 둘러싼 이방인들의 외부적인 핍박을 경험하는 동시에, 다소 간의 내부적인 갈등과 분열을 경험하고 있었다(비교, 빌 1:27-30; 4:2-3). 이에 바울은 빌립보교회 성도들의 내부적인 결속이 그들에게 임한 외부적인 핍박을 견디게 하는 최선의 방책임을 강조하면서, 빌립보교회가 한 마음을 품고 성도들 간의 연합을 이루어내야 한다고 설득한다. 빌립보 교인들이 품어야 할 하나의 마음은 그들이 자신들의 이기적인 야심과 헛된 자랑을 버리고, 다른 성도들을 자기보다 높이고 스스로를 낮추는 겸손함을 통해서 이루어진다(2:3-4). 바울에게 있어서 빌립보 교인들이 성취해야 할 겸손함의 가장 완전한 예는 예수 그리스도의 마음에

---

43. 참고, Hansen, *The Letter to the Philippians*, 133.
44. Fee, *Philippians*, 199-201.

서 발견된다. 따라서 바울은 이어지는 2:6-11에서 케노시스 시를 인용하면서, 예수의 생애가 어떻게 성도들이 품어야 할 참된 겸손함의 표본이 되는지에 대해서 가르쳐주고자 한다. 케노시스 시는 크게 두 부분으로 구성된다. 6-8절로 구성된 첫 번째 부분은 예수의 겸손한 낮아짐을, 그리고 9-11절로 구성된 두 번째 부분은 하나님이 예수를 높여준 사실을 노래한다. 케노시스 시의 해석학적 어려움은 주로 첫 번째 부분의 6-8절에 집중되어 있다. 첫 번째 부분에 포함된 신학적 사유들은 깊고 정제된 신학 용어들을 통해서 예수의 생애와 선택을 매우 간략하고 함축적으로 표현하고 있기 때문이다. 따라서 이 부분의 논의에서 우리는 먼저 케노시스 시의 구조를 간략하게 살펴 본 후, 케노시스 시의 첫 번째 부분에서 학자들의 논쟁의 대상이 되었던 몇 가지 중요한 신학적 표현 분석에 집중하고자 한다. 이들에 대한 자세한 분석은 이후에 다루어질 아담 이야기와 케노시스 시가 노래하는 예수 이야기 사이의 관계에 대한 우리의 이해를 높여줄 것이다. 케노시스 시에 대한 바울 학자들의 논쟁은 대략 다음과 같은 다섯 가지 표현들의 해석에 집중되고 있다: (1) ἐν μορφῇ θεοῦ, (2) οὐχ ἁρπαγμὸν ἡγήσατο, (3) ἑαυτὸν ἐκένωσεν, (4) ἐν ὁμοιώματι ἀνθρώπων, 그리고 (5) τὸ εἶναι ἴσα θεῷ.

케노시스 시의 구조

빌립보서 2:6-11에 담긴 시가 학자들에 의해서 케노시스 시라고 불리게 된 이유는 예수가 자신을 비우고 낮아진 후, 다시 하나님에 의하여 높여진 사건을 노래하고 있기 때문이다. 케노시스라는 단어는 예수의 '비움'을 의미하는 헬라어 단어 κενόω로부터 말미암았다. 케노시스 시의 전체적

인 구조는 대략 다음과 같이 크게 두 부분으로 나누어 볼 수 있다.[45]

1부: 6-8절

하나님의 형체로 존재하였으나

그는 하나님과의 동등됨을 **취할 것으로 여기지 않고**(6절)

대신 종의 형체를 취하고

인간의 모습으로 태어남으로써

자신을 비웠다(7절).

인간의 모습으로 발견된 후에는

죽음에의 순종을 통하여

곧 십자가에서의 죽음에 이르기까지

자신을 낮추었다(8절).

2부: 9-11절

그러므로

하나님께서는 그를 **지극히 높이셨고**

모든 이름 위에 뛰어난 **이름을 주셨으니**(9절)

예수의 이름 앞에

하늘과 땅과 땅 아래 있는 모든 자들로 무릎을 꿇게 하고(10절)

모든 혀들로 예수 그리스도는 주시라고 고백하게 하여

---

45. 저자는 이 구조에 대한 분석을 케노시스 시에 대한 저자의 다른 논문에서 가져왔다. 참고, 이승현, "'하나님과 동등됨'(Tò εἶναι Ἴσα Θεῷ)의 의미에 대한 고찰과 빌립보서 2:6-11 해석," 214-15.

하나님 아버지께 영광을 돌리게 하심이다(11절).

위의 구조적 분석에 살 나타나듯이, 케노시스 시의 구조는 크게 6-8절과 9-11절로 구성된 두 부분으로 나뉜다. 첫 번째 부분은 신적인 영역에 속하던 예수가 성육신 하기 전 하늘에서 내린 결정(6-7절)과 그 결정으로 인하여 인간으로 태어난 예수가 이 땅에서 경험한 사건으로 구성된다(8절). 이 땅에 인간의 모습으로 내려오기 전 선재한 예수는 하나님의 형체를 소유함으로써 신적인 영역에 속하던 존재였다. 그러나 예수는 하나님과 동등됨을 자신을 위하여 취하지 않고 대신 자신을 비우고 낮추는 결정을 내렸다. 여기서 케노시스 시에 언급된 하나님과 동등됨의 의미는 '하나님의 형체'라기보다는, 9-11절에서 묘사되는 하나님의 '우주적인 주권'을 의미한다고 보는 것이 해석학적으로 더 설득력이 있다.[46] 물론 이 부분에 대해서는 뒤에서 다시 자세히 토론할 것이다. 선재한 예수가 하늘에서 자신을 비운 결정은 종의 형체를 취하고 인간의 모습으로, 곧 인간의 본성적 특징들을 가지고 이 땅에 온 성육신 사건으로 표현된다. 물론 케노시스 시에는 성육신이라는 단어가 등장하지 않는다. 그러나 이 땅에 인간의 모습으로 등장한 예수가 단순히 외모만 인간이 아니라 본성적인 측면에서도 인간이 되었다는 사실이 케노시스 시에 등장하기에, 이 사건은 성육신이라고 불리기에 전혀 무리가 없다. 이 성육신의 과정을 통해서 표현된 예수의 자기 비움과 낮아짐의 최정점은 십자가에서 죄인으로 형벌을 받아 죽은 십자가 사건에서 발견된다. 십자가에서의 죽음은 그리스-로마 사회에서 신분계층의 사다리의 최하층부를 구성했던 종들과 로마 사회의 기본적인 질서를 크게 어지럽혔던 반역자들에게만 해당되었던 가장 수치

---

46. Ibid., 213-19.

스러운 그리고 가장 고통스러운 형벌로서의 죽음이었다. 키케로와 같은
철학자들은 그리스-로마 사회의 자유로운 시민들에게 십자가에 대해서
상상하는 것조차도 해서는 안 된다고 경고했다.

그리고 9-11절로 구성된 케노시스 시의 두 번째 부분은 이렇게 자신을
비우고 낮춘 후 죽음을 맞이한 예수의 순종에 대한 보상으로, 혹은 순종
의 결과로 하나님께서 그를 높여 주신 사건을 노래하고 있다. 케노시스
시의 첫 번째 부분의 주어가 예수라면, 두 번째 부분의 주어는 하나님이
다. 케노시스 시의 두 번째 부분에서 하나님이 예수를 높여준 사건은 하
나님이 예수에게 모든 이름 위에 뛰어난 하나님 자신의 이름을 주고, 세
상의 주로서 만물의 경배를 받는 대상이 되게 한 사실로 표현된다. 여기
서 하나님이 예수에게 준 모든 이름 위에 뛰어난 이름은 '예수'가 아니라,
구약성경에서 잘 묘사되듯이, 하나님 자신에게만 속하던 그의 고귀한 이
름인 야훼, 곧 세상의 '주'를 가리킨다. 예수는 하나님의 아들이 이 땅에
태어났을 때 받은 호적상의 이름이다. 하나님의 이름인 주를 하나님과 함
께 공유하게 된 예수는 이제 하나님의 우주적 주권을 하나님과 함께 공유
하는 우주의 왕으로 세워지고 높아진다. 이렇게 주 되신 예수 앞에 하늘
과 땅과 땅 아래에 있는 모든 존재들은 자신들의 무릎을 꿇고 그를 경배
하게 되었다고 케노시스 시는 노래한다. 물론 주이신 예수를 향한 우주적
인 경배와 그의 주 되심에 대한 고백은 종말론적인 성격을 띠고 있다. 이
는 그를 향한 우주적인 경배가 아직 현재에 완성되지 않은 채, 미래의 어
느 날을 향하고 있기 때문이다(비교, 고전 15:24-28). 그러나 예수가 하나님의
우주적인 주권을 공유한다는 사실은 하나님의 영광과 명예를 어떤 형태
로든지 삭감하거나 침해하는 행위가 아니라, 혹은 하나님의 명예에 대한
도전이 아니라, 오히려 그에게 더 많은 영광을 돌려주는 행위가 된다고
케노시스 시는 노래한다(11절, εἰς δόξαν θεοῦ πατρός). 왜냐하면 아들인 예수의 높

아짐은 그의 아버지인 하나님이 계획하고 실행한 하나님 자신의 구원의
행위의 결말이기 때문이다. 결론적으로, 케노시스 시는 하늘과 땅을 아우
르는 우주적인 스케일로 시공간의 축을 통하여 예수의 낮아짐과 높아짐
을 시적으로 노래하고 있다.

엔 모르페 테우(ἐν μορφῇ θεοῦ)

2:6의 초반부에서 케노시스 시는 예수가 인간의 모습을 띠고 이 땅에
내려오기 전 그가 존재하던 형태에 대해서 ὑπάρχων을 통하여 묘사한다.
현재형 분사 ὑπάρχων은 7절의 과거형 분사 λαβών과 시간적인 대조를 이
루면서, 예수가 종의 형체를 '취하기 전에' 존재하던 상태에 대한 핵심적
인 정보를 제공한다.[47] 예수가 취했던 종의 형체가 케노시스 시의 문맥상
그가 취했던 인간의 형체와 동일시되면서 그가 인간으로 존재하기 시작
했던 상태에 대한 정보를 제공한다면, ὑπάρχων은 예수가 하나님의 영역에
서 존재하던 그의 선재(preexistence) 상태에 대한 중요한 정보를 제공하는 것
으로 보인다. 여기서 우리가 주목해야 할 점은 케노시스 시가 예수가 선
재하던 때의 상태를 μορφῇ θεοῦ라고 부르면서 '하나님의 형체'와 동일시
하는 것이 아니라, ἐν μορφῇ θεοῦ라는 표현을 통해서 '하나님이 존재하던
신적 형체의 영역 안에' 함께 존재하던 분이라고 말한다는 것이다.[48] 바울
은 예수를 하나님의 "형상"(εἰκών, 고후 4:4, 6)과 동일시하기는 하지만, 하나
님의 '형체'에 관해서는 '예수의 존재 영역'을 특징짓는 것으로 이해한다.

---

47. Gerald F. Hawthorne, "In the Form of God and Equal with God(Philippians 2:6)," in *Where Christology Began: Essays on Philippians 2*, ed. Ralph P. Martin and Brian J. Dodd (Louisville: Westminster John Knox, 1998), 97.

48. Hawthorne and Martin, *Philippians*, 110; Reumann, *Philippians: A New Translation with Introduction and Commentary*, 341-42.

Μορφή는 종종 학자들에 의하여 하나님의 "영광"(δόξα), 혹은 "형상"(εἰκών)과 동일시되곤 했다. 그러나 μορφή의 본래 의미가 무엇이든지 간에, 케노시스 시에서 μορφή θεοῦ는 μορφή δούλου와 대조적으로 연관지어 이해되어야 한다. 만약 전자의 표현에서 μορφή가 '영광' 혹은 '형상'을 의미한다면, 후자의 경우에서도 μορφή는 동일한 의미를 띠어야 한다. 그러나 이 의미를 따를 경우 μορφή δούλου는 '종의 영광', 혹은 '형상'이라는 의미로 해석되어야 한다. 종의 영광이라는 표현이 가지는 모순점은 μορφή를 영광으로 해석하는 것이 케노시스 시에서 위의 두 표현들이 소유한 대조적인 문맥에 적합하지 않음을 알려준다. 이 두 표현들 모두에 적합한 μορφή(형체)의 의미는 그 형체를 지닌 자의 내면적인 자질과 직접적으로 연관된 외형적인 모습이라고 보는 것이 옳다. 따라서 '하나님의 형체'는 하나님의 내적인 자질을 표현하는 하나님의 외모 그 자체를 의미한다고 볼 수 있다. 여기서 하나님의 '영광'은 '형체'와 동의어로서 하나님의 외모 그 자체를 의미한다기보다는, 하나님의 외모가 인간의 눈에 계시될 때, 인간이 자각하게 되는 하나님의 외모를 둘러싼 광채를 의미한다. 결론적으로 μορφή가 하나님께 적용될 때 μορφή는 δόξα와 εἰκών과 긴밀하게 연관된 단어이지만, 엄밀한 의미에서 볼 때 그들의 동의어로 간주될 수는 없다.[49]

Μορφή의 가장 기본적인 사전적 의미는 '형체'로서, 그 형체를 지닌 자의 외적인 모습을 의미한다.[50] 형체는 색과 모양 그리고 크기를 통해서 묘사할 수 있는 외적인 모습을 가리킨다. 이런 측면에서, 하나님의 형체는 하나님의 외적인 모습을, 그리고 종의 형체는 종의 외적인 모습을 의미하는 것으로 보인다. 그러나 종의 모습을 본 관찰자가 그의 종으로서의 신

49. Dave Steenburg, "The Case against the Synonymity of Morphē and Eikōn," *Journal for the Study of the New Testament* 34 (1988): 1-24.
50. BDAG, 659.

분과 정체를 쉽게 자각할 수 있듯이, 하나님의 모습도 그 모습을 본 관찰자로 하여금 그의 하나님으로서의 신분과 정체를 쉽게 자각하게 해준다.[51] 그리스 철학에서 형체는 단순히 시각적으로 관찰할 수 있는 외적인 모습에만 그 의미가 한정되는 것이 아니라, 관찰되는 존재의 내면적인 지위, 자질, 혹은 본질을 암시하는 것으로 이해되었다.[52] 따라서 형체는 어떤 존재를 특징짓는 본질적인 자격이나 그 본질의 특색을 드러내는 외형적인 모습으로 해석할 수 있다.[53] 이런 의미에서 케노시스 시를 읽으면, 선재하던 예수는 하나님의 내면적인 자격이나 신적인 특징을 드러내는 외형적인 모습 안에 존재하던 분으로 이해할 수 있다.

이 표현의 해석을 위하여 많은 주석가들은 구약성경에서 어떻게 하나님의 외형적인 모습이 묘사되고 있는지에 대해서 살펴보았다.[54] 사실 구약성경은 하나님의 외모에 대한 묘사를 금지하고 있다. 그러나 하나님이 인간 앞에 설 때, 그의 외모는 찬란한 영광으로 둘러싸여 있다고 구약의 저자들은 선포한다(출 16:10; 33:18; 레 9:6; 사 6:3; 60:1-2; 겔 1:28; 43:2). 하나님의 영광은 이사야와 에스겔이 서 있던 성전을 가득 채워 그들로 하여금 혼절하게 만든다. 그리고 하나님의 얼굴을 보고 싶었던 모세로 하여금 바위 틈에 숨어 오직 하나님의 뒷모습만을 보게 만든다. 왜냐하면 그들은 하나님의 영광을 정면으로 직시하는 인간에게는 죽음이 임한다고 믿었기 때

---

51. Hansen, *The Letter to the Philippians*, 135-35.

52. Martin, *A Hymn of Christ: Philippians 2:5-11 in Recent Interpretation & in the Setting of Early Christian Worship*, 102; Hawthorne and Martin, *Philippians*, 113-14; Thurston and Ryan, *Philippians and Philemon*, 81.

53. Fee, *Pauline Christology: An Exegetical-Theological Study*, 378.

54. Hansen, *The Letter to the Philippians*, 137-38; Hawthorne, "In the Form of God and Equal with God(Philippians 2:6)," 99-101; Reumann, *Philippians: A New Translation with Introduction and Commentary*, 342-45.

문이다. 이런 맥락에서 본다면, 선재하던 예수가 공유하던 하나님의 형체는 하나님의 영광으로 둘러싸인 상태를 의미한다고 볼 수 있다. 물론 이하나님의 영광스러운 외모는 관찰자들로 하여금 하나님 됨을 자각하게하는 기능을 가지고 있다. 바울은 고린도후서 4:6에서 예수가 그의 얼굴에서 하나님의 영광을 계시하고 있다고 말한다(비교, 히 1:3). 마가복음 9:1-8에서 예수는 자신의 변화된 모습을 통하여 숨겨진 하나님의 아들로서의영광과 정체를 함께 드러낸다. 결론적으로, μορφή θεοῦ를 통해서 케노시스시는 선재하던 예수가 하나님이다라고 직접적으로 말하는 대신에, 예수를 하나님의 신적인 존재의 영역에 위치시킴으로써 그가 하나님과 아주긴밀한 관계 속에 존재하고, 심지어는 그가 하나님과 같은 신적인 존재였음을 조심스럽게 말하고 있다.[55] 그러나, 어떤 학자들이 주장하듯이, 예수가 존재하던 하나님의 형체가 "하나님과 동등됨"(τὸ εἶναι ἴσα θεῷ)과 동일한의미인지, 혹은 하나님과 동등됨의 의미가 하나님의 형체로 존재하는 상태를 가리키는지에 대해서 우리는 엄밀하게 조사해보아야 한다.[56] 케노시스 시의 문맥상 '하나님과 동등됨'은 하나님의 형체로 존재하던 예수가취할 수 있는 권리를 가진 어떤 상태를 가리키지만, 아직 소유하지 못한채 오직 죽음과 높아짐을 경험한 후에라야 비로소 소유하게 되는, 하나님의 특권과 관련하여 높여진 어떤 상태를 가리키는 듯 보인다.

우크 하르파그몬 헤게사토(οὐχ ἁρπαγμὸν ἡγήσατο)[57]

헬라어 단어 ἁρπαγμὸν은 신약성경에서 딱 한 번 이곳 빌립보서 2:6에

---

55. Hansen, *The Letter to the Philippians*, 138; Reumann, *Philippians: A New Translation with Introduction and Commentary*, 367.

56. 참고, Wright, *The Climax of the Covenant: Christ and the Law in Pauline Theology*, 62-90.

서만 발견되는 "하팍스 레고메논"이다. 이 단어에 대한 중요한 논문을 쓴 라이트는 하나님의 형체가 하나님의 영광을 의미하므로, 하나님의 형체는 곧 하나님과의 동등됨을 의미한다고 주장한다. 다시 말하면, 선재한 예수가 시작부터 하나님의 형체 곧 하나님의 신적인 영광을 소유하고 있었으므로, 그는 하나님과 동등됨을 그가 성육신하기 전에 이미 소유하고 있었다는 것이다.[58] 라이트가 생각하는 하나님과 동등됨은 하나님의 영광을 공유하는 것이다. 그러나 마틴은, 로마이어의 견해를 통하여 라이트의 견해를 반박하면서, 선재한 예수가 항상 하나님의 형체로 존재하였으나 하나님의 형체가 하나님과의 동등됨을 의미하지는 않는다고 주장한다.[59] 마틴은 하나님과의 동등됨은 하나님에게 속한 신적인 영광을 가리키는 것이 아니라, 십자가에서 죽고 부활한 예수가 우주의 주로 세워지고 만물의 찬양의 대상이 된 사건을 가리킨다고 주장한다(2:9-11). 다시 말하면, 케노시스 시에서 하나님과 동등됨은 단순히 하나님의 신성, 즉 신적인 본질을 소유하는 것을 의미하는 것이 아니라, 하나님의 우주적인 주권과 경배의 대상이 되는 것을 의미한다. 마틴의 견해를 따르면, 선재한 예수는 비록 신성을 소유하였으나, 하나님과 동등됨 즉 우주적인 주권과 경배를 소유하지는 못했다. 이러한 특권은 예수가 순종의 죽음을 경험하고 부활한 후에야 비로소 그에게 주어졌기 때문이다. 이에 대해 라이트는 빌립보서 2:6-11를 해석함에 있어서 마틴의 결론이 학자들에 의해서 가장 설득력

---

57. 이 부분의 논의에서 저자는 지지의 다른 논문에 깊이 의존하고 있다. 참고, 이승현, ""하나님과 동등됨"(Tò εἶναι Ἴσα Θεῷ)의 의미에 대한 고찰과 빌립보서 2:6-11 해석," 205-07, 13-19.

58. N. T. Wright, ""Harpagmos" and the Meaning of Philippians 2:5-11," *JTS* 37 (1986): 345.

59. Ralph P. Martin, *Carmen Christi: Philippians Ii 5-11 in Recent Interpretation and in the Setting of Early Christian Worship*, Rev. ed. (Grand Rapids: Eerdmans, 1983), 139-44.

있는 해석으로 평가받고 있음을 인정한다. 그러나 라이트는 '하나님의 형체'와 '하나님과의 동등됨'을 구분해서 이해하는 마틴의 해석이 ἁρπαγμός를 포함하는 관용구에 대한 후버의 연구 결론과 대치된다고 반박한다.[60] 또한 라이트는 '하나님과의 동등됨'을 의미하는 부정사구 τὸ εἶναι ἴσα θεῷ의 정관사 τὸ가 대용적 용법(articular infinitive)으로 쓰이고 있으므로, 이 표현은 하나님의 형체와 동의어가 되어야 한다고 주장한다. 그러나 여기서 τὸ는, 저자가 다른 논문에서 이미 주장하였듯이, 부정사구를 한정하는 한정사가 아니라, 단순히 구문론적 기능어(grammatical indicator)로 보는 것이 더 옳다.[61]

라이트는 자신의 ἁρπαγμός 이해에 후버의 연구가 가장 큰 영향을 미쳤다고 고백한다. 후버는 "하르파그모스"의 의미가 어떤 이가 소유하고 있지 않아서 "상으로 붙들어야 할 어떤 것"(res retinenda)이 아니라, 이미 소유하고 있는 그 어떤 것을 "이익을 취할 목적으로 이용하는 것"이라고 주장한다. 후버는 먼저 "하르파그모스라"는 남성 단수 명사형과 "하르파그마"라는 중성 복수 명사형이 동의어로 사용될 수 있음을 주장하면서, "하르파그마"가 등장하는 이중 목적격(double accusative) 관용구에 대해서 조사한다. 후버는 그 첫 번째 예로 헬리오도로스(Heliodorus)의 『에티오피아인 이야기』(Aethiopica VIII. 7)에 등장하는 키벨레와 아르사케의 대화를 언급한다.

---

60. Roy W. Hoover, "Harpagmos Enigma: A Philological Solution," *Harvard Theological Review* 64, no. 1 (1971): 95-119. 비교, John Cochrane O'Neill, "Hoover on Harpagmos Reviewed, with a Modest Proposal Concerning Philippians 2:6," ibid. 81, no. 4 (1988): 445-49.

61. Haiim B. Rosén, *Early Greek Grammar and Thought in Heraclitus: The Emergence of the Article*, Proceedings (Jerusalem: Israel Academy of Sciences and Humanities, 1988), 30, 37; 이승현, ""하나님과 동등됨"(Tò εἶναι Ἴσα Θεῷ)의 의미에 대한 고찰과 빌립보서 2:6-11 해석," 209-11.

키벨레는 아자스가 구애하는 테아게네스의 연인 카리클레스를 죽일 계획을 세우고, 그녀의 계획에 대해서 아르사케는 다음과 같이 반응한다:

> 아르사케는 키벨레가 제안한 것을 "하르파그마"로 여기고, 그녀의 오랜 질투심은 분노로 인해 그 정점으로 치달았다. …

여기서 "하르파그마"는 키벨레의 제안을 아르사케가 이미 정신적으로 받아들인 것을 의미한다. 그리고 때마침 성전에 함께 있던 테아게네스와 카리클레스를 본 키벨레는 그 기회를 이용하여 그들을 제거할 계획을 실행하려 한다. 여기서 "하르파그마"는 '자신들의 이익을 위하여 취할 수 있는 특정한 상황, 혹은 기회'를 의미한다고 후버는 주장한다. 또 다른 "하르파그모스"의 예로 후버는 베드로의 십자가 상에서의 처형에 대한 에우세비우스(Eusebius)의 글을 언급한다:

> 베드로는 구원에 대한 소망을 인하여 십자가에 달려 죽는 죽음을 "하르파그몬"으로 간주하였다. (*Comm. in Luc.* 6).

후버에 따르면, 여기서 베드로는 십자가에서의 죽음을 '취할 것' 혹은 '도적질할 것'으로 보는 것이 아니라, 분명한 자신의 구원에 대한 희망을 인하여 '잡아야 할 기회, 혹은 이익'으로 간주하고 있다. 후버는 이와 유사한 "하르파그마"의 용법을 에우세비우스의 『교회사』(*History of Ecclesia* VIII.12.2)에서도 발견한다. 에우세비우스에 따르면, 핍박을 당하여 고난받던 성도들이 고문을 피하여 지붕 위로 도망치고, 그 위에서 뛰어내려 스스로 목숨을 버린다. 여기서 성도들은 자신들의 죽음을 취하거나 도둑질한 것이 아니라, '취해야 할 기회 혹은 이익'으로 간주했다고 후버는 주장한다. 자신의 논문을 결론 내리면서, 후버는 "하르파그모스"는 "어떤 것을 취하느냐 마느냐의 문제"가 아니라, "현재 처해 있는 상황이나 기회를 이용하느냐 그렇지 않느냐의 여부"라고 주장한다.

이러한 "하르파그모스"에 대한 후버의 견해를 라이트는 "어떤 이가 이미 소유하고 있는 것에 대해서 가지는 마음의 태도"라고 재해석한다. 여기서 라이트는 어떤 이가 소유하지 않은 것을 이익을 취할 목적으로 이용할 수 없으므로, "하르파그모스"가 지칭하는 대상은 어떤 이가 이미 소유한 것이어야 한다고 말한다. 이 해석을 근거로 라이트는 케노시스 시에서 선재한 예수가 하나님의 형체, 곧 하나님과의 동등됨을 이미 소유하고 있었으나, 이 동등됨을 자신의 개인적인 이익을 위하여 사용하지 않았다고 해석한다. 대신에 예수는 자신이 소유한 하나님과의 동등됨, 곧 자신의 신적인 영광을 비우고 인간이 됨으로써 "자신을 부정하는 하나님의 사랑"을 계시했다고 라이트는 주장한다.[62]

그러나 여기서 라이트는 케노시스 시의 주제가 하나님의 자기 계시로서의 사랑에 대한 새로운 이해가 아니라, 선재한 예수의 자기 겸손과 낮아짐이라는 사실을 망각한 듯싶다.[63] 또한 라이트의 결론은 예수가 우주의 주가 된 사건이 예수가 죽은 후 그가 하나님에 의하여 높아졌을 때 성취된 사건으로서, 과거에 선재하던 예수가 소유하지 못했던 새로운 지위라는 사실도 무시하고 있다. 과연 우주적인 주권과 만물의 경배의 대상이되는 것이, 라이트가 주장하는 것처럼, 하나님 됨의 본질과 아무런 관계가 없는 것일까? 뿐만 아니라, 라이트의 결론은 8절과 9절 사이에 존재하는 예수가 이 땅과 하늘에서 자신의 죽음 전후에 경험한 극단적인 두 사건들 간의 강력한 대조 효과를 없애 버린다. 9절에서 케노시스 시의 저자는 διὸ

---

62.   Wright, *The Climax of the Covenant: Christ and the Law in Pauline Theology*, 84.

63.   Hawthorne and Martin, *Philippians*, 116.

καὶ('그러므로', 혹은 '이의 결과로')라는 표현을 통하여 9-11절에서 발견되는 하나님의 높여주심이 6-8절에서 노래하는 예수의 낮아짐에 대한 보상 결과임을 분명히 한다. 그리고 하나님의 높여주심이 단순히 예수의 하나님 됨에 대한 새로운 계시로서의 해석에 대한 신적인 인정이었다는 라이트의 주장은 ὑπερύψωσεν에 담긴 최상급 표현의 효과를 감소시킨다. 아마도 이 최상급의 표현은 예수가 높아질 때 경험한 것이 그를 포함하여 하나님 이외의 어느 누구도 과거에 누려보지 못했던 것임을 강조하기 위함인 것 같다. 다시 말하면, 예수가 우주의 주와 만물의 경배의 대상으로 높아진 사건은 과거 그가 성육신하기 전 누리던 신적인 지위나 상태를 훨씬 뛰어넘는 새로운 지위나 상태를 가리켜야 한다.[64]

본 저자의 견해로는, 후버 및 후버의 견해를 통해서 빌립보서의 케노시스 시를 설명하려는 라이트의 주장에는 치명적인 약점이 존재한다. 위에서 후버가 언급한 "하르파그모스"의 예들은 정석을 제거할 기회, 베드로의 십자가 상에서의 죽음, 그리고 스스로 목숨을 버리는 성도들의 행동들을 지칭한다. 이때 이러한 행동들은 그 행동의 주체들이 과거에 가졌던 특정한 상태나 지위를 지칭하는 것이 아니라, 현재 그들 앞에 놓인 어떠한 선택들과 깊은 연관이 있다. 다시 말하면, 후버와 라이트의 주장과는 달리, 베드로나 성도들은 죽음을 선택해야 할 어떤 특정한 상황에 놓여 있었지, 그들이 그 상황 전에 이미 죽음을 경험하여 죽음을 소유하고 있지 않았다는 것이다. 이 사실은, 라이트가 주장하는 것처럼 선재한 예수가 하나님과 동등됨을 자신의 이익을 위하여 사용하지 않았다 할시라도, "하르파그모스"가 자신을 비우는 결정 전에 하나님과 동등됨을 이미 소유하

---

64. 이승현, ""하나님과 동등됨"(Τὸ εἶναι Ἴσα Θεῷ)의 의미에 대한 고찰과 빌립보서 2:6-11 해석," 213; Hawthorne and Martin, *Philippians*, 115; Hansen, *The Letter to the Philippians*, 142.

고 있었음을 의미하지는 않는다는 것을 말해준다. 오히려 위에서 언급된
정적을 제거할 기회나 베드로의 죽음과 성도들의 순교에 대한 기회는 케
노시스 시에서 "하르파그모스"가 의미하는 바, 곧 하나님의 형체를 입은
예수가 아직 소유하지 못했던 하나님과의 동등됨, 그러나 소유할 수 있는
가시거리에 놓인 그 무언가라고 보는 것이 더 옳은 해석임을 알려준다.[65]
물론 케노시스 시에서 "하르파그모스"는 하나님과의 동등됨을 그 목적어
로 취하고 있으므로, 전자의 의미는 후자를 케노시스 시의 전체적인 문맥
속에서 먼저 자세히 살펴본 후에야 비로소 분명해질 것이다.

헤아우톤 에케노센(ἑαυτὸν ἐκένωσεν)과
엔 호모이오마티 안트로폰(ἐν ὁμοιώματι ἀνθρώπων)

선재한 예수가 하나님과 동등됨을 취하는 대신에 행한 행동은 자신을
비워(ἑαυτὸν ἐκένωσεν) 종의 형체를 입고 인간의 모습(ἐν ὁμοιώματι ἀνθρώπων)을 취
한 것이었다(빌 2:7). 그 의미가 모호해 보이는 '자신을 비운다'라는 표현에
대해서 마틴은 대략 일곱 가지 정도로 학자들의 견해를 요약 정리한다.[66]
이 일곱 가지 견해들은 크게 두 가지로 나누어 해석될 수 있다. '비웠다'는
표현이 문자적으로 해석되어 선재한 예수가 자신에게 속한 신성의 어떤
것을 포기했다는 견해(kenotic theory)와, 아니면 비유적으로 예수가 인간이
됨으로써 신적인 존재에 비해서 아무것도 아닌 존재가 되었다는 견해(in-
carnation view)이다.

---

65. Martin, *A Hymn of Christ: Philippians 2:5-11 in Recent Interpretation & in the Setting of Early Christian Worship*, 152-53. 비교, Hansen, *The Letter to the Philippians*, 145.

66. Martin, *A Hymn of Christ: Philippians 2:5-11 in Recent Interpretation & in the Setting of Early Christian Worship*, 169-96. 비교, Reumann, *Philippians: A New Translation with Introduction and Commentary*, 347-48.

첫 번째, 포기함 이론에 따르면, 그리스도가 자신에게서 비워버린 것
은 6절에서 언급된 하나님의 형체이다. 이 하나님의 형체를 하나님과의
동등됨과 동의어로 보는 학자들은 하나님과 동등됨까지도 그리스도가 비
워버렸다고 주장한다. 하나님의 형체가 하나님의 외적인 모습으로서 선
재한 예수가 소유했던 신적인 본질을 의미하므로, 이 견해를 따르면, 이
땅에 성육신한 예수는 완전한 신성을 소유하지 않은 상태로 발견되었다.[67]
그러나 이 견해에 대해서 일부 학자들은 '비우다'의 목적어로 이미 '그 자
신'이 등장하고 있으므로, 신적인 본질을 비롯한 또 다른 목적어를 요구하
지 않는다고 반박한다.[68] 다른 학자들은 '비우다'는 행동이 이어지는 두 개
의 능명사구에 의해서 수식되고 있음을 강조하면서(λαβών, γενόμενος), 예수의
자신을 비운 행동은 자신에게서 무엇인가를 뺀 것이 아니라, 더함으로써
이루어졌다고 주장한다.[69] 이에 포기함 이론을 주장한 학자들은 예수가
비운 것은 자신의 신성을 비운 것이 아니라, 신적인 영역에 속한 특권들
을 사용하기를 잠시 중단하고 인간이 되어 인간으로 산 것이라고 수정한
다.[70] 사실, 7절에서 케노시스 시는 예수의 자기비움의 결과가 종의 형체
를 입고 인간이 되어 이 땅에 태어난 것이라고 암시한다. 따라서 학자들
은 포기함 이론에 대한 반발로, 혹은 수정으로 성육신 견해를 제시한다.

두 번째, 성육신 견해는 예수의 자발적인 내어줌을 종의 형체를 입은
것과 인간의 모습으로 태어난 것으로 해석한다. 다시 말하면, 신적인 본질

---

67. Hansen, *The Letter to the Philippians*, 147

68. Martin, *A Hymn of Christ: Philippians 2:5-11 in Recent Interpretation & in the Setting of Early Christian Worship*, 167.

69. Hawthorne and Martin, *Philippians*, 86.

70. Martin, *A Hymn of Christ: Philippians 2:5-11 in Recent Interpretation & in the Setting of Early Christian Worship*, 194-96; Reumann, *Philippians: A New Translation with Introduction and Commentary*, 368.

을 가진 예수가 인간이 된 성육신의 사건이 바로 그의 비움의 사건을 설명한다는 것이다. 앞에서도 이미 언급되었듯이, 형체는 외적인 모습으로서 내적인 본질을 가리키는 특징을 의미하므로, 종의 형체를 입었다는 것은 종의 본질을 가리키는 특징을 소유하게 되었음을 의미하고, 인간의 모습을 소유했다는 것은 인간이 되었음을 의미한다.[71] 하나님의 형체는 하나님의 신적인 본질을 드러내는 영광과 힘으로 표현되고, 인간의 모습은 신적인 영광과 힘이 결여되어있는 종과 같은 모습으로 표현된다. 그러나 종의 형체는 여기에서 더 나아가 모든 영광이 결여된 채, 오직 불명예만이 함축적으로 발견되는 인간이 처할 수 있는 가장 낮은 상태를 의미한다. 종의 형체는 인간 사회에서도 모든 특권과 권리가 박탈된 가장 낮은 단계를 가리킨다. 따라서 성육신 견해를 통해서 볼 때, 예수가 자기를 비움으로써 종의 형체를 입었다는 사실은 그가 소유하던 신적인 영광과 특권을 잠시나마 포기하고, 우주에서 가장 낮은 자리인 종의 자리에 처했다는 것을 의미한다.[72] 한센, 오브라이언(O'Brien), 피, 그리고 라이트는 예수가 하나님의 형체 위에 종의 형체를 덧입음으로써 하나님의 참된 본질이 무엇인지, 그리고 하나님 된다는 것이 무엇인지를 분명하게 보여주었다고 주장한다.[73] 이들의 견해에 따르면, 성육신한 예수는 하나님의 형체를 종의 형체 아래 감추었다. 그러나 하나님의 형체 위에 종의 형체를 덧입었다는 사실 그 자체가, 그리고 하나님의 본질을 유지한 채 하나님의 모든 영광과 특권들을 사용하지 않는다는 사실 그 자체가 이미 선재한 예수 입장에

---

71. Hansen, *The Letter to the Philippians*, 148.

72. Ibid.

73. Ibid., 148; Fee, *Pauline Christology: An Exegetical-Theological Study*, 383; O'Brien, *The Epistle to the Philippians: A Commentary on the Greek Text*, 224; Wright, *The Climax of the Covenant: Christ and the Law in Pauline Theology*, 82-90.

서는 너무도 큰 것을 포기한 것이 된다. 아마도 포기함 이론과 성육신 견해를 분명하게 구분하여 해석한 후, 한 가지만을 옳은 견해로 선택하는 것은 해석학적으로 불가능한 작업일지도 모른다. 또한 자신을 비운 예수의 본질적인 상태에 대한 상세한 분석은 우리가 분석하는 본문이 짧은 시라는 사실 때문에 분명한 결론을 내리기가 쉽지 않을 수 있다. 여기서 우리는 초대교회의 오래된 시의 한 어려운 시적인 표현에 대해서 토론하고 있다는 사실에 담긴 해석학적 어려움을 과소평가하지 말아야 한다.[74]

사실 제3의 흥미로운 견해로서, 자신을 비운 이사야의 종에 대한 이해가 예수의 비우심의 의미에 대한 해석학적 열쇠로 여러 학자들에 의해서 제시되었다. 이사야 53:12는 고난받는 주의 종이 타인을 위하여 자신의 생명을 죽음에로 완전히 내어주고, 죄인들 중의 하나로 간주되었다고 선포한다. 흥미롭게도, 이사야의 고난받는 종과 케노시스 시의 예수의 묘사에는 여러 가지 유사점들이 공통적으로 발견된다. 먼저, 두 주인공들은 아무런 영광이 없는 종의 형체를 소유했다(사 52:14; 빌 2:7). 그리고 이 둘은 사람들 앞에서 수치와 모욕을 당했다(사 53:3-4; 빌 2:8). 이 둘의 고난은 하나님의 뜻에 대한 순종을 의미하고, 그 순종의 결과로 하나님은 그들을 지극히 높여 주었다(사 53:12; 빌 2:9).[75] 이러한 유사점들에 더하여, 케노시스 시는 이사야 45:23을 빌립보서 2:10-11에서 확장해서 인용하고 있다. 그러므로 케노시스 시에서 묘사되는 예수의 자기비움은 이사야의 고난받는 종의 개념에 의존하고 있다는 여러 학자들의 주장에는 어느 정도 일리가 있다.[76]

그러나 이사야의 고난받는 종의 이야기를 통해서 예수의 자기 비움을

---

74.   Hawthorne and Martin, *Philippians*, 119.

75.   J. Jeremias, "Pais Theou," *TDNT* 5: 711-12.

76.   Fee, *Philippians*, 212; Moisés Silva, *Philippians*, 2nd ed., Baker Exegetical Commentary

해석하면, 예수의 자기 비움은 성육신의 사건이 아니라 십자가의 고난을 가리키는 것이 된다. 그러나 케노시스 시의 7절은 하늘에서 선재한 예수 가 내린 결정과 대조되는 땅으로의 낮아짐을 이야기하고 있으므로, 예수 의 낮아짐은 성육신의 사건을 지칭하는 것이 문맥상 더 적합한 해석이다. 물론 예수의 성육신의 사건이 단순히 그가 이 땅에 태어난 사건만을 가리 키는 것이 아니라, 십자가 위에서의 죽음을 최정점으로 하는 그의 전생애 로 이해된다면, 이사야의 고난받는 종과 케노시스 시의 예수는 동일한 인 물이 경험한 동일한 이야기를 묘사하고 있다고 볼 수 있다.[77] 그러나 이사 야의 고난받는 종에 대한 이야기가 케노시스 시에서 분명하게 반향을 일 으키고 있는 것은 부인할 수 없는 사실이지만, 고난받는 종의 이야기에 맞춰서 케노시스 시의 예수 이야기 전체를 해석하는 것은 케노시스 시 자 체의 독립성과 완전성을 해치는 것이다. 또한 이사야의 고난받는 종에 대 한 이야기는 케노시스 시의 예수의 선재에 대한 이해에 어떠한 단서도 제 공하지 못한다는 약점이 있다. 따라서 우리는 케노시스 시의 전체적인 맥 락 안에서 예수 이야기가 어떻게 고난받는 종의 이야기를 한 중요한 구성 요소로 사용하고 있는지에 대해서 살펴보아야 한다. 이 부분에 대해서 우 리는 뒤에서 조금 더 자세히 논의해 볼 것이다.

케노시스 시에 묘사된 예수의 자기 비움의 비밀에 대한 이해는 위의 세 가지 견해들 중 단 하나만으로만 해석하기보다는, 세 가지 견해들 모 두를 통해서 그 비밀의 여러 가지 다른 측면들을 통합하여 설명하는 것이

---

on the New Testament (Grand Rapid: Baker Academic, 2005), 125; Hansen, *The Letter to the Philippians*, 149.

77. 참고, Richard N. Longenecker, *The Christology of Early Jewish Christianity*, Studies in Biblical Theology, (London,: S.C.M. Press, 1970), 106; Hansen, *The Letter to the Philippians*, 150. 비교, O'Brien, *The Epistle to the Philippians: A Commentary on the Greek Text*, 270.

해석학적으로 더 건전해 보인다. 이 세 가지 견해들 모두를 종합해 볼 때,
예수가 비운 것은 신적인 본질 그 자체가 아니라(왜냐하면 인간으로서 살아간 생
애 중에도 그는 신인 깃을 멈추지 않았기에),[78] 본질적으로 신성을 동반하는 모든 신
적인 영광과 권리와 특권인 것 같다. 그리고 이 비움의 사건은 선재한 예
수가 인간이 됨으로써 종의 형체를 입고 종의 수치를 당하고 자신의 모든
신적인 권리를 포기함으로써 이루어졌다. "인간의 모양"이라는 표현에서
'모양'을 의미하는 헬라어 단어 ὁμοιώματι는 예수가 죄악 된 인간과 모든
면에서 동일해졌다는 사실과 약간의 거리를 누는 동시에, 그가 단순히 인
간의 외모뿐만 아니라 신적인 본질과 대조되는 인간의 본질도 소유하게
되었다는 사실을 긴장감 있게 표현해준다.[79] 또한 "종의 형체"라는 표현은
특별히 종들에게 지정된 십자가에서의 죽음을 예수가 경험한 것을 가리
키면서, 그가 이 땅에 인간으로 온 이유가 다른 이들에 의해서 섬김을 받
고자 하는 것이 아니라 다른 이들을 섬기려 함이었음을 읽시해준다(비교,
막 10:45; 요 13).[80] 그러나 뒤에서 더 분명해지겠지만, 예수의 자기비움의 극
치는 하나님과 동등됨, 즉 우주적인 주권과 경배의 대상이 되는 것을 포
기하고, 우주에서 가장 낮은 존재인 종의 운명을 살게 된 것에서 발견된
다. 이러한 예수의 자기비움이 하나님의 계획과 뜻에 대한 순종의 결과였
음으로, 하나님은 그를 최고로 높여 우주의 주로서의 특권과 경배의 대상
이 되게 하셨다.

---

78. 6절의 헬라어 단어 ὑπάρχων은 선재한 예수의 계속적인 신성이 상태를 가리키고, 7
    절의 γενόμενος는 새로운 상태로 존재하기 시작된 것을 가리키면서 태어나다라고
    해석하는 것이 옳다. 참고, O'Brien, *The Epistle to the Philippians: A Commentary on
    the Greek Text*, 224; Martin, *A Hymn of Christ: Philippians 2:5-11 in Recent Interpreta-
    tion & in the Setting of Early Christian Worship*, 202.
79. Hansen, *The Letter to the Philippians*, 152-53; Fee, *Philippians*, 213.
80. Hawthorne and Martin, *Philippians*, 119-20; Hansen, *The Letter to the Philippians*, 151.

토 에이나이 이사 테오(τὸ εἶναι ἴσα θεῷ)[81]

본 저자는 ἁρπαγμός와 더불어 하나님과 동등됨(τὸ εἶναι ἴσα θεῷ)의 의미는 이 표현들이 가진 해석학적 모호함 때문에 케노시스 시의 전체적인 맥락 속에서 이해되어야 한다고 생각한다.[82] 저자는 케노시스 시 안에서 하나님과 동등됨의 의미에 대한 두 가지 핵심적인 단서들을 발견한다. 첫 번째 단서는 이 땅에서 예수가 결정하고 경험한 것들(7-8절)이 선재한 예수가 하늘에서 포기한 것(6절)과 문맥적으로 상호 대조, 비교되는 관계에 있다는 사실이다. 그리고 두 번째 단서는 하나님이 예수를 우주의 주와 경배의 대상으로 높여준 사실(9-11절)이 예수의 낮아짐에 대한 보상으로서 케노시스 시 전체 이야기의 반전을 이루고, 동시에 선재한 예수가 포기한 것, 곧 하나님과 동등됨과 아주 깊은 연관이 있다는 것이다.

첫 번째, 케노시스 시의 첫 번째 부분에서 6절과 7절은 οὐχ과 ἀλλὰ에 의해서 강하게 문법적으로 대조되고 있다. 문맥상 6절 초반부의 하나님의 형체는 선재한 예수가 이미 소유하고 있던 것을 가리키고, 6절 후반부의 하나님과 동등됨은 하나님의 형체가 주는 지위를 근거로 예수가 자신을 위하여 취하려 하지 않았던 그 무엇을 가리킨다. 7절은 예수가 자신의 신적인 지위를 통하여 하나님과의 동등됨을 자신을 위하여 취하는 대신에 자신을 비움으로써 선택한 행동의 결과를 6절과 대조적으로 설명한다. 7절 초반부에서 자신을 비운 예수가 하나님과 동등됨을 취하는 대신에 종

---

81. 이 부분에서 발견되는 저자의 토론은 다른 논문에서 저자가 이미 자세히 분석한 것을 요약 정리하고 있다. 참고, 이승현, ""하나님과 동등됨"(Tὸ εἶναι Ἴσα Θεῷ)의 의미에 대한 고찰과 빌립보서 2:6-11 해석," 213-18.

82. 실바(M. Silva)는 빌 2:6-11에 관한 수많은 다양한 해석들은 모호한 단어들로부터 시작해서 시 전체를 해석하려는 시도 때문이라고 본다. 그는 반대로 시 전체로부터 시작하여 모호한 단어들을 해석해야 한다고 경고한다. 참고, Silva, *Philippians*, 103.

의 형체(μορφή δούλου)를 취했다는 사실은 하나님과의 동등됨이 종의 형체가 가리키는 것과 강하게 대조되는 그 무엇임을 암시한다. 종의 형체는 하나님의 형체—하나님의 본질과 연관된 하나님의 지위와 신분—를 가진 선재한 예수가 도저히 취할 수 없었던 것, 곧 가장 낮은 신분의 상태나 지위를 의미한다.[83] 이와는 대조적으로, 하나님과 동등됨은 하나님의 형체를 가진 선재한 예수가 취할 수 있었던 가장 높은 상태나 지위를 의미한다. 종의 형체가 예수께 원래 속하지 않았으나 그가 겸손한 순종과 비우심의 결과로 이 땅에서 취한 가장 낮은 처지로서의 새로운 상태나 지위를 의미한다면, 하나님과 동등됨은 하나님의 형체 안에 거하던 선재한 예수가 취할 수도 있었으나 포기했던, 그러나 결국 하나님에 의해서 그에게 새롭게 주어진 어떤 최고의 높아진 상태나 지위를 의미한다. '종'의 형체라는 표현은 예수가 포기한 하나님과 동등됨이 우주의 '주권'과 연관이 있음을 대조를 통해서 암시하는 것으로 보인다.

이어지는 논의에서 7절의 종의 형체는 예수가 취한 인간의 모양, 혹은 인간으로 태어난 예수의 성육신의 상태와 연관지어 이해된다. 종의 형체라는 표현을 통해서 어떤 학자들은 예수가 세상의 악한 영들, 혹은 원칙들에 의해서 노예가 되었다는 사실을 말하는 것으로 이해한다(비교, 갈 4:1-8). 또 다른 학자들은 종의 형체의 배경으로 고난받는 주의 종에 대한 이사야의 예언의 말씀을 제시한다(예. 사 52:13-53:12). 이들에 따르면, 예수가 종의 형체를 취했다는 표현은 이사야가 예언한 주의 종으로서의 역할을 정확하게 수행했다는 것을 의미한다.[84] 초대교회에서 누리던 이사야서의 인기를 고려해 볼 때, 이 주장에는 상당한 일리가 있다. 그러나 케노시스 시의

83. 참고, 이승현, "빌립보서 2:6-11을 통해서 본 바울의 기독론적 구약 사용," 226-29.
84. Reumann, *Philippians: A New Translation with Introduction and Commentary*, 348-49; Richard J. Bauckham, "The Worship of Jesus in Philippians 2.9-11," in *Where Christol-*

전체 문맥을 고려해 볼 때, 본 서자는 케노시스 시가 예수가 취한 인간의 모습을 종의 형체라고 표현한 이유는 포기되었던 하나님과의 동등됨(본 저자의 의견으로는 '하나님의 우주적인 주권')과 정확하게 반대되는 개념을 표현하기 위해서였다고 생각한다. 고대 사회의 신분의 사다리에서 주인과 신분적으로 정반대편에 존재하던 자는 종이다. 흥미롭게도, 종의 형체로 발견된 예수가 종이 경험해야 할 죽음을 경험한 후에 종 같은 낮아짐에 대한 보상으로 하나님으로부터 받은 것은 우주적 주권과 경배이다(9-11절). 예수가 받은 우주적인 주권은 죄와 사망의 권세 아래 놓여 종노릇 하는 인간의 노예 됨 및 종들에게 주어졌던 십자가의 처형을 경험한 예수의 낮아짐과 정확하게 대조를 이룬다.[85] 따라서 우주의 신분 사다리의 최정점이 우주적인 주권이고 이 주권이 종 같이 미약한 인간 됨 그리고 십자가에서의 종의 죽음과의 대치점에 서 있다면, 선재한 예수가 종의 형체를 입고 십자가에서 처형당한 인간이 되기 위해서 취하지 않은 하나님과 동등됨은 우주적인 주권일 가능성이 높다.

두 번째, 케노시스 시의 후반부(9-11절)에서 묘사되는 예수의 우주의 주 되심은 그가 하나님과 동등됨을 포기하고 경험했던 종 되었던 사실에 대한 하나님의 보상을 의미한다. 9절을 시작하는 "그러므로"(διὸ καὶ)라는 표현은 이어지는 하나님의 높여주심이 앞에서 언급된 예수의 낮아짐과 직접적으로 연관 있음을 문법적으로 보여준다(비교, 요 13:3-17; 마 18:4; 23:12). 하나님이 예수를 지극히 높여주었다는 사실은 예수에게 "모든 이름 위에 뛰어난 이름"(9절), 곧 하나님 자신의 이름인 '주'를 허락했다는 사실을 통해서 증명된다. 종에게나 적합한 십자가에서의 죽음이 우주—예수가 경험할

ogy Began: Essays on Philippians 2, ed. Ralph P. Martin and Brian J. Dodd (Louisville: Westminster John Knox, 1998), 128-39.

85. 참고, Hansen, The Letter to the Philippians, 159.

수 있었던—에서 가장 낮은 자리를 의미한다면, 하나님의 이름인 주로 불리며 우주의 주권을 부여받는 사건은 예수가 우주에서 가질 수 있었던 가장 높은 자리를 의미한다. 여기서 하나님의 높여줌을 의미하는 동사 ὑπερύψωσεν은 단순한 비교급이 아니라, 하나님을 통해서만 가능한 우주적인 최상급의 의미를 담고 있다.[86] 칠십인역에서 ὑπερύψωσεν은 모든 신들보다도 더 높아지신 여호와 하나님을 묘사할 때 쓰이는 단어다(시 96:9; 단 3:52, 54). 이 단어를 통해서 케노시스 시는 우주의 주가 된 예수가 과거 선재하던 때 소유했던 지위보다도 더 높은 하나님의 우주의 주로서의 지위를 새롭게 누리게 되었음을 노래한다. 예수에게 주어진 우주적인 주권과 새로운 이름인 주로 인해 우주의 모든 만물들이 예수 앞에 무릎을 꿇고 경배하게 됨으로써, 하나님에 의하여 지극히 높아진 예수는 구약에서 묘사되는 하나님과 동일한 위치, 즉 하나님과 동등됨을 소유하게 되었다. 구약성경에서는 오직 여호와 하나님만이 주라고 불렸고, 오직 여호와만이 우주만물의 경배의 대상으로 간주되었다(비교, 사 45:23). 이 사실은 이제 예수가 단순히 하나님의 본질과 형체를 소유한 자를 넘어서, 성도들을 포함한 온 우주의 구성원들에 의하여 하나님으로 인식되고 경배되고 있음을 간접적으로 알려준다. 유대교가 주장한 유일신 사상에 더하여, 이제는 '두 분의 하나님' 즉 아버지 하나님과 아들 하나님이 존재하게 되었음을 케노시스 시는 노래한다.

결국, 빌립보서 2:6-11의 케노시스 시는 신적인 지위와 특권을 가지고 하나님의 영역에 속했던, 그러나 아직 하나님의 우주적인 주권과 경배는 공유하지 못했던 선재한 예수의 겸손함에 대한 찬양시다. 하나님의 본질을 드러내는 하나님의 형체를 공유하던 선재한 예수는 하나님과 동등됨

---

86. Reumann, *Philippians: A New Translation with Introduction and Commentary*, 354, 72.

곧 우주적인 주권과 경배를 자신이 취할 것으로 여기지 않고, 대신 겸손
함으로 자신을 비워 종 같이 낮추었다. 이 겸손한 낮춤의 결과로, 혹은 이
낮춤에 대한 보상으로 예수에게 하나님과 동등됨이 하나님으로부터 허락
되었고, 케노시스 시는 이 사실을 시적인 감동으로 노래하고 있다. 이처럼
케노시스 시는 하나님과의 동등됨, 곧 우주적인 주권과 경배는 하나님의
뜻에 대한 순종을 통하여 종의 죽음을 경험한 후에 높아진 겸손한 예수가
누리게 된 새로운 신분과 지위임을 분명히 알려준다. 그러나 케노시스 시
는 예수가 하나님의 우주적인 주권과 경배를 공유한다는 사실이 그가 하
나님을 대신하거나 혹은 하나님의 지위에 해를 끼치는 것이 아니라, 도리
어 그의 아버지가 되시는 하나님께 영광을 돌려 드리는 결과를 가져 왔다
고 노래한다(εἰς δόξαν θεοῦ πατρός, 11절). 이는 그의 겸손한 순종을 통한 낮아짐
과 높아짐이 아버지 하나님의 구원의 계획의 성취를 의미하기 때문이다.
겸손한 아들인 예수의 지극히 높아짐이 하나님 아버지께 영광을 올려 드
렸다고 초대교회는 굳게 믿었다.[87]

아담과 예수 새 아담

    20세기 초·중반 불트만과 케제만으로 대표되는 대륙의 학자들은 영
지주의의 구원자 신화, 혹은 초인을 케노시스 시의 배경으로 제시하였다.
그러나 앞에서 이미 살펴보았듯이, 2세기 이후의 영지주의 문서들을 통해
서 재구성된 구원자 신화, 혹은 초인 이야기는 1세기 초중반에 작성된 케
노시스 시의 배경이 되기에는 문제가 있다. 또한 빌립보서 2:6-11의 케노

---

87. 아들을 통하여 아버지가 영광을 받는다는 신학적인 이해는 신약성경 중 요한복음
     에서 가장 잘 발견된다(비교, 요 8:50; 17:4-5).

시스 시의 중요한 유대적 배경으로 이사야의 고난받는 종이 제시되었음
이 앞에서 언급되었다. 종의 형체를 비롯한 특정한 이사야적 표현들과 이
사야 45:23의 인용 등은 이사야의 고난받는 종이 케노시스 시의 중요한
배경이 되고 있음을 알게 해준다. 그러나 이사야의 고난받는 종의 이야기
는 예수의 고난과 높아짐에 대한 이해를 도와주지만, 그의 선재와 성육신
에 대한 부분을 설명할 수 없다는 약점이 있다. 이에 본 저자는 예수의 선
재와 성육신을 포함하여 케노시스 시 전체를 해석하기 위한 주요 해석학
적 배경으로 구약성경의 첫 번째 인간 아담 이야기를 제시한다. 사실, 여
러 학자들이 이미 케노시스 시를 아담의 이야기를 통해서 설명하려 시도
하였다.[88] 케노시스 시에 대한 이들의 아담 기독론적 이해는 크게 두 가지
방향으로 전개되었다. 제임스 던에 의해서 대표되는 첫 번째 방향은 영지
주의의 구원자 신화와 초인의 배경에 반박하기 위하여 예수의 선재를 부
정하면서, 예수의 인성과 희생을 강조하는 방향이다. 라이트에 의해서 대
표되는 두 번째 방향은 예수의 선재성을 강조하면서, 선재한 예수의 순종
의 성공을 아담의 불순종의 실패와 대조하는 방향이다.[89]

사실, 고든 피가 강조하고 있듯이, 케노시스 시와 창세기 1-3장에는 어

---

88. Hooker, "Philippians 2:6-11," 151-64; Morna Dorothy Hooker, *From Adam to Christ: Essays on Paul* (Cambridge England; New York: Cambridge University Press, 1990); James D. G. Dunn, "Christ, Adam, and Preexistence Revisited," in *Where Christology Began: Essays on Philippians 2*, ed. Ralph P. Martin and Brian J. Dodd (Louisville: Westminster John Knox, 1998); Dunn, *Christology in the Making: A New Testament Inquiry into the Origins of the Doctrine of the Incarnation*, 98-128; Dunn, *The Theology of Paul the Apostle*, 281-88; Wright, *The Climax of the Covenant: Christ and the Law in Pauline Theology*, 56-98.
89. 이 부분에 대한 논의는 저자가 다른 논문에서 이미 발표한 부분을 책의 형태로 확장해서 작성한 것이다. 참고, 이승현, "빌립보서 2:6-11을 통해서 본 바울의 기독론적 구약 사용," 235-48.

떤 언어학적 공통점이 직접적으로 발견되지는 않는다.[90] 예를 들면, 예수
는 하나님의 형체(μορφή)를 입고 있고, 아담은 하나님의 형상(εἰκών)을 따라
창조되었다. 형상은 다소 모호하게 하나님의 외형적인 모습을 가리키지
만, 형체는 하나님의 본질을 드러내는 하나님의 외모를 의미한다. 형체와
형상은 의미론적으로 서로 겹치는 부분들이 많이 있으나, 엄격하게 말하
면 동의어로 볼 수는 없다.[91] 또한 케노시스 시에는 예수의 선재가 강하게
암시되고 있는 반면에, 창세기의 아담은 인간으로 창조되어 하나님의 창
조된 세계에서 하나님을 대표하게 된 비선재적 존재이다. 또한 케노시스
시는 분명하게 신적인 존재의 하강과 상승이라는 수직적인 축을 통한 공
간적 이동에 의하여 이야기의 구조가 설정되어 있는 반면에, 아담 이야기
에는 에덴 동산으로의 이동과 추방이라는 수평적 축을 따른 공간적 이동
만이 존재한다. 이러한 이유들은 케노시스 시에서 아담 이야기에 대한 성
서적 메아리를 찾는 시도를 반박하는 근거들로 제시된다. 그러나 던과 라
이트가 강조하듯이, 바울에게 있어서 예수와 아담의 비교는 그의 기독론
의 중요한 한 축을 이루고 있다는 사실에 대해서 우리는 부정할 수 없다.[92]
바울은 종종 자신의 서신들에서 아담과 예수를 상호 비교하면서, 그리고
아담의 이야기를 예수 이야기의 어두운 배경으로 삼아 새 아담 예수의 사
역을 묘사하면서 자신의 복음을 설명하곤 한다(롬 5:12-19; 고전 15:45-48; 참고,
고후 3:1-4:6). 또한 바울은 종종 하나님의 형상(εἰκών)이라는 개념을 예수에게

90.　Fee, *Philippians*, 209; Fee, *Pauline Christology: An Exegetical-Theological Study*, 390.

91.　Steenburg, "The Case against the Synonymity of Morphē and Eikōn," 85; Hurtado, *Lord Jesus Christ: Devotion to Jesus in Earliest Christianity*, 122.

92.　Dunn, "Christ, Adam, and Preexistence Revisited," 74-76; Dunn, *Christology in the Making: A New Testament Inquiry into the Origins of the Doctrine of the Incarnation*, 115-21; Wright, *The Climax of the Covenant: Christ and the Law in Pauline Theology*, 58-59.

적용하면서, 그가 하나님의 영광을 소유하는 동시에 그 영광을 자신의 복음을 통하여 계시하고 있다고 가르친다(고후 3:18; 4:4-6).[93] '하나님의 형체'가 '하나님의 영광'과 동의어는 아니지만, 인간에게 영광으로 인식됨을 앞에서 이미 언급하였다. 따라서 바울의 이해에서는 형상과 형체가 그 둘의 중간에 위치한 연결 단어인 영광을 통해서 개념적으로 상호 밀접하게 연결되고 있음을 알 수 있다. 그 한 예로, 바울은 고린도후서 3:18에서 다음과 같이 가르친다:

> 우리가 다 수건을 벗은 얼굴로 거울을 보는 것 같이 주의 영광(δόξα)을 보매 그와 같은 형상(εἰκών)으로 변화(μεταμορφόω)하여 영광(δόξα)에서 영광(δόξα)에 이르니 곧 주의 영으로 말미암음이니라. (개역개정).

그러나 아담과 예수에 대한 비교에서 이러한 언어적 유사점들보다도 더 중요한 것은 빌립보서 2:6-11과 창세기 1-3장 간에 존재하는 상당히 많은 종류의 병행하는 개념들이다. 이 두 이야기들에서 발견되는 병행 개념들은 다음과 같이 도표의 형태로 자세히 나열해 볼 수 있다:[94]

	예수	아담
선택	- 비록, 하나님의 형체로 존재하고 있었으나, 하나님과 동등됨을 취할 것으로 여기지 않음. - 대신 종의 형체를 취하고 인간의 모습을 입음으로써 자신을 비움.	- 하나님의 형상을 따라 창조됨(창 1:26-27). - 그러나 하나님과 같아지는 것을 취하려 함(창 3:4-5). - 선악을 아는 지식을 얻어 자신을 채우려 함(창 3:5).

---

93. Silva, *Philippians*, 116.
94. 이 도표는 원래 Hawthorne의 것을 저자의 판단에 따라 약간 수정한 것으로서 저자의 다른 논문에서 사용한 것을 다시 차용하고 있다. 참고, Hawthorne and Martin, *Philippians*, 105; 이승현, "빌립보서 2:6-11을 통해서 본 바울의 기독론적 구약 사용," 238.

행동 (순종과 불순종)	- 그렇게 자신을 비우고 인간이 된 이후에는 죽음의 지경까지 순종함으로써 자신을 더 낮추어버림. - 심지어 십자가에서의 죽음을 경험함.	- 비록, 인간에 불과했지만, 하나님과 같이 되고자 하는 열망 속에서 자신을 높이고 심지어 생명나무 열매를 구함(창 3:6, 22).
결과 (높아짐과 낮아짐)	- 그러므로 하나님은 그를 지극히 높임. - 그에게 모든 이름 위에 뛰어난 이름을 주어 만물이 그를 경배하게 함. - 이를 인하여 하나님께 영광이 돌려짐.	- 그러므로 하나님은 그를 저주함. - 그에게 죽음의 형벌을 주고(창 3:16-19), 만물이 그를 인하여 고통받고 원망하게 함. - 하나님의 진노가 그와 피조세계에 임함.

이 도표에 분명하게 나타나듯이, 케노시스 시의 예수 이야기는 창세기의 아담 이야기를 통해서 그 의미가 더 풍부하게 설명될 수 있다. 아담과 예수는 각각 하나님의 형상 혹은 형체를 소유한 자들로서, 자신들의 인생에서 상호 강하게 대조되는 상반된 결정을 내린 인물들이다. 아담은 하나님과 같아지기 위하여 선악을 알기 원했기에 선악과를 먹는 불순종을 행했다. 그러나 예수는 자신이 하나님의 아들로서 취할 자격이 있는 하나님과 동등됨을 취하지 않고, 대신 자신을 비워 고난과 십자가 상에서의 죽음이라는 하나님의 뜻에 순종했다. 아담은 자신의 불순종의 결과로 죽음의 노예가 되는 사망의 형벌을 받았고, 예수는 자신의 순종의 결과로 우주의 주로 높아짐을 경험하게 되었다. 우주의 주로 높아진 예수는 하나님 아버지가 누리던 전 우주적인 경배의 대상이 되었다. 이처럼 두 존재의 상반된 결정에 의하여 상반된 결과가 그들에게 초래되었음을 우리는 위의 도표에서 분명하게 관찰할 수 있다. 그러나 여기서 흥미로운 사실한 가지는 예수의 순종의 핵심은 아담의 죄에 대한 형벌로서의 죽음을 자신의 운명으로 받아들였다는 것이다. 예수는 하나님의 아들로서 죄가 없는 분이었기에, 죄의 형벌로서의 죽음을 자신의 운명으로 받아들일 필요가 없었다(비교, 고후 5:21). 이 사실은 예수의 낮아짐과 높아짐으로 구성된 그의 생애는 예수가 첫 번째 아담이 실패한 자리에서 시작하여 첫 번째 아담에게 의도된 세상의 주인으로서의 위치를 회복한 것으로 이해될 수 있

음을 암시한다.[95] 물론 우주의 주로 높아진 예수가 누리는 우주적인 주권은 피조물에 대한 아담의 제한적인 주권을 초월하는 것이다. 왜냐하면 예수는 땅 위의 존재들뿐만 아니라, 땅 아래와 하늘 위의 모든 영적인 존재들로부터 오는 우주적인 경배의 대상이기 때문이다. 이런 측면에서 볼 때, 케노시스 시에서 예수는 두 번째 혹은 새 아담으로서 첫 번째 아담의 실패를 완전하게 회복한 존재로 제시되고 있다고 볼 수 있다.[96] 그러므로 이어지는 논의에서 우리는 예수의 생애를 케노시스 시가 전제하는 세 단계로 나누어서 아담과 자세히 비교하며 설명해보고자 한다. 예수의 생애의 세 단계들은 (1) 선재한 예수와 그의 선택, (2) 이 땅에서의 인간(아담)으로서의 삶과 결정, 그리고 (3) 하늘에서 우주의 주로 높아지고 경배받음 등으로 구성된다.

선재한 예수와 그의 신덱

최근 빌립보서 2:6-11에 대한 기원론적 배경으로 아담 이야기를 가장 강조한 이는 제임스 던이다. 던은 과거에 케노시스 시의 기원으로 제시되었던 영지주의의 구원자 신화의 영향에 대해서 반대하면서, 아담 기독론을 그 대안으로 제시한다. 던은 아담 기독론이 바울서신 기록 이전, 40-50년대에 이미 1세대 기독교에서 가장 인기 있는 주제들 중의 하나였음을 강조하고, 케노시스 시가 이 아담 기독론을 가장 완벽하게 표현하고 있다

---

95. 물론 예수의 죽음과 높아짐은 이사야의 고난받는 종에게 약속된 고난과 높아짐을 통해서 묘사된다. 따라서 케노시스 시에 대한 우리의 분석은 아담의 이야기와 더불어 이사야의 고난받는 종의 이야기를 함께 고려해보아야 한다. 두 가지 다른 구약의 이야기들이 예수에 대한 초대교회의 시에서 어떻게 사용되고 있는지에 대한 질문은 숙고해보아야 할 중요한 질문이다.
96. 참고, 이승현, "빌립보서 2:6-11을 통해서 본 바울의 기독론적 구약 사용," 239.

고 주장한다.[97] 던을 비롯한 바울 학자들의 아담 기독론에 대한 토론은 주로 빌립보서 2:6-7에 집중한다. 이미 위에서 언급되었듯이, 6-7절은 대략 다음과 같은 구조로 분석될 수 있다:

비록 그는 **하나님의 형체**로 존재하였으나

하나님과의 동등됨을 취할 것으로 여기지 않고(6절),

대신 **종의 형제**를 취하고

인간의 모습으로 태어남으로써

자신을 비웠다(7절).

이 구조에서는 예수가 소유한 태도와 행동 간에 존재하는 세 가지 강력한 대조점이 즉각적으로 드러난다. 첫째는 그가 소유한 하나님의 형체와 종의 형체 간의 대조다. 둘째는 하나님의 형체로 존재하던 그가 소유할 수도 있었던, 혹은 이기적으로 사용할 수도 있었던 하나님과 동등됨과 종의 형체를 취한 후 처하게 된 상태인 인간 됨 간의 대조이다. 그리고 셋째는 그가 취한 행동들, 즉 취함과 비움 간의 대조이다. 우리는 이미 앞에서 위의 표현들의 의미에 대해서 자세히 살펴보았다. 그러나 이 표현들 안에 담긴 보다 깊은 성서적 의미들을 고찰하기 위해서 우리는 창세기 1-3장의 아담의 이야기에 주목해보고자 한다.[98]

---

97. Dunn, *Christology in the Making: A New Testament Inquiry into the Origins of the Doctrine of the Incarnation*, 114. 참고, Oscar Cullmann, *The Christology of the New Testament* (Philadelphia,: Westminster Press, 1959), 181; Barrett, *From First Adam to Last*, 16, 69-72; Hooker, "Philippians 2:6-11," 160-64; Martin, *Carmen Christi: Philippians Ii 5-11 in Recent Interpretation and in the Setting of Early Christian Worship*, 161-64.

98. 이 부분은 저자의 다른 논문에서 이미 다루어진 부분을 조금 더 확장해서 논의하

　　예수가 소유했던 하나님의 형체는 하나님의 외형적인 모습으로서 그의 신적인 본질을 드러내는 필수적인 특징이라고 앞에서 이미 정의하였다. 구약성경에서 하나님의 형제가 인간의 눈에 보여질 때, 인간은 하나님의 형체를 둘러싼 그의 영광을 목도하게 된다. 흥미로운 사실은, 아담의 경우에는 하나님의 형체가 아닌 하나님의 형상으로 창조되었다고 창세기 저자는 전한다. 물론 유대인들의 아담 이해에서 그가 소유한 하나님의 형상은 하나님의 영광과 동일시되곤 한다(비교, 고후 3:18; 4:4-6). 따라서 하나님의 형체와 하나님의 형상은 엄밀한 의미에서 동의어는 아니지만, 영광이라는 중간 개념을 통해서 상호 연관지어진다. 아마도 케노시스 시에서 예수가 소유한 그의 원래의 모습이 하나님의 형상이 아니라 하나님의 형체라고 주장함으로써, 이 시의 저자는 아담과 예수를 동일한 영역에 위치시키지 않은 채 상호 연관지을 수 있게 된다. 하나님의 형체의 개념을 통해서 예수의 신새 시 상태를 하나님의 영역에, 하나님의 형상의 개념을 통해서 아담의 창조 시 상태를 인간의 영역에 구분하여 존재시킬 수 있는 것이다. 따라서 케노시스 시가 여기서 강조하고 싶은 바는 아담은 하나님의 영광스러운 형상 즉 외모를 따라 지음 받은 피조물이었던 것에 반하여, 예수는 하나님의 영광스러운 형체 속에서 존재하던, 즉 그 신적인 형체가 증거하는 신적인 본질을 소유했던 신적인 존재라는 것이다.

　　이 사실은 2:6에 사용된 동사들을 통해서 더 분명해진다. 먼저, 하나님의 형체와 연관된 예수의 존재를 나타내기 위해서 헬라어 동사의 분사형 ὑπάρχων이 사용된다.[99] 이 헬라어 동사는 '존재하다'는 의미를 가장 기본

고 있다. 참고, 이승현, "빌립보서 2:6-11을 통해서 본 바울의 기독론적 구약 사용," 239-45.

99. 참고, Reumann, *Philippians: A New Translation with Introduction and Commentary*, 341-42.

적인 의미로 삼고 있다. 따라서 이 동사는 예수가 자신의 존재의 시작부터 종의 형체를 입고 인간으로 나타나기 전에 하나님의 형체를 소유하고 있었음을 알려준다. 이 헬라어 동사가 현재 분사로 쓰이는 이유는 예수가 자신을 비운 이후로 경험한 변화, 즉 종의 형체를 입고 인간이 된 이후에도 여전히 그는 하나님의 형체를 소유하고 있는 상태에 아무런 변함이 없었다는 사실을 알려주기 위해서다. 반면에 종의 형체를 통해서 전해지는 그의 존재의 상태에 대해서 케노시스 시는 헬라어 동사 λαβών을, 그리고 인간의 모양을 통한 그의 존재 상태에 대해서는 헬라어 동사 γενόμενος를 사용한다.[100] 전자의 경우는 과거형 분사로서 예수가 종의 형체를 취한 것이 역사의 어떤 한 시점에서 일어난 과거의 한 사건이었음을 알려주고, 후자의 경우도 과거형 분사로서 예수가 역사의 한 시점에서 인간으로 태어났다는 사실을 알려준다.

　여기서 종의 형체와 인간 됨, 그리고 하나님과 동등됨의 의미들이 학자들의 중요한 토론의 대상이 되었다. 던의 경우, 아담 기독론의 이해 아래서 종의 형체를 아담이 그의 타락 후 경험하게 된 비참한 상태와 동일시한다. 아담이 그의 타락 후에 경험한 것은 하나님의 형상으로서 자신이 소유했던 하나님의 영광을 상실하고 죽음이 가져온 소멸에 노예가 되거나(비교, 롬 8:18-21), 혹은 기초적인 원리들/영들에 노예가 된 상태를 의미한다(비교, 갈 4:3).[101] 그러나 바울의 신학에서, 혹은 첫 세대 교회의 이해에서 예수가 죄나 사망이나 영적인 세력에 의해 노예가 되었다는 주장은 전혀 발견되지 않고 있다. 오히려 하나님의 형체가, 선재하던 예수가 소유했던 하나님의 신적인 본질로서의 외형적인 특징들을 가리킨다면, 종의 형체

---

100. 참고, Ibid., 348-49.

101. Dunn, *Christology in the Making: A New Testament Inquiry into the Origins of the Doctrine of the Incarnation*, 115.

는 그가 성육신한 후 소유하게 된, 외면적으로 본질적으로 인간이 된 상태를 가리킨다고 보는 것이 더 옳다. 그러나 케노시스 시가 예수의 성육신에 대해서 단순히 '인간의 형체'라는 표현 대신 '종의 형체'라는 표현을 사용한 이유는 그가 이 땅에 인간으로 온 이유가 단순히 아담의 자손들 중 하나인 인간이 되기 위해서가 아니라, 특별한 형태의 인간으로서의 삶을 살기 위해 이 땅에 왔다는 사실을 암시한다. 그가 인간으로 온 가장 핵심적인 이유는 십자가에서 죽기 위함이고(8절), 십자가에서의 죽음은 오직 종들과 반역자들에게만 지정된 특정한 형태의 죽음이었다. 그리고 예수가 십자가에서 종의 죽음을 경험한 이유는 그가 다른 많은 이들을 위한 대속의 죽음, 즉 이사야의 고난받는 종의 죽음을 죽기 위해서였다.[102]

그러나 여기서 이러한 결정을 내린 예수의 상태에 대해서 논의하면서, 어떤 학자들은 성육신하기 전 예수의 선재를 주장하고, 또 다른 학자들은 단순히 이 땅에 살던 예수의 삶의 형태를 주장한다. 후자의 견해를 대변하는 던은 아담이 선재하지 않았던 것처럼 그와 대칭 관계에 있는 새로운 아담 예수의 선재도 케노시스 시에서 전제되지 않고 있다고 주장한다.[103] 마찬가지로 콜린 브라운도 하나님의 형체로 존재하던 예수의 개념을 통해서 케노시스 시는 그의 이 땅에서의 삶이 하나님을 표현하고 있다고 주장한다.[104] 던과 브라운은 아담과 예수가 이 땅에서 하나님의 형상과 형체를 지니고 산 인간들로서 상호 다른 결정들을 한 인간들에 불과했다고 주장한다. 아담은 하나님과 같아지기 위해서 불순종을 택했고, 예수는 하나님과 동등됨을 포기하면서 순종하는 삶을 택했다는 것이다. 결국, 이

---

102. 본 저자는 비록 아담 이야기가 케노시스 시의 주도적인 배경이지만, 여전히 이사야의 고난받는 종에 대한 성서적 메아리가 이 시 전반에 깔려 있다고 생각한다.

103. Ibid., 119.

104. Brown, "Ernst Lohmeyer's Kyrios Jesus," 27.

들의 견해를 따르면, 케노시스 시에 담긴 아담과 예수 간에 존재하는 위와 같은 병행 개념들은 그들이 인간으로서 선택한 결정들과 그 결과들을 비교·대조하기 위한 것일 뿐, 인간으로 존재하기 전 예수의 선재에 대한 어떠한 전제도 포함하고 있지 않다.[105] 던은 예수의 선재에 대한 개념을 부정하기 위하여 지혜 기독론(Wisdom Christology)의 예를 든다. 던에 따르면, 지혜 기독론에서 선재한 것은 지혜이지 그리스도가 아니다. 단지 선재한 지혜의 개념이 역사의 한 순간에 한 역사적인 인물인 예수로 구현되고(embodied) 표현되었다. 나아가 던은 특별히 케노시스 시에서 묘사되는 아담과 예수의 대조는 은유적인 비유(metaphor)를 통해서만 가능하기에, 예수와 아담 간에 존재하는 은유는 엄밀한 역사적인 사실로 전환되어서는 안 된다고 주장한다.[106] 던은 아담을 통해서 이루고자 했던 하나님의 처음 창조 목적이 다른 아담 예수를 통해 완전하게 성취되었음을, 케노시스 시가 이러한 은유적 비유로 노래하고 있다고 말한다. 던에 따르면, 인류를 향한 하나님의 원래 의도는 아담이 피조된 세상을 향해 주권을 소유하고 행사하는 데서 발견된다.

그러나 예수의 선재를 부정하면서 아담과 대조되는 예수의 모습이 단지 이 땅에서의 그의 인간적인 삶만을 가리킨다는 이들의 견해는 마틴을 필두로 한 여러 학자들에 의하여 다양한 방식으로 공격당했다. 가장 우선적으로, 예수의 선재가 부정되면 케노시스 시의 전체적인 스토리라인이 붕괴되는 결과를 가져온다. 예수가 아담과 달리 자신을 비우고 취한 행동은 종의 형체를 취하고 인간의 모습으로 나타나는 것이다. 그런데 만약 이 결정이 이미 인간으로 태어난 예수의 결정이라면, 이 결정 이후에 예

수가 인간의 모습으로 발견되었다는, 즉 인간으로 살게 되었다는 케노시스 시의 가르침은(7-8절) 매우 이상한 주장이 된다. 다시 말하면, 케노시스 시에서 예수가 내린 어떤 결정은 그가 아직 인간으로 발견되기 전 선택한 특별한 결정의 결과여야 한다.[107] 이미 아담 안에서 태어난 인간으로 살던 예수가 자신을 비워 인간이 되기로 결정하고 인간의 모습으로 발견되었다는 던의 주장은 논리적으로 전혀 말이 되지 않는다. 뿐만 아니라, 이미 아담의 자손으로서 인간으로 태어난 예수가 어떻게 아담의 죄악 된 유전자의 영향력을 극복하고 자신을 비우는 결정을 내릴 수 있게 되었는지에 대해서 독자들은 질문하지 않을 수 없다. 그리고 죽음은 아담 안에서 태어난 모든 인류가 숙명적으로 경험해야 할 비극적인 운명인데, 어떻게 한 인간 예수에게만 그 죽음이 그의 죄에 대한 결과가 아니고 순종의 표현이 되는지에 대해서 우리는 설명할 방법이 없다.[108] 오직 예수가 인간으로 태어나기로 결정한 시점에 그가 인간이 아닌 선재하신 존재일 경우에라야, 그의 비움의 행동이 의미 있는 행동이 되고, 그의 죽음이 인간으로서 당연히 맞이해야 할 숙명으로서의 죽음이 아니라 칭찬받을 만한 순종의 행동이 된다.

　　아담과 예수 사이에 존재하는 다양한 병행 개념들은 예수의 생애를 아담과 비교하여 설명할 타당한 근거를 제공한다. 그렇지만 이 사실을 근

---

107. Hansen, *The Letter to the Philippians*, 141; I. H. Marshall, "Incarnational Christology in the New Testament," in *Christ the Lord: Studies in Christology Presented to Donald Guthrie*, ed. Donald Guthrie and Harold Hamlyn Rowdon (Downers Grove, IL: Inter-Varsity Press, 1982), 6; Martin, *A Hymn of Christ: Philippians 2:5-11 in Recent Interpretation & in the Setting of Early Christian Worship*, xxi; Lincoln D. Hurst, "Christ, Adam, and Preexistence Revisted," in *Where Christology Began: Essays on Philippians 2*, ed. Ralph P. Martin and Brian J. Dodd (Louisville: Westminster John Knox, 1998), 87; Wright, *The Climax of the Covenant: Christ and the Law in Pauline Theology*, 92.

108. Wright, *The Climax of the Covenant: Christ and the Law in Pauline Theology*, 92; Mar-

거로 예수의 선재에 대한 개념을 부정하고 그의 생애를 철저하게 한 인간
(새 아담)의 결정으로 해석하게 되면, 우리는 케노시스 시의 메시지와 전체
적인 구도를 심각하게 손상시키는 결과를 유발한다. 오히려 예수의 선재
에 대한 개념이 강조될 때, 아담과 예수 간에 존재하는 대조가 더욱더 강
렬해지며, 케노시스 시의 메시지가 더 분명해진다. 아담은 단지 하나님의
형상으로 창조된 인간에 불과함에도, 욕심을 내어 하나님과 같아지려고
불순종의 죄를 지었다. 그러나 아담과 달리, 예수는 하나님의 형체를 지닌
신적인 존재였음에도 불구하고, 자신에게 합당한 권리가 있는 하나님과
동등됨을 취할 것으로 여기지 않고 자신을 비워 종의 죽음을 경험하기까
지 순종하였다.[109] 이런 맥락에서, 본 저자는 6절에 등장하는 하나님과 동
등됨을 9-11절에 나타나는 바, 새롭게 얻게 된 우주의 주로서의 예수의 신
분과 지위로 이해한다.[110] 그러나 예수가 새롭게 소유하게 된 세상의 주 되
심의 지위는, 단순히 자신의 순종에 대한 보답 차원을 넘어선다. 곧, 예수
는 하나님의 형체를 소유한 존재로서 어떤 형태로든 취할 수 있는 권리가
있었던 것으로 보인다. 왜냐하면 바울에게 있어서 윤리적인 결정에 대한
원칙은, 합당한 권리가 있음에도 불구하고, 타인들을 향한 사랑의 원칙을
세우기 위하여 그 권리들을 포기하는 데서 발견되기 때문이다(비교, 고전
8:13; 9:3-7, 19-23).[111] 마찬가지로, 선재한 예수도 하나님의 아들인 자신이 마
땅히 소유할 수 있었던 하나님과의 동등됨을 포기함으로써 순종을 통한
하나님의 사랑의 원칙을 계시해주었다. 케노시스 시의 직접적인 배경이

---

shall, "Incarnational Christology in the New Testament," 6.

109. Hurst, "Christ, Adam, and Preexistence Revisted," 84-95; Wright, *The Climax of the Covenant: Christ and the Law in Pauline Theology*, 91-92.

110. 이승현, "'하나님과 동등됨'(Tò εἶναι Ἴσα Θεῷ)의 의미에 대한 고찰과 빌립보서 2:6-11 해석," 203-22.

111. 비교, Hurst, "Christ, Adam, and Preexistence Revisted," 89.

되는 빌립보서에서 바울은 이처럼 자신의 권리를 포기하고 자신을 비운 예수의 모범을 따라서, 바울 자신도 비록 세상을 떠나 부활한 예수와 함께 거하는 것이 자신에게 속한 최상의 권리이지만, 빌립보 교인들의 영적인 안위를 위하여 그 권리를 기꺼이 포기하겠다고 선포한다(빌 1:20-26).

빌립보서 2:9-11에 담긴 케노시스 시의 두 번째 부분도 예수의 선재를 요구하는 듯 보인다. 던과 라이트의 강조처럼, 이 부분이 노래하는 예수의 세상의 주로 높아짐은 시편 8편에 담긴 인류를 향한 하나님의 계획으로서의 세상에 대한 주권 회복과 시편 110편에 담긴 메시아의 주권의 성취를 의미한다. 그러나 우리가 부정할 수 없는 사실은 빌립보서 2:9-11은 이사야 45:23에 대한 확장된 인용으로 구성되어 있다는 것이다. 이사야 45:23은 만물이 하나님 앞에서 무릎을 꿇고 그의 주 되심을 고백함으로써, 여호와가 온 세상의 유일하고 참된 하나님임을 선포할 것에 대한 종말론적인 예언의 말씀을 딛고 있다. 사실 케노시스 시는 이사야 45:23을 높여진 예수에게 적용함으로써, 단순히 예수의 주 되심을 노래하는 것 그 이상의 결과를 낳는다. 케노시스 시는 세상의 주권과 주라는 이름을 예수에게 적용함으로써 예수를 단지 세상의 주로 격상시키는 차원을 뛰어넘어, 오직 이스라엘의 하나님 한 분에게만 적용되던 지위와 영예를 소유하는 분으로 그를 묘사함으로써 하나님과 동등한 분으로 제시한다. 이 사실은 케노시스 시를 인용하기 전 이미 바울이 예수를 자신의 하나님에 대한 유일신론적 믿음의 핵심적인 대상으로 포함시켰음을 알려준다. 회심 후 바울은, 초대교회 전통이 흐름에 동의하면서, 빌립보서를 작성하기 오래 전에 이미 자신의 과거 하나님에 대한 유일신론적 믿음을 수정하여, 예수를 포함한 이위일체론적 유일신관(binitarian monotheism)을 견지하게 된 것으

로 보인다.[112] 따라서 케노시스 시가 노래하는 예수의 주 되심은 단순히 아
담과 같은 한 인간 예수가 아담이 실패했던 순종의 문제를 극복함으로써
아담에게 의도되었던 세상의 주인 됨을 회복한 차원을 뛰어넘는다. 예수
의 주 되심은 하나님의 형체를 입고 하나님과 동등됨에 대한 권리를 가지
고 있던 선재한 예수가 그 권리를 잠시 포기하고 죽음에의 순종을 이룬
후, 우주적인 주권을 획득하고 세상의 주로 높아져서 여호와 하나님과 동
등한 존재가 된 것을 의미한다.

　이처럼 케노시스 시 전체의 균형은 예수의 선재성의 개념을 통해서
더 온전하게 보존되고, 선재한 예수가 취한 자기비움의 결과로 발생한 성
육신 사건에 의해서 극복되는 아담의 불순종의 사건을 그 배경으로 한다.
물론 예수의 성육신의 사건은 십자가 상에서의 죽음과 구분되는 별개의
사건이 아니라, 십자가 상에서의 죽음을 최정점으로 하는 예수의 완전한
인간으로서의 삶을 의미한다. 예수가 순종을 통하여 받아들인 완전한 인
간으로서의 삶은 그전에 선재했던 예수의 의식적 결정의 결과다. 케노시
스 시에 담긴 겸손한 비움의 본질은, 던이 주장하듯이, 선재한 지혜의 인
격화(personification)에 불과한, 한 인간 예수의 결정에 관한 것이 아니라, 인
간으로 태어나기 전 이미 선재하고 있었던 한 신적 존재의 의식적인 선택
에 대한 것이다.[113] 그러므로 아담의 경우는 인생이 두 가지 단계들, 즉 타
락 전후의 과정으로 구분되는 반면에, 케노시스 시에 담긴 예수의 생애는
세 가지 단계들로 구분된다: (1) 하나님의 형체를 지니고 살던 선재의 단

---

112. 비교, Wright, *The Climax of the Covenant: Christ and the Law in Pauline Theology*, 94;
　　Bauckham, "The Worship of Jesus in Philippians 2.9-11," 128-39; Larry W. Hurtado,
　　How on Earth Did Jesus Become a God? (Grand Rapids: Eerdmans, 2005).

113. Wright, *The Climax of the Covenant: Christ and the Law in Pauline Theology*, 97; G. B.
　　Caird and L. D. Hurst, *New Testament Theology* (Oxford; New York: Oxford University
　　Press, 1994), 97.

계, (2) 종의 형체를 지니고 인간으로 발견된 낮아진 단계(그리고 십자가의 죽음을 경험함으로써 더 낮아진 단계), 그리고 (3) 우주의 주인으로 지극히 높아진 단계.[114]

성육신한 예수와 이 땅에서의 삶

선재한 예수의 자기비움이라는 선택의 결과로 예수는 하나님과의 동등됨을 취하려 하지 않고, 대신 종의 형체를 입고 인간이 되어 이 땅에 나타났다. 예수의 성육신의 선택은 하나님의 뜻에 대한 순종을 위하여 자신을 낮춘 선택의 결과이다. 그리고 성육신한 예수의 이 땅에서의 삶은 십자가에서의 죄인의 죽음이라는 결정적인 사건을 통해서 마무리된다. 그럼에도 불구하고, 선재한 예수가 행한 자기비움의 선택이 정확히 무엇을 의미하는지를 설명하는 것은 케노시스 시의 함축적 특성 때문에 쉽지가 않다. 예수기 종의 형대를 취하기 전, 그의 존재 형태를 설명하는 하나님의 형체의 의미와 그의 낮아짐의 본질을 지칭하는 헬라어 단어 ἁρπαγμός의 의미가 모호하기 때문이다. 우리가 앞에서 이미 살펴보았듯이, 라이트는 이 단어를 설명하기 위하여 선재한 예수가 그 존재의 시작부터 소유하고 있던 하나님의 형체, 곧 하나님의 영광을 하나님과의 동등됨과 동의어라고 주장한다. 라이트에 반하여 마틴은 하나님의 형체와 하나님과 동등됨을 구분하여 이 단어를 설명한다. 하나님의 형체는 선재한 예수가 소유한 신적인 본질을 의미하는 반면에, 하나님과 동등됨은 십자가에서의 죽음과 부활을 경험한 후 지극히 높아진 예수가 새롭게 소유하게 된 우수석인 주권과 경배를 의미한다. 마틴에 따르면, 선재한 예수는 비록 신성을 소유하였으나 하나님과 동등됨, 즉 우주적인 주권은 아직 소유하지 못하

---

114. 비교, Hurst, "Christ, Adam, and Preexistence Revisted," 86.

였고 만물의 경배의 대상으로 제시되지 못했다. 그러나 후버의 연구를 바탕으로 라이트는 이러한 마틴의 견해를 반박한다. 라이트는 "하르파그모스"가 '상으로 붙들어야 할 어떤 것'이 아니라, '이미 소유하고 있는 어떤 것을 이익을 취할 목적으로 이용하는 것'이라고 주장한다. 따라서 라이트에게 있어서 선재한 예수는 하나님과의 동등됨을 이미 소유하고 있었으나, 이 동등됨을 자신을 위하여 이기적으로 취하는 것을 거절함으로써 하나님 됨의 참된 의미를 계시하였다.[115] 라이트의 견해에 따르면, 선재한 예수가 자신이 소유했던 하나님과의 동등됨, 즉 하나님의 영광을 비우고 인간이 됨으로써 계시한 것은 '자신을 부정하는 하나님의 사랑'이다.

그러나 케노시스 시의 주제는, 라이트가 주장하듯이, 하나님의 자기계시로서의 신적인 사랑의 새로운 이해가 아니라, 선재한 예수가 자기부정과 낮아짐을 통하여 보여준 참된 겸손함의 정신이다.[116] 또한 하나님과의 동등됨이 하나님의 영광을 의미한다면, 예수가 죽고 부활한 후 우주의 주로 높아진 사건을 예수의 선재 시 존재 형태와 연관하여 어떻게 이해해야 할지에 대한 질문이 남는다. 우주적인 주권/경배, 그리고 하나님과의 동등됨의 관계는 무엇일까? 사실 앞에서 이미 비판하였듯이, "하르파그모스"는 어떤 이가 이미 소유한 것 혹은 상태를 의미한다기보다는, 곧 일어날 수 있는 상황들에 대한 기대를 표현하는 단어라고 보는 것이 더 옳다. 이런 의미에서 볼 때, 선재한 예수는 자신이 이미 소유한 하나님과의 동등됨을 자신을 위한 이기적인 목적으로 사용하기를 거절한 것이 아니라, 하나님의 아들로서 자신이 가진 권리로 하나님과의 동등됨을 경험하는 대신에 자신을 낮춘 겸손함을 통해서 그 동등됨을 소유하게 되었다고 보는 것이 더 옳다. 여기서, 본 저자의 견해로는, 하나님과 동등됨은 하나님

---

115. Wright, *The Climax of the Covenant: Christ and the Law in Pauline Theology*, 84.

116. Hawthorne and Martin, *Philippians*, 116.

의 영광스러운 형체가 아니라, 하나님의 우주적인 주권과 경배의 대상을 가리킨다. 물론 우리는 여기서 '하나님의 형체'와 '하나님과 동등됨'이 케노시스 시에서 완전히 구분된 두 개의 별개의 대상으로 이해되고 있는지 더 질문해보아야 한다. 하나님과 동등됨이 우주적인 주권과 경배를 의미한다면, 시간적인 축을 통해서 관찰할 때 선재한 예수는 하나님과 동등됨을 아직 소유하지 못하였다. 오직 죽음과 부활을 경험한 후에라야 비로소 예수는 그의 순종에 대한 보답으로 하나님에 의하여 우주의 주로 높아졌고, 이의 결과로 예수는 하나님과의 동등됨을 완전히 성취하게 되었다. 그러나 하나님의 형체가 하나님의 본질을 의미한다면 이미 선재한 예수는 하나님의 영역에 거하는 존재이므로, 그는 마틴이 생각하는 것보다도 더 하나님과의 동등됨에 가까이 존재했을 것이다. 본 저자의 견해로, 선재한 예수는 비록 아직 하나님의 우주적인 주권으로서의 하나님과 동등됨을 소유하지 못했으나, 그의 하나님의 형체 혹은 본질에 침여함을 인하여 하나님과 동등됨을 소유할 모든 권리를 가지고 있었다고 볼 수 있다. 하나님 아버지에게 속한 모든 것이 아들인 예수의 권리에 속했다고 볼 수 있기 때문이다. 그러나 선재한 예수는 그 동등됨을 즉각적인 자신의 권리로 취하기를 거절하고, 오직 십자가에서의 죽음이라는 하나님의 뜻에 순종하여 그 동등됨을 획득하였다. 여기서 우리는 선재한 예수와 아담 간에 존재하는 강력한 대조를 다시 한 번 확인할 수 있다.

아담과 예수를 비교하며 이해하는 학자들은 종종 하나님과 동등됨을 취하려 하였던 아담과 달리, 예수는 하나님과 동등됨을 취할 것으로, 혹은 도적질할 것으로 간주하지 않았다고 주장한다. 이들은 하나님과의 동등됨을 예수가 소유하지 못했고 그 소유하지 못한 것에 대한 마음에서의 포기는 그의 선재 시 이루어진 사건이 아니라, 예수의 인간으로서의 생애

중에 발생했다고 주장한다.[117] 학자들은 그 중요한 사건의 후보로 예수가 광야에서 시험받았던 것, 가이사랴 빌립보에서 자신의 메시아 됨으로 인한 고난과 죽음을 설명한 것, 혹은 겟세마네 동산에서의 기도와 이어지는 십자가 상에서의 고난의 죽음 등을 제시하였다.[118] 이들에 반하여 던은 예수가 하나님과의 동등됨을 취하려 시도하지 않았던 사건은 그가 아담의 운명을 가진 인간으로서의 삶을 받아들인 사건, 즉 그의 인간으로서의 삶 전체를 의미한다고 주장한다.[119] 그러나 이 경우, 던의 기대와 달리, 아담의 후손으로서 아담의 운명을 비껴갈 수 없었던 예수가 어떻게 아담과는 상반된 선택을 할 수 있었는지에 대한 설명을 찾을 수 없다. 이에 라이트는, 던에 반하여 예수의 선재성을 강조하면서, 인간으로 태어나기로 결정한 선재한 예수의 결정을 해결책으로 주장한다. 물론 라이트는 하나님과의 동등됨을 선재한 예수가 이미 소유하고 있었던 것으로 정의하는 반면에, 마틴은 예수의 선재에 대한 라이트의 견해에는 동의하지만 라이트와 달리 하나님과의 동등됨을 예수가 아직 소유하지 못한 우주적인 주권으로 해석한다.

마틴의 해석을 따르자면, 하나님의 형상으로 창조된 아담은 하나님과 같아지려고 불순종의 죄를 범하여 자신의 죄에 대한 형벌로서의 죽음을 경험하게 되었다. 그러나 하나님의 형체로 존재한, 즉 하나님과 동일한 신적인 본질을 소유한 선재한 예수는 자신이 아직 소유하지 못한 하나님과의 동등됨, 즉 우주적 주권을 자신의 권리로 취할 것으로 간주하지 않고

---

117. 참고, Hansen, *The Letter to the Philippians*, 144.

118. Wright, *The Climax of the Covenant: Christ and the Law in Pauline Theology*, 62-90; Martin, *A Hymn of Christ: Philippians 2:5-11 in Recent Interpretation & in the Setting of Early Christian Worship*, 142-43.

119. Dunn, *Christology in the Making: A New Testament Inquiry into the Origins of the Doctrine of the Incarnation*, 120-21.

종의 죽음에 순종하는 선택을 했다. 그러나 마틴의 해석을 따를 경우, 선재한 예수가 자신이 소유하지 못한 그리고 자신에게 어떠한 권리도 없는 우주적인 주권을 탐내지 않은 것이 왜 그토록 칭찬할 만한 행동이 되는지를 설명하기가 쉽지 않다. 따라서 본 저자는 하나님과의 동등됨이 선재한 예수가 아직 소유하지 못했던 우주적인 주권을 의미한다는 마틴의 견해에 동의하지만, 이 주권은 하나님의 형체로 존재하던 하나님의 아들 예수가 마땅히 소유할 수 있었던 하나님 됨의 권리에 속한 것이었다고 생각한다. 선재한 예수가 자신의 권리를 따라 아버지 하나님의 우주적인 주권을 아들인 자신의 것으로 주장할 수도 있었으나, 그 권리를 주장하는 대신에 종의 형체를 입고 종의 죽음을 경험함으로써 하나님의 뜻에 대한 자신의 순종을 보여주었다. 이 해석을 따를 경우, 아담과 예수 간의 대조는 더욱 분명하게 두드러지고, 예수가 자신을 비워 자신의 권리를 포기한 것에 대한 케노시스 시의 송축에 대한 이해가 훨씬 더 분명해진다. 하나님의 형상으로 창조된 아담은 자신에게 속하지 않은 하나님과의 동등됨을 탐함으로써 불순종의 죄를 범하였으나, 하나님의 형체를 입고 하나님의 본질의 영역에 속한 예수는 자신에게 마땅한 권리가 있는 우주적인 주권을 탐하지 않고 종이 되어 죽음으로써 하나님을 향한 순종을 이루었다.

이런 맥락에서 볼 때, 예수가 이 땅에 인간으로 태어난 성육신의 사건은 선재한 예수가 자신의 권리를 포기하고 내린 순종의 결과이다. 여기서 우리는 선재한 예수가 포기한 것이 무엇인지에 대해서 질문해 볼 수 있다. 선재한 예수는 자신이 소유했던 하나님의 형체, 곧 하나님의 신적인 본질을 포기했는가?[120] 혹은, 하나님의 형체가 표현되는 하나님의 영광과

---

120. Hansen, *The Letter to the Philippians*, 146; Martin, *A Hymn of Christ: Philippians 2:5-11 in Recent Interpretation & in the Setting of Early Christian Worship*, 166.

특권들인가?[121] 이 질문들에 대한 긍정적인 답은 케노시스 시 자체에 의해서 거부된다. 왜냐하면 7절에서 케노시스 시는 분명하게 선재한 예수가 "자기 자신"을 비웠다고 노래하기 때문이다. 물론 자기 자신을 비웠다는 표현도 그 자체의 모호함으로 인하여 케노시스 시의 해석자들로 하여금 고민하게 만든다. 케노시스 시는 선재한 예수가 자신을 비운 행위는 자신이 소유하던 하나님의 형체나 본성의 포기라기보다는, 그가 아직 소유하지 않았던 그 무엇을 새롭게 소유함을 통해서라고 말한다: "종의 형체를 취하시고(μορφὴν δούλου λαβών), 인간의 모습을 취하심으로써(ἐν ὁμοιώματι ἀνθρώπων γενόμενος)"(2:7). 여기서 우리는 선재한 예수가 자신을 비운 행위가 그가 소유한 하나님의 형체와 그가 새롭게 소유하게 된 종의 형체 및 인간의 모습 간의 대조를 통해서 표현되고 있음을 본다. 종의 형체를 취하고 인간의 모습을 취한 것은 두 가지 아주 긴밀한 표현들로써, 선재한 예수의 성육신의 사건의 본질을 가리킨다. 따라서 예수의 자기 비움의 선택의 결과는 바로 성육신 사건을 의미한다.[122]

예수의 성육신의 사건을 설명하는 첫 번째 표현인 "종의 형체를 취하고"에서, 형체는 하나님의 형체에서와 마찬가지로 종의 내면적인 본질을 표현하는 외적인 모습이라고 정의되어야 한다. 하나님의 형체에서 외적인 모습은 하나님을 볼 때 시각적으로 표현되는 영광을 가리키고, 종의 형체에서 외적인 모습은 그의 영광이 아니라 모든 권리를 상실하고 노예의 위치에 처한 자의 수치를 가리킨다. 바울 당시, 빌립보를 포함한 그리스-로마 사회에서 종은 어떠한 영광이나 권리 혹은 명예도 소유하지 못한

---

121. Hawthorne, "In the Form of God and Equal with God(Philippians 2:6)," 86; J. B. Lightfoot, *Philippians*, The Crossway Classic Commentaries (Wheaton, Ill.: Crossway Books, 1994), 112.

122. 비교, Hansen, *The Letter to the Philippians*, 148.

채, 신분 사다리에서 가장 밑바닥에 속한 수치의 대명사로 간주되었다.[123] 이런 맥락에서 볼 때, 자신을 비운 선재한 예수의 결정은 모든 권리를 소유한 신분 사다리의 가장 위에 속한 하나님 됨에서 가장 밑에 속한 종이 됨으로써 모든 권리와 특권과 명예를 박탈당한 상태에 처하게 된 것을 의미한다. 여기서 우리가 한 번 생각해보아야 할 문제는 하나님의 형체로 상징되는 하나님의 본성이 종의 형체 아래 숨겨져 있는지, 아니면 하나님의 본성이 종의 본성으로 대치되었는지의 여부이다. 이 질문에 대한 답은 두 번째로 성육신 사건을 가리키는 '인간의 모습으로 나타남'이라는 표현에 대한 해석을 통해서 찾을 수 있다. 종의 형체를 취함으로써 예수가 진성한 하나님 됨의 의미를 '희생적 사랑'으로 보여주었다는 라이트의 주장은 매우 기발한 신학적 통찰력을 담고 있는듯 하지만, 케노시스 시가 노래하는 바는 예수가 계시한 하나님 됨의 본질에 대한 찬미가 아니라, 예수가 취한 겸손한 자기비움에 대한 찬미라는 시 실과 질 조화를 이루지 못한다.[124]

6절의 현재형 분사 ὑπάρχων은 선재한 예수가 소유한 하나님의 형체가 상시적인 것이었음을 나타낸다. 반면에, 7절의 과거형 분사 λαβών과 γενόμενος는 예수가 자신을 비움으로써 취한 종의 형체와 인간의 모습이 과거에 발생한 일회적 사건이었음을 알려준다. 이 두 과거형 분사들은 선재한 예수가 이 땅에 와서 과거에 그에게 속하지 않았었던 어떤 특별한 상태 혹은 존재가 되었음을 말해준다. 이 두 동사들은 예수가 인간으로

---

123. Joseph H. Hellerman, "The Humiliation of Christ in the Social World of Roman Philippi Part 2," *Bibliotheca Sacra* 160, no. 640 (2003): 321-36; Joseph H. Hellerman, "The Humiliation of Christ in the Social World of Roman Philippi Part 1," *Bibliotheca Sacra* 160, no. 639 (2003): 421-33.

124. 비교, O'Brien, *The Epistle to the Philippians: A Commentary on the Greek Text*, 224; Wright, *The Climax of the Covenant: Christ and the Law in Pauline Theology*, 97.

존재하게 된 성육신의 사건의 내용을 자세히 설명해준다. 특별히 성육신한 예수가 취한 종의 형체는 선재한 예수가 소유한 하나님의 형체와 강력하게 대조된다. 선재한 예수가 소유한 하나님의 형체는 자신의 하나님 됨을 인하여 소유할 권리가 있었던 하나님의 주권을 지향하는 반면에, 성육신한 예수가 취한 종의 형체는 자신이 섬김을 받는 주가 아닌 섬김을 제공해야 할 종이 되었음을 알려준다. 이런 측면에서, 종의 형체는 인자가 모든 이들을 섬기기 위하여 이 땅에 왔다는 예수의 가르침을 생각나게 한다(비교, 막 10:45). 사실, 종의 형체라는 표현은 성육신의 본질에 대한 중요한 정보를 담고 있는 이사야의 고난받는 종으로부터 온 성서적 메아리다.[125]

많은 학자들은 케노시스 시의 성육신한 예수와 이사야의 고난받는 종 간의 유사성에 대해서 주목하였다. 자신을 비운 예수와 이사야의 고난받는 종은 종의 형체(사 52:14; 빌 2:7)와 그에 따른 수치, 그리고 고난과 죽음(사 53:3-4; 빌 2:8)을 경험한 인물들이다. 이들의 경험이 자신들의 죄에 대한 형벌이 아니라 하나님의 백성을 향한 대속적인 죽음으로서의 특성을 지니고 있기에, 그들은 하나님에 의하여 지극히 높여졌다(사 52:13; 빌 2:9-11).[126] 사실, 케노시스 시는 부활한 예수의 높여짐을 표현하면서 이사야 45:23을 그대로 인용하고 있다(빌 2:10-11): "모든 무릎을 예수의 이름에 꿇게 하시고, 모든 입으로 예수 그리스도를 주라 시인하여 …." 이 두 존재들 간의 유사점들은 케노시스 시의 성육신한 예수의 낮아짐과 높아짐의 이해와 표현이 이사야의 고난받는 종에 대한 이야기에 어느 정도 의존하고 있음

125. Hawthorne and Martin, *Philippians*, 87; Jean-François Collange, *L'éPîTre De Saint Paul Aux Philippiens*, Commentaire Du Nouveau Testament (Neuchâtel: Delachaux & Niestlé, 1973), 93.

126. J. Jeremias, "Pais Theou," *T.D.N.T.* 5: 711-12; Longenecker, *The Christology of Early Jewish Christianity*, 106.

을 알려준다.[127] 비록, 케노시스 시가 묘사하는 예수의 전생애가 아담과의 비교를 통해서 잘 설명될 수 있지만, 그의 낮아짐과 높아짐에 대한 묘사에서 이사야의 고난받는 종에 대한 동기가 아담 전통과 함께 사용되고 있음을 우리는 부인할 수 없다. 그러나 케노시스 시를 해석함에 있어서 올바른 해석학적 접근법은 구약의 한 가지 동기만을 선택하여 다른 동기를 배제하는 방식이 아니라, 각 동기들이 어떠한 형태로 채택되어 어떻게 사용되고 있는지에 대해서 종합적으로 설명하는 방식이다. 본 저자는 케노시스 시는 아담의 이야기를 그 주요 배경으로 하여 선재한 예수의 선택과 낮아짐, 그리고 높아짐을 묘사하는 과정에서, 이사야의 고난받는 종의 모티프를 통하여 그의 사역과 죽음 그리고 높아짐의 본질을 설명하고 있다고 생각한다. 아담의 이야기는 예수의 선재 시 결정과 전생애에 대한 해석학적 배경과 표현을, 그리고 이사야의 고난받는 종의 이야기는 예수의 낮아짐과 높아짐에 대한 해석학적 배경과 표현을 제공하고 있다.

이사야의 고난받는 종과 연관하여 바울 학자들은 선재한 예수가 종의 형체를 취함으로써 '자신을 비웠다'는 표현과 고난받는 종이 '자신의 생명을 죽음에까지 내어주었다'(사 53:12)는 표현 사이의 유사성에 대해서 주목하였다. 예수가 자신을 비워 종의 형체를 취한 후 경험한 인간으로서의 운명은 십자가에서의 죽음으로 대표되기 때문이다. 그러나 성육신한 예수의 생애가 십자가 상에서의 죽음으로 대표되는 것은 사실이지만, 선재한 예수가 자신을 비운 사건은 십자가 상에서의 죽음 그 자체를 의미한다기보다는,[128] 십자가 상에서의 죽음을 포함한 예수의 성육신 사건 전체를

---

127. Silva, *Philippians*, 125; Fee, *Philippians*, 212.

128. Robert H. Gundary, "Style and Substance in 'the Myth of God Incarnate' According to Philippians 2:6-11," in *Crossing the Boundaries: Essays in Biblical Interpretation in Honour of Michael D. Goulder*, ed. Stanley E. Porter, Paul M. Joyce, and David E. Or-

가리킨다고 보는 것이 더 옳다.[129] 왜냐하면 케노시스 시는 예수의 생애를 선재 시부터 순차적으로 그가 선택한 결정과 경험을 묘사하고 있기 때문이다. 선재한 예수가 겸손함으로 자신을 비운 후에 인간이 되고, 인간이 된 예수는 십자가 상에서의 죽음을 경험한다. 여기서 우리는 케노시스 시가 고난받는 종의 모티프를 여러 면에서 중요하게 차용하고 있다고 하여, 케노시스 시 전체를 이사야의 고난받는 종의 틀에 맞추어 모든 것을 해석하는 오류를 범하지 말아야 한다. 고난받는 종이라는 오래된 모티프가 케노시스 시라는 새로운 환경에 위치하게 될 때, 오래된 모티프들이 케노시스 시의 새로운 환경에 맞춰서 재배치되기 때문이다. 케노시스 시의 저자는 자신의 신학적 의도를 따라 이사야의 고난받는 종의 모티프를 재해석한 후 자신의 기독론적 목적에 맞게 사용한다. 설혹, 이사야의 고난받는 종과 케노시스 시의 예수 이야기가 동일한 인물에 대한 동일한 이야기를 묘사하고 있다고 할지라도 말이다.[130] 그러나 이사야의 고난받는 종의 묘사와 케노시스 시의 예수에 대한 묘사 간에는 상당한 분량의 유사성과 더불어 많은 차이점들이 존재한다.[131] 예를 들면, 이사야서에서 주의 종은 꼭 그 표현이 지칭하는 존재의 낮아진 상태를 의미한다기보다는, 일종의 명예로운 호칭으로 이해된다(사 52:13). 그러나 케노시스 시에서 종은 아무런 권리나 특권이나 명예를 소유하지 못한 채, 신분의 사다리에서 우주의 주

ton (Leiden; New York: E.J. Brill, 1994), 290-93.

129. Hansen, *The Letter to the Philippians*, 150.

130. O'Brien은 위의 두 존재들 간의 유사성에 근거한 동질성에 대해서 동의하지 않는다. 참고, O'Brien, *The Epistle to the Philippians: A Commentary on the Greek Text*, 268-71.

131. Morna D. Hooker, "The Letter to Teh Philippians: Introduction, Commentary, and Reflections," in *The New Interpreter's Bible*, ed. Leander E. Keck (Nashville: Abingdon Press, 2000), 503.

인 하나님과의 대칭점에 서 있는 가장 비참한 존재를 가리킨다. 또한 이
사야의 고난받는 종은 아무런 저항없이 도살당하는 양처럼 수동적인 죽
음을 경험했던 반면에(시 53:7), 케노시스 시에서 예수는 능동적으로 결정
하고 선택하여 자신을 비우고 낮춘 후, 하나님의 뜻에 대한 자발적 순종
으로서의 죽음을 선택적으로 경험한다.

　　예수의 성육신의 본질을 설명하는 두 번째 표현인 ἐν ὁμοιώματι ἀνθρώ-
πων γενόμενος에서 γενόμενος는 인간의 모습을 지닌 존재로 '태어났다'라
는 의미로 이해될 수 있다(비교, 롬 1:3; 갈 4.4).[132] 그리고 ὁμοίωμα는 문자적으
로 유사성을 의미하는데, 비교되는 두 물체들의 외모적 유사성, 혹은 두
물체들의 본질적 동질성을 의미할 수 있다.[133] 그러므로 위의 두 표현들은
문자적으로 예수가 인간과의 유사성 속에서 태어났음을 의미한다고 볼
수 있다. 그러나 이 경우 성육신한 예수와 다른 인간들과의 유사성의 정
도가 단순히 외모적인 것인지, 아니면 본질적인 것인지에 대한 근본적인
질문이 여전히 남아 있다. 후자의 해석을 따를 경우, 성육신한 예수가 타
락한 아담의 본성을 소유한 타락한 인류와 완전하게 동질적인 존재가 됨
으로써 첫 아담의 죄악과 저주를 극복할 수 없는 존재가 된다. 예수가 다
른 인간들과 동일한, 죄 된 본성을 소유하게 되었다면, 성육신한 예수의
죽음은 그가 자발적으로 선택한 의인의 희생적인 죽음이 아니라, 아담의
자손들이 마땅히 받아야 할 죄의 형벌로서의 죽음이 된다. 반면에, 전자의
견해를 따를 경우, 성육신한 예수는 단지 인간들과의 외모적인 모습에서
만 동일할 뿐, 그의 본성은 어떠한 인성을 소유하지 않은 채 하나님의 신
성만을 소유한 상태에 처하게 된다.[134] 성육신한 예수는 겉만 인간의 모습

---

132. Reumann, *Philippians: A New Translation with Introduction and Commentary*, 349.

133. Hansen, *The Letter to the Philippians*, 152.

134. 비교, Ibid., 152-53.

을 한 신으로 이 땅에 나타난 것이다. 그러나 케노시스 시는 예수가 자신을 비우고 인간이 된 사건은 완전한 인간으로서 종의 죽음을 경험하기 위해서라고 노래하고 있다. 또한 십자가 상에서의 죽음은 자신의 죄에 대한 형벌이 아니라, 아버지의 뜻에 대한 순종을 위하여 자신을 비운 결과임을 분명히 한다. 따라서 케노시스 시가 ὁμοίωμα를 통해서 노래하는 예수의 성육신은 이 두 가지 해석적 극단들 사이에 존재하는 그 어떤 신비한 연합의 상태를 가리킨다고 보는 것이 더 옳다.[135] 성육신한 예수는 단지 외모만이 아니라 완전한 인성을 신성과 함께 소유하게 된 동시에, 아담의 타락한 죄성과 본성은 소유하지 않은 다소 모호하고 신비한 상태에 처해 있었다. 따라서 성육신한 예수는 타락 전 아담의 모습처럼 죄로부터 자유로운 완전한 인간의 상태로 존재하되, 타락 전 아담이 하나님의 형상을 따라 창조된 것과 달리 그는 하나님의 형체를 소유한 신적인 존재였다. 성육신한 예수는 죄 없는 새 아담으로 이 땅에 와서 첫 아담의 저주받은 처지에 자신을 두고, 첫 아담의 죽음의 저주를 순종의 죽음을 통하여 극복한 완전한 새 아담이었다. 예수의 죽음은 아담의 본성에 따른 죄의 형벌로서의 죽음이 아니라, 아담에게 속한 인류의 숙명에 동참하여 그 죽음의 숙명을 극복하고자 하는 새 아담의 순종의 행위였다.

케노시스 시는 8절의 시작에서 인간으로 발견된 예수의 성육신의 진정성을 다시 한번 강조한다. 외모적인 측면에서 예수는 모든 면에서 완전히 인간과 동일함이 발견되었다. 7절 후반부의 헬라어 수동태 동사 εὑρεθείς는 예수의 인간 됨이 그를 본 모든 이들에 의해서 경험적으로 체험되고 확정되었음을 말해준다. 앞에서 예수의 인간으로의 탄생을 가리키는 γενόμενος가 신의 영역에서 하나님의 영역으로의 입장을 의미한다면,

---

135. Martin, *A Hymn of Christ: Philippians 2:5-11 in Recent Interpretation & in the Setting of Early Christian Worship*, 206; Fee, *Philippians*, 213.

εὑρεθείς는 그 결과로 예수의 인성이 그를 본 모든 이들에 의하여 경험적
으로 확증되었음을 알려준다.[136] 이 두 헬라어 동사들을 통하여 케노시스
시는 인간의 영역에서 참 인간으로, 혹은 아담의 자손으로 살게 된 역사
적인 한 인물 예수의 인성의 확실성을 강조한다. 사실, 문법적으로 εὑ-
ρεθείς는 인간의 모습으로 태어난 예수가 취한 "자기 낮춤"(ἐταπείνωσεν ἑαυτὸν,
8절)의 행동을 수식하고 있다. 선재한 예수가 자신을 비워 인간이 되고, 인
간이 된 예수는 자신을 낮추어 죽음의 순종을 경험한다. 그가 경험한 순
종의 죽음은 인간이 경험할 수 있는 최익의, 그리고 가장 비참한 형태의
죽음인 십자가형이다. 따라서 케노시스 시에서 예수는 우주에서 가장 높
은 지위인 주 되심을 주장할 수 있는 권리를 내재한 하나님의 형체로 존
재하던 분이었으나, 그 권리를 포기하고 인간이 된 후에는 더욱더 자신을
낮추어 가장 낮은 형태의 종의 죽음을 순종으로 선택한다. 종의 죽음으로
의 예수의 낮춤은 이사야의 고난받는 종에 대한 또 다른 '성시직 반영을
의미힐 수도 있으나(비교, 사 53:8; 빌 2:8), 그의 선재 시의 결정과 함께 이해될
때 그의 낮춤은 아담이 하나님과 같아지려고 스스로를 높인 불순종의 행
위와 강력하게 대조된다.

예수가 자신을 낮춘 사건은 자신의 뜻에 반하여 수동적으로 경험해야
만 했던 어떤 사건이 아니라, 하나님의 뜻에 대한 적극적인 형태의 순종
의 결과였다. 본질적으로 하나님의 형체를 소유하여 하나님의 주권에 대
한 권리를 주장할 수 있는 지위에 있었음에도 불구하고, 선재한 예수는
하나님의 영광스러운 외모와 지위를 포기하고 종의 형체를 입고 인간의
본성을 취한다. 예수의 낮아짐으로의 순종의 절정은 인간이 경험해야 할

---

136. Hansen, *The Letter to the Philippians*, 154; Ulrich B. Müller, *Der Brief Des Paulus an
Die Philipper*, Theologischer Handkommentar Zum Neuen Testament (Leipzig: Evan-
gelische Verlagsanstalt, 1993), 105.

숙명인 죄에 대한 형벌로서의 죽음에의 순종에서 발견된다. 물론 케노시스 시의 전반부에서 예수의 순종의 대상, 혹은 목적은 분명하게 계시되지 않는다. 그러나 케노시스 시의 후반부(9-11절)에서 예수를 높여주는 주체가 하나님이라는 사실은 예수의 순종의 대상이 하나님이었음을 알려준다.[137] 신약성서 전반에 걸쳐서 예수의 순종은 항상 하나님께 영광을 돌려 드리기 위하여 하나님의 뜻을 성취하기 위한 형태로 이루어진다(비교, 막 14:35-36; 히 5:8; 10:7). 물론 빌립보서의 전체적인 맥락에서 볼 때, 하나님의 뜻과 그 뜻에 대한 예수의 순종은 모든 성도들의 구원이라는 분명한 목표를 가리키고 있다(빌 2:4). 따라서 예수의 순종의 전제가 되는 하나님의 궁극적인 뜻은 성도들의 구원을 위하여 자신의 목숨을 희생제물로 내어주는 예수의 죽음에의 순종을 의미한다. 이런 이유로 인해서 예수는 성도들의 순종의 참된 모범이 된다(빌 2:12).

성육신한 예수의 생애는 십자가 상에서의 죽음이라는 극단적으로 비극적인 형태로 묘사된다. 죽음은 하나님의 형체로 존재하던 예수가 취할 수 있는 가장 밑바닥의 경험을 의미하고, 특별히 십자가 상에서의 죽음은 어떤 영예나 영광이 결여된 가장 수치스럽고 부끄러운 종의 죽음을 의미한다. 바울 당시의 십자가는 인간이 상상할 수 있는 가장 처참한 형태의 잔인함과 더불어, 인간이 처할 수 있는 가장 비극적인 상황을 의미했다.[138] 바울 당시의 로마법에 따르면, 가장 극악한 범죄자나 국가의 안정을 뒤엎고자 하는 반역자들에게만 십자가형이 허락되었고, 로마인들을 제외한 노예들과 이방인들에게만 허용된 최악의 형벌이었다. 따라서 바울을 포

---

137. F. F. Bruce, *Philippians*, New International Biblical Commentary (Peabody: Hendrickson, 1989), 79.

138. Martin Hengel, *Crucifixion in the Ancient World and the Folly of the Message of the Cross* (London: SCM Press, 1977), 21-32.

함한 1세기 그리스도인들이 선포한 십자가에 달려 죽은 메시아에 대한 복음의 메시지는 그 당시 유대인들에게는 넘어지게 하는 장애물이요(신 21:22-23), 헬라인들에게는 도저히 받아들일 수 없는 어리석음이었다(고전 1:23). 물론 케노시스 시에는 등장하지 않지만, 바울을 포함한 그리스도인들에게 예수의 십자가 상에서의 죽음은 그들을 위해서 예수가 스스로를 희생한 대속의 사건이었고(고전 11:23-26; 갈 2:20), 이방인과 유대인들을 율법의 저주로부터 해방시키기 위한 구원의 사건이었다(갈 3:13).[139] 이 사실은 예수의 성육신의 의미가 단순히 그가 겸손하게 자신을 비운다는 한 순종의 행위의 증거에만 머무르는 것이 아니라, 그가 이 땅에서 수행할 임무로서 하나님의 특별한 뜻에 대한 목적 있는 순종임을 알려준다.

당시 로마 사회의 십자가에 대한 혐오를 염두에 두고 케노시스 시를 읽으면, 십자가 상에서의 예수의 죽음은 그가 인간의 본질을 소유한 완전한 인간이 되었다는 사실을 뛰어넘어, 인간의 가장 깊은 비극에 이르기까지 철저하게 아담의 운명과 저주를 자신의 운명으로 받아들였다는 것을 의미한다. 왜냐하면 그가 인간의 본성을 입었다는 사실은 자연적인 죽음만으로도 충분히 설명될 수 있기 때문이다. 이 예수의 죽음은 그가 선재하던 때에 소유한 하나님의 형체와 본질과 강렬한 대조를 이룸으로써, 예수가 자신을 겸손하게 비우고 순종한 정도의 깊이를 강력하게 증거해준다. 나아가 십자가 상에서의 죽음을 통하여 보여준 예수의 순종은 하나님과 같아지려고 선악과를 따먹은 아담의 불순종과 강렬한 대조를 이룬다. 결론적으로, 십자가 상에서의 예수의 죽음에의 순종은 케노시스 시의 전반부가 노래하는 예수의 자기비움-가장 높은 자리인 하나님의 형체에서 가장 낮은 자리인 비극적인 십자가에서의 죽음의 어두움-의 절정을 이루면

---

139.   Hawthorne and Martin, *Philippians*, 122; Hansen, *The Letter to the Philippians*, 158.

서, 하나님에 의하여 높아심을 노래하는 케노시스 시의 후반부에 대한 타당한 근거를 제공한다. 그러므로 케노시스 시의 후반부에서 묘사되는 순종한 예수의 높아짐은 불순종한 아담의 낮아짐과 또 다시 강력하게 대조된다.

우주의 주인으로 그리고 만물의 경배의 대상으로 높아짐[140]

헬라어 표현 διὸ καὶ로 시작하는 케노시스 시의 후반부(9-11절)는 전반부의 클라이맥스인 예수의 지극히 낮아짐과 극명한 대조를 이루는 그의 지극히 높아짐에 대해서 노래한다. 위의 헬라어 표현은 예수의 높아짐이 그가 자신을 비우고 순종하여 지극히 낮아짐에 대한 보상으로 온 결과임을 문법적으로 명확히 해준다.[141] 케노시스 시 전반부의 주어가 예수이며 그가 취한 행동들이 찬양의 내용이었다면, 시의 후반부의 주어는 하나님으로 바뀌고 하나님이 예수를 위하여 취한 행동들이 후반부의 찬양의 대상이 된다. 케노시스 시의 후반부에서 발견되는 하나님의 행동은 크게 두 가지로 요약된다: (1) 예수를 지극히 높여주고, (2) 그에게 모든 이름 위에 뛰어난 이름인 자신의 이름, "주"를 선물로 준다(9절). 여기에 더하여, 하나님의 높여주심이 예수에게 미친 영향도 두 가지로 묘사된다: (1) 모든 무릎이 예수 앞에 꿇게 되고, (2) 모든 혀와 언어들이 그의 주 되심을 노래하게 된다(10-11절). 이러한 묘사에서 발견되는 예수의 높아진 상태는 예수가

---

140. 이 부분에 대한 논의는 저자의 다른 논문에서 이미 간략하게 다루어졌다. 참고, 이승현, "빌립보서 2:6-11을 통해서 본 바울의 기독론적 구약 사용," 245-48.
141. 참고, Reumann, *Philippians: A New Translation with Introduction and Commentary*, 353-54; Hansen, *The Letter to the Philippians*, 159; Hawthorne and Martin, *Philippians*, 124; Peter Oakes, *Philippians: From People to Letter*, Society for New Testament Studies Monograph Series (Cambridge; New York: Cambridge University Press, 2001), 203; Hansen, *The Letter to the Philippians*, 161.

과거 가지지 못하였던, 심지어는 하나님의 영역에 거하던 시절에도 소유하지 못하였던 전혀 새로운 지위와 상태를 표현한다.[142] 케노시스 시의 후반부에서 하나님은 예수의 아버지로 정체가 밝혀지고, 예수의 우주적인 주권에 대한 공개적인 인정을 통해서 하나님 자신이 영광을 받게 된다. 이처럼 바울에게는 예수의 높아짐에 대한 기독론적 이해도 철저히 하나님 중심적으로 묘사된다.[143] 빌립보서 2:9-11에서 인용된 이사야 45:23은 예수가 구약에서 오직 하나님께만 속했던 권리, 곧 만물의 경배의 대상이 되어 하나님만이 소유했던 우주적인 주권을 공유하게 되었음을 알려준다. 사실, 이사야의 문맥에서 45:23은 하나님의 심판에 직면한 대적들이 결국 야훼의 주권을 인정하게 될 것이라는 예언의 말씀을 담고 있다. 그러나 이 본문이 인용된 빌립보서 2:9-11에서는 예수가 야훼의 주권을 승계한다. 그럼에도 불구하고, 케노시스 시는 우주의 주가 된 예수의 심판의 행동을 언급하지 않고 있다. 물론 고린도전서 15:24-28에서 바울은 우주의 주로 높아진 예수가 권세와 정사들을 심판할 것이라고 가르치고, 데살로니가전서 1:10에서는 자신이 고대하는 주의 날을 주 예수의 심판의 날로 지칭한다. 따라서 바울신학에서 예수의 재림의 날은 종말론적 심판이 행해지는 날로 이해된다. 그러나 여기서 우리가 제기해야 할 중요한 질문은 부활한 예수가 승계받은 우주적인 주권이 선재 시 하나님의 형체를 소유했던 예수가 취하기를 거부했던 하나님과의 동등됨과 연관이 있는지의 여부이다. 나아가, 예수가 우주의 주인으로 높아진 사건이 과거 아담이 실패한 임무 혹은 책임에 대한 회복, 혹은 그 이상을 의미하는지의 여부이다.[144]

---

142. Reumann, *Philippians: A New Translation with Introduction and Commentary*, 372.

143. Dunn, *The Theology of Paul the Apostle*, 255.

144. Reumann은 여기서 주로 높아진 예수는 빌립보의 성도들에게 카이사르가 주라는

케노시스 시의 후반부에서 묘사되는 예수의 높아짐은 전반부에서의
낮아짐과 달리, 여러 단계에 걸쳐서 이루어지지 않는다. 단 한번의 극적인
행동으로 하나님은 예수를 하늘과 땅과 땅 아래의 모든 만물이 경배하는
우주의 주로 높여준다. 예수의 높아짐에 대해서 케노시스 시는 신약성경
에서 오직 이곳에서만 한 번 발견되는 헬라어 단어 ὑπερυψόω를 사용한다.
이 단어의 문자적인 의미는 '누구보다도 훨씬 더 높인다'는 비교급의 의
미이지만, 현재 빌립보서의 본문에서는 최상급의 의미로 사용되고 있다
고 보는 것이 더 옳다.[145] 왜냐하면 예수의 높아짐은 피조된 세상에 존재하
는 모든 피조물들 위에 위치한 우주의 주로 높아짐이고, 우주의 주로 높
아짐은 하나님께 속한 최상위의 지위를 의미하기 때문이다. 케노시스 시
는 예수를 경배하는 모든 피조물들을 바울 당시 고대인들의 이해를 따라
땅 아래, 땅 위, 그리고 하늘 위의 삼층적 우주 공간을 차지하는 존재들로
묘사한다. 사실, 칠십인역에서 헬라어 단어 ὑπερυψόω는 모든 신들 위에 높
이 올려진 야훼를 묘사할 때 주로 쓰인다(시 96:9; 단 3:52, 54). 물론 이 단어는
예수가 과거 선재 시에 누리던 지위나 신분보다도 훨씬 더 높아진 새로운
지위를 의미하는 비교급의 의미를 포함한다고도 볼 수 있다.[146] 왜냐하면

로마의 주장에 대한 정치적인 반발을 담고 있다고 주장한다. 그의 견해를 따르면,
주이신 예수와 가장 대조가 되는 인물은 세상의 왕으로 세워진 아담이 아니라 카
이사르라는 것이다. 참고, Reumann, *Philippians: A New Translation with Introduction
and Commentary*, 374-76. 로이만은 케노시스 시가 원래 빌립보교회에 의하여 작성
되었고, 바울이 약간의 수정을 더하여 인용하고 있다고 주장한다.

145. Hawthorne and Martin, *Philippians*, 125; Reumann, *Philippians: A New Translation
with Introduction and Commentary*, 354.

146. Martin, *A Hymn of Christ: Philippians 2:5-11 in Recent Interpretation & in the Setting of
Early Christian Worship*, xxxi; Cullmann, *The Christology of the New Testament*, 180;
Maurice Casey, *From Jewish Prophet to Gentile God: The Origins and Development of
New Testament Christology* (Louisville, KY: Westminster/J. Knox Press, 1991), 113-14.

성육신하기 전, 하나님의 형체로 선재하던 예수는 아직 우주의 주로서 경배의 대상이 되지 못했기 때문이다. 그러나 이 헬라어 동사를 비교급으로 해석하든지 최상급으로 해석하든지 간에 상관없이, 높아진 예수의 우주의 주 되심은 과거 선재한 예수가 소유하지 못했던 것으로서 그가 취하려 하지 않았던 하나님과의 동등됨을 의미한다고 보는 견해는 논리적으로 매우 설득력이 있다.[147] 또한 이 헬라어 동사의 시제가 과거라는 사실은 예수의 높아짐이 그에게 항상 속했던 어떤 항시적인 소유물이 아니라, 과거의 한 특정한 시점에 이루어졌다는 사실을 의미한다. 이 사건이 발생한 시점은, 초대교회의 전승에 동의하면서, 예수의 부활과 승천이라고 보는 것이 옳다. 물론 예수의 우주적인 주권이 성도들의 자발적인 신앙의 상시적인 고백과는 별개로, 그의 대적들을 포함한 만물에 의하여 공개적으로 인정받는 때는 그의 재림의 때이다(살전 1:9-10; 고전 15:22-28, 51-57; 빌 3:20-21).

케노시스 시 전체의 맥락에서 예수의 우주의 주 되심은 후반부의 글라이맥스를 구성하면서 전반부의 예수의 지극히 낮아지심과 강력한 대조를 이루고 있다. 케노시스 시에 따르면, 하늘에 있는 권세들과 천사들, 땅에 사는 인간들, 그리고 땅 아래에 사는 악한 영들에 이르기까지 어떤 자들도 우주의 주이신 예수의 권위 바깥에 거하는 자가 없다. 사실 '예수 그리스도는 주이시다'라는 고백은 초대교회의 신앙의 핵심을 구성하는 성도들의 가장 오래된 고백에 속한다(비교, 행 2:36; 롬 10:9; 고전 11:23; 16:22).[148] 그러나 하나님의 이름과 주권을 예수에게 전가한, 신학적으로 혁신적인 결정에 대한 선포는 유대인 출신 성도들로 구성된 예루살렘 교회보다는, 안디옥 교회를 포함한 이방인 교회들에 의해서 이루어졌을 가능성이 더 높다. 따라서 케노시스 시의 기원 혹은 '삶의 자리'(*Sitz im Leben*)는 초기 이방인

147. Hawthorne and Martin, *Philippians*, 126.
148. Ibid., 129.

교회의 예수를 통한 하나님의 구원을 찬양하는 경배 의식일 것으로 추정된다. 예수의 주 되심에 대한 찬양이 하나님을 경배하는 행위가 된다는 사실은 11절의 헬라어 표현 εἰς δόξαν θεοῦ πατρός에서 발견된다. 여기서 하나님은 예수의 아버지로 불림으로써, 아들인 예수의 주 되심이 아버지께 영광을 돌리는 행위가 됨을 알려준다. 바울의 이해에서 우주의 주로 높아진 예수는 아버지 하나님을 대치하거나, 하나님의 우주적 주 되심에 위협이 되는 존재가 아니다. 예수의 주 되심은 궁극적으로 우주의 주이신 하나님으로부터 기인한, 하나님과 공유하고 있는, 이차적으로 파생된 권위이기 때문이다. 또한 하나님이 예수가 주로 높아지심을 인하여 영광을 받는 이유는 만물을 예수의 발 아래 굴복시키고 통일하는 것이 하나님의 궁극적인 뜻이요 우주적 구원을 이루기 위한 계획의 성취이기 때문이다. 예수는 이러한 하나님의 뜻에 십자가 상에서의 죽음에 이르기까지 순종함으로써, 하나님을 제외한 모든 존재들의 찬양과 경배를 받는 존재가 되었다. 그러나 이 마지막 이야기의 결론에서도 만물의 경배의 대상인 예수는 여전히 아들로서 아버지이신 하나님의 권위 아래 순종하는 존재로 남는다(비교, 고전 15:27-28).

사실, 빌립보서 2:10-11은 이사야 45:23의 인용을 보다 확장된 형태로 인용하고 있다:

> 하늘에 있는 자들과 땅에 있는 자들과 땅 아래에 있는 자들로 모든 무릎을 예수의 이름에 꿇게 하시고, 모든 입으로 예수 그리스도를 주라 시인하여 하나님 아버지께 영광을 돌리게 하셨느니라. (빌 2:10-11).

> 내가 나를 두고 맹세하기를 내 입에서 공의로운 말이 나갔은즉 돌아오지 아니하나니 내게 모든 무릎이 꿇겠고 모든 혀가 맹세하리라 하였노라. (사 45:23).

이사야의 모든 무릎과 모든 혀의 표현은 하나님을 향한 우주적인 경배를 묘사하기 위함이었으나, 빌립보서라는 새로운 문맥적 상황에서는 예수에게 주어진 우주적인 경배를 강조하기 위하여 사용되고 있다. 여기서 예수에게 경배를 드리는 존재들로 온 우주적인 존재들을 다 포함하기 위하여 빌립보서는 하늘과 땅과 땅 아래라는 확장된 표현을 추가로 채용한다. 빌립보서에서 인용된 이사야의 본문은 여호와의 우주적인 주권이 온 세상에 의해서 공개적으로 인식되고 선포될 미래의 한 날에 대해서 노래하고 있다. 그러나 여호와의 우주적인 주권이 케노시스 시에서는 높아진 예수, 즉 여호와의 이름인 주를 새롭게 소유하게 된 부활 승천한 예수에게서 발견된다. 이처럼 원래 하나님의 주권에 대한 이사야의 본문이 케노시스 시에서 예수에게 기독론적으로 적용이 되고 있다는 사실은 높아진 예수의 정체에 대한 핵심적인 정보를 담고 있다. 이사야 45:23의 기독론적 적용은 단순히 예수와 하나님의 역할이 동일한 우주의 주인이라는 기능적인 인식을 넘어 서고 있다. 유대인들의 전통에서 우주적인 주권이 오직 하나님에게만 속한 배타적인 권리라는 사실은 케노시스 시를 통해서 보이는 초대교회의 인식에서 예수는 그 정체가 하나님과 동일해졌다는 존재론적 인식을 포함하고 있음을 알려준다.[149] 즉, 저자가 이번 장에서 일관되게 주장했던 것처럼, 케노시스 시에서 예수의 하나님과 동등됨은 예수가 하나님과 공유하게 된 우주론적 주권을 통해서 설명되고 있다.

구약에서 하나님이 만물의 경배의 대상이 되어야 했던 이유는 그가 창조주로서 피조세계에 대해서 가진 주권 때문이었다. 예수가 우주의 주

---

149. Larry J. Kreitzer, "When He at Last Is First!": Philippians 2:9-11 and the Exaltation of the Lord," in *Where Christology Began: Essays on Philippians 2*, ed. Ralph P. Martin and Brian J. Dodd (Louisville: Westminster John Knox, 1998), 119.

로서 만물의 경배의 대상이 되었다는 선포는 초내교회의 이해에서 예수는 피조세계에 속하지 않고 창조주의 영역에 존재한 분으로 이해되었음을 알려준다. 예수를 향한 우주적인 경배는 모든 혀들이 다 그를 주라 고백하며 무릎을 꿇는 행위를 통해서 표현된다. 여기서 고백에 해당하는 헬라어 단어 ἐξομολογέω는 예수를 향한 초대교회의 신앙고백을 표현하면서, 이 시가 낭송되던 역사적 상황이 예배였음을 암시한다.[150] 케노시스 시의 후반부에서 우리는 하나님 한 분 외에는 다른 신이 없다는 유대교의 일신론이 예수를 보이지 않는 하나님의 현현으로 이해하여 하나님과 함께 경배의 대상으로 간주한 기독교의 일신론으로 변화된 것을 목격한다.[151] 그 본질상 예수에 관한 기독론적 이해에 바탕을 둔 케노시스 시의 결론이 εἰς δόξαν θεοῦ πατρός로 끝난다는 사실은 바울을 포함한 초대교회가 자신들이 경배하는 높아진 예수 안에서 하나님 아버지의 본질적인 임재를 인식하고 있었다는 사실을 우리에게 알려준다. 예수와 하나님의 관계가 아들과 아버지의 관계이기 때문에 아들의 높아짐이 아버지의 영광을 침해하는 것이 아니라, 도리어 높여준다는 사실을 그들은 깨닫게 되었다.

어떤 학자들은 케노시스 시의 후반부에 인용된 이사야 45:23이 원래의 문맥에서 이사야의 고난받는 종에 대한 노래의 일부분이라는 사실 때문에 케노시스 시가 예수를 주의 고난받는 메시아로 인식하고 있다고 주장한다. 원래 이사야가 노래하는 것은 유대교가 강조하는 유일신론에 대한 믿음이 종말론적으로 모든 존재들에 의해서 인식될 것이라는 내용이다. 그러나 빌립보서는 이사야서 45:23을 높아진 예수에게 적용함으로써,

---

150. Ibid., 120.

151. Ibid., 119; Neil Richardson, *Paul's Language About God*, Jsntsup 99 (Sheffield, England: Sheffield Academic Press, 1994), 288; Bauckham, "The Worship of Jesus in Philippians 2.9-11," 128-39.

예수가 우주의 주로 높아지고 만물의 경배의 대상이 되는 것이 바로 하나님의 주권이 종말론적으로 인식되는 그 사건임을 시적으로 선포한다. 이 해석의 이면에는 높아진 예수가 우주의 주권자인 하나님과 동일하게 인식되고 있다는 바울의 신앙적 고백이 존재한다. 물론 예수가 우주의 주로 높아지고 만물의 경배의 대상이 되는 것은 예수가 하나님 아버지를 대체하는 것이 아니라, 도리어 아들을 통해서 아버지에게 영광을 돌려 드리는 행위임을 케노시스 시는 분명히 한다. 결론적으로, 빌립보서는 바울에 의하여 기독론적으로 재해석된 유대교의 일신론에 대한 믿음을 담고 있다.[152] 이를 근거로 일부 학자들은 케노시스 시의 전반부의 초점은 예수의 성육신이 아니라, 그의 십자가 상에서의 고난과 죽음이라고 주장한다.[153] 나아가 리처드 보컴(Richard Bauckham)은 케노시스 시가 이사야의 고난받는 종에 대한 기독론적 재해석이라는 견해를 근거로, 케노시스 시의 예수에 대한 노래가 아담에 대한 이야기를 통해서가 아니라, 이사야의 고난받는 종에 대한 이야기를 통해서 해석되어야 한다고 주장한다. 왜냐하면 빌립보서 2:9-11에서 예수는 창조 시 인간에게 허락되었던 피조물들에 대한 주권을 회복한 것이 아니라, 모든 피조세계에 대한 창조주로서의 하나님의 우주적인 주권을 종말론적으로 회복하였기 때문이다. 빌립보서 2:9-11에서 이사야 52:13과 53:12이 인용되고 있다는 사실은 보컴의 의견에 신빙성을 더하는 것처럼 보인다.

그러나 케노시스 시를 단순히 이사야의 고난받는 종, 곧 예수의 높아

---

152. Bauckham, Bauckham, "The Worship of Jesus in Philippians 2.9-11," 135-36.

153. H. Wheeler Robinson, *The Cross in the Old Testament* (Philadelphia,: Westminster Press, 1955), 103-05; Kreitzer, "When He at Last Is First!": Philippians 2:9-11 and the Exaltation of the Lord," 120. 비교, Fowl, *The Story of Christ in the Ethics of Paul*, 61-64.

짐에 대한 기독론적 새해석으로 볼 경우, 이 시의 6-7절에 대한 해석이 모호해진다. 이사야서에서 고난받는 종에 대한 이야기는 한 인간의 등장을 전제로 하고 있지만, 그 인간이 하나님과 어떤 관계에 있는지, 그리고 그가 이 땅에서의 등장 이전에 어떤 형태로 존재하고 있었는지에 대해서는 어떠한 정보도 제공하고 있지 않기 때문이다. 빌립보서에서 인용되는 이사야 45:23에 담긴 주권과 경배는 이스라엘의 하나님 한 분에게만 해당되는 창조주로서의 특권임에는 의심의 여지가 없다. 그러나 보컴이 이미 인지하고 있듯이, 유대인들의 사상에서 아담의 통치는 땅으로 제한되는 경향이 주류를 이루는 반면에(희년 2:14; 에녹2서 31:3), 에스라4서 6:46, 54과 지혜서 10:2에서 아담은 하늘에 있는 존재들도 통치하면서 만물의 통치자로 묘사되고 있다(비교, 시 8:6; 바룩2서 14:18-20).[154] 바울을 포함한 초대교회는 시편 110:1을 통하여 하나님이 예수를 주로 임명하여 원수들을 다스리는 자로 세웠음을 노래하고, 시편 8:6을 통하여 예수의 우주적인 주권을 노래한다(비교, 고전 15:23-27). 시편 8:6은 우주의 주인으로 세워진 아담에 대한 노래를 담고 있다. 흥미로운 사실은 이 두 시편을 통해서 바울은 고린도전서 15:20-27에서 예수의 우주적인 주권에 대해서 알려주는 동시에, 그를 옛 아담과 대조되는 새 아담으로 제시하고 있다는 것이다.[155] 아담이 하나님의 형상으로 창조되었다는 사실은 그가 하나님이 우주의 주인으로 행사해야 할 주권적인 사역을 대신하도록 창조되었음을 의미한다. 이런 맥락에서 볼 때, 이사야의 고난받는 종의 높아짐을 묘사하는 이사야 45:23은 아담과 메시아의 주권을 노래하는 시편 110:1과 8:6과 함께 연관지어 이해될 수 있다. 그러므로 케노시스 시에 대한 해석을 위해서 우리

---

154. Bauckham, "The Worship of Jesus in Philippians 2.9-11," 139 n.21.

155. 비교, Dunn, *Christology in the Making: A New Testament Inquiry into the Origins of the Doctrine of the Incarnation*, 118-19.

는 아담, 혹은 이사야의 고난받는 종들 중 하나만을 선택하고 다른 하나를 배제할 필요가 없다. 케노시스 시에서 예수는 새 아담으로서 옛 아담과 달리 자신을 비워 죽음에까지 순종하여 이사야의 고난받는 종의 역할을 완성하고, 이 새 아담 예수는 이사야의 고난받는 종에게 약속된 지극히 높아짐을 경험함으로써 아담에게 의도되었던 우주적인 주권을 하나님과 함께 행사한다.[156] 물론 새 아담 예수의 선재 시의 지위와 부활 후 만물의 경배의 대상으로 높아진 사건은 예수와 아담의 인생들 간의 유사성 이면에 놓인 존재론적인 차이를 인정하고 있다.

결론

　빌립보서 2:6-11에 담긴 케노시스 시는 그 자체로 하나의 완성된 문학 작품으로 간주할 수 있다. 바울은 빌립보 성도들에게 이미 잘 알려진 케노시스 시를 인용함으로써, 내외적 위협에 직면한 빌립보교회가 그 위기를 극복할 지혜를 얻기를 소망한다. 바울은 케노시스 시에 담긴 예수의 이야기를 통하여 성도들이 본받아야 할 겸손함의 실례를 제공한다. 이 겸손함을 통하여 빌립보교회 성도들이 스스로를 낮추고 서로를 자신보다 낮게 여길 때, 그들은 하나 됨의 연합을 이룰 수 있게 되고 외부의 공격을 효과적으로 방어할 수 있게 된다. 케노시스 시는 바울이 빌립보서를 작성

---

156. 비교, Wright, *The Climax of the Covenant: Christ and the Law in Pauline Theology*, 60-61. 그러나 Wright는 이 두 가지 형태의 기독론을 이스라엘-기독론의 완성이라고 부른다. 아담에게 약속된 우주적인 주권을 이스라엘이 행사할 것이라고 약속되었기에, 케노시스 시의 기독론은 이스라엘 기독론의 완성이라는 것이다. 그러나 이 본문에서 어떻게 이스라엘이 등장하는지에 대해서 본 저자는 도무지 이해할 수 없다.

하기 전, 이미 독립적으로 초대교회에 의하여 낭송되었던 기독론적 시이다. 이 시에 담긴 기독론적 이해는 유대인 출신 성도들로 구성된 예루살렘 교회보다도 이방인 출신 교회들에 의해서 발전되었을 가능성이 훨씬 더 높다. 사실, 이 시의 저자가 바울인지에 대해서 우리는 증명할 방법이 없다. 그러나 바울이 빌립보서에서 이 시 전체를 인용하고 자신의 가르침의 핵심적인 기반으로 제시한다는 사실은 그가 케노시스 시의 모든 내용에 동의하고 있음을 알려준다. 이에 우리는 케노시스 시의 원래 저자가 누구였든지에 상관없이, 바울이 이 시의 참된 저자가 되어 이 시를 노래하고 있다고 생각할 수 있다. 따라서 케노시스 시에 담긴 기독론적 이해는 바울의 기독론적 이해를 잘 대변하기에, 케노시스 시에 담긴 예수 이해가 곧 바울의 예수 이해라고 주장할 수 있다.

케노시스 시가 노래하는 바는 예수의 하나님의 뜻에 대한 자발적인 순종과 자기비움에 근거한 우주의 주로서의 높아짐과 그를 통해서 오는 하나님의 영광이다. 아들이신 예수는 원래 하나님의 형체를 지니고 하나님의 영역에 거하던 존재였으나, 하나님의 아들로서 자신이 모든 권리를 가진 하나님과 동등됨, 즉 우주적인 주권과 만물의 경배의 대상이 될 것을 스스로 취하지 않았다. 대신 그는 자신을 비워 종의 형체 곧 인간이 되어 종들에게나 합당한 십자가의 죽음을 경험함으로써, 그가 처할 수 있는 가장 비극적이고 낮은 지경에 처하게 되었다. 성육신과 십자가 상에서의 죽음은 하나님의 뜻, 즉 만물을 십자가에 달린 주의 권위 아래 복종시키고 통일하고자 함에 복종하는 순종의 결과였다. 이에 하나님은 그의 순종에 대한 보답으로 그를 지극히 높여 하나님 자신의 이름인 주를 그에게 허락하고, 오직 아버지 하나님께만 속하던 만물로부터 오는 경배를 그에게 허용하였다. 이러한 예수의 생애의 하강과 상승을 묘사하기 위해서 케노시스 시는 이사야의 고난받는 종(사 45:23; 53:12)과 하나님 우편에 높아진 메시아(시 110:1) 이야기들과 더불어, 세상의 왕으로 창조되었던 아담 이야기를 그 배경으로 사용한다. 특별히, 이사야의 고난받는 종의 이야기는 예수의 십자가 상에서의 죽음과 주로 높아짐을 묘사하는 데 영감을 주고, 아담 이야기는 선재한 예수의 자기비움의 선택 그리고 높아짐 전체의 이야기를 구성하는 신학적 묘사의 바탕이 된다. 케노시스 시에서 예수는 새로운 아담으로서 십자가 상에서의 순종적인 죽음과 그에 따른 높아짐으로 표현되는 이사야의 고난받는 종의 역할을 감당한다. 물론 이러한 구약의 선행 이야기들을 함께 모아 누인 초대교회의 신학적 용광로는 바울과 빌립보교회의 성도들이 숨쉬던 그리스-로마 사회의 정치, 문화, 그리고 신화적 세계였다.[157] 빌립보를 포함한 로마 제국의 시민들은 카이사르가 주라는 황제숭배 사상에 익숙하였기에 예수를 온 세상의 참된 주로 노래하는 케노시스 시는 이러한 로마 제국의 황제숭배 사상에 대한 도전으로 간주될 수 있다.[158] 그러나 로마 제국의 황제숭배 사상은 케노시스 시의 이차적인 기능에 대한 배경을 구성하지, 이 시의 작성에 영향을 미친 기원적 배경으로 이해될 수는 없다. 케노시스 시의 일차적인 기원론적 배경은 구약에 나타난 아담과 이사야의 고난받는 종의 이야기이고, 예수의 생애의 하강과 상승으로 표현되는 이 시의 전체적인 구도는 아담 이야기를 배경으로 하고 있다.

---

157. 참고, Hawthorne and Martin, *Philippians*, 132.
158. Richard A. Horsley, *Paul and Empire: Religion and Power in Roman Imperial Society* (Harrisburg, Pa.: Trinity Press International, 1997), 140-41.

제4장
예수와 아담
그리고 인류를 향한 하나님의 의
(롬 1-4장)

바울은 자신이 세우지 않은, 그러나 이미 상호 잘 알고 있는 로마교회를 향하여 보내는 편지에서 자신이 이방인들에게 전한 복음을 가장 신학적으로 완성된 형태로 전달한다. 바울이 복음의 핵심은 로마서 1:16-17에서 다음과 같이 잘 요약된다:

> 내가 복음을 부끄러워하지 아니하나니 이 복음은 모든 믿는 자에게 구원을 주시는 하나님의 능력이 됨이라. 먼저는 유대인에게요 그리고 헬라인에게로다. 복음에는 하나님의 의가 나타나서 믿음에서 믿음에 이르게 하나니 기록된 바 오직 의인은 믿음으로 말미암아 살리라 함과 같으니라.

로마서 전체의 주제구라고 할 수 있는 이 표현에서 바울은 자신이 전한 복음의 핵심은 하나님의 의(δικαιοσύνη θεοῦ)의 계시라고 선포한다.[1] 하나님

---

1. 하나님의 의의 개념에 대한 다양한 의미에 대해서는 다음을 참조하라. 참고, Sam K. Williams, "The 'Righteousness of God' in Romans," *Journal of Biblical Literature* 99, no. 2 (1980): 241-90; Denny Burk, "The Righteousness of God (Dikaiosunē Theou)

의 의는 이방인들과 유대인들 모두를 대상으로 하는 구원으로 제시되고,
하나님의 의가 구원으로 표현되는 방법은 그 대상인 인간이 하나님을 향
하여 보여야 할 믿음을 통해서이다.[2] 이처럼 구원을 주는 하나님의 의의
복음에 대한 바울의 태도는 흔들리지 않는 확신이다. 자신이 전하는 복음
에 대한 확신을 바울은 "부끄러워하지 않는다"(οὐ ἐπαισχύνομαι)라는 이중적
부정의 표현을 통해서 강조한다. 이어지는 로마서 3:21-4:25에서 바울은
모든 믿는 자들에게 구원을 허락하시는 하나님의 능력을 담은 복음의 핵
심을 믿음으로 의롭다고 칭함을 받아 모든 믿는 자들의 조상이 된 아브라
함의 예를 통하여 자세히 설명한다. 그러나 1:18-3:20에서 바울은 그리스
도를 통해서 완성된 하나님의 의가 믿음을 통하여 인류에게 허락되기에
앞서 인류를 향한 진노로 먼저 표현되었다고 선포한다. 왜냐하면 율법을
소유하지 못한 이방인들은 창조주에 대한 양심과 자연의 계시를 거슬러
하나님을 창조주로 인정하지 않는 죄를 범했고, 율법을 소유한 유대인들
은 창조주에 대한 진리의 계시를 담은 율법을 소유했음에도 불구하고 불
의한 행위로 진리를 억누르는 죄를 범했기 때문이다. 이에 바울은 모든
인간이 다 하나님 앞에서 범죄하였고 하나님의 영광에 이르지 못했다고
선포한다(3:23). 이러한 전제를 근거로 바울은 어떻게 칭의가 하나님으로
부터 말미암았는지, 그리고 인간의 행위와 무관하게 인간에게 선물로 허

and Verbal Genitives: A Grammatical Clarification," *Journal for the Study of the New Testament* 34, no. 4 (2012): 346-60; Alain Gignac, "The Enunciative Device of Romans 1:18-4:25: A Succession of Discourses Attempting to Express the Multiple Dimensions of God's Justice," *The Catholic Biblical Quarterly* 77, no. 3 (2015): 481-502; Jan Lambrecht, "God's Own Righteousness," *Louvain Studies* 25, no. 3 (2000): 260-74.

2.   예수-믿음의 본질에 대한 학자들의 뜨거운 논쟁이 있었지만, 하나님의 구원의 메시지에 대한 인간의 수용의 반응으로서의 믿음은 바울신학에서 결코 가볍게 처리될 수 없다. 구원의 근거는 예수의 신실한 순종의 죽음이지만, 그 구원을 개인에게 효과적으로 적용시키는 것은 인간의 믿음의 반응이다.

락되었는지에 대해서 자세히 설명한다. 바울은 자신의 복음에 담긴 하나
님의 의를 통한 인류의 구원의 경륜을 5:12-21에서 아담과 예수를 비교하
면서 다시 한번 요약해준다. 그러나 로마서 1-4장에서 바울은 칭의의 문
제에 있어서의 예수의 역할에 대한 자세한 설명을 하기에 앞서, 인간의
죄와 타락, 그리고 하나님의 의와 믿음을 창세기에 등장하는 아담과 아브
라함의 이야기를 통하여 자세히 설명한다.[3] 따라서 본 장에서 우리는 로마
서 1-4장에 담긴 바울의 논의에서 발견되는 아담에 대한 해석학적 메아리
에 대해서 자세히 관찰해보고자 한다.

로마서 1:16-4:25의 구조와 분석

로마서 1:16-17에 담긴 바울의 복음이 핵심을 설명하는 1:18-4:25의 구
조는 하나님의 의가 표현되는 방식을 따라 크게 두 부분으로 나누어질 수
있다: (1) 인류의 죄를 향하여 진노로 표현된 하나님의 의(1:18-3:20)와 (2)
하나님의 진노 아래 놓인 죄인들을 향한 구원으로 표현된 하나님의 의
(3:21-4:25). 진노로 표출된 하나님의 의를 담고 있는 첫 번째 본문은 다시 이
방인들의 죄와 심판(1:18-32), 이방인들을 정죄하는 유대인들의 죄와 심판
(2:1-11), 그리고 율법과 할례의 소유 여부에 상관 없이 모든 인류가 다 죄인
이라는 최종적인 선포의 세 단계로 구성된다(2:12-3:20). 그리고 구원으로

3.　Hooker, *From Adam to Christ: Essays on Paul*, 83; J. D. G. Dunn, *Romans*, vol. 1,
　　W.B.C.38 (Dallas: Word Books, 1988), 53; Dunn, *The Theology of Paul the Apostle*,
　　91-93; A.J.M. Wedderburn, "Adam in Paul's Letter to the Romans," *Stud.Bib* 3 (1978):
　　413-30. 비교, Joseph A. Fitzmyer, *Romans: A New Translation with Introduction and
　　Commentary*, 1st ed., The Anchor Bible (New York: Doubleday, 1993), 274.

표출된 하나님의 의를 담고 있는 두 번째 본문은 예수를 통해서 모든 믿는 자들에게 가능해진 하나님의 의로 말미암는 칭의에 대한 선포와(3:21-26), 구원 얻는 칭의를 가능하게 하는 믿음(3:27-31), 그리고 이신칭의의 성경적 증거인 아브라함에 관한 논의들로 구성된다(4:1-25).[4] 이러한 구조적인 흐름을 염두에 두고 바울이 어떻게 하나님의 의를 다양한 방식으로 논증하는지에 대해서 먼저 살펴보도록 하자.

인류의 죄를 향하여 진노로 표현된 하나님의 의(1:18-3:20)

로마서 1:18-3:20에서 바울은 자신이 1:16-17에서 요약해서 선포한 복음이 결여된 인간의 상태에 대해서 자세히 묘사한다. 첫 번째, 이방인들의 경우 창조주 하나님에 관한 진리를 불의로 막는 인간의 악함을 인하여 하나님의 의가 그들에게 진노로 표현되었다(1:18-32). 부인할 수 없는 이방인들의 죄에 대한 하나님의 진노의 결과는 하나님의 심판의 행동을 담은 "하나님께서 내버려두셨다"(παρέδωκεν)라는 세 번의 반복된 표현을 통해서 자세히 묘사된다(1:24, 26, 28).[5] 하나님의 진노의 가장 근본적인 원인은 인간들이 행한 각종 악한 비윤리적 행위들에서 발견되는 것이 아니라, 그들이

4. 참고, Brendan Byrne, *Romans*, Sacra Pagina Series (Collegeville, Minn.: Liturgical Press, 1996), 27; Thomas R. Schreiner, *Romans*, Baker Exegetical Commentary on the New Testament (Grand Rapids: Baker Books, 1998), vii; Richard N. Longenecker, *The Epistle to the Romans: A Commentary on the Greek Text*, The New International Greek Testament Commentary (Grand Rapids, Michigan: William B. Eerdmans Publishing Company, 2016), vi; Fitzmyer, *Romans: A New Translation with Introduction and Commentary*, viii; Douglas J. Moo, *The Epistle to the Romans*, NICNT (Grand Rapids: Eerdmans Co., 1996), 32-33.
5. 참고, Byrne, *Romans*, 66-70; Longenecker, *The Epistle to the Romans: A Commentary on the Greek Text*, 215-16; Robert Jewett, *Romans: A Commentary*, Hermeneia (Minneapolis: Fortress, 2007), 165.

하나님을 자신의 창조주로 인정하고 받아들이고 영광을 돌리지 않은 것에서 발견된다(1:21-23, 25, 28). 인간의 악한 비윤리적 행위들은 하나님께 영광을 돌려드리지 못하고 타락한 결과로서 발생한 추가적인 현상이다. 바울은 여기서 이방인들이 피조물을 통하여 창조주 하나님에 대한 기본적인 지식을 습득할 수 있었다고 전제한다.[6] 그리고 창조주에게 합당한 영광을 돌리지 않은 이방인들의 죄에 대한 하나님의 진노의 결과는 크게 세 가지 부정적인 형태로 나타난다(1:24, 26-27, 28-31). 첫 번째, 하나님의 심판의 결과, 인류는 불결한 마음의 징욕을 따라 자신들의 몸을 더럽히게 된다. 이는 인류가 타락함으로써 얻게 되는 개인적인 측면에서의 부정적 결과다. 두 번째, 하나님의 진노 아래 놓인 인류는 자연의 순리에 반하여 서로를 향한 욕정에 사로잡히게 된다. 이는 인류가 타락함으로써 얻게 되는 상호 관계적인 측면에서의 부정적인 결과를 나타낸다. 마지막으로, 하나님의 은혜 바깥에 거한 인류의 삶은 질투와 시기와 살인 등을 포함한 각종 악한 일들로 채워지게 된다. 이는 인류가 처한 사회의 모든 관계망들이 파괴됨을 보여준다. 따라서 로마서 1:18-32에 따르면, 인류의 윤리적인 실패와 불의한 행위들은 하나님 진노의 근본적인 원인이라기보다는, 하나님을 자신들의 창조주로 경배하지 않고 우상숭배의 죄에 빠진 인류에 대한 하나님의 심판의 결과로 발생한 부정적인 현상이다.[7]

---

6. 참고, Fitzmyer, *Romans: A New Translation with Introduction and Commentary*, 273; Dunn, *Romans*, 1, 50; Matthew Black, *Romans: Based on the Revised Standard Version*, 2nd ed., New Century Bible Commentary (Grand Rapids: Eerdmans, 1989), 46; Richard B. Hays, "Relations Natural and Unnatural: A Response to J Boswell's Exegesis of Rom 1," *Journal of Religious Ethics* 14, no. 1 (1986): 184-215. 비교, Moo, *The Epistle to the Romans*, 99.

7. Fitzmyer, *Romans: A New Translation with Introduction and Commentary*, 271; Jewett, *Romans: A Commentary*, 165; Longenecker, *The Epistle to the Romans: A Commentary on the Greek Text*, 199.

첫 번째, 로마서 1:18-32이 인간의 불의나 신실하지 못함을 율법으로 논하지 않고, 심지어는 하나님 앞에서 성취하려는 율법을 통한 의도 언급 하지 않는다는 사실은 이 본문에서 바울의 주요 공격 대상이 유대인들이 아니라 이방인들이라는 사실을 알려준다.[8] 그러나 이렇게 바울이 이방인 들의 심판에 대해서 먼저 논의하는 이유는 자신이 공격하고자 하는 유대 주의자들을 향하여 수사학적 덫을 놓고자 함이다. 왜냐하면 이어지는 2:1-3:8에서 바울은 이방인들을 죄인으로 정죄하는 유대주의자들의 불의와 이에 대한 하나님의 진노에 대해서 더 자세히 논의하려 하기 때문이다. 이 사실은 1:18-3:8에서 바울의 주요 공격 대상은 이방인들을 불의한 자들 로 칭하면서 율법에 근거한 자신들의 의를 자랑하는 유대인들임을 명백 히 해준다. 그리고 로마서의 서두에서 바울이 이처럼 유대인들과 이방인 들을 상호 구분해서 하나님의 의와 진노를 묘사하는 이유는 하나님 앞에 서 인간의 의로운 신분은 율법을 비롯한 인종적인 특권의 유무가 아니라, 복음의 유무에 달려 있음을 강조하고자 함이다. 이러한 바울의 강조점은 그가 편지를 쓸 당시 로마교회가 처한 유대인 출신 성도들과 이방인 출신 성도들 간의 갈등에 대한 간접적인 정보를 제공해준다.[9]

두 번째, 로마서 2:1-11에서 바울은 가상의 대화자를 만들어 그와의 논 쟁을 통하여 하나님의 진노 아래 놓인 유대인들에 대한 자신의 논지를 발 전시킨다. 바울은 이 가상의 대화자를 "남을 판단하는 사람"(πᾶς ὁ κρίνων, 2:1) 이라고 부름으로써, 자신이 바로 앞에서 논의한 이방인들의 죄와 심판에 대해서 적극적으로 긍정할 자임을 분명히 한다. 2:17에서 바울은 이 사람 을 율법을 의지하여 하나님 앞에서 자랑하는 유대인이라고 명백하게 밝

---

8.   Fitzmyer, *Romans: A New Translation with Introduction and Commentary*, 270.

9.   참고, Jewett, *Romans: A Commentary*, 57-74; Moo, *The Epistle to the Romans*, 16-22.

힌다(비교, 갈 2:14-15).[10] 로마서 2:1-11에서 바울은 유대인들이 하나님의 종말
론적인 심판 앞에서 소유한 안전 의식에 대한 확신을 공격하여 그들도 이
방인들과 동일한 하나님의 심판 아래 놓여 있음을 가르치고자 한다.[11] 유
대인들의 종말론적 안전에 대한 확신은 자신들은 아브라함의 약속의 자
손으로서 하나님의 은혜와 친절과 인내의 대상이라는 우월한 특권의식에
기초한다. 그러나 바울은 그들의 종족적 기원과 율법에 대한 확신에 근거
한 유대인들의 종말론적 안전 의식은 환상에 불과함을 지적한다. 왜냐하
면 이방인들을 정죄하고 있는 유대인들의 회개하지 않는 완고한 마음은
종말의 심판의 때에 폭발할 하나님의 진노를 유발하고 있기 때문이다(2:4-
5). 바울의 관점에서 볼 때, 이방인들의 죄에 대해서 정죄하고 있는 자칭
의로운 유대인들은 실상 이방인들과 동일한 우상숭배의 죄를 범하고 있
다(2:17-24). 이 사실을 바울은 3:9-18에서 구약성서에 담긴 선지자들의 증
언을 통해서 증명한다. 사실 바울은 유대인들의 종말론석인 가르침에 직
극적으로 동의하고 있다. 따라서 바울은 하나님의 종말론적인 심판은 율
법의 소유 유무가 아니라, 사람들의 행위의 질적인 특징에 따라 이루어질
것이라고 선포한다(2:6-10; 시 62:13).[12] 선을 행하며 영광과 명예와 영생을 구
하는 자들에게는 영원한 생명이 주어질 것이고, 이기적인 야심을 쫓으며
진리에 복종하지 않고 불의를 쫓는 자들에게는 하나님의 진노가 임할 것

---

10. 심판하는 사람에 대한 학자들의 다양한 견해에 대해서는 Fitzmyer, 297-99를 참조
　　하라. 그리고 이 심판자의 율법과 심판에 대한 관점에 대해서는 Simon J. Gather-
　　cole, *Where Is Boasting?: Early Jewish Soteriology and Paul's Response in Romans 1-5*
　　(Grand Rapids: William B. Eerdmans Pub. Co., 2002), 197-215.를 참조하라.
11. 종말론적인 안전에 대한 유대인들의 확신은 지혜서 11:9-11, 11:23, 12:22, 15:1-3에
　　잘 보인다. 참고, Ibid., 201; Byrne, *Romans*, 81; Fitzmyer, *Romans: A New Translation
　　with Introduction and Commentary*, 288.
12. Gathercole, *Where Is Boasting?: Early Jewish Soteriology and Paul's Response in Ro-
　　mans 1-5*, 37-196.

이다(2:7-8). 여기서 바울의 논지를 위하여 중요한 사실 한 가지는 하나님은 유대인들과 이방인들에게 다른 원칙을 적용하는 편향된 분이 아니라, 동일한 원칙에 따라서 공정하게 심판하는 분이시라는 것이다(2:11). 그러므로 악을 행하는 자들은, 그들이 유대인인지 이방인인지에 상관없이, 동일한 종말론적인 원칙을 따라서 하나님으로부터 오는 동일한 심판을 경험하게 될 것이다.

세 번째, 이어지는 로마서 2:12-3:20에서 바울은 율법과 할례의 소유 여부가 하나님의 심판에서의 관대한 결과와 전혀 무관한 것임을 강조하면서, 하나님의 신실함과 인류의 불신실함을 다시 한번 비교한다. 사실, 종말론적 안전에 대한 유대인들의 잘못된 확신은 그들이 소유한 율법과 할례가 곧 종말론적인 구원―단순히 정체성의 표시나 국가적 자긍심의 표가 아니라―에 대한 보장이라는 오해로부터 말미암는다. 이에 바울은 행위에 따른 심판과 하나님의 공정성이라는 두 가지 원칙을 근거로 하여 그들의 잘못된 확신을 세 번에 걸쳐서 공격한다. 첫 번째, 하나님의 심판은 율법의 소유 여부가 아니라, 율법의 요구를 행함에 달려있다. 여기서 유대인들에게 충격적인 사실은 율법을 소유하지 못한 이방인들이 양심의 소리에 귀를 기울여 율법의 요구들을 만족시킬 수 있다는 바울의 주장이다(2:12-16). 두 번째, 율법의 요구들을 수행하는 이방인들과 대조적으로, 율법을 소유했다는 사실이 유대인들로 하여금 율법이 금하는 것들을 행하지 않도록 보호해주지 못한다(2:17-24). 율법을 소유한 유대인들은 율법을 통하여 하나님의 뜻을 알고, 어두움 가운데 거하는 이방인들에게 빛을 비추어주는 선생이 되어야 한다. 그러나 실상은 율법을 소유한 유대인들도 "도적질과 간음과 성전에서 도적질함"을 통하여 이방인들과 동일하게 율법을 파괴하여 하나님께 불명예를 안겨드리고 있다(2:21-23).[13] 따라서, 세 번째, 그들의 몸에 행한 할례조차도 율법의 요구들을 만족시키지 못할 경우 아브라함의 자손의 징표로서의 기능을 상실하고 만다. 왜냐하면 율법을 지키는 일에 실패하는 것은 하나님과의 언약을 지키는 일에 실패한 것을 의미하기에 언약의 증표에 불과한 할례는 무용화되고, 할례를 소유한 유대인들은 할례를 소유하지 못한 이방인들과 동일하게 하나님의 진노 아래 놓이게 되기 때문이다. 결국, 율법과 할례의 특권을 소유한 유대인이나 그렇지 못한 이방인이나 하나님 앞에서는 다 동일한 죄인들로 판명난다.[14] 이 사실을 바울은 3:10-20에서 다시 한 번 설명하면서, 유대인이나 이방인이나 다 동일한 방식으로, 즉 오직 믿음으로 하나님의 의로부터 오는 구원을 경험해야 할 필요를 알려준다.

이렇게 하여 율법과 할례에 따른 유대인과 이방인의 전통적 구분을 제기한 바울은 거기에 멈추시 않고 한 걸음 더 나아가 참된 유대인 됨의 의미를 새롭게 정의한다. 바울은 육체에 할례를 행하고 율법을 소유한 자가 참된 유대인이 아니라, 마음에 할례를 받아 성령의 법을 소유하고 하나님을 의지하는 자가 참된 유대인이라고 선포한다(2:29).[15] 바울은 여기서

---

13. 여기서 발견되는 유대인들에 대한 바울의 공격 내용은 당시 타락한 유대인들을 향한 다른 유대인들의 전형적인 공격(참고, 솔로몬의 시편 8:8-13; CD 4:12-17; 8:4-10; Philo *Conf.* 163), 그리고 바리새인들에 대한 예수의 공격과 그 내용에 있어서 매우 유사하다(비교, 마 23; 눅 11:39-52). 참고, Byrne, *Romans*, 98.

14. 이 본문에서 바울은 유대인들의 특권을 인정하지 않는 것이 아니라, 그 특권에도 불구하고 하나님의 진노 아래 놓일 수밖에 없는 인간의 죄인 됨의 심각성을 강조하려 한다. 참고, Fitzmyer, *Romans: A New Translation with Introduction and Commentary*, 315.

15. 여기서 바울은 예수를 믿고 성령을 받은 회심한 이방인 출신 성도들을 마음에 두고 있다. 왜냐하면 바울에게 회심하지 않은 자연인이 율법의 요구들을 다 만족시킬 수 있다는 것은 이론적으로는 가능하나, 성령의 도움이 없이는 불가능한 것이기 때문이다. 이 사실을 바울은 로마서 7-8장에서 자세히 설명할 것이다.

성령에 관한 새 언약을 담은 구약의 두 본문 예레미야 31:31-34과 에스겔
36:26-28을 인용하면서, 참된 유대인 됨의 정의는 마음에 행해진 성령의
할례의 유무에 달려있다고 강조한다(비교, 고후 3:3-6). 그러나 이 시점에서
바울은 이 새로운 정의에 대한 자세한 설명을 제공하는 것을 잠시 보류하
고, 하나님의 의와 그 의를 수용하는 믿음을 아브라함의 예를 통해서 조
금 더 자세히 설명한다. 로마서 9-11장에 이르러서야 바울은 유대인과 이
스라엘, 그리고 이방인 간의 관계를 올리브 나무 비유를 통해서 다시 한
번 새롭게 정의하고 정리해 줄 것이다.

그러나 할례와 율법을 통하여 종말론적인 심판에서 관대한 처분을 받
을 수 있을 것이라는 유대인들의 거짓된 확신을 정면으로 반박한 바울은
언약 안에 거한 유대인들을 향한 하나님의 신실함 그 자체를 공격했다는
유대인들의 반발에 직면할 수 있다(3:1-2).[16] 이에 바울은 언약 안에 속한 그
의 백성들의 거짓말과 불의에도 불구하고, 하나님은 끝까지 그들에게 신
실하고 의로운 분임을 강조한다. 하나님의 신실함은 유대인들의 조상들
과 세운 언약들을 인해서 구원의 복음을 먼저 유대인들에게 제공했다는
사실에서 발견된다(Ἰουδαίῳ τε πρῶτον καὶ Ἕλληνι, 1:16). 그리고 하나님의 의/의
로움은 유대인들의 죄를 다른 이방인들의 죄와 동일하게 다루어야만 한
다는 사실을 통해서 일차적으로 증명된다.[17] 언약의 백성인 유대인들의 죄
와 그 죄에 대한 공정한 심판은 하나님이 의로운 심판관임을 온 세상 앞
에서 증명하는 역할을 하기 때문이다(3:6-8). 유대인들의 죄와 그에 따른

---

16. 사실, 바울은 자신이 이방인들에게 복음을 전하는 동안 유대인들로부터 오는 이런
    다양한 공격들에 직면했을 것이다.

17. 참고, Frank Thielman, "God's Righteousness as God's Fairness in Romans 1:17: An
    Ancient Perspective on a Significant Phrase," *Journal of the Evangelical Theological
    Society* 54, no. 1 (2011): 35-48.

심판은 이미 구약의 선지자들에 의해서 분명하게 선포된 사실이기에, 그들의 죄에 대한 간과는 하나님의 공정한 심판관 됨에 대한 명예를 훼손하는 결과를 가져올 것이다(3:9-20; 비교, 시 14:1-3; 사 59:7-8). 그러나 하나님의 신실함과 의로움에 대한 보다 더 본질적인 바울의 방어는 언약의 자손 예수 그리스도를 통해서 이방인들과 유대인들의 죄의 문제를 해결하고, 그들로 하여금 종말론적인 심판에서 의롭다고 칭함을 받을 수 있게 해주는 궁극적인 해결책을 하나님이 직접 제시했다는 사실에서 발견된다(3:21-26). 바울의 관점에서 볼 때, 언약 백성들의 범죄함에도 불구하고 그들을 심판하지 않는 것이 하나님의 의로움을 증명하는 것이 아니라, 그들의 죄를 해결할 완벽한 해결책을 제시하는 것이 하나님의 의로움에 대한 보다 더 완전한 증명이 된다. 이 사실을 바울은 이어지는 3:21-4:25에서 보다 더 자세히 설명하고자 한다. 그리고 5:15-21에서는 인간의 모든 죄를 뛰어넘어 제공되는 하나님의 의에 포함된 측량할 수 없는 은혜의 풍성함에 대해서 아담과 예수의 대조를 통하여 자세히 논의할 것이다.

인간의 구원을 위하여 칭의로 표현된 하나님의 의(3:21-4:25)

로마서 1:18-3:20에서 바울은 1:16-17에 담긴 자신의 복음의 부정적인 측면, 즉 예수의 복음을 떠나서는 모든 인류가 다 하나님의 의로 말미암는 진노 아래 놓이게 된다는 사실에 대해서 논증하였다. 그러나 이어지는 3:21-4:25에서 바울은 예수의 복음이 인류에게 가져다주는 긍정적인 효과, 즉 복음에 담긴 하나님의 의가 가능하게 해주는 인류의 칭의와 그에 따른 종말론적인 구원에 대해서 자세히 설명하고자 한다.

첫 번째, 바울은 3:21-26에서 그의 복음의 핵심인 구원을 주는 하나님의 의의 계시(1:17)를 "그러나 이제는"(νυνὶ δέ, 3:21)이라는 표현을 통해서 환희에 찬 목소리로 선포한다. 이 표현은 모든 인류가 다 예외없이 하나님의 진노 아래 놓여 있는 비극적인 상황에도 불구하고, 그들의 구원을 가능하게 하는 하나님의 의가 예수 그리스도를 통해서 마침내 인류에게 허락되었다는 바울의 종말론적 인식과 기쁨을 담고 있다.[18] 종말론적 유대교의 가장 중요한 가르침들 중 하나는 우리가 다 하나님의 심판대 앞에 설 것이고, 그 심판대 앞에서 우리에게 필요한 것은 우리의 의라는 사실이다. 그러나 1:18-3:20에서 바울은 인간의 편에서는 어떠한 의도 발견될 수 없음을 고통스럽게 증명했다. 이 사실은 인류가 다 하나님이 선포하는 종말론적 멸망을 경험하게 될 것임을 알려준다. 바울의 관점에서는 율법을 소유한 언약의 백성인 유대인들조차도 이 우주적 심판 선고에서 예외가 되지 못한다.[19] 따라서 하나님의 편에서 인류를 위한 구원 얻는 의가 제시되어야만 한다.[20] 하나님이 제시하는 의는 인류를 하나님의 진노 아래 놓았던 죄의 문제를 해결하도록 드려진 예수의 희생에 근거한 의다(3:24-25). 예수를 통해서 제공된 하나님의 의를 통한 구원을 경험하기 위해서 인간의 편에서 요구되는 반응은 율법의 일들을 성취하려는 노력이 아니라, 하나

---

18. 여기서 바울은 인간의 역사에서 새로운 종말론적인 시대가 예수의 도래를 통해서 시작되었음을 강조하고 있다. 복음서 저자들은 종종 예수가 도래한 하나님 나라가 이 땅에 왔음을 통해서 이러한 인식을 설명하곤 한다. 우리가 읽고 있는 로마서 본문에서 예수의 도래는 하나님의 진노 아래 놓인 인간을 위하여 칭의, 구속, 속죄 그리고 용서를 제공한다. 참고, Fitzmyer, *Romans: A New Translation with Introduction and Commentary*, 341-42; Longenecker, *The Epistle to the Romans: A Commentary on the Greek Text*, 399; C. E. B. Cranfield, *A Critical and Exegetical Commentary on the Epistle to the Romans* (London; New York: T&T Clark International, 2004), 73.
19. 바울은 여기서 종말론적 유대교의 인간에 대한 비관적인 사상에서 훨씬 더 나가서 인간의 총체적 부패함에 대해서 주장하고 있다. 참고, Frank Thielman, *From Plight to Solution: A Jewish Framework for Understanding Paul's View of the Law in Galatians and Romans* (Leiden; New York: E.J. Brill, 1989); Timo Laato, *Paul and Judaism: An Anthropological Approach* (Atlanta, Ga.: Scholars Press, 1995).
20. 로마서에서 하나님의 의에는 사중적인 함축성이 존재한다. 참고, Longenecker, *The Epistle to the Romans: A Commentary on the Greek Text*, 404.

님의 의가 죄에 대해서 내리는 심판과 죄를 극복하게 하는 효과에 대한
믿음의 반응이다. 인간 편에서 보여야 할 하나님의 의를 담은 복음의 메
시지에 대한 긍정적인 반응으로서의 믿음은, 첫 번째, 자신의 편에서는 율
법을 비롯한 어떠한 방편으로도 구원을 얻을 수 있는 의를 제시할 수 없
다는 자각과 인정을 포함한다. 그리고, 두 번째, 이 믿음은 창조주 하나님
께서 피조물들에게 자신의 신실함의 표현으로 이 의를 제공했다는 사실
을 받아들이는 것이다. 이 믿음을 바울은 "구원 얻는 믿음"이라고 부른다
(10:9-10). 이 믿음은 모든 인간들의 불의에 반하여 하나님만이 "의로운 심
판자"라는 사실과 하나님이 예수의 복음을 통하여 죄인 된 인류를 의롭게
하신 "피조물들에게 신실한 창조주"라는 사실을 적극적으로 인정한다
(3:26). 이런 측면에서, 믿음은 창조주 하나님을 거절한 아담과 인류의 죄,
그리고 유대인들의 죄를 극복하여 하나님께 영광을 돌려 드리는 적극적
인 예배 행위가 된다.

바울은 3:22에서, 로마서 1:16-17 이후 처음으로, 마침내 예수의 이름
을 언급하고, 그 이름과 연관된 믿음을 πίστις Ἰησοῦ Χριστοῦ라는 표현으
로 정의해준다. 3:22에서 발견되는 이 헬라어 표현은 예수의 신실한 순종
을 그 믿음의 대상으로 삼는 주격적 소유격(subjective genitive)이라기보다는,[21]
예수를 향한 믿는 자들의 반응으로서의 믿음을 의미하는 목적격적 소유
격(objective genitive)으로 보는 것이 더 옳다.[22] 왜냐하면 지금까지 로마서에서

21. 참고, Richard Hays, *The Faith of Jesus Christ: The Narrative Substructure of Galatians 3:1-4:11* (Grand Rapids: Eerdmans, 2002).
22. Byrne, *Romans*, 124; Fitzmyer, *Romans: A New Translation with Introduction and Commentary*, 345; Ernst Käsemann, *Commentary on Romans* (Grand Rapids: Eerdmans, 1980), 94; Moo, *The Epistle to the Romans*, 224-25; Simon J. Gathercole, "What Did Paul Really Mean?': 'New Perspective' Scholars Argue That We Need, Well, a New Perspective on Justification by Faith," *Christianity Today* 51, no. 8 (2007): 22-28; J. D.

의 의에 대한 바울의 논의는 인간과 하나님의 양 편에서 창출되는 의에 대한 비교를 통해서 이루어졌기 때문이다. 지금까지 바울은 예수에 대한 아무런 언급없이 하나님 앞에서 인간이 보여주어야 할 의에 대한 책임과 실패, 그리고 그에 따른 하나님의 진노에 대해서만 논의했다. 사실 예수의 순종은 인간 편에서 제시해야 할 의와 연관된다기보다는, 하나님 편에서 제시되는 의의 핵심을 이루고 있다. 그리고 이어지는 4장에서 바울은 피조물인 인간이 창조주에게 보여야 할 믿음의 표본으로서, 예수의 신실함이 아니라 아브라함의 믿음을 예로 든다. 아브라함이 보여준 믿음의 핵심은 하나님에 대한 신실한 순종이라기보다는, 죽은 자들에게 생명을 주고 없는 것을 있게 만드는 하나님의 창조주로서의 능력에 대한 신뢰다(4:17). 이 아브라함의 믿음은 예수의 신실한 순종과 연관되지 않고, 10:9-10에서 발견되는 성도들이 소유해야 할 구원 얻는 믿음과 직접적으로 연관된다:

> 네가 만일 네 입으로 예수를 주로 시인하며 또 하나님께서 그를 죽은 자 가운데서 살리신 것을 네 마음에 믿으면 구원을 받으리라. 사람이 마음으로 믿어 의에 이르고 입으로 시인하여 구원에 이르느니라.

여기서 다시 한 번 강조되어야 할 점은 의에 이르고 구원을 얻게 하는 인간의 믿음은 유대인과 이방인을 구분하는 율법으로 말미암는 의와는 상이하게, 모든 인류에게 우주적인 크기로 제공되는 예수를 통한 하나님의 의를 그 대상으로 하고 있다는 사실이다. 또한 3:24에서 바울은 선물로 의로워짐, 즉 칭의의 개념을 처음으로 긍정적으로 언급하기 시작한다(비

G. Dunn, "Once More: Pistis Christou," in *Sbl Seminar Papers, 1991*, ed. Eugene H. Lovering Jr. (Atlanta: Scholars, 1991), 730-44.

교, 2:13; 3:4; 3:20).[23] 여기서 칭의는 인류의 죄의 문제를 해결하여 현재 하나
님 앞에서 의로운 상태에 놓여 있다는 윤리적·신분적 측면과 함께, 미래
종말의 법정에서 무죄라고 선포되는 미래적·법정적 측면을 다 포함한
다.[24] 물론 예수의 희생 제사(ἱλαστήριον)에 근거한 칭의는 하나님과 인류의
관계를 막고 있는 인류의 죄의 문제를 근본적으로 해결하여 죄로부터의
자유를 인류에게 가져다주는 구속적(ἀπολύτρωσις) 측면과, 그렇게 회복된 하
나님과의 관계를 의미하는 관계적 측면을 함께 포함하고 있다(3:24-25). 사
실, 신실함을 의미하는 관계적 측면에서의 칭의의 개념은 로마서 1-3장에
서 조상들과 세운 언약과 피조물들을 향한 하나님의 신실함의 개념을 통
하여 하나님께 우선적으로 적용되고 있다(비교, 3:3).[25]

---

23. 3:24-26절에서 바울은 여러 교회들에서 이미 예배의 공식(liturgical formula)으로
    사용되고 있는 표현을 간략하게 인용하며 설명하고 있다. 참고, Fitzmyer, *Romans:*
    A New Translation with Introduction and Commentary, 342; Longenecker, *The Epistle*
    to the Romans: A Commentary on the Greek Text, 420; Ralph P. Martin, *Reconciliation:*
    A Study of Paul's Theology, New Foundations Theological Library (Atlanta: John Knox
    Press, 1981), 81-89; John Henry Paul Reumann, "Gospel of the Righteousness of God,"
    Interpretation 20, no. 4 (1966): 432-52; Käsemann, *Commentary on Romans*, 95; Dunn,
    Romans, 1, 1.164.

24. 참고, Gathercole, *Where Is Boasting?: Early Jewish Soteriology and Paul's Response in*
    Romans 1-5, 228-29. Jewett은 δικαιούμενοι를 예수를 통하여 수치를 극복하고 명예
    로운 관계를 회복하는 사회적인 개념으로 이해한다(Jewett, *Romans: A Commentary*,
    281.). 그러나 Hays는 이 헬라어 단어의 의미를 하나님과의 언약적 관계와 언약 공
    동체 내에서의 회원 자격으로 이해한다(Richard B. Hays, "Justification," in *Anchor*
    Bible Dictionary (1992), 1131; Richard B. Hays, "Psalm 143 and the Logic of Romans
    3," *Journal of Biblical Literature* 99, no. 1 (1980): 107-15.). Moo는 이 단어에서 단
    지 종말론적 선포 만을 본다(Moo, *The Epistle to the Romans*, 227.). 비교, William S.
    Campbell, "'All of God's Beloved in Rome!' Jewish Roots and Christian Identity," in
    Celebrating Romans: Template for Pauline Theology: Essays in Honor of Robert Jewett,
    ed. Sheila E. McGinn (Grand Rapids: William B. Eerdmans Pub., 2004), 67-82.

25. 참고, Byrne, *Romans*, 127-28.

두 번째, 구원을 가져다주는 하나님의 의를 통하여 칭의, 즉 종말론석
으로 의롭다고 선포되고 하나님과의 의로운 관계 속에 놓이게 되는 축복
은 전적으로 믿음을 통해서만 가능하다(3:27-31). 여기서 바울은 의로움의
기원을 율법이나 율법의 일들에서 찾지 않고 하나님에게서 찾고 있고, 하
나님의 의가 모든 인류에게 차별없이 제공되는 유일한 방법은 믿음이라
고 강조한다. 하나님의 의를 인류를 위한 보편적인 해결책으로 기능하게
만드는 믿음의 보편성을 강조하기 위하여 바울은 하나님은 유대인들만의
하나님이 아니라, 이방인들의 하나님이기도 한 창조주 하나님임을 분명
히 한다(3:29-30). 이 본문에 대한 학자들의 토론에서 율법의 일들(ἔργα νόμου,
3:27)은 학자들의 집중적인 관심의 대상이 되었다.[26] 바울에 대한 새로운
관점을 제시하는 일부 학자들은 이 표현을 통해서 바울이 의도하고 있는
바는 율법이 요구하는 요건들을 만족시킴으로써 하나님의 구원을 성취하
고자 함이라는 전통적인 견해에 반발한다. 그들은 대신 이미 하나님과의
언약의 관계 속에 거한 유대인들이 그 언약의 관계를 유지하기 위하여 율
법의 요구사항들을 만족시키려 했다고 주장한다(covenantal nomism).[27] 일부 새
관점 학파의 주장에 따르면, 바울이 여기서 비판하고 있는 대상은 율법의
일들을 통해서 구원을 얻고자 하는 율법주의가 아니라, 유대인들이 소유
한 국가적 자랑(national pride) 혹은 인종적 정체성의 표시(ethnic identity marker)로
기능한 할례와 정결법, 그리고 식사법에 대한 배타적이고 편협한 집착이

---

26. 참고, J. D. G. Dunn, "Yet Once More--'the Works of the Law': A Response," *Journal for the Study of the New Testament* 14, no. 46 (1992): 99-117; J. D. G. Dunn, "Works of the Law and the Curse of the Law (Galatians 3:10-14)," *New Testament Studies* 31, no. 4 (1985): 523-42. 비교, Gathercole, *Where Is Boasting?: Early Jewish Soteriology and Paul's Response in Romans 1-5*, 21-25.

27. 참고, E. P. Sanders, *Paul and Palestinian Judaism: A Comparison of Patterns of Religion* (London: S.C.M., 1977).

었다.[28] 그러나 이들의 견해에 반하여, 바울 당시의 쿰란 공동체나 종말론
적 유대사상을 살펴보면, 많은 유대인들은 율법의 일들을 통해서 하나님
앞에서 의로운 상태/신분(righteous status)과 종말론적인 구원의 정당성(eschato-
logical vindication)을 성취하려 했다.[29] 율법의 일들로 말미암아 자신들의 의를
성취할 수 있다는 이러한 유대인들의 주장에 반하여, 바울은 하나님의 의
에 대한 믿음은 율법을 포함하여 인간의 어떤 노력으로도 하나님 앞에서
의를 성취할 수 없다는 선고에 동의할 것을 요구한다고 주장한다.[30] 바울
은 앞에서 이미 "모든 사람이 죄를 범했고 하나님의 영광에 미치지 못한
다"(3:23)라고 엄중하게 선포했다. 물론 자신들의 종말론적 구원에 대한 확
신에 사로잡힌 유대인들은 자신들의 죄에 대한 엄중한 바울의 선고에 충
분히 귀를 기울이지 않을 것이다.[31] 구원 얻는 의는 예수를 통해서 인간에
게 주어진 하나님의 은혜의 선물이고, 믿음은 이 선물에 대한 긍정적인
수긍을 담은 인간의 반응이다.[32] 그러므로 3:30의 예수 믿음에서 나옴이

---

28. 참고, J. D. G. Dunn, "The New Perspective on Paul: Paul and the Law," in *The Romans Debate*, ed. Karl P. Donfried (Peabody: Hendrickson, 1991), 299-308; J. D. G. Dunn, "The New Perspective on Paul," in *Jesus, Paul, and the Law: Studies in Mark and Galatians* (Louisville: Westminster/John Knox Press, 1990), 183-214; Wright, *The Climax of the Covenant: Christ and the Law in Pauline Theology*, 240-42; Gathercole, *Where Is Boasting?: Early Jewish Soteriology and Paul's Response in Romans 1-5*, 227, 48-51.

29. 참고, Gathercole, *Where Is Boasting?: Early Jewish Soteriology and Paul's Response in Romans 1-5*, 37-196; D. A. Carson, Peter Thomas O'Brien, and Mark A. Seifrid, *Justification and Variegated Nomism*, 2 vols., WUNT 2 Reihe (Grand Rapid: Baker Academic, 2001).

30. 물론 율법의 일들을 추구하는 것 그 자체가 바울의 관점에서 악한 것은 아니다. 롬 7장에 잘 나타나듯이, 하나님의 선한 선물인 율법이 인간의 죄성을 인하여 인간에게 사망과 심판을 가져오게 된 것이 문제이다.

31. Gathercole, *Where Is Boasting?: Early Jewish Soteriology and Paul's Response in Romans 1-5*, 214.

32. 바울에게는 성령 안에 거하는 성도들은 율법이 요구하는 조건들을 성취하여 율법

언급하는 믿음은 예수의 신실한 순종을 가리키는 것이 아니라, 인간에게
서는 어떤 의도 발견되지 않는다는 자각과 함께 예수를 통한 하나님의 의
의 선물을 적극적으로 받아들이는 예수의 복음을 향한 인간의 긍정적인
반응을 가리킨다.[33]

　　세 번째, 4:1-25에서 바울은 믿음으로 말미암는 의를 통하여 의롭다
함을 받는 성경적 근거로 아브라함을 예로 든다. 바울의 관점에서 아브라
함은 율법으로 성취해야 할 의의 표본이 아니라, 인간이 보여야 할 믿음
의 가장 전형적인 예를 제공한다. 바울은 이미 3:21-22에서 하나님의 의와
그것을 얻는 믿음은 율법과는 별개이지만, 율법과 선지자들에 의해서 이
미 증거되었다고 선포했다.[34] 여기서 바울이 아브라함을 인간의 믿음의
표본으로 제시하는 이유는 유대인들의 민족적 정체성과 자긍심이 궁극적
으로 하나님과 언약을 맺은 아브라함의 자손 됨에 근거하고 있기 때문이
다(솔로몬의 시편 9:8-9). 바울과 동시대의 유대인들은 아브라함을 율법을 완
벽하게 지키고 순종한 자의 표본으로 이해하였다(비교, 벤 시라 44:19-21; 마카비
1서 2:50-52; CD 3:1-3; 희년서 17:17-18; 23:10).[35] 그러나 바울은 아브라함이 의롭다
고 칭함을 받고(4:1-12) 그와 그의 자손들을 향한 하나님의 축복의 약속을
받은 것은 할례와 율법을 경험하기 전이었음을 강조한다(4:13-17). 바울은

　　이 요구하는 의를 성취할 수 있다(참고, 8:1-4; 갈 5:14).

33. Byrne, *Romans*, 135; Fitzmyer, *Romans: A New Translation with Introduction and Commentary*, 353.

34. 첫 번째 경우의 율법은 모세의 율법을 의미하고, 두 번째 경우의 율법은 율법서
를 포함하는 성경을 의미한다. 참고, Fitzmyer, *Romans: A New Translation with Introduction and Commentary*, 369; Richard B. Hays, "Three Dramatic Roles: The Law in Romans 3-4," in *Paul and the Mosaic Law*, ed. James D. G. Dunn (Tübingen: Mohr, 1996), 151-64.

35. Gathercole, *Where Is Boasting?: Early Jewish Soteriology and Paul's Response in Romans 1-5*, 235-38.

창세기 15-17장에서 발견되는 아브라함에 관한 일화들의 순서들에 대해서 주목함으로써, 아브라함이 할례를 포함한 율법의 일들과 무관하게 믿음으로 하나님 앞에서 의롭다고 선포된 것을 보여준다. 다시 말하면, 아브라함은 아직 율법을 알기 전 불의한 이방인의 상태에 있을 때(비교, 갈 2:15-16), "불의한 자를 의롭다고 칭하시는 하나님"을 믿고 신뢰함으로써 의롭다고 칭함을 받았다(4:5).[36] 곧이어서 바울은 시편 32:1-2을 인용함으로, 율법의 일들과 무관한 의로움의 가능성에 대한 다윗의 고백을 추가적인 성경적 증거로 제시한다(롬 4:6-8). 할례받은 유대인 다윗의 고백은 죄의 용서가 칭의의 핵심적인 내용임을 성경적으로 증명해준다.[37] 아브라함의 경우에는 불경건한 자가 받을 자격이 없는 의로움을 믿음으로 부여받은 것에 반하여, 다윗의 경우에는 심판을 받아야 할 죄인의 죄가 용서받음으로써 의로움을 부여받았다.[38] 이 두 성경의 인물들은 한 목소리로 의롭다고 칭함을 받는 것은 인간이 노력이나 성취를 통해서가 아니라(4:4-5), 하나님의 은혜의 선물을 통해서라는 바울의 주장을 적극적으로 대변한다(3:24). 바울은 4:14-15에서 율법은 이론적으로는 생명으로 인도하는 길이지만(비교, 레 18:5; 롬 10:5), 죄 가운데 처한 인류에게는 단지 하나님의 진노의 도구로 기능함을 알려준다(비교, 롬 7장). 그리고 율법의 모든 요구들은 율법의 일들을 통해서 완성되는 것이 아니라, 예수를 통한 하나님의 의의 제시에 대

36. 참고, 이승현, "아브라함과 이방인의 회심, 그리고 하나님의 영에 대한 바울과 필로의 이해 비교," 「신약논단」 25, no. 3 (2018): 795-830.

37. Gathercole, *Where Is Boasting?: Early Jewish Soteriology and Paul's Response in Romans 1-5*, 247. 비교, Krister Stendahl, "Justification Rather Than Forgiveness," in *Paul among Jews and Gentiles, and Other Essays* (Philadelphia: Fortress, 1976).

38. 참고, Longenecker, *The Epistle to the Romans: A Commentary on the Greek Text*, 496-98; Byrne, *Romans*, 146; Fitzmyer, *Romans: A New Translation with Introduction and Commentary*, 374-75.

한 믿음을 통해서 완성된다(3:31).

이어지는 본문에서 바울은 아브라함의 믿음의 본질과 칭의를 경험한 시기에 대해서 논의함으로써 아브라함의 자녀 됨이 육체의 할례와 연관된 것이 아니라, 육체의 할례를 소유하지 않은 이방인들이 소유한 믿음과 연관된 것임을 증명하려 한다. 창세기의 기록에 따르면, 아브라함이 의롭다고 칭함을 받은 때는 그가 아직 할례를 경험하기 전, 즉 그가 유대인이 아닌 이방인일 때 일어난 사건이다(3:11). 따라서 유대인들의 주장과 달리, 아브라함과의 관계에 관한한 유대인들과 이방인들은 동일한 출발선 상에 놓여 있다. 유대인들이 아브라함을 "혈통을 따른 우리의 조상"(κατὰ σάρκα; 4:1)이라고 부르는 것에 반하여, 이방인 출신 성도들은 "믿음을 따른 우리의 조상"(4:11)이라고 부를 수 있다. 또한 아브라함이 의롭다고 칭함을 받게 한 그의 믿음의 내용은 죽은 자들에게 생명을 주고 존재하지 않는 것들을 존재하게 하는 창조주 하나님의 능력을 신뢰하면서(4:17), 자신의 죽은 것과 같은 육체에 반하여 자손을 줄 것이라는 하나님의 약속을 굳게 믿은 것에서 발견된다(4:19-20). 마찬가지로, 성도들의 믿음의 핵심은 자신들의 죄를 인하여 죽은 예수, 즉 아브라함의 약속의 자손을 자신들의 의로움을 위하여 하나님께서 부활시켰다는 사실을 받아들이는 것이다(4:24-25; 비교, 10:9-10).[39] 그러므로 아브라함과 성도들의 믿음은 생명을 주시는 창조주 하나님의 능력과 아브라함의 약속의 자손인 예수를 그 대상으로 하고 있다는 점에서 본질적으로 동일하다.[40] 이에 바울은 아브라함은, 그들이 유대

---

39. 우리의 죄를 위하여 내어줌을 당하고 우리의 의로움을 위하여 부활함을 경험했다는 바울의 표현에서 우리는 이사야의 고난받는 종에 대한 노래들의 메아리를 듣는다(사 52:13-53:12; 비교, 막 14:24; 마 26:28). 참고, Longenecker, *The Epistle to the Romans: A Commentary on the Greek Text*, 425; Byrne, *Romans*, 156; 이승현, "고린도전서 11:23의 Παρεδίδετο의 번역 재고," 성경원문연구, no. 42 (2018): 45-67.

40. 여기서 믿음은 하나님을 창조주로 인정하고 받아들이며 영광을 돌린다는 측면

인이든 이방인이든지에 상관없이, 부활과 생명을 주시는 하나님에 대한 믿음을 소유한 모든 자들의 아버지가 된다고 선포한다(4:11-12, 16). 결국, 바울의 관점에서 볼 때, 아브라함은 율법의 일들을 통해서 자신의 의를 성취하기 위한 자들의 모범이 아니라, 모든 믿는 자들이 하나님의 약속과 하나님으로부터 오는 은혜로운 선물로서의 칭의를 경험하기 위해서 따라야 할 믿음의 표본이다.[41] 바울은 예수가 이방인과 유대인 출신 성도들의 죄사함과 칭의의 근거임을 선포하면서, 로마서 1:16-4:25에 담긴 자신의 복음 변증을 마무리한다. 이어지는 5장에서 바울은 칭의와 구원에 대한 예수의 사역을 아담과 비교하면서 자세히 설명해줄 것이다. 그러나 5장에 담긴 바울의 아담 기독론에 대한 담론을 자세히 분석하기에 앞서, 1-4장에서 바울이 어떻게 아담 이야기를 배경으로 예수의 복음을 설명하고 있는지에 대해서 먼저 살펴보도록 하자.

로마서 1-4장과 아담

앞에서 우리는 로마서 4장에서 바울이 아브라함을 성도들의 믿음의 표본으로 제시하고, 그들의 믿음은 공통적으로 창조주 하나님을 향한 경배와 신뢰를 주내용으로 삼고 있음을 살펴보았다. 아브라함과 성도들의 믿음은 그들에게 칭의라는 하나님의 은혜로운 선물을 가져다주고, 칭의는 하나님과 인류를 갈라놓은 죄의 문제를 해결하여 하나님과의 관계의 회복을 가져오고 종말론적인 심판에서 의롭다고 칭함을 받게 한다. 물론

(4:20)에서 아담과 모든 인류가 빠졌던 궁극적인 죄, 즉 하나님을 창조주로 인정하지 않은 죄를 극복하게 한다(비교, 1:18-3:20).

41. 참고, Fitzmyer, *Romans: A New Translation with Introduction and Commentary*, 371.

칭의는 단순히 의롭다고 칭함받는 것에서 그치지 않고, 내주하는 성령을 통하여 성도들을 존재론적으로 의로운 자들로 변화시켜 율법의 요구들을 만족시킬 수 있는 자들이 되게 한다(8:1-8). 그리고 칭의는, 뒤에서 더 자세히 설명되겠지만, 하나님의 영광에서 떠나 사망 가운데 거하던 인류에게 죽음을 극복하고 영생에 이르게 하는 축복도 가져다 준다(5:12-21). 로마서에서 바울이 가르치는 이러한 다양한 의와 칭의의 효과들은 사실 아담 이야기를 통해서 살펴볼 때 더 분명해진다. 유대인들과 이방인들을 상호 구분하지 않고 "모든 사람들"(3:9, 20, 23; 5:12-21; 10:1-13; 11:30-32) 속에 포함시켜 하나님의 심판과 복음의 대상으로 제시하고자 하는 바울의 논의에 아담 이야기는 해석학적으로 매우 중요한 기능을 담당하고 있다.[42]

아담과 인류의 우상숭배와 타락(롬 1:18-32)

로마서 1:16-17에서 자신의 복음의 핵심을 하나님의 의의 계시로 간략하게 요약해 준 바울은, 흥미롭게도, 이어지는 논의에서 인류의 죄와 그에 대한 하나님의 진노와 심판을 창조주와 피조물 간의 관계를 통해서 묘사한다. 인류의 죄에 대한 논의를 시작하면서, 바울은 하나님께서 피조물들을 통하여 자신의 보이지 않는 성품과 영원한 능력과 신적인 본질을 분명하게 계시했다고 선포한다(1:19-20). 그러나 인류는 하나님을 자신들의 창조주로 경배하고 감사하며 영광을 돌리지 않음으로써 하나님 앞에서 죄를 범하고 타락했다. 창조주 하나님에 대한 부인할 수 없는 분명한 지식에도 불구하고, 그를 자신들의 하나님으로 경배하지 않은 인류의 죄는 그들의 생각이 허망하여지고 그들의 마음이 어리석은 생각들로 어두워지는

---

42. 이 사실은 왜 바울에 대한 "존더벡 리딩"(Sonderweg reading)이 학자들 사이에서 큰 설득력을 얻지 못했는지를 설명해준다. 비교, Stanley Kent Stowers, *A Rereading of Romans: Justice, Jews, and Gentiles* (New Haven: Yale University Press, 1994).

형벌로 이어졌다(1:21). 또한 하나님은 그들의 우상숭배에 대한 형벌로 자신들의 욕망을 따라 살며 그들의 삶이 온갖 죄들로 채워지도록 그들을 내버려두었다. 잘 알려진 바와 같이, 이 부분에서 바울은 상상적인 유대인 대화자와의 대화를 통해서 자신의 로마서의 논지를 펼친다. 바울은 이 상상적 유대인에게 수사학적 덫을 놓기 위하여 의도적으로 이방인들의 우상숭배에 대한 죄를 비판하는 당시 유대인들의 전통을 이 본문에서 차용하고 있다(비교, *Arist.* 132-38; Josephus *Ag. Ap.* 2.236-54; Philo *Spec.* 1.13-31; 지혜서 13-14).[43] 바울은 자신이 정말 증명하고 싶은 유대인들의 타락과 심판에 대해서 유대인 대화자가 아무런 변명없이 동의할 수밖에 없도록, 먼저 이방인들의 타락과 심판을 통해서 그의 동의를 유도한다. 유대인들의 문헌 중에서도, 특히, 솔로몬의 지혜서가 로마서 1장에 등장하는 이방인들의 죄와 타락에 대한 논의와 부인할 수 없는 현저한 분량의 유사점을 다음과 같이 보여주고 있다:[44]

유사점	지혜서	로마서
피조세계를 통해서 하나님에 대한 지식이 계시됨	13:1-5	1:19-21
인류는 하나님에 대한 경배를 거절하고 우상숭배에 빠지는 용서받을 수 없는 죄를 범함	13:6-9	1:21
우상숭배의 죄악은 윤리적인 타락으로 발전됨	14:12-14, 27	1:24-31
자연을 거스르는 방식의 성적인 방종으로 발전됨	14:26	1:26-27
사회적 관계망 속에서의 타락들 목록	14:23-27	1:29-31
타락에 따른 결과로서의 하나님의 심판	14:30	1:18, 32
죄에 따른 마음의 허망함	11:15	1:21

43. Dunn, *The Theology of Paul the Apostle*, 91; Dunn, *Romans*, 1, 57-58; Edward Adams, "Abraham's Faith and Gentile Disobedience: Textual Links between Romans 1 and 4," *Journal for the Study of the New Testament* 19, no. 65 (1997): 48; Byrne, *Romans*, 64-65.

44. 이 비교를 위해서는 Byrne, *Romans*, 64-65.

첫 번째, 이방인들의 죄와 타락에 대한 로마서 1장에서 발견되는 바울과 유대인들의 기소 이면에는 창조주 하나님을 알고도 그에게 불순종한 아담의 이야기가 어두운 배경으로 존재하는 듯하다.[45] 위의 표에서 잘 요약되듯이, 로마서 1:18-32에서 발견되는 이방인들의 우상숭배와 관련된 일련의 사건들은 동일한 순서를 따라 창세기 1-3장의 아담 이야기에서도 발견된다. 하나님에 관한 지식이 피조세계를 통해서, 그리고 하나님과의 교제를 통해서 아담에게 분명하게 계시되었다. 그러므로 아담은 자신의 타락에 대해서 어떠한 변명도 찾을 수 없다. 아담은 모든 사람들 중에서 가장 하나님을 잘 아는 사람이었음에도 불구하고, 하나님을 자신의 창조주로 경배하기를 거절하고 마음이 허망한 욕심으로 어두워졌다. 아담은 선악을 아는 일에 하나님과 같아지려는 욕망에 사로잡혀 뱀의 꾀임에 넘어간 어리석은 자가 되었다. 창조주의 명령에 순종하는 대신 자신이 통치하고 다스려야 할 피조물인 뱀의 말에 순종함으로써, 아담은 인류가 우상숭배로 나아가는 길을 활짝 열었다. 그 결과 하나님의 진노는 아담에게 쏟아졌고, 뒤에서 곧 설명하겠지만, 하나님의 영광을 잃고 죽음을 경험해야 할 존재로 전락하였다. 아담과 하와의 신뢰의 관계는 깨어졌고, 그들은 자신들이 돌보고 다스려야 할 피조세계와 원수가 되었다. 그리고 아담과 이브는 자신들의 벌거벗음을 노출 당하는 수치를 경험하게 되었고, 천사들과 인간들의 성적인 타락과 방종, 그리고 온 세상이 폭력과 범죄들로 충만케 되는 비극을 유발시켰다(창 6장). 바울도 로마서 1:26-27, 29-31에서

---

45. 참고, Hooker, *From Adam to Christ: Essays on Paul*, 73; Wedderburn, "Adam in Paul's Letter to the Romans," 413-19; Dunn, *The Theology of Paul the Apostle*, 91; Dunn, *Romans*, 1, 38; John R. Levison, "Adam and Eve in Romans 1.18-25 and the Greek Life of Adam and Eve," *New Testament Studies* 50, no. 4 (2004): 519-34. 비교, Fitzmyer, *Romans: A New Translation with Introduction and Commentary*, 274.

헬라어 단어 παρέδωκεν(24, 26, 28절)을 시작으로 하여 우상숭배의 죄로 말미암아 유발된 성적인 타락과 온갖 죄들의 목록을 차례대로 나열하여 보여주고 있다(비교, 5:12-21). 이처럼 바울은 창세기 1-3장의 아담 이야기에 대한 성서적 메아리를 통해서 인간의 우상숭배의 죄와 타락을 생생하게 묘사함으로써, 아담과 끊을 수 없는 연대적인 결속관계에 놓인 인류의 비극적인 상황에 대해서 알려준다.[46]

　　두 번째, 스스로 지혜롭다고 하면서 생각이 허망하여지고 마음이 어리석어졌다는 인류에 대한 바울의 첫 번째 기소 내용(1:22-23)은 창세기 3장에서 발견되는 아담의 타락 사건을 연상시킨다. 하나님과 같이 되어 선악을 판단하는 지혜를 얻을 것이라는 뱀의 거짓된 꼬임에 넘어간 것이 아담의 타락의 시작이었다(창 3:6). 아담은 뱀이 제시하는 거짓말을 신뢰하여 하나님의 진리를 거절함으로써 하나님의 사랑받는 자녀에서 하나님의 진노 아래 놓인 원수가 되는 어리석은 선택을 했다. 로마서 1:21에서 하나님을 경배하는 대신 우상숭배에 빠진 인간의 마음의 허망함에 대해서 사용된 헬라어 단어 ματαιόω를 통해서 바울은 아담의 타락에 관한 이야기를 우리에게 떠올려 준다. 왜냐하면 8:20에서 바울은 이 단어의 명사형 ματαιότης를 통해서 온 피조세계가 허망함에 굴복하여 신음하고 있다고 선포하기 때문이다. 바울에 따르면, 피조세계는 현재 하나님의 자녀들의 등장을 간절히 바라고 있다. 이는 하나님의 자녀들이 종말론적으로 소유할 하나님의 영광의 불멸성에 피조세계도 동참하여 썩어짐의 종노릇 함에서 벗어나기를 간절히 원하고 있기 때문이다(8:19-23). 피조세계가 죽음의 허망함에 굴복하게 된 것은 아담의 허망한 선택과 죽음의 선고에 따른 결과였다. 그러나 하나님의 자녀들이 하나님의 불멸의 영광을 통해서 죽

---

46. Hooker, *From Adam to Christ: Essays on Paul*, 78-79.

음을 극복하게 될 때, 피조세계도 죽음의 허망함을 극복하고 썩어짐으로
부터 벗어나게 될 것이다. 이처럼 바울에게 하나님의 영광의 자녀들의 등
장은 아담이 인류와 피조세계에 가져온 타락의 결과인 사망을 극복하는
사건이다.

세 번째, 썩지 않는 하나님의 영광을 썩어질 인간과 짐승의 모양의 형
태로 바꾸어 버렸다는 이방인들을 향한 바울의 두 번째 기소 내용은 아담
이야기에 대한 다양한 메아리들로 가득 차 있다.[47] 형상과 형태에 해당하
는 두 헬라어 단어 εἰκών과 ὁμοίωμα는 로마서 1:23과 창세기 1:26에서 공
통적으로 함께 발견된다. 하나님의 영광의 형상을 대치한 "썩어 없어질
인간의 모습"(εἰκόνος φθαρτοῦ ἀνθρώπου; 비교, 고전 15:47-49)은 창세기 2:7에서 발견
되는 흙으로부터 온 썩을 인간의 기원을 상기시킨다. 창세기 1-3장에서
아담은 하나님의 형상, 즉 불멸의 영광을 따라 흙으로 지음 받아진 존재
로 이해된다. 바울 당시의 유대인들의 전통에 따르면, 타락 후 아담은 자
신이 소유한 하나님의 불멸의 영광을 잃어버리고, 죽음을 운명으로 경험
해야 하는 존재가 되었다.[48] 예를 들면, 『헬라어 아담과 이브의 생애』(이하,
『생애』)에서 아담과 이브는 이브와 뱀에게 각각 왜 자신이 소유했던 하나님
의 영광으로부터 자신을 멀어지게 했느냐고 원망한다(『생애』 20:0; 21:5).[49] 자

---

47. Niels Hyldahl, "Reminiscence of the Old Testament at Romans 1:23," *New Testament Studies* 2, no. 4 (1956): 285-88; Hooker, *From Adam to Christ: Essays on Paul*, 73-88.

48. Levison, "Adam and Eve in Romans 1.18-25 and the Greek Life of Adam and Eve," 526; Crispin H. T. Fletcher-Louis, *All the Glory of Adam: Liturgical Anthropology in the Dead Sea Scrolls*, Studies on the Texts of the Desert of Judah, (Leiden; Boston: Brill, 2002).

49. 이 외경의 저작 연대는 학자들의 논쟁의 대상이다. 바울이 이 저술을 직접 인용했다기보다는 동일한 유대 전통을 공유하고 있다고 보는 것이 더 옳다. 참고, Marinus de Jonge and Johannes Tromp, *The Life of Adam and Eve and Related Literature*, Guides to Apocrypha and Pseudepigrapha (Sheffield, England: Academic Press, 1997), 205-23;

신을 둘러싼 하나님의 영광이 사라졌음을 발견한 이브는 자신을 둘러싸고 있던 하나님의 의도 자신으로부터 제거되었음을 발견한다(20:1). 아담은 자신이 잃어버린 하나님의 영광으로 인해서 자신은 이제 죽음의 통치를 받는 썩어질 육체로 전락했음을 발견하고 슬퍼한다(14:2). 여기서 논의되는 하나님의 불멸의 영광과 그 영광이 떠난 인간의 죽음에로의 복종은 로마서 1:23에서 바울이 제시하는 하나님의 불멸성과 인간의 유한성 간의 대조와 매우 유사하다.[50] 흥미롭게도, 로마서 8:18-23, 29-30에서 미래에 허락될 하나님의 영광은 현재 자신의 죽을 육체가 경험하는 고난과 비교할 수 없는 불멸성으로 채워져 있다고, 바울은 고백한다(비교, 5:2). 『생애』의 저자도 하나님의 영광과 불멸성을 함께 묶어 이해하는 바울의 견해에 적극 동의하고 있다(39:2).

네 번째, 바울에 따르면, 창조주 하나님의 썩지 않을 불멸의 영광을 무시하고, 썩어 없어질 인간과 짐승들의 형상들을 만들어 자신들의 신으로 섬기고 경배한 우상숭배의 죄야말로 인간의 어리석음의 가장 분명한 증거다. 로마서 1:23에서 바울은 인간의 우상숭배의 대상이 된 짐승들로 새들(πετεινῶν), 네 발 달린 짐승들(πετεινῶν), 그리고 파충류들(ἑρπετῶν)을 언급하고 있다. 그런데 이 짐승들은 다 순서대로 창세기 1:20-24에서 함께 발견된다. 그리고 창세기 1:26에서 이 짐승들은 하나님의 형상으로 지어진 아담

Johannes Tromp, "The Story of Our Lives: The Qz-Text of the Life of Adam and Eve, the Apostle Paul, and the Jewish-Christian Oral Tradition Concerning Adam and Eve," *New Testament Studies* 50, no. 2 (2004): 205-23; Levison, "Adam and Eve in Romans 1.18-25 and the Greek Life of Adam and Eve," 522-23.

50. Hooker, *From Adam to Christ: Essays on Paul*, 87; Levison, "Adam and Eve in Romans 1.18-25 and the Greek Life of Adam and Eve," 527; Sigurd Grindheim, "A Theology of Glory: Paul's Use of Δόξα Terminology in Romans," *Journal of Biblical Literature* 136, no. 2 (2017): 459.

이 다스려야 할 존재들로 제시된다. 바울은 우상숭배의 대상이 된 짐승들에 관한 정보를 창세기의 아담 이야기에서 얻고 있는 듯하다.[51] 그런데 로마서 1:25에서 바울은 하나님의 진리를 거짓과 교환해버린 인류는 창조주를 섬기는 대신 피조물들을 섬기게 되었다고 말한다. 다시 말하면, 하나님을 자신들의 창조주로 섬기도록 지어진 아담의 인류가 하나님을 섬기는 것을 거부하고, 대신 자신들이 다스리도록 지어진 피조물들을 섬기는 어리석음에 처하게 된 것이다. 이러한 인류의 어리석음은 피조물인 뱀의 꾐에 빠져 그의 말을 하나님의 말보다 더 신뢰한 아담의 어리석음을 우리에게 상기시킨다. 『생애』 24:3에서 하나님은 타락한 아담을 향하여 짐승들이 반역할 것을 언급하고, 39절에서는 종말의 때에 짐승들을 향한 아담의 다스리는 권위를 다시 회복시켜 줄 것을 약속한다. 인류에게 반역하는 짐승들은 이브에게 인간의 타락을 인하여 자신들의 본성이 바뀌어버렸다(μεταλλάσσω, 11:2)고 고백한다. 동일한 헬라어 단어 μεταλλάσσω를 통하여 바울은 하나님의 진리를 거짓으로 바꾸어버린 인간의 죄(1:25)와 인간의 자연적인 기능을 비자연적인 것으로 바꾸어버린 하나님의 심판을 동시에 묘사하고 있다(1:26).

바울의 대화 상대자인 상상적 유대인은 이러한 우상숭배와 타락의 죄를 이방인들에게 연결시키는 바울의 시도에 적극적으로 동의할 것이다. 그러나 바울이 로마서 1:23에서 묘사하는 불멸의 하나님의 영광을 썩을 인간과 동물의 형상으로 바꾸어버린 행위는 시편 106:20을 우리에게 기억나게 한다.[52] 시편 저자는 로마서 1:23에서 발견되는 동일한 표현 ἠλλάξ-

---

51. Hooker, *From Adam to Christ: Essays on Paul*, 77.

52. Dunn, *The Theology of Paul the Apostle*, 93; Byrne, *Romans*, 68; Levison, "Adam and Eve in Romans 1.18-25 and the Greek Life of Adam and Eve," 523; Hooker, *From Adam to Christ: Essays on Paul*, 73, 76.

αντο τὴν δόξαν αὐτῶν ἐν ὁμοιώματι μόσχου ἔσθοντος χόρτον을 통하여 유대인들이 하나님의 영광을 버리고 황금 송아지를 만들어 우상숭배의 죄에 빠져 하나님의 진노를 격발시켰던 시내산 사건에 대해서 한탄한다(비교, 출 32장). 위의 동일한 표현을 통하여 하나님은 이스라엘이 자신의 영광을 황금 송아지를 비롯한 우상들의 형태의 영광으로 바꾸어버린 것에 대해서 진노한다(렘 2:5-6, 11; 비교, 신 4:15-18). 이 표현들에서 발견되는 공통점은, 우상숭배는 하나님의 영광을 하나님이 아닌 피조물들의 형태로 바꾸어버리는 것과 연관이 깊다는 것이다. 흥미로운 사실은 랍비들의 전승에서 출애굽과 시내산에서 율법이 주어진 사건은 새로운 창조로 이해되고, 황금 송아지를 통한 우상숭배는 새로운 타락으로 이해된다는 것이다.[53] 이런 측면에서 볼 때, 바울이 로마서 1:23에서 시편 106:20과 예레미야 2:11, 그리고 창세기 1:26-28에서 공통적으로 발견되는 위의 헬라어 표현을 사용하는 숨겨진 의도는 유대인들도 이방인들과 동일한 우상숭배의 죄와 타락을 경험했다는 것을 강조하기 위함이다. 이 점을 통해서 바울은, 본성적으로 이방인들은 죄인이라는 평가를 근거로 자신들을 하나님의 진노 아래 놓인 이방인들과 구분하는 유대인들의 거짓 확신을 정면으로 공격하고자 한다. 본성상 그리고 결과적으로, 유대인들과 이방인들은 다 아담의 후손으로서 아담과 동일한 죄를 지었고 동일한 심판 아래 놓이게 되었다는 것이 바울이 여기서 증명하고 싶은 진리다.

결론적으로, 바울은 구원을 주는 하나님의 의의 보편적인 측면을 강조하기 위하여 인류의 죄의 보편성을 최우선적으로 강조하려 한다: "모든 사람이 죄를 범하였음에 하나님의 영광에 이르지 못하더니"(8:23). 유대인과 이방인을 포함한 모든 인류가 다 아담의 자손으로서 그의 죄와 동일한

---

53. Wedderburn, "Adam in Paul's Letter to the Romans," 414-15; Dunn, *The Theology of Paul the Apostle*, 93.

죄 아래서 신음한다는 사실은 바울로 하여금 하나님의 보편적인 구원의 은혜가 새 아담 예수를 통해서 제공되었다는 사실을 더욱더 강하게 부각시켜준다(비교, 5:12-21). 바울은 로마서 5:12-21에서 묘사할 자신의 새 아담 예수의 한 의로운 행동에 근거한 넘치는 은혜의 사역에 대한 부정적인 배경으로 인류의 많은 죄와 타락을 1:18-3:22에서 자세히 설명하고 있다. 그리고 이 본문에서 묘사되는 인류의 죄와 타락은 아담의 후손으로서 아담의 부정적인 전철을 그대로 따라간 인류의 이야기를 담고 있다. 이처럼 아담에 대한 이야기는 바울에게 로마서 5장의 예수의 구원 이야기뿐만 아니라, 1-3장의 인류의 죄와 타락에 대한 이야기의 중요한 배경으로 기능하고 있다.

하나님의 영광을 상실한 아담과 인류(롬 3:23)

로마서 1:18-3:20에서 바울은 유대인이나 이방인이나 다 아담 안에서 동일한 죄를 지어 동일한 하나님의 진노 아래 놓여 있고, 그들의 민족적 기원과 특권에 상관없이 아담과 동일한 운명을 동등한 조건으로 함께 맞이해야 한다고 선포하였다. 이제 아담과 동일한 운명을 맞이할 인류에게 필요한 것은 아담의 죄, 즉 우상숭배의 죄를 극복하고 하나님 앞에서 의로운 자로 세워지게 할 새로운 구원의 방편이다.[54] 바울은 유대인들이 추구하는 율법으로부터 난 의는 이방인들에게는 전혀 무관할 뿐만 아니라, 유대인들에게조차도 아담의 죄와 운명을 극복할 방편이 되지 못한다고 선포했다. 따라서 인류에게는 율법으로부터 난 의와 구분되는 하나님의 의가 아담의 죄와 운명을 극복하게 하는 예수의 희생을 통해서 인류의 구원의 방편으로 허락되었다. 그러나 예수를 통해서 제시된 하나님의 의를

---

54. 참고, Longenecker, *The Epistle to the Romans: A Commentary on the Greek Text*, 416; Dunn, *Romans*, 1, 167-68.

통해 인류가 아담의 운명을 극복하기 위해서는 인간 편에서 보여주어야 할 믿음이 필요하다(3:21-22).[55] 하나님의 의를 향한 인간의 믿음은, 인간의 타락이 유대인과 이방인의 구분과 무관하게 인류 보편적인 현상으로 발생했듯이, 유대인과 이방인 모두를 향한 효과적인 구원의 방편으로서의 하나님의 의에 대한 전적인 신뢰를 의미한다. 바울은 인류의 죄와 의로워짐에 있어서 유대인과 이방인 같은 종족적 구분과 할례와 율법 같은 특권들이 전혀 무관한 이유를 다음과 같이 한 마디로 요약 정리한다: "모든 사람이 다 죄를 범하였음에 하나님의 영광에 이르지 못하더니"(3:23). 이 짧은 구절 안에 담긴 바울의 신학적 전제들은 아담에 대한 메아리들로 가득 차 있다.

로마서 3:23에서 바울은 유대인과 이방인의 죄를 인류의 보편적인 죄로 규정하고, 인류의 죄인 된 상태를 하나님의 영광에 이르지 못한 상태, 혹은 하나님의 영광이 결여된 상태로 정의한다.[56] 바울은 인류의 죄인 됨을 아담과 이스라엘의 이야기를 통해서 창조주를 버리고 행한 우상숭배의 죄로 이미 1:18-32에서 자세히 설명했다. 따라서 여기서 우리가 조금 더 세밀하게 관찰해보아야 하는 것은 죄인 됨의 의미와 하나님의 영광의 결여와의 관계, 그리고 하나님의 영광의 결여와 아담 이야기 간의 연관성에 대한 것이다. 바울 당시에 영광(δόξα)은, 일차적으로, 사회적인 관계망 속

---

55. 로마서 3:21-22에서 *Pistis Christou*를 어떻게 해석하든지 간에 상관없이, 바울은 성도들의 믿음의 필수성을 헬라어 표현 εἰς πάντας τοὺς πιστεύοντας로 잘 요약하고 있다.

56. 3:23의 헬라어 단어 ὑστερέω는 '이르지 못하다' 혹은 '결여되다'의 두 가지 의미로 해석될 수 있다. 참고, Fitzmyer, *Romans: A New Translation with Introduction and Commentary*, 347. Dunn은 이 단어를 인간은 타락으로 하나님의 영광을 상실하였고, 그의 결과로 하나님의 영광에 도달하는 일에 실패하고 있다고 이해한다(Dunn, 1.168).

에서 중요한 역할을 한 수치와 대치되는 명성, 혹은 평판으로 이해되었다. 따라서 동사형의 형태로 '영광을 돌린다'는 헬라어 표현 δοξάζω는 상대방 의 명성에 걸맞는 대우를 하는 것을 의미한다. 구약성경에서 이 단어는 하나님께 배타적으로 적용되면서, 창조주 하나님께 드려져야 할 마땅한 피조물의 경외와 예배의 행위를 주로 가리킨다. 이런 측면에서, 쥬윗(R. Jewett)은 3:23의 "하나님의 영광"을 사회적 명성 관계를 규정하는 초월적 인 기준으로 작용한 하나님의 영광을 의미한다고 주장한다.[57] 아담과 이브 가 타락 전 소유했던 초월적인 명성의 기준으로서의 하나님의 영광을 소 유했던 것에 반하여, 유대인들과 이방인들은 이 명성을 소유하지 못했다 는 것이다. 따라서, 쥬윗의 견해에 따르면, 죄인 된 인간이 하나님의 영광 이 결여된 상태에 있었다는 식의 기소의 의미는 하나님께 합당한 명예를 돌려드리지 않음으로써 인류와 하나님은 깨어진 관계 속에 처하게 되고, 인류도 하나님의 영광이 의미하는 그 절대적인 명예를 소유하지 못한 채 수치스러운 상태에 처해 있음을 의미한다.[58] 1:21에서처럼, 하나님을 찬양 하는 문맥 속에서는 영광이 관계적인 측면에서의 명성을 의미한다는 것 을 부인할 수 없다. 그리고 로마서의 다른 문맥에서도 영광은 명예(τιμή)와 함께 사람들의 추구의 대상으로 이해되기도 하고(2:7-10), 명예로운 목적으 로 쓸 그릇과 그렇지 못한 그릇을 묘사하는 데 사용되기도 한다(9:22-23). 그러나 이러한 쥬윗의 해석은 로마서에서 명예와 영광이 일상적인 사회 적 관계망 속에서 높아진 상태를 의미한다기보다는, 하나님 앞에서 종말

---

57.   Jewett, *Romans: A Commentary*, 280.

58.   Carey C. Newman, *Paul's Glory-Christology: Tradition and Rhetoric*, Supplements to Novum Testamentum, (Leiden; New York: E.J. Brill, 1992), 225; David Arthur DeSilva, *The Hope of Glory: Honor Discourse and New Testament Interpretation* (Collegeville, Minn.: Liturgical Press, 1999), 11-12.

론적으로 회복된 의로운 상태와 연관이 깊다는 사실과 다소 충돌한다.[59]
나아가 영광을 사회적 관계망 속에서 추구되는 최상의 가치로서의 명예
로 이해하는 해석은 로마서의 다른 본문들을 해석하는 데 많은 어려움을
준다.

　　바울이 속한 유대인들의 전통에서 '하나님의 영광'은 종종 성전을 채
운 하나님의 빛나는 임재를 의미한다(출 16:7; 34:29-35; 사 60:1-2; 겔 1:28).[60] 그
리고 구약과 유대인들의 전통에서 아담은 하나님의 빛나는 영광으로 둘
러싸인 존재로 기억된다(시 8:4-6; 비교, 벤 시라 49:16; 에녹2서 30.10-18). 앞에서 이
미 언급되었듯이, 『생애』 21:6에서 아담은 이브에게 자신을 시험에 들게
하여 하나님의 영광을 상실하게 하였다고 비난한다. 바룩3서 4:16에서도
아담은 죄를 인하여 자신을 둘러싼 하나님의 영광을 상실한 것으로 기억
된다. 이 본문들에서 아담이 상실한 영광은 하나님이 이 땅에 계시될 때
보여주는 자신이 빛나는 신적인 광채이다. 유대인 묵시론자들은 종종 종
말의 때에 등장할 의로운 자들은 아담이 상실한 이 영광을 다시 회복하여
하나님처럼, 그리고 천사들처럼 빛난 존재들이 될 것으로 기대한다(비교, 단
12:3; 10:5-6; 에스라4서 7:116-131; 바룩2서 15:1-19:8; 54:13-21).[61] 여기서 영광은 종말론
적으로 회복된 의로운 자들이 경험할 불멸의 신적 존재성에의 참여를 상
징한다. 그러나 쿰란 공동체는 자신들이 율법을 통하여 이미 하나님의 영

59. Benjamin C. Blackwell, "Immortal Glory and the Problem of Death in Romans 3.23," *Journal for the Study of the New Testament* 32, no. 3 (2010): 294.

60. 이런 측면에서 볼 때, 하나님의 영광이 결여된 인간의 상태는 하나님의 임재가 결여된, 즉 하나님과의 깨어진 관계 속에 놓인 인류의 상태를 가리킨다고 볼 수 있다. 참고, Grindheim, "A Theology of Glory: Paul's Use of Δόξα Terminology in Romans," 451-65.

61. 참고, Blackwell, "Immortal Glory and the Problem of Death in Romans 3.23," 289-90; Black, *Romans: Based on the Revised Standard Version*, 66-67.

광을 회복하였다고 주장한다. 그리고 그들은 자신들이 현재 소유하고 있
는 하나님의 영광은 타락 전 아담이 소유하던 바로 그 하나님의 영광이라
고 주장한다(1QS 4.6-8; 4.22-23; CD 3.19-20; 1QH 17:15).[62] 이처럼 다양한 유대인들
의 문헌에서 아담은 하나님의 빛나는 형체로서의 영광과 연관지어지고,
그의 죄는 하나님의 영광을 상실한 원인으로 기억된다. 아담이 자신의 몸
이 벌거벗은 것을 발견하고 부끄러워한 이유는 자신의 죄를 인하여 하나
님의 빛나는 영광을 상실하였기 때문이다. 그러나 하나님의 영광의 부재
가 가져오는 더 심각한 결과는 이제 그의 몸이 질병과 죽음을 경험해야
한다는 것이다. 이런 면에서, 영광은 신적인 존재들이 소유한 불멸성에 대
한 상징이다. 뒤에서 더 자세히 살펴보겠지만, 바울은 고린도전서 15장과
고린도후서 3-5장에서 하나님의 영광을 소유한 예수의 형상에 따른 성도
들의 변화의 결과로 부활한 영생의 몸을 묘사한다.

　　바울서신에서 영광은 종종 유대인들의 전통과 유사하게 하나님이나
부활한 예수의 불멸의 외모와 연관된 시각적으로 자각할 수 있는 빛나는
광채로 이해된다(고전 15:41-43; 고후 3:18; 4:4-6; 4:17-5:5; 빌 3:0-11; 비교, 지혜서 2:23;
에스라4서 7.97; CD 3.20). 로마서에서도 하나님의 영광스러운 외모는 썩어 없
어질 인간의 외모와 대조되는 그의 불멸성과 깊이 연관지어 이해된다. 아
담과 인류가 행한 우상숭배의 죄악에서 불멸의 하나님의 영광은 썩어질
피조물들의 형상으로 대치되었다(1:23). 그리스도와 함께 영광스럽게 변화
될 성도들의 몸은 육체가 썩어짐으로부터 경험하는 모든 고통을 초월할
것이다(8:17-18). 따라서 하나님의 영광이 성도들에게 허락하는 자유는 썩어
짐의 종노릇으로부터의 영원한 자유이다(8:21). 이 로마서 본문들에서 바울
은 영광이 결여된 상태를 육체의 고통과 죽음이 가져오는 썩어짐에의 굴

---

62. 참고, Fitzmyer, *Romans: A New Translation with Introduction and Commentary*, 347.

복으로 이해하고, 영광을 소유한 상태를 불멸이 주는 썩어짐의 고통으로부터 영원히 자유한 상태로 이해한다.[63] 바울은 영광과 명예와 불멸을 추구하는 자들에게는 영생이 선물로 주어질 것이라고 선포하고(2:7), 이 약속에 대한 가장 분명한 증거로 하나님의 영광을 통해 부활에 이른 예수를 든다(6:4). 따라서 성도들이 하나님의 영광으로 영광스럽게 변화되는 경험은 그리스도가 경험한 부활의 생명을 영원히 소유하는 것이다(8:29-30). 그리고 성도들의 영광스러운 변화를 유발하는 하나님의 영광은 현재 그리스도의 얼굴에서 발견되므로, 그리스도는 보이지 않는 하나님의 보이는 형상(εἰκὼν τοῦ θεοῦ)이라고 불린다(비교, 고후 4:4-6). 구원의 정점을 의미하는 영생은 하나님의 영광을 소유한 그리스도의 형상을 따른 영광스러운 변화를 의미한다. 그리고 이 영광스러운 변화는 인류를 아담의 썩어질 형상을 따라 죽음으로 내몰리는 저주로부터 풀어주는 것이다. 이처럼 로마서에서는 성도들이 참여하는 하나님의 영광의 의미를 아담 이야기를 중심으로 한 유대인들의 영광 전통을 통하여 설명한다(비교, 고전 11:1-12; 15:40-49).[64]

로마서 3:23에서 인간의 죄를 지은 상태와 하나님의 영광의 결여가 동일시되고 있기에, 죄의 결과로서의 사망과 하나님의 영광이 지닌 불멸성이 상호 대조된다는 사실은 자명해 보인다. 그러므로 죄가 지닌 윤리적인 측면에서 하나님의 의의 부재는 하나님의 영광이 죄가 없는 상태, 혹

---

63. Jewett, *Romans: A Commentary*, 502-03; Dunn, *Romans*, 1, 463-64; Blackwell, "Immortal Glory and the Problem of Death in Romans 3.23," 294-96, Adolf von Schlatter, *Romans: The Righteousness of God* (Peabody: Hendrickson, 1995), 186-87; Byrne, *Romans*, 131.

64. Newman의 반박에도 불구하고, 이 본문에서 바울이 유대인들의 아담 전통에 의존하고 있다는 사실은 부인하기 어렵다. 참고, Newman, *Paul's Glory-Christology: Tradition and Rhetoric*, 226. 비교, Blackwell, "Immortal Glory and the Problem of Death in Romans 3.23," 291; Schreiner, *Romans*, 187.

은 의로운 상태와 직접적으로 연관이 있다는 추측을 가능하게 한다.[65] 사
실 로마서에서 영광과 의는 종종 함께 동시에 발견되곤 한다. 1:18-23에서
하나님의 진노는 진리를 거짓으로 억누른 인간의 죄, 즉 그들의 불의를
향했다. 그런데 인간의 불의함(1:18)의 근본은 불멸의 하나님의 영광을 썩
어 없어질 피조물의 형체로 바꾸고(1:23), 하나님께 마땅한 영광을 돌려드
리지 않은 것에서 발견된다(1:21). 바울은 진리를 따르지 않고 불의를 쫓는
자와 영광과 명예와 영생을 쫓는 자를 직접적으로 비교하면서, 그들은 종
말론적으로 상이한 운명을 맞이할 것이라고 선포한다(2:7-8). 그리고 우리
의 관심의 대상인 3:23에서의 하나님의 영광의 결여의 문제는 이어지는
24절에서 하나님의 은혜로 의로워짐을 통해서 해결된다. 그리스도의 죽
음은 불의한 자들을 향한 하나님의 사랑의 표현인데, 그의 죽음은 의롭지
못한 자들을 의롭다고 칭하여 하나님의 영광을 소망하게 한다(5:2, 6-9). 이
사실을 바울은 8:30에서 다시 한번 강조하면서, 하나님께서는 자신이 의
롭다고 칭한 자들을 역시 영광스럽게 해준다고 선포한다. 3:21-4:25에서
바울은 하나님의 의의 계시로 죄인 된 인간들이 의롭다고 선포되고, 이
의로움의 선포는 불의의 결과인 사망과 영광의 결여의 문제를 해결하는
하나님의 구원이라고 가르친다. 바울은 아브라함의 의로움의 근거가 된
그의 믿음의 본질은 죽음을 극복하고 생명을 부여하는 창조주 하나님의
능력에 대한 흔들리지 않는 신뢰라고 선포한다(4:18-24). 새 아담 예수는 한
의로운 행위를 통하여 모든 사람들의 의로움을 가져왔는데, 바울은 이 의
로움을 생명의 의로움(5:18), 혹은 영생으로 인도하는 의로움이라고 부른다
(5:21). 이 본문들에서 바울은 죄와 의롭지 못함은 하나님의 영광의 상실과

---

65. 참고, Peter Stuhlmacher, *Paul's Letter to the Romans: A Commentary* (Louisville: West-
minster/John Knox Press, 1994), 58; Byrne, *Romans*, 131.

결여를 가져오고, 의롭다고 칭함을 받는 것은 하나님의 불멸의 영광에 다시 참여하게 해준다고 가르친다. 바울에게 있어서 의로워짐과 불멸의 영광은 동의어는 아니지만, 전자는 후자를 경험하게 해주는 필수조건으로 제시된다.[66]

　　앞에서 우리는 로마서에서 생명과 영생은 하나님의 영광이 내포하는 가장 중요한 존재론적 특징임을 살펴보았다. 또한 하나님의 영광은 하나님의 의를 통하여 의로워진 후 경험하게 되는 구원의 최종적인 현상임도 살펴보았다. 흥미롭게도, 『생애』 20:1-2에서 아담은 타락 후 자신의 모습을 보고 자신을 의복처럼 둘러싼 의가 사라졌음을 발견하고 이브를 원망한다. 동일한 본문에서 아담은 이 의를 자신의 영광, 즉 자신이 공유한 하나님의 영광이라고 부른다. 이처럼 바울과 아담에게 있어서 하나님과 같아진다는 것은 하나님의 불멸의 영광에의 참여를 의미하고, 윤리적인 의의 문제, 즉 선악을 아는 일에 있어서도 하나님을 닮아 긴다는 것을 의미한다. 로마서 전체에 걸쳐서 바울은 하나님의 영광과 의가 아담을 비롯한 인류에게 원래 의도된 하나님의 창조의 중요한 한 부분이었음을 전제하고 있다. 그리고 새 아담 예수가 인류에게 허락한 구원의 선물은 하나님의 의와 영광에의 동참이다. 이 모든 증거들을 종합해 볼 때, 우리는 바울이 하나님의 영광과 의의 개념들을 아담의 이야기와 연관시켜 이해한 유대인들의 전통에 깊이 참여하고 있다는 사실을 부인할 수 없다.[67]

아담과 인류의 우상숭배의 죄를 극복하는 아브라함의 믿음(롬 4장)

　　로마서 1-3장에서 바울은 인류의 죄와 죽음의 문제를 하나님의 의와 영광과 대비하면서, 예수의 복음에 드러난 하나님의 의를 인류의 문제에

66.　Blackwell, "Immortal Glory and the Problem of Death in Romans 3.23," 297-98, 303.
67.　Byrne, *Romans*, 125.

대한 유일한 해결책으로 제시하였다. 이 해결책을 받아들이기 위한 인간
편에서의 반응은 칭의를 경험하게 하는 믿음이다. 바울은 칭의를 경험하
게 하는 믿음의 가장 중요한 증거로 신실한 예수가 아니라, 믿음의 조상
아브라함을 제시한다. 로마서에서 예수는 인류와 아브라함이 따라야 할
믿음의 선구자로서가 아니라, 그들의 믿음의 대상인 하나님의 의의 계시
의 구원론적 근거로 제시된다.[68] 바울은 아브라함의 믿음에 대해서 다음
과 같이 증거한다:

> 믿음이 없어 하나님의 약속을 의심하지 않고 믿음으로 견고하여져서 하나
> 님께 영광을 돌리며. (4:20).

이 본문에서 바울은 아브라함이 아직 이방인 죄인이었을 때, 그로 하
여금 하나님 앞에서 의로운 자로 칭함을 받게 한 믿음과 그가 하나님께
영광을 돌린 행위를 상호 밀접하게 연관시킨다. 그리고 이방인 아브라함
이 우상숭배를 거절하고 하나님을 창조주로 경배함으로써 그에게 영광을
돌려드린 사건은 1-3장에서 묘사된 아담과 그의 후손들, 즉 이방인들과
유대인들의 우상숭배의 죄와 정면으로 대치된다. 나아가 4장에서 바울이
자세히 묘사하는 하나님께 영광을 돌린 아브라함의 믿음의 행위는 아담
이 뱀의 말을 듣고 하나님을 신뢰하지 않은 죄와 타락을, 그리고 이어지
는 인류가 행한 우상숭배의 죄와 타락을 극복하는 것으로 이해된다(비교,

---

68. 이미 잘 알려진 바와 같이, Hays와 그를 따라서 *Pistis Christou*를 주격 소유격으로
    해석하는 학자들은 하박국 2:4을 예수에게 적용하면서, 아브라함과 성도들이 따라
    야 할 믿음의 선구자로 제시한다. 그러나 그들이 종종 하박국 2:4의 메시아적 이해
    의 증거로 제시하는 히브리서 10:37-39는 믿음의 의인을 고난 중에서도 믿음을 포
    기하지 않는 성도들에게 적용하고 있다.

1:21).[69] 따라서 우리는 이어지는 논의에서 바울의 아브라함 이야기와 아담 이야기 간의 유사점에 대해서 조금 더 자세히 살펴보고자 한다.

1:18-3:20에서 바울은 창조주 하나님께 영광을 돌려드리지 않은 것이 인류의 죄의 핵심이고, 이 죄는 윤리적 타락과 사회적 관계망들의 파괴로 이어졌다고 선포했다. 이 사실을 바울은 3:23에서 모든 사람이 죄를 지었고 "하나님의 영광에 이르지 못했다"는 한 마디로 요약한다. 그리고 바울은 3:23을 둘러싼 21-22절 그리고 24절에서 인류의 문제를 해결할 하나님의 의의 계시에 대해서 알려준다. 예수의 희생을 통해서 성취되고 예수의 복음을 통해서 계시된 하나님의 의를 믿음으로 받아들이면 칭의에 이르고, 칭의는 인류에게 주어진 아담의 모든 저주를 되돌리는 효과를 가져온다. 이어지는 4장에서 바울은 이 이신칭의의 가장 효과적인 증인으로 믿음의 조상 아브라함을 제시한다. 따라서 아브라함은 예수를 믿는, 혹은 예수를 통해서 계시된 하나님의 의를 믿음으로 받아들이는 성도들의 믿음의 표본으로 기능한다. 그렇다면 우리는 여기서 칭의를 가져온 아브라함의 믿음의 본질은 무엇이었는지에 대해서 질문해보고, 그의 믿음과 아담 이야기 간의 연관성에 대해서 조사해보아야 한다. 로마서 1장과 비교해 볼 때, 4장에서 자세하게 묘사되는 아브라함의 믿음은 하나님에 대한 세 가지 중요한 특징들을 그 대상으로 하고 있다: (1) 불의한 자를 의롭게 하시는 하나님(4:5; 1:18), (2) 창조주이신 하나님(4:17; 1:20, 25), (3) 그리고 약속한 것을 이루시는 생명의 능력을 소유한 하나님(4:21; 1:20).[70]

첫 번째, 하나님이 의롭다고 선포하는 자들은 이미 의로운 자들이 아

---

69. Dunn, *Romans*, 1, 221; Fitzmyer, *Romans: A New Translation with Introduction and Commentary*, 388; Käsemann, *Commentary on Romans*, 125; Byrne, *Romans*, 154-55.
70. 저자는 이 세 가지 요점들을 Adams에게서 빌렸다. 참고, Adams, "Abraham's Faith and Gentile Disobedience: Textual Links between Romans 1 and 4," 51.

니라, 경건하지 않은 상태에 있는 죄인들이다. 바울은 이 불경건을 묘사하기 위하여 헬라어 단어 ἀσεβής(4:5)를 채용한다. 이 헬라어 단어는 1:18에서 ἀδικία와 함께 불의로 진리를 억눌러 하나님의 진노의 대상이 된 아담과 인류를 지칭하기 위하여 사용되었다. 그리고 5:6에서 하나님의 사랑을 입은 성도들의 과거 불경건한 상태를 묘사하면서도 이 단어를 사용한다. 그리고 11:26에서는 이방인들과 유대인들로 구성된 새 이스라엘에 대해서 묘사하면서, 이 단어를 포함하고 있는 이사야 59:20-21을 인용한다. 시온으로부터 오는 구원자가 야곱의 불경건을 제거하여 그들에게 구원을 허락할 것이 이사야에 의해서 예언되었다. 물론 바울의 관점에서 이 야곱의 구원자는 당연히 예수를 가리킨다.[71] 바울은 로마서 4장에서 아브라함이 하나님 앞에서 의롭다고 칭함을 받을 때 그는 불경건한 이방인의 상태에 있었고, 따라서 아브라함을 의롭다고 칭한 하나님은 불경건한 자를 의롭다고 칭해주시는 분이라는 사실을 강조한다. 이 강조를 통해서 바울은 스스로를 의롭다고 여기는 유대인들에 의해서 죄인으로 간주되는 이방인들을 아브라함과 연결시키고자 한다. 그러나 이 두 가지 사실은 아브라함과 하나님에 대한 유대인들의 전통적 이해와 정면으로 충돌하는 듯 보인다. 유대인들이 자신들의 조상 아브라함을 율법을 완전하게 지킨 의로운 자의 표본으로 이해한 것에 반하여(비교, 벤 시라 44:20-21; 마카비1서 2:50, 52; 희년서 15:1-10; 16:20-26; CD 3:1-3), 바울은 아브라함을 불경건한 자들의 시조, 즉 이방인들의 아버지로 제시하고 있기 때문이다. 또한 불경건한 자들을 의롭다고 칭하는 분으로서의 하나님 이해는 불의하고 불경건한 자들을 징벌하는 유대인들의 하나님 이해와 비교할 때 다소 파격적인 생각이다(비교, 출 23:7; 사 5:23; 신 9:4-5; 19:16-19; 잠 17:15; 호 10:13; 욥 1:10).[72] 그러나 불경건이라는 표

---

71. Byrne, *Romans*, 355.

72. Stuhlmacher, *Paul's Letter to the Romans: A Commentary*, 72; Byrne, *Romans*, 149;

현을 단순히 이방인을 지칭하는 상투적인 유대적 표현으로 이해한다면, 이 단어를 통해서 아브라함의 칭의 전 이방인의 상태를 묘사하는 데에는 별 문제가 없어 보인다(비교, 갈 2:15).[73] 또한 바울은 로마서 4:7-8에서 시편 32:1-2를 인용함으로써 불경건한 자들의 칭의 이전에 먼저 죄 용서가 선행되었음을 다윗의 입을 빌려 성경적으로 증거한다. 하나님의 은혜의 선물로 주어지는 의는 인간의 죄에 대한 수동적인 간과가 아니라, 예수의 희생을 통해 그 죄 문제가 적극적으로 다루어짐을 통해서 용서받는 사건을 포함한다. 따라서 로마서의 문맥에서 우리는 이 헬라어 단어 ἀσεβής를 통해서 불경건한 아브라함의 운명이 불경건한 아담과 그의 후손들의 운명과 대조되고 있음을 알 수 있다.[74] 불경건한 아담과 인류 그리고 이방인 아브라함의 운명을 가른 가장 결정적인 요소는 예수의 희생에 따른 죄의 용서를 근거로 한 하나님의 의에 대한 믿음의 유무이다.

누 번째, 4:17에서 발견되는 아브라함의 믿음의 핵심은 죽은 자들에게 생명을 주고 존재하지 않는 것들을 존재하게 하는 창조주로서 하나님의 능력을 인식한 것이다. 아브라함의 믿음은 자신의 몸이 나이 들고 사라의 태가 닫힌 상태에서도 자손을 주시겠다는 하나님의 약속에 대한 굳은 신뢰를 담고 있다(비교, 창 17:15-21). 하나님에 대한 이러한 아브라함의 신뢰는 흙덩어리에 생명을 주어 아담을 만들고, 공허함에서 만물을 창조해내신 창조주 하나님을 인정하는 경배의 행위이다. 로마서 1:20, 25에서 아담의 인류는 피조물들을 통해서 분명하게 계시된 창조주에 대한 진리를 거짓

Jewett, *Romans: A Commentary*, 314.

73. 참고, 이승현, "아브라함과 이방인의 회심, 그리고 하나님의 영에 대한 바울과 필로의 이해 비교," 795-830. 비교, Fitzmyer, *Romans: A New Translation with Introduction and Commentary*, 375.

74. Adams, "Abraham's Faith and Gentile Disobedience: Textual Links between Romans 1 and 4," 51-52.

으로 억누르고, 창조주 대신 피조물들을 경배하는 우상숭배의 죄에 빠졌다. 그러므로 하나님을 창조주로 인정하고, 하나님의 약속 성취에 대한 아브라함의 믿음은 아담과 그의 후손들이 그들에게 요구된 창조주에게 순종해야 할 명령에서 실패한 사건을 극복한다.[75]

그러나 이스라엘의 역사에서 아브라함의 믿음은 예수처럼 모든 인류의 운명을 바꾸어 놓지는 못하고, 오직 자신만을 의롭게 하는 데 그쳤다. 이 사실은 출애굽 시 그의 자손들이 시내산에서 아담과 이방인들의 죄와 동일한 우상숭배의 죄를 범한 사실에서 잘 발견된다. 이런 측면에서, 아브라함의 믿음은 유한한 인간 편에서 하나님을 향하여 보일 수 있는 가장 긍정적인 반응이지만, 한편으로는 제한된 믿음의 성격을 띠고 있다. 그러나 예수의 신실한 순종은 인간에게 제시된 완전한 해결책으로서 하나님 편에서 보여준 완전한 은혜의 근거이다. 아브라함의 모든 자손들이 아담의 저주를 극복하는 길은 하나님을 향한 순종을 통해서 죽음을 극복하고 부활을 경험한 예수 새 아담을 통해서다(5:12-21). 그러므로 아브라함의 믿음은 미래에 태어날 그의 한 자손 예수를 향하고 있다. 흥미롭게도, 비록 아브라함의 믿음은 앞으로 그에게서 태어날 미래의 자손인 예수를 향하고 있고, 아브라함 자손들의 믿음은 이미 이 땅에 태어난 과거의 예수를 향하고 있지만, 그들의 믿음은 하나의 대상, 예수를 향하고 있다는 측면에서 본질적으로 동일한 구원얻는 믿음이다(비교, 롬 10:9-10).[76] 따라서 예수-믿음(Jesus-faith)을 논의하면서 예수를 인간들과 아브라함 편에 세워 하나님을 향한 그의 신실한 믿음을 주장하는 일부 새 관점학파 학자들의 주관적인

---

75. 창조주를 발견하고 경배한 아브라함에 대한 유대인들의 전통에 대해서는 Adams, 55-59를 참조하라.

76. Byrne, *Romans*, 155; Fitzmyer, *Romans: A New Translation with Introduction and Commentary*, 383.

믿음(subjective faith) 해석은 예수의 순종의 희생을 하나님의 의로움의 근거로 제시하면서 아브라함과 성도들의 믿음의 대상으로 제시하는 로마서 1-4장의 문맥과는 잘 어울리지 않는다.

세 번째, 위에서 언급된 하나님의 창조주 되심에 대한 인정과 연관하여, 아브라함이 보여준 하나님의 능력(δυνατός, 4:21)에 대한 확신은 창조주 하나님의 신적인 능력에 대한 인류의 무지와 강하게 대조된다(1:20).[77] 하나님의 능력에 대한 아브라함의 확신은 자신과 사라의 죽은 것과 같은 몸에서 자손을 만드시겠다는 하나님의 약속에 대한 절대적인 신뢰에서 발견된다. 아브라함의 확신의 대상인 하나님의 능력은 피조물들을 창조한 바로 그 장조주 하나님의 생명을 주는 신적 능력이다. 모든 피조물들은 다 하나님의 능력을 통해서 생명을 소유하게 되었음으로, 인류는 피조물들을 보면서 창조주 하나님의 신적인 본질과 영원한 능력을 분명히 알 수 있었다. 그러나 아담과 그에게 속한 인류는 말할 수 없는 입과 움직일 수 없는 다리와 능력을 행할 수 없는 손을 가진 죽은 우상들을 숭배함으로써 창조의 능력을 소유한 생명의 하나님을 모독하였다. 이에 반하여, 하나님께서 죽은 사라의 태를 통해서도 자손에 대한 약속을 이루실 수 있는 능력을 소유하신 분으로 믿은 아브라함의 확신어린 신뢰는 아담과 인류가 하나님의 능력을 무시한 죄악과 강한 대조를 이룬다.

이처럼 로마서 4장의 아브라함 이야기는 1-3장의 이방인들과 유대인들의 이야기의 배경이 된 아담 이야기에 대한 많은 메아리들로 가득 채워져 있다. 사실 위에서 언급된 주제들 이외에도 아브라함은 여러 면에서 아담과 비교된다. 아브라함이 믿은 하나님의 약속은 미래의 자손 외에도 그에게 약속된 가나안 땅을 유산으로 소유하는 것을 포함한다(창 12:7, 13:15,

---

77. Adams, "Abraham's Faith and Gentile Disobedience: Textual Links between Romans 1 and 4," 53.

17:8, 24:7). 유내인들의 이해에서 가나안 땅은 아담이 잃어버린 낙원의 회복을 의미한다. 그러나 바울은 로마서 4:13에서 아브라함과 그의 자손들이 물려받을 유산은 가나안 땅이 아니라, 온 세상이라고 말한다.[78] 아브라함의 유산이 유대인들의 주 거주지인 가나안 땅에 그치는 것이 아니라 온 세상임을 알림으로써, 바울은 아브라함이 단지 유대인들만의 조상이 아니라 모든 이방인들의 조상이 됨을 강조하고자 한다. 온 세상에 대한 소유권은 원래 세상의 왕으로 창조된 아담에게 허락되었던 특권이다. 그러나 창조주의 말을 어기고 피조물의 말에 순종함으로써 아담은 온 세상에 대한 자신의 소유권을 상실해버렸다. 대신 이 세상에 대한 소유권은 아브라함과 그의 믿음의 자손들이 상속받을 것으로 약속된다. 이런 맥락 속에서, 아브라함은 모든 믿는 자들의 아버지요(4:11), 모든 국가들의 아버지라고 불린다(4:17). 아브라함에게 주어진 이 호칭은 아브라함을 모든 인류의 시조로서 인류를 하나님에 대한 믿음으로 이끌어야 했던 아담과 강력하게 대조시킨다. 사실 바울에게 있어서 궁극적으로 온 피조세계를 다스리는 분은 아브라함의 약속의 자손인 주 예수 그리스도다(비교, 빌 2:9-11; 고전 15:26-28). 그리고 예수에게 속한 성도들, 즉 아브라함에게서 나온 모든 믿음의 자손들은 예수와 함께 세상을 다스리고 통치할 것이다(고전 6:2). 결론적으로, 로마서 4장에서 아브라함은 1장에서 발견되는 아담과 인류의 저주를 거슬러 올라가는 모든 믿는 자의 조상으로 제시되고(4:11-12: 비교, 갈 3:6-9), 그에게 속한 모든 믿는 자손들은 타락한 아담의 인류를 대체할 새로운 하나님의 종말론적 백성으로 제시된다. 이처럼 로마서 1-3장에서 논의되는 아담과 인류의 이야기를 통해서 4장의 아브라함 이야기가 더 풍

---

78. 이러한 변화는 바울에 앞서 이미 제2성전시대 유대교에서 발전되었다. 참고, Byrne, *Romans*, 143.

부하게 해석된다는 사실을 우리는 부인하기 어렵다.

결론

이번 장에서 우리는 로마서의 처음 1-4장을 아담의 이야기를 중심으로 살펴보았다. 바울은 1:16-17에서 요약의 형태로 제시한 자신의 복음을 인간의 죄에 대한 진노로 표현된 하나님의 의와 인간의 구원을 위해 제시된 하나님의 의의 두 가지 측면으로 설명한다. 물론 이 본문에서 바울은 아담과 대조되는 예수의 모습을 크게 부각시키지는 않는 듯 보인다. 그러나 하나님의 의를 담고 있는 예수의 복음은 아담의 어두운 이야기를 그 배경으로 삼고 있고, 예수가 극복해야 할 과제는 아담과 그에게 속한 인류가 처한 죄와 타락의 문제임을 1-4장에서 바울은 분명히 보여준다. 첫 번째, 아담과 그에게 속한 인류는 공통적으로 창조주 하나님께 영광을 돌리지 않고 피조물을 섬기는 우상숭배의 죄를 범했다. 이방인들은 자신들의 마음에 새겨진 양심과 피조물들을 통해서 계시되는 하나님의 영광을 썩을 피조물들의 영광으로 대치하였다. 유대인들도 하나님에 관한 지혜를 담은 율법이 주어졌음에도 불구하고, 이방인들과 동일한 우상숭배의 죄악으로부터 자유롭지 못했다. 그러므로 이방인들과 유대인들로 구성된 인류는 자신들이 아담에게 속한 저주받은 인류임을 스스로 증명하였다. 두 번째, 그들이 저지른 우상숭배의 죄는 하나님의 진노를 유발하여 인간의 삶에 다양한 윤리적인 실패들을 가져 왔다. 아담의 인류에게 임한 가장 치명적인 하나님의 심판은 하나님의 영광이 그들을 떠나 하나님과의 깨어진 관계 속에 거하게 되고, 결국은 자신들의 몸에 죽음을 맞이해야 한다는 사실을 통해서 왔다. 반면에 예수의 얼굴에서 발견되는, 그리고 예수의 복음을 통해서 계시되는 불멸의 하나님의 영광은 그 영광에 참여하는 인간과 피조물들을 썩어짐의 종노릇에서 구원해준다. 세 번째, 아담에게 속한 인류는 그들이 하나님의 율법과 언약의 증표인 할례를 소유하는지의 여부에 상관없이, 하나님이 요구하는 의를 자신들의 힘으로 창출해내지 못한다. 구원을 가져 오는 하나님의 의는 오직 순종하는 예수의 희생을 근거로 은혜로 죄인들에게 주어지는 하나님으로부터 오는 의이다. 예수의 순종의 생애와 사역은 아담 안에 속한 인류에게 제시된 하나님의 의의 가장 중요한 근거로 기능한다. 네 번째, 하나님 편에서 오는 의를 자신들의 것으로 취하고 하나님 앞에서 의로운 자로 선포되며, 그 선포의 시작과 함께 의로운 자로의 변화를 경험하면서 종말의 심판대 앞에서 의롭다고 선포되는 칭의는 인간 편에서 보여주는 믿음의 반응을 요구한다. 믿음은 자신들이 하나님의 진노 아래 놓인 죄인임을 인정하고, 자신들 편에서는 하나님의 의를 창출하지 못한다는 자기 부정적 인식을 담은 겸손한 고백을 전제한다. 그리고 믿음은 하나님은 불경건한 자들을 의롭게 해주고 죽은 자들을 살려주는 창조주 하나님임을 인정하는 긍정적인 고백을 포함한다. 따라서 믿음은 창조주 하나님에 대한 진리를 거짓으로 억누른 아담과 인류의 죄를 완벽하게 극복한다. 마지막으로, 바울은 이 구원 얻는 믿음의 증거로 신실한 예수가 아니라, 하나님의 약속의 자손 예수를 향한 믿음을 소유한 아브라함을 든다. 아브라함은 하나님을 죽음을 극복하고 생명을 주시는 창조주 하나님으로, 즉 죽어 있는 자신과 사라의 몸에도 불구하고, 약속의 자손을 주실 수 있는 능력의 하나님으로 믿음으로써 의롭다 함에 이르게 되었다. 아브라함의 믿음은 앞으로 그에게서 날 약속의 자손 예수를 향하고 있기에, 그는 이 땅에 와서 죽고 부활한 예수를 믿는 모든 믿는 자들의 아버지라고 불린다. 믿음의 조상 아브라함과 그에게 속한 모든 믿는 자들은 아담과 그에게 속한 불경건한 인류와 대조

되는 경건한 믿음에 근거한 참된 하나님의 백성을 이룬다. 결론적으로, 로
마서 1-4장에서 바울은 자신이 전하는 예수의 복음과 그 안에 담긴 하나
님의 의의 계시를 아담에 관한 이야기를 전제로 인류에게 적용하며 설명
하고 있다. 비록 이 본문에서 바울은 아담과 비교되는 예수의 사역에 대
해서는 다소 침묵하고 있지만, 이어지는 5장에서 예수와 아담을 직접적으
로 비교하면서 새 아담으로서의 그의 사역을 자세히 묘사해 줄 것이다.
일견 갑자기 등장하는 것처럼 보이는 5:12-21의 예수와 아담의 비교는 이
처럼 1-4장에 전제된 아담 이야기를 통해서 바울의 마음 속에서 치밀하게
준비되고 있다.

제5장
예수와 아담
그리고 하나님의 은혜의 선물
(롬 5:12-21)

로마서 1:18-4:25에서 바울은 1:16-17에 담긴 자신의 복음의 핵심을 두 가지 방식으로 표현된 하나님의 의의 개념으로 설명하였다: (1) 인류의 죄를 인하여 신노로 표현된 하나님의 의(1:18-3:20)와 (2) 하나님의 진노 아래 놓인 죄인들을 향한 구원으로 표현된 하나님의 의(3:21-4:25). 하나님의 의에 대한 첫 번째 본문은 이방인들의 죄와 심판(1:18-32), 이방인들을 정죄하는 유대인들의 죄와 심판(2:1-11), 그리고 율법과 할례의 소유 여부에 상관 없이 모든 인류가 다 죄인이라는 최종적인 선포의 3단계로 구성되었다 (2:12-3:20). 하나님의 의에 대한 두 번째 본문은 하나님의 의를 근거로 한 칭의에 대한 선포(3:21-26)와 구원 얻는 칭의를 가능하게 하는 믿음(3:27-31), 그리고 이신칭의의 성경적 증거인 아브라함에 관한 논의들로 구성되었다 (4:1-25). 특별히 아브라함은 인종적 기원과 구분에 상관없이 종말론적인 칭의의 근거인 믿음에 대한 가장 중요한 성경적인 근거로 기능하면서, 왜 바울의 복음이 유대인들뿐만 아니라 이방인들까지도 그 대상으로 삼는지 에 대한 핵심적인 이유를 제공하였다. 이제 이어지는 로마서 5-8장에서 바울은 1:16-17에 담긴 자신의 복음을 "의롭다고 칭함을 받은 자들에게 약속된 구원의 소망"이라고 부르면서, 성도들의 과거와 현재 그리고 미래에 끼친 복음의 영향을 중심으로 복음의 효과적인 사역을 자세히 설명하고자 한다.

로마서 5-8장에는 바울의 아담 기독론에 관한 가장 중요한 본문인 5:12-21이 발견된다. 이 본문에서 바울은 옛 아담과 새 아담의 사역이 인류에게 미친 의미를 죄와 죽음, 그리고 의와 생명의 두 가지 큰 관점의 틀을 통하여 대조하며 묘사한다. 옛 아담은 한 불순종의 죄를 통하여 정죄와 죽음을 인류에게 가져온 반면에, 새 아담 예수는 한 의로운 순종의 행위를 통하여 인류의 수많은 죄들을 극복하고 칭의와 생명을 인류에게 가져다주었다. 또한 옛 아담과 새 아담의 행위들은 그 영향이 두 개인들에게만 한정되지 않고, 그들에게 속한 모든 인류의 운명에 영향을 미치는 전 우주적인 사건들이었다. 첫 아담의 불순종의 죄를 인하여 인류를 포함한 모든 피조세계가 죽음의 허무함에 굴복했던 것에 반하여, 새 아담의 순종의 행위를 통하여 그에게 속한 모든 인류는 하나님의 영광을 회복할 뿐만 아니라, 온 피조세계도 하나님의 자녀들과 함께 생명으로 회복될 종말론적 소망을 품게 되었다. 새 아담 예수가 가져온 이러한 영광스러운 회복을 바울은 인류와 피조세계의 '영원한 소망'이라고 부른다. 그러나 바울의 아담 기독론적 논의는 5:12-21의 한 작은 본문에만 머무르지 않는다. 6:1-8:13 전체에 걸쳐서 바울은 옛 아담에게 속했던 인류의 과거 경험과 새 아담에게 속한 새 인류의 현재의 경험을 율법과 연관하여 자세히 비교하며 설명하고 있기 때문이다.[1] 또한 8:14-39에서 바울은 인류가 온 피조세계와 함께 경험할 새 아담 예수가 가져온 하나님의 영광을 회복하는 종

---

1.   참고, Dunn, *The Theology of Paul the Apostle*, 91-102; Wright, *The Climax of the Covenant: Christ and the Law in Pauline Theology*, 35-40; Moo, *The Epistle to the Romans*, 319-50.

말론적 사건을 자세히 묘사하고 있다. 그러므로 이번 장에서 우리는 로마서 5-8장에 대한 전체적인 구조 분석을 통하여 바울의 논의를 개략적으로 이해한 후, 5:12-21에 담긴 아담 기독론을 자세히 분석해보고자 한다. 그리고 이 두 가지 거시적 그리고 미시적 분석을 거친 후, 옛 아담과 새 아담 그리고 그들에게 속한 인류의 과거와 현재 그리고 미래에 대해서 자세히 관찰해 볼 것이다. 물론 아담과 새 아담으로 구분되는 인류의 역사에서의 율법의 기능에 대해서도 간략하게 살펴볼 것이다. 그러나 아담 기독론과 연관된 율법의 기능에 대한 자세한 논의는 다음 장에서 더 상세하게 진행될 것이다.

로마서 5-8장의 구조 분석

로마서 5-8장에 대한 구조적인 분석에서 바울 학자들은, 비록 큰 틀에서는 일치하는 모습을 보이지만, 학자들의 수만큼이나 다양한 구조적 분석을 제시하고 있다.[2] 본 저자의 견해를 따르자면, 로마서 5-8장의 핵심내용은 의롭다고 칭함을 받은 성도들에게 주어진 미래의 구원의 소망과 과거의 근거, 그리고 그 소망의 빛 아래서 경험하는 현재를 어떻게 이해할지에 대한 바울의 견해를 담고 있다. 따라서 로마서 5-8장의 구조는 다음과 같이 복합적 샌드위치 구조로 제시될 수 있다:

---

2. 참고, Schreiner, *Romans*, vii-viii; Longenecker, *The Epistle to the Romans: A Commentary on the Greek Text*, vi-viii; Ben Witherington and Darlene Hyatt, *Paul's Letter to the Romans: A Socio-Rhetorical Commentary* (Grand Rapids: Eerdmans, 2004), vii-ix; Fitzmyer, *Romans: A New Translation with Introduction and Commentary*, vii-xii; Moo, *The Epistle to the Romans*, 33-34.

A 의롭다고 칭함 받은 자들에게 약속된 미래의 영광의 소망-바울의 논지(5:1-11)

   B 칭의와 영광의 소망의 근거-예수 새 아담과 그의 사역(5:12-21)

   Bʹ 죄, 죽음, 율법으로부터 자유로운 성도의 현재의 삶-새 인류의 현재(6:1-8:13)

      1) 죄와 죽음으로부터의 자유(6:1-14)

      2) 거룩함을 위한 의로움의 노예 됨(6:15-23)

      3) 율법으로부터의 자유(7:1-6)

      4) 죄에 대한 지식을 제공하는 선한 율법과 죽음(7:7-12)

      5) 율법 아래서 저주받은 삶(7:13-25)

      6) 성령 안에서 율법의 요구를 이루는 삶(8:1-13)

   Aʹ 미래의 영광의 소망과 그 근거인 하나님의 사랑-논지 재강조(8:14-39)

      1) 하나님의 자녀들을 위한 영광의 소망(8:14-30)

      2) 영광의 소망의 근거가 되는 하나님의 사랑(8:31-39)

위의 분석에서 잘 나타나듯이, 로마서 5-8장은 1-4장에서 언급된 믿음으로 말미암아 의롭다고 칭함을 받은 성도들이 미래에 받게 될 영광의 소망과 그 소망을 향하여 달려가는 예수 안에 속한 인류의 과거와 현재에 대해서 자세히 설명하고 있다. 여기서 바울이 특별히 더 자세하게 설명할 필요가 있다고 느끼는 점은 의롭다고 칭함 받은 성도들이 현재 경험하고 있는 종말론적 긴장에 관한 문제다.[3] 비록 의롭다고 칭함 받은 성도가 성령을 모시고 살면서 영생의 소망에 대한 약속을 받았지만, 그들의 현재는 죄 된 육체와의 싸움과 고난, 그리고 죽음을 직면하고 있기 때문이다. 이에 바울은 그들이 아직 죄인 되어 하나님의 원수가 되었을 때 예수를 통

---

3.   Dunn, *The Theology of Paul the Apostle*, 464.

해서 계시된 하나님의 사랑은 의인으로 선포된 성도들로 하여금 현재의
어려움을 뛰어넘어, 약속된 완전한 미래의 구원에 이르게 할 것이라고 강
조한다. 바울은 가장 먼저 A부분에서 새 인류가 경험하는 현재의 구원의
효과를 평화, 은혜, 화해, 칭의, 그리고 자유 등의 개념들을 통해서 묘사한
다. 문학적인 관점에서 볼 때, 로마서 5-8장은 샌드위치 구조라고도 불리
는 교차대구법을 통해서 미래의 영광의 소망과 하나님의 사랑에 대한 논
의로 시작하고 마무리된다(A와 A/). 그리고 그 교차대구 구조 안에는 현재
와 미래의 영광의 소망의 근거가 되는 예수의 사역이 옛 아담과의 비교를
통해서 먼저 제시되고(B), 새 아담에게 속한 새 인류의 현재와 옛 아담에
게 속했던 그들의 과거가 자세히 비교되며 묘사된다(B/). 새 인류의 현재에
대한 본문은 새 아담 예수의 사역이 어떻게 성도들 안에서 현실화되었는
지를 자세히 설명하고 있다.

바울은 먼저 5:1-11에서 5-8장 전체의 논지리고 부를 수 있는 의롭다
고 칭함 받은 성도가 소유한 영광의 소망의 개념을 소개한다(A).[4] 여기서
바울은 1-4장에서 자세히 다루어지지 않았던 의롭다고 칭함 받음의 궁극
적인 근거인 예수 그리스도의 희생의 피, 즉 그의 죽음에 대해서 강조하
며 언급하기 시작한다(5:9-11). 예수의 희생의 피는 믿는 자들의 죄에 대한
대가를 의미하고, 과거 하나님과 원수 되었던 성도들이 하나님과 화해하
고 평화를 누리게 되는 결정적인 근거가 된다. 또한 인류를 향한 예수의
희생은 성령의 부어짐과 함께 인류를 향한 하나님의 사랑의 표현을 담고
있다(5:4). 그러나 하나님과의 현재적 화해아 평화를 포함히는 종말론직 사
건으로서의 칭의는 인류의 죄에 대한 종말론적 심판에서 계시될 미래의

---

4.   Longenecker, *The Epistle to the Romans: A Commentary on the Greek Text*, 553; Fitz-
      myer, *Romans: A New Translation with Introduction and Commentary*, 393.

하나님의 진노로부터의 구원도 의미한다(5:9-10).[5] 이처럼 성도의 칭의와 구원의 경험은 본질적으로 현재적 요소와 미래적 요소가 종말론적 긴장 속에서 함께 어우러져 있는 역동적인 사건이다.[6] 아담 기독론적 관점에서 볼 때, 우상숭배의 죄를 통하여 창조주를 인정하지 않았던 죄를 범했던 인류는 아담과 그의 후손들에게 허락된 하나님의 영광을 상실하였고, 계속해서 하나님의 영광에 이르지 못하는 저주받은 상태에 머물러 있었다 (3:23). 따라서 새 아담 예수에게 속하여 의롭다고 칭함을 받은 성도가 경험하게 될 미래의 소망은 하나님의 영광을 새 아담 예수와 함께 공유하는 것이다(5:1-2). 그러므로 바울은 이 소망을 영원한 소망이라고 부른다.

로마서 5:1-11(A부분)에서 소개된 성도들의 의로워진 현재와 미래의 영광의 소망에 대한 바울의 논지는 8:14-39(A'부분)의 결론부에서 다시 한번 강조된다. 이 부분에서 바울은 성령을 소유한 성도들을 하나님의 자녀들이라고 부르면서, 그들이 소유할 영광의 소망을 하나님의 자녀들이 소유하게 될 예수의 형상을 따른 영광스러운 변화라고 칭한다(8:17, 29-30). 아담이 상실한 하나님의 영광은 죽음에게 굴복되지 않는 하나님의 불멸성을 의미하기에, 이 영광은 부활한 예수의 몸에서 가장 먼저 발견되고, 그 후에는 성령을 통해서 부활한 성도들의 영광스러운 몸에서 발견될 것이다 (8:10-11).[7] 따라서 영화는 하나님의 영광을 소유한 새 아담에게 속한 성도들이 더 이상 죽음과 부패에 굴복할 필요가 없는 죽음으로부터의 영원한 자

5.　참고, Brendan Byrne, "The Problem of Nomos and the Relationship with Judaism in Romans," *The Catholic Biblical Quarterly* 62, no. 2 (2000): 303; N. T. Wright, "Law in Romans 2," in *Paul and the Mosaic Law*, ed. James D. G. Dunn (Grand Rapids: Eerdmans, 2001), 144.

6.　참고, 이승현, "아브라함과 성령을 통해서 본 갈라디아인들의 칭의 이해," 「신약논단」27(1) (2020), 229-269.

7.　참고, Longenecker, *The Epistle to the Romans: A Commentary on the Greek Text*, 560.

유를 의미한다(8:21). 이런 면에서 영화는 옛 아담에게 속하여 죽음을 경험
해야만 하는 인류의 몸의 구속을 의미한다(τὴν ἀπολύτρωσιν τοῦ σώματος ἡμῶν,
8:23). 그러나 바울은 새 인류의 영광스러운 변화가 단지 인류 개인들에게
만 영향을 미치는 개인적인 사건이 아니라, 온 피조세계에도 영향을 미치
는 우주적인 사건임을 강조한다. 마치 옛 아담이 타락하고 영광을 상실한
후, 온 우주가 죽음이 가져오는 부패의 저주 아래 갇혀버렸듯이, 새 아담
과 그에게 속한 인류가 다시 불멸의 영광을 회복할 때, 허무 아래 갇혀버
렸던 피조세계도 하나님의 사녀들의 영광스러운 자유에 동참하게 될 것
이기 때문이다(8:19-21). 이처럼 성도들의 영화가 우주적인 사건인 이유는
예수와 그를 보낸 하나님의 사랑이 모든 우주적인 곤경들을 극복할 수 있
을 정도로 큰 우주적인 사랑이기 때문이다(8:33-39). 바울은 하나님의 우주
적인 사랑이 가져올 궁극적인 승리에 대해서 선포하면서 로마서 5-8장 전
체의 논지를 다시 한번 강조하고, 새 아담 예수의 사역과 그에게 속한 인
류의 현재적 그리고 미래적 경험에 대한 자신의 논의를 마무리 짓는다.

로마서 5-8장의 샌드위치 구조의 중심에는 새 아담 예수의 사역과 그
에게 속한 새 인류가 현재 누리고 있는 구원의 효과에 대한 바울의 논의
가 존재한다. B부분을 구성하는 5:12-21에서 바울은 하나님의 사랑을 표
현하는 예수의 희생의 의미를 옛 아담의 타락 사건과 대비하면서 자세히
설명한다. 인류에게 칭의가 필요했던 이유는 아담의 처음 죄를 인하여 죽
음이 세상에 들어왔고, 아담 안에서 죄에 사로잡힌 세상에 태어난 인류는
계속되는 자신들의 죄들을 통해서 죽음이라는 정죄의 선고, 즉 아담의 운
명으로부터 자유롭지 못했기 때문이다. 그러나 아담의 단 한번의 불순종
의 행위가 전 인류를 향한 비극의 시작의 원인이 되었던 것에 반하여, 새
아담 예수의 의로운 순종의 행위는 인류의 수많은 죄들을 극복하여 하나
님 앞에서 의롭다고 칭함 받는 결과를 낳았다. 따라서 예수의 순종의 행

위로서의 희생은 인류에게 의로움이라는 선물을 공짜로 가져다준 하나님 편에서 인간에게 허락된 은혜를 의미한다.[8] 아담의 불순종이 죽음을 인간의 역사에 소개하고 인간을 다스리는 주인으로 행사하게 하는 결과를 낳았던 반면에, 예수 새 아담의 순종은 칭의에 따른 영원한 생명을 소개하여 하나님의 은혜가 인류를 다스리는 결과를 가져왔다(5:20-21). 이 본문에 대한 자세한 분석은 곧이어서 더 상세하게 진행될 것이다.

바울은 로마서 6:1-8:13로 구성된 B′부분에서 옛 아담에게서 새 아담에게로 자신들의 소속을 변경한 새 인류가 현재 경험하고 있는 새 아담 예수의 구원의 효과에 대해서 자세히 논의한다. 이 부분에서 바울은 6개의 중요한 질문들을 통해서 옛 아담에게 속했던 인류의 과거 경험과 새 아담에게 속한 그들의 현재 경험을 죄와 율법에 관하여 노예 됨과 자유함의 개념들을 중심으로 비교하며 설명한다(6:1, 15; 7:1, 7, 13, 24). 바울은, 첫 번째, "하나님의 은혜가 더욱더 넘치도록 우리가 계속해서 죄를 지어야 하느냐?"(6:1)란 질문을 통해서, 과거 인류는 죄의 노예가 되어서 죽음을 경험해야만 했던 존재들이었음을 다시 한번 상기시킨다(6:6-7). 그러나 예수 그리스도가 인류의 죄를 인하여 죽음을 경험하고 하나님을 향하여 다시 살아났던 것처럼, 새 아담 예수에게 속한 인류는 그와의 연합을 통해서 죄에 대하여 죽고 하나님 앞에서 다시 살아난 존재들이 되었다. 바울은

---

8. 여기서 본 저자는 예수가 이스라엘을 대신해서, 혹은 이스라엘의 대표자로서 순종의 희생을 이루었다는 N.T. Wright의 견해에 반대한다. 왜냐하면 예수는 하나님 편에서 오는 하나님의 은혜의 대행자 혹은 도구로서 희생의 죽음을 경험했다고 바울은 보기 때문이다. 비교, N. T. Wright, *Christian Origins and the Question of God* (Minneapolis: Fortress, 1992). 참고, Brendan Byrne, "Adam, Christ, and the Law in Romans 5-8," in *Celebrating Paul: Festschrift in Honor of Jerome Murphy-O'connor, O.P., and Joseph A. Fitzmyer, S.J*, ed. Peter Spitaler (Washington: The Catholic Biblical Association of America, 2011), 213.

성도들의 새로운 삶의 시작인 새 아담 예수와 연합하는 사건은 그들이 신
앙의 고백과 함께 경험한 세례의 때에 발생한 영적인 사건이라고 가르친
다(6:3-4).[9] 따라서 바울에게 예수와 함께 연합하는 세례의 경험은 옛 아담
에게 속했던 자아가 죄의 노예가 된 육체와 함께 십자가에서 죽고, 새 아
담이 가져온 새로운 삶(ἐν καινότητι ζωῆς)으로 탄생하는 새 창조의 경험을 의
미한다(6:4-6). 예수에게 속한 새로운 삶의 가장 명백한 특징은 더 이상 죄
를 주인으로 섬기는 노예의 삶이 아니라, 의의 도구들로 자신들을 내어드
리는 자유한 자들의 삶이다(6:13). 이처럼 바울에게 칭의는 단순히 의롭다
는 선포에만 그치는 것이 아니라, 필연적으로 하나님의 의를 추구하는 삶
으로 성도들을 인도해 가서 그들로 하여금 모든 면에서 의로운 존재들이
되게 하는 과정의 시작을 의미한다. 이런 측면에서, 성도들의 의로운 삶은
자신들이 선물로 받은 하나님의 의를 스스로 주체적인 행위자가 되어 자
신들이 삶에서 살아내는 것을 의미한다.[10] 사실 이 과정에서 성도들의 마
음의 자발적인 순종을 창조하는 것이 바로 성령의 가장 중요한 사역들 중
하나이기에, 성도에게 주어진 성령은 율법이 요구하는 의를 성도들의 삶
에서 완성하는 "생명의 성령의 법"(8:2-4)이라고 불린다.

바울은 "우리가 율법 아래 있는 것이 아니라 은혜 아래 있으므로, 죄

---

9.   참고, A. J. M. Wedderburn, "The Soteriology of the Mysteries and Pauline Baptismal
      Theology," *Novum testamentum* 29, no. 1 (1987): 53-72; Samuli Siikavirta, *Baptism and
      Cognition in Romans 6-8: Paul's Ethics Beyond "Indicative" and "Imperative"*, WUNT
      2:407 (Tübingen: Mohr Siebeck, 2015); Longenecker, *The Epistle to the Romans: A
      Commentary on the Greek Text*, 611-13.

10.   Brendan Byrne, "Living out the Righteousness of God: The Contribution of Rom 6:1-8:13
      to an Understanding of Paul's Ethical Presuppositions," *The Catholic Biblical Quarterly*
      43, no. 4 (1981): 557-81; Susan Eastman, "Double Participation and the Responsible
      Self," in *Apocalyptic Paul: Cosmos and Anthropos in Romans 5-8*, ed. Beverly Roberts
      Gaventa (Waco: Baylor University Press, 2013), 106-07.

를 지어야 하느냐?"(6:15)라는 사신의 두 번째 질문을 통하여, 은혜 아래 놓
인 새 인류의 현재와 죄와의 관계에 대해서 논의한다. 바울은 인류가 누
구에게든지 복종하면 그 존재의 노예로 전락하는 사실을 언급하면서, 과
거 옛 아담에게 속했던 인류는 죄의 노예가 되어 죄를 섬겼던 비극적인
사실을 상기시킨다(6:14, 19). 그러나 이제 예수에게 속한 자들은 다 죄로부
터 자유하게 되어 하나님과 의로움의 노예가 된 자들이다(6:19, 22). 죄의 노
예 됨의 결과는 정죄와 죽음이고, 의의 노예 됨의 결말은 거룩과 영생이
다. 여기서 바울은 율법의 규례들과 무관하게 하나님의 은혜 아래서 영생
을 보장하는 의로운 삶이 가능함을 강조하면서, 율법이 포함되지 않은 예
수 복음(law-free Gospel)의 정당성을 간접적으로 주장하고 있다.[11] 의로운 삶
은 예수의 복음에 담긴 예수의 순종을 본받음으로써 가능한데, 그 순종을
가능하게 하는 능력은 성도들 안에 거하는 성령으로부터 온다(8:1-11).

바울은 자신의 두 번째 질문에 포함된 율법으로부터의 자유함의 문제
를 분명히 하기 위하여 자신의 세 번째 질문을 제시한다: "너희는 율법이
오직 그가 살아 있는 동안에만 구속력이 있는 줄을 알지 못하느냐?"(7:1).
7:1-6에서 바울은 결혼한 남자와 여자의 혼인 의무에 대한 비유를 통해서
자신의 세 번째 질문에 대답한다. 남편이 죽은 경우, 남겨진 부인은 고인
이 된 남편에 관한 율법에 구애 받지 않고 다른 남자와 결혼할 수 있는 자
유가 생긴다. 마찬가지로, 예수와의 연합을 통하여 십자가에서 그와 함께
죽은 새 인류의 경우, 그들은 더 이상 율법에 의해서 통제받을 필요가 없
다. 왜냐하면 그들의 죽음은 그들이 매여 있던 율법에 대하여 죽고 예수
에게 속하게 되어 성령이 가져온 새로운 삶으로 인도되기 때문이다(7:6).[12]

---

11.   Byrne, "Adam, Christ, and the Law in Romans 5-8," 221.
12.   율법 아래 놓인 상태를 일종의 종의 매임으로 해석하는 바울의 이해는 갈라디아서
       3:23-25에서 더 자세히 설명된다. 바울의 노예에 대한 언급이 이방인들에게 준 충

곧이어 바울은 이 사실을 율법 아래 놓인 삶(7:7-25)과 성령 안에서 사는 삶(8:1-11)의 강한 대조를 통해서 더 자세히 설명한다.[13] 바울은 로마서 5장에서 인류의 운명을 그들의 대표자인 아담과 새 아담과의 관계를 통해서 설명하고, 7-8장에서는 두 대표자들이 대표하는 영역을 주관하는 율법과 성령과의 관계를 통해서 설명한다.

그러나 바울은 예수와 함께 연합하는 세례를 경험하기 전 죄 가운데 살던 삶과 율법 아래 놓인 삶을 동일시하는 자신의 견해에 대한 유대인 대화자들의 반발을 상상하면서, "율법이 죄인가?"(7:7)라는 자신의 네 번째 질문을 제기한다. 바울이 이 네 번째 질문을 제기하는 이유는, 그와 동시대의 유대인들이 율법이 종말론적 생명의 근거가 되는 하나님의 의를 제공할 수 있다고 믿었던 것에 반하여, 바울은 율법이 아담과 죄의 편에서 인류를 죽음의 노예로 전락시키는 데 사용되었다고 선포했기 때문이다(5:20).[14] 이미 바울은 율법과 별개로 하나님의 의가 예수를 통해서 계시되어야만 했는데, 이는 구원을 가져다주는 의의 문제에 있어서 율법이 전혀 효과를 발휘하지 못했기 때문이라고 주장했다(3:21).[15] 이 네 번째 질문에 대해서 바울은 먼저 율법은 죄에 대한 지식을 제공하는 본질적으로 "거룩

격에 대해서는 Longenecker, *The Epistle to the Romans: A Commentary on the Greek Text*, 619-21.을 참조하라.

13. 이 대조를 통해서 바울은 자신을 포함한 유대인 출신 성도들의 예수를 향한 회심을 의미할 수도 있다(비교, 갈 2:15-16). 참고, Byrne, "Adam, Christ, and the Law in Romans 5-8," 222.

14. 참고, Menahem Kister, "Romans 5:12-21 against the Background of Torah Theology and Hebrew Usage," *Harvard Theological Review* 100, no. 4 (2007): 391-424.

15. 유대교와 바울의 복음과 연관한 율법의 다양한 기능들에 대해서는 다음의 책에 담긴 다양한 논문들을 참조하라. 참고, James D. G. Dunn, *Paul and the Mosaic Law* (Grand Rapids: Eerdmans, 2001). 로마서에서의 율법의 다양한 역할들에 대해서는 Byrne, "The Problem of Nomos and the Relationship with Judaism in Romans," 294-309.을 참조하라.

하고, 선하고, 의롭고, 영적인 하나님의 선물"임을 상소한다(7:12, 14). 그러나 율법이 주어진 목적은 죄의 본질에 대한 지식을 전달하여 생명을 얻게 하고자 함이었으나, 죄에 취약한 육체를 소유한 인간에게는 이 의도가 현실화되지 못했다. 죄 아래서 노예로 팔린 옛 아담에게 속한 인류는 율법이 계시한 탐욕의 죄에 대한 지식을 통하여 탐욕을 극복하는 것이 아니라 도리어 탐욕에게 굴복당하고, 하나님의 계시된 뜻을 어긴 것에 대한 정죄함의 결과로 죽음을 경험하게 되었다(7:7-12). 이 본문에서 바울은 인류의 궁극적인 문제인 죄와 율법을 분리시켜 설명한다. 특별히 바울은 로마서 7:7-12과 7:13-22에서 1인칭 화자의 관점으로 탐욕의 죄와 율법에 대해서 논의하고 있는데, 이 1인칭 화자는 아담의 경험과 더불어 율법 앞에 선 모든 인류의 보편적인 경험을 의미한다.[16] 바울은 여기서 시내산에서 율법을 받은 이스라엘의 광야에서의 시험의 경험과 자기 자신의 (예수의 복음의 관점에서 되돌아 본) 개인적인 경험을 창세기 2-3장에 담긴 아담의 이야기에 함께 포함시키고 있다.[17] 유대인들에게 있어서 아담은 하나님이 주신 첫 번째 계명을 어긴 죄를 범한 인물이다. 바울은 5:12-21에서 이미 율법과 죄의 관계를 통해서 인류의 모든 이야기를 옛 아담의 타락과 연관시켜 설명했다.

바울은 여기서 모세의 율법을 소유하지 못했던 아담도 하나님이 금했던 선악과에 대한 경고의 명령을 통해서 탐욕에 관한 율법의 지식을 소유

---

16. Witherington and Hyatt, *Paul's Letter to the Romans: A Socio-Rhetorical Commentary*, 188-90; Francis Watson, *Paul, Judaism, and the Gentiles: Beyond the New Perspective*, Rev. and expanded ed. (Grand Rapids: William B. Eerdmans Pub. Co., 2007), 283; Byrne, "Adam, Christ, and the Law in Romans 5-8," 225-26; Longenecker, *The Epistle to the Romans: A Commentary on the Greek Text*, 642.

17. Moo, *The Epistle to the Romans*, 426; Longenecker, *The Epistle to the Romans: A Commentary on the Greek Text*, 640.

했던 것으로 이해한다. 따라서 바울은 아담의 이야기를 근거로 아담에게 속했던 인류의 경험을 율법과 연관하여 7:13-23에서 자세히 설명할 수 있다. 이 본문에서 전개되는 논증의 시작에서 바울은 자신의 다섯 번째 질문을 다음과 같이 제기한다: "그렇다면 선한 것[율법]이 내게 죽음을 가져왔느냐?"(7:13). 이 질문에 대답하면서, 바울은 1인칭 화자의 시점으로 현재형 동사들을 통하여 아담에게 속했던 인류 중 하나였던 자신은, 비록 마음으로는 하나님의 법을 즐거워하나, 자신의 육체 안에 거하는 죄가 자신을 통제하므로 죄를 지을 수밖에 없다고 한탄한다(7:14, 22). 이 본문에서 사용되는 현재형 동사들은 학자들로 하여금 바울의 숨은 의도에 대해서 질문하게 했다. 그들의 질문들은 크게 두 가지로 요약될 수 있다. 여기서 바울은 성도들이 현재 경험하고 있는 종말론적 갈등을 묘사하고 있는가? 아니면 현재 성도의 관점에서 예수를 향한 회심 전 율법 아래 있던 자신들의 괴기의 경험을 되들이보고 있는가?[18] 이이지는 로마시 8:1-13이 묘사하는 성령 안에서 율법이 요구하는 의를 이루는 삶에 대한 바울의 확신은 이 둘 중에 후자가 더 설득력 있는 견해임을 알려준다. 7:24-25에서 율법 아래 서 있는 인간이 내뱉는 절망의 신음과 성령 안에서 사는 인간이 내뱉는 감사의 기도가 강력하게 대조되고 있기 때문이다. 이 대조 이면에는 아담 안에 속한 인류가 공통적으로 내뱉는 절망적인 신음과 새 아담에게 속한 인류의 공통적인 감사가 인류의 경험에서 발생한 실체로 전제되고 있다. 그리고 이 대조는 바울이 왜 자신의 서신들에서 회심한 이방인들에

---

18.   Byrne, "Adam, Christ, and the Law in Romans 5-8," 228; Byrne, *Romans*, 225-26; Moo, *The Epistle to the Romans*, 443-50. 그러나 Fitzmyer는 바울이 현재형 동사들을 사용하는 이유는 그가 여기서 율법을 변호하고자 하기 때문이라고 주장한다. 참고, Fitzmyer, *Romans: A New Translation with Introduction and Commentary*, 473. 비교, Watson, *Paul, Judaism, and the Gentiles: Beyond the New Perspective*, 287.

게 할례를 포함한 율법의 일들을 강요하는 유대인 출신 성도들의 시도에 그토록 강하게 반발하는지에 대한 이유를 제공한다. 로마서 5-8장 전체를 통해서 바울이 강조하고 싶은 점은 율법과 무관하게 새 아담 예수에게 속하여 영생의 소망을 경험할 수 있다는 사실과 그의 영, 성령을 통해서 율법이 인류에게 야기하는 절망을 극복할 수 있다는 사실이다.[19]

　　바울은 옛 아담과 그에게 속한 인류가 율법을 인하여 죄를 짓고 죽음을 경험할 수밖에 없는 가장 결정적인 이유는 그들이 죄 된 육체에 속하여 죄의 노예가 된 존재들이기 때문이라고 말한다. 이 관찰은 바울로 하여금 자신의 여섯 번째 질문을 던지게 한다: "누가 나를 이 죽음의 몸에서 건져줄 것인가?"(7:24). 그러나 이 지극히 비관적인 여섯 번째 질문은 바울로 하여금 하나님께 지극히 큰 감사를 돌려드리도록 유도한다. 율법 아래 놓인 죄 된 육체를 인하여 죄의 노예가 될 수밖에 없는 현실을 직면한 바울이 하나님께 감사하는 이유는 새 아담 예수에게 속한 자들에게는 더 이상 죄에 대한 정죄가 존재하지 않기 때문이다(8:1). 이에 대한 근거로 바울은 두 가지 사실을 언급한다. 첫 번째, 하나님은 자신의 아들 예수를 죄악된 육신의 몸으로 이 땅에 오게 하여, 그의 육신 안에서 우리의 죄를 정죄해버렸다(8:3).[20] 두 번째, 예수에게 속한 자들에게는 성령이 주어져서 자신

---

19. Byrne, "Adam, Christ, and the Law in Romans 5-8," 228-29.

20. 여기서 바울이 채용하고 있는 보냄의 공식(sending formula)은 Eduard Schweizer 이후 바울 학자들의 많은 토론의 대상이 되었다. 참고, Eduard Schweizer, "Zum Religionsgeschichtlichen Hintergrund Der Sendungsformel," *Zeitschrift für die neutestamentliche Wissenschaft und die Kunde der älteren Kirche* 57, no. 3-4 (1966): 199-210; Longenecker, *The Epistle to the Romans: A Commentary on the Greek Text*, 694-95; Leander E. Keck, "The Law and 'the Law of Sin and Death'(Rom 8:1-4): Reflections on the Spirit and Ethics in Paul," in *The Divine Helmsman: Studies on God's Control of Human Events, Presented to Lou H. Silberman*, ed. James L. Crenshaw and Samuel Sandmel (New York: KTAV Pub. House, 1980), 43-44.

들의 육신의 요구들을 따르지 않고, 성령을 따라 걸음으로써 율법의 모든 의로운 요구사항들을 만족시킬 수 있게 되었다(8:4, 9). 율법은 아담의 후손들 밖에 거하기에 죄가 거하는 육체에 어떤 긍정적 영향도 미치지 못하였으나, 성령은 인간의 마음 안에 거하면서 인간의 육체의 요구들을 변화시키는 능력이 있기 때문이다. 그러므로 성령은 인류에게 죽음이 아니라 생명을 부여하는 "생명의 성령의 법"이라고 불린다.[21] 바울이 특별히 성령을 생명의 성령의 법이라고 부르는 데는 두 가지 이유들이 존재한다. 첫 번째, 바울은 자신이 이방인들을 위한 예수의 복음에서 율법을 폐기했다는 오해를 불식시키기를 원한다. 두 번째, 바울에게 성령은 예레미야와 에스겔이 예언한 마음에 기록된 율법, 즉 새로운 언약의 성취를 의미하기 때문이다(비교, 렘 31:33; 겔 36:26). 바울은 돌판에 기록되어 율법 아래 놓인 자들에게 정죄와 죽음을 선사하는 죽은 문자들로 표현된 율법을 인간의 마음판에 기록된 생명의 성령의 법과 내소하면서 "죄와 사망의 법"이라고 부른다(8:2; 비교, 고후 3:1-6).

이처럼 옛 아담에게 속했던 인류는 율법 아래서 저주받은 삶을 살아가야 했던 것에 반하여, 새 아담 예수에게 속한 인류는 성령 안에서 율법의 의로운 요구(τὸ δικαίωμα τοῦ νόμου, 8:4)를 이룸으로써 율법의 저주로부터 자

---

21. 이런 측면에서 볼 때, 바울은 성도들이 경험한 성령 체험에서 렘 31:33과 겔 36:26-27이 예언한 새 언약의 성취를 본다. 이렇게 하여 바울은 이방인들을 향한 복음을 구약성경의 빛 아래서 설명할 수 있게 되고, 자신이 율법을 파기했다는 공격으로부터 자유로워지게 된다. 참고, Byrne, "The Problem of Nomos and the Relationship with Judaism in Romans," 306-37; Byrne, "Adam, Christ, and the Law in Romans 5-8," 211-12; Scott J. Hafemann, *Paul, Moses, and the History of Israel: The Letter/Spirit Contrast and the Argument from Scripture in 2 Corinthians 3*, WUNT 81 (Tübingen: Mohr Siebeck, 1995), 162-73. 바울은 고린도후서 3장에서 성령에 근거한 자신의 사역과 율법에 근거한 모세의 사역을 비교하고 있다. 참고, Watson, *Paul, Judaism, and the Gentiles: Beyond the New Perspective*, 291.

유로운 삶을 살 수 있게 된다(8:1-13).[22] 율법의 의로운 요구는 율법이 총체적으로 요구하는 하나님 앞에서 의로운 삶, 즉 영생을 얻는 의를 성취하는 삶을 의미한다.[23] 여기서 바울은 단수형 명사 δικαίωμα를 통해서 율법의 계명들 모두를 지켜야 한다는 사실을 강조하기보다는, 율법이 본질적으로 요구하는 의로운 삶 그 자체를 완성해야 함을 강조한다. 이 단수형 명사는 5:12-21에서 논의된 아담의 한 불순종 행위와 예수 새 아담의 한 순종의 행위와 그 맥락을 같이하여, 바울이 성도들이 성령을 통해서 사는 삶이 가져다주는 의로움을 아담과 새 아담의 이야기 속에서 해석하고 있음을 알려준다.[24] 성령을 모시고 사는 새 인류는, 율법 아래 놓였던 과거와 달리, 예수 새 아담의 순종의 행위를 자신들의 삶에서 살아낼 수 있게 된다. 성령을 모시고 사는 새 인류는 죄의 온상이 되었던 육체의 욕구를 극복하게 되고, 마침내 죄의 결과인 육체의 죽음을 극복하는 부활을 경험하게 될 것이다(8:10-11). 그러므로 성령을 모시고 사는 성도들은 그리스도와 함께 하나님의 영광의 유업을 무를 상속자들이 되고, 그리스도와 함께 하나님의 영광을 공유할 소망을 소유한 자들이 된다(8:17-18, 29). 결론적으로, 로마서 5-8장에서 바울은 옛 아담에게 속한 인류가 죄를 인하여 하나님의 영광에 이르지 못한 저주받은 상태에서(3:23) 새 아담에게로의 소속 변경을 통해서 죄의 문제를 극복하고 하나님의 영광에 이를 수 있게 되었음을

---

22. 참고, Byrne, *Romans*, 235-41; Byrne, "Adam, Christ, and the Law in Romans 5-8," 211-12.

23. 참고, Fitzmyer, *Romans: A New Translation with Introduction and Commentary*, 487; Byrne, *Romans*, 243-44. Schreiner는 이 표현에서 예수가 십자가에서 율법의 요구를 성취한 사실을 인간의 순종의 행위보다도 더 강조한다. 참고, Schreiner, *Romans*, 404-05.

24. 참고, Byrne, "Adam, Christ, and the Law in Romans 5-8," 230; Byrne, *Romans*, 243-44; Longenecker, *The Epistle to the Romans: A Commentary on the Greek Text*, 684.

증명한다.

로마서 5:12-21의 구조와 해석

로마서 전체의 문맥에서 본 5:12-21

로마교회를 방문하기에 앞서 바울은 그들에게 보내는 자신의 편지를 통해서 자신과 자신이 전한 이방인들의 복음에 대한 불필요한 오해를 불식시키기를 원한다(비교, 15:14 33).[25] 당시 예루살렘 교회와 이방인들 교회가 바울을 향하여 품은 가장 큰 오해는 이방인 교회들에 선포해 온 율법이 결여된 복음의 정당성 문제였다. 이에 바울은 로마서 1:16-17에서 자신의 복음의 핵심을 간략하게 요약한 후, 1:18-4:25에 걸쳐서 율법이 없이도 하나님과 의로운 관계에 놓일 수 있음에 대해서 자세하게 묘사한다. 사실 바울의 관점에서 볼 때, 율법의 모든 요구 사항들을 준수하여 하나님이 만족할 만한 의를 성취하고 그 앞에서 의롭다고 선포될 수 있는 육체는 없다(3:23). 따라서 인류에게는 율법과 무관하게 하나님으로부터 오는 의가 예수 그리스도를 통해서 선물로 주어져야 하고, 인류는 복음을 통해서 계시되는 하나님의 의를 믿음의 조상인 아브라함과 같이 믿음으로 수용하고 받아들여야 한다(3:21-22). 그러나 바울은 이제 칭의의 종말론적 결론인 영생의 구원이 어떻게 율법이 없이도, 혹은 율법과 무관하게 가능한지에 대해서도 증명해야 한다. 그리고 이 사실이 율법을 근거로 자신들의 정체성을 찾는 이스라엘에게 무엇을 의미하는지에 대해서도 이방인들의

---

25. 참고, Fitzmyer, Romans: A New Translation with Introduction and Commentary, 68-80; Longenecker, The Epistle to the Romans: A Commentary on the Greek Text, 8-11; Byrne, Romans, 33.

회심과 연관하여 설명해야 한다(9-11장). 이에 바울은 로마서 5-8장에 걸쳐서 의롭다고 칭함을 받은 성도들이 어떻게 율법과 무관하게 하나님의 종말론적 진노로부터 자유로워지고, 영원한 하나님의 영광의 소망에 이를 수 있는지에 대해서 자세히 설명한다. 하나님의 영광을 공유하는 영원한 소망은 성령을 따라 걸음으로써 성취하는 의를 통해서 가능하다(8:4). 성령은 새 아담 예수와 연합하여 율법에 대하여 죽고 하나님에 대해서 살아난 하나님의 자녀들에게 주어진 위로부터 오는 선물이다(8:10-11).[26] 이에 바울은 로마서 5-8장에서 1-4장의 배경이 되었던 아담의 창조와 타락 이야기를 조금 더 전면에 내세우면서 예수의 사역을 아담과 대조하며 설명하고(5:12-21), 죄의 노예가 되었던 아담과 그에게 속한 인류의 경험을 의의 노예가 된 새 아담에게 속한 인류의 경험과 비교하며 설명한다(7:7-8:13).[27] 특별히 5:12-21에서 바울은 아담의 불순종 행위 및 그 행위가 인류에게 미친 부정적인 영향과 예수의 순종의 행위 및 그 행위가 인류에게 미친 긍정적인 영향을 서로 대조하며 설명한다. 안타깝게도, 바울의 관점에서 볼 때 율법은 새 아담 예수 편이 아니라, 옛 아담 편에 위치하여 인류를 정죄하는 역할을 하며 죄와 죽음의 권세를 공고히 하는 일에 기여하였다. 따라서 율법은 새 인류가 살아내는 성령으로 말미암는 하나님의 의에 어떠한 기여도 이루지 못한다.

　　로마서 5:1-11에서 바울은 가상의 유대인과의 대화를 중단하고 성도들과의 내부적인 대화로 자신의 대화 방향을 크게 전환한다. 여기서 바울은

26.　이승현, 『성령』 (용인: 킹덤북스, 2018), 171-201.

27.　로마서 5-8장과 로마서 전체의 문맥과 연관된 로마서 5:12-21의 구조적 분석에 대해서는 다음을 참고하라. 참고, Longenecker, *The Epistle to the Romans: A Commentary on the Greek Text*, 580-84; Byrne, *Romans*, 162-64; Fitzmyer, *Romans: A New Translation with Introduction and Commentary*, 96-101.

1인칭 복수형을 사용하면서 자신과 로마서 교회의 이방인 출신 성도들을 교회로 함께 묶고, 자신들이 받아들인 예수의 복음을 하나님으로부터 오는 은혜의 선물이라고 칭한다. 바울은 그 복음의 내용을 믿음으로 말미암는 칭의, 하나님의 영광의 소망, 하나님의 진노로부터의 구원, 화해, 그리고 평화 등의 개념으로 묘사한다. 유대인들과 역사를 공유하지 않는 이방인들에게 아브라함과 출애굽, 그리고 이방 땅으로의 추방과 회복의 사건들은 다소 무의미하게 느껴질 수 있다. 그러므로 바울은 하나님의 은혜의 복음을 이스라엘 역사의 특정한 사건들보다, 예수 사건이 그들에게 주는 다양한 효과들을 통해서 자세히 설명한다. 그러나 이어지는 5:12-21에서 바울은 갑작스럽게 3인칭 단수형을 사용하면서 예수와 아담을 비교하기 시작한다. 이에 많은 바울 학자들은 5:1-11과 5:12-21 간의 문맥적 관계에 대한 질문들을 제기했다.[28] 전자를 로마서 1-4장의 결론부로 간주하면서 후자를 바울의 새로운 논의의 시작으로 간주하는 제안이 제시되었다. 그러나 현재 대부분의 학자들은 5:1-11을 로마서 5-8장의 시작부로 간주하면서, 이어지는 5:12-21과의 관계를 설명하기 위해 해석학적인 노력을 기울인다.[29] 로마서 1-4장에서는 복음이 결여된 인류가 하나님의 진노 아래 놓여 있을 수밖에 없는 상황에 대해서 묘사했다면, 5-8장에서는 예수 복음을 영접한 인류가 어떻게 하나님과의 평화와 화해의 관계 아래 놓이게 되는지에 대해서 설명한다. 로마교회의 수신자들이 대부분 이방인들이었기에, 바울은 자신의 복음에 대한 신학적 토론이 담긴 로마서의 전반부를

---

28. 참고, Longenecker, *The Epistle to the Romans: A Commentary on the Greek Text*, 580-81; Fitzmyer, *Romans: A New Translation with Introduction and Commentary*, 96-97; Schreiner, *Romans*, 271; Moo, *The Epistle to the Romans*, 292-95; Wright, *The Climax of the Covenant: Christ and the Law in Pauline Theology*, 36.

29. 비교, Gathercole, *Where Is Boasting?: Early Jewish Soteriology and Paul's Response in Romans 1-5*, 252-55.

아담의 이야기에 바탕을 두고 전개한다.[30]

　　바울은 3:24-26에서 진노로 표현된 하나님의 의를 극복하는 구원으로 표현된 하나님의 의가 율법과 별개로 예수 그리스도를 통해서 가능해졌음을 간략하게 언급했다. 1:16-4:25이 바울의 복음이 '어떻게' 하나님의 의의 계시를 담고 있는지를 설명하고 있다면, 5:1-11에서 바울은 이 복음이 '왜 예수'의 복음인지를 예수의 사역이 성도들에게 가져다주는 구원의 다양한 효과들을 통해서 증명하고 있다. 이 사실은 5:1-11의 시작과 끝이 "우리 주 예수 그리스도"라는 표현으로 감싸여 있다는 사실에서 잘 나타난다. 이어지는 5:12-21에서 바울은 하나님이 예수를 통해서 복음의 형태로 전달해준 은혜를 이방인들에게 의미 있는 형태로 보편화시켜서 설명하려 한다. 이에 바울은 이방인들에게 가장 직접적으로 연관이 있는 창세기 1-3장의 아담 이야기를 통해서 예수의 복음의 의미를 설명한다. 여기서 바울은 자신의 이방인 청중들이 아담 이야기에 익숙할 것이라는 것을 전제하고 있다. 그러므로 5:12-21에서는 5:1-11에서 언급된 죄와 죽음, 구원, 화해와 평화 등의 개념들을 예수와 아담의 대조를 통해 자세히 설명한다.[31] 5:1-11에 예수가 가져온 구원에 대한 확신어린 고백이 담겨 있다면, 5:12-21에는 그 확신을 가능하게 하는 아담 기독론적 근거가 담겨 있다.[32] 이런 측면에서 볼 때, 5:12을 시작하는 헬라어 표현 διὰ τοῦτο는 5:1-11이

30. 참고, Leander E. Keck, "What Makes Romans Tick?," in *Pauline Theology*, ed. David M. Hay and E. Elizabeth Johnson (Minneapolis: Fortress, 1991), 27.

31. Longenecker, *The Epistle to the Romans: A Commentary on the Greek Text*, 583. 여기서 바울은 아담에 관한 유대인들의 다양한 전통을 자신의 목적에 맞게끔 수정해서 사용하고 있다. 참고, Byrne, *Romans*, 174-75.

32. Otfried Hofius, "The Adam-Christ Antithesis and the Law: Reflections on Romans 5:12-21," in *Paul and the Mosaic Law*, ed. James D. G. Dunn (Grand Rapids: Eerdmans, 2001), 178.

함의를 결론적으로 요약하는 것이 아니라, 5:1-11의 확신의 고백을 가능하게 한 신학적 이유를 설명하기 시작하는 것으로 이해할 수 있다. 이렇게 해서 바울은 예수의 이야기를, 구약의 처음 이야기인 아담과 연관시켜, 성경의 시작부터 묘사되는 구원의 이야기의 절정으로 제시하고, 이방인들이 자신들의 회심과 구원을 성서적으로 이해할 수 있도록 돕는 해석학적 틀로서의 보편적이고도 근본적인 구원의 이야기(universal foundational salvation story)를 창출해낸다.[33] 결론적으로, 바울은 5:12-21에 담긴 아담 기독론적 논지를 통하여 어떻게 이스라엘의 메시아 예수의 이야기가 이방인들을 포함한 전 인류의 구원의 근거가 되는지를 설명할 수 있게 된다. 뿐만 아니라, 이제 바울은 이방인들이 옛 아담에게서 새 아담으로 자신들의 소속을 바꿈으로써, 미래의 영광의 소망을 바라보면서 하나님이 요구하는 의로운 삶, 혹은 하나님이 율법을 통해서 요구했던 의로움을 현재도 살아낼 수 있다고 가르친다. 따라서 5:12-21은 5:1-11에서 묘사된 바울과 이방인 성도들의 개인적 회심 경험과 신앙고백에 대한 기독론적 근거를 제공하는 동시에, 이어지는 6-8장에서 이방인 성도들이 경험한 구원의 현재적인 효과와 미래 구원의 확실성에 대한 부인할 수 없는 신학적 근거를 제공해 준다.[34]

로마서 5:12-21의 구조

로마서 5:12-21에서 바울은 아담의 불순종의 행위와 예수 그리스도의 순종의 행위를, 그리고 그들의 행위들이 인류에게 가져온 효과들을 대조

---

33. Longenecker, *The Epistle to the Romans: A Commentary on the Greek Text*, 582, 85.
34. 참고, Fitzmyer, Romans: A New Translation with Introduction and Commentary, 97, 406; Schreiner, Romans, 267; Longenecker, The Epistle to the Romans: A Commentary on the Greek Text, 586.

비교한다. 따라서 5:12-21의 내부적인 구조는 "마치 ~처럼, 역시 ~하여" 등
의 표현들을 중심으로 형성된다. 그리고 이 두 인물들의 행위들이 전 인
류에 미친 영향은 죄와 정죄와 죽음, 그리고 의와 칭의와 생명의 개념들
을 통해서 자세히 설명된다. 예수가 가져온 칭의와 생명, 그리고 아담이
가져온 정죄와 죽음은 1:18-4:15의 핵심 주제인 하나님의 의와 칭의를 다
시 한번 강조하면서, 이에 대한 기독론적 근거를 제시해준다. 동시에 아담
과 새 아담의 사역과 연관해서 새롭게 소개된 권세로서 은혜와 죄, 그리
고 죽음의 개념들은 이어지는 6-8장 전체의 논의를 주도하는 핵심개념들
로 기능할 것이다. 그러나 바울이 아담과 예수 간에 존재하는 대조와 비
교를 통해서 정말로 강조하고 싶은 점은 예수를 통해서 허락된 하나님의
은혜가 아담을 통해 발생한 저주의 효과를 훨씬 더 능가하고 있다는 사실
이다. 바울의 표현을 빌리자면, 새 아담으로부터 온 은혜의 권세와 능력이
아담에 의한 죄와 죽음의 능력을 압도한다. 이 사실은 헬라어 πολλῷ μᾶλ-
λον의 반복을 통해 강조된다. 바울의 아담 기독론적 논의를 품은 5:12-21
은 3:22-26과 함께 로마서 전체 논지를 지탱해주는 가장 중요한 기독론적
본문이다. 이 본문에 함유된 기독론적 강조점은 바울이 반복해서 사용하
는 헬라어 표현들인 διὰ τοῦ κυρίου ἡμῶν Ἰησοῦ Χριστοῦ와 διὰ τοῦ ἑνὸς Ἰ
ησοῦ Χριστοῦ에서 발견된다(5:1, 11, 17, 21). 이번 장에서 전개되는 논의의 최
대 관심사인 로마서 5:12-21의 구조는 다음과 같이 네 부분들로 쉽게 구분
될 수 있다:[35]

---

35. 참고, Longenecker, *The Epistle to the Romans: A Commentary on the Greek Text*, 585;
    Moo, *The Epistle to the Romans*, 314-16. 비교, Schreiner, *Romans*, 268; Fitzmyer, *Ro-
    mans: A New Translation with Introduction and Commentary*, 405; Byrne, *Romans*, 175-
    82; Hofius, "The Adam-Christ Antithesis and the Law: Reflections on Romans 5:12-21,"
    166-71.

A. 아담의 저주의 효과: 인류를 사로 잡은 죄와 죽음(12-14절)

B. 예수를 통한 하나님의 은혜의 효과: 칭의와 생명(15-17절)

C. 결론: 새 아담의 순종과 옛 아담의 불순종의 효과 비교(18-19절)

D. 추가: 율법의 역할(20-21절)

로마서 5:12-21의 해석

(1) 아담의 저주의 효과: 인류를 사로 잡은 죄와 죽음(12-14절)

로마서 5:1-11에서 바울은 예수의 사역의 효과를 하나님과의 현재적인 칭의와 화해 그리고 평화, 그리고 미래에 경험할 구원과 하나님 영광에의 소망 등으로 묘사했다. 이어지는 5:12-21에서 바울은 이러한 예수의 사역이 필요했던 이유를 먼저 자세히 설명하고, 그 사역이 가져온 미래 영광의 소망을 영생 개념으로 한번 더 강조하려 한다. 예수이 희생 사역이 필요했던 이유를 설명하기 위해서 바울은 5:12-14에서 어떻게 죄와 죽음이 세상에 들어오게 되었는지를 예수의 모형이 되는 아담을 중심으로 먼저 설명한다(5:14). 영생이 예수 그리스도를 통해서 인류에게 허락되었듯이, 영생과 대치되는 개념인 죽음도 예수와 대치 선상에 놓인 한 사람 아담을 통해서 이 땅에 들어왔다. 여기서 바울은 아담의 타락에 대한 창세기 3장과 그에 대한 유대인들의 전통을 근거로 아담의 불순종으로 인해 죽음이 세상에 들어오게 되었음을 다시 한번 상기시킨다(12절). 그러나 여기서 바울은 세상에 들어온 죄와 죽음을 윤리적인 개념으로만 이해하지 않고, 아담과 그의 자손들을 다스리는 극복할 수 없는 영적인 권세로 이해한다.[36]

---

36. 로마서에서 죄는 인격적인 존재로 묘사되어, 인류를 다스리고(5:20; 6:13-14), 복종을 요구하고(6:16-17), 죄값을 요구하며(6:23), 인간을 사로잡을 기회를 엿보고(7:8, 11), 아담에게 속한 인류를 속이고 죽인다(7:11, 13). 죄와 죽음을 권세로 이해하는

아담을 통해서 세상에 들어온 죄는 계속해서 그의 후손들로 하여금 죄에
게 굴복하게 만들었고, 아담의 죄에 대한 형벌로 세상에 들어온 죽음도
계속해서 아담의 모든 후손들을 지배하는 폭군이 되어 그들을 다스렸다.[37]
여기서 죽음은 하나님과의 분리를 의미하는 영적인 죽음을 전제로 하지
만, 조금 더 구체적으로 창세기 3:17-19을 따라 아담과 그의 후손들에게
임한 육체적인 죽음이 강조되고 있다.[38]

아담에 대한 바울의 논의에서 가장 기본이 되는 전제는 죄와 죽음 간
에 놓인 인과관계이다. 여기서 우리는 한 가지 질문을 제기할 수 있다:
"자신의 죄에 대한 형벌로 죽음의 선고를 받은 아담 이후로 이 땅에 태어
난 그의 후손들의 죽음은 누구의 죄에 대한 형벌일까?" 단순히 아담의 원
죄에 대한 형벌로서의 죄를 그의 후손들이 아담 안에서 함께 경험한다는
아담의 원죄설은 바울의 논의를 완벽하게 설명하지 못한다.[39] 5:12의 후반
부를 시작하는 헬라어 표현 ἐφ' ᾧ는 학자들의 토론의 중심에 선 해석학적
이슈들 중 하나이다. 이 표현은 단순히 아담의 죄와 죽음의 '결과'로 혹은
'기반'으로 해서 그의 후손들의 삶에서 죄가 발생했다라고 해석되기보다

바울의 신학적인 경향성은 동시대 묵시론적 유대인들의 죄와 죽음에 대한 신학적
경향성과 많이 상이하다. 참고, Martinus C. de Boer, *The Defeat of Death: Apocalyptic
Eschatology in 1 Corinthians 15 and Romans 5* (Sheffield, England: JSOT, 1988), 85-
88.

37. 참고, Longenecker, *The Epistle to the Romans: A Commentary on the Greek Text*, 586-
87. 아담의 모든 후손들은 아담의 죄로부터 자유롭지 못한 상태에서 계속해서 죄
에 굴복하였기에 자신들의 죄에 대한 죽음을 경험해야만 했다. 따라서 성령이 가
져오는 최종적인 부활은 이미 하나님과 영적으로 화해된 성도의 죽은 몸의 부활이
다(롬 8:10-11).

38. Byrne, *Romans*, 176. 참고, Moo, *The Epistle to the Romans*, 320. 비교, Hofius, "The
Adam-Christ Antithesis and the Law: Reflections on Romans 5:12-21," 182.

39. 참고, Richard H. Bell, "Rom 5.18-19 and Universal Salvation," *New Testament Studies*
48, no. 3 (2002): 417-32.

는,[40] 아담의 불순종을 통해서 세상에 들어온 죄가 인류를 다스렸기 '때문에' 온 인류가 아담 안에서 죄를 지을 수밖에 없었고, 그리고 이 두 가지 사실 '때문에' 죽음이 온 인류에게 임했다고 해석되는 것이 더 옳다(비교, 고후 5:4; 빌 3:12; 4:10).[41] 왜냐하면 14절에서 바울은 죽음이 죄를 통해서, 혹은 죄와 함께 거스를 수 없는 능력으로 인류를 다스렸다고 선포하고 있기 때문이다(ἐβασίλευσεν; 비교, 고전 15:54-57). 아담이 초래한 죄에 사로 잡힌 아담에게 속한 인류는 아담처럼 아무도 죄로부터 자유롭지 못했고, 따라서 모든 인류는 다 아담 안에서 계속해서 죄를 짓고 그 죄에 대한 형벌로 죽음을 경험할 수밖에 없었다(πάντες ἥμαρτον, 12절; 비교, 3:23).[42] 따라서 바울에게 의와 생명은 예수를 통해서 오고 예수 안에서(through/in Christ) 경험되는 권세인 반면에, 죄와 죽음은 아담을 통해서 오고 아담 안에서(through/in Adam) 경험되는 권세이다.

5:12에서 바울은 인류의 죽음에 대한 인류 개개인이 저지른 죄의 신가성과 아담의 죄가 인류를 다스린 효과 둘 다를 강조한다. 그러나 바울에게 이 두 가지의 죄들은, 비록 아담 이후의 인류가 아담이 어겼던 선악과를 금하는 동일한 명령을 범하지는 않았지만, 서로 떨어질 수 있는 구분된 개념들이 아니라 상호 긴밀하게 연관된 개념들이다. 아담 안에서 죄가

---

40. 참고, Fitzmyer, *Romans: A New Translation with Introduction and Commentary*, 413-17; Longenecker, *The Epistle to the Romans: A Commentary on the Greek Text*, 587-89.

41. Byrne, *Romans*, 177, 83; Moo, *The Epistle to the Romans*, 321-22; Richard H. Bell, "The Myth of Adam and the Myth of Christ in Romans 5.12-21," in *Paul, Luke and the Graeco-Roman World: Essays in Honour of Alexander J.M. Wedderburn*, ed. A. J. M. Wedderburn and Alf Christophersen (London; New York: Sheffield Academic Press, 2002), 26-27; Witherington and Hyatt, *Paul's Letter to the Romans: A Socio-Rhetorical Commentary*, 146. 비교, Schreiner, *Romans*, 274-76.

42. Byrne, "Adam, Christ, and the Law in Romans 5-8," 215-16; Murphy-O'Connor, *Paul: A Critical Life*, 336.

다스리는 세상에 인류가 영적으로 죽은 상태로 태어나기 때문에 인류는 끊임없이 죄를 범할 수밖에 없고(5:21), 다시 인류의 죄는 그들의 처음 조상 아담의 죄와 동일한 죽음의 효과를 계속해서 발휘하기 때문이다.[43] 이처럼 바울이 인류의 죄와 사망 그리고 아담의 죄와 사망 간에 놓인 내부적인 연결고리를 확고하게 강조하는 이유는, 아담의 경우와 마찬가지로, 아니 아담의 경우를 훨씬 더 뛰어넘어, 새 아담 예수의 순종과 의 그리고 그에게 속한 인류가 경험하는 칭의와 생명 간에 놓인 연결고리를 더욱더 강조하고 싶기 때문이다. 아담이 인류에게 가져온 부정적인 효과는 예수가 새 인류에게 가져온 긍정적인 효과를 부각시키는 역할을 하기에, 아담은 오실 자, 즉 새 아담 예수의 모형이라고 불린다(τύπος τοῦ μέλλοντος, 5:14).[44] 모형은 원래 봉인처럼 어떤 물건이 강하게 닿을 때 남겨지는 모양 혹은 윤곽을 의미하나, 성서신학에서 모형은 구원사의 마지막에 발생할 사건이나 인물을 나타내기 위해서 구원사의 시작에 유사한 패턴으로 등장하는 인물이나 사건을 일컫는 데 사용된다.[45] 물론 아담을 예수의 모형이라고 부를 때, 바울은 이 두 모형과 원형 간에 존재하는 긍정적인 관계보다는, 이 둘이 인류에게 미치는 우주적인 영향의 심각성에 담긴 패턴의 유사성을 더 강조한다. 사실 바울은 아담과 예수를 대조하면서 설명하고 있기에, 예수 사건의 긍정적인 의미를 더 부각시키기 위하여 아담 사건의 부정적인 의미를 최대한 강조하고 있다.[46]

---

43. Longenecker, *The Epistle to the Romans: A Commentary on the Greek Text*, 590; Moo, *The Epistle to the Romans*, 326. 참고, Hofius, "The Adam-Christ Antithesis and the Law: Reflections on Romans 5:12-21," 185-86.

44. 오실 자는 유대인들의 생각에서 종종 미래에 올 메시아를 지칭한다.

45. Byrne, *Romans*, 184; Longenecker, *The Epistle to the Romans: A Commentary on the Greek Text*, 593; Moo, *The Epistle to the Romans*, 333-34.

46. 그 한 예로 우리는 로마서 5:15, 17에서 발견되는 헬라어 표현 πολλῷ μᾶλλον을 들

그러나 유대인들의 관점에서 볼 때, 아담과 예수를 비교함으로써 죄와 죽음, 그리고 의와 생명을 비교 토론하는 바울의 설명에는 한 가지 치명적인 약점이 존재한다. 모세가 시내산에서 율법을 받기 전 인류는 아담의 계명과 율법을 자신들이 지켜야 할 것으로 소유하지 못한 상태에 있었으므로, 하나님의 법을 어긴 죄와 그의 결과로 임한 인류의 죽음에 대한 바울의 선고가 성립될 근거가 쉽게 설명될 수 없기 때문이다. 이에 바울은 예수 편에서 온 의와 생명의 은혜를 강조하기에 앞서, 이 해석학적 약점을 해결해야 할 필요성을 느꼈다. 이에 5:13-14에서 죄의 효과를 모세를 통하여 율법이 주어지기 전의 시대와 주어진 후의 시대로 구분하여 설명한다.[47] 바울은 율법이 오기 전에도 죄가 이 세상에 존재하였기에, 아담부터 모세 사이의 모든 인류가 다 죽음을 경험했다고 선포한다. 인류가 보편적으로 경험한 죽음의 경험은 율법이 오기 전부터 존재했던 죄의 존재에 대한 부인할 수 없는 증거이다. 단지 율법이 오기 전에는 죄가 지로 선고되지 않았을 뿐이고, 인류가 지은 죄는 아담의 죄와 모양이 다를 뿐이다. 선악과를 금하는 계명을 소유한 아담과 율법을 소유한 유대인들은 분명하게 계시되고 기록된 창조주 하나님의 뜻을 거스르는 죄를 지은 반면에, 아담과 모세 사이에 태어나 죽은 인류는 창조주에게 마땅히 돌려드려야 할 영광을 피조물에게 돌리고 윤리적으로 타락해버린 죄를 범했다(비교, 1:18-32). 율법이 주어지기 전 모든 인류가 다 죽음을 경험했다는 사실은 그들의 죽음의 원인이 되는 죄가 인류를 강력하게 지배하고 있었다는 사실에 대한 부인할 수 없는 증거가 되어 바울의 논리를 반박하는 유대인 대적들을 압박한다. 여기서 바울은 다시 한번 율법의 소유 유무가 하나님

수 있다.

47. 이 부분에 대한 중요한 논의들과 그 논의들에 대한 평가에 대해서는 Moo를 참조하라. 참고, Moo, *The Epistle to the Romans*, 330-32.

의 구원사에서 그 어떤 차이들을 만들어 내지 못한다는 자신의 앞선 주장을 반복한다(비교, 2:12-13). 바울의 관점에서 볼 때, 율법은 이미 영적으로 죽어 있고 육체의 죽음을 경험해야만 하는 아담에게 속한 인류에게 어떤 해결책도 제시하지 못한 채, 단지 그들이 종말론적인 심판대 앞에서 하나님의 진노와 심판을 경험할 수밖에 없다는 사실을 더 엄중하게 만들 뿐이다(비교, 5:9-10).[48] 율법이 아담에게 속한 인류에게 죄와 죽음의 연결고리를 더 강하게 만든다는 이 비극적인 역설에 대해서 바울은 로마서 7장에서 조금 더 상세하게 설명한다.

(2) 예수를 통한 하나님의 은혜의 효과: 칭의와 생명(15-17절)

바울은 모형인 아담을 원형인 예수와 비교하면서, 그 둘이 인류에게 미친 효과를 균형 잡힌 공식의 형태로 묘사한다(18-19절). 그러나 이 목적을 달성하기에 앞서, 바울은 아담과 새 아담이 인류에게 미친 효과들의 차이점들을 먼저 강조하기 원한다. 두 아담들이 인류에게 미친 차이점들을 바울은 그들의 죄와 의로운 선물이 가져온 정죄와 칭의, 죽음과 생명, 그리고 관여한 인물들을 가정법의 형태로 πολλῷ μᾶλλον의 논리를 통해서 비교하며 설명한다(5:15, 17; 비교, 5:9-10).[49] 이 헬라어 표현은 그리스-로마 수사학적인 '더더구나 논법'(a minori ad maius)과 고대 유대인들의 일곱 가지 해석학적 기준들 중 하나인 '칼 바호메르'를 반영하면서, 아담이 가져온 저주의 효과를 뛰어넘는 예수의 은혜의 우월성을 강하게 표현해준다. 아

---

48. Byrne, "Adam, Christ, and the Law in Romans 5-8," 217; Martinus C. de Boer, "Paul's Mythologizing Program in Romans 5-8," in *Apocalyptic Paul: Cosmos and Anthropos in Romans 5-8*, ed. Beverly Roberts Gaventa (Waco: Baylor University Press, 2013), 18.
49. Byrne, *Romans*, 179; Longenecker, *The Epistle to the Romans: A Commentary on the Greek Text*, 595.

담과 새 아담 예수의 경우, 이 둘의 행위들이 모든 인류에게 보편적인 영향을 미쳤다는 측면에서는 상호 간에 깊은 유사성이 있다. 이런 측면에서 아담은 오실 자, 곧 새 아담 예수의 모형이라고 불릴 수 있다. 그러나 그들의 행위들이 인류에게 미친 영향들을 자세히 비교해보면, 그 영향들의 범위와 효과 면에서 확연하게 다른 점들이 발견된다. 이 사실을 바울은 15절을 시작하는 헬라어 접속사 ἀλλά와 15-16절에서 발견되는 헬라어 대조 표현 οὐχ ὡς를 통해서 분명하게 강조한다. 바울은 예수의 은혜가 인류에게 미친 영향의 우월성을 강조하면서, 18, 19절의 결론부에서 아담과 새 아담을 대조한다.

첫 번째, 아담의 죄가 단지 한 인간 아담의 행위를 포함하고 있는데 반하여, 새 아담 예수의 은혜는 예수와 창조주 하나님의 넘치는 능력과 은혜 둘 다를 포함하고 있다. 15절에서 바울은 아담 편에서는 단지 한 인간의 행위가 많은 사람들로 하여금 죽음을 경험하게 했던 것에 반하여, 많은 사람들에게 생명으로 다가온 예수의 한 은혜로운 선물(χάρισμα)은 예수 자신의 은혜를 표현하는 동시에, 하나님의 은혜가 구체적으로 그리고 넘치도록 표현된 것이라고 말한다(ἐπερίσσευσεν).[50] 예수의 은혜로운 선물은 그가 인류의 죄에 대한 희생의 제물로 자신을 내어준 사건을 일컫는다(3:25; 5:6-8). 예수의 죽음이 은혜로운 선물인 이유는 그의 희생의 죽음의 대상이 하나님의 은혜를 받을 자격이 있는 존재들이 아니라, 하나님의 저주 아래 놓인 죄인들이었기 때문이다. 또한 예수의 죽음이 예수 자신의 은혜를 표

---

50. 바울은 5:12-21에서 아담과 새 아담을 비교하면서 -μα로 끝나는 다양한 헬라어 명사들을 사용한다. 동일한 소리로 끝나는 명사들을 통해서 바울은 자신의 설교를 듣는, 그리고 낭독되는 자신의 편지를 듣는 청중들에게 자신의 메시지를 확실하게 강조하고자 한다. 참고, Longenecker, *The Epistle to the Romans: A Commentary on the Greek Text*, 594.

현하는 이유는, 비록 예수의 희생의 죽음을 계획한 분은 하나님이었지만, 예수의 희생이 하나님의 뜻에 대한 그 자신의 자발적인 순종을 의미하기 때문이다(5:19; 비교, 빌 2:6-11).[51] 그럼에도 불구하고, 예수의 희생은 예수의 은혜로운 선물을 뛰어넘어, 아들 예수를 이 땅에 보낸 하나님 아버지의 은혜를 표현한다. 바울은 예수와 하나님의 관계를 아버지와 아들로 설정하였기에(1:3), 아들 예수를 이 땅에 보낸 결정은 아버지 하나님 편에서의 희생을 의미한다고 전제한다. 하나님이 이 땅에 예수를 보낸 이유는 그를 죄악 된 육체의 형태로 보내어 인류의 죄에 대한 희생의 제물이 되게 하고, 그의 육체 안에서 인류를 통치하고 있는 죄를 정죄하고자 함이다(8:3). 바울은 죄인들을 위하여 희생된 아들의 죽음이 인류를 향한 하나님 사랑의 결정적 표현이라고 이미 강조했다(5:8). 왜냐하면 아담의 죄 아래 갇힌 인류는 하나님의 진노 아래 놓인 원수에 불과했으나, 예수의 죽음과 희생의 피를 통해서 인류는 기대할 수 없었던 하나님과의 화해와 평화를 경험하게 되었기 때문이다(5:1, 10-11). 경험적인 측면에서 볼 때, 바울과 이방인 성도들이 하나님의 사랑을 개인적으로 체험하게 된 것은 그들에게 부어진 아들의 영인 성령을 통해서이다(5:5). 바울에게 있어서 성령은 예수와 연합한 새 인류가 죄 된 육체로부터 자유로워져 율법이 요구하는 모든 의를 만족시킬 수 있게 하는 아들의 영이다(8:1-11).[52]

두 번째, 아담의 한 죄(παράπτωμα)는 모든 인류로 하여금 아담의 죄의 영향력 아래서, 그리고 자신들의 실질적인 죄들을 인하여 하나님의 심판 앞

---

51. 예수의 희생을 하나님의 뜻에 대한 순종으로 보는 바울의 견해는 빌립보서 2:6-11 에서 자세히 시의 형태로 묘사되고 있다. 참고, 이승현, "빌립보서 2:6-11을 통해서 본 바울의 기독론적 구약 사용," 「신약논단」 26(1) (2019): 215-256; idem., ""하나님과 동등됨"의 의미에 대한 고찰과 빌립보서 2:6-11 해석," 「성경원문연구」 39 (2016): 203-222.

52. 참고, 이승현, 『성령』, 91-116.

에서 정죄당하는(κατάκριμα) 결과를 가져왔다.[53] 그러나 새 아담 예수가 가져
온 한 은혜(χάρισμα)는 인류의 많은 죄들을 극복하여 그들로 하나님 앞에서
죄 없이 의롭다고 칭함을 받고 의로운 관계 속에 거하며 의로운 존재
(δικαίωμα)가 될 수 있게 하였다. 여기서 예수와 아담의 행동들의 효과는 크
게 두 가지 면에서 비교된다. 아담은 자신의 불순종의 죄에 대한 하나님
의 심판의 결과로 정죄를 당하였고, 그 안에서 탄생한 인류도 그와 함께
동일한 정죄의 심판을 경험하게 하였다. 그러나 예수의 순종의 행위는 인
류의 죄들에 대한 용서와 화해를 포함하는 칭의를 가져왔다. 뿐만 아니라,
두 아담의 행위들이 인류에 미친 영향의 스케일도 확연하게 구분된다. 아
담의 경우에는 난 한번의 실수의 결과인 한 죄를 인하여 온 인류에게 하
나님의 저주를 불러 왔으나, 새 아담 예수의 경우에는 그의 한 순종의 행
위가 아담의 죄와 그를 따라 태어난 전 인류의 모든 죄들을 다 처리할 수
있을 정도로 그 효과가 크다(16절). 아담은 죄와 죽음이 존재하지 않는 순
결하게 창조된 세상에 들어와 단 하나의 죄로 모든 세상을 파괴해버렸으
나, 예수는 인류의 죄로 가득 찬 세상으로 들어와 단 한번의 의로운 희생
으로 온 세상의 모든 죄들을 다 처리해버렸다.[54]

　세 번째, 두 아담들의 행위들이 인류에게 미친 영향은 정죄와 칭의에
따라 확연하게 구분된다. 그리고 인류의 정죄의 결과를 낳은 아담의 경우
에는 죽음이 인류를 통치하였고, 인류의 칭의의 결과를 낳은 예수의 경우
에는 의가 인류를 생명 안에서 통치한다(ἐβασίλευσεν, 5:14, 17, 21). 두 인물들이
인류에게 가져온 사망과 생명은 피조 세계의 운명을 가장 결정적으로 좌

---

53. 참고, Longenecker, *The Epistle to the Romans: A Commentary on the Greek Text*, 590;
　　Byrne, *Romans*, 177.
54. 이 생각은 바울신학의 영향을 받은 히브리서에서 가장 잘 논의되고 있다. 참고,
　　Wright, *The Climax of the Covenant: Christ and the Law in Pauline Theology*, 37-38.

지우지하는 현상들이다. 아담 안에서 정죄를 경험한 인류의 최악의 경험
은 하나님이 준 생명을 상실하고 죽음을 경험한 것이다. 이런 인류에게
주어질 수 있는 최고의 경험은 잃어버린 생명을 다시 되찾는 것이다. 그
러므로 두 아담들이 초래한 사망과 생명은 인류가 경험할 수 있는 운명을
가장 극단적으로 대조하여 보여주면서, 예수의 사역의 긍정적인 효과를
더욱더 돋보이게 한다. 여기서 다시 한번 강조되어야 하는 것은, 아담은
창조주 하나님의 생명이 가득 찬 세상에 와서 죽음을 경험하였으나, 예수
는 죽음이 다스리고 있는 곳에 와서 아담의 죽음의 운명을 스스로 경험함
으로써 죽음을 극복하고 생명을 인류에게 가져다주었다는 사실이다.[55] 물
론 여기서 예수가 세상에 가져다 준 생명은 단순한 육체의 부활을 넘어
서, 영생 가운데서 영원히 하나님과 교제하는 회복된 관계를 포함한다
(5:21). 창세기에서 아담은 타락 후 낙원에서 쫓겨나 하나님과 분리되는 영
적인 죽음을 먼저 경험한 후 나중에 육체의 죽음을 경험했기에, 새 아담
예수의 사역은 이 두 가지 현상들의 극복을 의미한다. 바울은 이미 앞에
서 인류가 경험하게 된 생명을 하나님의 영광을 공유하는 영원한 소망의
개념으로 간략하게 언급하였다(5:2). 바울은 나중에 8:14-30에서 아담에게
속한 새 인류가 누리게 될 영광의 소망에 대해서 더 자세히 설명할 것이
다. 그리고 어떻게 피조 세계도 하나님의 자녀들의 영광의 소망에 동참하
게 되는지에 대해서도 자세히 묘사해 줄 것이다.

17절에서 바울은 생명으로 인도하는 예수의 은혜의 선물의 주 내용으
로 의(δικαιοσύνη)를 제시한다. 이 의는 바울의 복음이 계시하는 바로 그 하나
님의 의를 가리킨다(1:16-17). 인류의 죄를 인하여 처음 하나님의 진노로 표
현되었던 하나님의 의가 인류의 구원을 위하여 하나님의 신실함으로 표

---

55. 이 사실은 예수의 사역이 아담의 사역을 뛰어넘는다는 바울의 주장을 한층 더 돋
보이게 한다. 참고, Moo, *The Epistle to the Romans*, 338.

현되었다. 이 구원을 주는 의는 율법의 일들을 통해서가 아니라, 율법과
별개로 인류의 죄의 용서를 위하여 희생제물로 바쳐진 예수를 통해서 제
공되었다고 바울은 이미 선포하였다(3:21-26). 구원을 주는 하나님의 의를
자신의 것으로 취할 수 있는 방법은 예수를 통해서 허락된 하나님의 구원
의 선물을 아브라함처럼 믿음으로 받아들이는 것이다.[56] 아브라함은 불의
한 자들을 의롭게 만들어 주시는 하나님을 믿어 의롭다고 칭함을 얻었다
(4:3-5). 그의 믿음의 본질은 자신과 사라의 육체의 죽음을 극복하고 약속
된 자녀를 주실 하나님의 생명의 능력과 신실함을 믿은 것에서 발견된다
(4:19-20). 이런 측면에서 아브라함의 믿음은 본질적으로 부활한 예수를 살
린 하나님에 대한 믿음을 통해서 의롭다고 칭함을 받은 성도들의 믿음과
동일하다(4:24-25). 로마서 4장(과 갈라디아서 3장)에서 아브라함의 믿음은, 헤
이즈가 주장하듯이 예수의 신실함을 원형론적으로 예표해주는 것이 아니
라,[57] 예수를 향한 성도들의 믿음의 가장 훌륭한 선례로 제시되고 있다. 바
울이 강조하고 싶은 것은 믿음의 조상 아브라함과 그의 믿음의 자녀들 간
에 놓인 하나님을 향한 관계에 있어서 필수불가결한 요소인 믿음의 연속
성이다. 로마서 5:1-11에서 바울은 1인칭 복수형을 통해서 자신을 포함한
이방인 성도들이 아브라함처럼 믿음을 통해서 하나님의 의를 수용하였
고, 이로써 자신들은 하나님과 화해되어 하나님과의 의로운 관계 속에 거
하게 되었음을 강조한다. 예수의 죽음을 통하여 계시된 하나님의 의를 통

---

56. 여기서 우리는 비록 하나님의 의가 새 아담 예수를 통하여 전 인류에게 보편적으로 계시되었지만, 그 효과를 경험하는 자들은 오직 믿음으로 반응하는 자들만으로 한정될 수 있음을 알 수 있다. 이 사실은 왜 5:12-21에서 바울이 예수의 은혜의 대상으로 '모든'과 '많은'을 번갈아가면서 사용하는지에 대한 설명을 제공할 수 있다. 참고, Ibid., 340.
57. Richard B. Hays, *The Faith of Jesus Christ: The Narrative Substructure of Galatians 3:1-4:11*, 2nd ed. (Grand Rapids: Eerdmans, 2002), 132, 66.

하여 하나님과의 화해와 평화를 경험하고 있는 성도들은 예수의 부활을
인하여 하나님의 의가 최종적으로 표현될 미래의 종말론적 구원을 경험
할 것도 약속된다(5:10). 그러므로 바울이 5:1-11에서 사용하고 있는 1인칭
복수형 명사는 바울과 이방인 성도들의 새로운 정체성을 하나의 교회 공
동체(ecclesiological we)의 개념으로 제시하는 중요한 존재론적 호칭이다.[58]

　바울과 이방인 성도들이 예수에게 속하여 소유하게 된 생명에는 또
다른 예수의 은혜의 특징이 존재한다. 아담의 죄는 단순히 인류에게 죽음
의 경험을 선사했던 것에 반하여, 예수의 은혜로운 의의 선물을 풍성하게
경험한 자들은 단순히 부활 생명을 자신들의 육체에 경험하는 것에만 그
치지 않고(8:9-11), 예수를 통하여 "생명 안에서 다스리는"(ἐν ζωῇ βασιλεύσου
-σιν,[59] 17절) 경험을 하게 될 것이다.[60] 여기서 우리는 성도들이 생명 안에서
다스리는 대상이 무엇인지에 대해서 질문해 볼 수 있다. 로마서의 문맥에
서 성도들이 예수와 함께 다스리게 될 가장 중요한 존재는 자신들의 죄
된 육체와 죽음이다.[61] 새 아담 예수는 자신의 육체의 죽음과 부활을 통해
서 죄와 죽음을 심판하고, 아담이 죄와 죽음에게 내어줬던 통치적 권위를

---

58. 참고, Philip Francis Esler, *Conflict and Identity in Romans: The Social Setting of Paul's
Letter* (Minneapolis: Fortress, 2003), 195-98.

59. 이 미래형 동사는 통치의 미래성에 대한 강조가 아니라, 논리적인 미래형으로서
통치의 확실성을 의미한다.

60. 17절에서 바울은 옛 아담에게 속했던 인류의 경우에는 죽음이 그들을 통치했다고
가르치나, 새 아담에게 속한 인류의 경우에는 그들이 생명 안에서 다스린다고 통
치의 주제를 변화시킨다. 그러나 21절에서는 은혜가 의를 통해서 통치를 행사한다
고 말한다. 참고, J. R. Daniel Kirk, *Unlocking Romans: Resurrection and the Justifica-
tion of God* (Grand Rapids: William B. Eerdmans Pub., 2008), 102.

61. 참고, Ardel B. Caneday, "Already Reigning in Life through One Man: Recovery of
Adam's Abandoned Dominion (Romans 5:12-21)," in *Studies in the Pauline Epistles:
Essays in Honor of Douglas J. Moo*, ed. Dane Calvin Ortlund and Matthew S. Harmon
(Grand Rapid: Zondervan, 2014), 27-43.

다시 되찾은 세상의 주가 되었다(8:3; 고전 15:20-28). 따라서 예수를 통해서 오는 의와 은혜의 선물을 경험한 새 인류는 더 이상 죄의 통치 아래 묶여 있지 않고, 생명 안에서 자신의 육체를 다스릴 수 있게 된다. 이 사실은 왜 바울이 로마서 6:4에서 부활한 예수와 연합한 성도들은 생명의 새로움, 혹은 새로운 생명 안에서 걸으라고 권고하는지에 대한 이유를 제공한다.[62] 그러나 바울신학에 내재한 종말론적 긴장이 이 통치 문제에 대해서 가지고 있는 함의를 우리는 망각하지 말아야 한다. 예수와의 연합을 통한 죄에 대한 죽음은 성도들의 삶에서 자동적으로 완성된 형태로 주어지는 것이 아니라, 성도들로 하여금 이 새로운 신학적인 실체를 자신들의 삶에서 구체적으로 그리고 실질적으로 실현하기 위해서 감당해야 할 존재론적 책임의 형태로 주어진다.[63] 흥미로운 사실은 아담의 첫 아들 가인에게 하나님은 죄가 그를 통치하기 위하여 문 앞에서 기다리고 있으니, 조심하여 그 죄를 다스리라고 권고한다는 것이다(창 4:7). 이런 면에서 성도들이 경험하게 될 영화는 죄 된 육체와 죽음으로부터의 종말론적인 자유를 의미한다. 이 사실을 바울은 로마서 7-8장에서 더 상세하게 설명한다. 나아가 예수에게 속하여 성령을 소유한 자들은 다 예수와 함께 하나님의 영광을 물려받을 상속자들이 된다(8:14-18). 이 사실은 우리로 하여금 하나님을 대신하여 온 세상을 다스리는 예수의 통치적 권세에 성도들도 함께 동참할 것임을 깨닫게 해준다. 바울은 고린도전서 6:2에서 성도들이 예수와 함께 온 세상을 다스리고 심판할 것이라고 분명하게 가르친다.

(3) 결론: 새 아담의 순종과 옛 아담의 불순종의 효과 비교(18-19절)

15-17절에서 πολλῷ μᾶλλον의 논리를 통해서 아담과 예수가 인류에게

---

62. Ibid., 32-33.
63. 참고, Eastman, "Double Participation and the Responsible Self," 103.

가져온 영향의 차이점들을 대조적으로 보여준 바울은 이제 18-19절에서 아담과 새 아담 예수의 사역/사역의 효과를 다음과 같이 깔끔한 공식처럼 정리하여 균형 있게 제시한다:

한 사람의[64] 범죄함으로 인하여 모든 사람들에게 정죄함이 임했던 것처럼, 한 사람의 의로운 행위로 인하여 모든 사람들에게 생명의 의로움이 임합니다. (18절).[65]

왜냐하면 한 사람의 불순종함으로 인하여 많은 사람들이 죄인이 되었듯이, 한 사람의 순종함으로 인하여 많은 사람들이 의인이 될 것이기 때문입니다. (19절).

위에 잘 나타나듯이, 한 사람 아담과 다른 한 사람 예수 간에 놓인 유일한 유사점은 그 둘의 개인적인 행동들이 전 인류의 운명을 결정짓는 보편적인 영향을 초래했다는 사실이다. 그러나 이 유사점을 제외하고는, 두 인물들의 행동들이 내포하는 질적인 내용들과 인류에게 미친 영향들은

---

64. 여기서 헬라어 단어 ἑνός는 중성 혹은 남성, 이 두 가지 방식으로 해석될 수 있다. 이 헬라어 단어가 중성이라면, 뒤에 오는 중성 명사들을 수식하는 중성의 형용사로 간주하여 "하나의" 라고 해석될 수 있고, 남성이라면, 각각 아담과 예수를 가리키는 남성 명사로 간주하여 "한 사람의"라고 해석될 수 있다. 참고, Byrne, *Romans*, 185. 비교, Longenecker, *The Epistle to the Romans: A Commentary on the Greek Text*, 597; Fitzmyer, *Romans: A New Translation with Introduction and Commentary*, 420.

65. 18절에서는 주동사가 생략되어 있다. 아마도 그 내용이 바울이 앞에서 강조한 너무도 명백한 내용들이라 동사들을 생략한 것 같다. 19절을 중심으로 18절을 읽을 때, 아담의 행위가 낳은 결과는 과거 동사로, 그리고 예수의 행위가 낳은 결과는 미래 동사로 표현되는 것이 옳다. 바울은 예수의 행위가 가져오는 구원의 효과가 미래에 지속될 것임을 강조한다. 그리고 이 미래는 칭의의 종말론적인 결론을 포함하고 있다. 참고, Longenecker, *The Epistle to the Romans: A Commentary on the Greek Text*, 597; Byrne, *Romans*, 185.

완벽하게 대조를 이루고 있다. 이 대조를 바울은 헬라어 비교 표현들인 ὡς, οὕτως, ὥσπερ 그리고 οὕτως καὶ 등을 통해서 잘 표현하고 있다. 아담 편에서는 그의 범죄함과 불순종이 많은 이들의 정죄함과 죄인 됨을, 그리고 예수 편에서는 그의 의로운 행위와 순종이 많은 이들의 의인 됨과 생명을 낳는 상반된 결과를 초래했다.

　두 아담들의 행동들은 각각 범죄함과 불순종, 그리고 의로운 행위와 순종으로 대조적으로 묘사된다. 창세기 3장에서 아담의 결정적인 범죄는 선악과를 먹지 말라는 하나님의 명령을 어긴 것이었고, 이 범죄의 본질은 하나님과 같아 지려고 하나님의 명령에 불순종한 것이었다. 새 아담 예수의 경우에는 그의 성육신의 결정을 포함한 전생애가 인류를 위한 희생제물로 자신을 드리라는 하나님의 뜻에 대한 순종을 의미하고, 이 순종은 예수가 행한 의로운 행위의 본질을 구성한다. 위에서 이미 언급되었듯이, 하나님의 구원사에서 예수는 단지 수동적인 희생 제물에만 머문 것이 아니라 본인의 적극적인 의지의 표현으로 희생제물이 될 것을 스스로 받아 들였기에, 그의 희생은 하나님의 은혜의 표현일 뿐만 아니라 예수 자신의 은혜의 표현이 된다(5:8, 15; 빌 2:6-8). 로마서의 맥락에서 새 아담 예수의 순종의 행위는 종말의 심판에서 요구되는 의로움을 창출한 반면에, 아담의 불순종의 행위는 정죄함을 창출했다. 그러나 여기서 예수의 순종을, 새 관점을 주장하는 일부 북미권 학자들이 종종 주장하듯이, 예수의 신실함으로 해석하는 것이 옳은지는 의문이다.[66] 왜냐하면 이 본문에서 바울은 예

---

66. 비교, Richard N. Longenecker, "The Foundational Conviction of New Testament Christology: The Obedience / Faithfulness / Sonship of Christ," in *Jesus of Nazareth: Lord and Christ: Essays on the Historical Jesus and New Testament Christology*, ed. Joel B. Green and Max Turner (Grand Rapids: Eerdmans, 1994), 122-44; Richard N. Longenecker, *Introducing Romans: Critical Issues in Paul's Most Famous Letter* (Grand Rapids: William B. Eerdmans Pub., 2011), 598; Hays, *The Faith of Jesus Christ: The*

수의 순종을 성도들이 따라야 할 신실함의 좋은 모범으로 제시하기보다는, 하나님 아버지와 아들 예수의 인류를 향한 사랑의 증거로 제시하고 있기 때문이다. 이들의 주장은 예수의 순종이 하나님의 은혜와 사랑의 표현이라는 바울의 가르침과 다소 충돌하는 모양새이다(비교, 5:8, 11, 15). 뿐만 아니라, 바울은 예수의 희생을 하나님의 뜻에 대한 순종인 동시에 인류를 향한 하나님 자신의 희생과 사랑의 표현임을 분명하게 설명하지만, 단 한 번도 예수의 신실함이라는 개념을 그의 순종의 개념처럼 구체적으로 설명하지는 않는다. 예수의 신실함의 개념이 순종과 동의어라면, 바울이 이 개념을 단 한번도 자세히 설명하지 않은 채 지금처럼 모호한 해석학적 불확실성 속에 남겨둘리가 없다. 예수의 자발적인 희생을 하나님을 향한 그의 신실함이라고 부르면, 그 사건을 하나님의 뜻을 향한 순종이라고 부르는 바울의 의도가 강화된다기보다는 희석되는 경향이 있다.

두 아담들의 행동들이 인류에게 가져온 효과는 인류에게 주어진 정죄함과 생명을 주는 의, 그리고 죄인 됨과 의인 됨, 크게 두 가지 방식으로 대조된다. 19절에서 아담과 예수의 행위들의 대상을 의미하는 πολλοί는 단순히 많은 숫자의 제한된 인원을 지칭한다기보다는, 18절의 모든 인류를 지칭하는 πάντας의 수사적 변형으로 보는 것이 더 옳다. 바울이 πολλοί를 사용하는 이유는, 이 단어가 이사야 53:11-12에서 고난받는 종의 은혜로 의롭다고 칭함을 받는 하나님의 백성을 가리키는 전문적인 용어로 쓰였기 때문일 가능성이 높다.[67] 아담의 불순종의 죄는 인류가 벗어날 수 없

Narrative Substructure of Galatians 3:1-4:11. 참고, Esler, *Conflict and Identity in Romans: The Social Setting of Paul's Letter*, 157-59.

67. 참고, John W. Olley, "'The Many': How Is Isa 53:12a to Be Understood," *Biblica* 68, no. 3 (1987): 330-56; Longenecker, *The Epistle to the Romans: A Commentary on the Greek Text*, 597; Fitzmyer, *Romans: A New Translation with Introduction and Commentary*, 421; Byrne, *Romans*, 185; Moo, *The Epistle to the Romans*, 358.

는 죄의 권세 앞에서 많은 죄들을 생산하게 하여 하나님 앞에서 죄인으로
정죄함을 당하게 하고, 그 결과로 죽음을 경험하게 하였다. 여기서 우리는
비록 바울이 죽음을 언급하고 있지는 않지만, 정죄함의 명백한 결과로 죽
음을 5:12-21의 전체적인 맥락에서 강조하고 있음을 인지해야 한다(5:12).
반면에, 예수의 순종 행위는 의로움을 인류에게 가져와, 그 의의 영향력
아래서, 그들이 하나님 앞에서 의롭다고 칭함을 받은 의인들이 되게 한다.
인류의 의인 됨의 결과는 생명이므로, 바울은 예수의 의로운 행위가 가져
온 칭의를 18절에서 "생명의 칭의"(δικαίωσιν ζωῆς)라고 부른다. 이 헬라어 표
현 δικαίωσιν ζωῆς는 질적인 소유격(qualitative genitive)으로서, 칭의의 결과로
오는 것이 생명임을 알려준다(5:21, 8:10; 비교, 1:17).[68]

　　아담과 새 아담 예수를 결론적으로 대조하며 설명하는 18-19절에서,
우리는 어떻게 인류에게 그들의 행동이 보편적으로 영향을 미치게 되었
는지에 대해서 질문해 볼 수 있다. 다시 말하면, 우리는 이 두 아담들의 행
동이 인류에게 미친 영향과 연관하여 '인류는 스스로 어떠한 기여도 하지
못했는가'라고 질문해 볼 수 있다. 바울은 19절에서 단순히 καθίστημι의
수동형 동사들 κατεστάθησαν과 κατασταθήσονται를 통해서 인류가 아담 안
에서 죄인이 되었고,[69] 그리고 예수 안에서 의인이 될 것이라고 선포한
다.[70] 이 두 수동형 동사들은 인류가 자신들의 운명에 어떠한 기여도 하지

---

68. Byrne, *Romans*, 185.
69. 이 본문에서 헬라어 단어 κατεστάθησαν의 의미는 많은 학자들의 논쟁의 대상이 되
　　었다. 이 단어가 표현하는 의미는 단순히 인류가 아담의 타락의 결과로 죄인이 되
　　었다는 사실에 대한 사실적 언급이 아니라, 하나님의 법정에서의 죄인 됨의 선포
　　도 포함하는 것이라고 보는 것이 더 로마서 전체의 문맥에 적합하다. 왜냐하면 예
　　수가 초래한 의인 됨이 의인들로의 변화와 의인 됨에 대한 법정적인 선포를 포함
　　하고 있기 때문이다. 참고, Moo, *The Epistle to the Romans*, 345.
70. 성도들의 의인 됨을 묘사하는 데 사용된 헬라어 동사 κατασταθήσονται의 시제는 미
　　래이다. 이 미래는 바울의 종말론적 긴장 속에서 이미 의롭다고 칭함을 받은 선고

못한 전적으로 수동적인 존재들인 것처럼 오해를 불러일으킬 수 있다. 그
러나 바울은 이 수동형 동사들을 통해서 아담과 새 아담 예수가 인류에게
가져온 영향들의 불가항력적인 힘을 강조하려 한다.[71] 인류는 아담과 새
아담 안에서 법적적으로 죄인과 의인으로 선포되고, 존재론적으로 죄인
과 의인이 된다. 사실 바울은 인류가 소유한 자신들의 행동의 주체로서의
책임을 전적으로 배제하지는 않는다. 바울은 17절에서 예수를 통해서 주
어진 생명을 가져오는 의라는 은혜의 선물을 인류가 적극적으로 수용하
고 받아들여야 함을 능동형 동명사 $\lambda\alpha\mu\beta\acute{\alpha}\nu o\nu\tau\epsilon\varsigma$를 통해서 표현했다. 예수
의 의를 통한 하나님의 구원에 요구되는 인류의 적극적인 참여는 로마서
전체에 걸친 믿음의 필요성을 통해서 잘 나타난다. 바울은 하박국 2:4을
인용하면서 로마서 1:17에서 하나님의 의인이 사는 방법은 그의 믿음임을
강조했다.[72] 인간의 믿음의 수용은 문법적으로는 능동태의 동사를 통해서
표현되지만, 예수를 통한 하나님의 구원의 제시를 받아들인다는 측면에
서 신학적으로는 수동의 의미를 포함하고 있다. 바울의 신학적 이해에서
인간은 스스로의 노력으로 하나님이 요구하는 의를 창출해 낼 수 없고,
오직 하나님이 제시하는 의를 믿음으로 수용해야 한다. 이러한 바울의 신

가 미래의 종말론적 심판을 거쳐서 완전하게 될 것을 암시한다(2:13; 8:31-39; 비
교, 갈 5:5). 성도의 현재는 이 의로움의 선고 아래서 의로움을 살아가는 과정이다.
참고, Byrne, *Romans*, 184; Fitzmyer, *Romans: A New Translation with Introduction and
Commentary*, 422.

71. Fitzmyer, *Romans: A New Translation with Introduction and Commentary*, 421.

72. 하박국 2:4은, Hays의 주장과 달리, 유대인들과 그리스도인들의 전통에서 메시아
적으로 사용되지 않고 있다. 그리고 메시아적 하박국 이해는 로마서 1-4장의 논지
를 주도하는, 인간 편에서 보여야 할 믿음의 반응에 대한 바울의 강조와 충돌한다.
참고, Rikki E. Watts, ""For I am not ashamed of the Gospel": Romans 1:16-17 and
Habakkuk 2:4," in *Romans and the People of God*, eds. Sven K. Soderlund and N.T.
Wright, (Grand Rapids: Eerdmans, 1999), 3-25.

학적 이해는 율법의 일들을 통해서가 아니라 오직 믿음으로 의롭게 된다는 간결한 표현에서 잘 발견된다. 뿐만 아니라, 바울은 12절에서 아담에게 속한 인류가 능동적으로 죄들을 범함으로써(ἐφ᾽ ᾧ πάντες ἥμαρτον) 자신들에게 내려진 죽음 선고에 대한 정당한 법정적 근거를 제공했음을 알려준다. 인류의 죄인 됨의 선포는 단지 타락한 아담의 후손이라는 사실 때문에 무고하고 결백한 인류에게 내려진 가혹한 처벌이 아니라, 그들의 능동적이고 실질적인 범죄함에 대한 하나님의 공정한 심판을 의미한다(비교, 3:18-23).

그럼에도 불구하고, 우리는 18-19절의 결론부에서 바울이 수동태 동사들을 인류에게 적용하고, 능동태 동사들을 아담과 새 아담에게 적용한다는 사실의 중요성을 간과해서는 안 된다. 아담과 새 아담 예수는 단순히 인류가 추종하고 따라가야 할, 혹은 따르지 말아야 할 모범에 그치는 인물들이 아니라, 죄와 정죄와 죽음, 그리고 의와 은혜와 생명으로 대변되는 두 종말론적인 시대를 연 인류의 대표자들이다. 어떤 의미에서 옛 아담에게서 태어난 자들은 옛 아담의 저주받은 운명을 벗어날 방법이 없다. 오직 그들이 새 아담에게 속하게 될 때에라야, 그들은 옛 아담이 가져온 저주의 시대를 벗어나 은혜의 시대로 나아갈 수 있다. 따라서 5:12-19에서 바울은 자신의 편지를 읽는 청중들에게 단순히 죄를 짓는 것을 그치고 의로운 행위들을 하라는 윤리적인 권고를 하고 있는 것이 아니라, 옛 아담에게서 새 아담에게로 자신들의 소속을 변경해야 할 필요가 있음을 강조하고 있다.[73] 이 소속 변경은 오직 새 아담 예수에게 속하여 그와 함께 세례를 받아 죄와 율법에 대해서 죽고, 하나님에 대해서 살아남을 통해서만 가능해진다. 그리고 이 소속 변경은 인류가 스스로 선택할 수 있는 것이 아니라, 하나님의 선택적 은혜로 주어지는 것을 긍정적으로 수용함, 즉 하

73. 참고, Esler, *Conflict and Identity in Romans: The Social Setting of Paul's Letter*, 202.

나님의 구원 제시에 대한 신뢰를 통해서 온다. 바울은 하나님의 은혜의 긍정적인 수용을 포함하는 신뢰를 믿음이라고 부르고, 구원 얻는 믿음은 하나님의 선물이라고 말한다. 바울은 이 사실을 이어지는 로마서 6장에서 자세히 설명할 것이다. 그러나 이 사실을 조금 더 자세히 설명하기에 앞서, 바울은 아담과 새 아담이 인류의 역사에 미친 지극히 부정적이고, 혹은 긍정적인 영향들 아래서 모세의 율법은 어떤 기능을 했는가에 대해서 간략하게 언급한다. 이 시점에서 바울은 자신의 마음 속에서 유대인 대화자의 반발을 듣기 때문이다. 이어지는 5:20-21에서 바울은 아담과 새 아담의 논지 속에서 율법의 기능을 간략하게, 그리고 7장에서 아담과 새 아담에게 속한 인류와 연관된 율법의 기능을 조금 더 자세하게 설명해 줄 것이다.

(4) 추가: 율법의 역할(20-21절)

로마서 1-5장에서 바울은 죄-정죄-죽음이라는 부정적인 연결고리와 의-칭의-영생이라는 긍정적인 연결고리 들을 통해서 자신이 전한 예수 복음의 핵심을 설명하고 있다. 5:12-21에서 바울은 첫 번째 부정적인 연결고리를 아담과 그에게 속한 모든 인류가, 인종적·혈통적 구분에 상관없이, 보편적으로 경험해 온 권세로 묘사한다. 반면에 바울은 두 번째 긍정적인 연결고리를 새 아담 예수와 그에게 속한 인류가 경험하게 되는 은혜의 권세로 묘사한다. 두 아담들과 그들이 가져온 두 연결고리들을 따라서 인류는 두 개의 운명을 경험하는 두 개의 무리들로 나뉘어진다. 두 아담들의 행동들이 인류의 역사에 끼친 영향들에 대해서 바울은 바로 위에서 자세히 설명했다. 물론 아담과 새 아담이 인류에게 미친 영향력의 보편성을 제외하고, 다른 모든 면에서 그들의 행동들이 인류에게 미친 영향들에는 현저하게 다른 질적인 차이들이 존재한다. 아담은 피조 세계의 선함 아래

서 악을 초래했지만, 새 아담은 옛 아담이 망쳐놓은 피조세계로 들어와
옛 아담의 모든 저주를 되돌려 놓았다. 뿐만 아니라, 새 아담은 옛 아담이
잃어버렸던 영생을 회복하여 인류에게 선물해 주었다. 이제 바울은 이 두
가지 연결고리들로 묘사되는 인류의 역사에서 율법이 어떻게 기능했는지
에 대해서 간략하게 설명한다.[74]

유대인 청중들의 기대와 달리, 20절에서 바울은 율법이 주어진 사건
이 인류의 역사에 가져온 효과를 지극히 부정적으로 묘사한다:

> 율법이 [가만히] 들어와 죄가 증가하는 결과를 낳았다.[75]

율법은 그 안에 담긴 갖가지 계명들을 통하여 하나님의 거룩한 의도
들을 분명하게 계시한 하나님의 선물이었다(3:20; 7:13). 그러나 율법은 죄를
짓는 행위들이 이미 계시된 하나님의 의도를 분명하게 거부하는 불순종
의 행위들이 됨을 명백하게 보여줌으로써, 죄의 강도를 증가시키는 효과
를 가져왔다(ἐπλεόνασεν ἡ ἁμαρτία).[76] 바울의 이 선포는 그의 편지가 낭송되던

---

74. 아담과 예수의 비교에서 율법의 기능에 대한 이 추가적인 논의는 5:12-19 전체의
    논지를 다시 한번 요약하면서, 곧이어 논의될 6:1-8:39에서의 성도의 체험에 대
    한 논의로 나아가는 전이 단계를 제공한다. 참고, Longenecker, *The Epistle to the
    Romans: A Commentary on the Greek Text*, 598.
75. 율법이 세상에 들어온 현상에 대해서 바울은 헬라어 단어 παρεισῆλθεν를 사용한
    다. 바울은 이 단어를 갈라디아 교회에 몰래 들어온 거짓 형제들에 대해 사용했다
    (갈 2:4). 이 단어의 사용을 통해서 바울은 율법의 소개가 인류의 역사의 주요 현상
    이 아니라, 부수적인 현상이었음을 암시한다. 참고, Ibid., 599; Byrne, *Romans*, 185;
    Fitzmyer, *Romans: A New Translation with Introduction and Commentary*, 422; Moo,
    The Epistle to the Romans, 346-47.
76. Byrne, "Adam, Christ, and the Law in Romans 5-8," 219; Moo, *The Epistle to the
    Romans*, 347-48; Frank Thielman, *Paul & the Law: A Contextual Approach* (Downers
    Grove, Ill.: InterVarsity Press, 1994), 192.

자리에 앉아 있던 유대인 청중들로 하여금 무의식적으로 벌떡 일어나게 만들 정도로 충격적인 선포였을 수 있다. 왜냐하면 유대인들의 이해에서 율법이 주어진 목적은 정죄를 통한 죽음이 아니라, 죄에 대한 지식을 통하여 죄를 피하고 하나님의 생명을 경험하게 만드는 것이었기 때문이다 (비교, 레 18:5). 제2성전시대 유대인들은, 그들이 속한 공동체의 성향에 따라 다소의 신학적 차이는 있었겠지만, 아브라함의 언약과 할례, 그리고 모세의 언약과 율법을 통해서 자신들이 하나님과의 의로운 관계 속에 있고, 또 종말의 심판의 때를 벗어나 하나님의 구원을 경험할 수 있는 충분한 의를 소유할 수 있는 것으로 믿었다.[77] 그러나 바울의 관점에서 볼 때, 율법은 율법을 소유한 유대인들이 율법을 소유하지 못한 유대인들과 동일한 죄인임을 명백히 해주고, 그들도 이방인들과 함께 아담의 저주 아래 놓인 아담의 후손에 불과함을 분명히 알게 해주었다(2:17-24; 3:9-23). 왜냐하면 하나님의 분명한 의도가 담긴 율법의 계명을 훼손한 유대인들의 죄는 선악과를 금한 하나님의 계명을 어긴 아담의 죄와 본질적으로 동일한 것이 되어, 결국 율법을 소유한 유대인들이, 어찌 보면 율법을 소유하지 못한 이방인들보다도 더, 타락한 아담의 참된 자손임을 증명했기 때문이다. 바울은 이 사실을 2:1-3:20에서 이미 자세히 설명했고, 이어지는 7:7-13에서 다시 한번 더 상세하게 설명할 것이다.

유대인들의 기대와 달리, 율법이 이 세상에 들어온 것은 아담이 가져온 부정적인 연결고리를 파괴하고 인류를 자유하게 해주는 것이 아니라, 오히려 죄의 증가를 통해서 그 연결고리를 더 강화시키는 결과를 가져왔다. 그러나 율법이 가져온 죄의 증가는 하나님의 구원의 계획 속에서 이

---

77. 참고, D. A. Carson, Peter Thomas O'Brien, and Mark A. Seifrid, *Justification and Varie-gated Nomism*, 2 vols., WUNT 2 (Grand Rapid: Baker Academic, 2001).

미 의도된 것이었을 수 있다.[78] 왜냐하면 율법을 통해서 죄가 증가한 상태
는 복음이 결여된 인간의 절망적인 상황을 더 명백하게 보여주고, 그 결
과 하나님의 은혜의 풍성함을 더 강력하게 증거해 주기 때문이다:

> 죄가 [율법으로 말미암아] 크게 증가한 곳에서, 은혜가 더 풍부하게 임하였
> 다(ὑπερεπερίσσευσεν). (21절).

　여기서 죄가 율법으로 말미암아 크게 증가한 곳이 가장 직접적인 대
상으로는 이스라엘, 즉 율법 아래 놓인 유대인들을 지칭한다고 볼 수 있
다.[79] 율법을 소유하지 못했던 이방인들보다도 유대인들이 더 큰 죄의 증
가를 경험한 반면에, 하나님의 은혜도 그들을 향하여 더욱더 넘치게 허락
되었다. 여기서 유대인들을 향한 넘치는 하나님의 은혜는 그들에게 세상
의 주인인 하나님의 아들이 이스라엘의 메시아로 와서 그들에게 먼저 복
음을 선했다는 사실에서 잘 입증된다. 이 사실을 바울은 나중에 9-11장에
서 조금 더 자세히 설명할 것이다. 그러나 여기서 바울은 모세와 유대인
들을 통해서 인류 전체에게 주어진 의의 선물로서의 율법의 보편적 역할
을 더 마음 속에 품고 있다. 왜냐하면 유대인들의 관점에서 볼 때, 율법의
존재는 율법을 소유한 유대인들보다도 율법을 소유하지 못한 이방인들의

78. 참고, N. T. Wright, *Romans*, N.I.B. 10 (Nashville: Abingdon, 2002), 530; Watson, *Paul, Judaism, and the Gentiles: Beyond the New Perspective*, 282; Schreiner, *Romans*, 295; Moo, *The Epistle to the Romans*, 348-49.
79. Byrne, "Adam, Christ, and the Law in Romans 5-8," 219-20; Wright, *Romans*, 530; Wright, *The Climax of the Covenant: Christ and the Law in Pauline Theology*, 196-98; Watson, *Paul, Judaism, and the Gentiles: Beyond the New Perspective*, 277; Byrne, *Romans*, 182; Schreiner, *Romans*, 296. 비교, Ulrich Wilckens, *Der Brief an Die RöMer* (Zürich: Benziger, 1978), 329.

죄인 됨의 상태를 더 악화시켰기 때문이다. 아담의 죄와 죽음이 다스려 온 인류의 역사가 율법을 통해서 그 죄악 됨이 더 확실하게 증명된 반면, 바로 그 아담과 그에게 속한 인류의 죄악 된 역사는 하나님의 은혜가 더 크게 역사하는 환경이 되었다.[80] 유대인들의 메시아로 온 예수가 유대인들만을 위해서가 아니라 전 인류를 위해서 이 땅에 온 새 아담이라는 사실은 위의 요점을 더 강조해준다. 갈라디아서 3:21-25에서 바울은 율법이 유대인들을 포함한 모든 인류를 죄 아래 가두어버렸고, 예수가 오기까지 인류를 지도하는 몽학선생으로 기능했다고 말한다. 물론 바울은 하나님의 아들인 예수가 이 땅에 온 사건을 그가 여인의 아들, 즉 사람/아담으로 태어난 사건과 더불어, 율법 아래 즉 유대인으로 태어난 사건으로 이중적으로 설명한다(갈 4:4). 그러나 바울이 로마서 5:21에서 진정으로 강조하고 싶었던 것은 율법의 소개로 말미암아 더 악화된 인류의 상황이 그리스도가 가져온 은혜로 인하여 예상하지 못했던 긍정적인 방향으로 선회하는 놀라운 변화를 경험했다는 것이다.[81] 바울은 여기서 율법의 유무로 유대인들과 이방인들을 편가르는 데 관심이 있었던 것이 아니라, 율법의 유무와 상관없이 그들이 다 아담의 저주받은 자손이라는 사실을 강조하고 있다.

언뜻 보기에 '율법'이라는 변수는 바울이 자신의 복음의 보편성을 증거하기 위하여 사용하는 아담-새 아담과 그들에게 속한 인류 간의 구조를 무너뜨리는 듯 보인다. 그러나 바울은 율법이 죄와 죽음이라는 아담 편에서의 연결고리를 극복하거나, 혹은 그 연결고리에 포함될 수 없는 이질적인 요소가 아니라, 도리어 죄의 증가를 통해서 그 부정적인 연결고리를 더 강화시켰다고 주장한다. 그럼에도 불구하고, 바울에게 율법이 가져온

---

80. Hofius, "The Adam-Christ Antithesis and the Law: Reflections on Romans 5:12-21," 202-03.

81. 참고, Ibid., 204.

죄를 증가시키는 기능은 하나님의 구원의 계획 속에서 예수의 복음에 담긴 하나님의 은혜의 풍성함을 더 부각시키는 기능을 함으로써, 하나님의 구원사의 일부분으로 기능하도록 미리 계획되었다(비교, 갈 3:21-25). 결국 바울은 인류의 역사 안에서 두드러지는 율법의 특이성과 그 율법을 소유한 유대인들의 특별한 위치에도 불구하고(비교, 롬 9-11장), 유대인들을 아담이 대표하는 인류의 보편적인 역사 안에 포함시켜 아담에 바탕을 둔 자신의 기독론적 논의를 다음과 같이 깔끔하게 마무리 짓는다:

> 그래서 마치 죄가 죽음 안에서[82] 왕처럼 통치하였던(ἐβασίλευσεν) 것처럼, 은혜도[83] 우리 주 예수 그리스도를 통하여 영생으로 인도하는 의를(δικαιοσύνης εἰς ζωὴν αἰώνιον) 통해서 왕처럼 통치하도록(ἐβασίλευσεν) …. (21절).[84]

죄의 통치를 수식하는 ἐν τῷ θανάτῳ(죽음 안에서)라는 표현은 죽음이 온 인류에게 임한 부인할 수 없는 보편적인 현상이었다는 사실을 강조함으로써, 죄의 통치가 어떤 개인적인 예외도 허용하지 않는 보편적인 현상이었음을 강조한다.[85] 이 결론부에서 바울은 아담 편에서 존재하는 죄와 죽

---

82. 여기서 헬라어 전치사 ἐν은 죄가 다스린 영역뿐만 아니라, 죄의 도구로서의 죽음을 의미할 수 있다. 참고, Moo, *The Epistle to the Romans*, 349-50.

83. 바울에게 있어서 은혜는 어떠한 전제적인 조건에 의존하지 않는 개념인 반면에 (unconditioned), 어떤 반응도 요구하지 않는 무조건적이지는(unconditional) 않다. 왜냐하면 은혜는 그 은혜로 탄생한 하나님과 인간 상호 간의 신실함에 바탕을 둔 사랑의 관계를 요구하기 때문이다. 참고, John M. G. Barclay, "The Gift and Its Perfections: A Response to Joel Marcus and Margaret Mitchell," *Journal for the Study of the New Testament* 39, no. 3 (2017): 331-44.

84. 바울은 여기서 다시 한번 아담과 새 아담 예수의 영향을 비교하기 위해서 이미 앞에서 여러 번 사용된 헬라어 표현 ὥσπερ ' οὕτως를 또 다시 사용한다(비교, 5:12, 18-19).

85. Byrne, *Romans*, 186.

음의 연결고리가 새 아담 예수 편에서 존재하는 의와 생명의 연결고리에 의해서 넉넉하게 극복되었음을 강조한다. 예수 그리스도를 통해서 계시된 하나님의 구원의 의는 하나님의 은혜로운 선물이며, 이 하나님의 의는 영원한 생명으로 인류를 인도해준다(비교, 6:23). 영원한 생명은 육신의 죽음을 극복하는 부활과 더불어, 원수가 되었던 하나님과 화목한 상태로 영원히 함께 거하게 되는 현상을 포함한다(2:7). 이 영생을 바울은 5:2에서 "하나님의 영광을 공유하는 소망"이라고 불렀다. 예수를 통해서 계시된 하나님의 은혜는 하나님 자신의 사랑의 표현이고(5:8), 이 사랑의 풍성함은 8:31-39에서 다시 한번 우주적인 스케일로 자세히 설명된다. 이처럼 5:20-21의 결론부는 로마서 1-5장 전체에 걸쳐서 논의된 바울 복음의 핵심 개념들을 한 번에 아우르면서, 아담 기독론적 논의를 깔끔하게 결론짓는다. 이 결론부의 마지막에서 바울은 "우리 주 예수 그리스도를 통하여"라는 표현을 통해 예수의 역할을 5:1과 5:11에 이어서 다시 한번 강조한다.[86] 바울에게 예수는 이스라엘의 메시아요 세상의 주인인 동시에,[87] 아담의 모든 저주를 되돌려 놓은 하나님으로부터 보냄을 받은 새 아담이다.[88] 그리고 로마서에서 예수의 주권은 무엇보다도 죄와 죽음을 의와 영원한 생명으로 극복하고 정복한 것을 통해서 표현된다(5:21; 6:23; 7:25; 8:30).[89] 이후로 바울이 더 자세히 설명하고 싶은 점은 어떻게 인류가 아담에게서 새

---

86. 이 표현 이면에는 바울이 인용하고 있는 예전적인 공식이 존재할 수 있다. 참고, Ibid.

87. 로마서 5:12-21에서 죄와 사망과 은혜와 의가 의인화되어 사람을 지배하고 다스리는 통치자의 모습으로 그려진다. 그러나 바울에게 있어서 궁극적인 세상의 통치자는 예수 그리스도이다.

88. 예수의 주 되심은 빌립보서 2:9-11에서 자세히 묘사되고, 주되신 예수가 멸망시켜야 할 마지막 원수는 죽음이다(고전 15:26). 참고, 이승현, ""하나님과 동등됨"의 의미에 대한 고찰과 빌립보서 2:6-11 해석," 203-222.

89. Fitzmyer, *Romans: A New Translation with Introduction and Commentary*, 422.

아담으로 소속을 변경할 수 있는지, 그리고 이러한 인류의 소속 변경이 인류와 전체 피조세계의 운명에 어떤 변화들을 가져오는지이다.

아담과 새 아담 예수, 그리고 율법

로마서의 맥락에서 5:12-21의 역할은 크게 두 가지로 요약될 수 있다. 첫 번째, 이 본문은 1:18-3:20에서 언급된 죄와 죽음의 권세 아래 사로잡힌 인류의 운명을 아담의 타락 이야기를 통해서 더 심화시키는 기능을 한다. 두 번째, 이 본문은 3:22-31에서 언급된 예수를 통한 하나님의 구원을 주는 의의 계시를 죄와 사망이라는 인류의 보편적인 문제를 극복하는 이야기로 확장해서 설명한다.[90] 이 두 가지 역할들은 모두 아담과 예수 간에 놓인 강력한 대조와 비교를 의와 생명이 긍정적, 그리고 죄와 사망의 부정적 연결고리들을 통해서 설명함으로써 가능해진다. 앞에서 우리는 5:12-21에 대한 자세한 해석학적 분석을 이미 진행하였다. 그러므로 이제 이어지는 논의에서는 아담과 새 아담 예수를 네 가지 방식으로 직접적으로 비교해보고자 한다: (1) 하나님과의 관계 속에서 본 그들의 존재론적 가치, (2) 그들의 행위들, (3) 그들에게 속한 인류, 그리고 (4) 율법과의 연관성.

하나님과의 관계 속에서 본 아담과 새 아담 예수의 존재론적 가치

아담과 예수 간에 놓인 대조는 5:12-21에 담긴 바울의 논의를 전개하는 가장 중요한 구조적 틀로 작용한다. 여기서 아담의 이야기는 지극히

---

90. Hofius, "The Adam-Christ Antithesis and the Law: Reflections on Romans 5:12-21," 178-79.

부정적인 형태로 묘사됨으로써 예수의 이야기를 지극히 긍정적인 형태로
부각시키는 기능을 하고 있다. 그러나 이 본문에 앞서 자신의 복음을 설
명할 때, 바울은 예수에 대한 어떠한 언급도 없이 이방인들과 유대인들을
향한 하나님의 의로운 진노와 구원을 중심으로 자신의 논의를 진행했다
(1:18-3:20). 그리고 하나님의 의의 계시로서의 예수의 복음에 대한 논의를
마무리하면서, 바울은 예수를 처음으로 중요하게 언급하였다(3:21-26). 그
리고 5:1-11에서 바울은 복음을 하나님의 사랑의 궁극적인 표현으로 제시
하면서 예수를 간략하게 언급하고, 마침내 5:12-21에 이르러서는 하나님
의 복음을 예수 새 아담의 이야기를 중심으로 자세히 설명한다. 따라서
여기서 우리가 질문해보아야 할 것은 예수가 새 아담으로서 하나님과, 그
리고 하나님이 제시하는 복음과 어떤 관계가 있는지의 여부이다. 물론 이
질문에 대한 해답은 바울이 5:12-21에서 자신의 논의를 진행하는 데 있어
서 배경 이야기로 사용하는 아담과의 비교를 통해서 자세히 설명될 수 있
다.

바울에 따르면, 아담의 죄가 인류에게 미친 부정적인 영향은, 비록 그
영향이 인류에게 가져온 보편적인 저주의 엄청난 파급효과에도 불구하
고, 예수의 의로운 순종이 미친 긍정적인 영향과 비교될 수 없다. 바울은
예수를 통해서 인류에게 허락된 하나님의 은혜의 비교할 수 없는 크기를
πολλῷ μᾶλλον과 ἐπλεόνασεν 등의 헬라어 표현들을 통해서 강조한다. 아담
과 예수가 인류에게 미친 영향의 비교할 수 없는 차이는 먼저 그들이 바
울신학에서 소유하고 있는 존재론적 가치의 차이에서 기인한다.[91] 아담은
하나님의 피조물의 결정판으로서, 하나님을 대신하여 세상을 다스리도록
임명된 땅으로부터 기인한 하나님의 아들이다. 그리고 아담은 하나님 앞

---

91. 참고, Dunn, *The Theology of Paul the Apostle*, 79-102.

에 선 전체 인류의 시조요 대표자로서, 자신에게 속한 전체 인류를 대표
하며 행동한다. 따라서 아담의 모든 행위들은 자신의 창조주인 하나님의
임재 앞에서 피조물이 보여주는 행위라는 특징을 지니고 있다. 아담이 할
수 있는 최고의 일은 창조주를 경배하는 것이고, 따라서 그의 죄의 심각
성의 본질은 창조주에게 드려져야 할 영광을 가로채고 자신이 하나님과
같이 되려고 했던 것이다. 그러나 새 아담 예수는 그 존재론적 본질과 지
위에 있어서 아담과 확연하게 구분된다. 왜냐하면 바울에게 예수는 하늘
로부터 온 하나님의 유일한 아들이기 때문이다.[92] 따라서 예수가 하는 모
든 행위들은 아담처럼 창조주 하나님을 향한 피조물의 신앙의 표현을 담
고 있는 것이 아니라, 하나님 편에서 인류를 향하여 베푸는 하나님의 은
혜를 의미한다(5:15, 17). 다시 말하면, 하나님이 친히 자신의 아들인 예수 안
에서, 그리고 예수를 통해서 인류를 위한 구원의 행위를 이루고 있다는
것이다.[93] 그러므로 아담의 범죄가 창조주 하나님을 향한 한 인간의 거역
의 행위였던 것에 반하여, 예수의 의로운 죽음의 희생은 예수와 하나님의
은혜로운 사랑의 표현이 된다(5:8; 비교, 8:32). 여기서 예수의 희생을 통한 하
나님의 뜻에 대한 순종은 인류의 한 대표자로서 예수가 율법의 요구를 만
족시킨다는 것을 의미하거나, 인류가 따라야 할 모범으로서 하나님의 의
롭게 하는 은혜의 행위에 대한 한 인간의 신실한 순종을 의미하는 것이
아니다. 예수의 희생을 통한 순종은 하나님이 자신의 은혜를 아들 예수의
희생을 통하여 실체적으로 구현했다는 것을 의미한다.[94] 그러므로 바울은

---

92. 참고, 이승현, ""하나님과 동등됨"의 의미에 대한 고찰과 빌립보서 2:6-11 해석," 「성
    경원문연구」 39 (2016):203-222; Brendan Byrne, "Christ's Pre-Existence in Pauline
    Soteriology," *Theological Studies* 58, no. 2 (1997): 308-30.
93. Hofius, "The Adam-Christ Antithesis and the Law: Reflections on Romans 5:12-21,"
    180.
94. Ibid., 188.

5:15에서 하나님의 은혜와 예수의 은혜 안에서 값없이 주어진 선물을 동일한 것으로 간주하고, 아담 편에서의 범죄와 대치 선상에 놓인 것으로 제시한다. 5:8에서 바울은 성도들을 향한 하나님의 사랑의 가장 궁극적인 표현은 그들이 아직 죄인이었을 때 예수가 그들을 위해서 죽었다는 사실을 통해서 표현된다고 말한다(비교, 8:32). 바울에게, 예수의 순종을 통한 자발적인 희생은 하나님을 향한 그의 신실함의 표현을 의미하는 것이 아니라, 하나님 편에서 인류를 향한 하나님의 (창조주의 신실함의 표현으로서의) 사랑을 의미한다.

이처럼 아담과 새 아담의 행위에 담긴 의미들의 비교할 수 없는 가치 차이가 그들이 하나님과의 관계 속에서 소유한 존재론적 차이에 기인한다는 사실의 중심에는 예수가 선재한 하나님의 아들이라는 바울의 기독론적 전제가 있다(8:3; 빌 2:6-11; 고후 8:9). 그러나 일부 바울 학자들은 예수의 하나님의 아들로서의 선재성에 대해서 소극적으로 반응하거나, 혹은 적극적으로 부인한다.[95] 그러나 본 저자가 다른 곳에서 이미 주장하였던 것처럼, 만약 예수의 선재성이 부인된다면, 예수의 희생이 세상을 향한 하나님의 자기 희생적 사랑의 표현이라는 바울의 구원관에 큰 손상이 온다.[96] 만약 예수가 아담처럼 인류의 역사에서 태어난 한 인간에 불과했다면, 어떻게 그가 그의 대표자 아담의 부정적인 연결고리를 극복할 수 있었는지, 그리고 어떻게 그의 죽음이 하나님의 자기 희생적 사랑의 표현인지를 설명하기 어렵다. 그러나 예수의 선재성의 빛 아래서 로마서를 이해하면, 이

---

95. 참고, Dunn, *Christology in the Making: A New Testament Inquiry into the Origins of the Doctrine of the Incarnation*, 113-25; Stowers, *A Rereading of Romans: Justice, Jews, and Gentiles*, 220.

96. 이승현, "빌립보서 2:6-11을 통해서 본 바울의 기독론적 구약 사용," 「신약논단」 26(1) (2019): 215-256. 참고, Byrne, "Christ's Pre-Existence in Pauline Soteriology," 311, 22.

땅에 나타난 예수의 존재는 단순히 아담 안에서 한 의로운 자손이 이 땅에 태어났다는 역사적인 사실이 아니라, 아담의 저주 아래 놓인 세상에 하나님이 식섭 자신의 아들을 통해서 침입(divine invasion)했다는 종말론적 구원의 사건을 의미하게 된다.[97] 이런 맥락 속에서 예수의 존재와 행위는 피조세계로부터 기인한 한 인간의 의로운 행위를 의미하는 것이 아니라, 피조세계 바깥에 존재하는 하나님 편에서의 은혜로운 간섭을 의미한다 (5:8, 15). 그러므로 바울은 예수가 이 땅에 온 사실을 '태어났다'라는 단어를 통해서가 아니라, 하나님에 의해서 죄 된 육체의 형태로 '보냄을 받았다'라는 표현을 통해서 설명한다(πέμψας ἐν ὁμοιώματι σαρκὸς ἁμαρτίας, 8:3; 비교, 갈 4:4-6).[98]

　　바울은 로마서 1-3장에서, 유대인이든지 이방인이든지에 상관없이, 인류는 자체적으로 하나님이 요구하는 의를 창출해낼 수 없다고 선포한다. 이 선포는 하나님의 의를 계시하는 예수가 이 세상에 속한 존재가 아니라는 사실을 다시 한번 입증한다. 하나님의 진노 아래 놓인 인류에게는 오직 믿음만이 하나님이 요구하는, 그리고 제시하는 의를 경험할 수 있는 유일한 방편이 된다. 인류의 믿음의 대상은 예수를 통한 하나님의 신실함의 표현으로서의 의이다. 따라서 바울에게 예수를 믿는다는 표현은 일차적으로 예수 개인을 향한 성도들의 주관적·심리적 감정을 가리키는 것이 아니라, 예수-복음이 증거하는 하나님의 구원 선물—하나님의 의를 계시하는 예수 사건을 한마디로 요약하는—을 받아들이는 것을 의미한다. 이 믿음은 인류가 하나님의 진노 앞에서 심판을 받아야 할 죄인들에 불과하다는 선고를 엄중하게 받아들이는 것을 포함한다. 그런 인류에게 존재하

---

97. Ibid., 328.
98. 참고, Longenecker, *Introducing Romans: Critical Issues in Paul's Most Famous Letter*, 694-96.

는 유일한 탈출구는 십자가에서 희생한 예수를 통해서 인류에게 허락된 하나님의 은혜뿐이다(3:21-26). 여기서 만약 예수의 선재성이 부인된다면, 그는 아담의 한 자손으로서 창조주 앞에 선 한 인간—피조물의 순종의 행위를 죽음으로 표현한 —에 불과해진다. 예수가 만약 아담의 한 자손에 불과하다면, 어떻게 아담의 죄가 다스리는 세상에 속한 그의 순종의 행위가 아담의 불순종의 행위를 극복할 수 있었는지를 설명할 방법이 없다. 뿐만 아니라, 선재성이 결여된 아담의 자손으로서 예수의 순종 행위는 하나님 은혜의 표현으로서 그의 아들의 희생이라는 바울 복음의 핵심과 정면으로 충돌한다.

예수가 가져온 칭의, 혹은 하나님과의 회복된 관계 및 이어지는 존재론적 변화는 예수의 자기 희생적 은혜의 선물인 동시에, 독생자를 희생시킨 하나님 자신의 은혜 표현이다(5:15, 17; 5:8-10; 8:32). 바울에게는 하나님 밖에 존재하는 세상 안에 인류를 위한 어떤 구원의 탈출구가 존재하지 않기에, 하나님의 구원을 표현하는 예수는 세상 밖에 존재하는 신적인 영역으로부터 기인한 존재여야만 한다. 따라서 비록 아담과 예수는 인류의 보편적인 운명을 결정짓는 중요한 두 인물들로 비교되고 있지만, 아담은 세상으로부터 기인한 피조물로서 인류의 대표자가 된 것에 반하여, 예수는 세상 밖으로부터 기인한 인류의 대표자—하나님 편에서 인류를 향한 하나님의 구원의 계획을 실행하는—가 되었다. 아담의 주권은 죄와 죽음의 권세를 다스릴 수 없는 피조물에 한정된 주권이었지만, 예수의 주권은 죄와 죽음을 포함한 모든 권세들을 다스리는 훨씬 우월한 주권이다(비교, 빌 2:9-11; 고전 15:20-28). 로마서 5:12-21에 담긴 아담 기독론에는 이처럼 비교할 수 없는, 혹은 극복할 수 없는 아담과 예수 간의 존재론적 차이점이 존재한다.[99] 그러므로 아담의 행위는 단순히 창조주 앞에 선 피조물의 한 행위에 불과하지만, 예수의 행위는 창조주의 은혜와 능력을 담은 하나님의 구원의 행위 그 자체를 의미한다. 이 둘 간에 놓인 이러한 존재론적 차이를 통해, 이들의 행위가 인류에게 가져온 영향의 비대칭적 차이들을 설명할 수 있다.[100]

아담과 새 아담 예수의 행위들

아담과 예수의 비교할 수 없는 존재론적 가치의 차이점은 그들의 행위들의 차이점들을 더욱 부각시킨다. 아담은 선악과를 금한 하나님의 명령을 어기는 죄를 범함으로써 죽음이 이 땅에 들어올 수 있는 근거를 제공하였다. 아담은 하나님 앞에 선 처음 인간으로서 모든 피조물들을 대표하여 그들을 다스릴 하나님의 주권을 대행하는 자로 세워졌으나, 도리어 하나님의 주권을 탐하고 하나님과 같이 되려는 어리석은 욕망에 굴복하였다. 아담은 모든 것이 하나님 보시기에 좋았던 피조세계라는 중립적인 자리에서, 처음으로 부정적인, 혹은 하나님 보시기에 악한 행위를 시도했다. 아담은 자기의 욕심을 채우기 위하여 이기적인 행동을 했고, 아담의 이 이기적인 행위는 처음 창조된 세계 전체의 아름다움을 파괴하는 결과를 가져왔다. 아담의 행위는 창조주를 향한 피조물의 도전을 의미했고, 그 결과로 전체 피조세계가 하나님의 저주 아래 갇혀버렸다. 물론 아담은 자신에게 주어졌던 하나님의 영광을 상실하였고, 영생을 주는 나무로부터, 그리고 낙원으로부터 추방당했다. 하나님과의 관계의 단절이라는 영적인 죽음을 경험한 아담은 나중에 육신의 죽음을 통해 자신이 유래한 흙으로 다시 돌아가야 했다. 물론 아담 안에서 태어난 그의 모든 자손들은 그와

---

99. Byrne, "Christ's Pre-Existence in Pauline Soteriology," 322-24.

100. Ibid., 325.

동일한 운명을 자신들의 삶에서 반복해서 경험해야 했다. 아담의 자손들은 하나님의 저주 아래서 태어나 거부할 수 없는 죄의 권세 아래서 살다가 죽음으로 돌아가는 운명을 아담과 동일하게 경험해야만 했다.

반면에 예수는 하나님 편에서부터, 아담의 죄의 결과로 파괴된 세상으로 보냄을 받았다. 예수는 아담처럼 타락하기 전 하나님이 보기에 좋았던 중립적인 자리가 아니라, 아담의 죄로 인하여 완전히 파괴된 세상에서 자신의 사역을 완수해야 했다.[101] 아담이 중립적인 상황에서, 아니 하나님이 보시기에 좋은 상황에서 시작하여 최악의 부정적인 결과를 창출한 반면에, 예수는 아담이 만들어 놓은 최악의 부정적인 자리에서 시작하여 아담의 모든 부정적인 효과를 극복하는 새로운 '좋음'을 창조해야 했다. 특별히 예수는 아담이 세상에 들여온 죽음 아래 놓인 모든 죄인들을 구원하기 위하여, 그들의 죽음의 원인이 된 죄의 문제를 극복해야 했다. 아담의 죄가 가지고 있는 두 가지 부정적인 측면들, 즉 하나님에 대한 불순종과 반항, 그리고 그의 결과로 인한 정죄와 죽음의 문제들을, 예수는 하나님에 대한 순종과 희생의 죽음을 통해서 극복했다.[102] 예수의 부활은 그가 죄인으로 죽지 않았다는 사실을 증명하고, 그를 이 땅에 보낸 하나님이 의로운 분이고 동시에 죄인들을 의롭게 해주는 분임을 인류에게 증명한다 (3:26). 인류의 죄를 극복한 예수의 한 의로운 행위, 즉 십자가에서 자신을 희생함으로써 하나님의 뜻에 순종한 행위는 아담의 죄가 지닌 불순종을 극복하고, 그 죄의 결과인 죽음을 정복하며, 아담이 잃어버렸던 그리고 소유할 수 있었던 하나님의 영광과 영생을 다시 회복하였다(5:2, 21). 아담이

---

101. Wright, *The Climax of the Covenant: Christ and the Law in Pauline Theology*, 37; Byrne, "Christ's Pre-Existence in Pauline Soteriology," 326.

102. 참고, 이승현, "빌립보서 2:6-11을 통해서 본 바울의 기독론적 구약 사용," 「신약논단」 26(1) (2019): 235-248.

자신의 개인적인 이익을 위하여 이기적인 행동을 한 것에 반하여, 예수는
아담과 그의 모든 자손들이 지은 모든 죄들을 해결하기 위한 이타적인 목
적을 위하여 한 의로운 순종의 행동을 했다. 이런 면에서, 예수는 진정으
로 인류 전체의 복지를 위한 거룩한 행동을 함으로써 인류의 참된 대표자
가 되었다. 아담이 인류의 조상으로서 자신의 이기적인 행동을 인하여 전
인류를 하나님과의 원수 됨의 관계로 몰아넣었던 것에 반하여, 예수는 하
나님이 세운 인류의 대표자로서 자신의 이타적인 행위를 통하여 하나님
과 원수 되었던 인류를 다시 하나님과의 화해와 평화의 관계 속으로 되돌
려 놓았다(5:1, 11).

아담과 새 아담 예수와 그들에게 속한 인류

아담은 자신의 죄로 인해 인류를 계속되는 죄의 굴레와 죽음의 저주
아래 가두어버린 인류의 대표자(corporate representative)가 된 동시에, 그의 모
든 후손들이 계속해서 그의 죄와 죽음을 모방하는 전형적인 모델(paradig-
matic model)이 되었다.[103] 그의 후손들은 스스로 자신의 아담이 되어 한 사람
도 예외 없이 다 첫 아담이 걸어간 길을 그대로 따라갔다. 아담은 창조주
하나님께 드려야 할 영광을 그에게 돌려 드리지 않고 스스로 하나님이 되
려 함으로써 하나님이 그에게 부여했던 영광을 상실하였다. 아담 안에 속
한 인류도 아담의 죄를 따라서 아담처럼 창조주에게 드려야 할 영광을 피
조물에게 돌림으로써 하나님의 진노 아래 거하게 되었다(1:18-3:20). 아담이
하나님의 영광을 상실하고 벌거벗은 채 발견되었던 것처럼, 예수가 이 땅
에 오기 전 아담의 모든 자손들도 다 자신들의 죄를 인하여 하나님의 불
멸의 영광에 이르지 못한 채 영적으로 벌거벗은 상태에 처해 있었다(3:23).

---

103. Boer, "Paul's Mythologizing Program in Romans 5-8," 12.

아담의 후손들은 아담의 타락한 본성을 가지고 태어나 아담의 죄의 영향
력 아래서 아담처럼 계속 죄를 짓게 되었고, 다 하나님의 진노 아래 놓일
수밖에 없었다(3:9).[104] 아담의 후손 중 그 어느 누구도 아담의 저주를 불러
오는 죄와 죽음의 순환을 극복할 수 없었기에, 바울은 한치의 망설임도
없이 "모든 사람이 다 죄를 지었다"(5:12), 혹은 "모든 사람이 다 죄를 지어
하나님의 영광에 이르지 못하였다"(3:23)라고 선포한다. 아담의 죄와 정죄
그리고 죽음의 운명을 그에게 속한 전 인류가 공유하고 있다는 사실은 바
울 당시 유대인들이 공유하였던 공통된 아담 전통에 속한다(에스라4서 7:118;
8:60; 바룩2서 48:46; 54:18).[105] 그러나 동시대의 유대인들의 이해와 비교할 때
더욱 두드러지는 바울신학의 독특성은 아담의 죄로 인한 죽음이 권세가
되어 인류를 통치하고 있다는 죄와 죽음의 의인화적 경향성에서 발견된
다. 바울에게 있어서 죄와 죽음은 인류의 원수인 사탄과 그 무리에 함께
속한 구성원들처럼 인류를 얽매고 유인하여 하나님의 원수들이 되게 한
다(비교, 롬 8:38; 16:20; 고전 4:9; 5:5; 6:3; 7:5; 고후 2:11; 11:14; 12:7; 살전 2:18).[106] 따라서
아담에게 속한 인류는 원칙적으로 자유한 자들이 아니라, 죄에 팔려 죽음
의 통치에 노예가 된 자들이다. 비록 바울은 인류 개개인의 자유의지에
대한 개념을 완전히 포기하진 않지만, 아담 안에 속한 인류가 아담의 죄
의 영향력 아래서 죄를 지어 그와 동일한 운명을 공유한다는 측면에서 아
담의 공동체적 대표성을 인정한다. 그리고 아담의 공동체적 대표성은 예
수의 순종의 행동이 새 인류의 대표로서 인류에게 미친 우주적 영향력에

104. 참고, Bell, "The Myth of Adam and the Myth of Christ in Romans 5.12-21," 21-36.
105. 에스라4서와 바룩2서에 대한 최근의 분석에는 다음을 참조하라. Matthias Henze, "4 Ezra and 2 Baruch: Literary Composition and Oral Performance in First-Century Apocalyptic Literature," *Journal of Biblical Literature* 131, no. 1 (2012): 181-200.
106. Boer, "Paul's Mythologizing Program in Romans 5-8," 13; Beverly Roberts Gaventa, *Our Mother Saint Paul*, 1st ed. (Louisville: Westminster John Knox, 2007), 125-36.

대한 논리적 근거로 기능한다.

반면에 예수의 사역은 단순히 첫 번째 아담을 대체하여 새로운 인류를 창조하고, 그 새로운 인류의 대표자가 되는 것처럼 단순하지 않았다. 왜냐하면 예수는 아담의 죄가 가져온 모든 부정적인 결과들, 즉 하나님의 심판과 정죄 그리고 죽음이 통치하는 세상에서, 그 부정적인 결과들을 다 극복해야 했기 때문이다.[107] 따라서 예수에게는 아담의 저주를 거슬러 가기 위한 창조주의 탁월한 능력이 필요했고, 죄와 죽음 아래 묶인 아담의 자손들을 자유롭게 해줄 강력한 해결책을 제시해야 했다. 이 사실은 왜 예수로부터 온 은혜가 아담으로부터 온 저주보다도 더 크고 풍성한 은혜의 사건이 되어야 하는지를 잘 설명한다(5:15, 17). 그러므로 예수에게 속한 새 인류는 어떤 의미에서 무에서 유로 새롭게 창조된 인류가 아니라, 아담의 죄와 죽음의 권세로부터 해방된 자들의 새로운 모임이다. 새 인류는 옛 아담 안에서 태어나 아담의 영향력 아래 살다가 새 아담으로 자신들의 소속이 변경된 자들이다. 이어지는 6장에서 바울은 새 인류의 탄생을 예수와의 연합과 세례를 통하여 자세히 설명한다. 바울은 로마서 1-8장에 걸쳐서 예수의 복음이 담고 있는 하나님 구원의 능력을 창조에서 종말까지 아우르는 인류의 구원받지 못한 상태에 대한 유일한 해결책으로 제시한다. 여기서 바울은 모든 인류의 구성원들을 위한 한 복음의 해결책을 제시하고, 이 모든 이들 안에 유대인들과 이방인들을 하나의 인류로 묶어 버린다. 바울은 유대인들과 이방인들의 역사적 특수성과 인종적 특권들을 무시하거나 제거하지는 않지만(비교, 2:17-24; 9:1-5), 유대인들과 그들의 특권들에 관한 개념들을 동시대의 다른 유대인들과 다소 다르게 해석한다(3:25-29; 7:7-25; 11:25-32). 바울에게 이방인들과 유대인들은 한 인류라고 하는

---

107. 참고, Wright, *The Climax of the Covenant: Christ and the Law in Pauline Theology*, 37-38.

동일한 배에 올라타 운명을 같이 하는 한 공동체에 속해 있기 때문에, 그
들을 구분하는 율법과 할례의 중요성은 바울에게 이제 별로 큰 의미가 없
다.[108] 유대인들과 이방인들로 구성된 인류의 운명은 그들이 탄 배를 이끄
는 선장이 누구냐에 따라 죽음과 생명이라는 정반대의 길로 인도된다. 바
울이 로마서 1-8장에서 보여주는 아담 기독론은 이러한 바울의 복음 이해
를 선명하게 보여준다.

예수에게 속한 새 인류의 가장 중요한 특징은 예수의 희생의 죽음으
로 자신들의 죄의 문제를 해결받고, 하나님과의 화해의 관계 속에 놓인
자들이라는 사실이다.[109] 이 사실은 종종 의롭다고 선언되는 측면에서의
칭의로 학자들에 의해서 이해되곤 했다. 그러나 아담에게 속했던 인류가
가진 보다 더 심각한 문제점은 그들의 육체 안에 내재한 아담의 죄를 추
구하는 본성이다. 아담의 본성은 아담에게 속한 인류가 각자의 아담이 되
어 아담의 저주받은 길을 걸어가게 했다. 그리고 그 결과는 죽음으로 인
류를 통제하는 죄의 권세 아래서 종노릇 함이었다. 그러므로 예수에게 속
한 새 인류에게는 두 가지가 요청된다. 첫 번째, 새 인류는 자신들 안에 있
는 아담의 본성을 새 아담 예수의 본성으로 교체해야 한다. 이 사실은 '칭
의'로 종종 해석되는 δικαίωσις가 바울에게는 의롭게 변화되는 존재론적
변화를 포함한다는 사실을 알려준다. 바울은 5:19-21에서 예수를 통하여
새 인류에게 허락된 의(δικαιοσύνη)는 죄인이었던 자들을 단순히 의롭다고
칭하는 윤리적인 개념, 혹은 단순히 하나님과의 깨어진 관계를 바른 관계
로 회복시켜주는 관계적 개념이 아니라, 죄인을 '의인으로 만들어 주었다'
고 선포하게 하는 역동적인 변화의 개념이다(δίκαιοι κατασταθήσονται).[110] 바울은

108. Keck, "What Makes Romans Tick?," 24.
109. 참고, Dunn, *The Theology of Paul the Apostle*, 390-412.
110. 하나님의 의롭다는 선포는 의로움과 의인을 만들어 내는 창조적인 선포이다. 참

새 아담에게 속한 새 인류의 새로운 성품을 순종한 예수의 형상에서 찾고
(8:29),[111] 그들의 의로운 변화됨을 그들 안에 내주하는 예수의 영인 성령의
사역에서 발견한다(8:3-8). 바울에게 성령은 하나님의 창조의 영인 동시에,
종말론적 새 계명의 핵심 내용을 구성한다(비교, 고후 3장). 새 인류의 의로운
변화의 과정을 바울은 로마서 7-8장에서 자세히 설명하고, 그들의 의로운
삶이 지녀야 할 자세한 특징들을 12-15장에서 상세하게 묘사한다. 그리고
두 번째, 새 인류는, 새 아담의 새로운 성품을 자신들 안에 품기에 앞서,
죄가 죽음의 권세로 다스리는 아담의 영역에서 의가 영생으로 다스리는
예수의 영역으로 이동하여 죄와 죽음의 권세로부터의 자유함을 먼저 경
험해야 한다(5:21). 새 인류가 속해야 할 새 아담이 다스리는 영역을 바울은
"생명의 새로운 삶"이라고 부른다(καινότητι ζωῆς, 6:4). 로마서 6:1-7:6에서는
예수와 함께 연합하는 세례—예수와 함께 죽고 살아나는 경험을 의미하
는—를 통해서 인류는 죄와 육체와 율법으로부터의 자유함을 얻을 수 있
다고 가르친다.[112] 바울에게는 믿음이 동반된 세례의 의식이 예수와 연합
하게 되는 사건으로 이해된다.

마지막으로, 여기서 우리가 한 번 생각해보아야 할 문제는 인류의 자
유의지와 인류 대표자들의 결정적인 행동들 간의 관계에 관한 질문이
다.[113] 바울에게는 아담의 저주와 새 아담의 은혜가 인류의 운명을 가장 결

고, Bell, "The Myth of Adam and the Myth of Christ in Romans 5.12-21," 32; Otfried
   Hofius, *Paulusstudien*, 2 vols., WUNT, 51 (Tübingen: Mohr, 1989), 130; Witherington
   and Hyatt, *Paul's Letter to the Romans: A Socio-Rhetorical Commentary*, 150.

111. 하나님의 형상으로서의 아담과 예수의 경배에 대한 유대인들의 이해에 관해서는
   다음의 논문을 참조하라. Dave Steenburg, "The Worship of Adam and Christ as the
   Image of God," *Journal for the Study of the New Testament* 12, no. 39 (1990): 95-109.

112. 참고, Dunn, *The Theology of Paul the Apostle*, 442-60.

113. 참고, John M. G. Barclay and Simon J. Gathercole, *Divine and Human Agency in Paul
   and His Cultural Environment*, Library of New Testament Studies (London: T & T

정적으로 규정짓는 요소이지만, 바울은 그들에게 속한 인류 개개인의 자유의지와 결정의 중요성을 결코 간과하지 않는다. 따라서 우리는 인류 개개인의 의지와 결정이 어떻게 그들의 대표자인 아담과 새 아담의 의지와 결정과 함께 기능하는지에 대해서 살펴보아야 한다. 첫 번째, 5:19에서 바울은 한 사람 아담의 불순종으로 인하여 많은 이들이 죄인이 되었다고 선포한다. 그리고 5:15, 17에서는 한 사람 아담의 범죄를 인하여 많은 이들이 죽음을 경험했고, 5:16, 18에서는 많은 이들이 정죄를 경험했다고 말한다. 아담의 죄와 그의 자손들 사이의 죄와 정죄와 죽음에는 부인할 수 없는 인과관계가 존재한다. 아담과 그의 자손들 간에 놓인 이 부정적 인과관계는, 어떤 의미에서 볼 때, 새 아담 예수의 의로운 행동을 인하여 그에게 속한 새 인류가 의인이 되고 생명을 경험하게 되는 긍정적 인과관계에 대한 논리적 근거로 작용한다. 그러나 동시에 바울은 5:12에서 모든 이들이 죽음을 경험한 것은 그들이 다 죄를 지었기 때문이라고 선포한다.[114] 각 개인의 죽음에 대한 궁극적인 책임은 각 개인의 자발적인 범죄함에 있다는 것이다. 여기서 우리는 인류의 운명에 지대한 영향을 끼친 아담의 죄와 개인의 죄 간에 놓인 특별한 긴장을 관찰할 수 있다. 이 긴장을 조금 더 자세히 풀어본다면, 아담의 후손들은 자발적으로 죄를 지었으므로 자신들의 죄에 대해서 책임이 있는 동시에, 그들은 아담 안에서 아담의 본성을 가지고 저주받은 세상에 태어났으므로 필연적으로 죄를 지을 수밖에 없다는 것이다.[115] 아담의 죄는 그의 자손들의 죄를 통해서 계속해서 이 세상에

Clark, 2008).

114. 여기서 저자는 ἐφ' ᾧ를 원인을 나타내는 관계대명사구로 해석하는 학자들의 견해에 동의하고 있다.

115. Bell, "The Myth of Adam and the Myth of Christ in Romans 5.12-21," 28; Eastman, "Double Participation and the Responsible Self," 94.

그 파괴적인 모습을 드러내고, 그의 자손들은 자신들의 자발적인 죄를 통해서 자신들이 저주받은 아담의 자손들임을 명백하게 입증한다. 따라서 죄는 아담 안에 속한 인류의 운명인 동시에 그들의 자발적인 행동이다.[116] 그러므로 바울은 죄를 인류를 노예로 다스리는 인류의 주인으로 묘사하는 데 전혀 주저함이 없다.

두 번째, 아담과 그에게 속한 인류에게서 발견되는 필연적인 인과관계와 자발성 간의 긴장은 새 아담과 새 인류의 관계에서도 발견된다. 바울은 한 사람 예수의 한 순종의 행위를 인하여 정죄 대신에 칭의가, 죄인 됨 대신에 의인 됨이, 그리고 죽음 대신에 영생이 그에게 속한 새 인류에게 주어졌다고 선포한다(5:16-19, 21). 사실 예수의 순종의 행위가 인류에게 미친 긍정적인 측면에서의 우주적인 영향력은 아담의 죄가 인류에게 끼친 부정적인 측면에서의 우주적인 영향력을 훨씬 능가한다(5:15, 17). 예수는 아담의 자손들이 저지른 수많은 죄들을 다루어야 했고, 아담과 달리 아담의 타락으로 저주받은 세상에서부터 자신의 사역을 시작해야 했기 때문이다. 그런데 바울은 새 아담에게 속한 인류를 칭하면서 때로는 "모든"(πάντας, 5:18), 또 때로는 "많은"(πολλοί, 5:19)이라는 표현들을 사용한다. '많은'이라는 표현이 이사야서에서 발견되는 하나님의 백성의 남은 자들을 의미한다면, 이와 상충하는 예수에게 속한 '모든' 새 인류의 구성원들은 "모든 믿는 자들"(πάντας τοὺς πιστεύοντας, 3:22)을 의미한다고 볼 수 있다.[117] 여기서 우리가 주목해야 할 점은 예수의 의로운 순종의 행위가 전 인류를 향한 우주적인 결과를 가져오는 행위이지만, 그 행위의 효과에 인류가 동참하기 위해서는 믿음을 통해서 그에게 속하게 되는 경험이 동반되어야 한

116. Bell, "The Myth of Adam and the Myth of Christ in Romans 5.12-21," 29.
117. Hofius, "The Adam-Christ Antithesis and the Law: Reflections on Romans 5:12-21," 190.

다는 것이다. 물론 우리는 바울이 '구원 얻는 믿음'이라고 부르는 것이 인간의 자유의지로 말미암는 인간의 결정인지, 아니면 하나님으로부터 온 선물인지의 여부에 대해서도 생각해보아야 한다. 바울은 구원 얻는 믿음은 하나님으로부터 온 은혜의 선물임을 강조함으로써 믿음이 구원을 얻기 위한 인간의 업적이 되는 것을 허용하지 않는다. 왜냐하면 죄와 죽음의 권세 아래 놓인 아담에게 속한 인류가 자력으로 하나님의 복음의 제시에 긍정적으로 반응할 수 없기 때문이다. 바울은 결코 믿음을 인류가 하나님의 구원을 경험하기 위해서 성취해야 할 업적으로서의 전제조건으로 제시하지는 않는다. 바울은 율법의 일들을 포함한 어떤 인간의 행위도 하나님의 구원에 그 어떤 긍정적인 기여를 할 수 없다고 믿기 때문이다(비교, 갈 2:16-19).[118]

그러나 동시에 예수에게 속하여 의인으로 선포되고 하나님과의 의로운 관계에 놓여 의인이 된 자들의 삶에서는 예수의 의로운 행동이 계속해서 그들의 자발적인 순종의 행위들을 통해 현실적으로 구현되어야 한다. 인류의 자발적인 죄들을 통해 아담의 죄가 그들의 삶에서 구체적인 실체로 구현되듯이, 성도들의 자발적인 순종의 행위들을 통해 예수의 순종의 행위가 그들의 삶에서 구체적인 실체로 드러나야 한다. 왜냐하면 이러한 구원론적 선포가 그들의 현실적인 삶에서 구체적인 의로운 삶의 모양으로 드러날 때, 성도들은 죄에 대해 죽고 하나님에 대해 살아난 자들임을 경험적인 측면에서 입증할 수 있기 때문이다(6:11).[119] 이러한 자발적인 순

---

118. 율법의 일들에 대한 해석과 논쟁은 이미 던과 라이트를 필두로 광범위하게 진행되었기에, 여기서는 더 이상 자세히 다루지 않을 것이다. 이 표현에 대한 새 관점 학자들의 주장과 그들에 대한 다양한 반박에 대해서는 다음을 참조하라. 참고, Carson, O'Brien, and Seifrid, *Justification and Variegated Nomism*.

119. 참고, Eastman, "Double Participation and the Responsible Self," 97-104.

종의 행위들을 통해 성도들은 과거 아담의 저주 아래서 선을 향한 자발성
의 능력이 결여된 희생자에서 의로운 행동을 할 수 있는 책임 있는 주체
자로의 훈련과 변화를 경험한다.[120] 예수의 은혜가 아담의 저주보다 훨씬
더 우월한 이유들 중 하나는 성도들의 마음을 움직이고 의로운 순종의 행
위들을 생산하도록 돕는 성령의 강력한 역할에서 발견된다(8:1-13). 율법 앞
에 선 아담에게 속한 인류는 율법을 어기게 하는 죄의 법이 자신들의 몸
안에 거하며 자신들을 통제하고 있음을 인하여 절망하지만, 새 아담에게
속한 인류는 자신들 안에 거하는 성령이 율법의 모든 의로운 요구들을 만
족시켜 주는 힘으로 작용하는 것을 경험하고 감사한다(7:21-8:1). 그러므로
바울은 성령을 "죽음을 주는 문자의 법"과 대치되는 "생명의 성령의 법"
이라고 칭한다(8:2-4).[121] 이렇게 해서 바울은 아담과 새 아담의 비교·대조에
율법과 성령을 포함시켜서 자신의 아담 기독론적 논의를 더욱더 확장시
킨다.

아담과 새 아담 예수 그리고 율법

로마서의 해석에 있어서 예수의 역할과 이스라엘 그리고 하나님의 언
약 간의 관계는 학자들의 많은 관심의 대상이 되었다. 새 관점을 대표하
는 학자들 중 하나인 라이트는 예수를 이스라엘의 대표로 이해하고, 그를
통해서 하나님이 이스라엘과 세운 언약과 약속을 완수한다고 주장한다.
라이트는 이 과정에서 예수가 보인 순종의 행위는 이스라엘의 대표자인
메시아를 통한 이스라엘 자신의 순종이라고 주장하고, 따라서 바울의 아
담 기독론은 기본적으로 이스라엘 기독론이라고 주장한다.[122] 그러나 라이

---

120. Ibid., 107.
121. 참고, Byrne, *Romans*, 234-41.
122. N. T. Wright, "Romans and the Theology of Paul," in *Pauline Theology*, ed. David M.

트가 강조하는 것처럼, 로마서 어디에서도 바울은 예수가 참된 이스라엘
에게 주어졌던 역할을 물려받았다고 가르치지는 않는다. 그리고 바울은
예수에게 속한 새 인류를 새로운 이스라엘이라고 부르지도 않는다.[123] 우
리가 지금까지 분석한 로마서의 본문에서 바울은 이스라엘과의 언약을
지키기 위한 유대인들의 메시아로서의 예수의 역할이 아니라, 유대인과
이방인으로 구성된 인류가 공통적으로 지니고 있는 인류의 문제를 해결
하는 새 아담으로서의 예수의 역할을 묘사하는 데 집중하고 있다.[124] 예수
는 아담이 벌여놓은 비극적인 상황에 대한 하나님의 해결책으로 제시되
고 있으나, 이 과정에서 이스라엘은, 라이트가 주장하는 것처럼, 아담과
예수 간의 중간단계를 지칭하는 개념으로서 아담의 문제를 해결할 책임
을 부여받은 존재로 소개되지 않고 있다. 단지 바울은 아담과 예수 사이
에 모세의 율법을 잠깐 언급하면서, 율법의 존재가 아담에게 속한 인류의

Hay and E. Elizabeth Johnson (Minneapolis: Fortress, 1991), 34, 46; Wright, *The Climax of the Covenant: Christ and the Law in Pauline Theology*, 29, 35; N. T. Wright, *Paul and the Faithfulness of God*, Christian Origins and the Question of God (London: Society for Promoting Christian Knowledge, 2013), 774-1042. Wright의 견해에 대한 다양한 비판에 대해서는 다음을 참조하라. 참고, Christoph Heilig et al., *God and the Faithfulness of Paul: A Critical Examination of the Pauline Theology of N.T. Wright*, WUNT 2 (Tübingen: Mohr Siebeck, 2016).

123. 참고, Richard B. Hays, "Adam, Israel, Christ," in *Pauline Theology*, ed. David M. Hay and E. Elizabeth Johnson (Minneapolis: Fortress, 1991), 81-82; Witherington and Hyatt, *Paul's Letter to the Romans: A Socio-Rhetorical Commentary*, 144. 비교, Wright, *The Climax of the Covenant: Christ and the Law in Pauline Theology*, 37.

124. Keck, "What Makes Romans Tick?," 24. 참고, Mark A. Seifrid, "Unrighteous by Faith: Apostolic Proclamation in Romans 1:18-3:20," in *Justification and Variegated Nomism*, ed. D. A. Carson, Peter Thomas O'Brien, and Mark A. Seifrid (Grand Rapid: Baker Academic, 2001), 119. 하나의 이스라엘 이야기로 바울을 해석하는 라이트의 지나치게 단순한 해석적 경향성은 이미 많은 학자들의 비판을 받았다. 참고, Hays, "Adam, Israel, Christ," 79; James D. G. Dunn, *Jesus Remembered*, Christianity in the Making (Grand Rapids: Eerdmans, 2003), 473-75.

상황을 개선했다기보다는 더 악화시켰음을 강조한다(5:20). 율법이 예수 편에서 인류를 위한 긍정적인 기능이 아니라, 아담 편에서 정죄를 심화시켜 죄의 권세를 강화하는 기능을 담당했기 때문이다. 로마서 9-11장에서 바울은 이방인을 포함한 하나님의 백성으로서의 이스라엘의 개념에 대해서 자세히 논의할 것이다. 그리고 바울은 이 본문에서 유대인들을 중심으로 한 이스라엘은 예수의 복음을 믿는 일에 실패했다고 선포할 것이다. 물론 유대인들이 자신들의 굳어진 마음을 인해서 예수를 거절하고 그의 결과로 복음이 이방인들에게 전해진 것은 바울에게 하나님의 은혜로운 신비에 속한다. 그러나 바울의 로마서 이해에서 예수와 이스라엘의 관계는, 라이트가 주장하는 것처럼, 그렇게 한 분상으로 간략하게 요약될 만큼 단순하지 않다.

켁(L. Keck)은 로마서 1-8장에서 발견되는 바울의 논의의 밑바탕에는 하나의 큰 내부적인 논리구조가 존재하고 있다고 주장한다.[125] 켁에 따르면, 이 논리의 구조는 아담의 문제로 설명되는 인류의 문제를 복음이 어떻게 3단계에 걸쳐서 다루는지로 구성되어 있다. 첫 번째, 복음은 법과 양심의 기준을 따라 하나님의 정죄 아래 놓여서 하나님과 깨어진 관계에 놓인 인류의 문제를 다룬다(1:18-3:26). 두 번째, 복음은 죄가 다스리는 죽음의 영역에서 포로로 붙잡힌 인류의 문제를 해결해준다(5:11-6:23). 그리고 마지막으로 복음은 육체 안에 거하는 죄의 피해자가 되어 죄를 지을 수밖에 없는 인류에게 탈출구를 제시해준다(7:1-8:13). 이처럼 아담의 운명을 지닌 인류에게 예수는 하나님이 제시한 유일하고도 궁극적인 해결책으로 기능한다. 본 저자는, 비록 켁의 로마서 1-8장에 대한 구조 분석에는 동의하지 않지만, 아담 기독론이 로마서 1-8장의 내부적인 논리 구조를 구성한다는

---

125. Keck, "What Makes Romans Tick?," 27.

견해에는 전적으로 동의한다. 그럼에도 불구하고, 유대인 청중들은, 그리고 유대인들의 주장에 설득된 이방인 청중들은, 바울의 아담 기독론적 복음 이해를 접하면서 필연적으로 부정적으로 묘사된 율법의 기능에 대해서 반문할 것이다. 이 사실을 잘 아는 바울은 5:13, 20-21에서 간략하게, 그리고 7장에서 조금 더 자세하게, 아담 기독론적 관점에서 율법의 기능을 설명한다.

　　유대인들에게 있어서 율법은, 비록 그 세부적인 이해와 적용의 문제에 있어서 어느 정도의 다양성이 유대인들 내부에 존재했지만, 생명을 주도록 의도된 하나님으로부터 온 최고의 선물이라는 점에는 이견의 여지가 없었다. 이 사실은 바울과 동시대 유대인 저자들의 작품인 에스라4서와 바룩2서에서 잘 발견된다. 이 두 작품들은 바울과 함께 제2성전시대 묵시론적 유대교를 가장 잘 대변하는 책들로 간주된다.[126] 이 두 작품들은 공통적으로 율법을 아담에게 속한 인류를 위한 해결책으로 제시한다. 바룩2서는 아담에 의해서 부여된 죄의 문제에 대한 하나님의 해결책이 율법을 통해서 왔다고 가르친다. 율법 앞에 선 인류는 개인적인 선택을 통하여 율법을 지킴으로써, 죽음이 아닌 죽음을 극복하는 영원한 생명을 경험할 수 있다(바룩2서 19:1; 42:7-8; 44:3, 7-15; 48:38-40). 따라서 율법 앞에 선 인류의 현재는 율법을 따르거나 거역함으로써, 율법이 약속하는 영생과 죽음을 선택하는 결정적인 순간이다.[127] 에스라4서의 경우에는, 바울의 경우와 유사하게, 인간의 악한 본성에 대한 비관적인 관점이 잘 보인다. 에스라4서에 따르면, 아담이 죄에 굴복하여 하나님의 계명을 어긴 것은 그의 "악한 마음" 때문이고, 그의 후손들도 아담과 동일한 악한 마음의 문제로 계속해서 고통받고 있다(3:21, 26; 4:4). 그러나 에스라4서에서 천사 우리엘은

---

126. Dunn, *The Theology of Paul the Apostle*, 88.
127. Boer, "Paul's Mythologizing Program in Romans 5-8," 15.

인류의 악한 마음의 질병에 대하여 주어진 해결책은 율법임을 강조한다
(7:17, 21, 45, 92). 결국 유대인들에게는, 인간 마음의 영구적인 상태와 운명에
관계없이, 율법은 여전히 생명의 율법으로서 긍정적인 하나님의 선물로
인식된다(14:30). 왜냐하면 그들에게 율법은 율법을 지키는 자들에게 선한
보상들을 허락하여 종말의 심판을 극복하고 영생을 얻을 수 있는 길을 제
시하기 때문이다.[128]

　그러나 바울은 율법이 아담이 들여온 죄와 사망의 두 권세들이 다스
리고 있는 영역에 들어와 예수로부터 오는 하나님의 은혜 편에서 기능한
것이 아니라, 예수가 극복해야 할 아담 편에서 죄를 증가시키는 기능을
했다고 선포한다(5:20-21). 율법은 그 기록된 계명들을 통해서 단지 악하고
불의한 인간의 행위들이 사실은 하나님의 선포된 의지에 대한 적극적인
거절임을 증명함으로써 죄의 정도의 심각성을 증가시켰고, 죄로 기록되
지 않던 불의한 행위들을 죄의 장부에 기록하여 죄의 분량을 크게 증가시
켰다.[129] 물론 율법으로 말미암는 죄의 증가가 하나님의 은혜의 풍성함을
경험하는 직접적인 배경이 되었지만, 어쨌든 죄는 은혜가 가져온 영생의
의로움과 대치 선상에 놓인 은혜가 극복해야 할 죄의 편에서 기능했다.
만약 예수를 통한 하나님의 은혜가 인류에게 허락되지 않았다면, 인류는
죄를 증가시키는 율법의 기능 아래서 더욱더 심하게 정죄 당하고 죽음에
서 벗어나지 못한 채 여전히 아담의 운명을 경험하고 있었을 것이다. 바
울은 다른 유대인들의 율법 이해와 달리, 율법은 죄와 사망이라는 두 권

---

128. Kister, "Romans 5:12-21 against the Background of Torah-Theology and Hebrew Us-
　　age," 410-11; Boer, "Paul's Mythologizing Program in Romans 5-8," 15-16.

129. Hofius, "The Adam-Christ Antithesis and the Law: Reflections on Romans 5:12-21,"
　　193; Witherington and Hyatt, *Paul's Letter to the Romans: A Socio-Rhetorical Commen-
　　tary*, 147.

세들의 악한 영향력을 극복할 수 있는 어떤 능력도 없고, 오히려 인류를
향한 죄와 죽음의 권세를 더 강화시키는 기능을 했다고 주장한다.[130] 바울
은 바룩2서와 에스라4서와 마찬가지로 묵시론적 유대교에 속하여 아담과
그의 악한 마음의 파괴적인 영향력에 대해서 적극 동의하고 있다(비교, 7:7-
25). 그러나 바룩2서와 에스라4서가 율법을 아담의 악한 마음을 극복할 해
결책으로 제시하는 반면에, 바울은 율법이 생명을 주도록 의도된 하나님
으로부터 온 선한 선물인 것은 맞지만 인류의 악한 마음 안에 존재하는
죄에 사로잡혀 인류를 정죄하게 되었다고 선포한다(7:14-24). 따라서 바울
에게 율법은 아담과 그의 자손들의 악한 마음을 극복할 궁극적인 해결책
이 되지 못한다. 율법은 의와 칭의에 대한 어떠한 근거도 제공하지 못하
기에, 인류를 위하여 죄와 죽음에 대한 보호막을 제공하지 못하고 도리어
죄와 죽음을 섬기는 기능을 했다.[131] 바울에게는 오직 인류의 마음 안에 거
하면서 율법의 의로운 요구들을 만족시킬 새 아담으로부터 온 선물인 "생
명의 성령의 법"이 아담의 악한 마음과 죄와 죽음의 문제를 해결할 궁극
적인 해결책이다(8:2-4).[132]

---

130. 흥미롭게도 바룩2서와 에스라4서에서는 죄와 죽음이 권세로 묘사되지 않는다. 참
    고, Boer, *The Defeat of Death: Apocalyptic Eschatology in 1 Corinthians 15 and Ro-
    mans 5*, 85-88.

131. Boer, "Paul's Mythologizing Program in Romans 5-8," 18. 물론 율법은 복음에 대한
    증인으로서의 시대 전환적인 긍정적인 기능을 하기도 하지만, 이 경우 바울은 율
    법 대신 성서라는 단어를 사용한다(비교, 3:21-22). 참고, Richard B. Hays, "Three
    Dramatic Roles: The Law in Romans 3-4," in *Paul and the Mosaic Law*, ed. James D. G.
    Dunn (Grand Rapids: Eerdmans, 2001), 151-64.

132. Kister는 로마서 5:12-21에서 발견되는 바울의 아담 기독론적 논의는 생명을 주

결론

시금까지 우리는 로마서 5:12-21을 로마서 1-8장 전체의 맥락 속에서 아담 기독론이라는 이해의 틀 안에서 자세히 분석하였다. 5:12-21에서 바울은 예수와 아담을 하나님에 대한 그들의 존재론적 연관성, 그들의 결정과 행동, 그리고 인류에게 미친 영향들을 중심으로 대조 비교한다. 바울은 인류 역사의 시작에 등장한 아담이 인류 역사의 결정적인 순간에 등장할 예수를 가리킨다는 측면에서, 아담을 예수의 모형이라고 부른다. 그러나 아담과 예수의 한 행동이 인류 전체의 운명에 결정적인 영향을 미쳤다는 사실 이외에는 모는 면에서 아남과 예수는 상력하게 내소본나. 아남은 한 불순종의 행위를 통해서 죄와 죽음을 인류에게 소개했고, 그에게 속한 모든 자손들이 죄와 죽음의 권세 아래서 종노릇하게 했다. 그러나 새 아담 예수는 아담이 망쳐놓은 세상에 보내져 한 순종의 행위를 통하여 인류의 모든 죄와 죽음의 문제들을 완전하게 다루었다. 아담이 창조물로서 하나님을 거역하는 인류의 행동을 대변하는 반면에, 예수는 하나님으로부터 보내진 하나님의 아들로서 인류를 향한 하나님의 은혜와 사랑을 대변한다. 아담 안에 속한 인류가 새 아담이 가져온 구원의 은혜를 경험하기 위해서는 자신들의 소속을 새 아담 예수에게로 변경해야 한다. 아담 안에서 죄 가운데 태어나 죽음의 운명을 경험해야만 하는 인류가 새 아담에게 속하게 될 때, 그들은 죄와 죽음으로부터 자유롭게 되어 생명으로 다스리는 은혜의 영역으로 이동한다. 이제 새 아담에게 속한 인류는 하나님의 의의

는 율법의 기능에 대한 유대인들의 전통에 의존하고 있다고 본다. 그러나 문제는 Kister는 이 전통이 담긴 자료를 명확하게 보여주지 못한 채, 후대 랍비들의 문헌을 근거로 재구성할 수밖에 없다는 것이다. 참고, Kister, "Romans 5:12-21 against the Background of Torah-Theology and Hebrew Usage," 391-424.

종이 되어 자신들 안에서 의로운 행위들을 만들어내게 된다. 그러나 인류가 자신들의 소속을 변경하기 위해서는 새 아담 예수와의 연합을 통해서 그의 죽음과 부활을 자신들 안에 경험해야 한다. 이 경험은 그들의 믿음의 고백이 담긴 세례의 사건을 통해서 가능하다. 바울에게 하나님의 구원의 제시에 대한 인간의 긍정적인 반응과 수용으로써의 믿음은 하나님으로부터 오는 선물이다.

로마서 전체의 맥락에서 새 아담 예수의 사역은 하나님의 진노 아래 놓인 인류에게 주어진 하나님의 구원을 주는 의를 대변한다. 따라서 5:12-21에 담긴 아담 기독론적 논의는 1-4장에 걸쳐서 바울이 묘사한 하나님의 진노 아래 놓인 인류의 문제에 대한 궁극적인 해결책을 담고 있다. 아담의 죄와 죽음의 운명 아래서 하나님의 영광에 이르지 못하던 인류는 이제 예수를 통해서 온 영생과 하나님의 영광을 다시 소유하게 될 소망을 가지게 되었다. 바울은 이 영광의 소망을 8장에서 더 자세히 묘사할 것이다. 그러나 바울은 이방인들과 유대인들을 한 인류에 묶어버리는 자신의 주장에 대한 유대인들의 반박을 마음 속에서 듣는다. 이에 바울은 자신의 아담 기독론적 논의에서 간략하게 율법을 소개하면서, 율법이 예수가 준 은혜를 위해서가 아니라 아담이 가져온 죄와 죽음을 위해서 부정적으로 기능한 사실을 언급한다. 율법은, 유대인들의 기대와 달리, 아담에게 속한 인류에게 생명을 유도하지 못하고 저주와 죽음을 심화시키는 기능을 했다. 이 사실을 바울은 7장에서 더 자세히 묘사할 것이다. 결론적으로, 바울의 아담 기독론은 로마서 1-8장 전체의 논지를 전개하는 데 있어서 가장 중요한 해석학적 근간으로 기능하고 있다.

제6장
예수의 영인 성령을 통한
아담의 악한 마음의 극복
(롬 6-8장)

앞 장에서 우리는 로마서 5:12-21에 담긴 바울의 아담 기독론적 논의를 아담과 예수 간에 놓인 네 가지 대조점들을 통해서 자세히 살펴보았다, 바울에게 아담은 본질적으로 한 피조물에 불과한 반면에, 예수는 하나님이 피조세계에 보낸 하나님의 아들이다. 아담이 한 번의 불순종의 행위를 통해서 그의 모든 후손들을 죄와 사망의 권세 아래 갇히게 한 반면에, 예수는 한 번의 순종의 행위를 통해서 인류의 모든 죄들을 해결하고 그들을 사망에서 생명으로 인도했다. 만약 예수가 아담에게 속한 그의 후손이었다면, 예수는 아담이 만들어 놓은 죄와 사망의 패러다임을 극복할 수 없었을 것이다. 그러므로 인류는 자신들과 연합하여 자신들을 대표하는 자가 누구인지에 따라서 아담, 혹은 새 아담의 운명을 자신들의 삶에서 동일한 방식으로 경험하게 된다. 바울에게 아담과 새 아담 예수는 그들이 대표하는 죄와 사망의 부정적인 연결고리와 의와 생명의 긍정적인 연결고리들을 통해서 인류의 운명을 결정짓는 인류의 대표자들이다. 바울은 이러한 아담 기독론적 논의를 통해서 자신이 전한 예수의 복음에 담긴 하나님의 구원을 주는 의가 어떻게 죄와 사망이라는 인류의 보편적인 문제

를 극복하는지를 설명했다(비교, 1:18-3:26).[1]

그러나 로마서에서 바울의 아담 기독론적 논의는 5:12-21의 한 작은 본문에만 머물지 않는다. 이어지는 6-8장에서 바울은 5장에 담긴 아담 기독론적 논의를 인류에게 적용하여, 인류의 두 가지 운명을 아담과 새 아담 예수의 이야기에 담긴 대조들을 통해서 자세히 설명한다.[2] 바울은 아담에게 속한 인류의 운명을 죄와 죽음 그리고 율법 아래 놓인 정죄를 통해서 묘사하고, 새 아담에게 속한 운명을 의와 생명 그리고 은혜 아래 놓인 자유로 묘사한다. 특별히 6:1-7:6에서 바울은 아담과 새 아담에게 속한 인류의 운명을 세 가지 대조적인 관계들을 통해서 설명한다: (1) 옛 사람과 새 사람(6:1-14), (2) 옛 주인과 새 주인(6:15-23), 그리고 (3) 옛 남편과 새 남편(7:1-6). 그리고 세 번째 대조적인 관계의 결론을 담은 7:5-6은 이어지는 7:7-25과 8:1-13에 담긴 율법의 문자 아래 놓인 저주받은 삶과 생명을 주는 성령을 모시고 사는 삶 간의 새로운 대조로 인도한다.[3] 로마서 7장에서 바울은 율법 아래에서 아담에게 속한 인류의 절망적인 상황을 묘사하고, 8장에서는 새 아담 예수의 영을 통한 인류의 자유를 율법 아래서의 절망과 대조적으로 묘사한다. 특별히 8:14-39에서 바울은 새 아담에게 속한 인류가 미래에 경험할 종말론적 영광의 회복, 즉 아담이 자신의 죄를 인하여 상실한 영광이 성령을 모시고 사는 하나님의 자녀들에 의해서 회복될 것이라고 선포한다. 그러므로 이번 장에서 우리는 로마서 6-8장에 담긴 성도들의 과거와 현재의 경험을 5장에서 묘사된 아담과 새 아담의 이

---

1. Hofius, "The Adam-Christ Antithesis and the Law: Reflections on Romans 5:12-21," 178-79.

2. 참고, Byrne, "Adam, Christ, and the Law in Romans 5-8," 210-32; Kidwell, "The Adamic Backdrop of Romans 7."

3. Byrne, "Adam, Christ, and the Law in Romans 5-8," 211; idem., *Romans*, 234-41; Käsemann, *Commentary on Romans*, 210.

야기를 통하여, 특별히 율법과 성령의 대조적인 역할을 중심으로 자세히 살펴보고자 한다.

인류의 두 가지 운명의 가능성과 아담(롬 6:1-7:6)

　로마서 5:12-21에 담긴 아담 기독론적 논의를 통해서 바울은 예수의 순종이 인류에게 하나님이 이를 가져다주었고, 이 의를 근거로 인류는 사망의 저주에서 벗어나 영생에 이르는 삶을 살 수 있게 되었다고 주장했나. 이 과정에서 바울은 율법이 새 아담 예수를 통해서 인류에게 오는 생명에 아무런 기여를 하지 못했을 뿐만 아니라, 도리어 아담 편에서 인류에게 죄의 강도를 더하여 사망의 권세를 더 강화시키는 역할을 하게 되었다고 선포했다. 바울은 자신의 율법이 결여된 복음에 대해서 들었던 로마교회가 율법을 죄와 사망의 공모자로 모는 자신의 해석에 대해 불편하게 느낄 것을 예상한다. 나아가 바울은 율법에 대한 자신의 부정적인 평가를 접한 로마교회 성도들이 어떻게 율법 없이 의로운 삶이 가능한가에 대해서 질문할 것을 예상한다. 이에 로마교회에게 보내는 자신의 편지에서 바울은 율법을 통하지 않고서도, 혹은 율법 아래 놓이지 않으면서도, 생명을 얻는 의로운 삶이 가능함을 아담 기독론의 논의를 통해서 증명하고자 한다. 특별히 바울은 새 아담 예수가 가져온 성령을 따르는 삶을 통해서 율법 없이도 의로운 삶을 살 수 있다는 가능성에 대한 로마인들의 회의를 잠재우기 원한다(8장). 이를 위해서 바울은 먼저 왜 예수에게 속한 성도들은 율법과 결별해야만 했는지에 대해서 설명하고(6장), 율법 아래 사는 삶이 주는 절망적인 상황에 대해서 묘사한다(7장).[4] 그러나 이러한 논지를 발전시키기에 앞서, 바울은 6:1-7:6에서 새 아담 예수에게 속한 인류가 경험한 세 가지 관계적인 변화들을 통해서 자신이 앞에서 설명한 아담 기독론적 논의를 성도들의 과거와 현재의 삶에 적용한다.

로마서 6:1-7:6의 구조와 분석

로마서 6:1-7:6에서 바울은 5:12-21에 담긴 아담 기독론을 근거로 인류가 경험할 수 있는 두 가지 운명들을 세 쌍의 대조적인 관계들을 통해서 묘사한다: (1) 옛 사람과 새 사람(6:1-14), (2) 옛 주인과 새 주인(6:15-23), 그리고 (3) 옛 남편과 새 남편(7:1-6). 아담에게 속한 인류는 율법을 주인으로 모시고 죄와 죽음에 매인 옛 사람의 운명을, 그리고 예수에게 속한 인류는 성령의 은혜 아래서 의를 주인으로 모시고 사는 새 사람의 운명을 경험한다. 이 세 가지 대조적인 운명들에 대한 바울의 논의에 대해서 먼저 해석학적으로 자세히 분석해보도록 하자.

(1) 옛 사람과 새 사람(6:1-14)

첫 번째, 6:1-14에서 바울은 옛 아담에게 속한 인류를 옛 사람이라고(ὁ παλαιὸς ἡμῶν ἄνθρωπος, 6:6), 그리고 새 아담 예수에게 속한 인류를 새 사람이라고 칭한다(비교, ἡμεῖς ἐν καινότητι ζωῆς περιπατήσωμεν, 6:4). 따라서 우리가 이제 조사해보아야 하는 것은 이 두 호칭들을 통해서 바울이 가르치고자 하는 점이 무엇이냐이다. 이 본문의 시작에서 바울은 "하나님의 은혜가 더욱더 넘치

---

4. 이 부분의 구조적인 분석에 대해서는 다음을 참조하라. 참고, Byrne, *Romans*, 187-88; Longenecker, *The Epistle to the Romans: A Commentary on the Greek Text*, 604-05; Witherington and Hyatt, *Paul's Letter to the Romans: A Socio-Rhetorical Commentary*, 154-55.

도록 우리가 계속해서 죄를 지어야 하느냐?"(6:1)라고 질문한다. 이 질문을 통해서 바울은 새 사람은 옛 사람의 죄 아래서 노예 된 상태에서 벗어난 존재임을 전제한다. 바울은 과거 아담에게 속했던 인류가 공유했던 공통적인 경험은 죄 아래서 노예가 된 상태임을 로마서의 앞 부분에서 여러 번 강조했다. 바울은 성도들이 과거 아담 안에서 죄의 노예가 되어 죽음을 경험해야만 했던 존재들이었음을 상기시키면서, 새 아담에게 속한 인류는 예수와의 연합을 통해서 죄에 대하여 죽고 하나님 앞에서 다시 살아난 존재들임을 강조한다. 로마서에서 죄는 아담의 타락 후, 인류의 통치자가 되어 아담에게 속한 인류를 다스린 군주인 사망을 섬기는 권세로 묘사된다(비교, 5:12-21). 따라서 인류의 운명은 인류가 자신들의 소속을 옛 아담에게서 새 아담에게로 변경할 때, 죄와 사망과의 관계에 있어서도 급격한 변화를 경험하게 된다. 왜냐하면 예수는 자신의 육체 안에서 죄를 정죄하고 파괴해버렸기 때문에, 새 아담 예수의 영역에서 죄는 더 이상 아무런 힘을 행사하지 못한다(8:3). 이 사실은 사망도 더 이상 예수에게 속한 인류의 군주로 군림하지 못함을 알려준다. 바울에게 있어서 인류가 자신들의 소속 변경을 경험하는 때는 그들이 예수를 향한 신앙의 고백과 함께 예수와 연합하는 세례를 경험하는 때이다(6:3-4).[5] 예수와 연합하는 사건을 의미하는 세례는 예수의 죽음과 부활에 인류가 함께 동참하는 것을 의미한다. 옛 아담에게 속했던 인류는 세례 시에 새 아담 예수와의 연합을 통해 죄의 노예가 된 육체와 함께 십자가에서 죽고, 새 아담 예수와 함께 하나님을 향하여 살아나는 새 창조의 사건을 경험하게 된다(6:4-6; 비교, 갈 3:6-27;

---

5. Wedderburn, "The Soteriology of the Mysteries and Pauline Baptismal Theology," 53-72; Longenecker, *The Epistle to the Romans: A Commentary on the Greek Text*, 611-13; Siikavirta, *Baptism and Cognition in Romans 6-8: Paul's Ethics Beyond "Indicative" and "Imperative"*.

고전 12:12-13). 새 창조의 사건을 통해서 새롭게 존재하게 된 성도들의 새로운 자아는 죄가 다스리는 아담의 영역이 아니라, 의가 다스리는 ἐν Χρισ-τῷ Ἰησοῦ로 대변되는 새 아담 예수의 영역에서 살게 된다. 이제 새 아담 예수에게 속한 자들은 더 이상 죄의 노예가 되어 사망을 섬기는 것이 아니라, 의의 노예가 되어 하나님을 섬기는 삶을 살아야 한다. 그러므로 바울은 6:1의 질문에 답하면서, 예수 안에 속한 성도들은 더 이상 죄를 주인으로 섬기며 죄짓는 생활을 하지 말아야 한다고 선포한다.

예수에게 속한 성도들은 과거 아담의 영역에 속하여 죄를 주인으로 섬기는 노예의 삶이 아니라, 하나님의 의를 주인으로 섬기는 자유한 자의 삶을 살아야 한다(6:13). 하나님을 향하여 의 가운데서 사는 새로운 삶은 하나님을 향한 순종으로 대변되는 예수의 삶을 똑같이 살아내는 것을 의미한다. 새 아담 예수에게 속한 성도들의 삶의 패턴은 그들의 새로운 삶의 영역을 대변하는 예수 그리스도의 삶의 패턴과 동일한 것이어야 하기 때문이다. 예수와의 연합을 의미하는 세례는 죽음과 부활을 포함한 그의 전 생애 속으로 인류가 들어가는 것을 의미한다. 그리고 인류를 향한 그의 희생적인 사랑과(5:1-6; 15:3) 하나님을 향한 순종으로(5:19; 빌 2:8) 대변되는 그의 생애를 동일하게 살아내는 것을 의미한다.[6] 이런 면에서, 예수는 성도들이 따라야 할 새로운 삶의 모범적인 패턴을 제시한다. 하나님의 새 인류는 새 아담 예수의 형상을 따라 거룩하게 지어져가야 하는데, 이 새로운 삶의 형성은 예수의 삶의 패턴을 따라 하나님의 의를 구현하는 삶을 살아내야 하는 책임을 포함한다. 예수에게 속한 자들이 추구하는 의로운 삶의 결론은 부활한 예수의 영광스러운 형상에 따른 영광스러운 변화이다(8:17, 29-30). 성령을 통해서 이루어질 이 영광스러운 변화는 죽음으로부

---

6.   Byrne, *Romans*, 190-91.

터의 영원한 자유를 의미하면서 영광의 소망이라고 불린다(8:21).[7] 예수는 아담의 죄와 사망의 권세를 하나님을 향한 자신의 의로운 순종과 부활로 극복했을 뿐만 아니라, 자신에게 속한 새 인류도 하나님을 향하여 살아나 의로운 삶을 통하여 죄와 사망을 극복하고 부활의 영광을 경험하게 해주기에 옛 아담과 대조되는 새로운 아담이 된다.

　과거 아담 안에 속했던 인류는 죄의 몸(6:6)을 가지고 산 옛 사람이라고 불린다.[8] 죄의 몸은 단순히 인간 영혼에 반대되는 인간 존재의 물질적인 부분을 지칭하는 것이 아니라, 하나님에 대해서 적대적이고 죄를 짓는 경향성을 소유한 자연인 인간의 부정적인 상태를 지칭한다.[9] 바울은 죄의 몸을 죽음이 몸이라고도 부른다. 왜냐하면 우리 몸 안에 있는 죄의 법이 우리로 하여금 하나님의 진노와 사망을 경험하도록 유도하기 때문이다 (7:24). 특별히 옛 인류가 율법 앞에 설 때 죄의 몸으로 인해 절망하게 된다. 왜냐하면 옛 인류는 하나님의 법이 거룩하고 선한 것임을 알면서도, 하나님의 법 내신 죄의 법을 섬기는 것을 경험하기 때문이다. 그러나 예수와 연합하여 그의 죽음과 부활을 자신들의 몸에서 경험하는 새 인류는 더 이상 죄의 몸으로 말미암는 하나님의 저주를 숙명으로 받아들일 필요가 없다. 그들은 이미 죄 된 자아의 죽음을 경험하고 하나님을 향하여 영적으로 살아난 존재가 되었으므로, 더 이상 죄의 죄를 섬기며 살지 않고 그 죄에 대한 심판의 결과로서 사망을 경험하지 않을 것이기 때문이다. 이미와 아직이라는 중복되는 시기를 살고 있는 예수에게 속한 성도들은, 비록 아

7.　참고, Longenecker, *The Epistle to the Romans: A Commentary on the Greek Text*, 560.

8.　대부분의 주석가들이 여기서 아담 이야기를 떠올리는데 반하여, Moo는 그런 해석에 반대한다. 참고, Ibid., 403; Fitzmyer, *Romans: A New Translation with Introduction and Commentary*, 436. 비교, Moo, *The Epistle to the Romans*, 373-75.

9.　Byrne, *Romans*, 191.

담의 죄의 결과인 사망을 여전히 자신들의 몸에 경험하고 있지만, 죄로부터 자유하게 되었음으로 그들의 몸의 부활을 종말론적으로 체험할 것이다. 따라서 바울은 몸의 부활을 성도들의 믿음의 가장 핵심적인 요소로 간주하면서 성도들의 소망이라고 칭한다(8:10-11).

여기서 우리는 바울이 예수의 부활 사건을 아담에 의해서 시작된 인류 비극의 종언으로 인지하고 있음을 알 수 있다(비교, 5:12).[10] 제2성전시대 묵시전통에서 메시아의 부활은 종말론적 새 시대의 시작을 의미하는데, 바울은 이 생각에 전적으로 동의하면서 유대인들이 고대하던 종말론적인 메시아의 도래가 예수를 통해서 실현되었음을 굳게 믿고 있다. 이제 메시아 예수가 시작한 새로운 시대에 속하여 예수와 연합한 성도들이 사는 새로운 삶은 아담이 실패했던, 그러나 예수가 성취했던, 창조주 하나님을 향한 순종과 경배의 패턴을 따르는 새로운 삶이다. 이 새로운 삶의 가장 중요한 특징은 자신들의 몸의 지체들을 죄의 도구로 내어주는 것이 아니라, 하나님이 요구하는 의의 도구로 내어주는 것이다(6:12-13). 몸의 지체들(τὰ μέλη ὅπλα, 6:13)이라는 표현은 몸을 소유한 인간 존재를 둘러싼 바깥 세상과 몸을 지닌 인간이 반응하고 관계하는 모든 영역들을 지칭하는 표현이다.[11] 죄의 도구로 표현되는 삶은 몸의 욕구를 따라 살면서 죄의 노예가 되었던 과거 아담에게 속했던 옛 사람의 삶을 의미하고, 의의 도구로 표현되는 삶은 하나님의 의의 요구를 따라 살면서 은혜의 노예가 된 예수에게 속한 새 사람의 삶을 의미한다. 아담에게 속한 인류의 삶은 죄를 향하여 사는 삶으로 한 마디로 요약되고, 예수에게 속한 새 인류의 삶은 죄에 대해서 죽고 하나님을 향하여 사는 삶으로 한 마디로 요약된다(6:11).

10. Ibid., 192.
11. Ibid., 194. 비교, Longenecker, *The Epistle to the Romans: A Commentary on the Greek Text*, 410.

(2) 옛 주인과 새 주인(6:15-23)

앞에서 우리는 바울의 인간관에서 몸을 입고 사는 인류의 삶은 크게 두 가지로 나누어짐을 보았다. 하나의 삶의 가능성은 죄를 창출하는 삶이고, 또 다른 하나의 삶의 가능성은 의를 창출하는 삶이다(비교, 고후 5:21). 흥미로운 사실은, 아담과 새 아담에게 속한 인류의 삶의 두 가지 가능성들이 전적으로 인류가 자신들의 몸으로 무엇을 하는지에 달려 있다는 것이다. 그리고 인류가 자신들의 몸으로 행하는 행위들의 특징은 그들이 속한 영역과 그 영역을 대변하는 자가 누구이냐에 달려 있다. 바울에게 있어서 성도들의 몸은 죄를 섬겨 죽음을 경험할 대상이 아니라, 의를 섬겨 부활을 경험해야 할 대상이다(6:5, 8). 성도들의 몸은 자신들의 정욕을 만족시키기 위해서가 아니라, 자신들이 속한 영역의 주인인 예수를 위해서 존재한다(고전 6:13). 예수는 자신의 몸의 죽음과 부활을 통해서 죄가 통치하는 권세를 파괴시켜버렸으므로, 그에게 속한 새 인류는 더 이상 죄가 아니라 은혜의 통치 아래서 하나님을 향하여 살아야 한다. 따라서 바울은 죄를 옛 사람의 주인으로, 그리고 의를 새 사람의 주인으로 묘사한다. 사실 아담에게 속한 인류는 자신들의 몸 안에 내재한 죄의 경향성 때문에 하나님의 율법 앞에 설 때 곤란한 상황에 처하게 된다. 왜냐하면 율법은 죄의 죄됨을 가장 강력하게 보여주어, 율법 아래 거하는 아담의 자손들이 얼마나 흉악한 죄인인가를 증명해주기 때문이다. 이 사실을 바울은 7:7-25에서 자세히 설명할 것이다. 그러나 율법 앞에 선 자연인의 갈등에 대한 바울의 논의에 대해서 자세히 알아보기에 앞서, 6:15-23에 담긴 인류의 운명에 대한 두 번째 대조적인 관계에 대해서 먼저 살펴보도록 하자.

로마서 6:15-23에서 바울은 순종과 열매의 두 가지 핵심 개념들로 묘사되는 노예 이미지를 통해서 인류의 과거와 현재의 삶을 비교하며 설명한다.[12] 바울에 따르면, 과거 아담의 영역에 속한 옛 사람의 삶은 죄의 노예가 되어 죄에게 복종하는 삶이었고(δοῦλοι τῆς ἁμαρτίας, 6:17), 현재 예수의 영역에 속한 새 인류의 삶은 하나님과 그의 의에 복종하는 삶이다(ἐδουλώθητε τῇ δικαιοσύνῃ, 6:18). 죄의 노예가 된 삶의 현재적 효과는 부정함과 불법이라는 열매로 표현되고, 그 열매 맺음의 최종적인 결과는 하나님과의 분리를 의미하는 영원한 죽음이다.[13] 반면에 의의 노예가 된 삶의 현재적 효과는 거룩함의 열매로 표현되고, 거룩한 열매 맺음의 최종적인 결과는 하나님과 영원히 함께 거하는 영원한 생명이다. 이처럼 옛 아담의 영역에서 새 아담의 영역으로의 이동은 비교할 수 없는 현재적 효과와 열매 맺음, 그리고 미래적 결과의 차이들을 포함하고 있다. 이 두 영역들 간의 현저한 차이들은 모두 그 영역들을 대표하는 두 인물들인 아담과 예수의 행위와 존재론적 차이점들, 그리고 이 두 인물들의 행위들에 따른 하나님의 심판과 구원의 행위들의 차이점들로부터 기인한다.

사실 순종과 열매라는 두 단어들은 아담 기독론에서 굉장히 중요한 용어들이다. 아담의 생애는 한 마디로 선악과의 열매를 따먹은 불순종으로 요약되고, 반면에 예수의 생애는 하나님과 동등됨을 포기하고 아담의 죄의 결과인 죽음을 자신의 운명으로 받아들인 순종으로 요약되기 때문이다(5:12-21; 빌 2:6-8).[14] 그리고 그들의 행위들의 결과는 선악과의 열매를 먹

---

12. 당시 노예들의 비참한 상황을 직접 눈으로 목격하고 있는 로마교회 성도들은 노예 비유를 통한 바울의 가르침에 상당한 충격을 받았을 수 있었다. 참고, Jewett, *Romans: A Commentary*, 416-17; Longenecker, *The Epistle to the Romans: A Commentary on the Greek Text*, 619-21.

13. 바울에게 죽음은 육체적인 죽음과 하나님과의 분리를 의미하는 영적인 죽음으로 구성되어 있다. 따라서 성도들이 경험하는 죽음은 육체적인 죽음이고, 이 육체의 죽음은 성도들을 하나님의 임재와 사랑으로부터 결코 분리하지 못한다. 이 사실을 바울은 로마서 8:32-39에서 자세히 설명하고 있다.

14. 참고, Dunn, *The Theology of Paul the Apostle*, 199-203.

고 불순종의 열매를 맺은 것에 대한 하나님의 심판과 순종의 열매를 맺어 하나님의 구원의 의를 창출한 것으로 요약된다. 그러므로 이 두 대표자들에게 속한 자들은 그들이 맺은 것과 동일한 열매들을 맺어야 하는 숙명 아래 놓이게 된다. 따라서 바울은 새 인류를 다스리는 하나님의 은혜를 경험한 자들은 그 은혜에 대한 합당한 반응으로서의 순종의 열매를 맺어야 한다고 가르친다(6:15). 예수가 자신의 순종을 통해서 구현한 하나님의 구원을 주는 의는(3:21-24) 그에게 속한 성도들의 삶에서 그들의 순종을 통해서 재구현되어야 하기 때문이다(6:12-13). 그러므로 바울은 예수에게 속한 자들을 의의 노예로, 그리고 아담에게 속한 자들을 죄의 노예라고 부른다. 의의 노예가 된 성도들에게는 의를 구현하는 삶이 그들의 삶의 목표가 되어야 하기에, 하나님의 뜻에 따른 윤리적인 변화(12:2)를 거쳐서 의가 추구하는 거룩함을 자신들의 성품으로 만들어야 할 책임이 있다. 예수에게 속하여 의의 노예가 된 자들에게는 더 이상 죄와 죽음이 아니라, 의와 영생이 그들의 삶의 열매요 결과가 되어야 하기 때문이다. 이 사실은 바울에게 구원을 의미하는 하나님의 은혜로운 의의 선물은 성도들의 성품과 인격의 의로운 변화와 더불어, 하나님을 향한 거룩함으로 표현되는 윤리적인 성장을 요구한다는 사실을 알려준다. 다시 말하면, 의롭다라고 선포되고 하나님과 의로운 관계에 놓이게 되는 성도의 새로운 지위는 성도 편에서의 의로운 변화를 필연적으로 요구한다. 이 의로운 변화의 요구에 담긴 하나님의 엄중한 관심을 바울은 의의 노예 됨이라는 표현 속에 강력하게 담아내고 있다.

(3) 옛 남편과 새 남편(7:1-6)

인류의 과거와 현재를 그들이 속한 옛 시대와 새 시대의 특징들로 묘사하고 있는 바울은, 마지막으로, 옛 남편과 새 남편의 비유를 통해서 아

담과 예수에게 속한 인류의 운명을 대조하며 설명한다. 물론 바울에게 성
도들의 옛 남편은 율법을 의미하고, 새 남편은 성령을 의미한다(7:6). 율법
은 그 율법의 요구사항들을 지키는 자들에게 생명을 가져다준다는 유대
인들의 기대와 달리, 앞에서 바울은 율법이 아담 편에 속하여 죄를 증가
시키고 강화시켜 죽음의 권력의 도구로 기능했다고 선포했다(5:20).[15] 율법
은 죄에 대한 지식을 증가시키고(3:20) 죄를 거부하지 못하는 인류로 하여
금 죄의 열매들을 맺게하여 하나님의 진노를 유발시킨다(4:15). 결국 율법
은 율법을 지킬 수 없는 사람들로 하여금 죄의 통치 아래 놓이게 만든 죄
의 공모자로 전락하게 된다(6:14). 따라서 바울의 관점에서 '율법 아래 거한
다'는 표현은 은혜 아래 거하는 것으로 표현된 성도들의 현재의 축복받은
삶과 극명한 대조를 이루는 저주받은 삶이다.[16] 그리고 더 놀라운 사실은
율법이 제거된 곳에서, 즉 율법이 죄의 도구로서 기능하지 않는 곳에서
하나님이 원하는 의로운 삶이 가능해진다는 것이다. 물론 이러한 바울의
주장은 율법이 결여된 바울의 복음에 반대하는 유대인 출신 성도들과 그
들에게 동조하는 일부 로마교회 성도들에게 충격으로 다가올 것이다.[17] 그
러므로 바울은 죄와 연관된 율법의 이 기이한 연관성에 대해서 자세하게
설명해야 할 필요를 느낀다. 바울은 이 설명을 7:7-25에서 상세하게 전개
할 것이다. 이 본문에서 바울은 율법 아래 놓인 삶을 복음이 주는 자유와
예수가 허락한 성령 안에서 사는 삶의 부정적인 대치물로 제시하고 있기

15. 참고, Byrne, "The Problem of Nomos and the Relationship with Judaism in Romans,"
294-309.

16. 참고, Dunn, *The Theology of Paul the Apostle*, 150-54; Todd A. Wilson, "'Under Law'
in Galatians: A Pauline Theological Abbreviation," *The Journal of Theological Studies*
56, no. 2 (2005): 362-92.

17. 참고, Fitzmyer, *Romans: A New Translation with Introduction and Commentary*, 68-80;
Jewett, *Romans: A Commentary*, 59-74; Byrne, *Romans*, 33.

에, 로마서 7장을 율법에 대한 방어 혹은 변론이라고 부르는 던의 주장은 설득력이 떨어진다.[18]

　바울에게 있어서 율법은 죄의 공모자가 되어 아담에게 속한 인류에게 부정적인 영향을 미쳤기에, 아담과의 대치점에 놓인 예수에게 속한 성도들은 율법으로부터 자유하게 되어야 한다. 이에 바울은 결혼의 비유를 통하여 전 남편이 사망한 경우, 홀로 남겨진 과부는 자신의 전 남편에 대한 모든 율법의 요구들로부터 자유로워짐을 상기시킨다. 성도들이 예수와의 연합을 통하여 죄에 대해서 죽고 하나님에 대하여 살아났을 때, 그들은 죄의 공모자인 율법에 대해서도 죽음을 경험하게 되었다. 따라서 성도들은 이제 더 이상 과거에 자신들의 남편이 되어 자신들을 주장하던 율법에 대해서 어떠한 의무도 책임도 소유하고 있지 않다. 물론 율법이 결여된 바울의 복음을 접한 로마교회의 성도들은 율법이 없이 어떻게 거룩하고 의로운 삶을 살 수 있는가에 대한 본질적인 질문을 품을 수 있다. 이에 바울은 율법이 없이도 그리스도와의 연합이 가져오는 선한 일들은 거룩함이라는 의로운 열매를 하나님을 향하여 맺게 함을 강조한다(7:4-6). 율법의 옛 문자들이 그 문자들 안에 기록된 죄에 대한 지식을 통하여 육체 안에 거하는 죄악된 욕망들의 성취로 인류를 몰아갔던 것에 반하여(7:5, 23), 예수와 연합한 성도들의 마음 안에는 의로운 삶을 살도록 성도들을 인도하는 성령이 거한다. 성도들의 마음 안에서 성령은 육체가 소유한 죄악된 욕망들을 제거하고 의에 대한 거룩한 열정들을 창출함으로써, 아담 안에

18.　비교, James D. G. Dunn, *Romans 1-8*, vol. 38A, Wbc (Dallas: Word, 1988), 374-412; Dunn, *The Theology of Paul the Apostle*, 466-82. 다음의 학자들은 던의 견해에 비판적이다. 참고, Byrne, "Adam, Christ, and the Law in Romans 5-8," 210; Fitzmyer, *Romans: A New Translation with Introduction and Commentary*, 463; Watson, *Paul, Judaism, and the Gentiles: Beyond the New Perspective*, 287.

서 불가능했던 윤리적으로 의로운 삶을 가능하게 한다(비교, 2:29; 고후 3:6-11; 갈 5).

그러므로 예수 새 아담에게 속한 성도들이 경험하는 율법으로부터의 자유는 육체의 욕망들을 만족시키기는 방종을 위한 자유가 아니라, 성령의 새로움으로 결정되는 하나님을 향한 새로운 봉사를 위한 구속적인 자유이다. 바울에게 아담의 시대를 끝내고 새 시대를 연 예수의 사역은 그 새로운 시대의 능력으로서 인간의 마음 안에 거하게 된 성령을 통해서 지속되고 완성된다. 성령은 인간의 마음과 그 안에 담긴 동기들을 움직여서 생명으로 인도하는 의를 창조하기에(8:1-4, 10-11), 생명을 창출할 능력이 결여된 기록된 율법의 문자들과 대조되는 생명의 성령의 법이라고 불린다(비교, 겔 36:26-27; 렘 31:31-33).[19] 결론적으로, 옛 남편과 새 남편의 비유를 통한 인류의 두 가지 삶의 가능성은 옛 남편인 율법 아래서 죽음으로 인도되는 삶(7:5)과 새 남편인 성령 안에서 의와 생명으로 인도되는 삶(7:6)으로 요약된다. 그러나 이 가르침에 대한 유대인 출신 성도들과 그들에게 동조하는 로마교회 성도들의 반발을 의식한 바울은, 첫 번째, 이어지는 7:7-25에서 죄와 율법의 기이하고 부정적인 연관성에 대해서 자세히 설명하고, 두 번째, 8:1-13에서는 성령과 의와 생명으로 인도되는 삶 간의 긍정적인 연관성에 대해서 자세히 설명해야 한다. 그러나 이 두 본문들에 대한 자세한 해석학적 분석에 앞서, 우리는 먼저 6:1-7:6에서 묘사되고 있는 세 가지 대조적인 관계들에 담긴 아담 기독론적 논의들에 대해서 다시 한번 살펴보고자 한다.

---

19. 이 사실을 바울은 고린도후서 3장에서 자세히 설명하고 있다. 이 부분에 대해서 우리는 제8장에서 더 자세히 살펴보게 될 것이다.

로마서 6:1-7:6에 담긴 아담 이야기

앞에서 우리는 6:1-7:6에 담긴 바울의 세 가지 대조적 관계를 간략히 다루어보았다. 이제 이 분석을 근거로 이 본문에 담긴 바울의 아담 기독론의 영향에 대해서 초점을 맞추어보도록 하자. 첫 번째, 앞장에서 분석한 로마서 5:12-21은 바울의 아담 기독론에 대한 가장 분명한 논의를 담고 있는 핵심 본문이다. 이 본문은 로마서 1-4장에 담긴 인간의 죄와 하나님의 구원을 주는 의의 계시에 대한 결론적인 요약을 담고 있는 동시에, 이어지는 6-8장의 중요한 주제들을 소개하면서 이 본문에 담긴 바울의 논의를 위해서 독자들을 준비시키는 기능을 한다. 로마서의 주제를 담은 1:16-17에서 발견되는 하나님의 의는 먼저 아담의 죄로 시작하여 그의 죄를 따르는 인류의 불순종과 우상숭배 죄에 대한 하나님의 진노로 표현되었다 (1:18-3:20). 그리고 하나님의 의는 예수의 대속의 죽음을 통한 죄의 용서를 통하여 하나님의 구원으로 표현되었다(3:21-4:25). 하나님의 의의 이 두 가지 상반되는 표현들은 아담과 예수의 행위가 인류에게 미친 결과들 남은 5:12-21에서 대조적으로 요약되고 있다. 그리고 5:12-21의 핵심 단어들인 죄와 죽음의 권세, 죄의 공모자로서의 율법, 하나님의 은혜, 그리고 아담과 예수라는 대표자들과 그에게 속한 인류의 공통적 운명 등의 개념들은 이어지는 6-8장에서 발견되는 바울의 논지를 주도한다.[20] 이 사실은 5:12-21에 담긴 아담 기독론이 1-4장의 결론인 동시에 이어지는 6-8장의 요약으로 기능하고 있고, 따라서 6-8장에 담긴 바울의 논의는 아담 기독론적 전제 속에서 이루어지고 있음을 알려준다. 아담과 예수에 의해서 시작된 두 시대의 대조, 불순종과 순종 행위의 대조, 그리고 그들의 행위가 인류에 미친 영향들 사이의 대조들은 6-8장에 담긴 바울의 논지를 담아내는

---

20. Moo, *The Epistle to the Romans*, 315-16.

구조적인 틀로 기능한다.[21]

　두 번째, 로마서 전반에 걸쳐서 바울은 대조되는 다양한 개념들을 통해 성도들의 과거와 현재의 경험을, 그리고 하나님 구원의 표현들을 역동적으로 묘사하고 있다. 1-4장에서 바울은 하나님의 진노를 유발하는 인간의 죄와 그에 대한 하나님의 공의를, 그리고 창조주에 대한 경배를 거부하는 인류의 부정적인 행위와 창조주의 구원을 수용하는 인류의 긍정적인 믿음 행위를 강하게 대조한다. 그리고 특별히 5-8장에서는 죄와 죽음 그리고 의와 생명이라는 대조가 바울 논의의 핵심적인 전제로 기능하고 있다.[22] 5:10에서 바울은 예수의 죽음이 인류의 죄의 문제를 해결하여 하나님과의 화해를 가져왔고, 인류의 구원은 그의 생명을 통해서 온다고 가르친다. 5:17, 21에서 바울은 아담의 죄로 인하여 죄와 죽음이 인류를 통치한 반면에, 예수의 순종을 통해서 하나님의 은혜와 의를 경험한 새 인류는 생명 안에서 통치하며 영원한 생명으로 인도된다고 선포한다. 그리고 아담과 새 아담 예수의 사역의 결과인 죽음과 생명의 대조는 6-7장에서 성도들의 과거와 현재의 경험에 상세하게 적용된다. 예수와 연합한 자들은 그와의 세례를 통하여 죄에 대해서 죽고 하나님에 대해서 살아나, 생명의 새로움 속에서 걷게 된다(6:4). 이 과정에서 그들의 옛 자아는 십자가에서 죄의 몸과 함께 죽고, 그 결과 죄로부터 전혀 자유로운 존재들이 된

21.　Byrne, "Adam, Christ, and the Law in Romans 5-8," 210-13; Brian Kidwell, "The Adamic Backdrop of Romans," *Criswell Theological Review* 11, no. 1 (2013): 115.

22.　Jean-Noel Aletti, "The Rhetoric of Romans 5-8," in *The Rhetorical Analysis of Scripture: Essays from the 1995 London Conference*, ed. Stanley E. Porter and Thomas H. Olbricht (Sheffield: Sheffield Academic, 1997), 294-308; Paul W. Meyer, "The Worm at the Core of the Apple: Exegetical Reflections on Romans 7," in *The Conversation Continues: Studies in Paul & John in Honor of J. Louis Martyn*, ed. Robert Tomson Fortna and Beverly Roberts Gaventa (Nashville: Abingdon Press, 1990), 62-84.

다(6:6-7, 11). 그리고 죄로부터 자유해지고 하나님을 향하여 살아난 새 인류는 자신들이 속한 새로운 영역의 주인인 예수 안에서 하나님의 선물인 영생을 경험하게 된다(6:22-23). 이러한 죽음과 생명의 대조는 7-8장에서 율법과 성령 간의 새로운 대조로 한층 더 발전한다(7:10; 8:2, 6, 13). 율법의 기록된 문자들이 아담에게 속한 인류에게 죽음을 가져오는 반면에, 생명의 성령의 법은 새 아담에게 속한 인류에게 율법의 의로운 요구들을 성취하고 생명을 경험하게 해준다. 성령이 예수에게 속한 자들 안에서 성취하는 의로운 삶의 결말은 하나님의 영광 공유와 영생이다.

세 번째, 6:1-7:5은 아담과 새 아담 예수가 주도하는 영역들과 그 영역들에 속한 인류의 경험들을 대조함으로써 성도들의 과거와 현재를 비교하며 묘사한다. 5:12-21에서 바울은 아담의 시기를 옛 시대로, 그리고 뒤이어 나타난 예수의 시기를 새 시대로 설정한다. 그리고 이 두 시대들을 주도한 아담과 예수의 행위들을 비교하고, 그에 따른 인류의 운명을 간략하게 묘사한다. 이 두 시대들과 그 시대를 안에서 발생한 다양한 사건들 간의 대조는 이어지는 6-8장의 논지를 주도한다.[23] 이 본문에서 성도들은 아담의 옛 시대에서 새 아담 예수의 새 시대로 그 소속이 변경된 자들이다. 따라서 성도들의 과거와 현재의 경험은 이 두 시대들에 속한 세 가지 대조적인 관계들, 즉 옛 사람과 새 사람, 옛 주인과 새 주인, 그리고 옛 남편과 새 남편으로 구성된 틀을 통해 설명된다.[24] 옛 사람은 죄 된 몸을 근거로 옛 아담 안에 속한 인류의 타락한 본질을 말해주고, 옛 주인은 아담의 불순종의 행위를 통해서 세상에 들어와 인류를 다스린 죄를 지칭하며, 옛 남편은 아담 편에서 죄를 섬긴 율법을 가리킨다. 옛 사람과, 옛 주인,

---

23. Moo, *The Epistle to the Romans*, 352; Dunn, *Romans 1-8*, 38A, 335.
24. Meyer, "The Worm at the Core of the Apple: Exegetical Reflections on Romans 7," 71-72.

그리고 옛 남편은 모두 아담과 그에게 속한 인류의 경험을 주도하는 개념들이다. 반면에 새 사람과 새 주인, 그리고 새 남편은 모두 새 아담 예수와 그에게 속한 인류의 현재적 경험을 설명한다. 새 사람은 죄 된 육체를 새 아담 예수와의 연합을 통해서 극복하여 새롭게 창조된 새 인류를 가리키고(비교, 고후 5:17), 새 주인은 그들의 내적인 마음의 동기와 삶의 방향을 가리키는 하나님과 그의 의를 의미하며, 새 남편은 기록된 율법의 문자들과는 달리 생명을 창출하는 능력이 있는 성령을 의미한다. 이처럼 6:1-7:6에 담긴 성도들의 과거와 현재의 경험들은 모두 아담과 예수, 그리고 그들이 대변하는 영역들과 그 영역들의 특징들을 근거로 설명되고 있다. 7:7-8:13에서 바울은 아담과 예수가 소개한 두 시대들을 각각 율법과 성령의 시대로 부르면서, 그들의 영역에 속한 인류의 경험을 율법과 성령을 중심으로 더 상세하게 묘사하며 비교할 것이다.

네 번째, 6:1-7:6은 5:12-21에서 다루어진 많은 신학적인 개념들을 계속해서 발전시키고 있다. 먼저 6:1-7:6을 시작하는 바울의 첫 번째 질문 "은혜가 더욱 넘치도록 우리가 계속해서 죄를 범해야 하느냐?"는 5:20에 담긴 바울의 주장에 대한 직접적인 반응을 담고 있다.[25] 5:20에서 바울은 율법이 아담에게 속한 인류에게 소개되어 죄의 큰 증가를 가져왔으나, 죄가 증가한 곳에 하나님의 은혜가 더욱 넘치게 되었다고 선포했다. 그러나 이러한 바울의 선포에 유대인 출신 성도들, 혹은 그들의 주장에 동조하는 일부 로마교회 성도들은 더 큰 하나님의 은혜를 경험하기 위해서 자신들이 더 많은 죄를 지어야 하느냐고 반문할 수 있다. 이에 바울은 그들의 상상적인 질문에 답하기 위해서 왜 성도들이 더 이상 죄를 짓지 말아야 하는지를 아담 기독론의 관점에서 성도들의 과거와 현재를 대조적으로 묘

---

25. 이 부분에 대한 논의를 더 보기를 원한다면 다음을 참조하라. Kidwell, "The Adamic Backdrop of Romans 7," 205-09.

사함으로써 설명한다. 이 과정에서 바울은 인류를 다스린 옛 통치자는 죄이고, 죄의 삯은 죽음임을 분명히 한다(6:23). 하나님을 모시고 사는 새로운 피조물이 옛 죄의 통치자를 다시 섬길 수는 없다. 인류에게 소개된 죄와 죽음의 존재는 앞에서 바울의 아담 기독론의 한 중요한 축으로 제시되었다. 그리고 죄와 죽음으로 대표되는 아담의 옛 시대와 대조되는 새로운 시대는 의와 영원한 생명으로 표현되었다. 의와 영원한 생명은 인류에게 베풀어진 하나님의 은혜의 내용을 구성하면서, 새 아담 예수의 사역이 인류에게 가져온 구원의 결과물들이다(6:21-23).

　　마지막으로, 6:1-7:6에서 바울은 5:12-21에 담긴 아담의 행위들을 성도들의 삶에서 맺어지지 말아야 할 열매들로, 그리고 예수의 행위들을 반드시 맺어져야 할 열매들로 각각 제시한다. 5:12-21에서 아담은 불순종의 범죄함을 통해서 죄와 죽음을 세상에 소개했다. 반면에 예수는 그의 순종의 행위를 통해서 의와 생명을 인류에게 소개했다. 6장에서 바울은 이 두 아담들의 행위들을 근거로 성도들은 과거 아담의 불순종의 죄악들을 버리고, 대신 새 아담 예수 안에서 자신들이 소유한 새로운 삶의 증거인 의의 노예로 순종하는 삶을 살 것을 요구한다(비교, 6:15-19). 바울은 아담의 불순종의 삶의 방식은 성도들이 피해야 할 것으로, 그리고 새 아담 예수의 순종의 삶의 방식은 새로운 피조물인 성도들이 적극적으로 추구해야 할 것으로 제시한다. 옛 아담 안에서 아담의 삶의 방식을 쫓던 성도들의 옛 사람은 이미 십자가에 못 박혀 버렸다(6:6). 예수의 죽음이 하나님을 향한 그의 순종의 행위가 되는 이유는 죄악된 육체를 입고 십자가에서 죽은 것이 아담 안에서 저지른 자신의 죄에 대한 심판으로서의 죽음이 아니라, 죄가 없는 자로서 인류의 죄에 대한 희생제물로 자신을 드리고 자신의 육체 안

에서 죄의 권세를 파괴해버리기 위해서였기 때문이다(8:3).[26] 바울에게 예
수의 죽음이 그의 죄에 대한 심판으로서의 죽음이 아니라는 사실은 예수
의 기원이 아담으로부터 말미암은 자가 아니라, 하나님으로부터 말미암
은 자임을 증명하는 증거로 기능한다. 예수와 마찬가지로, 예수에게 속한
성도는 옛 아담에게 속한 죄의 도구로 자신의 몸의 지체들을 죄에게 복종
시키지 말고, 의의 노예가 되어 하나님께 자신의 몸의 지체들을 복종시켜
야 한다.[27] 아담에게 주어진 하나님의 명령이 선악과의 열매를 먹지 말라
는 것이었던 것에 반하여, 새 아담에게 속한 성도들에게 주어진 하나님의
명령은 거룩함의 열매를 맺는 것이다(ἔχετε τὸν καρπὸν ὑμῶν εἰς ἁγιασμόν, 6:22).[28]

율법 아래 사는 삶과 아담(롬 7:7-25)

바울이 로마서 5-8장에서 아담이라는 인물을 등장시키는 이유들 중
하나는 선악과를 먹지 말라는 명령 아래 살았던 아담의 운명과 율법 아래
사는 삶이 경험하는 인류의 운명들 간의 유사성 때문이다. 바울에게 율법
아래 사는 삶은 의와 생명이라는 긍정적인 연결고리의 반대편에 놓인, 죄
와 죽음의 부정적인 연결고리에서 아담과 함께 발견되는 삶이다.[29] 이 사
실을 바울은 로마서 7:7-25에서 자세히 설명하고자 한다. 유대인들은 율
법이 자신들을 아담 안에 속한 모든 인류와는 다르게, 하나님의 의와 생

26. 참고, Dunn, *Romans 1-8*, 38A, 329-32.
27. 참고, Jewett, *Romans: A Commentary*, 396.
28. 참고, Byrne, *Romans*, 203-04; Kidwell, "The Adamic Backdrop of Romans 7," 209.
29. Chris A. Vlachos, "The Catalytic Operation of the Law and Moral Transformation," in *Studies in the Pauline Epistles: Essays in Honor of Douglas J. Moo*, ed. Jay E. Smith and Matthew S. Harmon (Grand Rapid: Zondervan, 2014), 44-56.

명으로 인도한다고 믿었다(에녹1서 1:1-9; 5:6-7; 솔로몬의 시편 9:5; 12:6; 15:6-13; 에스라4서 8:33-36; 바룩2서 44:2-15).[30] 그러나 바울의 관점에서 볼 때, 율법은 죄의 힘을 강화시켜 인류를 사망의 정죄 아래 가두어버리는 사망의 도구로 기능했다. 사망의 도구로 전락한 율법의 정죄하는 힘은 오직 유대인들의 메시아인 예수가 가져온 성령의 생명의 힘을 통해서만 극복될 수 있다. 이 사실을 바울은 8:1-13에서 자세히 설명할 것이다. 그러나 8장에 담긴 생명의 성령의 법과 아담 이야기 간의 연관성에 대해서 논의하기에 앞서, 우리는 7:7-25에 담긴 율법 앞에 선 인류의 운명과 아담 이야기 간의 상관성에 대해서 먼저 분석해보도록 하겠다.

로마서 7:7-25의 구조와 해석

바울은 7:5-6에서 인류의 두 가지 삶의 형태에 대해서 간략하게 언급했다. 하나는 율법 아래서 죽음으로 인도되는 삶이고, 또 다른 하나는 성령 안에서 의와 생명으로 인도되는 삶이다. 후자를 바울은 8:1-13에서 자세히 설명해줄 것이고, 전자는 7:7-25에서 상세하게 설명한다. 로마서 7:7-25은 크게 7-13절과 14-25절로 구성된 두 개의 본문들로 나누어진다. 7:7-13에서 바울은 율법과의 만남을 과거형의 동사들을 사용하여 이야기의 형태로 묘사하고, 7:14-25에서는 현재형의 동사들을 사용하여 1인칭 화자의 내면적인 경험으로 묘사한다.[31] 이 본문은 바울 학자들의 율법에 관한 논쟁의 중심에 섰던 본문들 중 하나이다. 그들의 논쟁을 살펴보면, 이 본문의 해석에 있어서 학자들의 논의는 크게 두 가지 질문들을 중심으로 전

---

30. 참고, Byrne, "Living out the Righteousness of God: The Contribution of Rom 6:1-8:13 to an Understanding of Paul's Ethical Presuppositions," 557-81; Francis Watson, *Paul and the Hermeneutics of Faith* (London; New York: T & T Clark, 2004), 437-90.

31. 참고, Byrne, *Romans*, 216-21.

개되고 있음을 알 수 있다: (1) 1인칭 화자의 정체, 그리고 (2) 화자의 종교적 경험의 발달진행상의 단계. 이 본문을 주도하는 1인칭 화자의 정체가 누구인지에 대한 질문에 대해서는 아담, 이스라엘, 혹은 바울이 그 해답으로 제시되었다. 그리고 이 화자의 종교적 발달진행상의 단계에 대한 질문에 대해서는 그리스도인의 회심 전후가 해답으로 제시되었다. 이 두 질문들에 대한 자세한 논의는 뒤에서 더 상세히 다루어질 것이다.

(1) 죄에 대한 지식을 제공하는 선한 율법과 '나'의 죽음(7:7-13)

로마서 5-6장의 논의에서 바울은 반복해서 율법을 아담 편에서 죄를 섬긴 사망의 공모자로 제시하였다. 또한 바울은 율법과 별개로 하나님의 의가 예수를 통하여 계시 되어야만 했는데, 이는 구원을 가져다주는 의의 문제에 있어서 율법이 전혀 효과를 발휘하지 못했기 때문이라고 선포했다(3:21).[32] 이러한 가르침은 율법이 종말론적 생명의 근거가 되는 하나님의 의를 가져다 줄 것으로 기대한 유대인들의 율법 이해와 정면으로 충돌하는 가르침이었기에, 바울은 자신들의 청중들이 자신을 향하여 제시하는 상상의 질문을 마음 속에 떠올리게 된다: "그렇다면 율법이 죄냐?"(7:7). 이 상상적 질문에 대한 해답으로 바울은 결코 율법이 죄가 아니며, 죄에 대한 지식을 제공하는 거룩한 하나님의 선물임을 분명하게 고백한다(7:7, 12; 3:20). 설혹 회심 후 바울이 율법의 기능에 대해서 동료 유대인들이 동의하기 힘든 혁신적인 이해를 가지게 되었음에도 불구하고, 그는 율법이 하나

---

32. 바울이 생각하는 율법의 다양한 기능들에 대해서는 다음의 책에 포함된 여러 논문들을 참조하라. 참고, James D. G. Dunn, *Paul and the Mosaic Law*, WUNT (Tübingen: Mohr, 1996); Calvin J. Roetzel, "Paul and Nomos in the Messianic Age," in *Reading Paul in Context: Explorations in Identity Formation: Essays in Honour of William S. Campbell*, ed. Kathy Ehrensperger and J. Brian Tucker (London; New York: T & T Clark, 2010), 113-27.

님으로부터 온 선한 선물임을 결코 부인할 수 없다. 그러나 1인칭 화자의
독백을 통해서 바울은 죄에 대한 지식을 통하여 율법 밖에 거하던 죄가
자신을 제압하여 하나님과 멀어지게 하고, 궁극적으로 죽음으로 몰고가
는 것을 경험을 통해서 알게 된다고 선포한다.[33] 그 한 예로 바울은 탐욕의
계명을 든다. 탐욕을 금하는 계명이 주어지자, 죄가 탐욕을 불러일으킬 강
력한 근거가 화자의 마음 안에서 발생한다. 탐욕을 금하는 계명은 인간의
마음 안에서 자신이 원하는 대로 소유하고자 하는 갈망을 일깨우고, 그
갈망을 만족시키기 위해서 계명을 어기고 창조주에게 반역하게 한다. 여
기서 바울은 탐욕으로부터 자유롭지 못한 아담과 그에게 속한 인류의 보
편적인 약점을 통해서 자신의 논지를 전개하고 있다.

그러므로 바울의 관점에서 율법과의 만남은 창조주 앞에 선 피조물,
즉 1인칭 화자의 삶과 죽음의 운명을 결정하는 치명적인 만남이 되었다.
율법이 도래하기 전 나는 살아 있었고 죄는 죽어 있었으나, 율법이 온 후
에는 나는 죽고 죄가 살아나게 되었다. 율법은 내가 탐욕을 금하는 계명
을 어기고 나의 탐욕을 충족시키려 할 때, 죽어 있던 죄를 깨우고 그 죄에
대한 사망의 선고를 나에게 부여하였다. 따라서 생명을 주기로 약속된 율
법이 도리어 나를 사망으로 인도하는 죄의 도구가 되었다(7:10). 그러나 여
기서 바울은 율법이 나에게 사망을 선고한 궁극적인 원인으로 율법 그 자
체가 아니라, 가만히 기회를 엿보던 죄를 제시한다. 죄가 나를 속이고 거
룩한 계명을 통하여 내게 죽음을 가져다주었다고 바울은 고백한다. 여기

---

33. 1인칭 화자의 정체에 대한 간략한 논의를 위해서는 다음을 참조하라. 참고, Byrne,
Romans, 217-18; Kidwell, "The Adamic Backdrop of Romans 7," 250-87; Beverly Rob-
erts Gaventa, "The Shape of the "I": The Psalter, the Gospel, and the Speaker in Romans
7," in *Apocalyptic Paul: Cosmos and Anthropos in Romans 5-8*, ed. Beverly Roberts
Gaventa (Waco: Baylor University Press, 2013), 77-92; Esler, *Conflict and Identity in
Romans: The Social Setting of Paul's Letter*, 227-42.

서 우리는 창세기 3장에서 발견되는 아담의 타락 이야기와 광야에서 타락한 이스라엘의 이야기를 함께 떠올리게 된다.[34] 광야에서 이스라엘은 고기에 대한 탐욕을 인하여, 그리고 에덴동산에서 아담은 선악과에 대한 탐욕을 인하여 하나님을 향하여 죄를 짓고, 하나님으로부터 오는 사망의 선고를 경험하게 되었다. 특별히 아담의 경우에는, 죄가 사탄의 모습으로 아담과 이브를 꾀어 그들이 그토록 갈망하던 신적인 지식, 혹은 하나님과 같아지는 대신 죄에 대한 경험적인 지식만을 안겨주었다.

이 본문에서 바울은 "그렇다면 율법이 죄냐?"라는 자신이 제시한 상상적 질문에 답하려 한다. 바울은 비록 죄가 율법을 이용하여 죽음을 인류에게 가져다주었지만, 율법은 그 자체로 선하고 거룩하다고 변론한다(7:13-14). 하나님이 인류에게 율법을 준 이유는 율법을 통하여 죄가 얼마나 죄인가를 알려주기 위함이다. 그러나 비록 이 과정에서 율법이 죄의 공모자가 되어 사망을 인류에게 가져다주는 비극적인 결과를 초래했으나, 바울은 이러한 율법과 죄의 비극적인 공모조차도 하나님의 은혜의 경륜 속에 포함된 사건이라고 주장한다. 왜냐하면 죄가 가장 증가한 그 곳에 하나님의 은혜가 넘치도록 부어지도록 하나님이 미리 알고 계획했기 때문이다(5:20). 율법을 통해서 감추어졌던 죄가 그 흉악한 모습을 드러내고 자신의 파괴적인 효과를 극대화시킨 피조세계에 하나님은 자신의 아들을 보내어 죄와 사망을 극복하는 생명의 구원을 주는 은혜를 베풀어주었다(비교, 갈 3:19-22).

(2) 율법 아래서 저주받은 '나'의 삶(7:14-25)

앞에서 바울은 율법과의 치명적인 만남을 과거형의 동사들을 통해 1

---

34. Moo, *The Epistle to the Romans*, 426; Longenecker, *The Epistle to the Romans: A Commentary on the Greek Text*, 640.

인칭 화자의 관점에서 자세히 묘사했다. 이제 14-25절에서 바울은 현재형의 동사들을 통하여 율법과의 만남을 1인칭 화자의 내면적인 경험으로 묘사하고자 한다. 바울은 율법과의 치명적인 만남의 순간에 화자의 마음 안에서 발생하는 현재적 경험을 통해서 인류가 안고 있는 윤리적 불가능성을 설명하기 원한다. 여기서 바울이 1인칭 화자의 경험으로 율법과의 만남을 묘사하는 이유는 단순히 회심 전 바리새인이었던 자신의 개인적인 경험을 청중들과 공유하고자 함이 아니다.[35] 바울이 1인칭 화자의 관점을 차용하는 이유는 율법 아래 선 인류의 윤리적 불가능성을 자신의 청중들인 로마교회 성도들이 개인적으로 적용할 수 있도록 일반화시키고자 함이다. 이 1인칭 화자의 경험은, 뒤에서 조금 더 자세히 설명되겠지만, 아담의 경험과 더불어 율법 앞에 선 모든 인류의 보편적인 경험을 가리킨다.[36] 그러므로 여기서 차용되는 1인칭은 '자전적인(biographical) 나'가 아니라 '전형적인(typical) 나'로 보는 것이 더 옳다.[37] 그리고 여기서 현재형의 동사가 사용되는 이유는 현재 그리스도인들이 경험하고 있는 하나님의 율법 앞에서의 갈등을 묘사하기 때문이 아니라, 그리스도의 은혜 없이 율법의 요구들을 직면하는 자들이 언제든지 경험할 수 있는 전형적인 경험이기 때문이다(진리형 현재).[38] 바울은 이 본문에서 옳은 것에 대한 지식과 그 옳은 것을 실행할 수 없는 무능력 간의 전형적인 갈등을 율법 아래 사는 삶의

---

35. Byrne, *Romans*, 225; Longenecker, *The Epistle to the Romans: A Commentary on the Greek Text*, 642.

36. 참고, Witherington and Hyatt, *Paul's Letter to the Romans: A Socio-Rhetorical Commentary*, 188-90; Watson, *Paul, Judaism, and the Gentiles: Beyond the New Perspective*, 283; Byrne, *Romans*, 217-18; Longenecker, *The Epistle to the Romans: A Commentary on the Greek Text*, 642.

37. 이 부분에 대해서는 이어지는 로마서 7장과 아담 이야기에서 조금 더 자세히 다루게 될 것이다.

38. Byrne, *Romans*, 226.

필연성으로 제시하기 원한다. 바울은 이 필연성을 깨달은 인간은 율법 앞에서 절망할 수밖에 없다고 결론 내린다(7:24). 물론 바울에게는 율법이 인류에게 가져다주는 윤리적 불가능성에 대한 절망은 성령이 가져다주는 자유와 능력의 긍정적인 효과를 강조하기 위한 부정적인 대조물로 기능한다(8:1-13).

7:14-25의 구조는 크게 1인칭 화자인 내가 경험하는 세 가지 딜레마들(7:14-17, 18-20, 21-23), 그리고 그 딜레마들로 말미암는 절망과 그 딜레마들을 극복할 수 있는 가능성에 대한 기대를 포함하고 있다(24-25절). 그리고 내가 경험하는 세 가지 딜레마들에는 두 가지의 공통된 요소들이 존재한다: (1) 나의 원함과 그 원함을 성취하지 못함 간의 갈등, 그리고 (2) 이 갈등의 원인인 내 안에 거주하는 죄의 존재에 대한 자각. 바울은 7:14-25에 대한 논의를 자신과 로마교회 교인들이 이미 잘 알고 있는 한 가지 사실에 대해서 상기함으로써 시작한다. 그 사실은 율법은 영적인 것임에 반하여, 나는 죄 아래 노예로 팔린 육체적인 존재라는 것이다(14절). 율법은 생명으로 인도하도록 의도된 선한 하나님의 선물이므로 선하고 영적인 것이어야 한다. 반면에 나는 욕심을 품은 육체를 안고 있으므로, 기본적으로 약하고 자기 중심적이며 하나님을 향하여 적대적인 존재이다(14-15절). 바울은 이미 앞에서 육체를 입은 자연적인 인간의 상태는 아담 안에 속한 자들의 존재 상태를 의미하고, 이 상태는 육체의 욕심을 이루려고 하다가 죄의 노예로 팔린 상태라고 선포했다. 노예는 자신의 의지와 뜻이 있음에도 불구하고, 자신을 다스리는 주인의 의지와 뜻을 거역하지 못하는 얽매인 존재이다.[39] 마찬가지로 죄에 노예로 팔린 육체를 입은 나는 선한 율법의 요구들을 행하기 원함에도 불구하고, 나의 원함이 아니라 나를 지배하는 주

---

39. 바울이 차용하는 노예 비유의 상세한 의미와 분석에 대해서는 다음을 참조하라.

인인 죄가 원하는 것을 행하게 된다(15-17절). 나의 의지에 반하여 나의 행동을 주도하는 자가 내가 아니라, 내 안에 거하는 내가 섬기는 죄라는 사실이 내가 경험하는 첫 번째 딜레마이다.

7:18-20에서 바울은 육체적인 존재인 내가 소유하고 있는 두 번째 딜레마에 대해서 논의하고자 한다. 나의 첫 번째 딜레마를 율법과 연관해서 설명한 바울은 나의 두 번째 딜레마의 경우, 그 범위를 일반적인 선한 것으로 훨씬 더 확장시켜 설명한다. 첫 번째 딜레마가 율법 아래 놓인 유대인들, 유대인 출신 성도들, 그리고 그들의 의견에 동조한 이방인 성도들을 대상으로 하고 있다면, 두 번째 딜레마는 율법에 익숙하지 않거나 유대인 출신 성도들의 의견에 아직 동조하지 않은 이방인 성도들을 그 대상으로 한다. 이 두 번째 딜레마를 바울은 선한 것들을 하기 원하는 의지를 가진 '나'와 그 행동을 완수할 능력이 결여된 '나' 간의 갈등으로 묘사한다(18-20절).[40] 여기서 묘사되는 '나'의 문제는 아담의 타락한 본성을 가지고 태어난 인류의 존재본적 악한 경향성과 연관이 깊다. 그리고 이 인류의 악한 경향성은 하나님을 향한 적대감으로 표현되기에, 이 문제를 해결하기 위해서는 무엇인가 인간의 존재영역 밖에서부터 오는 극적인 해결책이 요구된다.[41] 바울은 인류의 타락한 내면적인 본성을 극복할 하나님이 제시한 해결책으로 내주하는 성령을 제시한다(8:1-3). 성령을 체험하기 전 나는 선

참고, John K. Goodrich, "From Slaves of Sin to Slaves of God: Reconsidering the Origin of Paul's Slavery Metaphor in Romans 6," *Bulletin for Biblical Research* 23, no. 4 (2013): 509-30; Paul L. Allen, "Evolutionary Psychology and Romans 5-7: The 'Slavery to Sin' in Human Nature," *Ex auditu* 32 (2016): 50-64; Orlando Patterson, "Paul, Slavery and Freedom: Personal and Socio-Historical Reflections," *Semeia* 83 (1998): 263-79.

40. Jewett은 바울이 이 갈등을 회심 후에야 비로소 깨닫게 되었다고 주장한다(Jewett, *Romans*, 469). 그러나 Longenecker는 회심 전 바울이 이미 자신의 영적인 섬세함 속에서 이러한 갈등을 경험했을 것이라고 주장한다(Longenecker, *Romans*, 666).

41. Longenecker, *The Epistle to the Romans: A Commentary on the Greek Text*, 663-64;

한 것들을 하고자 하는 의사가 있지만, 결국 나는 악한 것들을 도모하는 죄의 요구를 따라 행동하게 된다. 이 경우에도 역시 나의 행동을 주도하는 존재는 나의 육체 안에서 그 육체의 욕심을 통해서 나를 지배하고 있는 죄이다. 그러나 내주하는 성령은 순종하는 예수의 마음으로 욕심의 문제를 해결하여 나를 죄로부터 자유하게 해준다.

7:21-23에서 바울은 나의 세 번째 딜레마를 나의 마음과 육체의 지체들 간의 갈등으로 묘사한다. 바울에 따르면, 내 속 자아는 하나님의 법, 즉 율법을 즐거워한다. 바울은 내가 즐거워하는 이 하나님의 법을 "내 마음의 법", 즉 '내 마음이 섬기기를 원하는 법'이라고 부른다(νόμος τοῦ νοός μου, 23절).[42] 그러나 바울은 육체 안에 거하는 내 안에 또 다른 법이 존재하고 있음을 본다. 그것은 내 육체를 구성하는 몸의 지체들(ἐν τοῖς μέλεσίν μου) 안에서 그 지체들을 다스리고 있는 '죄의 법'이다. 바울은 7:5에서 육체 안에 거하는 아담의 자손들의 경우, 율법에 의해서 깨어난 죄악된 욕심들이 그들의 육체의 지체들 안에서 역사하여 죽음의 열매들을 맺었다고 가르쳤다. 육체의 지체들이 맺은 죽음의 열매들은 육체의 욕심을 채우려고 하나님의 법을 거역하여 죄를 짓고, 그 죄의 결과로 죽음을 선고받은 사실을 의미한다. 아담의 첫 번째 타락 이후로 그에게 속한 모든 인간들은 다 예외 없이 아담과 동일한 방식으로 죄 아래 놓여 죄를 섬기고 사는 죄의 노예들이 되었다(5:12; 6:15-19). 그러나 예수에게 속한 자들은 그들의 육체가 죄의 욕심과 함께 십자가에서 죽고 다시 살아난 바 되었음으로, 더 이상

Jewett, *Romans: A Commentary*, 464.

42. 바울은 이 짧은 본문에서 νόμος를 다섯 번 언급한다. 이 단어를 통해서 바울은 일차적으로 율법을 의미하지만, 이방인들이 이해하기 쉬운 원칙 혹은 규정의 의미도 전달하고 있다고 보인다. 참고, Longenecker, *The Epistle to the Romans: A Commentary on the Greek Text*, 666.

죄에게 자신들의 지체들을 복종시키지 말고 의에게 복종시켜 거룩함의 열매들을 맺어야 한다(6:12-13, 19). 새 인류가 섬기는 새로운 주인은 죄가 아니라 하나님의 의이기 때문이다.

여기서 바울이 묘사하고 있는 세 번째 딜레마는 아담에게 속한 인류가 경험하는 내 속사람이 즐거워하는 마음의 법과 내 육체가 복종하는 행동의 법 간의 전쟁으로 말미암는 내면적 갈등이다.[43] 안타까운 것은 아담에게 속한 인류는 결코 죄와의 전쟁에서 승리할 수 없다. 이 사실을 깨달은 아담에게 속한 나는 율법 아래서의 윤리적인 불가능성에 대한 세 번에 걸친 고백 후, 나의 죽음의 몸으로부터의 해방 갈구를 다음과 같이 간절하게 표현한다: "오호라 나는 곤고한 사람이로다. 누가 나를 이 사망의 몸에서 구해줄 것인가?"(7:24). 따라서 마음의 법과 육체의 법 간의 전쟁 속에서 자유롭지 못한 나에게는 나의 육체 안에 내재한 죄의 법을 극복할 수 있는 제3의 더 강력한 법이 필요하다. 이 딜레마에 대한 해결책으로 바울은 성령을 언급하면서, 나에게 승리를 가져다주는 제3의 법으로 제시한다(8:1-3). 이 사실은 7장에 기록된 나의 존재는 현재 윤리적 갈등을 경험하고 있는 성도들을 지칭하는 것이 아니라, 성령을 만나기 전, 즉 회심하기 전 아담에게 속한 보편적 자연인을 지칭하고 있음을 알려준다.[44] 다시 말하면, 위에서 언급된 세 가지 딜레마들은 아직 그리스도를 만나지 않고 그

---

43. 여기서 바울은 전쟁에서 패배한 자들이 승자의 노예가 되어 섬기는 로마인들이 익숙한 전쟁 이미지를 통해서 나의 내적인 갈등과 딜레마를 묘사하고 있다. 참고, Byrne, *Romans*, 228.

44. Watson, *Paul, Judaism, and the Gentiles: Beyond the New Perspective*, 287; Byrne, "Adam, Christ, and the Law in Romans 5-8," 228; Brendan Byrne, *Romans*, Sacra Pagina Series (Collegeville, Minn.: Liturgical Press, 2007), 225-26; Moo, *The Epistle to the Romans*, 443-50. 그러나 Fitzmyer는 바울이 여기서 현재형 동사들을 사용하는 이유는 그가 율법을 변호하기 위해서라고 주장한다. 참고, Fitzmyer, *Romans: A New Translation with Introduction and Commentary*, 473.

의 성령을 모시고 살지 않은 상태에서 어떤 외부적인 법과 규례들에 직면한 자연인의 윤리적인 파산과 선한 삶의 불가능성에 대한 묘사이다. 자연인의 윤리적인 파산의 원인은 그들의 몸 안에 거하는 욕심과 그 욕심을 통해서 그들을 통치하는 죄이다. 바울은 모세의 율법은 이 자연인의 세 가지 딜레마들에 대한 해답이 되지 못하고, 오히려 그 딜레마들을 더욱더 악화시킨다고 선포한다. 바울에게는 오직 성령만이 인간의 깊은 내면에 침투하여 인간의 속 자아에 존재하는 죄 된 본성의 문제를 해결하고, 하나님이 원하는 윤리적으로 바른 삶, 즉 율법이 요구하는 하나님의 의를 성취하는 삶을 살게 해준다. 이 사실을 바울은 8:1-13에서 조금 더 자세히 설명할 것이다. 그러나 이러한 성령에 대한 바울의 논의를 자세히 분석하기에 앞서 우리는 7:7-25과 아담 이야기 간의 연관성에 대해서 먼저 조사해보고자 한다.

로마서 7:7-25에 담긴 아담 이야기

로마서 5:12-21에 담긴 아담 기독론과 연관된 중요한 개념들—은혜, 죄, 죽음, 의, 통치자, 순종과 불순종, 그리고 율법—과 더불어 아담과 예수가 대표하는 영역들에 대한 전제는 6-8장 전체에 담긴 논지를 주도하고 있다. 6장에서는 율법이 아담의 영역에 속하여 예수의 영역에 속한 성도들이 극복한 존재, 혹은 과거 그들을 지배하던 옛 남편으로 묘사되었다. 7-8장에서 바울은 이런 아담 기독론의 맥락 속에서 율법과 성령을 대조하면서 논의하고 있다. 특별히 7:5-6에서 율법은 아담 안에 속한 옛 사람을 다스리던 문자의 옛 것으로, 성령은 새 아담에게 속한 새 사람을 주도하는 영의 새 것으로 지칭된다. 그리고 7장에서 율법은 인간 본성에 내재한 욕심들을 자극하고 죄를 증가시켜 사망의 열매를 가져오는 죄의 조력자로 묘사된다. 반면에 8장에서 성령은 율법과는 별개로 율법이 요구하는 의로운 삶을 내면으로부터 가능하게 하는 그리스도로부터 온 윤리적 동력으로 묘사된다.[45] 특별히 위에서 분석한 7:6-25에서 바울은 율법의 무능함으로 인하여 고통받는 인류의 절망을 1인칭 화자의 관점에서 자세히 묘사했다. 여기서 학자들은 율법 아래서 고통받는 1인칭 화자인 나가 누구인지, 그리고 이 나와 아담의 관계는 무엇인지에 대해서 질문했다.[46] 본 저자는 이 1인칭 화자가 회심 전 바울 혹은 죄의식을 가진 성도가 아니라, 아담과 그 안에서 태어난 보편적 인류를 가리킨다고 생각한다. 물론 회심전 바울과 성도들의 '과거' 경험은 모두 이 1인칭 화자의 경험 속에 포함될 수 있다.

첫 번째, 로마서 7:6-25에 등장하는 1인칭 화자의 정체와 갈등에 대한 해답으로 일부 학자들은 바울 자신의 자서전적 경험을 제시한다. 이 견해를 따르면 7:6-25에 담긴 율법과의 만남과 갈등은 바울이 부활한 예수를 만나 회심하기 전에 경험했던 바리새인 사울의 갈등 묘사라는 것이다.[47] 그러나 바울이 다른 곳에서 묘사하는 그의 회심 전 마음은 육체 안에 거하면서(8:6) 죄 된 욕심을 인하여 죄의 노예가 되고(6:6; 7:6) 하나님과 원수가 된 회심 전의 인류의 마음과는 많이 다른 듯 보인다. 바리새인 사울은

---

45. 성령에 대한 바울의 이런 이해는 예레미야 31:33과 에스겔 36:26에 의존하고 있다. 이러한 성령 이해는 고린도후서 3장에서 자세히 설명되고 있다. 참고, Scott J. Hafemann, *Paul, Moses, and the History of Israel: The Letter/Spirit Contrast and the Argument from Scripture in 2 Corinthians 3* (Peabody: Hendrickson, 1996).

46. Dunn과 그를 따르는 일부 학자들은 로마서 7장의 1인칭 화자를 종말론적 낀 세대에 속한 그리스도인으로 이해한다. 참고, Dunn, *Romans 1-8*, 38A, 302-03; Don B. Garlington, "Romans 7:14-25 and the Creation Theology of Paul," *Trinity Journal* 11, no. 2 (1990): 197-235. 그러나 이 견해는 로마서 7장과 8장이 제시하는 극적인 대조 효과를 설명할 수 없다.

47. 참고, Stephen J. Chester, *Conversion at Corinth: Perspectives on Conversion in Paul's Theology and the Corinthian Church* (London; New York: T & T Clark Ltd., 2005), 183-94.

하나님의 율법을 즐거워하고 그 율법이 가르치는 계명들을 따라 살고자 하는 바람을 가지고 있었으며(7:16, 18, 23, 25), 심지어 율법 앞에서 흠이 없었던 존재로 스스로를 평가한다(빌 3:6).[48] 타이센(G. Theissen)은 로마서 6:1-7:6에서 묘사된 장사지냄, 통치, 그리고 결혼의 비유들까지도 바울이 자신의 회심 전후에 대한 자서전적 묘사를 제공하는 것으로 이해한다.[49] 그러나 율법에 대한 이러한 비극적인 견해는 바울이 자신의 다른 서신들에서 묘사하는 율법들과 많이 차이가 난다. 바울은 빌립보서 3:1-10에서 과거 자신은 율법의 의에 관해 완벽한 존재였다고 자평했다(비교, 갈 1:13-14). 따라서 율법을 만나기 전 자신은 살아 있었으나, 율법을 만남으로서 자신은 죽었다는 로마서 7장의 나의 고백은 바리새인 사울의 경험으로 간주하기엔 너무 무리가 있다.[50] 율법에 대한 유대인들의 긍정적인 태도는 하나님의 법을 즐거워하는 자를 의로운 자라고 부르는 시편 기자의 고백에서 잘 발견된다(시 1:2). 바울과 다른 동시대 유대인들의 율법에 대한 기쁨과 관심은 그들의 고백에서 참된 것으로 간주하는 것이 더 옳다.[51] 이 사실은 율법 앞에서 갈등하는 로마서 7장의 '나'가 회심 전 율법으로 인하여 갈등하던 사울이 아니라는 것을 말해준다.[52]

두 번째, 1인칭 화자의 정체에 대한 해답으로 시내산에서 율법을 받은 이스라엘이 제시된다. 7:7-8에서 1인칭 화자는 율법을 알지 못하다가 율

---

48. Michael Paul Middendorf, *The "I" in the Storm: A Study of Romans 7* (St. Louis, Mo.: Concordia Academic Press, 1997), 182-93.

49. Gerd Theissen, *Psychological Aspects of Pauline Theology* (Philadelphia: Fortress, 1987), 181.

50. Byrne, *Romans*, 217.

51. Moo, *The Epistle to the Romans*, 461.

52. 이러한 해석의 경향성 속에서 많은 독자들은 율법으로 인하여 갈등하던 사울 안에서 은혜를 체험하기 전 루터의 모습을 보곤했다.

법을 받고서 탐심을 품지 말라는 계명을 알게 되고, 그 계명을 통해서 탐심의 죄악에 대한 지식을 얻게 된다. 특별히 탐심에 대한 금지는 인간들 간의 관계를 규정하는 십계명의 두 번째 돌판의 마지막 계명이다(참고, 출 20:17; 신 5:21). 이 사실은 1인칭 화자가 시내산에서 율법을 받았던 경험을 이스라엘의 이름으로 회상하고 있음을 암시한다.[53] 7:14-25에서 발견되는 율법에 대한 긍정적인 인식은 화자가 자신을 유대인들 중의 하나로 제시하고 있음을 알게 해준다. 시편 19편과 119편, 그리고 바울 자신의 자서전적 고백에 잘 나타나듯이(참고, 빌 3:1-10; 갈 1:10-13; 롬 10:2), 하나님의 율법에 대한 즐거움은 바울 당시 유대인들의 전형적인 자세이다. 그러나 로마서 2장에서 묘사되는 유대인의 모습은 율법에 대한 즐거움을 넘어서, 그 요구사항들을 지킬 수 있다는 자기 기만적 확신에 사로잡힌 존재로 묘사된다. 그러나 7장에서 1인칭 화자는 자신이 하나님의 법을 마음으로 기뻐하나, 그 요구사항들을 지킬 수 없다는 사실을 인하여 절망하는 존재로 묘사된다. 그리고 2장의 유대인들이 율법을 소유한 것이 구원에 대한 인약적인 보증이 된다라고 이해하는 반면에, 7장의 화자는 율법이 죄와 사망으로 율법 아래 놓인 자들을 인도한다고 선포한다.[54] 뿐만 아니라, 바울 당시에 어떤 유대인이 율법을 알지 못할 때 자신은 살아 있었고, 율법을 만났을 때 자신은 죽었다고 고백하는 것을 상상하기는 어렵다(7:9). 그러므로 로마서 7장의 1인칭 화자에 대한 후보로서의 이스라엘은 시내산에서 율법을 받은 사건과 율법에 대한 기쁨을 제외하고는, 로마서 7장의 나머지 부분을

---

53. Byrne, *Romans*, 218; Moo, *The Epistle to the Romans*, 448. 비교, Kidwell, "The Adamic Backdrop of Romans 7," 260-63.

54. 율법에 대한 제2성전시대 유대인들의 전형적인 이해에 대해서는 다음의 책들에 포함된 논문들을 참조하라. 참고, Carson, O'Brien, and Seifrid, *Justification and Variegated Nomism*.

제대로 설명하지 못한다. 이처럼 7장에서 율법에 대한 화자의 경험이 이스라엘의 경험에 대한 강한 메아리를 남고 있지만 7장에 담긴 모든 갈등들을 다 설명하지 못하는 이유는 바울이 유대인들의 경험을 보편적인 인류의 경험 속에 포함시켜서 이해하고 있기 때문이다. 다시 말하면, 바울은 율법에 대한 이스라엘의 경험을 하나님의 명령이 아담에게 임했을 때 발생한 효과를 통해서 조금 더 보편적으로 설명하고 있다.[55] 이를 통해서 바울이 주장하고 싶은 것은 율법을 받은 유대인들도 계명을 받은 아담과 그에게 속한 인류가 처하게 된 동일한 죄 아래 놓인 상황을 결코 피할 수 없다는 것이다.

세 번째, 7:7-25의 1인칭 화자의 배경으로 아담이 제시된다. 그 이유는 바울이 묘사하는 율법을 만난 화자의 갈등이 아담과 하나님의 계명에 대한 만남을 담고 있는 창세기 2-3장에 대한 분명한 메아리를 담고 있기 때문이다. 로마서 7:9의 율법을 떠나서 살아 있었던 나의 경험은 오직 아담 한 사람에게만 적용될 수 있다. 왜냐하면 아담 이후의 모든 인류는 다 그들이 율법을 소유했든 소유하지 못했든 간에 죄 안에서 죽어 있었기 때문이다. 그리고 탐심을 금하는 하나님의 계명을 접하고 탐심에 대한 지식과 경험을 통하여 사망을 경험하게 된 나의 체험도 아담의 경험과 매우 흡사

---

55. Byrne, *Romans*, 218; Byrne, "Adam, Christ, and the Law in Romans 5-8," 226; Wright, *The Climax of the Covenant: Christ and the Law in Pauline Theology*, 197; Robert G. Hamerton-Kelly, "Sacred Violence and Sinful Desire: Paul's Interpretation of Adam's Sin in the Letter to the Romans," in *The Conversation Continues: Studies in Paul & John in Honor of J. Louis Martyn*, ed. Robert Tomson Fortna and Beverly Roberts Gaventa (Nashville: Abingdon Press, 1990), 47; Dunn, *The Theology of Paul the Apostle*, 98-100. 이에 반하여 Moo는 아담 이야기에 대한 메아리를 거부하면서, 이스라엘 이야기와 바울의 자서전적 이야기를 함께 결합함으로써 설명한다. 참고, Moo, *The Epistle to the Romans*, 431. 물론 Moo가 전적으로 아담의 메아리를 거부하지는 않고 있다.

하다. 율법이 그 계명들을 지키는 자들에게 생명을 줄 것으로 약속되었듯이(7:14; 신 30:11-14), 선악과를 먹지 말라는 하나님의 계명도 아담을 경고하여 그의 생명을 보존해 주고자 함이었다. 그러나 탐심에 대한 율법과 계명을 접한 인간/아담의 육체 안에서 죄가 인간/아담을 속여 정죄와 사망을 가져다주었다(7:12). 그리고 탐심에 굴복한 아담이 에덴동산에서 쫓겨나 생명을 주는 나무의 실과를 먹을 수 없었듯이, 죄를 지은 이스라엘과 다른 모든 인류도 육체의 죽음을 맞이해 하나님의 영생에 이르지 못하게 되었다. 여기서 우리는 죄를 짓고 하나님과 분리되어 죽음을 맞이해야만 하는 아담의 운명이 율법 앞에 선 유대인들을 포함한 모든 인류의 운명 패턴이 되고 있는 것을 목격한다. 불론 이 비극적 패턴은 예수 새 아담과 그에게 속한 자들이 경험할 부활과 영생에 의해서 극복될 것이다.

앞에서 우리는 로마서 7:7-13은 과거형의 형태로, 그리고 7:14-25은 현재형의 형태로 1인칭 화자인 나의 이야기를 묘사하고 있음을 살펴보았다. 먼저 7:7-13에서 우리는 다음과 같은 아담 이야기의 메아리들을 늘을 수 있다.[56] 첫 번째, 비록 이 본문에서 전반적으로 율법이 논의되고 있지만, 탐욕을 금하는 하나의 특별한 명령(ἐντολη, 7:8)이 강조적으로 논의되고 있다. 이 명령은 십계명의 마지막 명령의 일부분이다. 그런데 이 한 명령은 아담이 받았던 바로 그 명령과 동일하다(창 2:16-17). 두 번째, 사탄이 선악과를 먹지 말라는 명령을 통하여 아담 안에서 탐심을 유도하였듯이, 죄도 탐심을 금하는 명령을 통하여 기회를 잡아 내 안에서 모든 형태의 탐심을 생산해내었다(7:8). 세 번째, 앞에서 이미 언급되었듯이, 한때 율법을 떠나

---

56. 이 요약들에 대해서는 다음의 저자들을 참조했다. 참고, Byrne, "Adam, Christ, and the Law in Romans 5-8," 225-26; Witherington and Hyatt, *Paul's Letter to the Romans: A Socio-Rhetorical Commentary*, 188-90; Watson, *Paul, Judaism, and the Gentiles: Beyond the New Perspective*, 282-84.

서 살아있던 나(7:9)의 경험은 아담을 제외한 어떤 유대인, 혹은 이방인에게 적용될 수 없는 표현이나. 이 표현은 하나님의 명령이 주어지기 전 에덴동산에서 거하던 때, 타락 전 순수한 아담의 상황을 묘사하는 것이다.[57] 네 번째, 탐욕을 금하는 명령이 욕망을 일깨웠을 때, '내가' 새롭게 소유하게 된 죄에 대한 경험적인 지식과 그에 따른 사망의 선고(7:10)는 선악을 알게 하는 지식의 나무와 그 열매를 먹음으로써 죽음을 경험한 아담 이야기와 정확히 일치한다. 그리고 마지막으로 이 본문은 지식에 대한 많은 동사들을 포함하고 있다(7:7, 13, 14, 15, 16, 18, 21, 22, 23). 7장은 지식과 무지의 문제를 심각하게 다루고 있고, 이 문제는 나의 삶과 죽음을 결정하는 문제로 제시된다. 삶과 죽음을 결정한 지식의 문제는 창세기 2-3장에서 가장 중요하게 묘사된 아담의 바로 그 문제다.[58] 이러한 관찰은 7:7-13에 묘사된 율법과 연관된 나의 과거 경험 이야기가 아담 이야기에 깊이 의존하고 있음을 알려준다. 이 사실은 율법을 경험한 바울을 포함한 모든 유대인들의 이야기가 아담 이야기에 포함됨을, 즉 율법을 소유한 모든 유대인들도 아담과 그의 자손들의 운명을 이방인들과 동일하게 경험해야만 함을 알려준다. 그러므로 바울의 관점에서 인류는, 율법의 소유 여부에 상관없이, 아담에게 속하거나 새 아담 예수에게 속한다.

로마서 7:14-25에서 바울은 과거형 동사 대신 현재형의 동사를 사용하여 1인칭 화자인 나의 경험을 묘사한다. 이 경험에서 바울은 앞에서 언급된 아담 이야기의 여러 주제들을 메아리처럼 다시 인용한다.[59] 바울은

57. Chris A. Vlachos, *The Law and the Knowledge of Good and Evil* (Eugene: Pickwick, 2009), 99-100; Dunn, *Romans 1-8*, 38A, 381.
58. Hans Hubner, "Hermeneutics of Romans 7," in *Paul and the Mosaic Law*, ed. James D. G. Dunn (Grand Rapids: Eerdmans, 2001), 207-14.
59. 참고, Dunn, *The Theology of Paul the Apostle*, 98-100; Kidwell, "The Adamic Backdrop of Romans," 117.

율법이 제공하는 죄를 알게 하는 지식을 14, 15절에서 간접적으로 인용한다. 여기서 인용되는 지식의 동기는 이 본문을 창세기에서 묘사된 아담의 선악을 알게 하는 지식으로 연결시킨다.[60] 그런데 문제는 '내가' 아는 지식을 따라 행하지 않고, 그 지식이 금하고 있는 것을 행한다는 것이다. 그 이유는 내 육체 안에 거하는 죄가 강력한 힘으로 나를 지배하고 있기 때문이다(17, 20, 23절). 그래서 바울은 죄를 나의 속 자아가 즐거워하는 '하나님의 법'과 대치되는 내 몸에 거하는 "죄의 법"이라고 칭한다. 아담의 경우 죄는 유혹하는 사탄의 모습으로 그의 외부에 존재하였으나, 아담의 모든 자손들의 경우에 죄는 그들 안에 존재하면서 그들을 지배하는 세력으로 이해된다(5:12-15, 17). 그리고 7:18-19에서 바울은 '내가' 율법이 가르치는 선한 것을 행하지 않고 도리어 죄가 충동질하는 악한 것을 행하는 것을 선택한다고 고백한다. 여기서 우리는 앞에서 언급된 선악을 알게 하는 지식이 이러한 나의 현재적 선택 경험의 전제가 되고 있음을 알 수 있다. 그리고 탐욕을 금하는 명령을 통하여 기회를 붙잡았던 죄가 현재 나를 강하게 붙잡아 죄가 원하는 악한 것들을 할 수밖에 없도록 나를 지배한다(7:8, 11; 창 3:6). 아담 안에 속한 인류가 사는 시대는 죄와 사망의 통치 아래 놓여 있는 시대임을 바울은 이미 로마서 5:12-21에서 강조했다. 이처럼 5-6장에서 언급된 과거의 아담 이야기는 7장에서 현재 1인칭 화자의 경험을 설명하는 부인할 수 없는 배경으로 기능하고 있다.

　　바울이 로마서 7:14-25에서 현재형 동사들을 사용하는 이유는 성도인 바울 자신이 종말론적으로 낀 세대인 현재 경험하고 있는 갈등을 묘사하고 싶어서가 아니다. 대신 바울은 앞에서 언급된 아담 이야기를 통한 율법과의 치명적인 만남을 모든 인류에게 적용시킬 수 있도록 일반화시키

---

60. Vlachos, *The Law and the Knowledge of Good and Evil*, 196.

고자 한다.[61] 7:7-13은 율법 앞에 선 인류의 이야기의 배경이 되는 아담의 과거 이야기를 묘사하고, 7:14-23은 아담의 과거 이야기를 근거로 율법 앞에 선 인류가 현재 경험하고 있는 것을 상세하게 묘사하고 있다. 전자는 아담의 타락 이야기를 배경으로 하고 있고, 후자는 아담의 타락의 결과 현재 아담 안에 속한 인류가 경험하고 있는 것을 그 배경으로 하고 있다. 여기서 묘사되는 율법과의 치명적인 만남이 일으키는 갈등이 성도의 현재적 경험을 의미할 수 없는 이유는 8:1-13에서 묘사되는 생명의 성령을 소유한 성도들이 경험하는 죄에 대한 승리의 확실성 때문이다.[62] 로마서의 전체적인 문맥을 통해서 볼 때, 7:14-25의 율법 아래 사는 삶이 가져오는 절망은 8:1-13의 성령 안에서 사는 삶이 가져오는 희망을 더욱 돋보이게 하는 부정적인 필터로 기능한다. 이 둘 간의 강력한 대조를 통하여 바울은 왜 자신이 그토록 이방인 성도들이 율법 아래 거하고자 하는 의도에 대해서 반대하고 있는지에 대한 설득력 있는 이유를 제공하려 한다. 바울은 로마서 5-8장 전체의 주제가 되는 하나님의 영원한 생명과 영광에의 동참은 율법 아래서가 아니라, 성령 안에서 사는 삶을 통해서 성취된다는 점을 확실히 못박으려 한다. 이 사실에 대해서 우리는 이어지는 로마서 8장의 논의에서 조금 더 자세히 살펴볼 것이다.

---

61. Byrne, "Adam, Christ, and the Law in Romans 5-8," 228; Middendorf, *The "I" in the Storm: A Study of Romans 7*, 238-39; Theissen, *Psychological Aspects of Pauline Theology*, 203; Witherington and Hyatt, *Paul's Letter to the Romans: A Socio-Rhetorical Commentary*, 60.

62. Moo, *The Epistle to the Romans*, 443-50; Byrne, *Romans*, 225-26; Käsemann, *Commentary on Romans*, 210.

성령과 영광의 소망 그리고 아담(롬 8:1-30)

로마서 8:1-30의 구조와 분석

로마서 8:1-30은 크게 두 부분으로 나누어진다.[63] 첫 번째, 8:1-13에서 바울은 율법 아래서 죄의 노예가 되었던 아담에게 속한 인류의 어두운 이야기(7:5-25)와 대조하여, 성령 안에서 윤리적인 가능성으로 채워진 예수에게 속한 인류의 자유로운 삶을 묘사한다. 이 본문에서 바울은 가장 먼저 성령이 가져온 자유함에 대해서 소개하고(1-2절), 그 자유함의 근거로 하나님이 자신의 아들을 이 땅에 보낸 사건을 제시한다(3-4절). 그리고 육체를 따라 사는 삶과 성령을 따라 사는 삶을 상호 비교한 후(5-11절), 성령을 따라 살 것에 대한 권면으로 본문을 마무리한다(12-13절). 그리고, 두 번째, 8:14-30에서 바울은 예수에게 속한 자들에게 약속된 영광의 소망과 피조물의 해방에 대해서 이야기한다. 여기서 바울은 성령을 모시고 사는 자들은 하나님의 자녀들이요, 예수와 함께 하나님의 영광을 이어받을 상속자들임을 선포한다(14-17절). 곧이어 바울은 탄식의 모티프를 통하여 피조물의 탄식(19-22절)과 성도들의 탄식(23-25절), 그리고 성령의 탄식(26-27절)에 대해서 설명한다. 그리고 성도들을 향한 하나님의 영원한 계획인 영광의 소망에 대한 제시를 통해서 이 탄식이 일으키는 갈등을 해소하면서 전체 본문을 마무리한다(28-30절). 로마서 5장부터 이어져 온 아담과 예수의 비교가 8장에서도 계속되고 있고, 5-8장의 결론부인 8:14-30은 아담이 잃어버렸던

---

63. 이 본문에 대한 구조적인 분석을 위해서는 다음을 참조하라. 참고, Byrne, *Romans*, 234-35, 48-51; Longenecker, *The Epistle to the Romans: A Commentary on the Greek Text*, 679-83, 715-17; Fitzmyer, *Romans: A New Translation with Introduction and Commentary*, 479-81; Witherington and Hyatt, *Paul's Letter to the Romans: A Socio-Rhetorical Commentary*, 207-35.

하나님의 영광의 회복에 대한 소망을 피력함으로써 5-8장 전체에 대한 바울의 논의를 마무리한다.[64]

(1) 성령 안에서 율법의 의를 이루는 삶-자유함과 새로운 윤리적 가능성(8:1-13)

7:24에서 발견되는 율법 아래서 고통받는 나의 절망적인 외침에 대한 해답으로 8:1-2에서 바울은 성령이 가져다주는 자유를 가장 먼저 선포한다. 1인칭 화자로 대변되는 인류가 예수 밖에 거하는 동안에는 여전히 죄와 죽음의 통치를 경험할 수밖에 없는 것에 반하여, 인류가 예수 안으로 이동할 때 그들은 옛 시대에 속한 죄와 죽음의 통치가 근본적으로 파괴된 영역이 존재함을 경험적으로 알게 된다. 예수의 영역은 죄와 사망을 극복한 성령이 다스리는 영역이기 때문이다. 물론 예수 안에 속한 인류도 죄와 죽음의 통치의 능력을 여전히 자신들의 육체 안에서 느끼고 있지만, 죄에 대한 정죄와 권세로서의 죽음의 힘은 더 이상 그들에게 어떠한 위협이 되지 않는다. 예수의 영역에서 죄의 정죄와 사망의 선고가 제거된 근본적인 이유는 예수를 통해서 보내어진 성령이 가져다주는 죄와 죽음의 법으로부터의 자유함 때문이다. 앞에서 바울은, 육신 안에 거하는 아담의 후손들이 안고 있는 가장 치명적인 문제는 그들 안에 거하는 그들의 통치자로부터 전혀 자유롭지 못하다는 사실이라고 반복해서 선포했다(7:11, 17, 20, 23). 그러나 성령은 예수 안에 속한 자들을 이 치명적인 죄와 죽음의 법으로부터 해방시키고, 그들의 마음이 섬기기를 원하는 하나님의 법에 전적으로 복종할 수 있게 해준다(비교, 7:17-23). 그러므로 율법, 혹은 죄의 법과

---

64. 바울 당시의 아담의 영광에 대한 쿰란 공동체의 이해에 대해서는 다음의 책을 참조하라. 참고, Fletcher-Louis, *All the Glory of Adam: Liturgical Anthropology in the Dead Sea Scrolls*. 비교, Grindheim, "A Theology of Glory: Paul's Use of Δόξα Terminology in Romans," 451-65.

대조되는 새로운 삶의 원칙으로서의 성령의 역할 때문에 성령은 "생명의 성령의 법"(ὁ νόμος τοῦ πνεύματος τῆς ζωῆς, 8:2)이라고 불린다. 이 표현에서 '율법' 으로 종종 번역되는 νόμος는 인간의 행동을 통치하는 '원칙', 혹은 '규정' 이라고 번역하는 것이 좋다.[65] 물론 여기서 바울은 예레미야 31:33과 에스 겔 36:26-27에 근거하여 성령을 하나님의 종말론적 선물로서의 마음에 새겨진 법으로 이해한다(비교, 고후 3:1-7).

성령은 죄의 편에서 죄를 섬긴 율법과 달리, 죄의 정죄를 통한 통치의 권세를 파괴하고 하나님의 법을 지키게 함으로써 새로운 윤리적 가능성 을 성도들에게 제공한다. 성도들을 향한 새 삶의 근거로서의 성령이 그들 에게 주어진 근거는 하나님의 아들 예수가 이 땅에 보내진 사실에서 발견 된다. 바울에게 예수는 아담의 영역을 의미하는 이 땅에서 태어난 자가 아니라, 아담의 영역 바깥을 의미하는 하나님으로부터 보내진 하나님의 아들이다(참고, 빌 2:6-8). 여기서 아들을 이 땅에 보내는(πέμψας, 8:3) 하나님의 행위는 아담의 영역으로의 은혜로운 진입을 의미한다.[66] 그런데 하나님이 아들인 예수를 이 세상으로 보낼 때, 그를 죄악된 인간의 육체의 모습(ἐν ὁμοιώματι σαρκὸς ἁμαρτίας, 8:3)으로 보냈다고 바울은 선포한다. 육체는 죄가 주 인이 되어 인류를 다스리는 아담의 영역을 대표한다. 그리고 여기서 모습 은 단순히 원형에 대한 복사본 정도의 의미가 아니라(비교, 1:23; 5:14), 그 본

---

65. Byrne, *Romans*, 235. 그러나 Dunn과 Wilckens는 율법으로 해석한다. 비교, Dunn, *Romans 1-8*, 38A, 416-17; Wilckens, *Der Brief an Die RöMer*, 2.122-23.
66. 보냄의 공식(sending formula)의 중요성에 대해서는 다음을 참조하라. 참고, Lon- genecker, *Introducing Romans: Critical Issues in Paul's Most Famous Letter*, 695-96; Calvin R. Mercer, "Jesus the Apostle: 'Sending' and the Theology of John," *Journal of the Evangelical Theological Society* 35, no. 4 (1992): 457-62; Brendan Byrne, *Sons of God, Seed of Abraham: A Study of the Idea of the Sonship of God of All Christians in Paul against the Jewish Background*, Analecta Biblica (Rome: Biblical Institute, 1979), 180-81, 98-205. 비교, Dunn, *The Theology of Paul the Apostle*, 266-93.

질적인 실체가 드러나는 구체적인 모양이라고 보는 것이 옳다.[67] 이 표현 이면에는 인간의 모습으로, 그리고 참 인간으로 육체의 모든 약함을 가지고 이 땅에 태어난 예수의 성육신의 사건이 존재함을 우리는 부인할 수 없다. 바울은 하나님의 아들 예수가 죄악 된 인간의 육체의 모습을 가지고 이 땅에 태어나야 했던 이유는 율법이 도달할 수 없는 육체의 영역의 중심으로 아들이 보내져 죄와의 전투에서 승리하고 죄를 정죄하기 위해서라고 선포한다(8:3). 정죄(κατέκρινεν)는 죄의 결과로 하나님이 인류에게 내릴 것으로 기대되었으나, 도리어 십자가에 못 박힌 예수를 통하여 인간을 다스리는 통치자인 죄에게 임했다(5:12; 8:2).[68] 예수가 벌인 죄와의 전투는, 개인적으로는 죄가 없는 상태를 유지하면서(비교, 고후 5:21), 아담과 인류의 죄의 결과인 죽음에의 순종을 통하여 그들의 죄를 자신의 육체 안에서 십자가에 못 박아버린 것으로 표현된다(5:19; 비교, 빌 2:8). 바울은 이처럼 예수의 십자가의 사건을 인류의 죄에 대한 희생의 제물로서의 죽음으로 이해하여, 인류에 대한 죄의 권세를 무력화시키고 죄를 정죄해버린 사건으로 이해한다.

그러나 여기서 더 나아가 바울은 성육신한 예수가 십자가에서 죽은 이유는 "율법이 요구하는 의"(τὸ δικαίωμα τοῦ νόμου, 롬8:4)를 만족시키기 위해서였다고 가르친다. 여기서 율법이 요구하는 의는 율법의 계명들이 가리키는 특정한 요구사항들이라기보다는, 율법이 총체적으로 인간에게 요구하는 의로움, 즉 창조주 하나님의 뜻을 따라 신실하게 살아가는 경건하고

---

67. 여기서 사용되는 헬라어 단어 ὁμοίωμα는 크게 두 가지의 의미를 가진다: 단순히 복사본, 혹은 실체가 드러나는 모양. 이 본문에서는 후자가 더 옳은 것처럼 보인다. 참고, Fitzmyer, *Romans: A New Translation with Introduction and Commentary*, 485; Byrne, *Romans*, 196, 243.

68. Fitzmyer, *Romans: A New Translation with Introduction and Commentary*, 486.

의로운 삶을 가리킨다(비교, 1:18-2:20).[69] 이 가르침은 우리에게 예수를 향한
믿음이 율법을 폐기하는 것이 아니라 도리어 세운다는 3:31에 담긴 바울
의 가르침을 생각나게 한다. 로마서 7장에서 바울은 죄가 율법을 통하여
우리 안에 있는 탐심을 일깨워 우리의 이익을 창조주에 대한 순종보다 더
위에 놓게 함으로써 우리의 죽음을 유도했다고 말했다. 반면에 하나님이
보낸 예수를 통해서 우리에게 보낸 바 된 성령은 율법이 요구하는 하나님
을 향한 사랑을 우리 자신들의 이익보다도 먼저 추구하게 함으로써, 율법
이 요구하는 의를 이루고 하나님을 창조주로 경배하게 한다. 그러므로 성
령은 아담과 그에게 속한 인류, 그리고 이스라엘이 실패한 창조주에게 합
당한 영광을 돌려드리는 일을 우리가 성취하게 한다. 바울의 신학에서 성
령은 부활한 예수 그리스도의 영으로서, 부활한 예수의 이 땅을 향한 통
치적인 영향력을 의미한다(비교, 고전 15:45; 고후 3:16-18). 그러므로 예수가 다
스리는 영역에 속한 새 인류는 과거 그들을 지배하던 죄의 영향력을 벗어
나 예수의 통치적 영향력이 성령을 따라 걸어야 한다. 여기서 우리는 예
수를 통해서 오는 구원을 주는 하나님의 의에 대한 성도들의 믿음(1:17;
3:21-22; 10:3-4)은 그 의를 경험적으로 자신들의 것으로 만들기 위해서 의의
원칙이 되고 생산자가 되는 예수의 영인 성령을 따라 걷고 행해야 하는
책임을 요구함을 알 수 있다. 이런 면에서 야고보서는 바울의 이신칭의에
대한 반대 의견을 담고 있는 것이 아니라, 적절한 해석을 기록한 편지라
고 볼 수 있다.[70]

---

69. Byrne, *Romans*, 237; Fitzmyer, *Romans: A New Translation with Introduction and Com-
    mentary*, 487.
70. C. Ryan Jenkins, "Faith and Works in Paul and James," *Bibliotheca Sacra* 159, no. 633
    (2002): 62-78; Wiard Popkes, "Two Interpretations of 'Justification' in the New Testa-
    ment: Reflections on Galatians 2:15-21 and James 2:21-25," *Studia theologica* 59, no. 2
    (2005): 129-46.

구원을 주는 하나님의 의를 체험적으로 자신들의 것으로 경험하게 하는 성령과 그의 보내짐에 대한 근거가 되는 예수의 보내짐에 대해서 설명한 바울은 이제 인류에게 두 가지 형태의 삶이 가능해졌음을 선포한다 (8:5-11). 여기서 두 가지 형태의 삶의 가능성들은 인류가 아담의 영역을 대표하는 자신들의 육체를 따르느냐, 혹은 예수의 영역을 대표하는 성령을 따르느냐에 의해서 결정된다. 육체와 성령은 긴장 관계 속에 거하면서, 육체는 창조주 하나님에 대한 적대감을 통하여 죄와 죽음을, 그리고 성령은 하나님과의 사랑과 평화를 통해서 생명을 인류에게 선사한다(8:5-6). 육체는 우리의 이익을 창조주 하나님보다 우선시키지만, 성령은 하나님을 즐겁게 하는 삶을 먼저 택하게 함으로써 하나님이 요구하는 의를 창조해낸다. 앞에서 우리는 종말론적 유대교의 사상에서 하나님의 의는 구원, 즉 영생에 이르는 통행증으로 이해되었고, 유대인들은 이 의를 엄격한 율법 준수를 통해서 이루려 했음을 살펴보았다.[71] 그러나 율법 앞에서 무능한 육체의 한계를 7장에서 지적한 바울은 성령이 육체에 내주하는 능력인 죄를 극복하고 영생에 필요한 의를 창출한다고 주장한다. 바울에게 하나님의 의는 창조주 하나님에 대한 절대적인 순종과 복종으로 죽음을 경험한 예수에게서 먼저 발견되고, 그의 영을 따라 걸음으로써 창조주 하나님께 순종하는 삶을 추구하는 인류에게서 다시 발견된다.

성령은 죄가 거하던 인간의 육체의 가장 깊은 곳에서 성도들에게 탐심과 죄로부터의 자유를 선사하고, 순종을 통한 하나님의 의를 자신의 것으로 경험하게 한다. 현재 여전히 육체를 가지고 육체 안에서 사는 성도들은 이제 육체가 요구하는 죄의 방식을 거절하고, 성령을 따르는 삶을 선택할 수 있는 자유함을 가지게 된다.[72] 그러므로 성령을 모시고 살면서

---

71. 참고, Carson, O'Brien, and Seifrid, *Justification and Variegated Nomism*.
72. 성령을 따르는 성도들은 이제 죄의 노예가 아니라 자발적으로 의를 택할 수 있는

하나님의 의를 성취하는 성도들에게 죄의 정죄의 결과인 죽음은 그 절대
적인 힘을 상실하게 된다. 성도들에게 죽음은 예수의 부활을 경험하는 한
과정이 되는데, 이 부활의 약속에 대한 하나님의 보증은 바로 성도들 안
에 거하는 성령이다(8:11). 이제 아담 기독론을 근거로 6:1-8:13에서 성도들
의 과거와 현재를 묘사한 바울은 성령을 따라 행함으로써 육체의 행위들
을 죽이라는 마지막 권면의 말씀을 전한다(8:12-13). 여기서 우리는 가나안
땅을 목전에 두고 선 이스라엘에게 하나님의 법의 준수를 통하여 생명과
죽음 간에 놓인 선택을 제시했던 모세의 모습을 떠올리게 된다(신 30:15-19).
바울은 과거 모세처럼 생명의 성령의 법을 통한 생명과 죽음 간에 놓인
선택 앞에 인류가 서 있음을 엄중하게 선포하고 있다. 그러나 6:1-8:13에
걸친 로마교회 성도들을 향한 자신의 권면의 말씀을 마무리 짓기에 앞서,
바울은 그들의 새로운 삶의 목표로 제시되었던 하나님이 새 아담 예수를
통해서 허락한 영광의 영생의 소망에 대해서 다시 한번 강조하려 한다(5:2,
21). 따라서 바울은 이어지는 8:14 30에서 성령을 모시고 사는 성도들이
경험할 미래의 종말론적인 영광과 피조물들의 해방에 대해서 자세히 설
명하고자 한다. 이제 이 부분에 대해서 해석학적으로 조금 더 자세히 살
펴보도록 하자.

(2) 하나님의 자녀들을 위한 영광의 소망과 피조물의 해방(8:14-30)
바울은 로마서 3:23에서 모든 인류가 죄를 지었으므로 하나님의 영광

살아 있는 존재들이 된다. 참고, Eastman, "Double Participation and the Responsible
Self in Romans 5-8," 93-110; Simon J. Gathercole, "Sin in God's Economy: Agencies in
Romans 1 and 7," in *Divine and Human Agency in Paul and His Cultural Environment*,
ed. John M. G. Barclay and Simon J. Gathercole (London; New York: T & T Clark,
2006), 158-72.

에 이르지 못했다고 선포했다. 이미 앞에서 살펴본 것처럼, 바울은 영원히 살도록 의도된 아담이 불순종의 죄를 짓고 타락한 후, 자신을 둘러싼 하나님의 영광을 상실하고 죽음을 경험해야 하는 유한한 존재가 되었다고 이해한다.[73] 바울과 묵시론적 유대인들의 사상에서 하나님의 영광은 그의 신적인 본질의 현현으로서 그의 영원한 생명을 드러내주는 역할을 한다. 따라서 부활한 예수의 몸은 하나님의 영광으로 둘러싸여 있고, 예수 안에서 부활하는 자들도 그의 영광의 형상을 따라 영광스럽게 변화될 것이라고 바울은 가르친다(비교, 빌 3:20-21). 로마서에서 죄를 지은 인류에게 허락된 구원을 주는 하나님의 의는 인류를 하나님 앞에서 의로운 존재로 선포하고, 하나님과의 의로운 관계 속으로 인도한다. 그러나 하나님의 의가 인류의 죄의 문제와 그로 말미암는 모든 부정적인 결과들을 궁극적으로 해결하기에, 구원을 주는 하나님의 의의 최종적인 효과는 인류의 죄에 대한 사망의 선고를 극복하는 것이다. 다시 말하면, 구원을 주는 하나님의 의는 칭의와 성화를 넘어 하나님의 영원한 생명에의 동참을 예수에게 속한 성도들에게 허락한다. 인류를 향한 하나님의 구원의 최종적인 종착지로서의 하나님의 영원한 생명에의 동참은 성도들의 영광스러운 변화를 포함하기에 성도들이 갈망하는 영광의 소망이라고 불린다(롬 5:2). 따라서 8:1-13에서 성령을 모시고 사는 성도들의 죄로부터의 자유함에 대해서 논의한 바울은 이제 8:14-30에서 죄로부터의 자유함 안에서 성령을 모시고 사는 삶의 최종적인 종착지인 하나님의 영광의 소망에 대해서 더 자세히 논의하고자 한다. 이를 위해서 바울은 먼저 성령을 모시고 사는 성도들은 하나님의 자녀들이요 하나님의 영광을 물려받을 하나님의 상속자들임을 선포하고(8:14-17), 그들의 상속의 대상은 현재의 고난 이후에 올 불멸의 영

---

73. 참고, Dunn, *The Theology of Paul the Apostle*, 79-90.

광임을 간략하게 언급한다(8:18). 그러나 바울은 현재는 불멸의 영광을 기
다리면서 피조물들(8:19-22)과 성도들(8:23-25), 그리고 성령이 함께 탄식하고
있는 시대라고 가르친다(8:26-27). 여기서 우리는 바울의 종말론적인 긴장,
즉 종말론적으로 낀 세대로서의 현재에 대한 바울의 이해를 접하게 된다.

첫 번째, 8:14-17에서 바울은 13절의 결론으로 제시된 영생의 약속을
성령을 통한 하나님의 자녀 됨의 개념과 연관시켜 발전시킨다. 바울은 성
령을 따라 육체의 행동들을 죽이는 자들은 육체의 행동들의 결과인 사망
을 극복하여 영생을 받을 것이라고 선언했다. 사실 성령은 그가 거하는
자들이 하나님의 자녀들임을 증거하는 양자의 영이다. 성령은 자신이 거
한 자들의 마음을 움직여 하나님을 향하여 "아바 아버지"라고 고백하게
함으로써, 성도들이 하나님의 자녀들임을 그들의 영과 함께 증거한다(8:14,
16; 갈 4:4-6; 비교, 고전 12:3).[74] 따라서 성도들 개인은 자신이 하나님의 자녀인
지를 내면적인 체험을 통해서 분명하게 알 수 있다. 하나님의 자녀라는
표현은 유대인들의 신학에서 가장 중요한 개념들 중 하나이나.[75] 구약에서
이스라엘은 하나님의 백성으로 부름을 받아 구원과 율법을 비롯한 많은
특권들을 소유한 자들로 이해되었다(비교, 출 4:22-23; 신 32:5-6; 사 1:2-4). 그리고
중간기에 하나님의 자녀 됨의 의미는 종말의 심판의 때에 구원의 약속을
상속으로 받을 하나님의 종말론적 백성으로 이해되었다(에녹1서 62:11; 희년서
1:24-25; 솔로몬의 시편 17:30).[76] 이런 맥락 속에서, 바울은 하나님의 종말론적 백
성들에게 종말론적 선물인 성령이 주어질 것으로 굳게 믿었기에(비교, 율

---

74.   참고, Ibid., 413-41; Robert Brian Lewis, *Paul's "Spirit of Adoption" in Its Roman Impe-
      rial Context* (London; New York: Bloomsbury T&T Clark, 2016).

75.   참고, James D. G. Dunn, *New Testament Theology: An Introduction*, Library of Biblical
      Theology (Nashville: Abingdon Press, 2009), 97-124.

76.   참고, Byrne, *Romans*, 248-49.

2:28-31), 현재 성령을 모시고 사는 성도들이 바로 하나님의 종말의 백성이요 자녀들이라고 주장한다.

바울은 성령을 모시고 사는 하나님의 자녀들이 가지는 특권을 크게 두 가지로 요약한다. 첫 번째, 양자의 영인 성령을 모시고 사는 성도들은 더 이상 과거 죄가 가져오는 죽음을 향하여 두려움을 경험할 필요가 없다. 그들은 더 이상 죄와 사망의 통치를 받는 노예들이 아니라, 죄와 사망으로부터 자유하게 된 하나님의 자녀들이기 때문이다. 여기서 바울은 값을 지불하고 노예로부터 해방된 자유인의 이미지를 성도들이 과거 자신들이 속했던 육체의 영역에서 성령의 영역으로의 이동에 적용하고 있다.[77] 물론 바울에게 성도들의 노예 됨으로부터의 해방에 대한 값은 하나님의 아들인 예수의 희생의 피이다. 두 번째, 하나님의 자녀들인 성도들은 하나님의 유산을 무를 상속자들이다. 구약의 전통에서 유산은 가나안 땅을 의미했으나, 중간기 유대 문헌에서 유산은 모든 종말론적 축복을 포함한 오는 세상으로 발전한다(비교, 4:13).[78] 바울은 중간기 묵시론적 유대교의 가르침에 동의하면서 미래적인 의미의 유산을 생각하는 동시에, 유산과 상속자의 개념을 기독론적으로 한층 더 발전시킨다. 예수가 하나님의 장자로서 첫 번째 상속자가 되기에, 성도들은 그와 함께 하나님의 기업을 무를 공동의 상속자들이 된다. 여기서 성도들이 그리스도와 함께 공동의 상속자들이 된다는 것은 그와 함께 연합하여 십자가의 고난과 죽음에의 순종을 통한 부활과 영광으로 대변되는 그의 전생애를 함께 경험하는 것을 의미한다(비교, 6장).[79] 이 사실은 현재 십자가의 예수처럼 고난 중에 있는 성도

---

77. 갈라디아서 4:1-5:1에서 바울은 율법 아래 사는 삶을 노예 됨과 연결시킨다. 참고, Wilson, "'Under Law' in Galatians: A Pauline Theological Abbreviation," 362-92.

78. Byrne, *Romans*, 251.

79. 참고, Dunn, *The Theology of Paul the Apostle*, 442-56.

들이 장차 그의 부활의 영광을 함께 공유할 것임을 알려준다(8:17; 비교, 5:3-4; 8:31-39). 바울은 누구보다도 더 많은 고난을 직접 경험한 자이기에 결코 성도들이 현재 경험하고 있는 고난을 과소평가하지 않는다(비교, 고후 11:23-33). 대신 바울은 현재를 넘어 온 세상을 향한 하나님의 구원의 계획의 완성 속에서 성도들의 고난의 의미를 이해하려 한다. 성도들에게 현재의 고난이 감당할 수 없을 정도로 무거운 것일 수 있으나, 그 고난은 그들에게 주어질 미래의 영광과 비교해보면 작은 대가에 불과하다(8:18; 비교, 고후 4:17). 이처럼 바울에게 현재의 고난은 성도들이 받은 구원에 대한 도전이 아니라, 임박한 종말론적 구원의 성취에 대한 증거적 표시로 기능한다. 바울에게 성도들이 받을 미래의 영광은 아담이 잃어버렸으나 예수가 다시 되찾은, 인류를 향한 하나님의 원래의 계획 속에서 의도된 성도들의 최종적인 완전한 상태를 의미한다(1:23; 2:7, 10; 3:23; 5:2; 비교, 시 8:5-8; 창 1:26-28). 고난을 경험하는 성도들의 현재에 이 종말론적 영광은 여전히 감추어져 있으나, 성도들이 부활을 통하여 예수의 부활한 몸처럼 변화된 몸을 경험할 때 그들의 변화된 몸을 통하여 이 감추어진 영광이 다시 계시될 것이다. 성도들의 부활한 몸을 통한 하나님의 영광의 계시는 성도들이 경험하는 고난과 죽음에 대한 최종적인 승리를 의미한다.

두 번째, 로마서 8:19-22에서 바울은 영광스러운 하나님의 자녀들의 계시를 앞두고 현재 아담의 저주 아래서 고난 중에 있는 피조세계의 탄식에 대해서 논한다. 유대인들의 전통에서 피조세계와 인간의 운명은 긴밀하게 연결되어 있다.[80] 왜냐하면 유대 전통의 기반인 구약성경의 시작부터 피조세계는 첫 인간 아담/인간이 하나님을 대신해서 돌보고 다스려야

---

80. Byrne, *Romans*, 254-55; Longenecker, *The Epistle to the Romans: A Commentary on the Greek Text*, 719-23.

할 대상으로 묘사되고, 아담/인간의 타락은 곧 바로 피조세계의 저주를
불러왔기 때문이다. 이 사실은 또 하나님의 저주로부터의 아담/인간의 회
복은 역시 하나님의 저주로부터의 피조세계의 회복을 가져올 것을 암시
해준다. 이러한 종말론적 유대교 사상에 동의하는 바울은 성도들의 미래
의 영광에 대한 소망을 피조물도 함께 공유하고 있다고 선포한다(8:19).[81]
물론 여기서 바울은 피조물들이 간절히 기대하며 기다리고 있는 것은 하
나님의 자녀들의 나타남이라고 말하지만, 8:18에서 이미 바울은 하나님의
자녀들의 계시는 성도들의 영광의 계시를 의미한다고 선포했다(비교, 8:21).
피조세계가 하나님의 자녀들의 영광의 계시를 간절히 기다리고 있는 이
유는 피조세계도 아담의 타락의 결과로 저주를 받아 하나님의 영광이 사
라진 자리에 임한 죽음의 허무(ματαιότης)에 굴복하게 되었기 때문이다.[82] 아
담의 타락의 결과로 에덴 동산은 끊임없이 땀 흘리며 수고해야만 인류에
게 과실을 내어주는 저주받은 땅이 되었다(창 3:17-19). 뿐만 아니라, 아담의
몸은 사실 피조세계로부터 기인했기에, 그의 몸이 그의 존재의 일부인 만
큼 피조세계도 그의 운명의 일부분이 된다.[83] 그러나 여기서 피조세계의
허무에의 굴복을 가져온 원인 제공자는 아담이지만, 그 굴복의 주체는 하

---

81. 19절에서 헬라어 단어 κτίσις는 1:20에서와 마찬가지로 인간들을 제외한 피조세
    계라고 보는 것이 옳다. 여기서 바울은 창세기의 창조 이야기에서 아담의 타락의
    배경이 되었던 바로 그 피조세계를 지칭하고 있는 듯하다. 참고, Byrne, *Romans*,
    255; Longenecker, *The Epistle to the Romans: A Commentary on the Greek Text*, 719-
    22; Fitzmyer, *Romans: A New Translation with Introduction and Commentary*, 506-07;
    C. E. B. Cranfield, *A Critical and Exegetical Commentary on the Epistle to the Romans*,
    The International Critical Commentary on the Holy Scriptures of the Old and New Tes-
    taments (London; New York: T&T Clark International, 2004), 411-12.
82. 구약성경에서, 특히 시편과 선지서들에서, 피조세계는 종종 의인화되어 등장한다
    (시 65:12-13; 98:7-9; 사 14:7-8; 55:12; 렘 4:28; 12:4). 참고, Longenecker, *The Epis-
    tle to the Romans: A Commentary on the Greek Text*, 721.
83. Charles H. Talbert, *Romans* (Macon, Ga.: Smyth & Helwys, 2002), 214.

나님으로 보는 것이 옳다.[84] 만약 인간이 다시 자신의 부활한 몸에 하나님
의 영광을 회복한다면, 그 몸이 속했던 피조세계도 역시 죽음으로 말미암
는 썩어짐의 허무에서 벗어나 죽음으로부터의 하나님의 자녀들의 영광스
러운 자유를 함께 공유할 것으로 기대된다(8:21). 이러한 영광의 소망을 품
은 피조세계는 현재까지 해산의 고통 속에서 탄식하며 하나님의 영광스
러운 자녀들의 나타남을 기다리고 있다(8:22). 여기서 바울은 피조세계의
탄식을 메시아의 종말론적 등장과 함께 시작될 새로운 세상을 낳기 위한
피조세계의 종말의 해산의 수고로 간주한다.

세 번째, 로마서 8:23-25에서 바울은 전 피조세계를 아우르는 우주적
인 탄식으로 채워진 종말론적으로 낀 세대에서 성도들도 역시 탄식하며
자신들의 몸의 구속을 기다리고 있다고 선포한다. 성도들의 경우, 그들은
이미 자신들 안에 내주하는 성령을 통하여 자신들을 옭아매던 죄와 사망
의 굴레로부터의 자유를 경험하였다(8:1-2). 성도들이 경험하는 현재적 자
유는 내주하는 성령이 다스림을 통한 죄로부터의 내면적인 자유를 의미
한다. 그러나 성도들은 여전히 죄와 사망으로부터의 외면적인 자유, 즉 성
령이 가져올 부활한 몸이 경험할 자유를 갈구하며 기다리는 중이다. 성도
들이 탄식하며 기다리는 부활한 몸이 경험할 자유는 유혹, 욕심, 약함 그
리고 죽음으로 정의되는 옛 시대에 속한 육체로부터의 완전한 자유를 의
미하기에, 이 자유를 바울은 "몸의 구속"(ἀπολύτρωσις τοῦ σώματος, 8:23)이라고
부른다. 그리고 성도들의 몸의 구속을 의미하는 육체의 부활의 주체는 그
들 안에 거하는 성령이기에(8:11), 바울은 성령을 구원 혹은 "부활의 첫 열
매"(8:23), 혹은 "부활의 보증"이라고 부른다(고전 15:20). 첫 열매가 의미하는

---

84. Longenecker, *The Epistle to the Romans: A Commentary on the Greek Text*, 722-23;
    Dunn, *Romans 1-8*, 38A, 470. 그러나 대부분의 주석가들과 의견을 달리하면서
    Byrne은 아담을 굴복의 주체로 본다(Byrne, *Romans*, 258).

바는 하나님에 의하여 현재 주어진 성령의 선물이 다가올 미래에 하나님
이 허락할 더 큰 선물의 보증이 된다는 것이다.[85] 그러나 비록 성도들의 몸
의 구속에 대한 약속이 내주하는 성령이 보증하는 확실한 약속이지만, 아
브라함에게 주어졌던 약속처럼 그들의 눈으로 직접 볼 수 없는 약속이다.
따라서 성도들은 현재의 고난 속에서 미래에 확실하게 주어질 영광스러
운 몸의 부활을 인내를 가지고 기다려야 한다. 성도들이 보이지 않는 소
망을 향하여 보이는 인내는 성령의 보증을 허락한 하나님의 신실하심에
대한 전적인 신뢰를 의미한다. 인내를 기반으로 한 신뢰가 바로 칭의를
가져오는 아브라함과 그에게 속한 아브라함의 자녀들의 구원 얻는 믿음
의 본질이다(비교, 4:16-26).

네 번째, 로마서 8:26-27에서 바울은 피조세계의 탄식과 함께 성도들
의 탄식에 대해서 논의한 후, 이제 성도들 안에 거하는 성령의 신비한 탄
식에 대해서 가르친다. 탄식하는 성도들을 위하여 그들 안에 거하는 성령
도 현재 말로 표현할 수 없는 한숨 어린 탄식으로 그들을 위해서 중보하
고 있다. 그런데 바울의 관점에서 볼 때, 피조세계와 성도들은 그들이 현
재 경험하고 있는 죄와 사망의 노예 됨으로부터의 자유를 위하여 탄식하
고 있지만, 성령은 성도들의 약함을 돕기 위해서 탄식하며 중보한다. 성령
의 탄식 어린 중보의 이유는 성도들이 자신들의 약함을 인하여 현재의 고
난 속에서 어떻게 미래의 영광의 소망에 대해서 기도해야 할지 알지 못하
기 때문이다. 여기서 성도들의 약함은, 일반적인 의미에서, 여전히 아담의
세대에 속한 인간의 제한성과 그로 말미암는 죄와 사망 아래서 경험하는
현재적 고난 및 하나님과의 관계에 있어서의 어려움으로 이해할 수 있다

---

85. 참고, Longenecker, *The Epistle to the Romans: A Commentary on the Greek Text*, 726-27; Byrne, *Romans*, 263.

(비교, 1:20-21).[86] 그러나, 조금 더 구체적인 의미에서, 그리고 이어지는 8:28-30을 배경으로 이해할 때, 성도들의 약함은 그들에게 약속된 하나님의 영원한 영광의 계획을 온전하게 볼 수도 이해할 수도 없다는 그들의 존재론적 한계와 연관이 깊다.[87] 따라서 성령은 이러한 성도들의 약함을 위하여 탄식으로 중보하며 기도하고, 마음을 살피는 분인 하나님은 우리 마음 안에 거하는 성령의 탄식 어린 중보를 듣고 성도들을 향한 자신의 영광스런 계획을 완성해간다. 성령의 탄식 어린 중보는 인간의 내부에서 표현될 수 없는 방식으로 발생하는 현상이므로, 성령을 모시고 사는 자가 어렴풋이 느낄 수 있을 뿐 정확하게 말로 표현될 수 없는 현상이다.[88]

마지막으로, 바울은 이제 8:28-30에서 하나님이 성도들을 향하여 세운 영원한 계획을 요약의 형태로 제시함으로써, 8장에 담긴 성령이 가져온 자유함과 영광의 소망에 관한 자신의 전체적인 논의를 마무리한다. 28절에서 바울은 먼저 "공개 공식"(disclosure formula: "우리가 다 알듯이")을 통하여 성도들이 소망에 관한 논의를 재피력하고, 하나님이 사랑하는 자들을 위해서 모든 일들이 협력하여 선을 이룬다고 선포한다.[89] 여기서 바울이 언급하는 모든 일들은 성도들의 삶에서 일어날 수 있는 모든 일들을 다 포함하지만(비교, 8:31-39), 특별히 성도의 탄식의 원인이 되는 현재적인 고난

---

86. Longenecker, *The Epistle to the Romans: A Commentary on the Greek Text*, 731; Fitz-myer, *Romans: A New Translation with Introduction and Commentary*, 518.

87. Byrne, *Romans*, 266.

88. 성령의 탄식을 성도들이 하는 방언으로 보기에는 무리가 있다. 왜냐하면 탄식은 성령뿐만 아니라, 피조세계와 성도들이 함께 하는 것으로 묘사되기 때문이다. 그리고 탄식은 마음 안에서 이루어지는 깊은 표현을 담고 있기에, 입으로 외부적으로 표현되는 방언과 그 특징이 달라 보인다.

89. 참고, Longenecker, *The Epistle to the Romans: A Commentary on the Greek Text*, 736. 이 공식을 통해서 바울은 로마교회 성도들이 자신이 말하는 내용을 이미 잘 알고 있다는 것을 전제한다.

을 더 중요한 대상으로 삼고 있다(8:18).[90] 바울은 이미 5-8장 전체의 논지의 시작이 되는 5:1-5에서 하나님의 사랑의 대상인 성도들의 고난이 그들에게 연단과 검증된 성품을 창출하고, 하나님의 영광을 공유하는 경험으로 나아가게 한다고 선포했다. 바울에게는 성도들이 경험하는 현재의 고난조차도 성도들을 향한 궁극적인 선, 즉 하나님의 영원한 구원의 완성을 돕는 방편으로 기능한다. 바울은 성도들의 현재적 고난 가운데서도 하나님의 영광의 소망을 향하여 모든 것이 협력하여 선을 이룬다는 자신의 선포의 근거로, 성도들을 위하여 하나님이 성취하신 구원의 사역을 다섯 개의 과거형 동사들을 통해서 제시한다(29-20절): '미리 알고 선택', '예정', '부름', '칭의', 그리고 '영화'. 이 다섯 개의 동사들은 성도들을 향한 하나님의 영원한 계획이 성취되는 중요한 단계들을 지칭한다. 미리 안 바 된 것은 하나님의 주권적인 선택을, 그리고 예정은 성도들을 부르기 전에 하나님의 계획이 미리 준비되었음을 의미한다. 부름 받은 성도들을 하나님은 의롭다고 칭하고, 또 이미 영화롭게 하였다. 칭의와 영화는 종말론적 현상으로서 인간의 관점에서는 미래에 완전하게 경험될 것이지만, 하나님의 관점에서 이미 성취된 과거의 일들이다. 따라서 바울은 이 다섯 개의 동사들을 인간의 관점을 표현하는 미래형이 아닌, 하나님의 관점을 표현하는 과거형으로 제시하고 있다. 바울이 보는 하나님의 관점에서는 성도들은 이미 하나님의 종말론적 칭의를 믿음 안에서 경험한 자들이고, 의롭다고 칭함을 받은 성도들은 이미 시작되어 진행중인 영화의 과정 속에 놓여 있다(비교, 고후 3:18).

이 다섯 개의 동사들로 구성된 성도들을 향한 하나님의 구원의 계획의 성취에 대한 논의에서 바울은 초대교회의 고백적 전통을 인용하고 있

---

90. 참고, Ibid., 737-38; Byrne, *Romans*, 267.

는 듯하다.[91] 그런데 바울은 이 초대교회의 전통을 인용하면서, 자신만의 방식으로 기독론적으로 변형 발전시킨다. 바울의 기독론적 관점에서 하나님이 성도들을 향하여 구원의 계획을 미리 예정하신 이유는 (1) 성도들이 하나님의 아들의 형상을 공유하기 위해서이고, (2) 이를 통해서 주 예수 그리스도가 성도들로 구성된 하나님의 가정의 맏아들이 되게 하기 위함이다(8:29).[92] 하나님의 아들의 형상은 예수의 부활한 몸이 소유한 하나님의 영광을 뛰어넘어, 하나님의 아들로서의 그의 참된 신적인 정체성을 의미한다.[93] 다시 말하면, 성도들이 아들의 형상을 공유한다는 것은 그의 영광스러운 부활의 몸과 더불어, 하나님의 자녀로서의 모든 지위와 특권들을 함께 공유한다는 것을 의미한다(8:14-17; 비교, 9:4). 그 결과로 주 예수와 성도들로 구성된 하나님의 종말론적 백성이 창조되고, 예수는 많은 자녀들 중에 맏아들로 서게 된다. 이 사실은 부활한 성도들이 주 예수가 보여주는 하나님의 영광과 우주적인 주권에 그와 함께 종말론적으로 동참할 것임을 알려준다. 그러나 바울은 여기서 예수의 맏아들 됨보다도, 그를 이어 탄생한 하나님의 자녀들의 무수한 숫자를 더 강조하자 한다. 바울의 관점에서 구원은 성도들이 개인적으로 경험하는 개인적인 사건을 뛰어넘어, 기독론적 구원론에 바탕을 둔 공동체적, 우주적 사건이다.

결론적으로 바울에게 하나님의 자녀들의 탄생은 예수를 통해서 기독론적으로 규정되고, 그들에게 예정된 미래의 영광의 소망(8:18-30)도 예수

---

91. Longenecker, *The Epistle to the Romans: A Commentary on the Greek Text*, 739.

92. 이 본문을 근거로 우리는 너무 성급하게 예정론에 관한 전통적인 이해를 강조해서는 안 된다. 바울은 여기서 일반적인 예정론에 대한 가르침이 아니라, 성도의 부름의 근거가 되는 하나님의 계획의 특별한 예정에 대해서 강조하고 있다. 참고, Fitzmyer, *Romans: A New Translation with Introduction and Commentary*, 524-25.

93. 참고, 이승현, ""하나님과 동등됨"의 의미에 대한 고찰과 빌립보서 2:6-11 해석," 성경원문연구 39 (2016): 203-22.

의 형상과 신분에의 동참을 통해서 기독론적으로 결정된다. 예수 그리스
도에게 속한 자들은 예수의 영인 성령을 받고 하나님의 자녀 됨과 특권들
을 예수와 함께 공유하기 때문이다. 물론 예수와 함께 고난받는 자들은
부활한 예수처럼 하나님의 영광으로 영화롭게 변화될 것이다. 이처럼 바
울의 철저한 기독론적 구원 이해는 그가 자신의 서신들에서 자주 사용하
는 '예수 안에서'(in Christ)라는 표현의 빈도에서 잘 발견된다.[94] 그러나 로마
서 8장에서 영광스러운 몸의 부활이 하나님의 영광의 소망이라고 불리면
서 성도들을 향한 하나님의 구원의 계획의 결론으로 제시된다는 사실은
아담 기독론적 관점에서 볼 때 시사하는 바가 매우 크다. 왜냐하면 몸의
부활은 아담의 이야기로 표현되는 인류의 죄와 죽음의 문제가 예수의 이
야기로 표현되는 하나님의 은혜를 인하여 극복되었음을 말해주기 때문이
다. 인류를 향한 하나님의 계획이 인류가 다 하나님의 아들의 형상을 따
라 변화되는 것이라는 사실은 하나님의 구원의 계획은 예수 새 아담을 통
해서 첫 아담의 타락을 극복하는 새 창조의 사건임을 말해준다(비교, 5:12-
21). 이어지는 8:31-39에서 바울은 새 아담 예수 안에서 발견되는 하나님
의 사랑이 어떻게 성도들의 미래의 영광에 대한 확신의 근거가 되는지를
설명할 것이다. 하늘과 땅에서 발생하는 과거와 현재와 미래를 아우르는
그 어떤 사건이나 존재도 하나님의 사랑에서 성도들을 결코 끊을 수 없다
는 선포를 통해서 바울은 5-8장에 걸친 성도들의 영광의 소망에 대한 자
신의 논의를 마무리 짓는다. 아담 안에서 인류가 사탄의 시험을 인하여
하나님의 영광을 상실한 반면에, 새 아담에게 속한 인류는 어떠한 시험을
거치더라도 결코 하나님의 영광을 상실하지 않을 것이라고 바울은 선포
한다. 이러한 구원의 영광의 확실성에 대해서 바울이 소유한 믿음은 인류

___
94. 참고, Dunn, *The Theology of Paul the Apostle*, 396-400.

를 향해 창조주 하나님이 소유한 그의 사랑의 끊을 수 없는 능력에서 기인한다.

로마서 8:1-30에 담긴 아담 이야기

로마서 8장에서 바울은 5-7장에서 사용된 아담 기독론적 틀과 개념들을 통해서 예수 안에서 성도들이 이룰 수 있는 성령의 자유와 새로운 윤리적 가능성, 그리고 회복된 영광의 소망에 대해서 논의한다. 첫 번째, 8:1-13에서 바울은 죄와 사망 그리고 율법으로 대표되는 아담의 영역과 대조되는 바 예수의 영역으로서 성령을 제시한다.[95] 성령은 율법 아래서 죄에게 종노릇하면서 자유롭지 못한 인류에게 자유를 선사하면서 새로운 윤리적인 가능성을 제공해준다(8:1-3). 한편으로는, 아담의 영역을 대표하는 율법과의 대조를 강조하기 위해서, 또 다른 한편으로는 율법의 의를 성취하는 하나님의 종말론적인 선물의 의미를 강조하기 위하여, 바울은 헬라어 단어 νόμος를 사용하여 성령을 "생명의 성령의 법"이라고 부른다(8:2).[96] 이 표현을 통해서 바울은 새 아담 예수의 영역은 모세의 율법과 대조되는 성령의 법이 다스리는 곳임을 명확히 하는 동시에, 성령은 과거 하나님이 약속한 마음에 새겨질 종말론적 새 법의 성취임을 예레미야 31:33과 에스겔 36:26을 인용하면서 강조한다. 성령의 법은 죄와 사망의 법에서 인류를 자유하게 해주고 율법이 가져온 정죄를 제거하여 온전한 의를 이루게 함으로써 영원한 생명을 그들에게 선사해준다. 사실 선한 하나님의 선물인 율법이 약하여 죄의 공모자로 전락했던 이유는 아담 안에

---

95. 이승현, "아담의 저주에 대한 해결책으로서의 성령," 「영산신학저널」 40 (2017): 75-106.

96. νόμος에 대한 바울의 다양한 용례와 의미에 대해서는 Byrne, "The Problem of No-mos and the Relationship with Judaism in Romans," 304-07을 참조하라.

속한 인간의 연약한 상태, 혹은 아담 안에 속한 타락한 상태를 의미하는 육체를 변화시킬 수 없는 무능력 때문이었다. 인간은 그의 육체 안에 존재하는 탐심을 인하여 탐심을 금하는 율법에게 정죄 당하여 사망을 경험할 수밖에 없었다. 그러나 성령은 창조주에 대한 반역을 일으킨 자기 중심적인 육체의 죄 된 본성을 무력화시키고, 창조주 하나님을 자신의 이익 위에 세움으로써 아담이 실패한, 그러나 새 아담이 성공한 순종을 인간 안에서 창출해낸다(8:5-8). 그러므로 7장에서 설명된 율법 앞에 선 인류의 딜레마에 대한 해결책으로 8:1-13에서 바울이 제시한 성령은 새 아담 예수가 다스리는 새로운 영역을 대표하면서, 옛 아담의 영역을 주도했던 육체와 죄 그리고 사망을 극복하는 대안적 영역을 의미한다.

두 번째, 바울에게 성령의 선물과 그에 따른 율법의 정죄의 제거는 모두 하나님이 자신의 아들 예수를 인간의 모습으로 이 땅에 보냄을 통해서 가능해졌다. 하나님의 신적인 영역에 거하던 예수가 이 땅에 오면서 새롭게 지니게 된 육체는 아담의 유산으로서 모든 아담의 자손들이 공유하는 존재론적 약함을 의미한다. 예수는 아담의 영역을 상징하는 육체를 입음으로써, 아담 안에 속한 자들이 그의 신적인 형상(εἰκών)을 따라 변화되어 자신의 영역으로 이동할 수 있는 구원의 길을 제시했다(8:29).[97] 여기서 형상은 창세기 1:26에서 아담이 하나님의 형상을 따라 창조된 사실에 대한 성서적인 메아리를 담고 있다. 이 사실은 예수의 사역은 하나님의 새 아담으로서 하나님의 형상을 따라 창조된 아담이 하나님의 영광스러운 형상을 상실한 사건을 극복하고, 인류에게 다시 하나님의 영광스러운 형상

---

97. 이런 면에서, Hooker가 제시하는 interchange의 개념은 바울의 아담 기독론의 이해에 해석학적으로 유익한 개념임을 알 수 있다. 참고, Morna D. Hooker, *From Adam to Christ* (Eugene, OR: Wipf and Stock Pub., 1990), 13-72.

을 회복시켜주는 사건임을 알려준다.[98] 유사한 의미로 고린도후서 8:9에
서 바울은 부유한 예수가 가난하게 됨으로써 가난한 우리가 부유하게 되
었다고 가르친다.[99] 예수가 아담에게 속한 인류의 '가난한' 운명을 공유함
으로써 인류가 새 아담 예수의 '부유한' 운명을 공유하게 되었다. 여기서
예수가 인간의 육체를 입을 때, 아담에게 속한 인간의 죄 된 본성도 함께
소유하게 되었는가에 대해서 많은 논의가 있었다. 일부 학자들은 예수의
육체 안에 어떤 죄 된 경향성이 존재하지 않았다고 주장하는 데 반하여,
다수의 학자들은 예수는 하나님의 뜻에 대한 순종을 통하여 자신의 육체
안에 있는 타락할 수 있는 경향성을 포함한 약함을 극복했다고 말한다.[100]
아마도 성육신한 예수가 소유한 육체는 타락 후 아담이 소유한 죄 된 경
향성에 굴복하여 죄의 종노릇하는 육체가 아니라, 타락 전 아담이 소유했
던 육체, 즉 비록 인간 존재의 약함을 소유했으나 아직 죄를 짓지 않은 순
수한 육체를 의미했을 수 있다(비교, 고후 5:21).[101] 예수가 육체를 가지고 이
땅에 태어난 사건은 하나님의 아들이 아담의 영역으로 침투하여 아담의
타락이 인류에게 미친 영향을 극복하게 하는 종말론적으로 중요한 신시
대적(new-epochal) 의미를 가지고 있다(비교, 5:12-21).[102]

---

98. 참고, *Romans: A New Translation with Introduction and Commentary*, 528; Wither-
    ington and Hyatt, *Paul's Letter to the Romans: A Socio-Rhetorical Commentary*, 230;
    Käsemann, *Commentary on Romans*, 244-45.

99. 참고, Morna D. Hooker, "Interchange in Christ and Ethics," *Journal for the Study of the
    New Testament* 8, no. 25 (1985): 3-17.

100. C. K. Barrett, *A Commentary on the Epistle to the Romans* (New York: Harper, 1958),
     156; Thomas R. Schreiner, *Romans*, Second edition. ed., Baker Exegetical Commentary
     on the New Testament (Grand Rapids, Michigan: Baker Academic, 2018), 403; Byrne,
     Romans, 243.

101. 참고, Witherington and Hyatt, *Paul's Letter to the Romans: A Socio-Rhetorical Com-
     mentary*, 213.

102. Dunn, *Romans 1-8*, 38A, 421.

세 번째, 로마서 7장에서는 인간의 육체 안에 탐심이 거하고, 그 탐심으로 인해 하나님을 거역하는 죄를 범하였으며, 율법은 그 죄에 대하여 죽음을 선포했다고 가르친다. 예수는 육체의 욕심을 극복하고 십자가에 순종함으로써, 육체를 통하여 아담의 영역을 다스리는 죄를 자신의 몸 안에서 정죄하고 십자가에 못 박아버렸다. 예수는 죄가 왕 노릇하던 인간의 육체 안에서 무죄한 자신에게 사망을 선고한 죄에게 그 죄값을 물어 죄 자체에게 사망을 선고했다. 앞에서 바울은 하나님의 선한 율법이 본질적으로 인간의 몸 밖에 거하고 있으므로, 인간의 육체 안에 거하는 죄의 문제를 다룰 수 없다고 선포했다. 따라서 하나님이 아담의 영역으로 침투시킨 새 아담 예수는 인류를 옭아매고 있는 죄를 자신의 육체 안에 가두고, 자신의 육체와 함께 죄를 십자가 위에서 파괴해버렸다. 이 일이 가능했던 이유는 예수가 하나님을 향한 순종을 통하여 육체의 욕심의 씨앗을 완전해 제거해버렸기 때문이다. 뿐만 아니라, 예수는 자신의 영을 자신 안에 속하는 자들, 즉 자신이 다스리는 새로운 영역에 속한 성도들에게 허락함으로써, 그들도 자신처럼 육체의 욕심들을 극복하여 죄를 이기고 하나님께 순종하여 율법이 요구하는 의를 이루게 해준다. 성령은 예수와 마찬가지로 예수에게 속한 자들이 육체의 욕망으로부터 오는 시험을 극복하고 성령이 추구하는 것들, 즉 하나님과의 평화와 생명에 자신들의 마음을 집중하게 한다(8:5-6). 로마서 16:20에서 바울은 평화의 하나님이 곧 성도들의 발 아래서 사탄을 파괴할 것이라고 약속한다. 이 약속은 아담의 타락 직후 뱀/사탄에게 내린 저주의 성취를 의미한다(비교, 창 3:15). 창세기 3장에서 탐심을 통하여 아담을 시험한 자는 뱀의 모습을 띈 사탄이었기에, 바울이 생각하는 사탄의 머리를 짓밟아 파괴하는 성도들의 승리는 예수의 영인 성령을 통하여 육체 안에 있는 탐심의 유혹을 극복함으로써 시작된다.

　　네 번째, 예수의 영인 성령이 성도들 안에서 이루어 가는 율법이 요구하는 의로움(τὸ δικαίωμα τοῦ νόμου, 8:4)이 무엇인가에 대한 학자들의 논의가 있었다.[103] 율법이 요구하는 의는 율법의 계명들 하나하나가 요구하는 의로운 성취라기보다는, 율법이라는 총체가 완성하고자 하는 의로움, 즉 하나님 보시기에 의로운 삶이라고 보는 것이 더 옳다.[104] 바울이 여기서 의로움을 단수형 명사로 표현하는 이유는 7:7-11에서 언급된 율법을 대표하는 탐심을 금하는 한 계명과 그 계명을 성취한 예수의 한 의로운 행동을 아담의 불순종과 대조하며 생각하고 있기 때문이다.[105] 앞에서 우리는 이미 이한 계명이 광야에서 이스라엘이 시내산에서 경험한 시험을 넘어서, 에덴동산에서 아담이 저지른 불순종의 실패를 지적하고 있음을 살펴보았다. 그리고 5:18에서 바울은 인류의 운명을 바꾼 아담의 한 범죄를 극복하는 예수의 한 의로운 행동에 대해서 논의했다. 인류에게 칭의와 생명을 가져다주는 예수의 한 의로운 행동(δι' ἑνὸς δικαιώματος)은 하나님의 뜻에 대한 그의 순종을 가리킨다. 5:12-21의 맥락에서 바울은 예수의 이 한 의로운 행동이 아담의 모든 자손들이 경험하는 아담의 불순종의 효과를 극복하는 것으로 제시했다. 그러나 8:1-11에서 바울은 예수 안에 속한 자들이 성령을 따라 걸음으로써 예수가 성취한 순종의 의로움을 자신들의 삶 가운데서 계속해서 성취해가야 한다고 가르친다. 예수 안에 속한 자들은 더 이상 죄가 아니라 의를 자신들의 주인으로 섬기고 있기 때문이다(6:18). 그러나 성

---

103. 학자들의 견해는 대략 다섯 가지 정도로 요약된다. 참고, Byrne, *Romans*, 78; Longenecker, *The Epistle to the Romans: A Commentary on the Greek Text*, 695-96; Jewett, *Romans: A Commentary*, 485.

104. Witherington and Hyatt, *Paul's Letter to the Romans: A Socio-Rhetorical Commentary*, 214; Byrne, "Adam, Christ, and the Law in Romans 5-8," 229; Fitzmyer, *Romans: A New Translation with Introduction and Commentary*, 487.

105. Byrne, "Adam, Christ, and the Law in Romans 5-8," 229-30.

도들의 순종을 통한 의로움의 성취는 더 이상 자신들의 칭의와 구원을 경험하기 위한 근거가 아니다. 오히려 예수의 한 의로운 순종을 근거로 '이미' 의롭다고 칭함받고 하나님과의 의로운 관계 속에 거하게 된 새 인류가 예수의 의로운 본성을 자신들 안에 경험적으로 완성해가는 것을 의미한다. 예수와 연합한 성도들은 그의 고난과 부활과 함께 그의 의로움과 영화의 전생애를 함께 공유하는 존재들이다. 이 의로운 변화를 바울은 8:29에서 '예수의 형상을 따르는 변화'라고 한 마디로 요약한다. 이 사실은 예수의 형상이 단순히 그의 영광스러운 외모를 넘어서, 그의 내면의 의로운 본성 역시도 의미함을 알려준다(비교, 12:1-2). 그리고 예수의 형상을 따르는 변화와 그에 동반된 의로운 삶은 첫 아담 안에서 태어난 옛 인류가 죄를 따라 살다가 사망을 경험하는 삶과 정면으로 대치된다. 이런 면에서 예수의 형상을 따르는 의로운 변화는 새 아담에게 속한 인류에게 허락된 새로운 본질의 창조라고 볼 수 있다. 그러므로 바울은 예수 안에 있는 성도들을 "새로운 피조물"이라고 부르는 데 아무런 주저함이 없다(비교, 고후 5:17).

다섯 번째, 로마서 8:18-25에서 바울은 하나님의 자녀들의 영광의 계시를 기다리는 피조물의 탄식에 대해서 알려준다. 여기서 피조물은 인간을 제외한 모든 피조세계를 의미한다. 피조세계가 탄식하며 영광의 하나님의 자녀들을 기다리는 이유는 그들도 인간들처럼 죽음의 허무에 굴복되었기 때문이다. 따라서 피조세계도 역시 하나님의 자녀들이 경험할 영광을 통한 허무로부터의 자유에 동참 하기를 간절히 기다리고 있다. 이러한 피조세계와 인류의 연합된 운명의 배경이 무엇인가에 대해서 우리는 질문해보아야 한다. 유대인들의 전통에서 인류와 피조세계가 함께 저주 아래 놓여 신음하게 된 유일한 배경은 창세기에서 발견되는 아담의 타락 이야기이다(창 3:15-17).[106] 아담의 타락의 결과로 아담은 평생 수고하며 땀을 흘려야 먹을 것을 구할 수 있는 노동의 저주 아래 놓이게 되었다. 그리고 이와 연관하여 땅도 저주를 받아 에덴동산의 본래의 생명력을 상실하고, 열매 대신 가시와 엉겅퀴를 내는 인간에게 적대적인 존재로 전락해버렸다. 하나님과의 의로운 관계에서 실패한 인류는 피조세계와의 의로운 관계도 파괴시켜버렸고, 피조세계도 아담에게 내린 죽음의 허무함의 저주 아래 갇히게 되었다.[107] 죽음의 허무함은 아담의 자손들과 그들이 거하는 피조세계에 임한 타락의 피할 수 없는 유산이고, 이 허무함은 예수에게 속한 자들이 자신들의 몸의 구속, 즉 부활을 경험할 때에라야 완전히 극복된다. 새 아담 예수가 아담의 저주인 죽음을 극복하고 부활의 영광스러운 몸으로 변화되었기에, 그에게 속한 새 인류도 동일한 영광스러운 몸의 부활을 경험하여 죽음의 허무함의 저주를 극복하게 되었다. 그리고 나아가 새 인류의 삶의 배경이 되는 피조세계도 이 부활의 영광이 가져다주는 죽음으로부터의 자유함에 동참하게 될 것이다. 이렇게 해서 아담과 인류 그리고 피조세계 간의 비극적인 관계와 운명은 새 아담 예수와 새 인류 그리고 피조세계 간의 긍정적인 관계와 운명의 변화를 경험하게 된다.

마지막으로, 8:13-30에서 가장 두드러지게 등장하는 주제들 중 하나는 하나님의 영광이다. 17-18절에서 바울은 하나님의 자녀들인 성도들이 현재 경험하고 있는 고난은 미래의 영광으로 인도하는 길이라고 가르친다. 그런데 현재의 고난은 미래에 경험할 영광의 가치와 비교될 수 없다고 선포한다. 그리고 하나님의 자녀들이 경험할 영광은 몸의 구속, 즉 부

106. Dunn, *The Theology of Paul the Apostle*, 100-01; A. Katherine Grieb, *The Story of Romans: A Narrative Defense of God's Righteousness* (Louisville: Westminster John Knox, 2002), 57-60.

107. 참고, Jewett, *Romans: A Commentary*, 513.

활 이후에 가지게 될 영생의 몸을 의미한다. 이 영광의 몸은 죽음이 가져
온 썩어짐으로부터의 해방을 의미하기에 하나님의 자녀들의 영광의 자유
라고 불린다(21절). 인류와 동일하게 썩어짐의 허무에 굴복한 피조세계가
해산의 고통을 가지고 갈망하는 것도 바로 하나님의 자녀들이 영광스러
운 몸을 가지고 죽음을 극복하는 것이다. 바울은 이 영광스러운 몸의 변
화를 그리스도의 형상, 즉 그의 부활한 몸이 지니고 있는 하나님의 영광
에 따른 변화라고 부른다(30절). 이러한 영광에 대한 바울의 논의는, 앞에
서 이미 강조된 바와 같이, 유대인들의 아담 이야기에 깊이 의존하고 있
다.[108] 유대인들의 전통에서 아담이 하나님의 형상으로서의 영광을 상실
한 사건은 그가 선악과를 먹고 타락한 순간이다(비교, 모세의 묵시 20:1-2; 21:1-6;
비교, 시 8:1, 5-6).[109] 자신을 둘러싼 하나님의 영광이 떠난 순간, 아담은 눈이
밝아져 자신이 벌거벗고 있는 것을 발견하게 된다. 이러한 아담 전통에
따른 영광 이해를 바울은 로마서 여러 곳에서 보여주고 있다. 로마서
1:21-23에서 바울은 인류가 마음이 허망하여져 하나님의 영광을 썩어 없
어질 피조물의 형상으로 대치했다고 선언한다. 3:23에서 바울은 타락 후
벌거벗은 아담처럼 죄를 지은 인류가 하나님의 영광에 이르지 못하고 있
다고 선언한다.[110] 2:7에서 바울은 영광을 죽음을 극복하는 영생과 유사한
개념으로, 그리고 예수에게 속한 새 인류가 경험할 죽음으로부터의 자유
와 동일한 것으로 제시한다(8:18-21; 비교, 고전 15:42-57).[111] 그러므로 로마서 전

---

108. 참고, Witherington and Hyatt, *Paul's Letter to the Romans: A Socio-Rhetorical Commentary*, 223-24.

109. 참고, Ibid., 62-70.

110. 구약의 전통에서도 개인이나 국가가 범죄하고 타락할 때, 영광을 상실하는 것으로
종종 묘사된다(호 4:7; 9:11; 렘 2:11; 겔 24:25). 물론 하나님이 그들을 구원할 때,
그들은 다시 영광을 회복한다(사 35:1-2).

111. 참고, Fitzmyer, *Romans: A New Translation with Introduction and Commentary*, 506;

반에 걸쳐서 성도들이 소망하는 구원의 결론을 바울은 한 마디로 "하나님의 영광을 공유하는 소망"이라고 부른다(5:2; 6:4). 이처럼 죄의 결과로 하나님의 영광을 상실한 것, 그리고 구원의 결과로 하나님의 영광을 다시 회복하는 것에 대한 바울의 구원론적 논의는 아담 이야기에 깊이 의존하고 있다. 결국 로마서 8:1-30에서도 바울은 자신의 논의의 전제가 되는 핵심적인 신학적 틀로 아담 기독론을 차용하고 있음을 우리는 부인할 수 없다. 물론 바울은 이 모든 아담과 연관된 논의들을 자신의 신학적인 논의들에 적용하기에 앞서, 자신의 트레이드 마크인 기독론으로 재해석한다. 다시 말하면, 로마서 1-8장에 담긴 인류를 향한 하나님의 구원의 계획은 바울의 아담 기독론, 즉 아담의 이야기 속에서 예수를 새 아담으로 이해하는 해석학적 틀을 근간으로 해서 펼쳐지고 있다.

결론

로마서 5:12-21은 바울의 아담 기독론을 가장 핵심적으로 요약해서 보여주는 본문이다. 그러나 로마서 1-8장 전체의 맥락에서 볼 때, 이 본문은 1-4장의 하나님의 의에 대한 논의를 결론적으로 요약할 뿐만 아니라, 이어지는 6-8장의 논의를 소개하는 이중적인 기능을 하고 있다. 따라서 6-8장에서 발견되는 바울의 논의는 이 본문에 담긴 아담 기독론적 틀에 깊이 의존하고 있다. 5:12-21에서 바울은 아담과 예수를 인간 역사의 두 시대를

Byrne, *Romans*, 254-57; Witherington and Hyatt, *Paul's Letter to the Romans: A Socio-Rhetorical Commentary*, 222. 그러나 Jewett은 여기서 바울이 선지자들의 전통을 따라 시온으로 돌아오는 하나님의 임재로서의 영광을 의미한다고 주장한다. 비교, Jewett, *Romans: A Commentary*, 511.

대표하는 인물들로 묘사한다. 아담은 불순종과 죄 그리고 사망을 세상에 가시고 온 인물로, 그리고 예수는 순종과 의 그리고 생명을 아담의 세상에 소개한 인물로 제시된다. 그리고 그들이 대표하는 영역에 속한 인류는 그들이 소개한 것들에 의해서 자신들의 운명이 결정되는 것을 경험한다. 이 두 인물들의 생애와 그들에게 속한 인류의 운명이 결정된 가장 중요한 요소는 아담과 예수가 창조주 하나님을 향하여 보인 자세에서 발견된다. 예수는 하나님의 명령에의 순종을, 그리고 아담은 불순종을 보여주었다.

이어지는 6:1-7:6에서 바울은 이러한 자신의 아담 기독론적 논의를 토대로 성도들이 경험한 존재론적 변화를 묘사한다. 이 본문에서 바울은 세 가지 대조되는 관계들을 통해서 아담에게 속했던 성도들의 과거와 새 아담 예수에게 속한 현재의 경험을 설명한다. 그 세 가지 대조적 관계들은 (1) 옛 사람과 새 사람, (2) 옛 주인과 새 주인, 그리고 (3) 옛 남편과 새 남편이다. 바울은 예수에게 속한 자들은 아담에게 속한 옛 사람을 벗어버리고, 더 이상 옛 주인인 죄를 섬기지 않으며, 옛 남편인 율법과 결별된 존재임을 선포한다. 반면에 성도들은 새 아담의 형상을 닮은 새 사람을 입고, 새 주인인 의를 섬기며, 새 남편인 성령을 모시고 사는 자들이다. 여기서 바울은 자신의 율법이 결여된 복음에 대해 부정적인 태도를 견지한 유대인 출신 성도들과 그들에 의해서 흔들리고 있는 로마교회 성도들을 생각하게 된다. 그래서 바울은 이어지는 7:7-8:13에서 성도들의 옛 남편과 새 남편인 율법과 성령 아래서 사는 두 가지 형태의 삶을 자세하게 비교한다. 바울은 먼저 예수 밖에 거하는 인류와 율법과의 치명적인 만남을 1인칭 화자의 관점에서 상세히 묘사한다. 율법과 별개로 살아 있던 내가 율법을 통하여 죄에 대한 지식을 소유하게 될 때, 내 안에 잠들어 있던 탐심이 깨어나 나로 하여금 하나님을 향하여 범죄하게 한다. 아무도 예외 없이 율법 앞에 선 모든 인류가 하나님 앞에서 죄의 선고인 사망을 경험하

는 이유는 인류가 소유한 아담의 타락한 본성이 새겨진 그들의 육체 때문
이다. 타락한 아담의 형상을 따라 창조되고 타락한 아담의 유전자를 소유
한 그 후손들의 육체는 하나님 위에 자신들의 욕심을 둔다. 아담의 후손
인 내가 비록 마음으로 하나님의 법을 즐거워하고 지키기를 기뻐한다 할
지라도, 내 육체는 죄의 법을 섬기며 나로 하여금 하나님을 향한 끊임없
는 불순종으로 인도한다. 이것이 바로 아담에게 속한 인류가 율법 앞에서
경험하는 딜레마고, 그들이 마음의 법과 육체의 죄의 법 사이에서 절망하
는 이유이다.

　여기서 하나님의 선한 선물인 율법은 아담의 영역에서 죄의 도구가
되어 아담의 육체 가운데 거하는 인류에게 사망을 선고하는 사망의 공모
자가 된다. 그러나 죄가 넘친 곳에 하나님의 은혜가 더욱 넘치게 부어졌
으니, 그것은 곧 아담의 영역으로 하나님이 침투시킨 새 아담 예수의 등
장이다. 예수는 아담의 육체를 입고 이 땅에 와서 하나님을 향한 순종을
통하여 하나님이 요구하는 의를 완성한다. 하나님을 향한 예수의 순종은
의인으로서 죄의 선고인 죽음을 자신의 몸에 직접 경험하는 것이다. 그러
나 의로운 자 예수가 사망을 자신의 몸에 경험하는 순간, 그에게 사망을
선고한 죄가 지극한 죄로 드러나고, 이의 결과로 아담의 영역을 통치하는
죄는 예수의 육체 안에서 스스로 정죄 당하는 사건이 발생한다. 예수의
죽음이 자신의 죄에 대한 선고가 아니라 아담의 후손들을 향한 의로운 자
의 대속의 죽음이므로, 예수는 죽음을 극복하는 부활을 경험한다. 이처럼
아담의 영역에서 아담의 육체 안에서 아담의 주인인 죄와 사망을 파괴하
고, 하나님을 향한 순종을 통하여 하나님이 요구하는 의를 성취한 예수는
아담과 대조되는 새 아담이 된다. 그리고 그에게 속한 자들에게는 과거
아담의 영역을 다스리던 율법 대신 성령이 주어지고, 성령은 그들로 하여
금 죄를 극복하고 하나님을 향한 순종을 통한 의를 이루게 한다. 성령 안

에서 사는 새 아담에게 속한 성도들은 죄와 사망을 극복하고, 하나님이 원래 인류에게 의도하였던 영광의 소망을 예수와 함께 공유하는 하나님의 영광의 자녀들이 된다. 그러나 바울은 여기에 머무르지 않고, 인류가 하나님의 영광을 회복하는 사건은 온 피조세계도 간절히 바라고 있는 바임을 강조한다. 아담과 함께 저주를 받은 피조세계도 하나님의 영광의 자녀들이 계시될 때, 그들도 역시 죽음의 허망함의 저주로부터 자유하게 될 것이기 때문이다. 이에 바울은 탄식하며 기다리는 성도들과 피조세계 그리고 성령의 중보의 대상인 하나님의 영광의 소망의 확실성에 대해서 다시 한번 강조하면서, 로마서 5-8장에 담긴 자신의 아담 기독론적 구원 논의를 마무리한다. 그러므로 로마서 5-8장에서 바울의 논의를 담아내는 가장 핵심적인 신학적 틀은 그의 아담 기독론임을 우리는 부인할 수 없다. 예수와 아담 간의 대조는 바울의 로마서 1-8장을 주도하는 해석학적 근간으로 기능하고 있다.

제7장
예수의 형상에 따른
종말론적 변화와 부활
(고전 15장)

로마서는 바울이 고린도에 머무는 50년대 후반에 로마교회를 위하여
쓴 편지라는 데에 대다수의 바울 학자들은 동의한다.[1] 그렇다면 고린도교
회에 전한 바울의 가르침의 내용과 로마서에 담긴 바울의 가르침의 내용
사이에는 상당한 정도의 신학적 공통점들이 발견될 것으로 예상된다. 실
례로, 우상에게 드려진 희생제물에 대한 성도들의 태도와 은사들에 대한
논의들은 로마서와 고린도전서에서 공통적으로 발견된다(롬 12:3-8; 14:1-23;
고전 8, 12-14). 물론 수신 교회들의 특정한 문제들을 중심으로 신학적인 논의
를 전개하는 바울의 서신들의 특성상 로마교회의 문제들을 중심으로 쓰
인 로마서는 고린도교회의 상황을 반영하는 고린도전후서와 많은 차이점
들을 보인다. 예를 들면, 로마서의 중심사상인 바울의 이신칭의의 가르침
은 고린도전후서에서는 그렇게 강조되지 않는듯 보인다. 물론 이 사실은
바울이 이신칭의의 가르침을 고린도에서 가르치지 않았다는 것이 아니
라, 당시 고린도교회의 목회적 문제들 중의 하나로 부각시키지 않았음을

1.　참고, Byrne, *Romans*, 8.

의미한다. 그러나 흥미로운 사실은, 아담의 이야기를 중심으로 예수의 복음의 효과를 설명하는 바울의 아담 기독론적 논의는 이 두 서신들에서 공통적으로 강조되고 있다는 것이다. 물론 고린도전후서는 로마서보다 먼저 쓰인 서신들이기에, 고린도전후서에서 발견되는 아담의 바울 기독론은 로마서의 그것보다 시기적으로 앞선다고 볼 수 있다. 우리는 위에서 이미 로마서 1-8장에서 발견되는 바울의 신학적 논의들이 아담 기독론에 얼마나 깊이 영향받았는지, 그리고 바울의 아담 기독론이 얼마나 신학적으로 탄탄한 구성 속에서 정밀하게 전개되었는지에 대해서 자세히 살펴보았다. 바울은 아담과 예수로 대변되는 두 종말론적 인물들이 인류에게 제공하는 두 가지 다른 삶의 가능성들을 다양한 형태로 묘사하였다. 죄와 죽음, 불순종과 순종, 의와 생명, 율법과 성령 등이 로마서의 아담 기독론을 묘사하는 핵심 단어들이다.

로마서에서 바울의 아담 기독론의 가장 기본적인 전제는 아담과 예수가 경험한 것을 그들에게 속한 인류도 동일하게 경험한다는 것이다. 아담과 예수는 그들에게 속한 인류를 대표하는 인물들이기 때문이다. 로마서에 앞서 쓰인 고린도전후서에서도, 비록 로마서에서처럼 조직적으로 아담 기독론이 등장하지는 않지만, 이러한 바울의 아담 기독론적 특성이 자주 발견된다. 고린도전서에서는 예수가 부활을 통하여 죽음을 이기고 승리하여 생명을 주는 영으로 묘사된다. 죽음은 우주의 주로 높아진 예수가 정복한 권세들 중에서 가장 마지막 권세이다. 로마서와 마찬가지로, 고린도전서에서도 예수가 극복하고 승리한 죽음은 아담이 인류에게 남긴 가장 비극적인 유산으로 제시된다. 그리고 예수에게 속한 자들도 그가 경험한 동일한 육체의 부활을 종말의 때에 경험할 것이 약속된다. 바울은 고린도전서 15장에서 어떻게 인류가 처음 소유한 아담의 비루한 육체가 예수의 영광스러운 육체로 변화하여 죽음을 극복하게 되는지를 씨앗의 비유를 통해서, 그리고 처음 아담의 땅의 형상과 마지막 아담의 하늘의 형상을 통해 자세히 설명한다. 여기서 예수는 하늘로부터 기인하여 하나님의 영광을 품은 마지막 아담이라고 불린다. 그에게 속한 자들은 그의 하늘의 형상을 따라 부활의 변화를 그들의 몸에 경험할 것이다. 고린도후서 3-4장에서도 바울은 예수를 하나님의 영광을 소유한 하나님의 형상이라고 부른다. 그리고 그에게 속한 성도들은, 그들이 이방인이든 유대인이든 상관없이, 예수의 영광스러운 형상을 따른 영광스러운 변화를 경험하게 된다고 바울은 주장한다. 이번 장에서 우리는 고린도전서 15장을 중심으로 예수의 부활에 따른 종말론적인 변화로서의 성도들의 부활을 살펴보고, 다음 장에서는 고린도후서 3-4장을 중심으로 예수의 형상을 따르는 성도들의 영광스러운 변화로서의 구원에 대해서 자세히 살펴볼 것이다. 이로써 우리는 고린도전후서에서도 바울이 부활과 성도들의 변화에 대한 논의를 그의 아담 기독론적 전제를 통해서 설명하고 있음을 관찰하게 될 것이다.

고린도전서 15장의 배경과 구조

바울은 고린도전서에서 고린도교회의 다양한 실질적인 문제들을 다룬다. 그가 고린도전서에서 다루고 있는 문제들은 교회의 지도자들과의 사적인 관계로 인한 분열과 파벌, 불신자들과의 결혼과 독신, 이방신들에게 제사로 드려진 제물을 먹는 행위, 간음과 성도들 간의 고소, 할례와 성만찬, 그리고 성령의 은사들과 같은 주제를 아우른다. 바울은 클로에의 집 사람들을 통해서 자신에게 전달된 고린도교회의 문제들에 대한 목회적 제안들을 자신이 이미 알고 있는 예수의 가르침과 교회의 전통, 그리고

자신의 성서적 해석을 통하여 상세하게 묘사한다(비교, 고전 1:11; 5:1; 11:18). 그
런데 15장에 이르러 바울은 갑작스럽게 대화의 주제를 바꾸어 부활이라
고 하는 신학적이고 이론적인 문제를 다루기 시작한다. 그러나 이러한 갑
작스러운 주제의 변화에 대한 독자들의 충격에 반하여, 바울의 관점에서
볼 때, 부활에 대한 오해 혹은 이해는 고린도전서에서 다루어진 수많은
실질적인 문제들과 근본적으로 연관되어 있다. 고린도교회의 많은 문제
들은 그곳 성도들의 몸의 문제와 연관이 깊고, 성도들의 몸이 종말론적으
로 지향하는 것은 부활한 그리스도의 영광스러운 몸과 같은 변화를 경험
하는 것이다.

고린도교회 성도들은 이미 성취된 종말론적 이해(over-realized eschatology)
에 대한 믿음 아래서, 자신들이 이미 하나님 나라의 종말론적 절정을 경
험하고 있다고 생각했다. 또한 자신들을 둘러싼 보편적 문화적 배경으로
서의 헬레니즘의 철학적 경향 아래서, 육체를 멸시하고 영혼의 불멸성에
집착하였다.[2] 바울에 따르면, 고린도교회는 다양한 종류의 지식과 말에 능
통한 은혜를 경험하였고(1:4-5), 온갖 종류의 영적인 선물들과 은사들을 다
양하게 경험하고 있었다(1:7). 그들은, 그들의 공동체에서 발생한 온갖 문
제들에도 불구하고, 교회사에서 유례를 찾아 볼 수 없을 정도로 다양한
성령의 은사들을 풍성하게 경험하고 있었다(12-14장). 이에 고린도교회 성
도들은 자신들 가운데 이미 하나님의 나라가 임하였고, 자신들은 이미 하
나님의 능력 있는 통치를 경험하고 그 통치에 동참하고 있다고 믿었다.[3]

---

2.   Dale B. Martin, *The Corinthian Body* (New Haven: Yale University Press, 1995), 106,
     17-20.

3.   Gordon D. Fee, *The First Epistle to the Corinthians*, NICNT (Grand Rapids: Eerdmans,
     1987), 7-15; Anthony C. Thiselton, *The First Epistle to the Corinthians: A Commen-
     tary on the Greek Text*, NIGTC (Grand Rapids: Eerdmans, 2000), 29-40; Luke
     Timothy Johnson, "Life-Giving Spirit: The Ontological Implications of Resurrection,"

그들은 더 이상 부활에 대한 소망도 없었고, 특히 바울의 복음이 지닌 육체 부활에 대한 주장에는 반감을 표명했다. 이들의 영적인 자만에 대해서 바울은 4:8에서 다음과 같이 칭찬의 형태로 조롱한다:

> 너희가 이미 배 부르고 이미 풍성하며, 우리가 없이도 이미 왕이 되었구나. 우리도 너희와 함께 왕 노릇 하기 위하여 진정으로 너희가 왕이 되기를 원한다.[4]

고린도교회 성도들이 소유한 하나님 나라의 현재적 계시에 대한 이러한 과도한 확신과 영혼의 불멸성에 대한 오해는 그들로 하여금 자신들의 육체를 경시하며 육체의 부활을 믿지 않게 하였다. 나아가 일부 고린도교회 성도들은 자신들의 육체를 성적인 방임의 대상으로 전락시키는 결과도 초래하였다(5:1-12).[5] 고린도교회의 종말론적 오해와 부활에 대한 무지는 바울이 고린도전서 15장에서 처음으로 세기하는 질문에 잘 나타난다 (15:12). 이 질문에 대답하면서, 바울은 예수의 부활로 인해 발생하는 성도들의 순차적인 부활과 모든 권세들이 그의 발 아래에 굴복하게 되는 종말론적인 결론을 가르친다(15:20-28). 또한 고린도 교인들의 육체의 부활에 대한 회의는 바울의 대적들의 질문을 통해서 조금 더 구체적으로 표현된다: "어떻게 죽은 자들이 일으킴을 받는가? 어떤 형태의 몸을 가지고 그들은 오는가?"(15:35). 두 가지로 구성된 이 두 번째 질문은 이어지는 부활에 대

Stone-Campbell Journal 15, no. 1 (2012): 78-79. 비교, Richard B. Hays, *First Corinthians* (Louisville: John Knox Press, 1997), 252-53.

4. 한글 성경 번역은 모두 저자가 직접 번역한 것이다.
5. 고린도교회의 역사적인 상황과 배경에 대한 다양한 견해에 대해서는 다음을 참조하라. 참고, Thiselton, *The First Epistle to the Corinthians: A Commentary on the Greek Text*, 1172-76; Fee, *The First Epistle to the Corinthians*, 1-20.

한 바울의 논증을 전개하는 이정표로 기능한다.

몸의 부활에 대한 고린도 교인들의 무지는 고린도교회가 현재 경험하고 있는 실질적인 문제들의 진정한 원인이 된다.[6] 이에 바울은 15장 전체에 걸쳐 자신이 이해하고 있는 종말론적인 하나님의 구원의 파노라마 속에서 성도들의 몸의 부활에 대한 자신의 신학적 논증을 전달한다. 그리고 부활에 관한 자신의 신학적 논증을 제시한 후, 바울은 윤리적인 권면의 말로 자신의 논의를 마무리한다(15:33-34, 58). 바울은 죽은 자들의 부활에 대한 자신의 논증을 먼저 예수 그리스도의 부활과 성도들의 부활 간의 긴밀한 관계를 통해서 설명하고, 곧이어 부활에 대한 그들의 믿음이 그들의 현재와 미래에 미치는 중요한 영향을 중심으로 전개한다. 물론 바울은 부활에 대한 대적들의 질문들과 그들의 회의에 대한 자신의 반문에 대해 답을 제시하면서 자신의 부활을 논증해나간다. 바울의 논지의 전개를 따라 구분해 본 고린도전서 15장의 구조는 대략 다음과 같이 크게 세 부분으로 나누어진다:[7]

A. 성도들의 부활의 토대로서의 예수의 부활(15:1-11)

B. 예수의 부활에 근거한 죽은 자들의 부활(15:12-34)

  a. 복음의 토대로서의 부활(15:12-19)

---

6. 참고, Hays, *First Corinthians*, 253-54.

7. 참고, Ibid., 252-54; Anthony C. Thiselton, *The First Epistle to the Corinthians: A Commentary on the Greek Text*, The New International Greek Testament Commentary (Grand Rapids: Eerdmans, 2000), 1169-78; Fee, *The First Epistle to the Corinthians*, 713-17; Joseph A. Fitzmyer, *First Corinthians: A New Translation with Introduction and Commentary*, The Anchor Yale Bible (New Haven; London: Yale University Press, 2008), 539-41; Raymond F. Collins, *First Corinthians*, Sacra Pagina Series (Collegeville, Minn.: Liturgical Press, 1999), 525-28.

b. 부활의 첫 열매인 예수의 부활과 성도들의 미래의 부활(15:20-28)

c. 성도들의 현재의 고난과 미래의 소망의 근거로서의 부활(15:29-34)

C. 성도들의 몸의 변화를 통한 부활(15:35-58)

a. 부활의 몸에 대한 묘사(15:35-49)

b. 몸의 변화를 통한 부활(15:50-58)

이 구조에서 바울은, 첫 번째, 자신과 고린도교회 성도들이 동의하고 있는 예수의 부활에 대한 초대교회의 전통을 가장 먼저 언급한다(15:1-6). 그리고 예수의 부활에 대한 다양한 살아있는 증인들에 대해서 열거한 후, 최종적으로 고린도인들에게 복음을 전한 바울 자신의 증거에 대해서 설명한다(A부분). 두 번째, 바울은 예수의 부활에 대한 초대교회의 전통에 반박하는 고린도인들의 부활에 대한 회의에 대해서 반문한다(15:12). 만약 고린도인들의 주장처럼 예수의 부활이 없었다면, 바울이 전하고 그들이 믿은 예수의 복음이 거짓된 것으로 판명될 것이나. 바울은 그렇게 되면 성도들의 현재의 고난과 미래의 소망도 존재할 수 없다고 선포한다(B부분). 마지막으로, 세 번째, 바울은 자신의 대적자들이 제기하는 부활에 대한 두 가지 질문들을 언급한다(15:35). 그 두 질문들은 어떻게 죽은 자들의 부활이 가능한가와 부활한 자들의 몸은 어떤 몸인지에 대한 것이다. 이 두 질문들에 답하면서, 바울은 성도들의 부활한 몸은 예수 그리스도의 부활한 몸이 지닌 영광과 불멸성으로 채워질 것이며, 이러한 부활의 몸은 예수의 형상에 따른 변화의 결과라고 가르친다(C부분). 자신의 부활에 대한 가르침에서 바울은 예수의 부활에 대한 초대교회의 진통뿐만 아니라, 아담에 관한 두 가지 가르침을 통하여 예수와 성도들의 부활을 묘사한다. 그러므로 이어지는 논의에서 우리는 고린도전서 15장에 대한 간략한 해석학적 분석을 거친 후, 이 본문에서 발견되는 바울의 아담 기독론적 특징들에 대해서 조금 더 자세히 논의해 볼 것이다.

고린도전서 15장에 대한 해석학적 분석

성도들의 부활의 토대로서의 예수의 부활(15:1-11)

고린도교회 성도들의 부활에 대한 의심을 직면한 바울은 가장 먼저 그와 고린도교회가 동의하고 있는 예수의 부활에 대한 전통을 언급함으로써 부활에 대한 자신의 변증을 시작한다. 고린도전서 15:3-5에 인용된 예수의 부활에 대한 초대교회의 전통은 바울이 자신에 앞서 사도 된 자들로부터 받아 자신이 직접 고린도교회 성도들에게 전한 가르침이다(15:1-3).[8] 바울이 자신의 첫 번째 가르침으로 전한 예수의 부활에 대한 전통을 고린도 교인들은 과거 참된 복음으로 영접하였다(ἐν πρώτοις, 15:1). 바울은 자신이 전한 복음이 곧 다른 이들이 전한 바로 그 복음임을 강조하면서, 모든 시간과 공간을 망라하여 단지 하나의 동일한 복음만이 존재함을 강조한다.[9] 만약 고린도인들이 계속해서 이 예수의 복음에 대한 자신들의 믿음 가운데 거한다면, 그들은 하나님으로부터 오는 구원을 경험할 것이라고 바울은 선포한다(15:2). 바울이 전한 예수의 부활에 대한 초대교회 전통은 신조(creed)의 형태로 15:3-5에서 잘 요약되고 있다. 이 전통은 바울의 회심 전,

---

8.   여기서 바울은 유대인들의 전통의 계승을 의미하는 '받음'(παρέλαβον)과 '전달해 줌'(παρέδωκα, 15:3) 등의 기술적인 표현들을 통하여 자신과 고린도인들 간의 사제 관계를 묘사한다.

9.   참고, Thiselton, *The First Epistle to the Corinthians: A Commentary on the Greek Text*, 1213; Margaret Mary Mitchell, *Paul and the Rhetoric of Reconciliation: An Exegetical Investigation of the Language and Composition of 1 Corinthians* (Louisville: Westminster/John Knox Press, 1993), 287.

즉 예수가 죽고 부활한 후 2-3년 이내에 형성된 가장 오래된 신조이다.[10] 이 신조에 담긴 초대교회의 복음의 구조는 다음과 같이 크게 네 가지 선 포들로 구성되어 있다. 그리고 네 개의 선포들은 항상 헬라어 단어 ὅτι로 시작한다는 특징을 가지고 있다. 그 중에서도 특별히 예수의 죽음과 부활 은 성경에 기록된 예언의 성취임이 강조되고 있다.[11] '성경대로'라는 표현 은 예수의 탄생과 죽음 그리고 부활을 이해하는 해석학적 열쇠가 구약 성 경임을 강조한다.[12]

　A　ὅτι 그리스도가 우리의 죄를 위하여 죽었다.

　　성경대로.

　A′　ὅτι 그가 장사지낸 바 되었다.

　B　ὅτι 그가 사흘 만에 다시 일으킴을 받으셨다.

　　성경대로.

　B′　ὅτι 그가 나타나셨다. 게바아 그리고 열두 제자들에게.

여기서 예수의 십자가 사역은 죽음과 부활, 그리고 제자들에게 나타 남, 즉 두 가지 행동으로 묘사된다. 그리고 이 구조에서 예수의 장사지냄 은 예수의 빈 무덤 사건을 상기시키면서, 우리의 죄를 위한 예수의 죽음

---

10. Hays, *First Corinthians*, 255; Hans Conzelmann, *1 Corinthians: A Commentary on the First Epistle to the Corinthians*, Hermeneia (Philadelphia: Fortress, 1975), 252.

11. 이 도표는 저자의 다른 논문에서 차용했다. 참고, SeungHyun Simon Lee, "The Edificaion of the Church as Paul's Primary Concern in His Defense of Jesus' Bodily Resurrection and His Apostleship," *Journal of Youngsann Theology* 41 (2017): 133.

12. Collins, *First Corinthians*, 529-30. 바울 학자들은 전통적으로 고난받는 종에 대한 이야기를 담은 이사야 53장을 이 성경의 주요 후보로 제시하곤 했다. 우리의 죄를 위해서라는 표현은 이사야 53:5에서 발견되고, 사흘 만에라는 표현은 호세야 6:2 에서 발견된다.

에 대한 객관적인 증거로 기능한다(눅 24:1-11; 요 20:1-9; 막 16:1-6). 그리고 게바와 열두 제사들에게 부활한 예수가 나타난 사건은 그의 부활에 대한 또 다른 확실한 객관적인 증거로 기능한다.

예수의 장사지냄은 예수의 죽음과 부활의 개념을 연결하면서 그의 죽음은 확실한 인간적인 존재의 종료를 의미하고, 그의 부활은 단순히 영적인 현상이 아니라 객관적인 실체였음을 증거한다. 여기서 '장사지냈다'라는 표현은 단순히 십자가에 달린 예수의 몸이 십자가에서 제거되었다는 단순한 사실을 의미하거나, 예수의 몸이 어떻게 처리되었는지에 대한 불확실성을 담은 표현이 아니다.[13] 신조의 형태로 간략하게 요약된 이 표현은 예수의 죽은 몸이 무덤에 공경할 만한 형태로 잘 장사되었음을 함축적으로 의미한다.[14] 아리마대 출신 요셉에 의한 장사와 세 여인의 기름부음에 대한 이야기들이 예수의 공경할 만한 장사지냄을 증거하고 있는데, 우리는 이러한 전통적인 이야기들을 허구라고 치부할 이유가 전혀 없다(비교, 막 15:42-47; 16:1-6; 눅 24:1-11; 요 20:1-9). 그리고 예수의 장사지냄이 예수의 부활 후 2-3년 이내에 초대교회의 가장 오래된 신조에 포함되었다는 사실은 이 표현이 포함하는 예수의 명예로운 장사지냄과 빈 무덤의 의미에 대해서 초대교회가 심각하게 중요한 의미를 부여하였음을 알려준다.[15] 뒤에서

---

13. 비교, John Dominic Crossan, *The Birth of Christianity: Discovering What Happened in the Years Immediately after the Execution of Jesus* (San Francisco: HarperSanFrancisco, 1998), 555.

14. James D. G. Dunn, "How Are the Dead Raised? With What Body Do They Come?: Reflections on 1 Corinthians 15," *Southwestern Journal of Theology* 45, no. 1 (2002): 8. 참고, M. Myllykoski, "What Happened to the Body of Jesus?," in *Fair Play: Diversity and Conflicts in Early Christianity: Essays in Honour of Heikki Räisänen*, ed. Ismo Dunderberg, C. M. Tuckett, and Kari Syreeni (Leiden; Boston: Brill, 2002), 43-82.

15. 바울의 회심이 예수의 부활 후 2-3년 이내에 발생했다는 주장에 대해서는 다음을 참조하라. 참고, Rainer Riesner, *Paul's Early Period: Chronology, Mission Strategy,*

바울이 자세히 밝히겠지만, 고린도인들은 육체의 부활을 부정하고 대신 그들의 영적인 지속성을 주장했다. 그러나 바울에게 예수와 성도들의 부활한 몸은, 근본적으로 성령에 의해서 창조된 영적인 몸이지만(15:44), 죽기 전 그들의 몸과의 연속성을 소유한 육체의 새로운 변화와 창조를 포함하고 있다. 따라서 바울은 성도들의 몸의 부활의 표본이 되는 예수의 부활의 몸이 무덤에 장사지낸 바 되었던 바로 그 몸임을 여기서 먼저 분명히 해둔다.

예수의 부활을 지칭하는 일으킴을 받으셨다(ἐγήγερται, 15:4)라는 표현에 담긴 헬라어는 현재 완료형 수동태이다. 이 헬라어 단어는, 첫 번째, 예수의 부활의 주체가 하나님임을 암시한다. 비록 이 문장에는 하나님에 의하여라는 표현이 부재하지만, 로마서 8:11에서 바울은 예수를 죽은 자들로부터 부활시킨 분이 하나님임을 분명히 한다.[16] 물론 하나님이 예수를 일으킨 사건은 그의 능력을 의미하는 생명의 영인 성령을 통해서이다. 두 번째, 이 완료형 수동태 동사는 예수가 죽고 장사지낸 시간이 역시의 한 순간에 발생한 과거의 일임에 반하여, 부활한 예수가 여전히 우주의 주로서 현재를 통치하고 있는 분임을 암시한다. 다시 말하면, 예수의 부활과 부활한 예수의 주권은 여전히 성도들의 현재와 미래를 규정짓는 중요한 사건이다. 이 사실은 현재 부활에 대한 의심을 통하여 초대교회의 부활신앙을 버리려고 하는 고린도인들에게 엄중한 경고의 메시지를 함축하고 있다.

복음서의 전통에서 부활한 예수와 제자들의 만남은 그의 부활의 신실성을 증명한다기보다는, 제자들을 부활의 증인들로 새롭게 파송하는 사건 속에서 주로 묘사된다(비교, 마 28:16-20; 막 16:14-20; 눅 24:36-53; 비교, 고전 9:1-

---

Theology (Grand Rapids: Eerdmans, 1998), 64-71; Hays, *First Corinthians*, 255-56.

16. Collins, *First Corinthians*, 530; Hays, *First Corinthians*, 256-57.

2). 그러나 바울은 위의 초대교회 신조에서 발견되는 구조를 통하여 진실로 예수가 죽고 장사지낸 바 되었듯이, 부활한 예수의 니디남은 진실로 그가 죽은 자들로부터 일어나 여러 증인들에 의해서 확인된 바라고 강조한다. 예수의 부활의 확실성을 강조하기 위해서 바울은 초대교회의 신조에 담긴 게바와 열두 제자들에 더하여, 500여명의 다른 형제 자매들과 야고보, 그리고 바울 자신을 부활의 증인으로 제시한다(15:6-8).[17] 물론 여기서 바울은 열두 사도들에게만 사도성을 한정시킨 예루살렘 교회의 신학적 경향성에 반하여, 부활한 예수를 만나고 파송받은 야고보와 바울 자신, 바나바, 아볼로, 그리고 안드로니고와 유니아를 포함하는 광의적 개념으로 사도성을 정의하고 있다(비교, 롬 16:7).[18] 왜냐하면 초대교회의 전통에서 사도성은 부활한 예수와의 만남을 통하여 그의 부활의 증인으로 파송되는 사건에 직접적으로 의존하고 있다고 믿어졌기 때문이다. 물론 여기서 바울은 예수의 부활의 확실성에 대한 증인들을 증가시키는 과정에서 자신의 사도성에 대한 변증을 시도하고 있다. 고린도 교인들 중 일부는 그의 사도성에 대해서 의문을 품었기 때문이다(4:3-5; 9:3). 그리고 15:5에서 부활한 예수와 제자들의 만남의 전제가 되는 부활한 예수의 나타남에 사용된 헬라어 단어 ὤφθη는 구약의 칠십인역에서 종종 하나님과 그의 영광의 나타남을 의미할 때 사용되던 단어이다(창 12:7; 출 6:3; 16:19; 레 9:23; 왕상 3:5; 대하 3:1). 이 단어가 사용되는 구약의 배경이 주로 이스라엘의 구원을 위한 하나님의 현현을 의미한다는 사실은 부활한 예수의 나타남이 하나님의 우

---

17. 아마도 여기서 바울이 반석을 의미하는 베드로 대신 그의 아람어 이름 게바를 인용하는 이유는 베드로의 이름에 부여된 예루살렘 교회의 신학적 의미를 축소시키고자 함이였을 수 있다(비교, 마 16:17-19). 바울은 고린도전서를 통해서 자신과 게바를 여러모로 비교하고 있다(1:12; 3:22; 9:5).

18. 참고, Lee, "The Edificaion of the Church as Paul's Primary Concern in His Defense of Jesus' Bodily Resurrection and His Apostleship," 135-36.

편으로 높아진 주 예수가 새로운 구원의 시대를 열기 위해서 제자들 앞에 현현했다는 사실을 암시한다.[19]

그러나 고린도전서 15장의 전체적인 문맥을 고려해 볼 때, 바울이 예수의 부활의 증인들의 목록을 전통적인 열두 사도들에 더하여 다른 많은 제자들을 포함하는 것으로 확장시키는 가장 중요한 이유는 예수의 몸의 부활의 확실성을 더 강조하기 위해서이다.[20] 복음을 전한 자들이 누구든지 간에, 그들이 전한 동일한 복음의 핵심은 예수의 죽음과 부활임을 바울은 강조하려 한다. 고린도 교인들은 바울을 통해서 전해진 복음을 듣고 이방 사회에서 따로 구분되어 하나님의 거룩한 백성들이 되었다. 그러므로 만약 고린도교회 성도들이 과거 바울이 전한 이 복음의 전통에 지금도 동의하고 있다면, 그들은 자신들이 예수의 몸의 부활에 대해서 가지게 된 현재의 의심을 심각하게 재고해보아야 한다. 죽은 자들에 대한 그들의 의심은 복음의 진리성을 공격하는 것이고, 나아가 자신들의 성도로서의 정체성을 훼손하는 지혜행위이기 때문이다. 바울이 인용하는 예수의 죽음과 부활에 대한 초대교회 전통을 통해서 드러나는 분명한 사실은 부활에 관한 한 믿음의 초심을 잃고 변절한 자들은 바울이 아니라 고린도교회라는 것이다. 그런데 고린도교회 성도들이 초심을 잃고 믿음을 상실한 사건은 바울의 관점에서 볼 때 굉장히 심각한 사건이다. 왜냐하면 예수의 보내심과 죽음 그리고 부활은 성경의 예언을 따라 인류에게 허락되어진 하나님의 구원의 은혜의 표현이고, 이 은혜는 믿는 자들로 하여금 종말론적인 부활에 참여하게 해주기 때문이다. 바울은 '칠삭동이' 같은 자신이 사도로 세워진 것과 그가 고린도교회에 복음을 전할 수 있었던 것도 다 자

---

19. Collins, *First Corinthians*, 532.

20. Ibid., 526; Hays, *First Corinthians*, 258.

신에게 허락된 하나님의 은혜 때문이라고 고백한다(15:10-11).[21] 만약 고린도
교인들이 바울이 처음 전한 복음을 들었을 때 부활한 예수를 향하여 보였
던 믿음을 상실하고 예수의 몸의 부활을 계속해서 의심한다면, 그들은 예
수와 바울을 통해서 계시되었던 하나님의 은혜를 헛되게 믿은 죄를 범하
는 것이 된다. 하나님의 은혜에 대한 헛된 믿음은 곧 그들이 하나님의 구
원을 상실하게 된다는 불운한 사실을 의미한다.[22]

부활에 대한 처음 믿음을 상실하여 구원을 송두리째 잃어버리게 되는
위험성을 바울은 15:1-11의 시작과 끝에서 '헛됨'을 의미하는 헬라어 표현
들 εἰκῇ(2절)와 κενή(10절)을 통해서 여러 번 강조하고 있다. 또한 뒤에서 바
울은 만약 예수의 부활이 거짓이라면, 고린도교회 성도들의 믿음도 헛된
것이 될 것이라고 다시 한번 경고한다(κενή, 14절; ματαία, 17절). 바울은 헛됨이
라는 동기를 15장 전체에 걸쳐서 반복해서 사용함으로써(15:2, 10, 14, 17), 부
활이 예수에 관한 복음의 본질을 구성할 뿐만 아니라, 고린도 교인들의
믿음과 정체성 그리고 구원을 결정짓는 가장 중요한 요소임을 상기시킨
다. 예수의 죽음과 부활은 성경의 예언을 따라 성취된 하나님의 은혜를
상징하고, 모든 사도들과 제자들이 공유하고 선포한 복음의 본질을 구성
할 뿐만 아니라, 하나님의 아들 예수 그리스도와의 교제 가운데 놓인 성
도들의 정체의 본질을 결정하는 가장 핵심적인 문제이다(1:9).

---

21.   바울은 자신을 항상 예수의 복음을 전하도록 세워진 사도임을 자신의 서신들의 시
작에서 강조한다(고전 1:1; 롬 1:1; 갈 1:1-12). 여기서 칠삭동이라는 표현을 바울이
사용하는 이유는 아마도 그의 대적들이 그의 육체의 약함을 조롱했기 때문일 수
있다(고후 10:10; 12:7-10; 갈 4:13-14). 그러나 바울은 자신의 사도로서의 부적절
성을 자신이 과거 교회를 핍박한 사실에서 찾는다(15:9). 참고, Hays, *First Corinthians*, 258; Thiselton, *The First Epistle to the Corinthians: A Commentary on the Greek Text*, 1209-10.

22.   Thiselton, *The First Epistle to the Corinthians: A Commentary on the Greek Text*, 1211.

예수의 부활에 근거한 죽은 자들의 부활(15:12-34)

바울이 자신과 고린도교회가 함께 믿고 있는 복음을 그들에게 상기시 킴으로써 고린도전서 15장에 담긴 부활에 대한 자신의 변론을 시작하는 데에는 중요한 이유가 있다. 그 복음 안에는 그리스도의 부활에 대한 초 대교회의 믿음의 내용이 담겨 있고, 이 부활의 복음이 성도들의 믿음의 가장 중요한 토대가 되기 때문이다. 고린도교회 성도들의 미래의 부활도 예수 그리스도의 부활의 사건에 깊이 의존하고 있기 때문에, 만약 그들이 예수의 부활의 복음을 굳게 붙잡는 일에서 실패한다면 그들의 구원도 위 험한 상황에 처해질 것이다(15:2). 바울을 포함한 수많은 복음의 증인들에 의해서 선포된 예수의 부활의 복음이 성도들의 부활의 구원을 향하여 가 지고 있는 이런 근본적인 의미를 바울은 15:12-19에서 조금 더 자세히 설 명하기 원한다. 그리고 15:29-34에서 바울은 왜 자신을 포함한 수많은 복 음의 일꾼들과 그들이 선포한 복음을 믿고 회심한 성도들이 복음으로 말 미암는 현재의 고난을 감수하고 있는지를 미래에 경험할 부활의 소망을 통해서 더 설명한다. 그리고 이 두 본문들 사이에 놓인 15:20-28에서 바울 은 부활의 첫 열매로서의 예수의 부활의 의미를 성도들의 부활의 근거로 제시한다. 결국 15:12-34는 A(12-19절) - B(20-28절) - A/(29-34절)로 구성된 샌 드위치 구조를 보여주고 있다.[23] 이러한 예수와 성도들의 부활 간에 놓인 직접적인 연관성에 대해서 변론하기 위해서, 바울은 죽은 자들의 부활이 존재하지 않는다고 하는 일부 고린도 교인들의 질문에 대해서 반문함으 로써 이 본문을 시작한다(15:12).

---

23. 참고, Fee, *The First Epistle to the Corinthians*, 739; Collins, *First Corinthians*, 547.

(1) 복음의 토대로서의 부활(15:12-19)

바울은 위에서 언급된 예수의 부활을 핵심 내용으로 하는 복음을 근거로 죽은 자들의 부활을 부정하는 고린도 교인들의 주장을 반박하고자 한다(15:12).[24] 우리는 고린도교회에서 누가 어떤 근거로 이런 주장을 했는지에 대해서 아무런 정보도 제공받지 못한다. 그러나, 이미 위에서 언급된 것처럼, 그리스-로마 사회의 헬라 철학적 영향 아래서 영혼의 불멸성과 함께 하나님의 종말론적인 통치가 이미 자신들 가운데서 실현되었다고 믿는 일부 고린도교회 성도들에게 육체의 부활은 불필요한 요소로 간주되었을 것이다. 헬라인들의 보편적인 관점에서 볼 때, 육체는 쓸모 없는 물질들로 구성된 영혼의 감옥에 불과했기 때문이다.[25] 이런 맥락 속에서, 바울은 일부 고린도인들이 소유한 영혼의 불멸성에 반하여, 혹은 연관하여, 죽음을 경험한 성도들의 육체에 어떤 일들이 일어날지에 대해서 자세히 논의하고자 한다. 15:12에서 바울이 인용하는 질문은 죽은 자들의 부활에 대한 질문이 이미 고린도교회 내부에서 심각하게 중요한 문제가 되었음을 우리에게 알려준다. 따라서 바울은 15:12-52에서 "죽은 자들"(νεκρῶν)이라는 표현을 10번 넘게 사용한다. 이 표현은 바울과 고린도교회가 고민하는 문제가 죽음 후에 죽은 자들에게 무슨 일이 일어나는지에 깊이 연관되어 있음을 확증해준다. 이 사실은 15:35에서 바울이 언급하는 고린도인들의 두 가지 질문들에서 더 분명해진다: "어떻게 죽은 자들이 다시 일어나게 되는가? 그리고 그들은 어떤 몸을 가지고 오게 되는가?" 영혼의 불

---

24. 참고, Thiselton, *The First Epistle to the Corinthians: A Commentary on the Greek Text*, 1214; Collins, *First Corinthians*, 542.

25. 육체의 부활에 대한 의심은 초대교회가 직면한 심각한 문제들 중 하나였다. 심지어는 2세기에 이르러서도 교회들이 싸워야 할 잘못된 오해들 중 가장 심각한 것이었다(Justin Martyr, *Dialogue with Trypho*, 80). 참고, Hays, *First Corinthians*, 259.

멸성을 주장하면서 육체의 부활을 부정하는 고린도교회 성도들에게 죽은 후 부활한 성도들이 지닐 그 어떤 형태의 육체성은 받아들이기 어려운 문제였음이 틀림이 없다.[26] 고린도인들에게 몸은 가벼운 에테르로 구성된, 불멸의 영혼이 떠나고 남은 죽은 육체에 불과했기 때문이다. 물론 헬라적 교육뿐만 아니라, 유대적 인간관에 익숙한 바울에게 몸(σῶμα)은 개인이 소유한 외적인 육체로서가 아니라, 외부와의 소통을 가능하게 하는 한 개인의 총체적 체현으로 이해된다.[27] 바울은 자신의 서신들에서 종종 몸과 유사한 개념인 육체(σάρξ)를 언급하곤 하는데(비교, 롬 6:6; 8:11, 13; 고전 6:16), 일반적으로 σάρξ는 σῶμα에 반하여 하나님 앞에 선 인류의 타락한 본성을 품은 조금 더 부정적인 의미를 함축하고 있다.[28]

육체의 부활에 대한 고린도인들의 회의에 대한 바울의 반응은 부활이 존재하지 않을 경우를 상정하는 세 가지 중요한 조건절들을 중심으로 펼쳐진다(고전 15:13, 16, 19).[29] 그리고 죽은 자들의 부활이 존재하지 않을 경우를 가정하는 이 세 가지 조건절들은 그리스도와 성도들에게 미치는 영향들에 대한 다양한 가정들로 채워진다. 이 가정들을 통해서 바울은 만약 부활이 없다면 복음은 그 핵심 내용인 예수의 부활을 상실하게 되고, 따라서 복음에 대한 성도들의 믿음은 헛된 것이 되며, 그 복음을 전한 사도들도 거짓 증인들이 되고, 복음을 믿고 죽음을 경험한 성도들은 이미 멸

---

26. Fitzmyer, *First Corinthians: A New Translation with Introduction and Commentary*, 558, 62; Dunn, "How Are the Dead Raised? With What Body Do They Come?: Reflections on 1 Corinthians 15," 8; Collins, *First Corinthians*, 541.

27. 참고, Dunn, *The Theology of Paul the Apostle*, 55-61.

28. Dunn, "How Are the Dead Raised? With What Body Do They Come?: Reflections on 1 Corinthians 15," 10.

29. Fitzmyer, *First Corinthians: A New Translation with Introduction and Commentary*, 558.

망당했다고 말한다. 그리고 부활의 소망을 가지고 현재를 희생하고 있는 자신을 포함한 모든 성도들은 세상에서 가장 불쌍한 자들로 판명 난다고 결론 내린다. 왜냐하면 바울과 성도들은 미래의 부활의 삶을 소망하면서 현재의 삶이 줄 수 있는 개인적인 욕망의 충족을 다 포기했기 때문이다. 바울은 여기서 고린도인들의 부활에 대한 의심은 고린도인들이 원하지 않는 심각한 결과를 가져오게 됨을 논리적으로 보여주고자 한다.[30]

첫 번째, 바울은 13절에서 만약 죽은 자들의 부활이 없다면, 그리스도조차도 부활하지 못했을 것이라고 선포한다. 그런데 만약 그리스도가 부활하지 못했다면, 바울을 포함한 사도들이 전한 복음도 헛된 것으로 드러나게 되고, 그 복음을 듣고 믿은 고린도 교인들의 믿음도 거짓된 것으로 판명날 것이다. 왜냐하면 예수의 부활은 바울이 15:3-5에서 인용하는 초대교회 신조의 핵심 내용이기 때문이다. 예수의 부활은 모든 사도들이 동의하는 바요, 고린도인들도 믿음으로 동참한 가르침임을 그들은 부인할 수 없다. 고린도인들이 현재 성도들로 부름을 받아 교회를 형성한 것은 바울이 전한 부활한 예수의 복음을 믿음으로 받아들인 결과이기 때문이다. 뿐만 아니라, 예수의 부활이 존재하지 않는다면, 하나님이 죽은 자들 가운데서 예수 그리스도를 살리셨다고 선포한 모든 사도들은 다 거짓 증인들이 될 것이다. 예수의 부활이 거짓이라면, 한 마디로 말해서, 사도들이 받고 전달하고, 성도들이 믿고 현재 그 안에 서 있으며, 그들의 미래의 구원을 경험할 근거가 되는 복음이 총체적인 거짓말로 판명날 것이다(15:1-2). 이 경우, 고린도인들은 더 이상 구약의 예언에 바탕을 둔 예수의 구원의 이야기 속에서 자신들의 정체성을 이해하고 발견할 수 없다. 그리고 죽은 예수의 이름으로 행해지는 그들의 기도와 예배를 포함한 모든 종교적 행

---

30. Thiselton, *The First Epistle to the Corinthians: A Commentary on the Greek Text*, 1222.

위들은 더 이상 그들을 살아있는 하나님과의 관계속으로 인도하지 못한다.

두 번째, 바울은 15:16에서 만약 죽은 자들의 부활이 존재하지 않기에 그리스도가 부활하지 못했다면, 그리스도의 부활에 대한 고린도인들의 믿음이 헛될 뿐만 아니라, 그들이 여전히 자신들의 죄 가운데 놓여 있을 것이라고 선포한다. 왜냐하면 바울이 전하고 그들이 믿고 서 있는 초대교회 전통에서 예수의 죽음은 성경의 예언을 따라 그들의 죄를 위한 희생의 죽음이었기 때문이다(15:3). 여기서 예수의 부활은 그가 죄인으로 죽은 것이 아니라, 죄 없는 의인으로서 죄인 된 성도들을 위한 대속의 죽음이었음을 의미한다(비교, 롬 4:25). 만약 예수가 죽고 부활하지 못했다면, 그는 자연인으로서 아담의 죽음의 운명을 공유한 것을 넘어서, 범죄자로 죽음의 선고를 받고 죽음을 경험한 자가 된다. 이 경우, 예수의 죽음에 담긴 인류의 죄를 위한 희생 제물로서의 죽음의 의미가 완전히 사라져 버리기에, 고린도인들은 여전히 자신들의 죄 가운데서 살아가야 한다. 뿐만 아니라, 예수를 믿고 이미 죽음을 경험한 성도들은 부활의 소망 아래서 잠깐 육신의 잠을 자는 것이 아니라, 이미 썩어서 흙으로 돌아가 멸망해 버린 존재들이 된다(15:18). 예수를 믿고 이미 죽은 자들에게 벌어질 미래의 부활의 사건에 대해서 바울은 자신의 첫 번째 편지인 데살로니가전서 4:13-18에서 자세히 가르치고 있다. 이 본문에서 바울은 예수의 재림 시 그리스도 안에서 죽은 자들이 먼저 부활하고 산자들과 조우한 후, 그리스도와 함께 하늘로 올라간다고 가르친다. 만약 죽은 자들의 부활이 존재하지 않는다면, 고린도 교인들이 행한 죽은 자들을 위한 세례의식이 전혀 의미 없는 행위들이 되고, 그 행위들을 계속하는 고린도인들은 어리석은 자들로 판명난다(비교 15:29).[31] 바울에게 예수의 부활은 모든 성도들의 믿음의 대상이

---

31. 물론 바울은 죽은 자들을 위한 고린도인들의 세례에 대해서 찬성한다고 말하지 않고 있다. 단지 그들의 논리적 모순점을 지적하기 위하여 그들의 의식들 중 하나를

되는 근본적인 복음의 가르침 전반에 걸쳐 있기에, 부활이 거짓으로 판명되면 성도들의 믿음 체계는 총체적인 기짓 덩어리에 불과한 것이 된다. 예수의 죽음과 부활을 근거로 한 하나님과의 화목과 구원, 그리고 미래의 소망은 다 환상에 불과한 것이 된다. 한 마디로 요약하면, 예수의 부활이 존재하지 않는다면, 고린도인들의 앞으로의 운명은 하나님 앞에서 소망 없던 과거의 그 운명아래 계속해서 거하게 되는 것이다.

따라서 15:19에서 바울은, 마지막으로, 만약 부활이 존재하지 않는다면, 성도들의 예수에 대한 소망은 어떠한 미래적 구원을 포함하지 않은 단지 이 세상에서의 삶에만 제한된 것이 되고, 바울을 포함한 모든 성도들이 가장 불쌍한 자들로 판명될 것이라고 선포한다. 왜냐하면 바울과 그의 복음을 믿은 성도들은 미래에 올 영생을 소망하면서 복음으로 말미암는 현재의 고난을 감내해 왔기 때문이다(비교, 15:30-32). 그러나 바울은 미래에 성도들이 경험할 영광은 현재의 고난과 족히 비교할 수 없는 것이라고 가르친다(비교, 롬 8:18). 바울은 자신이 에베소에서 복음을 전하다가 경험한 야생 동물들과의 싸움조차도 복음이 주는 부활의 소망을 인하여 의미 있는 고난이 되었다고 고백한다. 왜냐하면 바울은 복음으로부터 오는 고난은 예수가 이미 경험한 육체의 부활로 자신을 인도할 것임을 굳게 믿고 있기 때문이다. 바울과 성도들의 미래는 예수가 죽고 부활한 후 경험한 것을 동일하게 경험하고, 현재 부활한 예수가 있는 바로 그 곳으로 가는 것이다(비교, 빌 3:20-21). 또한 만약 부활이 존재하지 않는다면, 성도들은 부활에 대한 헛된 믿음에 자신들의 소망을 둔 어리석은 존재들이 된다고 바울은 덧붙인다. 성도들은 미래에 대한 거짓말로 스스로를 기만하면서 현재 이 땅에서의 모든 기회들을 희생했기에, 그들은 현재의 기회들을 즐긴

언급할 뿐이다.

세상 사람들보다도 더 어리석고 비참한 존재들이 된다.[32]

이처럼 육체의 부활에 대한 고린도인들의 의심은 예수의 복음을 심각하게 훼손할 뿐만 아니라, 그 복음에 근거한 성도들의 과거의 믿음과 현재의 고난, 그리고 미래의 소망 전체에 심각한 부정적인 영향을 미친다.[33] 성도들의 존재의 의미와 정체성은 복음에 대한 과거의 믿음을 근거로 현재의 고난을 인내하면서 미래를 소망하는 것에서 발견된다. 참된 성도들의 믿음은 종말론적인 미래의 구원에 대한 소망에 근거하고 있고, 이 미래의 소망은 예수의 부활을 필두로 한 죽은 자들의 부활에 그 토대를 두고 있다.[34] 고린도인들이 죽은 자들의 부활에 대한 믿음을 상실해버리면, 자신들의 존재의 근거인 복음을 잃어버릴 뿐만 아니라, 자신들의 모든 정체성도 파괴해버리는 심각한 결과에 직면하게 된다. 이처럼 바울은 고린도인들의 논리를 따라갔을 때 발생하는 치명적인 결과를 수사학적 질문들을 통해서 잘 증명해주고 있다.

(2) 부활의 첫 열매인 예수의 부활과 성도들의 미래(15:20-28)

부활이 존재하지 않는다면 예수가 부활하지 못했을 것이므로, 예수의 복음과 그 복음에 근거한 성도들의 믿음이 총체적으로 붕괴하게 된다. 그러므로 예수의 부활에 근거한 바울이 전한 복음을 듣고 믿어 회심한 고린도교회의 성도들이 예수의 부활을 계속해서 부정한다면, 자신들의 신앙

---

32. Hays, *First Corinthians*, 262.

33. 참고, Johnson, "Life-Giving Spirit: The Ontological Implications of Resurrection," 78-79; Francis Watson, "Paul's Rhetorical Strategy in 1 Cor 15," in *Rhetoric and the New Testament: Essays from the 1992 Heidelberg Conference*, ed. Stanley E. Porter and Thomas H. Olbricht (Sheffield: JSOT, 1993), 239; Thiselton, *The First Epistle to the Corinthians: A Commentary on the Greek Text*, 1216.

34. Hays, *First Corinthians*, 262.

과 정체성을 송두리째 부정하는 우스운 상황이 벌어진다. 따라서 이 시점에서 고린도교회 성도들은 바울의 논리를 따라 부활의 확실성에 대해서 동의해야만 한다. 이제 바울은 15:20-28에서 성도들의 믿음과 소망 그리고 정체성의 근간이 되는 예수의 부활에 대한 강조와 고린도교회 성도들이 결코 부정할 수 없는 예수의 육체의 부활이 가져올 종말론적인 부활의 파노라마에 대해서 조금 더 자세히 논의해보고자 한다.[35] 이 부활의 종말론적인 파노라마는 바울이 15:19에서 언급한 예수 그리스도 안에서 성도들이 품고 있는 미래의 소망을 가리키고 있다.

바울은 먼저 부활한 예수를 잠자고 있는 자들의 첫 열매라고 칭한다. 육체의 죽음이 가지고 있는 죄에 대한 선고가 예수의 희생을 통한 용서를 통해서 사라져 버렸기에, 죽음은 성도들에게 잠시 경험하는 육신의 잠에 불과하다(15:20). 바울이 예수에게 적용하는 첫 열매(ἀπαρχή)라는 표현은 구약에서 추수의 첫 열매로 드려지는 희생제사에 그 뿌리를 두고 있다(출 23:19; 레 2:12; 23:10; 신 18:4; 33:21). 하나님께 드려지는 첫 열매는 하나님 앞에서 거룩한 것으로 여겨지고, 이어지는 전체적인 추수의 시작과 그 추수의 확실한 보증을 의미한다.[36] 그러므로 예수의 부활이 죽은 자들의 첫 열매라는 사실은 예수 안에서 자는 자들이 예수가 경험한 부활을 동일하게 경험할 것이라는 것을 확실히 보증한다. 이처럼 예수의 부활이 자신들의 부

35. 참고, Jan Lambrecht, "Structure and Line of Thought in 1 Cor 15:23-28," *Novum testamentum* 32, no. 2 (1990): 143-51; C. E. Hill, "Paul's Understanding of Christ's Kingdom in I Corinthians 15:20-28," ibid. 30, no. 4 (1988): 279-320; Collins, *First Corinthians*, 547.

36. 참고, Fitzmyer, *First Corinthians: A New Translation with Introduction and Commentary*, 568-69; Hays, *First Corinthians*, 263; Collins, *First Corinthians*, 547-48; Thiselton, *The First Epistle to the Corinthians: A Commentary on the Greek Text*, 1223.

활에 가진 중요성을 고린도인들은 미쳐 보지 못했다.[37] 여기서 바울은 종말론적 유대교의 가르침에 동의하면서, 메시아의 부활이 종말론적인 부활의 시작이 됨을 예수에게 적용하면서 설명하고 있다.[38]

나아가 바울은 15:21-22에서 구약에 근거를 둔 자신의 아담 기독론적 논의를 통해서 첫 열매의 의미를 더 상세히 설명하고자 한다. 예수의 부활은 예수 한 개인에게만 영향을 미치는 단회적인 사건이 아니라, 아담의 죄처럼 전 인류에게 영향을 미치는 우주적인 사건이다. 우리는 이 사실을 로마서 5:12-21과 8장을 중심으로 앞 장에서 자세히 살펴보았다. 고린도 전서에서도 바울은 첫 사람 아담을 통해서 그에게 속한 인류의 죽음이 시작되었듯이, 두 번째 아담 예수를 통해서 그에게 속한 인류의 부활이 시작될 것이라고 가르친다(21-22절). 22절에서 바울은 헬라어 단어 ὥσπερ를 통하여 아담의 죽음이 인류의 죽음의 패러다임으로 기능했듯이, 예수의 부활이 인류의 부활의 패러다임으로 기능할 것임을 강조한다.[39] 그러나 바울의 신학에서 아브라함 모형론은 종종 하나님의 신실함의 연속성을 강조하기 위해서 사용되지만, 아담 모형론은 불연속성, 혹은 하나님의 새 창조의 혁신성을 강조하기 위해서 사용된다.[40] 그리스도를 통한 하나님의

---

37. 물론 바울이 고린도교회에 머무는 동안 이러한 가르침을 충분히 전달하지 못했을 수 있다.

38. Hays, *First Corinthians*, 263.

39. Johnson, "Life-Giving Spirit: The Ontological Implications of Resurrection," 79; Thiselton, *The First Epistle to the Corinthians: A Commentary on the Greek Text*, 1224-25. 참고, John A. T. Robinson, *The Body: A Study in Pauline Theology* (Colorado Springs, CL: Bimillennial Press, 2002), 9; Joost Holleman, *Resurrection and Parousia: A Traditio-Historical Study of Paul's Eschatology in I Corinthians 15* (Leiden New York: E.J. Brill, 1996), 53.

40. Johan Christiaan Beker, *Paul the Apostle: The Triumph of God in Life and Thought* (Philadelphia: Fortress, 1980), 100.

구원의 행동은 아담의 행동을 혁신적으로 바꾸어버려 인류의 역사의 방
향을 완전히 틀어 놓기 때문이다. 현재의 고린도전서 본문에서도 아담 모
형론은 첫 아담이 소개한 죽음의 시대와 마지막 아담이 소개한 부활의 시
대를 극명하게 대조하고 있다. 그리고 여기서 바울은 아담과 두 번째 아
담 예수를 대표로 하는 인류의 공통적 경험의 공유를 헬라어 전치사 ἐν을
통해서 비교 강조한다. 아담 안에 속한 자들이 아담의 운명을 공유하듯이,
예수에게 속한 자들은 예수의 운명을 공유할 것이다. 비록 고린도전서에
서는 이 본문에 이르러서야 처음으로 바울이 아담의 이름을 분명하게 언
급하지만, 바울은 고린도인들이 이미 창세기 1-3장에 담긴 아담 이야기를
잘 알고 있다고 전제한다.[41] 아마도 바울은 자신이 고린도에 머무는 동안
아담에 관한 이야기를, 그리고 그 이야기를 근거로 한 예수의 사역에 대
한 가르침을 그들에게 전달해 주었을 것이다.[42]

　　그러나 바울은 부활의 종말론적 파노라마는 하나님에 의해서 정해진
"순서"(τῷ ἰδίῳ τάγματι, 15:23)를 따라서 발생할 것임을 강조한다.[43] 여기서 사용
된 헬라어 단어 τάγμα는 보통 군사들의 단위에 쓰는 군사 용어이다. 이 용
어는 23-28절의 죽음에 대한 예수의 공격을 묘사하는 군사적 이미지를
강화시키는 기능을 한다. 예수의 부활이 그 안에서 자는 자들과 그 안에
서 여전히 살아 있는 자들의 실질적인 경험이 되는 순간은 예수가 다시
재림하는 때이다(15:23). 여기서 바울은 자신들이 이미 하나님 나라의 통치
와 더불어 부활을 경험하고 있다는 일부 고린도 교인들의 실현된 종말론

41.　고린도전서 11:2-16에 담긴 바울의 논의도 역시 고린도인들이 이미 아담 이야기를
　　알고 있었다는 사실에 대한 또 다른 증거로 기능한다.
42.　Hays, *First Corinthians*, 263.
43.　참고, Ibid., 264; Fitzmyer, *First Corinthians: A New Translation with Introduction and
　　Commentary*, 571.

을 비판하고 있다.[44] 대신 고린도인들은 현재 예수의 부활과 재림 사이에
서 여전히 자신들의 부활을 기다려야 한다고 바울은 가르친다. 나아가 바
울은 자신의 재림을 앞둔 부활한 예수조차도 아직 하나님의 종말론적인
계획의 완성을 경험하지 못했다고 말한다. 현재 부활한 예수는 아직 모든
권세들과 능력들과 권세 잡은 자들을 다 정복하여 하나님 나라를 하나님
아버지께 전달해 드리지 못했기 때문이다(15:24). 자신의 재림의 때에 그들
을 완전히 자신의 발아래에 놓기 전까지 예수는 그들을 통치하고 있어야
만 한다(δεῖ, 15:25).[45] 여기에 등장하는 권세들과 능력들은 하나님의 통치를
반대하는 악한 세력들을 의미하고, 그 중에서도 가장 강력하고 마지막에
정복될 존재는 바로 죽음이다(비교, 롬 8:33-38; 골 1:16; 2:10-15; 엡 1:21; 3:10; 6:12).
오직 부활한 예수가 재림할 그 때에 역사는 종말론적인 구원사의 결론에
도달하고, 그 때에라야 비로소 하나님 나라의 통치가 재림한 예수를 통해
서 완성되어질 것이다. 다시 말하면, 부활의 첫 열매인 예수가 아직 완전
한 하나님 나라의 종말론적 통치를 완성하지 않았기에, 이미 하나님 나라
의 통치를 경험하고 있다고 주장하는 고린도 교인들의 믿음은 헛된 기만
에 불과하다.

15:20-29에서 묘사되는 종말론적 구원사의 전개에서 우리는 바울이
사용하는 신학적인 용어들의 변화를 보게 된다. 15장의 시작에 언급된 초
대교회의 신조에서 바울은 예수에게 발생한 사건을 역사적인 관점에서
기술했다. 그리고 이어지는 사도들의 증거와 성도들의 회심에서 바울은
그들에게 발생한 구원의 사건을 경험적인 측면에서 묘사했다. 그리고
20-29절에서 바울은 종말론적 구원사의 완성을 묘사하면서, 예수의 재림

---

44. Hays, *First Corinthians*, 264.
45. 의무를 의미하는 헬라어 표현 δεῖ는 신적인 δεῖ로서 언급된 사건들이 하나님의 뜻
을 따라 반드시 일어나야 함을 가리킨다. 참고, Collins, *First Corinthians*, 549.

과 높아짐 그리고 종말론적 승리를 '신화적인'(mythic) 관점에서 설명한
다.[46] 이 신화적인 관점을 통해서 바울은 인간의 역사적 그리고 경험적 영
역 너머에 존재하는 우주적인 세계에까지 미치는 예수의 부활의 의미에
대해서 강조하려 한다. 이 종말론적인 장면에 등장하는 주요한 인물들은
부활한 주 예수와 하나님이고, 그들과 대치하는 관계 속에 놓인 존재들은
영적인 권력들과 통치자들, 그리고 능력과 죽음이다. 로마서에서와 마찬
가지로, 고린도전서에서 바울은 죽음을 성도들의 마지막 원수요 권세 잡
은 통치자로 묘사한다. 로마서 5:12-21과 7장에서 바울은 율법을 통한 죄
의 권세를 통해서 사망이 인류를 통치하고 있다고 가르쳤다. 로마서와 동
일한 기조를 유지하면서, 고린도전서의 맥락에서 바울은 종말의 마지막
때에 부활한 예수가 마지막 원수인 죽음을 정복하고, 만물을 자신의 발
아래에 놓을 것이라고 선포한다(고전 15:27). 여기서 죽음에 대한 그리스도
의 궁극적 승리를 강조하기 위해서 바울은 시편 110:1과 8:7을 인용한다.[47]
바울이 인용하는 구약의 본문들은 그가 묘사하는 종말론적 사건들의 전
개에 대한 순서들이 성경에 의해서 미리 예언된, 즉 하나님에 의해서 미
리 계획된 것임을 암시한다.[48] 이 순서의 끝에서 모든 원수들을 정복한 예
수는 자신이 성취한 완성된 통치와 나라를 하나님 아버지께 돌려드릴 것
이다. 이때, 바울에 따르면, 부활한 주 예수 자신도 만물이 복종하는 하나
님께 스스로를 복종시킬 것이다(고전 15:28). 예수의 하나님의 아들 됨의 의
미가 종종 하나님과 그 간에 놓인 특별하고 친밀한 가족관계를 의미하지

---

46. 저자는 이 관점을 Johnson에게서 가져왔다. 참고, Johnson, "Life-Giving Spirit: The Ontological Implications of Resurrection," 80.

47. 복음서의 전통에서 이 시편의 본문들은 우주의 주로 높아진 인자이신 예수를 지칭하기 위해서 쓰였다(막 12:35-37; 비교, 히 1:13; 2:5-9). 참고, Hays, *First Corinthians*, 265.

48. Collins, *First Corinthians*, 549.

만(비교, 갈 4:6; 롬 8:3, 15), 현재의 본문에서는 하나님 아버지를 향한 아들 예수의 복종을 강조하기 위해서 쓰이고 있다.[49] 예수가 만물과 자신을 하나님께 복종시키는 궁극적인 목적은 하나님께서 만물의 주인으로서 만물 안에 계시게 하기 위함이다(πάντα ἐν πᾶσιν, 고전 15:28). 이처럼 예수를 통한 하나님의 구원 사역은 모든 피조세계를 다 포함한다. 우주의 어떤 존재도 예수를 통한 하나님의 구원 사역의 범위를 벗어나 독립적으로 존재하지 않는다.

　　그러므로 바울에게 예수의 부활은 단순히 육체의 부활의 확실성에 대한 부인할 수 없는 한 객관적인 증거를 넘어서, 세상의 주로서의 예수의 높아짐과 그의 우주적 통치의 시작을 의미한다. 그리고 부활한 주 예수의 높아짐은 보이는 것들과 보이지 않는 것들, 그리고 하늘과 땅의 모든 존재들에게까지 그 영향을 미치는 전 우주적인 사건이다. 예수의 부활을 필두로 그의 우주의 주로의 높아짐과 하나님 나라의 완성이 계속해서 이어지기 때문이나. 바울에게는 부활한 예수를 통한 이 모든 종말론적 드라마는 하나님에 의해서 계획된 구원의 사건이다. 따라서 만약 고린도인들이 부활을 부정한다면, 하나님의 뜻에 따른 종말론적 구원의 드라마 자체를 부정하는 것이 된다.[50] 바울은 고린도교회 성도들이 부인하고 있는 부활의 의미가 얼마나 종말론적으로 중요한 사건인지를 강조하면서, 그들이 우주적인 스케일로 펼쳐지는 하나님의 구원의 계획을 전면적으로 부정하는 심각한 위험에 처해 있음을 엄중하게 경고하고 있다.

　　(3) 성도들의 현재의 고난과 미래의 소망의 근거로서의 부활(15:29-34)

---

49. Ibid., 550.

50. Fitzmyer, *First Corinthians: A New Translation with Introduction and Commentary*, 568.

위에서 예수의 부활의 의미를 종말론적 관점에서 우주적인 사건으로
묘사한 바울은 이제 고린도인들의 관심을 다시 예수의 부활이 성도들의
현재와 미래에 가진 의미로 전환시킨다. 고린도전서 15:12-19에서 이미 바
울은 예수의 부활을 근거로 본 성도들의 부활의 의미를 일반적인 측면에
서 간략하게 묘사했다. 그러나 15:29-34에서는, 조금 더 구체적인 측면에
서, 성도들의 현재의 고난과 미래의 소망의 관점에서 다시 한번 부활의
의미를 묘사하고자 한다. 이 본문에서 바울은 자신과 고린도 교인들의 삶
과 연관된 실질적인 문제들을 중심으로 여러 개의 수사학적 질문들을 던
짐으로써, 앞에서 언급된 부활에 대한 고린도인들의 의심을 다시 공격하
기 시작한다(비교, 15:12).

바울은 먼저 부활이 존재하지 않는다는 가정 하에서, 죽은 자들을 위
하여 세례를 행하는 고린도인들의 행동의 비논리성을 지적한다(15:29).[51] 바
울이 자신의 서신들에서 딱 한 번 언급하는 죽은 자들을 위한 세례는 많
은 이들로 하여금 해석학적 어려움을 겪게 만들었다. 왜냐하면 이 세례
행위가 딱 한 번 언급되는 이 곳에서 바울은 이 행위를 비난하지도 권면
하지도 않고 있기 때문이다. 단지 바울은 부활이 존재하지 않을 경우, 그
들이 행하는 이 세례 행위가 얼마나 비논리적인지를 언급할 뿐이다. 비록
바울은 죽은 자들을 위한 고린도인들의 세례 행위에 대해서 어떤 다른 정
보를 제공하고 있지 않지만, 고린도인들이 이 세례를 굉장히 중요하게 생
각했다는 간접적인 정보를 우리에게 제공한다(1:14-17; 10:1-13). 아마도 일부

51. 죽은 자들을 위한 고린도인들의 세례에 대해서는 다음을 참조하라. 참고, Fee, *The
    First Epistle to the Corinthians*, 762-67; Collins, *First Corinthians*, 556-62; Michael
    F. Hull, *Baptism on Account of the Dead (1 Cor: 15:29): An Act of Faith in the Resur-
    rection* (Leiden; Boston: Brill, 2005); Fitzmyer, *First Corinthians: A New Translation
    with Introduction and Commentary*, 578-80; Thiselton, *The First Epistle to the Corin-
    thians: A Commentary on the Greek Text*, 1242-47.

고린도교회 성도들은 자신들의 구원과 연관된 세례의 의미를 굉장히 중요하게 생각했기에, 자신들의 회심하지 못하고 죽은 가족들과 친구들을 대신해서 세례를 주고받는 행위에 깊이 관여했던 것 같다.[52] 바울의 관점에서 볼 때, 부활을 인정하지 않는 자들이 죽은 자들을 위해서 대신 세례를 받는 행위는 지극히 비논리적인 자기모순적 행위이다.

두 번째, 바울은 부활이 없다면 왜 자신과 다른 사도들은 날마다 죽음을 경험하면서 복음이 주는 고난을 경험하는지에 대해서 반문한다(15:30-32a). 바울은 고린도교회에 보내는 편지들에서 자신이 복음을 전하다가 경험한 고난에 대해서 기술하곤 한다(4:11-13; 고후 4:8-12; 6:3-10; 11:23-33). 현재의 본문에서 바울은 특별히 자신이 에베소에서 경험한 짐승들과의 싸움이라는 고난을 언급한다.[53] 우리는 이 사건에 대한 자세한 정보를 알 수 없지만, 바울이 에베소에서 경험한 어려움을 누가는 자신의 두 번째 책에서 상세히 기술하고 있다(비교, 행 19:23-41). 바울이 여기서 강조하고자 하는 바는 만약 부활이 없다면 왜 그가 이토록 피할 수 있는 고난을 기꺼이 감수하면서까지 복음을 전하겠느냐 이다. 바울은 부활이 존재하지 않는다면, 자신도 일부 고린도인들처럼 오늘 먹고 마시며 즐기는 삶을 살아야 한다고 선포한다(고전 15:32b).[54] 사실 고린도교회가 당면한 많은 문제들은 먹고 마시는 것들과 연관이 깊다(8:1-13; 10:21-22; 11:20-22). 물론 바울은 고린도인들

52. Collins, *First Corinthians*, 556-57. 비교, Joel White, "'Baptized on Account of the Dead': The Meaning of 1 Corinthians 15:29 in Its Context," *Journal of Biblical Literature* 116, no. 3 (1997): 487-99; John D. Reaume, "Another Look at 1 Corinthians 15:29, 'Baptized for the Dead'," *Bibliotheca sacra* 152, no. 608 (1995): 457-75.

53. 참고, Collins, *First Corinthians*, 557; Fitzmyer, *First Corinthians: A New Translation with Introduction and Commentary*, 582.

54. 이 문장은 앗시리아인들의 공격 앞에서 일부 예루살렘 시민들이 취한 태도를 담은 이사야 22:13의 인용이다.

의 먹고 마시는 문제들에서 발생한 실수들이 그들의 부활신앙의 오해에서 발생했다고 명백하게 주장하진 않는다. 그러나 바울은 고린도인들의 삶과 부활신앙 간에 어떤 긴밀한 내적 연관성이 있음을 본다.[55] 왜냐하면 바울에게 확실한 부활신앙은 현재의 성도들의 삶의 질을 긍정적으로 개선하는 방향으로 유도하기 때문에, 그들의 부정적인 삶의 행태는 부활신앙에 대한 오해에서 비롯되었기 때문이다.

마지막으로, 자신의 글쓰기의 전형적인 형태중의 하나로서, 바울은 고린도전서 15장 전체의 결론이 될 윤리적인 권면을 15:32b-34에서 미리 한 번 언급한다. 왜냐하면 부활의 선포는 하나님에 의해서 새롭게 창조된 세계 질서로의 입장을 의미하고, 이 입장을 위해서는 성도들 편에서의 존재론적 윤리적 삶의 변화가 요구되기 때문이다(비교, 15:50). 이 사실은 왜 바울이 자신의 신학적인 논의의 결론으로 항상 성도들의 삶에 미치는 윤리적인 권면의 가르침을 제시하고 있는지에 대한 분명한 이유를 제공한다. 현재의 본문에서 바울은, 만약 부활이 없다면, 성도들은 내일 올 죽음을 준비하면서 오늘 먹고 마시는 일에 집중해야 한다고 말한다(15:32). 이러한 태도는 바울 당시의 이방인들의 무덤의 비문에서 자주 발견되곤 하는데, 특별히 에피쿠로스 철학자들의 삶의 태도와 매우 유사하다.[56] 그러나 부활을 믿지 않는 자들이 내일 오는 죽음을 앞두고 먹고 마시는 일에 집중하는 행위는, 34절에서 바울이 고린도인들에게 스스로를 부끄럽게 생각하라고 경고하고 있다는 사실을 고려해 볼 때(πρὸς ἐντροπὴν ὑμῖν λαλῶ), 일부 고린도교회 성도들의 방종한 삶의 형태를 반영하고 있는 듯하다(비교, 6:5). 이미

---

55. Hays, *First Corinthians*, 268.

56. M. Eugene Boring, Klaus Berger, and Carsten Colpe, *Hellenistic Commentary to the New Testament* (Nashville: Abingdon Press, 1995), 439-40; Fee, *The First Epistle to the Corinthians*, 772; Martin, *The Corinthian Body*, 275.

바울은 6:12-20에서 고린도인들이 음식과 성의 문제로 자신들의 몸에 죄를 짓는 것에 대해서 경고하면서, 예수의 부활을 경험할 그들의 몸을 더럽히지 말라고 엄중히 가르쳤다. 대신 바울은 성도들은 하나님에 대한 바른 지식으로 마음을 바르게 잡고, 죄짓는 일을 그치며, 윤리적으로 방종한 자들과 함께 어울리지 말라고 경고한다(15:33-34). 여기서 언급된 하나님에 대한 바른 지식은 특별히 죽은 자들에게 생명을 주실 수 있는 창조주로서의 하나님에 대한 지식을 의미하고(비교, 롬 4:12), 이 지식은 이어지는 본문에서 자세히 묘사되는 부활한 몸의 위대성에 대한 설명을 통해서 더 분명해진다.[57] 33절에 인용된 "나쁜 친구들은 좋은 윤리적인 태도를 망친다"는 경구는 메난드로스의 그리스 희곡에서부터 유래된 것으로 추정된다.[58]

성도들의 몸의 변화를 통한 부활(15:35-58)

고린도전서 15장의 세 번째 주요 본문인 35-58절에서 바울은 일부 고린도 교인들이 부활에 대해서 제기한 두 가지 핵심적인 질문들에 대해서 논의하기 원한다.[59] 그들은 죽은 자들의 부활의 방식과 부활한 몸의 본질에 대한 의문을 제기했다(15:35). 이 두 가지 질문들을 제기한 자들은 앞서 15:12에서 죽은 자들의 부활에 대한 의심을 제기했던 "그들 중에 어떤 이들"(ἐν ὑμῖν τινες)과 동일한 자들이었던 것 같다.[60] 그들은 천사의 언어를 말하

57. Thiselton, *The First Epistle to the Corinthians: A Commentary on the Greek Text*, 1257.
58. Hays, *First Corinthians*, 268.
59. 이 본문에 대한 수사학을 통한 구조적인 분석을 위해서는 다음을 참조하라. 참고, Thiselton, *The First Epistle to the Corinthians: A Commentary on the Greek Text*, 1258-60.
60. 참고, Ben Witherington, *Conflict and Community in Corinth: A Socio-Rhetorical Commentary on 1 and 2 Corinthians* (Grand Rapids: Eerdmans, 1995), 292-98; C. M. Tuckett, "The Corinthians Who Say 'There Is No Resurrection of the Dead'(1 Cor 15, 12)," in *The Corinthian Correspondence*, ed. R. Bieringer (Leuven: Leuven University Press,

고 기적을 행하면서 이미 하나님 나라를 경험하는 영적인 자들로 자신들을 이해하고 있다. 그러나 15:33에서 바울은 그들의 높은 자존감에 반하여 그들을 성도들의 윤리적인 가치와 행동을 손상시키는 "나쁜 친구들"(ὁμιλίαι κακαί)이라고 불렀고, 15:36에서는 그들의 육체의 부활에 대한 거절을 인하여 "어리석은 자들"이라고 칭한다. 그들의 두 가지 질문들에 대한 해답을 제시하면서, 바울은 먼저 그들이 제기한 두 번째 문제인 부활의 몸을 피조세계에서 발견되는 다양한 종류의 식물과 동물, 그리고 천체의 몸을 통해서 설명한다(15:35-49).[61] 특별히 여기서 바울은 자연적인 몸과 영적인 몸을 비교하면서, 그리고 첫 아담과 마지막 아담의 몸들을 대조하면서 부활의 몸의 우월성을 묘사한다. 바울에게 첫 아담과 마지막 아담의 몸들은 그들에게 속한 첫 인류의 자연적인 몸과 새 인류의 부활한 몸에 대한 전형적인 예(paradigm)들이 되기 때문이다. 그리고 두 번째, 바울은 고린도인들이 제기한 첫 번째 문제인 부활의 방식에 대한 논의를 15:50-58에서 자세히 제시한다. 바울에 따르면, 종말의 마지막 때에 썩어 없어질 죽음의 육체가 썩지 않을 불멸의 육체로 홀연히 변화될 것이다. 이 때 부활한 예수가 마지막 원수인 죽음을 정복해버리기에, 그에게 속한 자들은 그의 불멸의 영광의 몸의 형체에 따른 영광스러운 변화를 자신들의 죽은 몸에 경험할 것이다. 15:35-49에 이르러서야 처음으로 바울은 고린도인들의 부활에 대한 의심이 몸의 부활에 관한 것이었음을 몸에 관한 헬라어 단어들 σῶμα와 σὰρξ를 마치 동의어처럼 13회 사용함으로써 분명히 한

1996), 247-75.

61. 이미 바울 당시 묵시적 유대교에서는 부활의 몸에 대한 다양한 논의들이 진행되고 있었고, 이어지는 랍비 전통에서도 부활의 몸에 대한 질문은 중요하게 다루어졌다(비교, 단 12:2-3; 2 *Apoc. Bar.* 49; *b. Ketub.* 11a; *b. Sanh.* 90b; *y. Kil* 9:3). 참고, Collins, *First Corinthians*, 563.

다.[62]

(1) 부활의 몸에 대한 묘사(15:35-49)

고린도진서 15:35에 담긴 부활의 방식과 몸에 대한 고린도인들의 두 가지 질문들은 바울의 관점에서 볼 때 어리석은 질문들이다. 이에 바울은 그들을 어리석은 자들(ἄφρων σὺ)이라고 부르면서,[63] 그들의 어리석음의 이유를 이어지는 논의에서 자세히 설명하고자 한다. 첫 번째, 영혼의 불멸성에 대한 강조를 통하여 죽은 자들의 몸의 부활을 부정하는 고린도인들의 오해와 달리, 인간의 몸이 죽어서 땅에 묻히지 않으면 그 몸은 부활이 수는 불멸성을 경험할 수 없다. 이 사실을 바울은 씨앗의 비유를 통해서 설명한다. 씨앗이 땅에 뿌려져 묻힐 때에라야, 그 씨앗에서 새로운 생명의 싹이 날 수 있기 때문이다. 또한 땅에 뿌려지는 씨앗과 그 씨앗에서 나오는 농작물의 질적인 차이만큼, 땅에 묻히는 인간의 육체와 새로운 생명으로 다시 태어나는 육체에는 엄청난 질적인 차이가 존재한다. 부활의 몸은 단지 죽은 시체가 생명을 가지고 좀비처럼 살아나는 상태가 아니라, 씨앗에서 나오는 완전히 새로운 형태의 식물처럼 새로운 영광과 능력과 생명을 가진 형태의 몸이 될 것이기 때문이다. 그런데 분명한 것은 땅에 뿌려진 씨앗처럼 인간의 몸도 죽어서 땅에 묻혀야 비로소 불멸의 생명을 경험할 수 있다는 사실이다(15:36-37). 여기서 바울은 육체의 죽음을 경험하지 않고서도 이미 불멸을 경험하고 있다는 고린도인들의 주장을 반박한다.

그런데 38절에서 바울은 자연에게 속한 씨앗의 비유를 설명하면서,

---

62. Fitzmyer, *First Corinthians: A New Translation with Introduction and Commentary*, 587-86.

63. 여기서 바울은 시편 14:1을 인용하고 있다. 바울은 로마서 3:11-12에서 시편 14:2-3을 인용한다.

하나님이 자연을 다스리고 유지하는 창조주임을 강조한다. 작은 씨앗들에게 맞는 몸을 주시는 분은 하나님이고, 그 씨앗들이 맺히는 생명의 몸들은 다 하나님의 의지를 따라 주어진 것들이다.[64] 따라서 우리 인간들은 하나님이 주시는 부활의 몸에 대한 완전한 이해에 결코 이르지 못한다. 단지 부활의 때에 부활의 몸을 경험하는 그 때에라야 비로소 하나님이 주시는 부활의 몸이 어떤 것인지에 대해서 알 수 있다. 그러므로 부활의 몸을 단지 죽은 시체에게 다시 생명이 주어지는 제한적인 현상으로 이해하는 고린도인들은 창조주이신 하나님의 능력에 대한 무지와 스스로를 과시하는 죄를 범하고 있다.[65] 그리고 바울은 씨앗의 비유에서 자연에 속한 인간들과 짐승들과 새들과 물고기들의 몸으로 대화 소재를 변경하면서, 그들 가운데 존재하며 인간의 눈으로 관찰 가능한 몸들의 다양성에 대해서 언급한다(15:39).[66] 곧이어 바울은 땅에 속한 몸들과 비교되는 하늘에 속한 몸들을 언급하면서, 그들 간에 존재하는 질적인 차이들을 영광의 개념을 통해서 상호 비교하면서 자세히 묘사한다(15:40-41). 심지어 바울은 하늘에 속한 몸들 간에도 영광의 정도의 차이들이 존재한다고 주장한다.[67] 바

---

64. 바울의 식물들과 동물들 그리고 천체의 물건들의 몸과 영광들에 대한 묘사는 창세기 1장에서 언급되는 하나님의 창조 이야기를 독자들에게 상기시키다. 이 창조 이야기에서 그들에게 형체와 생명을 주시는 분은 하나님이다. 이런 맥락에서, 부활의 몸은 새로운 아담을 통해서 시작된 하나님의 새 창조로 이해될 수 있다. 참고, Collins, *First Corinthians*, 563-64.

65. 참고, Hays, *First Corinthians*, 270.

66. 이 문단에서 바울은 σάρξ와 σῶμα의 질적인 차이들을 구분하지 않고, 두 단어를 마치 동의어처럼 중립적으로 사용하고 있다.

67. 앞 장들에서 여러 번 강조되었듯이, 영광은 본래 하나님께 속한 신적인 본질의 표현으로서의 하나님의 영광스러운 외모를 지칭하고(롬 1:23; 2:7; 3:7; 5:2; 고전 11:7; 고후 3:8-10; 빌 2:11), 아담에게 주어졌으나 불순종의 죄를 통하여 상실한 것으로 묘사되었다(롬 3:23). 따라서 새 아담 예수에게 속한 인류의 구원의 결론은 이 영광을 다시 회복하는 것으로 이해된다(롬 8:18-21; 빌 3:20-21; 골 1:27).

울이 이렇게 영광을 중심으로 하늘과 땅에 속한 몸들을 비교하는 데에는 세 가지 이유가 존재한다.[68] 첫 번째, 땅에 심겨진 것과 다시 태어난 것에는 어느 정도의 연속성이 존재한다는 사실이다. 심겨진 씨앗 안에 생명을 가지고 태어날 몸이 하나님에 의해서 이미 각인되어 있다는 것이다. 이 사실은 부활한 예수의 몸과 죽기 전 그의 몸 간에 어느 정도의 연속성이, 그리고 부활한 성도들의 몸과 그전에 이 땅에서 그들이 소유했던 몸 간에 연속성이 존재함을 알려준다. 그러나 두 번째, 땅에 심겨진 것과 다시 태어난 것에는 비교할 수 없을 정도의 비연속성이 존재한다. 땅에 뿌려진 씨앗의 모습과 싹이 나고 꽃이 핀 최종적인 나무의 모습 간의 차이 만큼이나, 땅에 묻힌 인간의 몸과 부활한 몸 간에는 비교할 수 없을 정도의 비연속성이 존재한다.[69] 각 씨앗들에게 놀라운 봄을 준 하나님이 하늘에 속한 몸의 영광들보다도 더 놀라운 영광으로 만들 부활의 몸은 성도들을 깜짝 놀라게 할 만큼 전혀 새로운 것이다. 그리고 세 번째, 바울이 하늘에 속한 달과 별과 해의 몸들을 영광의 개념으로 묘사하는 또 다른 이유는 현재 우리가 소유하는 자연적인 몸과 질적으로 다른 영적인 몸을 헬라 철학의 영향 아래서 육체를 경시하는 고린도인들이 쉽게 이해할 수 있도록 도와주기 위함이다.[70] 물론 유대 묵시문학에 깊이 영향을 받은 바울에게 부활의 몸은 해와 달처럼 영광의 빛을 소유한 몸이 될 것이 틀림없다(비교, 단 12:2-3).

바울은 고린도전서 15:42-49에서 성도들의 죽을 몸과 부활한 몸 간의 비연속성을 조금 더 자세히 설명하면서 강조하려 한다. 따라서 바울은 42절의 "죽은 자들의 부활도 그와 같으니"라는 표현을 통해서 이제 자연의

---

68. 참고, Johnson, "Life-Giving Spirit: The Ontological Implications of Resurrection," 81.
69. Hays, *First Corinthians*, 270.
70. 참고, Martin, *The Corinthian Body*, 117-20.

비유에서 그리스도와 성도들의 부활의 몸에 대한 논의로 자신의 대화주
제를 신속하게 전환한다. 여기서 바울이 사용하는 헬라어 부사 οὕτως는
위에서 바울이 자연의 몸들에 대해서 강조한 두 가지 요점들, 즉 연속성
과 비연속성 그리고 그 비연속성에 포함된 하나님이 주는 놀라운 새로움
이 부활의 몸에 동일하게 적용됨을 강조한다. 부활한 몸에 관하여 사용된
헬라어 동사들이 다 신적 수동태로 쓰였다는 사실은 부활의 몸이 하나님
의 의지와 능력에 의해서 결정됨을 알려준다(σπείρεται; ἐγείρεται, 15:42-44).[71] 바
울은 죽은 몸과 부활의 몸 간의 비연속적인 새로움을 네 쌍의 대조들을
통해서 묘사한다(43-44절): 썩음과 썩지 않음, 불명예와 영광, 약함과 능력,
그리고 자연적인 것과 영적인 것. 여기서 사용되는 네 쌍의 대조들 가운
데 두 쌍은 바울이 세상과 선택된 성도들을 비교하면서 이미 사용한 것들
이다(1:20-28).[72] 바울은 처음 인간이 소유한 육체는 죽어서 썩으며 명예스
럽지 못하고 약한 자연적인 몸인데 반하여, 부활한 육체는 썩지 않고 영
광과 능력 가운데 거하는 영적인 몸임을 강조한다. 이런 부활의 몸에 대
한 바울의 묘사는 헬라 철학적 영향 아래서 몸의 부활을 부정하고 영의
불멸성을 주장하는 고린도인들에게 매력적으로 다가오기 시작한다.[73]

그런데 바울이 44절에서 언급하는 자연적인(ψυχικόν) 그리고 영적인
(πνευματικόν) 몸들 간의 대조는 그 의미하는 바가 언뜻 분명하지 않아 보인
다.[74] 자연적인 혹은 육적인 몸은 우리의 눈에 보이는 그리고 우리에게 익

71. Fitzmyer, *First Corinthians: A New Translation with Introduction and Commentary*, 591.
72. 여기서 우리는 바울에게 성도들을 불러내어 그리스도의 몸을 구성하는 사건이 죽음에서 부활을 만드는 하나님의 새 창조의 사건으로 이해되고 있음을 본다.
73. Hays, *First Corinthians*, 272.
74. 영적인 몸에 대한 학자들의 다양한 견해들을 종합적으로 보기 위해서는 다음을 참조하라. 참고, Thiselton, *The First Epistle to the Corinthians: A Commentary on the*

숙한 인간의 몸을 의미하는 데 반하여, 영적인 몸은 그 자체로 자기 모순
적인 개념처럼 들리기 때문이다. 현대인의 관점에서, 몸은 영적이지 않고
육적이기에 영은 물질적인 몸에게 적용될 수 없는 상충적인 개념으로 이
해된다. 그러나 앞서 언급된 네 가지 대조적인 관계들의 측면에서 볼 때,
자연적인 몸은 썩고 불명예스러우며 약한 인간의 첫 번째 몸을 지칭하고
있음을 알 수 있다. 그리고 영적인 몸은 썩지 않고 영광과 능력 가운데 거
하는 불멸의 몸을 가리킨다. 이 두 헬라어 단어들 ψυχικόν과 πνευματικόν
은 이미 바울에 의해서 고린도교회의 성도들을 묘사하는 데 사용되었다
(고전 2:14; 3:1). 바울에 따르면, 육적인 혹은 자연적인 사람은 하나님의 영,
곧 성령의 일들을 결코 이해하지 못한다. 이 비교는 영적인 몸은 하나님
의 영인 성령에 의해서 영향을 받거나 창조된 몸으로서, 하나님의 영이
관여하지 않은 회심 전 인간의 몸, 즉 육적인/자연적인 몸과 질적으로 다
른 차원의 몸임을 알려준다.[75] 그리고 이 영적인 몸은 새 아담의 영역에서
생활하기에 적합하게 변화된 새로운 몸이다. 로마서에서와 마찬가지로,
고린도전서에서도 바울에게 성령은 마지막 아담 예수의 새로운 영역을
대표하는 새 창조의 능력이다.

자연인의 죽은 몸과 부활한 몸 간의 비교할 수 없는 차이점을 조금 더
설명하기 위하여, 특별히 영적인 몸에 대한 고린도인들의 이해를 돕기 위
하여, 바울은 45-48절에서 첫 아담과 마지막 아담 예수를 여러 면에서 비
교한다. 여기서 바울은 예수를 두 번째 아담이라고 칭함으로써 대조되는
두 인물들이 대표하는 두 시대들로 구성된 종말론적 패러다임을 만들어

Greek Text, 1276-81; Fitzmyer, First Corinthians: A New Translation with Introduction and Commentary, 593-94.

75. 참고, Thiselton, The First Epistle to the Corinthians: A Commentary on the Greek Text, 1275, 84-85.

낸다.[76] 그리고 마지막 아담 예수가 시작한 부활의 사건은 첫 번째 아담의 창조 사건과 대조되는 새 창조의 사건임을 바울은 암시한다.[77] 45절에서 바울은 먼저 창세기 2:7을 인용하면서, 첫 번째 아담은 단지 "생령"(ψυχὴν ζῶσαν)이 되었으나 마지막 아담은 "생명을 주는 영"(πνεῦμα ζῳοποιοῦν)이 되었다고 선포한다. 창세기 2:7은 하나님이 흙으로부터 사람을 만들고 그의 코에 생명의 호흡을 불어넣어 살아있는 존재로 만든 인간의 창조 사건을 요약하고 있다. 여기서 '살아 있는 영'을 의미하기 위하여 바울은 헬라어 단어 ψυχή를 사용한다. 이 단어는 위에서 인간의 자연적인 첫 번째 몸을 지칭하기 위해서 사용되었던 단어이다. 여기서 첫 번째 아담은 그에게 속한 모든 인간들의 전형적인 본보기를 의미한다. 그런데 바울은 이 첫 번째 아담과 대조되는 존재로 마지막 아담을 제시한다. 이 마지막 아담은 바울에게 부활한 예수 그리스도를 가리키며, 그에게 속한 인류의 부활의 몸에 대한 전형적인 본보기가 된다. 그런데 여기서 바울은 부활한 예수 그리스도를 지칭하면서 생명을 주는 영이라는 특별한 표현을 쓰고 있다 (πνεῦμα ζῳοποιοῦν, 45절). 이 표현은 부활한 예수의 몸이 생명의 성령의 사역에 연관되어, 위에서 이미 언급된 썩지 않고 영광과 능력 가운데 거하는 영적인 몸임을 알려준다. 그런데 더 중요한 사실은, 단지 첫 아담이 살아 있는 영으로 존재했던 것에 반하여, 그리고 종국에는 죽음을 인류에게 선사했던 것에 반하여, 두 번째 아담인 부활한 예수는 인류에게 생명을 부여하는 창조주의 능력을 공유하는 존재가 되었다는 것이다. 사실 헬라어 형

76. Collins, *First Corinthians*, 568; Dunn, *The Theology of Paul the Apostle*, 200; Holleman, *Resurrection and Parousia: A Traditio-Historical Study of Paul's Eschatology in I Corinthians 15*, 21.

77. Fitzmyer, *First Corinthians: A New Translation with Introduction and Commentary*, 592.

용사 단어 ζῳοποιοῦν은 모든 만물을 창조하고 생명을 부여한 하나님에게 만 적용될 수 있는 단어이다(비교, 왕하 5:7; 욥 36:6; 시 70:20).[78] 바울은 로마서 4:17-25에서 아브라함의 믿음의 본질로 죽은 자들에게 생명을 주시는 하나님의 능력에 대한 믿음을 언급한다. 바울에게 생명을 주는 분은 오직 창조주 하나님뿐이기에, 바울은 아브라함의 믿음에 대해서 논의하면서 하나님을 "생명을 주시는 분"이라고 칭한다(θεοῦ τοῦ ζῳοποιοῦντος, 롬 4:17). 이 표현이 부활한 예수에게 적용된다는 사실은 부활 후 하나님의 우편에 앉아 우주의 주로 높아진 예수가 하나님의 새 창조의 주체로서 생명을 주는 일을 감당하고 있다는 사실을 알려준다. 바울은 예수를 믿음으로 예수 안에서 다시 살아난 성도들을 새로운 피조물이라고 부르고(고후 5:17), 그들이 하나님으로부터 혹은 예수로부터 자신들의 몸에 새로운 생명을 받는 사건은 그들의 부활의 때임을 알려준다(롬 8:11).

첫 아담을 생령으로, 그리고 마지막 아담을 생명을 주는 영으로 칭한 바울은 고린도전서 15:46-48에서 이 두 아담들과 그들의 몸에 존재하는 존재론적 기능적 차이점들에 대해서 자세히 알려준다. 인간의 경험에서 볼 때, 혹은 역사적인 관점에서 볼 때, 생명을 주는 영이 먼저 등장하지 않고 자연적인 생령 즉 아담이 먼저 등장했다. 그 후에야 비로소 마지막 아담 예수가 첫 아담의 영역에 등장하여, 그가 망친 피조세계에 새로운 회복의 창조 사역을 수행하였다. 그리고 그들의 기원의 관점에서 볼 때, 첫 아담은 흙으로 빚어져 흙으로부터 말미암은 존재인 반면에, 마지막 아담은 하늘로부터 말미암은 신적인 기원을 가진 존재이다(비교, 빌 2:6-9; 롬 8:1-2; 갈 4:1-6; 단 7:13-14).[79] 그리고 이 두 아담들의 존재론적 중요성은 그들의 개인

---

78. Johnson, "Life-Giving Spirit: The Ontological Implications of Resurrection," 83.
79. 필로는 창세기 2:7에서 먼저 하늘의 사람의 창조와 그리고 땅의 사람의 창조를 본다(*Allegorical Interpretation* 1.31-32). 창세기 2:7에 대한 바울의 이해는 필로

적인 영역에만 머무는 것이 아니라, 그들에게 속한 모든 인류에게까지 영
향을 미친다는 사실에서 잘 발견된다. 첫 아담이 자신의 깨어진 형상을
따라 자신의 자연적인 몸을 가진 인류를 생산해 내었듯이(창 5:3), 마지막
아담도 자신의 하늘의 형상을 따라 영적인 몸을 가진 새 인류를 생산해낸
다(고전 15:48).[80] 첫 아담에게서 난 인류는 그가 지녔던 땅의 형상을 따라 땅
에서 난 존재들인 반면에, 마지막 아담에게서 난 인류는 그가 지녔던 하
늘의 형상을 따라 하늘로부터 난 존재들이다. 마지막 아담이 소유한 하늘
의 형상은 영광과 능력 가운데 존재하는 그의 부활의 몸을 지칭한다. 따
라서 하늘로부터 기인한 마지막 아담에게 속한 인류도 그와 같은 영광과
능력 가운데 존재하는 썩지 않는 부활의 몸을 가지게 될 것이다. 그러나
고린도인들의 이미 성취된 종말론적 이해에 반하여, 성도들이 경험하고
있는 예수의 형상은 부활의 관점에서 볼 때 아직 미래에 속한 것이다. 그
럼에도 불구하고, 예수의 형상과 부활의 몸이 성령과 연관된 특별한 구원
의 현상이고 그 성령을 성도들이 이미 마음에 모시고 있다는 사실에서 성
도들은 이미 부활의 생명을 경험하고 있다. 따라서 바울에게 성령은 현재
성도들의 삶에서 부활의 능력을 부분적으로 계시해주는 "부활의 보증이

의 이해와 많이 다르기에, 바울이 필로에 의해서 영향을 받았다는 일부 학자들
의 주장은 설득력이 없다. 오히려 바울과 필로는 창세기 2:7에 대한 유대교의 해
석학적 전통을 공유하고 있다고 보는 것이 더 옳다. 참고, Hays, *First Corinthians*,
273; Menahem Kister, ""First Adam" and "Second Adam" in 1 Cor 15:45-49 in the
Light of Midrashic Exegesis," in *The New Testament and Rabbinic Literature*, ed. R.
Bieringer (Leiden; Boston: Brill, 2010), 351-65; Fitzmyer, *First Corinthians: A New
Translation with Introduction and Commentary*, 592. 비교, Stephen J. Hultgren, "The
Origin of Paul's Doctrine of the Two Adams in 1 Corinthians 15.45-49," *Journal for
the Study of the New Testament* 25, no. 3 (2003): 343-70.

80. 바울이 어떻게 형상을 의미하는 헬라어 단어 εἰκών을 사용하고 있는지에 대해서는
다음의 본문들을 참조하라. 롬 1:23; 8:29; 고후 3:18; 4:4; 골 1:15.

요 첫 열매"라고 불린다(고후 5:5). 그러므로 미래의 부활을 기대하면서 그 부활의 보증인 성령을 모시고 사는 성도들의 현재의 삶은 종말론적 긴장 속에서 계속해서 거룩함 안에서 성장해 가야 할 윤리적 책임을 지닌 삶이다. 그들이 품어야 할 그리스도의 하늘의 형상은 단지 그의 영광스러운 외모뿐만 아니라, 그가 소유한 하나님의 거룩한 성품과 본질을 모두 다 포함하기 때문이다.[81]

첫 아담과 마지막 아담의 대조는 바울이 고린도전서 15:42-54에서 보여주는 자연적인 몸과 부활의 몸 간의 대조를 한층 더 강화시키는 효과가 있다. 이 두 몸들 간의 대조는 다음과 같이 누 개의 열로 나얼해 볼 수 있다:

절	첫 아담과 그의 영역에 속한 몸	마지막 아담과 부활의 몸
42	썩음	썩지 않음
43	불명예 약함	영광 능력
44	자연척인 봄	냉석인 봄
45	생령	생명을 주는 영
46	먼저 옴	나중에 옴
47-48	땅으로부터 옴	하늘로부터 옴
49	땅의 형상	하늘의 형상
50	육과 혈	하나님 나라
52	죽은 자들	변화된 성도들
53	죽음	불멸

위의 도표에서 잘 나타나듯, 땅으로부터 기인한 첫 아담의 형상을 따라 난 아담에게 속한 인류의 몸은 약함 속에서 죽음에게 굴복하여 썩어져야 할 몸이다. 반면에 하늘로부터 기인한 마지막 아담 예수에게 속한 인

---

81. 참고, Thiselton, *The First Epistle to the Corinthians: A Commentary on the Greek Text*, 1288, 90; Fee, *The First Epistle to the Corinthians*, 179.

류가 소유할 부활의 몸은 하늘의 형상을 따라 강함 속에서 영광을 소유한 불멸의 몸이다. 그리고 여기서 바울이 강조하는 또 다른 구원론적 가르침은 첫 아담에게 속한 성도들이 마지막 아담에게 속한 부활의 몸을 경험하기 위해서는 자신들의 소속을 예수에게로 옮겨 그 안에 거해야 한다는 것이다.[82] 바울은 이 사실을 15:20-21에서 간략하게 언급했고, 15:42-49에서는 조금 더 확장해서 강조하고 있다. 마지막으로, 15:50에서 바울은 아담의 몸을 "육과 혈"이라고 부르면서, 하늘로부터 온 하나님 나라에 속할 수 없는 몸이라고 선포한다. 여기서 혈과 육은 부패하고 타락한 인간의 죽은 몸을 가리키기보다는, 하나님 앞에서 약하고 죄악된 인간 본성을 가리키는 것으로 보인다.[83] 혈과 육으로 대변되는 자연적인 육체가 하나님 나라에 들어가기 위해서는 하늘의 형상, 곧 예수의 영광의 몸으로의 변화를 경험해야 한다(비교, 롬 8:29; 빌 3:20-21). 이 사실을 바울은 이어지는 고린도전서 15:50-58에서 자세히 설명한다.

(2) 몸의 변화를 통한 부활(15:50-58)

15:50은 앞에서 언급된 부활 전후의 몸들에 대한 대조적인 묘사를 한마디로 요약하는 결론으로 기능하면서, 부활이 포함하는 질적인 변화에 대한 필요를 제시하여 15:51이 소개하는 종말론적 신비라는 새로운 주제를 소개한다.[84] 이처럼 직전의 논의를 요약하며 결론 내리는 동시에 새로

---

82. 바울은 로마서 6장에서 이 소속의 변경을 예수와의 세례를 통해서 옛 세상을 향하여 죽고 하나님을 향하여 살아나는 것으로 묘사한다.

83. J. Jeremias, "'Flesh and Blood Cannot Inherit the Kingdom of God' (1 Cor 15:50)," *New Testament Studies* 2 (1955): 151-59; Thiselton, *The First Epistle to the Corinthians: A Commentary on the Greek Text*, 1275.

84. 참고, Dunn, "How Are the Dead Raised? With What Body Do They Come?: Reflections on 1 Corinthians 15," 10, 13.

운 주제를 소개하는 전개방식은 바울이 자신의 서신들에서 자주 사용하
는 수사학적 기술들 중 하나이다. 앞 장에서 우리는 로마서 5장이, 특별히
5:20-21이, 로마서 1-4장들을 요약하는 결론으로 기능하는 동시에 새로운
핵심 단어들을 제시함으로써 6-8장을 소개하고 있는 것을 살펴보았다. 마
찬가지로, 고린도전서 15:50에서 언급되는 하나님 나라에 적합하지 않은
육과 혈은 15:42-49에서 언급된 첫 아담의 썩어질 몸을 한 마디로 요약하
는 동시에, 이어지는 부활이 포함하는 변화의 필요성에 대한 바울의 새로
운 논의로 독자들을 인도한다. 지금까지 바울은 죽은 자들의 몸의 부활에
대해서 논의했지만, 이제 바울은 주님의 재림 시에 여전히 살아 있는 성
도들의 변화로 자신의 관심을 살짝 이동한다.[85] 예수의 재림의 긴박성을
믿은 바울과 1세대 그리스도인들에게 이 문제는 무시할 수 없는 시급한
문제였을 수 있다(비교, 살전 4). 이 문제에 대한 해답으로 바울은 고린도인들
에게 한 놀라운 비밀을 계시하고자 한다(고전 15:51).[86]

주님의 재림 시 죽지 않고 여전히 살아 있을 성도들이 부활이 몸에 관
한 하나님의 비밀은 그들의 "몸의 변화"라고 바울은 가르친다(15:51-52).[87]
비밀(μυστήριον)은 성도들을 향한 하나님의 감추어진 뜻과 계획으로서, 이제
바울을 통하여 특별하게 계시되는 하나님의 뜻에 대한 지식을 의미한다
(비교, 고전 2:7; 롬 11:25).[88] 그 비밀에 따르면, 혈과 육이라고 불리는 살아 있는
성도들의 몸이 죽음을 경험하지 않고 부활의 몸으로 변화하면서, 부활의

---

85. Hays, *First Corinthians*, 274; Fitzmyer, *First Corinthians: A New Translation with Introduction and Commentary*, 602.
86. 물론 흥미롭게도 데살로니가 교회는 주님의 재림을 앞두고 이미 죽은 성도들의 운명에 대해서 고민했다(비교, 살전 4:13-18).
87. 부활의 몸의 변화에 대한 묘사를 담은 15:50-53은 샌드위치 구조를 가지고 있다(50, 51-52, 그리고 52-53절). 참고, Collins, *First Corinthians*, 573.
88. Hays, *First Corinthians*, 274.

몸의 특징인 썩지 않음을 덧입을 것이다. 여기서 언급된 혈과 육은 바울에게 죽은 자들의 시체가 아니라, 첫 아담에게 속한 자연적인 몸을 지닌 인간의 썩을 수밖에 없는 존재론적 본질과 상태를 의미한다.[89] 그리고 하나님의 나라는 썩어짐이 존재하지 않는 하나님의 통치와 축복이 실현되는 영역이므로, 썩어 없어질 혈과 육 즉 인간의 자연적인 육체가 참여할 수 없다. 그러므로 예수의 재림 시에 하나님의 나라로 들어가야 할 성도들은, 그들이 죽어 있든지 살아 있든지에 상관없이, 모두다 예외없이 하나님 나라에 합당한 몸으로의 변화를 경험해야 한다(πάντες, 고전 15:51). 죽어서 이미 몸이 썩은 자들은 썩지 않을 것을 입고 다시 일어남을 받아야 하고, 여전히 살아 있는 자들은 그들의 죽을 몸에 불멸의 몸을 입는 부활의 변화를 경험해야 한다(15:52-53; 비교, 빌 3:20-21). 이 부활의 변화는 부활 전후의 몸들이 가진 비연속성을 설명하면서, 부활의 몸이 하나님의 비밀이라고 불릴 수 있을 정도로 차원이 다른 형태로의 변화를 동반하고 있음을 알려준다. 부활 전후의 몸의 상태에 대한 바울의 비연속성에 대한 강조와 부활의 몸의 특징인 불멸성과 영광의 개념 등은 그에게 깊이 영향을 준 묵시적 유대교에서 빈번하게 발견되고 개념들이다(비교, 바룩2서 44:8-13; 에스라4서 7:29-32; 7:96, 112; 8:54).[90] 그러나 하늘로부터 기인한 메시아의 형상에 따른 변화로서의 부활 이해는 바울에게서만 발견되는 독특한 개념이다(고전 15:49).

그러나 부활의 몸으로의 변화 속에서 성도들의 현재적 몸이 완전히 사라지지는 않을 것이다. 바울은 썩을 몸이 불멸성을 입는다(ἐνδύω)라는 표

---

89. 참고, Fitzmyer, *First Corinthians: A New Translation with Introduction and Commentary*, 603; Thiselton, *The First Epistle to the Corinthians: A Commentary on the Greek Text*, 1291.

90. Collins, *First Corinthians*, 576-77.

현을 통하여 부활 전후의 몸들 간의 연속성을 유지하는 동시에, 부활하지
않은 인간의 몸은 불멸과 영광 그리고 능력이 결여된 불완전한 상태임을
강조한다. 여기서 우리는 창조주 하나님이 아담에 의해서 파괴된 첫 번째
피조세계를 버리지 않고, 새로운 창조를 통해서 변화를 통한 완성으로 인
도하는 비밀에 대해서 알게 된다.[91] 그리고 자연적인 인간의 몸이 덧입어
야 할 하나님 나라의 특징들은 마지막 아담이 소유한 부활의 몸에서 발견
되는 바로 그 하늘의 몸의 특징들이다. 그 특징들을 한 마디로 바울은 마
지막 아담의 "하늘의 형상"이라고 불렀다(15:49).[92] 그러므로 부활의 몸이
요구하는 질적인 변화는 새 아담 예수의 형상에 따른 변화이고, 이 변화
의 과정은 생명을 주는 영인 부활한 그리스도의 성령을 통해서 진행된다
(비교, 롬 8:10-11).[93] 이 사실은 부활한 몸이 자연적인 몸에 반하여 영적인 몸
이라고 불리는 이유가 된다. 바울은 고린도전서 15:52에서 예수의 재림 시
마지막 트럼펫이 울리는 바로 그 순간, 부활의 몸으로의 변화가 한 순간
에 이루어질 것이라고 선포한다. 죽음을 극복하는 부활이 몸으로의 변화
가 성도들을 향한 예수의 종말론적 사역의 마지막 결론을 구성하기에, 바
울은 우주의 주인인 예수가 정복할 마지막 원수는 바로 죽음이라고 선포
한다(고전 15:54, 57).[94] 또한 바울은 15:54에서 이사야 25:8을 인용하면서, 사
망이 승리 안에서 삼킨바 되었다고 선포한다. 이 인용구를 포함하는 이사

---

91.   Hays, *First Corinthians*, 275.

92.   바울은 이 덧입혀 짐에 대한 묘사를 고린도후서 5:1-5에서 더 자세히 설명한다.

93.   Thiselton, *The First Epistle to the Corinthians: A Commentary on the Greek Text*, 1277;
      Fee, *The First Epistle to the Corinthians*, 786; Dunn, "How Are the Dead Raised?
      With What Body Do They Come?: Reflections on 1 Corinthians 15," 18.

94.   바울은 이미 15:23-26에서 정복이라는 군사적인 이미지를 통해서 우주의 주인으
      로서의 새 아담 예수의 사역을 종말론적으로 묘사했다. 참고, Collins, *First Corin-
      thians*, 574.

야 25:6-10은 죽음에 대한 승리를 포함하여 모든 민족들을 향한 하나님의
구원을 노래하고 있다. 이방인들을 향한 사도로 지신의 정체성을 이해하
는 바울에게 이 본문은 자신의 사역에 계속해서 영감을 주는 핵심적인 본
문들 중 하나였음이 틀림없다.[95] 주의 날의 시작을 알리는 표적으로서의
트럼펫 소리는 유대 묵시문학의 종말론적 상징들 중 하나이다(예. 사 27:13;
욜 2:1; 습 1:14-16; 계 9:14). 바울은 고린도전서 15:57에서 자신의 부활의 몸에
대한 변증을 죽음에의 승리를 부여하는 하나님께 감사함으로 마무리한
다. 여기서 바울은 호세아 13:14를 인용하면서 하나님께서 부활의 변화를
통하여 죽음과 죄를 심판하셨다고 선언한다.[96]

그러나 부활의 보증인 성령은 현재적인 경험의 실체로 이미 성도들
안에 거하고 있다. 따라서 성도들은 현재 종말론적인 낀 세대에서 자신들
의 첫 번째 몸에 새겨진 아담의 형상과 내주하는 성령을 통한 새 아담 예
수의 형상을 동시에 경험하고 있다. 그러나 생명을 주는 성령의 존재는
성도들 안에 두 아담들의 형상들이 단순히 갈등 속에서 힘겹게 공존하고
있는 것이 아니라, 첫 아담의 형상에서 마지막 아담의 형상으로의 내면적
인 변화가 이미 일어나고 있음을 알려준다. 이 사실을 바울은 고린도후서
3:17-18에서 다음과 같이 선포한다:

주는 영이시니 주의 영이 있는 곳에는 자유가 있다. 우리가 다 수건을 벗은

---

95. 새 하늘과 새 땅을 묘사하는 요한계시록도 이 본문을 인용하고 있다는 사실은 매
우 흥미롭다(계 21:4). 참고, Hays, *First Corinthians*, 275.
96. 죄와 죽음에 대한 하나님의 심판은 이미 예수가 십자가에서 죽고 부활했을 때 발
생했다. 왜냐하면 예수의 부활은 단지 자신에게만 영향을 미치는 사건이 아니라,
그에게 속한 모든 인류에게 영향을 미치는 전 우주적인 사건이기 때문이다. 물론
그 심판의 실행적인 측면에서의 최종적인 완성은 성도들이 예수의 부활을 자신들
의 몸에서 경험하는 때이다.

얼굴로 거울을 보는 것 같이 주의 영광을 보니, 그와 같은 형상으로 변화하여 영광에서 영광에 이른다. 이는 곧 주의 영으로 말미암음이다.

주의 영을 통하여 주의 영광의 형상에 노출된 성도들은 계속해서 영광에서 영광(ἀπὸ δόξης εἰς δόξαν)으로의 변화를 경험하고 있는 중이다.[97]

성도들의 변화가 미래의 종말론적 변화와 더불어, 현재의 내면적 윤리적 변화를 포함한다는 사실은 그들이 섬기는 생명을 주는 영인 그리스도의 영이 그들 안에서 현재 활발히 활동하고 있다는 사실에서 기인한다. 성령은 한편으로 종말론적 부활의 완성을 가져올 주체인 동시에, 현재 그 완성에 대한 보증으로 기능하고 있다. 성령은 종말론적 변화의 실체로서 현재 성도들의 삶에서 끝없이 변화를 만들어가고 있기 때문이다. 바울은 인간의 영이 인간의 마음 속 깊은 생각을 알 수 있듯이, 하나님의 영을 통해서 하나님의 마음의 깊은 생각들을 알 수 있다고 가르친다(고전 2:9-15). 따라서 성령을 모시고 사는 신령한 자들은 이미 이 땅에서 하나님이 뜻을 분별하여 그 뜻에 합당한 삶을 살 수 있다(비교, 롬 12:1-2).[98] 또한 바울은 자신이 비록 고린도교회 성도들과 육으로는 함께 할 수 없지만, 주 예수 그리스도의 능력의 성령 안에서 그들과 늘 함께 할 수 있다고 가르친다(고전 5:4). 성령은 아담에게 속한 자연인들의 마음의 눈을 열어 예수가 저주받은 죄인이 아니라, 온 세상의 주임을 알고 고백하게 한다(12:3). 그리고 성령을 마신 자들은 다 주 예수 그리스도의 몸을 구성하게 되고(12:13), 주 예

---

97. 이 본문에 대한 해석학적 분석과 아담 기독론적 함의는 다음 장에서 자세히 논의 될 것이나.

98. 참고, Luke Timothy Johnson, "Transformation of the Mind and Moral Discernment in Paul," in *Early Christianity and Classical Culture: Comparative Studies in Honor of Abraham J. Malherbe*, ed. John T. Fitzgerald, Thomas H. Olbricht, and L. Michael White (Atlanta: SBL, 2003), 215-36.

수 그리스도의 통치의 영역이요 능력인 성령으로부터 오는 다양한 은사들을 통하여 종말론적 공동체를 섬길 수 있게 된다.[99]

　이처럼 바울은, 한편으로는, 부활이 요구하는 영광스러운 변화는 주님의 재림 시 마지막 트럼펫 소리가 울리는 순간에 홀연히 발생한 사건으로 이해하지만, 다른 한편으로는, 이미 성도들 안에서 그 영광스러운 변화가 시작된 것으로 이해한다. 마지막 순간에 성도들이 경험할 영광스러운 변화는 그들의 죽은, 혹은 죽을 몸에 불멸의 영광이 덧입혀지는 외적인 변화와 연관이 있는데 반하여, 성도들 안에서 성령이 이미 시작한 영광스러운 변화는 그들의 내면의 성품이 경험하는 윤리적 변화와 연관이 깊다.[100] 바울은 부활의 육체가 극복할 마지막 원수가 죽음이라고 선포하고 있는데, 그 죽음의 궁극적인 무기는 죄이다(15:56). 그리고 죄가 능력 있는 존재로 깨어 나는 방식은 율법을 통해서이다(비교, 롬 5:12-14; 7:7-13).[101] 따라서 성령은 현재 성도들의 내면적인 변화를 통해서 율법과 죄가 성도들에게 미치는 영향력을 극복하게 하고 있는 중이다(비교, 롬 8:1-3). 바울은 앞에서 예수의 부활에 대한 초대교회의 신조를 인용하면서, 예수의 부활이 없다면 성도들은 여전히 자신들의 죄 안에 거하고 있을 것이라고 선포했다(고전 15:17). 그리고 부활을 부인하는 일부 고린도 교인들은 현재 죄를 탐하고 즐

---

99. 참고, Johnson, "Life-Giving Spirit: The Ontological Implications of Resurrection," 86-89.

100. Ibid., 84.

101. 죄와 죽음 그리고 율법의 부정적인 관계에 대한 이 짧은 구절은 로마서 7장에서 자세히 설명되고 있다. 우리는 이미 앞 장에서 이 셋들 간의 부정적인 관계를 아담과 연관하여 자세히 살펴보았다. 고린도전서의 맥락 속에서도 율법과 죄 그리고 사망의 관계는 아담의 이야기 속에서 이해되는 것이 옳다. 참고, Chris Alex Vlachos, "Law, Sin, and Death: An Edenic Triad? An Examination with Reference to 1 Corinthians 15:56," *Journal of the Evangelical Theological Society* 47, no. 2 (2004): 277-98; Hays, *First Corinthians*, 277.

기는 삶의 방식을 살고 있다고 비판했다(15:33). 따라서 바울은 부활을 믿는 성도들은 깨어 있어 죄짓는 일을 중단하고 의로운 삶을 살아야 한다고 강조한다(15:34). 왜냐하면 죽음 너머에 존재하는 부활의 영원한 삶에서 성도들이 사신들의 몸에 행한 주를 위한 모든 수고가 다 기억될 것이기 때문이다(15:58). 다소 급작스럽게 보이는 58절의 윤리적인 권면은 고린도전서 15장 전체에 대한 훌륭한 결론으로 보인다.[102] 이 사실을 바울은 58절을 시작하는 헬라어 접속사 ὥστε를 통해서 분명히 하고 있다. 바울은 15장 전체에 걸쳐 반복해서 부활과 성도들의 믿음과 경건한 행위들 간의 긴밀성을 강조했다(3, 10, 12-19, 29-32절).[103] 부활은 성도의 미래에 대한 청사진을 제공할 뿐만 아니라, 성도의 현재의 이 땅에서의 삶에 의미를 부여하는 결정적인 요소이기도 하다. 여기서 바울은 부활에 대한 오해 속에서 자신들의 몸을 죄의 도구로 사용하는 일부 고린도인들을 비판하면서, 부활에 대한 바른 이해와 성도들의 윤리적인 삶은 긴밀한 관계 속에 놓여 있음을 강조한다. 다른 서신들에서와 마찬가지로, 고린도전서 15장의 결론부에서 바울은 부활이 요구하는 영광스러운 종말론적 변화는 내면적 윤리적 변화를 성도의 현재의 삶에서 요구하고 있음을 명확하게 알려준다. 그리스도가 품은 하늘의 형상은 외적인 영광과 더불어 내적인 거룩함을 다 포함하는 개념이기에, 그의 형상에 따른 변화는 성도들의 삶의 현재와 미래에 그들이 경험하는 내외적인 변화 모두를 의미한다.

102. Collins는 수사학적 관점에서 15:58은 1:10에서 시작된 고린도전서 전체의 결론이라고 주장한다. 참고, Collins, *First Corinthians*, 579. 비교, Fitzmyer, *First Corinthians: A New Translation with Introduction and Commentary*, 1304.

103. Fee, *The First Epistle to the Corinthians*, 808.

고린도전서 15장의 아담과 마지막 아담

고린도인들의 부활에 대한 의심의 문제를 다루는 고린도전서 15장에서 바울은 크게 두 번에 걸쳐서 예수를 아담과 직접적으로 비교한다(15:21-22, 45-49). 그리고 15:24-28에서는 아담의 이야기를 근거로 부활 후 주로 높아진 예수의 지위와 사역을 묘사한다. 첫 번째, 15:21-22에서 바울은 부활이, 아담이 인류에게 소개한 죄의 결과로서의 죽음을 극복하는 하나님의 구원의 사건이라고 가르친다. 이 땅에서의 하나님의 구원은 예수 그리스도를 통해서 완성되었으므로, 부활을 통한 예수의 사역은 첫 아담이 인류에게 소개한 죽음을 극복하는 사건으로 묘사된다. 두 번째, 15:45-49에서 마지막 아담으로 불리는 예수는 성도들의 부활 근거가 될 뿐만 아니라, 그들의 부활의 몸에 하늘의 형상을 제공하는 분으로 나타난다.[104] 첫 아담은 땅으로부터 기인했기에, 그가 소유한 땅의 형상을 따라 태어난 인간의 몸은 썩을 수밖에 없는 상태에 처해 있다. 그러나 마지막 아담 예수는 하늘로부터 기인했기에 썩지 않는 영광으로 채워진 하늘의 형상을 소유하고 있다. 따라서 그에게 속한 자들은 그가 소유한 하늘의 형상을 따라 불멸과 영광과 능력으로 덧입혀진 새로운 몸을 가지게 될 것이다. 그리고, 세 번째, 15:24-28에서 바울은 첫 아담의 신분과 지위를 가지고 새

---

104. 일부 학자들은 고린도교회가 필로가 소유한 아담 이해에 영향을 받았고, 바울은 그들의 이해를 수정하고 있다고 주장한다. 참고, Gregory E. Sterling, "'Wisdom among the Perfect': Creation Traditions in Alexandrian Judaism and Corinthian Christianity," *Novum testamentum* 37, no. 4 (1995): 357-67; Gregory E. Sterling, "The Place of Philo of Alexandria in the Study of Christian Origins," in *Philo Und Das Neue Testament*, ed. Roland Deines and Karl-Wilhelm Niebuhr (Tübingen: Mohr Siebeck, 2004), 21-52. 그러나 바울의 이해는 필로의 이해와 많이 상이하다. 참고, Thiselton, *The First Epistle to the Corinthians: A Commentary on the Greek Text*, 1227.

아담 예수의 주로 높여진 신분과 지위를 묘사하고, 이 새 아담이 행하는 종말론적 사역을 첫 아담의 이야기를 배경으로 자세히 설명한다. 하나님은 아담을 첫 번째 창조세계의 왕으로 세워 세상을 다스리고 정복하게 했다. 그러나 타락으로 실패한 아담은 피조세계에 대한 그의 주권을 상실했다. 이에 반하여 부활 후 우주의 주로 높아진 예수는 아담이 잃어버렸던 주권을 회복하고, 죽음을 포함한 모든 권세들을 정복한 후 피조세계를 다시 하나님께 돌려드린다(비교, 빌 2:9-11).[105] 이처럼 아담이라고 하는 인물의 언급은 창세기에 기록된 그의 창조와 타락 사건 전체가 고린도전서 15장의 주요 배경으로 기능하고 있음을 우리에게 알려준다. 바울은 자신의 유대적 배경에서 아담에 관한 해석 전통을 접하게 되었지만, 자신만의 독특한 기독론적 이해를 통해서 아담 이야기를 부활에 관한 배경으로 전환시킨다. 이제 이 세 본문들에서 드러나는 바울의 아담 기독론적 논의들을 조금 더 자세히 살펴보도록 하자.

죽은 아담과 부활한 그리스도(15:21-22)

고린도인들의 부활에 대한 의심을 잠재우기 위해서 바울은 15:20에서 예수 그리스도가 죽은 자들로부터 부활하여 자는 자들의 첫 열매가 되었다고 선포했다. 바울에게 예수의 부활은 23-28절에서 묘사되는 종말론적 파노라마의 시작을 의미한다. 이 종말론적 파노라마의 전개는 정해진 순서를 따라서 이루어질 세 개의 큰 사건들로 구성된다. 주 예수는 먼저 죽음을 포함한 모든 권세와 능력들을 정복할 것이고, 그 정복된 왕국을 하나님께 돌려드릴 것이며, 그리고 종국에는 자신도 하나님께 복종하여 하나님이 만물의 근원이요 주인이 되게 할 것이다(15:24-28). 그런데 예수의

---

105. 이 부분에 대한 조금 더 자세한 논의에 관해서는 이 책의 제3장을 참조하라.

부활이 부활의 첫 열매라는 사실은 그에게 속한 모든 성도들의 부활이 곧 그의 부활을 따라 시작될 것을 의미하면서, 그들의 부활이 예수를 살린 하나님에 의하여 확실하게 보장된 것임을 알려준다. 앞에서 이미 살펴본 것처럼, 첫 열매라는 단어는 구약에서 하나님께 드려진, 그래서 하나님 앞에서 거룩한 것으로 선포된 그 해 추수의 첫 번째 부분을 의미한다(출 23:16; 레 23:10-14; 민 18:8-12; 신 18:4; 느 10:37).[106] 그리고 하나님께 드려진 첫 열매는 남겨진 모든 열매들도 그와 같이 하나님 앞에서 거룩한 것이 됨을 선포하고, 이어지는 추수가 확실할 것임을 보장한다. 그러나 다른 본문들 속에서 바울은 성령을 부활의 첫 열매라고 칭하고 있는데(롬 8:23), 이는 예수를 부활시킨 성령이 성도들의 몸의 부활을 가져오는 주체이기 때문이다(비교, 고전 15:44). 물론 바울은 이 단어를 처음 복음을 믿어 예수 그리스도에게 거룩하게 구분된 성도들을 지칭할 때도 사용하곤 한다(롬 11:16; 16:5; 고전 16:15).[107] 어쨌든지 간에, 고린도전서 15장에서 부활의 첫 열매로서의 예수의 부활은 성도들의 부활을 향하여 두 가지 중요한 의미를 가진다. 첫 번째, 예수의 부활은 종말론적인 시간표 상에서 성도들의 부활을 선행하면서 그들의 부활의 첫 시작을 의미하고, 두 번째, 부활의 첫 열매로서 예수는 그에게 속한 모든 성도들을 대표하는 그들의 대표자로 제시된다.[108] 이

---

106. 참고, Thiselton, *The First Epistle to the Corinthians: A Commentary on the Greek Text*, 1223-24; Fitzmyer, *First Corinthians: A New Translation with Introduction and Commentary*, 568-69.

107. 참고, David E. Aune, "Distinct Lexical Meanings of Απapkh in Hellenistic, Judaiam and Early Christianity," in *Early Christianity and Classical Culture: Comparative Studies in Honor of Abraham J. Malherbe*, ed. John T. Fitzgerald, Thomas H. Olbricht, and L. Michael White (Atlanta: S.B.L., 2003), 103-29; Legarreta, "The Figure of Adam in Rom 5:12-21 and 1 Cor 15:21-22, 45-49: The New Creation and Its Ethical and Social Reconfigurations," 167-68.

108. Holleman, *Resurrection and Parousia: A Traditio-Historical Study of Paul's Eschatolo-*

러한 첫 열매에 담긴 신학적인 이해는 예수를 마지막 아담으로 이해하는 바울의 아담 기독론적 논의의 근거로 기능한다.

첫 열매인 예수의 부활은 그 안에서 잠자고 있는 자들의 부활의 시작을 의미하고, 그에게 속한 자들은 하나님에 의해서 정해진 종말론적인 순서를 따라 그가 다시 재림하는 때에 자신들의 부활을 경험하게 될 것이다 (15:20, 23). 그리고 이 두 가지 부활의 사건들 사이에 바울은 아담과 예수를 대조시키면서, 예수를 마지막 아담으로 등장시킨다. 다시 말하면, 바울은 부활을 아담의 이야기 속에서, 혹은 자신의 아담 기독론적 신학적 틀을 통하여 설명하고 있다. 15:21-22에서 바울은 아담과 예수를 상호 대조함으로써, 어떻게 죽음과 부활이 세상에 오게 되었는지를 먼저 설명한다. 이 두 인물들은 인류의 대표자들로서 죽음과 부활의 사건들을 인류의 역사에서 각각 시작시킨 자들로 바울은 제시한다. 인류를 향한 이 둘의 대표성은 그들 앞에 놓인 헬라어 전치사 ἐν을 통해서 강조되고, 그들의 행동들이 인류에 미친 파급력의 유사성은 헬라어 표현 ὥσπερ–οὕτως καὶ('마치 ~인 것처럼 역시')를 통해서 강조된다(15:22).[109] 헬라어 전치사 ἐν은 도구적으로 기능한다기보다는('통해서'), 아담과 그리스도 그리고 그들에게 속한 인류 간의 긴밀한 관계를 표시한다. 아담 안에 있는 자들은 그와 함께 첫 번째 창조에 속하고, 예수 안에 있는 자들은 그와 함께 새 창조에 속한다(비교, 고후 5:17). 여기서 바울은 창세기 1-3장의 창조와 타락에 대한 이야기를 직접적으로 언급하지는 않지만, 아담과 그의 타락의 결과인 사망을 인용함으로써 독자들로 하여금 창세기의 아담 이야기를 기억하게 한다. 그리고 바울

---

gy in I Corinthians 15, 49-50.

109. 참고, Thiselton, *The First Epistle to the Corinthians: A Commentary on the Greek Text*, 1229; Collins, *First Corinthians*, 21-22; Fitzmyer, *First Corinthians: A New Translation with Introduction and Commentary*, 570.

은 이 아담의 이야기 속에서 예수와 그가 가져온 부활을 아담과 그가 가
져온 사망과 대조되는 사건으로 제시한다. 여기서 바울은 먼저 아담을 첫
번째 인간을 일반적으로 지칭하기 위해서 사용한다(21절). 일반적인 의미
에서의 인간을 의미하는 아담은 전체 인류를 대표하는 의미를 가진다. 그
리고 이어서 바울은 첫 번째 인간을 지칭하는 고유명사의 의미로 아담을
다시 언급한다(22절). 여기서 아담은 한 개인으로서 독립적인 인격체를 가
진 인간을 의미한다.[110] 따라서 첫 번째 인간 아담은 그에게 속한 인류와의
혈통적 연대성을 인하여 모든 인류의 대표자로 이해된다.

첫 번째 인간 아담과 연관하여 현재의 본문에서 바울은 딱 두 가지 사
실만을 언급한다. 첫 번째, 아담은 죽음을 세상에 소개했고(창 3:17-19), 두
번째, 그에게서 난 모든 인간들은 다 그의 죽음에 동참하게 되었다. 이에
대한 더 자세한 설명은 로마서 5:12-21에서 발견된다. 물론 창세기의 아담
이야기에서 어떻게 아담의 자손들에게 죽음이 선고되었는지에 대한 분명
한 언급은 없다. 그러나 분명한 사실은 아담은 타락 직후 에덴동산의 생
명나무 열매들로의 접근이 차단되었고, 그 결과로 영생을 얻을 기회를 상
실하고 죽음을 맞이해야 하는 존재로 격하되었다는 것이다. 또한 이어지
는 창세기의 이야기들에서 우리는 아담의 형상을 따라 태어난 그의 자손
들이 일천 년을 넘지 않는 일정한 수명을 지닌 유한한 존재들이 된 것에
대해서 듣게 된다. 특별히 바벨론 포로기 이후 유대 묵시문학은 인류의
비극과 죽음을 아담과 그의 죄로 돌렸다.[111] 물론 일부 유대인들은 인류의
죽음은 아담의 죄로 시작된 죽음을 자신들의 악한 마음에 심겨진 욕심으
로 말미암는 죄를 통하여 자신들의 것으로 경험한 결과라고 가르친다(예.

---

110. Thiselton, *The First Epistle to the Corinthians: A Commentary on the Greek Text*, 1225.
111. 참고, Legarreta, "The Figure of Adam in Rom 5:12-21 and 1 Cor 15:21-22, 45-49:
    The New Creation and Its Ethical and Social Reconfigurations," 43-156.

에스라4서 3.4-11, 22-27; 4:28-32; 7:92; 바룩2서 17.2; 56.5-10; 17.5; 19.1-3; 54:19).[112] 바울도 로마서 5:12-21에서 비슷한 방식으로 아담과 인류의 죄와 죽음을 설명하고 있음을 우리는 앞에서 이미 살펴보았다. 고린도전서 15:20-21에서 바울은 이러한 묵시적 유대교의 가르침에 동의하면서, 아담이 하나님 앞에서 정죄당한 죽음의 첫 열매가 되었고, 그에게 속한 모든 자들을 다 정죄와 죽음으로 확실하게 인도했다고 한 마디로 요약해서 선포한다.[113] 부활의 첫 열매인 예수와 대조되는 죽음의 첫 열매인 아담은 모든 인류의 대표자로서 그들의 죽음의 시작과 확실성을 알려주는 인물이다.

반면에 바울은 아담과 대조되는 인물로 마지막 아담 예수를 언급한다. 바울은 예수에 관해서도 딱 두 가지만을 언급한다. 한 사람 그리스도를 통해서 죽은 자들로부터의 부활이 왔는데, 그리스도에게 속한 모든 자들도 다 그처럼 살아나게 될 것이다. 바울은 성도들이 미래에 경험할 부활에 대해서 헬라어 수동태 동사 ζωοποιηθήσονται를 사용한다(고전 15:22). 이 동사는 신적 수동태로서 부활의 은혜를 제공하는 분이 하나님임을 암시한다. 여기서 예수 그리스도는 부활의 첫 열매로서 그에게 속한 모든 자들을 다 거룩함과 부활로 확실하게 인도할 그들의 대표자이다. 마지막 아담 예수는 첫 아담과 마찬가지로 그에게 속한 인류와의 관계성 속에서의 대표성을 인하여, 그의 행동은 개인적인 영역에만 머무는 것이 아니라

112. 참고, Ibid., 170-72; Thiselton, *The First Epistle to the Corinthians: A Commentary on the Greek Text*, 1226.
113. Tobin은 여기서 바울이 아담과 예수를 비교하는 초대교회의 전통적인 공식을 인용하고 있다고 주장한다. 그러나 바울 이외의 다른 제자들의 글에서 아담 기독론은 잘 발견되지 않고 있다. 오히려 우리가 이 책에서 관찰한 것처럼, 아담 기독론은 바울신학의 한 축을 이루고 있다. 다시 말하면 이러한 아담과 예수의 대조는 바울 자신의 창조물인 것으로 보인다. 비교, Thomas H. Tobin, *Paul's Rhetoric in Its Contexts: The Argument of Romans* (Peabody: Hendrickson, 2004), 177.

전 인류에게까지 영향을 미친다. 그런데 마지막 아담과 첫 아담이 가진 유사성은 딱 거기까지다. 왜냐하면 마지막 아담의 행동은 첫 아담의 행동과 그 행동에 따른 결과를 혁신적으로 바꾸어버리는 사건이기 때문이다. 마지막 아담 예수는 죽음으로 향하던 인류의 운명의 방향을 생명과 부활로 180도 돌려 놓았다. 또한 아담의 행동이 그의 개인적인 결정에 그친 반면에, 예수의 행동은 그의 순종의 결정인 동시에 그를 보낸 하나님의 은혜를 의미한다. 마지막 아담 뒤에는 창조주 하나님이 서 있고, 그의 죽음에로의 순종의 행동은 하나님의 모든 구원의 계획을 대표한다. 여기서 두 아담들의 비연속성을 더 강조하기 위하여 바울은 죽음과 생명으로 대표되는 존재론적으로 대치되는 두 종말론적 시대의 개념을 도입한다. 물론 메시아 예수의 부활이 종말론적으로 새로운 시대의 시작을 알린다는 개념을 바울은 묵시적 유대교 전통에서 빌려왔다.[114] 마지막 예수의 출현은 첫 번째 창조세계와 그 세계를 다스린 죽음의 종말을 의미하는 동시에, 생명이 다스리는 새로운 창조세계의 탄생을 알린다.[115] 물론 바울은 묵시적 유대 전통의 두 시대로 구성된 종말론적 이해를 자신의 목적에 맞게 수정하여 이미와 아직의 중간시대를 포함한 세 시대적 이해로 수정한다. 여기서 이미와 아직의 낀 시대를 사는 성도들은 첫 창조와 새 창조를 동시에 경험하게 된다. 한 예로 성도들은 첫 아담으로부터 물려받은 육체 안에서 새 아담이 가져온 새 창조의 능력인 성령을 모시고 산다(비교, 롬 7:7-8:2). 그리고 바울에게 새로운 창조세계는 첫 번째 창조세계를 버리고 태어난 전혀 새로운 존재가 아니라, 첫 창조세계가 혁신적으로 새로워진 창

---

114. Beker, *Paul the Apostle: The Triumph of God in Life and Thought*, 100, 33-81.

115. Martinus C. de Boer, *The Defeat of Death: Apocalyptic Eschatology in 1 Corinthians 15 and Romans 5*, Journal for the Study of the New Testament Supplement Series (Sheffield, England: JSOT, 1988), 34.

조세계이다.[116]

그러므로 그리스도가 부활의 첫 열매라는 사실은 단지 그가 부활을
자신과 자신 안에 속한 모든 인류에게 허락했다는 사실을 넘어서는 개념
이다. 부활의 첫 열매인 그리스도의 사역은 아담이 소개한 죽음을 직접
경험함으로써, 아담이 이 땅에 가져온 죽음을 우주적으로 극복한 사건이
었음을 말해준다. 그러므로 마지막 아담의 사역은 단순히 첫 아담의 사건
과 대조되는 것을 넘어서, 첫 아담의 사건을 극복하는 넘치는 하나님의
은혜를 계시하는 사건이다. 이 사실을 바울은 로마서 5:12-21에서 상세하
게 표현하고 있다. 그리고 사망의 첫 열매인 아담의 죽음이 그에게 속한
모든 인류에게 동일한 사망의 열매를 선사한 것처럼, 부활의 첫 열매인
그리스도의 다시 살아남도 그에게 속한 모든 인류의 부활에 효과를 미치
는 우주적인 사건이다. 그리고 아담이 첫 번째 창조의 결정판으로서 첫
번째 창조된 피조세계를 망쳐버린 인물인 것에 반하여, 그리스도는 그가
망쳐버린 첫 번째 창조를 다시 회복하는 새로운 창조를 완성한 인물이다.
여기서 우리는 예수가 이 땅에 하늘로부터 보내진 것은 세상을 향한 하나
님의 사랑과 은혜의 표현이므로, 첫 아담의 타락에도 불구하고 하나님은
세상을 향한 그의 사랑을 포기하지 않았음을 알 수 있다. 오히려 하나님
은 자신의 아들을 이 땅에 보내어 새로운 종말론적인 시대를 열고, 그의
섭리 속에서 정해진 순서를 따라 모든 피조세계를 다시 회복할 계획을 세
웠음을 알 수 있다. 고린도전서 15:21-22에서 묘사되는 아담과 마지막 아
담의 짧은 대조와 그들이 가진 대표성의 원리는 이어지는 15:24-58 전체
에 걸쳐서 논의되는 바울의 부활 이해에 대한 해석학적 전제로 기능한

116. Jürgen Moltmann, *The Coming of God: Christian Eschatology* (Minneapolis: Fortress, 1996), 22-29. 비교, Richard Bauckham, *God Will Be All in All: The Eschatology of Jürgen Moltmann* (Minneapolis: Fortress, 2001).

다.[117] 15:21-22에서 보여지는 아담과 마지막 아담의 대조는 로마서 5:12-21의 그것을 시기적으로 선행한다. 그리고 후지의 본문이 새 아담이 전한 넘치는 하나님의 은혜를 강조하는 반면에, 전자의 본문은 죽은 자들의 부활의 확실성을 마지막 아담의 부활의 첫 열매됨을 통하여 강조한다.[118]

죽음에 굴복한 아담과 우주의 주로 높아진 마지막 아담(15:23-28)

아담과 예수를 죽음과 부활의 첫 열매들로 각각 묘사한 바울은 이제 15:23-28에서 예수의 재림 시(ἐν τῇ παρουσίᾳ αὐτοῦ)에 일어날 종말론적인 사건들을 순서대로 기록한다.[119] 원래 παρουσία는 왕이나 황제 혹은 높은 관리들이 특정한 지역을 방문할 때, 그 방문을 지칭하기 위해서 쓰이던 공적인 단어였다. 그러나 예수에게 적용될 때 παρουσία는 세상의 마지막 날 세상을 심판하기 위해서 다시 오는 예수의 두 번째 방문을 가리킨다(비교, 막 8:34-38). 물론 예수가 이 땅을 방문할 때, 그는 우주의 모든 권세들에 대한 통치권을 가진 우주의 주로 올 것이다. 이 사실을 바울은 고린도전서 15:24-28에서 자세히 설명하고 있다. 예수가 다시 이 땅에 자신의 모습을 드러내는 그의 재림은 그에게 속한 자들에게는 부활로, 그리고 그를 반대하는 세력들에게는 멸망으로 다가올 것이다. 특별히 부활과 관련하여 예

---

117. Christian Wolff, *Der Erste Brief Des Paulus an Die Korinther*, Theologischer Handkommentar Zum Neuen Testament (Leipzig: Evangelische Verlagsanstalt, 1996), 382; Holleman, *Resurrection and Parousia: A Traditio-Historical Study of Paul's Eschatology in I Corinthians 15*, 53.

118. 참고, Thiselton, *The First Epistle to the Corinthians: A Commentary on the Greek Text*, 1228; Fitzmyer, *Romans: A New Translation with Introduction and Commentary*, 411-20; Dunn, *Romans 1-8*, 38A, 270-80.

119. 참고, Collins, *First Corinthians*, 552; Fee, *The First Epistle to the Corinthians*, 753; Thiselton, *The First Epistle to the Corinthians: A Commentary on the Greek Text*, 1229-30.

수가 극복해야 할 원수는 사망이다. 사망은 예수가 마지막으로 정복할 원수라고 불리는데, 예수가 이 사망을 정복하는 때는 바로 성도들이 아담이 잃어버린 영생을 경험하는 부활의 사건이 발생하는 때이다. 이처럼 바울은 부활 사건을 단순히 죽은/죽을 육체에 생명이 주어지는 사건이 아니라, 죽음을 포함한 모든 권세와 정사와 통치자들에 대한 예수의 종말론적이고 우주적인 승리의 결과로 이해한다.

이 본문에서 우리는 아담의 이야기 속에서 새 아담 예수의 두 가지 특징들이 묘사되고 있음을 본다. 첫 번째, 부활한 예수는 우주의 주로 높아진 분인데, 그의 우주적인 주권은 아담에게 주어졌던 피조세계에 대한 왕권을 통해서 설명되고 있다. 그리고 두 번째, 새 아담 예수의 궁극적인 원수는 죽음인데, 이 죽음은 바울이 20-21절에서 예수와 아담을 비교할 때 사용한 핵심 개념이다. 20-21절에서 죽음은 아담이 경험한 죄에 대한 형벌로서의 하나님의 심판이었다. 그러나 26절에서 죽음은 예수가 정복할 마지막 원수로 의인화된다. 바울은 여기서 죽음을 종종 인류를 통치하는 의인화된 권세로 이해하는 묵시적 유대교를 따르고 있다. 추후에 바울은 54-55절에서 부활을 경험할 몸의 변화를 묘사하면서, 죽음이 권세를 잃고 정복당하는 장면에 대해서 다시 한번 설명할 것이다. 그런데 부활한 예수의 우주적인 주권을 아담 이야기로 설명하는 바울의 첫 번째 요점은 조금 더 엄밀한 분석이 필요한 듯 보인다.

현재의 본문에서 바울은 재림의 때에 이 땅에 다시 올 예수 그리스도와 그의 최종적인 사역에 대해서 논의한다. 물론 재림 시의 예수는 죽음을 경험한 아담과 대조되는, 이미 부활을 경험하여 우주의 주로 높아진 심판자 예수이다.[120] 이 사실을 바울은 시편 8편과 110편을 함께 인용함으

---

120. Dunn은 이 사실을 근거로 예수가 마지막 아담이 된 시점을 그의 부활로 본다. 그러나 예수의 성육신의 결정이 이미 하나님의 뜻에 대한 순종이라는 측면에서, 이 땅

로써 자세히 설명한다. 시편 110:1에서 시편 기자는 하나님이 자신의 주를 높여주는 것을 다음과 같이 선포한다: "주께서 내 주에게 말씀하기를, '내가 너의 원수들을 너의 발등상 만들기까지 내 우편에 앉아 있으라.'" 시편 110:1은 부활한 예수의 높아짐에 대한 성서적 근거로 바울 이전의 초대교회 전통에 의해서 가장 많이 사용된 본문이다(막 12:36; 14:62; 행 2:34; 롬 8:34; 엡 1:20; 골 3:1; 히 1:3; 8:1).[121] 그런데 바울 이전의 초대교회는 이 본문을 시편 8:6과 연관시켜 함께 인용하곤 했다. 시편 8:6에서 시편 기자는 다음과 같이 선포한다: "당신은 모든 것들을 그의 발 아래 놓았습니다." 이 두 본문들을 함께 인용한 결과, 하나님은 모든 것들과 주의 원수들을 높아진 주의 발 아래 놓았다는 사실이 선포된다:

> 주께서 내 주에게 말씀하시기를, "내가 너의 원수들을 너의 발 아래 두기까지 너는 내 우편에 앉아 있으라." (막 12:36=마22:44; 비교, 벧전 3:22).[122]

시편 110:1이 8:6과 결합된 첫 번째 결과는 주로 높아진 예수의 권위가 그의 원수들을 향하여 표현되고 있다는 것이다.

그런데 여기서 중요한 사실 하나는 시편 8:5-6은 원래 인간/아담의 피조세계에 대한 주권과 높아짐을 노래하고 있다는 것이다:

에 인간으로 온 순간부터 예수는 마지막 아담으로 사역했다고 생각할 수 있다. 참고, Wright, *The Climax of the Covenant: Christ and the Law in Pauline Theology*, 33. 비교, Dunn, *The Theology of Paul the Apostle*, 241.

121. Dunn, *Christology in the Making: A New Testament Inquiry into the Origins of the Doctrine of the Incarnation*, 108, 11; Fitzmyer, *First Corinthians: A New Translation with Introduction and Commentary*, 573.

122. 참고, Fitzmyer, *First Corinthians: A New Translation with Introduction and Commentary*, 574.

당신은 그를 하나님보다 약간 낮게 만드셨으나, 당신은 그를 영광과 위대함으로 관 씌우셨습니다. 당신은 그가 당신의 손으로 만든 것들을 통치하게 만드셨습니다. 당신은 모든 만물들을 그의 발 아래 놓으셨습니다.

하나님은 인간/아담을 자신보다 약간 낮게 만드시고 영광으로 덧입힌 후에, 그가 창조한 모든 피조세계를 다스리는 왕으로 세우셨다고 시편 기자는 노래하고 있다. 그러므로 초대교회가 예수의 세상의 주로 높아진 사실을 증거하는 시편 110:1을 아담의 왕권을 노래하는 시편 8:6과 연결시켰을 때, 이 두 성경 구절들의 결합은, 두 번째, 부활 후 높아신 예수의 우주적인 주권을 아담에게 하나님이 주셨던 피조세계에 대한 왕권의 회복으로 설명한다는 것이다.[123] 이 사실을 바울의 제자들 중 하나인 히브리서 기자는 자신의 편지 2:5-9에서 자세하게 변증하고 있다. 바울은 고린도전서 15:27에서 시편 8:6을 인용하면서, 부활 후 주로 높아진 예수이 우주적인 주권을 아담이 상실한 피조세계에 대한 주권의 회복으로 묘사하는 초대교회의 이해에 동의한다.[124] 그리고 고린도전서 15:25에서 바울은 예수의 발 아래 놓여진 피조물들 중, 특별히 그를 대적하는 다양한 종류의 원수들의 존재를 언급한다. 그 중에서도 예수가 정복해야 할 가장 중

---

123. 참고, Dunn, *Christology in the Making: A New Testament Inquiry into the Origins of the Doctrine of the Incarnation*, 108-09; Dunn, *The Theology of Paul the Apostle*, 241-44; Wright, *The Climax of the Covenant: Christ and the Law in Pauline Theology*, 26-35.
124. 물론 바울이 마가보다 시간상으로 선행하므로, 고린도전서 15:25-27이 시편 110과 8에 대한 가장 오래된 기독론적 해석이라고도 볼 수 있다. 참고, Richard B. Hays, *Echoes of Scripture in the Letters of Paul* (New Haven: Yale University Press, 1989), 84; Thiselton, *The First Epistle to the Corinthians: A Commentary on the Greek Text*, 1234.

요한 원수는 바로 아담과 그에게 속한 인류를 굴복시킨 죽음이다(15:25-26).
그리고 놀랍기도 만물을 자신의 발 아래 굴복시킨 예수는 자신을 하나님
께 굴복시켜서 하나님으로 하여금 만물의 참된 주가 되도록 한다(15:28).[125]
이렇게 주 예수가 하나님에 대해서 보이는 완전한 복종은 바로 아담의 타
락의 원인이 되었던 불순종의 죄를 극복한다.[126] 여기서도 역시 마지막 아
담 예수는 첫 아담이 실패한 결과인 사망에서 시작하여, 첫 아담이 실패
한 죄를 극복하고, 첫 아담이 잃어버린 우주적인 주권을 회복한 분으로
이해할 수 있다.[127] 이런 측면에서 볼 때, 15:20-28에 담긴 아담 기독론은
한편으로는 로마서 5:12-21을, 그리고 또 다른 한편으로는 빌립보서 2:6-
11과 그 맥락을 같이 한다고 볼 수 있다.

생령과 생명을 주는 영(15:45-49)

　바울에 의해서 고린도전서 15:35에서 요약되는 부활에 대한 고린도인
들의 의심은 크게 두 가지로 표현된다. 그들의 의심은 '어떻게', 그리고
'어떤 몸'을 가지고 죽은 자들이 다시 살아나게 되는가에 대한 질문들을
품고 있다. 이들의 질문에 답하기 위해서 바울은 15:35-57에서 부활의 몸
은 땅에 심겨진 자연적인 몸이 하늘의 형상에 따른 변화를 통하여 영광과
불멸을 소유한 몸이 되는 것이라고 가르친다. 바울은 35-41절에서 먼저
씨 뿌림과 농사의 비유를 통해서, 그리고 하늘과 땅에 존재하는 다양한

---

125. 15:28에서 사용된 헬라어 표현 πάντα ἐν πᾶσιν은 만물의 원천이요 존재의 목적인
　　하나님의 우주적인 주권을 강조한다고 볼 수 있다. 참고, Thiselton, *The First Epistle*
　　to the Corinthians: A Commentary on the Greek Text, 1239.

126. Dunn, *Christology in the Making: A New Testament Inquiry into the Origins of the Doc-*
　　trine of the Incarnation, 109.

127. 참고, Thiselton, *The First Epistle to the Corinthians: A Commentary on the Greek Text*,
　　1235.

종류의 몸들을 비교하면서, 부활한 몸에 대한 설명을 준비한다. 먼저 부활한 몸이 되기 위해서 인간의 자연적인 몸은 씨앗처럼 땅에 심겨져야 한다. 육체의 죽음과 장사지냄을 바울은 잠을 자는 것과 땅에 심겨지는 것으로 비유적으로 묘사한다. 그리고 이어지는 42-49절에서 바울은 아담을 땅에서 기인한 자로서 땅에 속한 몸들의 패러다임으로, 그리고 마지막 아담 예수를 하늘에서 기인한 자로서 하늘에 속한 몸들의 패러다임으로 제시한다. 이 과정에서 바울은 하늘의 형상을 소유한 예수를 땅으로부터 기인한 아담과 대조되는 마지막 아담이라고 부른다. 따라서 자연적인 몸은 아담에게 속한 인류가 소유하는 몸인데 반하여, 부활의 몸은 마지막 아담에게 속한 인류가 소유할 몸임을 바울은 암시한다. 그리고 마지막으로 50-57절에서 바울은 예수의 재림 시 발생하는 마지막 아담의 형상에 따른 몸의 변화를 성도들의 부활이 품고 있는 신비라고 부른다. 이러한 몸의 변화가 필요한 이유는 예수에게 속한 성도들은 첫 아담의 썩을 자연적인 몸을 소유한 채 태어났기에, 썩지 않을 하나님의 나라를 유업으로 받을 수 없기 때문이다. 이렇게 해서 바울은 고린도인들의 부활에 관한 두 가지 질문들을 아담 기독론을 통해서 상세하게 답변한다. 하나님 나라의 상속자들이 된 성도들에게 부활이 필요한 가장 근본적인 이유는 혈과 육이라는 자연적인 육체를 가지고 썩지 않는 하나님 나라에 들어갈 수 없기 때문이다. 그리고 부활의 몸은 첫 아담으로부터 기인하여 이 땅에 속한 자연적인 몸이 하늘로부터 기인한 마지막 아담의 형상을 따라 변화된 몸이다. 이제 우리는 42-49절에 담긴 부활에 관한 바울의 논의의 근거가 되는 마지막 아담에 관한 바울의 묘사를 아담 기독론적 관점에서 조금 더 집중해서 관찰해 보도록 하자.

　첫 번째, 바울은 15:45에서 먼저 아담과 예수 간에 존재하는 한 섬세한 차이점에 대해서 언급한다. 바울은 창세기 2:7의 "사람은 살아 있는 영이

되었다"를 인용하면서, 첫 번째 사람 아담을 "살아 있는 영"(εἰς ψυχὴν ζῶσαν)
이라고, 그리고 마지막 아담 예수를 "생명을 주는 영"(εἰς πνεῦμα ζῳοποιοῦν)이
라고 칭한다. 물론 바울은 아담에게는 인간의 자연적인 생명을 의미하는
ψυχή를, 그리고 예수의 경우에는 하나님으로 말미암는 생명과 연관이 깊
은 πνεῦμα를 각각 사용한다.[128] 바울서신에서 πνεῦμα는 인간의 영보다도
하나님의 영인 성령에 더 많이 적용되고 있다. 또한 아담은 그 안에 생명
을 가진 모든 인류를 대표하는 첫 번째 살아있는 사람이 된 반면에, 부활
한 예수는 단순히 다시 살아난 존재가 아니라 인류에게 생명을 주는 영이
되었다. 즉 부활한 예수는 죽은 자들을 살리는 하나님의 능력인 성령을
인류에게 부여하는 인류의 생명의 근원이 되었다(롬 8:10-11; 고후 5:5; 비교, 겔
37:9-10).[129] 이 사실은 고린도전서 15:21-22에 담긴 아담과 예수가 인류에게
가져온 두 가지 상이한 효과들에 대한 부연적인 설명을 담고 있다. 15:21-
22에서 바울은 아담이 자신의 죄와 타락을 통해서 사망을 이 세상에 가져
왔고, 그의 결과로 그의 땅에 속한 깨어진 형상을 따라 태어난 그의 모든
후손들은 그와 동일한 죽음과 썩음을 경험해야 한다고 선포한다. 여기서
바울은 인류의 대표자로서 인류의 고난과 비극이 시작이 된 아담에 관한
성서와 묵시적 유대교의 가르침을 그대로 따르고 있다.[130] 그러나 예수는
아담이 인류에게 가져온 죽음을 죄 없는 자로서 하나님의 뜻에 대한 순종
을 통하여 자신의 운명으로 받아들이고(비교, 롬 5:12-21; 빌 2:6-9), 하나님의 부
활을 자신의 죽은 몸에 경험하여 새로운 생명의 패러다임을 형성했다. 새

---

128. 참고, Dunn, *The Theology of Paul the Apostle*, 76-78.
129. 참고, Ibid., 260-64; Thiselton, *The First Epistle to the Corinthians: A Commentary on the Greek Text*, 1283-84.
130. 참고, Dunn, *The Theology of Paul the Apostle*, 79-90; Thiselton, *The First Epistle to the Corinthians: A Commentary on the Greek Text*, 1283.

로운 아담 예수에게 속한 자들은 다 그의 부활의 패턴을 따라 동일한 부활을 자신들의 죽은/죽을 몸에 경험할 것이다. 그러므로 마지막 아담은 첫 아담의 죽음의 패러다임을 극복하는 생명의 패러다임을 인류에게 선사하는 분이다. 여기서 우리는 바울이 자신이 종교적 유산으로 물려받은 아담에 관한 유대 전통을 자신의 기독론적 틀로 새롭게 해석하고 있음을 본다.[131]

그런데 여기서 마지막 아담 예수가 생명을 주는 영이라고 불리는 사실 안에는 두 가지 더 중요한 바울의 기독론적 이해가 담겨 있다. 첫 번째, 부활한 예수의 몸은 바울에 의해서 영이라고 불린다는 사실이다. 여기서 영은, 당시의 헬라인들의 불멸의 영에 대한 일반적인 이해처럼, 단순히 몸이 결여된 영적으로만 존재하는 상태를 가리키는 것이 아니라, 성령에 의해서 새롭게 창조된 영적인 몸을 가리킨다(고전 15:44). 부활한 예수가 소유한 영적인 몸은 아담의 자연적인 몸이 결여하고 있는 영광과 능력, 그리고 썩지 않는 불멸로 채워진 몸이다. 부활한 예수의 영적인 몸은 생령인 아담이 소유한 썩음과 불명예와 약함 속에서 존재하다가 소멸하는 땅에 속한 몸과 대조되는 몸이다. 그러므로 이제 바울은 마지막 아담 예수를 그의 하늘에 속한 부활한 몸을 강조하면서 생명을 주는 영이라고 부르는 데 주저함이 없다. 여기서 우리는 시편 8:4-6에 기록된 하나님이 인간/아담에게 처음 의도한, 그러나 아담이 실패했던, 영광과 주권을 소유한 인류에 관한 계획을 마지막 아담이 다시 회복하는 것을 본다.[132] 마지막 아담

---

131. 물론 우리는 언제부터 바울이 예수를 아담의 이야기 속에서 해석하기 시작했는지에 대해서 질문해 볼 수 있다. 나메섹 도상에서의 부활한 예수와의 만남이 아담의 죽음을 극복한다는 사실에 대한 깨달음이 그의 아담 기독론의 시작임은 분명하다. 그러나 바울의 아담 기독론은 그의 이방인 선교의 과정에서 성숙된 그의 신학함의 결과로 보아야 한다.

132. 참고, Dunn, *Christology in the Making: A New Testament Inquiry into the Origins of the*

예수는 아담의 낮아진 몸으로부터 시작하여 죽음을 경험하고 부활하여 우주의 주로 높아진 후, 아담이 잃어버렸던 하나님의 영광과 능력과 통치를 다시 회복하였기 때문이다. 그리고 두 번째, 영적인 몸을 소유한 예수는 단순히 몸의 부활을 개인적으로만 경험하는 것을 넘어서, 그에게 속한 모든 이들의 죽은/죽을 몸에 부활의 생명과 영광을 부여하는 분이다. 부활의 생명과 영광을 주는 것은 원래 하나님에게만 속한 능력이기에, 예수는 하나님의 능력인 성령을 통해서 부활의 생명과 영광을 먼저 자신의 몸에 직접 경험했다.[133] 예수가 이 땅에 태어났을 때, 그는 아담이 소유했던 썩어짐과 불명예와 약함으로 채워진 죽을 몸을 가지고 존재하기 시작했다. 그러나 그가 아담의 육체가 경험해야만 하는 죽음을 자신의 운명으로 받아들여 순종했을 때, 하나님은 그의 죽은 몸에 생명을 주어 다시 그를 살리셨다. 그리고 부활한 예수는 잠을 자고 있는 자들, 즉 죽은 성도들의 첫 열매라고 불린다(15:20). 그러나 이제 부활한 예수는 단순히 영적인 몸을 개인적으로 소유한 존재를 넘어서, 성령의 주(고전 12:3)가 되어 그에게 속한 모든 자들에게 생명의 성령을 나누어 주는 분이 되었다. 다시 말하면, 부활한 예수는 자신에게 속한 자들이 자신과 동일한 죽음에서 부활로의 변화를 경험하도록, 하나님의 생명의 능력인 성령을 그들에게 나누어 준다. 성도들은 자신들이 경험하는 생명의 능력인 성령을 통해서 생명을 주는 영인 부활한 예수의 임재와 사역을 경험한다. 그러므로 성도들의 경험적 측면에서, 성령과 부활한 예수는 동일한 생명의 체험을 가리킨다. 그러나 예수가 이 땅에 아담의 몸을 입고 와서 생명을 주는 영인 마지막 아담이 된 배경에는 그를 죄악된 육체의 형태로 이 땅에 보낸 하나님 아버

Doctrine of the Incarnation, 112-23; Wright, The Climax of the Covenant: Christ and the Law in Pauline Theology, 26-28.

133. 따라서 바울은 성령을 생명의 성령이라고 부른다(롬 8:2; 비교, 8:10-11).

지의 사랑이 존재한다(ἐν ὁμοιώματι σαρκὸς, 롬 8:3; 갈 4:4-6).[134] 우리는 로마서 5:6-11에서 바울이 새 아담 예수의 성육신과 희생을 인류를 향한 하나님의 은혜의 가장 큰 증거로 제시함을 앞에서 자세히 살펴보았다. 그러므로 빌립보서 2:11에서 바울은 주 예수를 통한 피조물들의 궁극적인 찬양은 하나님 아버지를 향하고 있다고 선포한다.

두 번째, 바울에게 첫 아담과 마지막 아담은 종말론적으로 구분되는 두 시대들에 속한 두 개의 다른 생명들을 대표한다.[135] 첫 아담이 대표하는 생명은 이 세상에 속하여 존재하고 있는 자연적인 인간이 소유한 생명을, 그리고 마지막 아담이 대표하는 생명은 오는 세상에 속한 부활한 인간이 소유할 영원한 생명이다. 첫 아담은 흙으로부터 기인하여 첫 번째 창조된 피조세계를 대표하므로, 그에게 속한 생명을 소유한 자들은 다 저음 창소에 속한 땅으로부터 기인한 몸을 가지게 된다(15:47). 땅으로부터 기인한 아담의 몸은 불명예와 약함 속에 존재하는 썩을 몸이다. 바울은 첫 창조에 속한 아담과 그의 후손들이 소유한 썩을 몸을 "자연적인 몸"이라고 부른다(σῶμα ψυχικόν, 15:44). 그리고 이 자연적인 몸이 소유한 특징들인 썩음과 불명예, 그리고 약함은 땅에 속한 사람의 형상의 특징들이다(15:42-43, 49). 그런데 앞에서 이미 자세히 논의되었듯이, 유대인들의 사상에서 처음 창조된 타락 전 아담은 하나님의 영광으로 덧입혀진 채, 생명나무 열매들에 접근이 허용되는 특권을 누리고 있었다. 다시 말하면, 만약 타락이라는 사

---

134. 예수가 가진 하늘의 몸을 바울은 하늘의 형상(εἰκών)이라고 부른다. 그런데 성육신한 예수가 육체를 입고 존재하기 시작할 때, 바울은 아담의 죄악된 육체의 형상이 아니라, 육체의 형태(ἐν ὁμοιώματι σαρκὸς, 롬 8:3)를 가지고 존재하기 시작했다고 말한다. 우리는 여기서 바울이 성육신한 예수를 아담의 자손으로 간주하는 것을 다소 꺼리고 있음을 알 수 있다.

135. Dunn, *Christology in the Making: A New Testament Inquiry into the Origins of the Doctrine of the Incarnation*, 107; Dunn, *The Theology of Paul the Apostle*, 200.

건이 없었다면, 아담은 계속해서 하나님의 영광 속에 거하면서 불멸의 삶을 누릴 수 있었을 것이다. 그러나 그의 타락은 그에게 의복처럼 덧입혀졌던 하나님의 영광의 상실을 가져왔고, 생명나무 열매로의 접근이 차단되어 죽음을 그 몸에 경험해야만 하는, 즉 자신의 몸의 기원인 흙으로 돌아가야만 하는 비참한 존재로의 전락을 유발했다(비교, 롬 3:23; 8:17, 23). 이러한 유대인들의 아담 이야기에 익숙한 바울은 이 땅의 형상을 소유한 아담에게 속한 모든 인류의 몸은 영광과 생명의 능력이 결여된 불명예스러운 몸이고, 그 몸이 돌아가야 할 정착지는 썩음의 과정을 거친 후 동화될 흙이라고 가르친다. 이 사실은 바울의 아담 기독론적 관점에서 새 아담 예수가 가져올 구원은 아담에게 속한 육체가 경험할 썩음과 불명예를 극복하는 사건, 즉 부활을 경험하는 사건임을 암시한다. 이미 고린도전서 15:24-28에서 바울은 첫 아담이 상실한 피조세계에 대한 왕권을 예수가 회복한 것을 시편 110:1과 8:6의 혼합 인용을 통해서 설명했다. 여기서 마지막 아담이 정복할 마지막 원수는 죽음이고, 죽음의 정복은 그가 성도들에게 허락할 부활의 몸을 통해서 완성된다. 첫 번째 아담이 대표하는 종말론적 시대는 하나님의 영광에서 죽음으로의 인류의 추락으로 특징지어지고, 새 아담이 대표하는 종말론적 새 시대는 죽음에서 하나님의 영광으로의 인류의 회복으로 특징지어진다.

마지막 아담은 새 시대에 속한 새롭게 창조된 세계를 대표하므로, 그에게 속한 생명을 소유한 자들은 다 새 창조에 속한 하늘로부터 기인한 몸을 소유하게 된다. 하늘로부터 기인한 몸은 썩지 않을 몸이고, 죽음을 극복하는 영광과 능력 속에 존재하는 몸이다. 바울은 마지막 아담 예수와 그에게 속한 자들이 소유할 이 몸을 그 자체로 모순적으로 들리는 "영적인 몸"이라고 부른다(σῶμα πνευματικόν, 15:44). 이 영적인 몸이 소유한 썩지 않음과 영광, 그리고 능력은 하늘로부터 온 마지막 아담의 형상의 특징들이

다. 그러므로 아담의 몸은 자연적인 과정을 통하여 이 땅에 태어난 인간
들의 몸에 대한 현재적 패턴을 제공하는 반면에, 부활한 예수의 몸은 부
활의 변화를 통하여 하나님 나라에 속할 성도들의 몸에 대한 미래적 패턴
을 제공한다. 여기서 우리는, 아담 기독론적 관점에서 볼 때, 바울이 이해
하는 구원은 마지막 아담 예수의 하늘로부터 온 형상을 따른 성도들의 몸
의 변화임을 알 수 있다.[136] 이 사실을 바울은 로마서 8:28-30에서 하나님
아들의 형상에로의 동화(συμμόρφους τῆς εἰκόνος τοῦ υἱοῦ αὐτοῦ, 8:28)라는 개념을 통
해서 자세히 설명한다. 하나님의 아들의 형상에로의 동화를 통한 구원의
결과는 첫 아들인 예수를 필두로 한 하나님의 영광스러운 가정의 탄생이
다. 그리고 바울은 고린도후서 4:4에서 하늘로부터 기인한 형상을 하나님
의 영광과 동일시하면서, 부활한 예수의 영광의 몸에 이 하나님의 형상이
머물러 있다고 가르친다(비교, 골 1:15; 3:10). 그러므로 마지막 아담의 영광의
형상, 즉 부활한 예수의 영광을 따른 성도들의 부활한 몸은 바로 하나님
의 영광으로 채워진 몸이 될 것이다. 그들이 경험할 부활의 영광의 몸은
과거 그들이 아담 안에서 하나님의 영광이 결여된 채 살았던 아담의 자손
으로서의 저주받은 삶을 극복하는 것이 된다(비교, 롬 3:23). 이 과정에서 아
담은 모든 타락한 그의 후손들의 죽음의 운명을 결정하는 부정적인 패턴
으로, 그리고 마지막 아담은 그에게 속한 새로운 피조물들이 경험할 영원
한 생명을 결정하는 긍정적인 패턴으로 기능한다.[137] 그리고 마지막 아담
이 시작한 종말론적 시대는 인류가 죽음의 선고에서 하나님의 영광이 의
미하는 영원한 생명으로 전이되는 현상을 포함한다. 여기서 우리는 첫 아
담과 마지막 아담 간에 존재하는 구원론적 대조, 혹은 불연속성을 바울

---

136. 참고, Dunn, *Christology in the Making: A New Testament Inquiry into the Origins of the Doctrine of the Incarnation*, 106.
137. Wright는 여기서 부활한 예수를 회복된 종말론적인 이스라엘을 대표하는 자로 칭

특유의 종말론적 틀 안에서 강조되는 생명의 개념을 통해서 관찰하게 된
다.

세 번째, 생명을 주는 영으로서의 마지막 아담의 능력은 성도들의 죽
은/죽을 몸을 그와 같은 부활의 몸으로 변화시키는 것에 가장 잘 나타난
다. 마지막 아담의 인생 경로는 하늘로부터 기인하여 아담의 영역인 땅으
로 내려와, 땅의 몸을 가지고 땅의 몸이 겪어야 할 죽음을 경험한 후, 부활
을 통하여 다시 하늘로 올라가는 것이다.[138] 그러므로 마지막 아담으로서
의 예수의 사역은, 던의 주장과 달리, 부활한 예수의 사역에만 그치는 것
이 아니라, 그의 전생애를 통한 전인적 사역으로 보는 것이 더 옳다.[139] 그
러나 아담과 마찬가지로, 마지막 아담 예수의 인생 경로는 그 의미가 개
인적인 영역에만 머무는 제한된 것이 아니라, 그에게 속한 모든 땅의 몸
을 소유한 자들의 미래의 인생 경로를 결정하는 우주적인 사건이다. 새
인류가 살아가는 새로운 인생의 경로는 새 아담 예수가 걸어간 순종과 부
활 그리고 높아짐의 길을 그대로 따라가는 것이다. 따라서 새/마지막 아
담에게 속한 자들은 그가 들어간 하나님의 나라로 들어가기 위해서는 하
늘의 형상에 따른 몸의 변화를 그와 같이 필요로 한다. 바울은 고린도전
서 15:50에서 분명하게 혈과 육, 즉 자연적인 인간은 하나님의 나라에 들

한다. 그러나 고린도전서 15장에서 바울은 이스라엘에 대한 어떠한 암시나 전제도
만들지 않고 있다. 아담 기독론을 이스라엘의 메시아적 관점에서 해석하는 Wright
의 해석은 받아들이기 힘들다. 비교, Wright, *The Climax of the Covenant: Christ and
the Law in Pauline Theology*, 35.

138. 바울은 예수 그리스도의 선재성을 여러 곳에서 강조하고 있다. 특히 보냄의 공식
을 통해서 예수를 이 땅에 목적을 가지고 보냄을 받은 하나님의 아들로 묘사하는
곳에서 그의 선재성은 분명해진다(갈 4:46; 롬 8:3; 빌 2:2-11; 비교, 고전 8:6; 고후
5:21). 비교, Dunn, *The Theology of Paul the Apostle*, 266-93.

139. 비교, Dunn, *Christology in the Making: A New Testament Inquiry into the Origins of the
Doctrine of the Incarnation*, 107.

어갈 수 없다고 선포한다. 왜냐하면 썩어 없어질 육체를 지닌 자연적인 인간은 영원히 존속하는 하나님의 나라를 유업으로 무를 수 없기 때문이다.[140] 이에 바울은 씨의 비유를 통해서 죽은 자들의 몸의 부활을 설명하고, 그리고 몸의 변화를 통해서 여전히 예수의 재림 시에 살아 있는 자들의 부활의 몸으로의 변화를 자세히 설명한다. 이 부활의 몸의 변화에 대한 묘사를 위해서 바울은 아담과 마지막 아담에 관한 자신의 아담 기독론적 논의 중에서도 특별히 그들의 몸의 특징들과 대표성의 원리를 사용한다. 부활하기 전 성도들의 몸은 땅이 가진 썩음으로 대변된다. 그러나 부활한 성도들의 몸은 하늘의 특징인 씩지 않음을 덧입는 변화를 지닌 몸이다. 성도들의 이 두 몸들 간에는 연속성과 함께, 불연속성이 존재한다.[141] 이 사실은 부활한 예수의 몸에는 십자가의 못자국이 여전히 존재하고 있었으나, 그의 제자들조차도 부활한 그를 한 번에 알아보지는 못했다는 이유를 잘 설명한다(막 16:12-13; 눅 24:31; 요 20:26-29). 그러므로 바울에게 아담 기독론은 그 자체로도 중요한 신학적 의미가 있지만, 더 나아가 인간을 포함한 모든 피조세계 전체에 영향을 미치는 인류학적 혹은 우주론적 함의도 가지고 있다. 인류의 경험적 측면에서 볼 때, 피조세계에 대한 왕으로 창조된 인류의 운명은 아담을 통해서 생명에서 죽음으로 추락하였으나, 마지막 아담으로 인해 죽음에서 생명으로 인도되고 다시 우주의 주권을 예수와 공유하는 자들로 높아졌다고 볼 수 있다(고전 6:2-3).[142]

---

140. 바울이 말하는 부활의 몸의 변화는 윤리적인 측면에서의 변화를 포함한다. 고린도전서 6:9-10에서 바울은 불의한 자들이 하나님 나라를 유업으로 무를 수 없다고 신포하고 있다(비교, 길 5.21).

141. 참고, Turid Karlsen Seim and Jorunn Økland, *Metamorphoses: Resurrection, Body and Transformative Practices in Early Christianity* (Berlin; New York: Walter de Gruyter, 2009).

142. 참고, Hooker, *From Adam to Christ: Essays on Paul*, 26-41.

그러나 바울은 먼저 성도들의 부활한 몸으로의 변화의 필요성을 위해 서는 죽음이 선행되어야 한다고 가르친다. 부활한 예수도 성육신을 통하 여 아담의 육체를 입고 죽음을 경험한 후에라야 비로소 자신의 몸에 부활 을 경험할 수 있었다. 이 사실을 강조하기 위해서 바울은 씨앗의 비유를 예로 든다(15:36). 땅에 속한 각종 씨앗들이 열매를 맺기 위해서는 필연적 으로 땅에 심겨지는 과정을 거쳐야 한다. 씨앗들이 먼저 땅 속에서 죽지 않으면, 다시 생명의 표현인 열매들을 맺을 수 없기 때문이다. 마찬가지 로, 부활의 변화를 경험하기 위해서 성도들의 몸은 죽음을 통하여 땅에 묻히는 경험을 먼저 해야만 한다. 여기서 바울은 다양한 씨앗들의 열매들 을 그 씨앗들이 하나님으로부터 "새롭게 받은 몸들"이라고 칭한다. 땅에 속한 씨앗들의 다양한 몸들에 대해서 언급한 바울은 곧 하늘에 속한 몸들 에 대해서 논의하기 시작한다(35-41절). 하늘에 속한 몸들은 땅에 속한 몸들 과는 구분되는 영광을 가지고 있고, 심지어 하늘에 속한 몸들 간에도 상 호 다른 종류의 영광들이 존재한다. 곧이어 바울은 이러한 농경과 천체에 속한 몸들에 관한 논의로부터 땅과 하늘에 속한 인간의 몸들로 독자들의 관심을 돌린다(42-49절). 여기서 바울은 하늘과 하늘에 속한 몸은 마지막 아 담이, 그리고 땅과 땅에 속한 몸은 첫 아담이 대표한다고 말한다. 이 사실 은 땅에서 기인한 성도들의 몸이 예수와 함께 하늘에 거하기 위해서는, 죽음을 경험한 후 하늘의 몸으로의 변화를 경험해야만 함을 알려준다. 하 늘에 속한 하나님의 나라는 썩지 않는 것이기에 썩어 없어질 성도들의 땅 의 몸은 그 나라에 거하기에 부적합하기 때문이다. 바울은 하나님의 나라 에 적합한 성도들의 몸의 가장 중요한 특징은 썩지 않음으로 덧입혀지는 변화라고 말한다. 그리고 성도들의 몸의 변화는 예수의 재림 시 그들이 경험할 특별한 성령의 사역의 결과이다. 물론 예수의 재림의 날이 오기까 지 성도들은 그리스도의 형상에 따른 내면적인 변화를 경험해야만 한다

(비교, 롬 12:1-2). 이처럼 바울이 아담과 마지막 아담의 자연적인 몸과 영적인 몸에 적용하는 두 헬라어 단어 ψυχικόν과 πνευματικόν은 윤리적인 의미를 함축하고 있다.[143]

　만약 예수의 재림 시 성도들이 죽어 잠자고 있다면, 그들의 몸은 땅에 묻힌 씨앗처럼 새로운 생명을 발아하기 위해서 준비하고 있는 중이다. 땅에 심겨진 씨앗처럼 그들의 죽은 몸은 곧 새로운 생명을 경험하여 다시 일어나고 부활의 몸의 탄생을 경험할 것이다. 물론 예수의 재림 시 죽지 않고 여전히 살아 있는 성도들의 몸도, 비록 자신들의 육체에 죽음을 경험하지 못한다 할지라도, 동일한 부활의 변화를 그들의 몸에 경험할 것이다. 부활의 변화는 자신들이 태어나면서 소유하게 된 아담의 땅의 형상 위에 마지막 아담의 하늘의 형상으로 덧입힘을 받는 것이다(고전 15:53-54). 여기서 바울은 부활한 몸이 바로 부활하기 전의 몸과 연속성을 가지고 있음을 강조하기 위하여, 헬라어 단어 τοῦτο를 연속해서 네 번 사용한다. 다시 말하면, 성도들의 부활에서 불명예와 약함과 죽음을 경험하고 썩어져야 할 그들의 자연적인 몸이 소멸되고 새로운 몸이 창조되는 것이 아니라, 그들의 자연적인 몸이 예수의 영적인 몸이 소유한 영광과 강함과 썩지 않는 영생으로 덧입혀지는 것이다. 여기서 바울은 땅과 하늘에 속한 몸들을 통해서 첫 번째 창조세계를 부활 전의 직접적인 배경으로 언급했기에, 부활의 변화는 마지막 아담을 통한 옛 창조의 질적인 변화를 통한 새로운 창조의 사건으로 간주할 수 있다.[144] 그리고 여기서 놀라운 점 한

143. Witherington, *Conflict and Community in Corinth: A Socio-Rhetorical Commentary on 1 and 2 Corinthians*, 308. 참고, Johnson, "Transformation of the Mind and Moral Discernment in Paul," 215-36; Thiselton, *The First Epistle to the Corinthians: A Commentary on the Greek Text*, 1286.
144. Legarreta, "The Figure of Adam in Rom 5:12-21 and 1 Cor 15:21-22, 45-49: The New Creation and Its Ethical and Social Reconfigurations," 180.

가지는, 썩을 몸이 썩지 않음을 입는 순간, 첫 아담의 몸을 통치해 온 죽음의 권세가 그 자신에게 임하는 죽음을 경험하게 된다는 것이다. 이 사건은 인류의 죄를 위해서 희생의 제물로 드려진 아들을 인하여, 죄를 근거로 인류를 다스려온 사망이 더 이상 변화된 인류에게 어떠한 영향력도 행사할 수 없게 되었음을 의미한다. 이 사실은 십자가 위에서 예수가 죽음을 당했을 때, 사실은 예수의 죽음을 통하여 인류를 다스려 온 죄와 사망이 죽임을 당했음을 암시해준다. 이에 바울은 고전 15:54-57에서 이사야 25:6-10과 호세아 13:14를 인용하면서, 부활의 변화를 통하여 죽음을 극복하는 승리를 가져온 주 예수 그리스도를 인하여 하나님께 감사함으로 자신의 부활의 몸에 대한 논의를 마무리한다.[145] 그러므로 이 본문에서 바울은 마지막 아담 예수의 최종적인 사역은 아담이 인류에게 가져온 타락의 결과로서의 사망을 정복하는 것임을 분명히 한다. 이런 면에서 볼 때, 바울이 다메섹에서 죽음을 극복한 부활한 예수를 만난 경험은 그의 아담 기독론의 형성을 이끈 가장 중요한 신학적 요소들 중 하나였음을 우리는 부인할 수 없다.

결론

고린도교회에 보내는 바울의 첫 번째 편지는 다양한 실질적이고 목회적인 문제들에 대한 그의 답변들을 포함하고 있다.[146] 교회의 역사상 가장

---

145. 참고, Thiselton, *The First Epistle to the Corinthians: A Commentary on the Greek Text*, 1299-301; Fee, *The First Epistle to the Corinthians*, 803-04.

146. 여기서 본 저자는 고린도전서를 우리가 현재 소유하고 있는 그의 첫 번째 편지로 간주한다. 물론 고린도전서 이전에도 바울과 고린도교회는 여러 차례 상호 편지를

많은 성령의 은사들을 체험한 교회들 중 하나인 고린도교회는, 아이러니하게도, 몸과 연관된 많은 윤리적인 문제들로 인해서 어려움을 겪고 있었다. 이에 바울은 고린도전서를 통해서 이들의 목회적 문제들에 대한 자신의 해답을 제시하고자 한다. 그런데 바울은 15장에 이르러 갑자기 신학적으로 가장 무거운 주제들 중 하나인 부활에 대해서 논의하기 시작한다. 14장까지는 실질적인 교회의 문제들만이 논의되었다는 측면에서 볼 때, 15장에 등장하는 부활의 주제는 다소 급작스럽게 느껴진다. 그러나 바울의 관점에서 볼 때, 고린도교회의 많은 목회적 문제들은 그들이 부활에 대해서 가지고 있는 오해와 몸의 중요성에 대한 간과로부터 말미암았다. 이에 바울은 자신이 가장 먼저 고린도교회에서 가르쳤고, 또 고린도교회가 자신과 함께 믿은 예수의 죽음과 부활에 대한 초대교회의 오랜 전통을 인용하면서, 부활에 대한 자신의 논증을 시작한다. 여기서 바울은 그들의 죄를 위한 예수의 죽음과 장사지냄, 그리고 부활은 열두 사도들과 500여 명의 많은 제자들, 그리고 바울 자신이 직접 목격한 역사적인 사실임을 분명하게 강조한다. 그리고 바울은 고린도인들의 회심과 현재 구원받은 상태, 그리고 미래의 소망도 예수의 부활에 그 뿌리를 두고 있음을 알려준다. 만약 부활이 없다면 그리스도가 살아나지 못했을 것이고, 만약 그리스도가 살아나지 못했다면 사도들의 증거는 거짓이 될 것이고, 그렇게 되면 고린도인들의 믿음도 헛된 것으로 판명날 것이다. 그러므로 바울의 관점에서 볼 때, 고린도인들의 부활에 대한 의심은 자신들의 믿음과 정체성을 송두리째 허물고자 하는 어리석은 자해행위일 뿐만 아니라, 사도들의 증거를 부인하고 예수를 이 땅에 보낸 하나님의 은혜를 무효화하는 지극히 위험한 행동이다.

교환하였다.

406 바울의 아담 기독론과 새 관점

그러므로 부활이 없는 상황에서 발생할 수 있는 온갖 부정적인 결과들에 대한 경고를 통해서 부활에 대한 확신성을 변증한 바울은 부활에 대한 고린도인들의 두 가지 질문들에 대해서 상세한 답변을 제공하기 원한다. 고린도전서 15:20-58에 걸쳐서 바울은 부활한 몸의 특징들에 대해서 자세히 묘사하고, 어떤 방식으로 이 부활이 발생하는지를 자세하게 설명한다. 그런데 바울은 이 두 가지 질문들에 대한 해답을 제공하기 위해서 자신이 유산으로 물려받은 아담에 관한 유대적 전통을 기독론적으로 재해석한다.[147] 이로써 탄생한 아담 기독론을 통해서 바울은 부활의 몸은 아담의 형상을 지닌 땅에 속한 몸이 마지막 아담의 하늘의 형상을 입은 몸으로 변화되는 것이라고 가르친다. 첫 아담은 땅에서 기인하였기에 불명예와 약함을 소유하여 썩어 없어질 땅에 속한 몸을 가졌다. 바울은 이 첫 아담의 몸을 자연적인 몸이라고 부른다. 그리고 이 자연적인 몸의 가장 큰 특징은 사망을 경험해야 한다는 것이다. 사망은 아담이 죄를 지은 결과로 세상에 들어왔다. 그리고 아담의 죄를 따라 아담 안에서 태어나고 사는 자들은 다 죽음을 자신들의 몸에 경험해야만 한다.

그러나 바울은 처음 창조에 속하여 죽음 아래 갇힌 인류를 향한 하나님의 새로운 창조의 계획이 있음을 본다. 이러한 인류를 향한 구원의 계획은 하나님의 은혜를 의미하기에, 바울은 항상 예수 그리스도의 구원의 사역을 통해서 하나님께 영광을 돌려드린다. 하나님의 새로운 창조는 마지막 아담인 예수를 통해서 성취되고, 그의 새로운 창조의 핵심적인 사역

---

147. 물론 아담 기독론적 이해는 바울이 고린도전서를 쓰는 당시에 새롭게 그가 생각해 낸 것이 아니다. 바울은 아담과 연관하여 예수의 죽음과 부활의 의미를 다양한 각도로 미리 생각해보았을 것이고, 고린도교회의 특별한 목회적 상황이 그의 아담 기독론적 논의를 더 엄밀하게 발전시켰을 것이다. 바울의 아담 기독론의 시작과 발전 과정에 대해서 우리는 이 책의 마지막 결론에서 조금 더 자세하게 고민해 볼 것이다.

은 죽음을 이기는 부활의 몸을 성도들 안에서 창조하는 것이다. 부활의 몸은 하늘로부터 기인한 마지막 아담이 소유한 하늘의 형상에 따라 새롭게 창조된 변화된 몸이다. 예수가 소유한 하늘의 형상의 특징은 영광과 강함과 불멸성이다. 그러므로 마지막 아담 예수에게 속한 인류는 예수와 같은 불멸의 몸을 가지고 하나님 나라를 유업으로 상속받을 것이다. 그러나 바울은 여기서 고린도인들이 제기한 두 번째 문제, 즉 부활의 몸이 어떻게 가능한가에 대해서도 답변해주기 원한다. 바울은 씨앗의 비유를 통해서 몸이 죽어 땅에 묻혀야만 비로소 새로운 생명을 가진 부활의 몸이 탄생할 수 있다고 가르친다. 첫 아담의 땅에 속한 몸이 땅에 묻혀서 썩을 때, 그 곳에서 마지막 아담의 하늘에 속한 몸이 탄생한다는 것이다. 그러나 이 과정에서 바울은 혈과 육으로 대변되는 아담에게 속한 자연적인 몸에서 영의 몸으로의 변화가 필수적임을 알려준다. 아담에게 속한 자연적인 몸이 경험할 영적인 변화는 썩지 않음을 그 위에 덧입는 것이다. 이 변화가 바로 하늘에 속한 부활의 몸이 지닌 가장 현저한 특징이다.

이처럼 고린도전서 15장에서 바울은 자신의 아담 기독론적 틀을 통하여 성도들이 경험할 부활과 부활의 몸의 변화와 특징들을 상세하게 묘사하고 있다. 여기서 바울은 첫 아담을 하나님이 세상의 왕으로 창조한 피조물임을 전제하는 동시에, 마지막 아담은 땅이 아니라 하늘로부터 기인한 하나님의 아들임을 분명히 한다. 만약 예수가 땅으로부터 기인한 아담의 자손에 불과하다면, 그는 아담이 인류에게 가져온 사망의 권세를 정복하지 못하고 대신 그 권세 아래 굴복해야만 한다. 그리고 바울은 첫 아담이 죄를 통하여 사망을 이 땅에 가져왔음으로, 그 안에서 태어나 그에게 속한 모든 인류는 다 죄와 죽음을 동일하게 경험할 것이라고 말한다. 이에 반하여, 마지막 아담은 자신의 순종의 죽음과 부활을 통하여 죄와 사망을 극복하고, 자신에게 속한 모든 자들도 자신처럼 부활에 이르게 해

줄 것이다. 이에 바울은 아담을 단순히 생령으로, 그러나 마지막 아담을
생명을 주는 영으로 칭한다. 여기서 바울은 아담과 마지막 아담은 그들에
게 속한 인류의 경험에 대한 운명적인 패턴을 제공할 뿐만 아니라, 상호
대조되는 종말론적 시대를 여는 인류의 대표자들이라고 선포한다. 아담
은 하나님이 부여한 피조물에 대한 왕권과 영광을 상실하고 죽음과 허무
가 다스리는 시대를 열었다. 그러나 마지막 아담은 아담의 시대에 침입하
여 죽음을 극복하고 부활하여 그가 잃어버렸던 우주적인 주권과 영광을
회복하였다.[148] 뿐만 아니라, 아담과 마지막 아담의 행위들은 자신들의 개
인적인 영역에만 영향을 미치는 제한된 경험이 아니라, 자신들에게 속한
모든 인류의 운명을 바꾸어 놓는 종말론적 기능을 한다. 이런 면에서 아
담과 마지막 아담은 자신들의 행동을 통해서 그들에게 속한 인류와 그들
의 운명을 결정짓는 인류의 대표자들이다. 이처럼 바울에게 아담에 관한
이야기는 그의 신학의 가장 밑바닥에 놓인 핵심적인 전제들 중 하나이고,
그의 아담 기독론은 그의 신학 전체를 지탱하는 핵심적인 토대로 기능한
다.

---

148. 빌립보서 2:6-11을 통해서 볼 때, 예수가 획득한 우주적인 주권은 아담이 소유했던
피조물에 대한 왕권을 훨씬 능가한다. 왜냐하면 예수의 우주적인 주권은 땅에 있
는 존재들뿐만 아니라, 땅 아래와 하늘에 속한 모든 자들을 굴복시키는 능력이기
때문이다. 물론 예수의 우주적인 주권에 하나님은 포함되지 않는다. 도리어 만물을
굴복시킨 예수는 자신을 하나님 아버지께 굴복시킴으로써 하나님께 영광을 돌려
드린다(비교, 고전 15:28).

제8장
예수와 하나님의 영광의 형상
그리고 새 언약의 사역
(고후 3-5장)

앞에서 우리는 고린도전서에 나타난 바울의 부활에 대한 가르침을 아담 기독론적 관점에서 자세히 살펴보았다. 바울은 아담과 예수를 대조하면서, 아담이 땅에서 기인하여 땅의 형상을 소유한 자인 반면에, 예수는 하늘에서 기인하여 하늘의 형상을 소유한 자라고 주장한다. 아담에게 속한 인류는 아담의 땅의 형상이 지닌 약함과 불명예, 그리고 죽음을 특징으로 하는 연약한 몸을 소유하고 있다. 그러나 인류가 아담에게서 마지막 아담 예수에게로 자신들의 소속을 옮기면, 그들은 마지막 아담 예수의 하늘의 형상에 따른 영광스러운 변화를 경험하게 된다. 마지막 아담 예수가 소유한 하늘의 형상의 특징은 강함과 영광, 그리고 영생이다. 그러나 성도들이 하늘의 형상에 따른 변화를 경험하는 시기는 그들의 육체가 죽음을 경험하고 난 후, 예수의 재림과 함께 찾아올 종말론적 부활의 때이다. 이때, 마치 땅에 심겨진 씨앗이 꽃을 피워 나무로 자라가듯이, 죽어 땅에 묻힌 성도들의 몸도 하늘의 영광을 덧입고 새로운 부활의 몸으로 변화될 것이다. 이번 장의 주제가 되는 고린도후서 3-5장에서도 바울은 고린도전서와 유사한 부활에 대한 가르침을 하나님의 형상인 예수와 새 언약의 관점을 통해서 설명한다. 그러나 고린도후서에서 바울은 예수의 재림의 날에 경험할 부활의 영광스러운 변화가 이미 성도들의 현재의 체험에서 시작되었다고 가르친다. 질그릇과 같은 아담에게 속한 육체가 경험할 부활은 미래에 속한 사건이지만, 새 창조의 영인 성령을 모시고 사는 성도들의 속사람은 이미 시작된 새 창조의 영광스러운 변화를 경험하고 있다. 이에 바울은 그리스도에게 속한 자들은 다 새로운 피조물이며, 그들에게는 모든 옛 것들은 다 지나갔고 모든 것이 다 새롭게 되었다고 선포한다(고후 5:17). 이처럼 고린도후서에서 바울은 이방인 성도들의 영광스러운 변화의 현재성을 강조함으로써, 자신의 이방인 성도들을 향한 새 언약의 정당성을 방어하고자 한다. 바울은 자신의 고난에 찬 연약한 육체와 추천서를 보여주지 못한 사실을 근거로 자신을 공격하는 대적들의 공격을, 자신의 새 언약의 사역이 고린도인들에게 가져온 영광스러운 변화라는 객관적인 증거를 통해서 무력화시키고자 한다. 그러므로 이번 장에서 우리는 (1) 고린도후서 2:14-5:10에 대한 해석학적 분석을 실행한 이후, (2) 이 본문에 담긴 영광스러운 변화와 부활에 관한 바울의 가르침에 대해서 조사해보고, (3) 이 가르침이 담고 있는 아담 기독론적 의미에 대해서 자세히 고찰해보고자 한다.

고린도후서 2:14-7:4의 구조적 분석

고린도후서가 하나의 편지인지, 아니면 바울이 고린도교회에 보낸 여러 개의 편지들로 재구성된 편집된 편지인지에 대해서 바울 학자들은 뜨겁게 토론해 왔다. 바울 학자들은 고린도후서가 2개(1-9장과 10-13장), 3개(1-8

장, 9장, 10-13장), 5개, 혹은 13개의 편지들로 구성된 편지라고 주장한다.[1] 그
러나 학자들이 고린도후서의 구조적 본질에 관해서 어떤 견해를 취하든
지 간에, 아담 기독론적 논의가 함축된 3:1-5:10을 포함하는 2:14-7:4는 하
나의 편지를 구성하는 독립체로, 혹은 독립적인 구조를 지닌 한 편지의
일부분으로 간주된다.[2] 고린도후서 2:14-7:4는 디도에 대한 바울의 걱정을
담은 두 본문들인 2:13과 7:5-6에 의해서 감싸인 채, 한 독립된 본문으로
고린도후서 안에 잘 보존되고 있다. 이 사실은 고린도후서 2:14-5:10에 집
중된 우리의 해석학적 논의가 고린도후서의 구성에 대한 학자들의 평가
에 의해서 별로 큰 영향을 받지 않는다는 것을 알려준다.[3]

고린노후서 2:14-7:4에서 바울은 이방인의 시도로서의 자신의 사역을
다양한 각도에서 변호하고자 한다. 고린도교회를 찾아온 그의 대적자늘
은 그의 복음이 모호하고, 예루살렘 교회로부터의 추천서를 소유하지 않
았으며, 금전문제에 있어서 정직하지 못하다고 바울을 비판했다.[4] 사도 바
울이 예수이 처음 열두 제자에 포함되지 않았다는 사실은 유대인 출신 제

---

1. 참고, Murray J. Harris, *The Second Epistle to the Corinthians: A Commentary on the Greek Text*, NIGTC (Grand Rapids: Eerdmans Co., 2005), 8-10; Paul Barnett, *The Second Epistle to the Corinthians*, NICNT (Grand Rapids: Eerdmans, 1997), 15-26.

2. Harris, *The Second Epistle to the Corinthians: A Commentary on the Greek Text*, 11-13; M. Mitchell, "Paul's Letters to Corinth; the Interpretative Intertwining of Literary and Historical Reconstruction," in *Urban Religion in Roman Corinth: Interdisciplinary Approaches*, ed. Daniel N. Schowalter and Steven J. Friesen (Cambridge, Mass.: Harvard Univ. Press, 2005), 312-21; M. Mitchell, "The Corinthian Correspondence and the Birth of Pauline Hermeneutics," in *Paul and the Corinthians: Studies on a Community in Conflict: Essays in Honour of Margaret Thrall*, ed. Trevor J. Burke and J. K. Elliott (Leiden; Boston: Brill, 2003), 33-36.

3. 참고, Harris, *The Second Epistle to the Corinthians: A Commentary on the Greek Text*, 137-45.

4. 참고, Margaret Mary Mitchell, *Paul, the Corinthians, and the Birth of Christian Hermeneutics* (Cambridge; New York: Cambridge University Press, 2010), 68.

자들의 지속적인 공격 원인으로 기능했다. 안타깝게도, 바울이 자신의 2차 전도여행 중에 직접 세웠던 고린도교회조차도 바울과 그의 사도성에 대한 대적들의 공격에 동참하게 되었다. 고린도전서가 기록될 당시에 고린도교회는 심각한 내분을 경험하고 있었고, 고린도인들은 세례를 통하여 맺어진 특정한 사도들과의 관계를 토대로 자신들이 속한 집단의 권위를 획득하고자 했다. 일부 고린도인들은 바울과의 연계성을 통해서 자신들의 입지의 정당성을 확립하려 했지만, 그들과 반대편에 선 다른 무리들은 사례비와 결혼에 대한 바울의 태도를 문제 삼아 그의 사도성을 훼손시키려 했다(고전 1:12-13; 9:1-7; 15:1-11).[5] 바울은 복음을 값없이 제공하기 위하여 고린도교회로부터 오는 어떠한 재정적인 지원도 거부하였고(고전 9:18), 복음 사역에 방해받지 않고 전념하기 위하여 독신의 은사를 선호했다(7:32). 바울은, 다른 사도들과 마찬가지로, 자신도 부활한 예수를 만나고 그에 의해서 복음을 전하는 사도로 세워지는 하나님의 은혜를 경험했다고 주장하면서, 자신의 사도성을 적극적으로 변호했다(15:10-11). 이 부분에 대해서 우리는 앞 장에서 자세히 살펴보았다.

그러나 고린도후서에서 우리는 외부로부터 고린도교회를 방문한 거짓 사도들이 고린도교회를 다시 책동하여 그의 사도성을 공격하고 있는 것을 관찰한다.[6] 아마도 예루살렘 교회로부터 온 유대인 출신 선생들은

5.   참고, Simon S. Lee, *Jesus' Transfiguration and the Believers' Transformation: A Study of the Transfiguration and Its Development in Early Christian Writings*, WUNT2 (Tübingen, GermaNew York: Mohr Siebeck, 2009), 57.
6.   고린도후서에서 발견되는 바울의 대적자들의 정체에 대한 논의에 대해서는 다음을 참고하라. John J. Gunther, *St. Paul's Opponents and Their Background. A Study of Apocalyptic and Jewish Sectarian Teachings*, Novum Testamentum Supplements, (Leiden,: Brill, 1973); Harris, *The Second Epistle to the Corinthians: A Commentary on the Greek Text*, 67-86; Victor Paul Furnish, *2 Corinthians*, 1st ed., The Anchor Bible (Garden City, N.Y.: Doubleday, 1984), 49-51.

바울이 고린도교회에 추천서를 제시하지 않은 것을 문제 삼으면서, 그는
예루살렘 교회에 의해서 인정받지 못한 거짓 사도라고 주장했던 것 같다
(고후 3:1).[7] 그들은 바울의 가르침은 분명하지 않고 마치 베일을 덮은 것처
럼 가려져 있다고 비난했고(4:3), 심지어는 바울이 미쳐서 제정신이 아닌
상태에 있다고 주장했다(5:13). 또한 고린도후서를 기록할 당시 바울은 복
음 사역으로 인한 다양한 육체적 고난과 죽음의 위협을 인하여 심각한 건
강상의 문제를 경험하고 있었다(1:8-11; 4:8-12; 5:4-10; 6:9; 7:4-10). 이에 바울의
대적들은 바울이 경험하고 있는 현재의 고난과 질병은 그의 거짓됨에 대
한 하나님의 징벌의 결과라고 근거없이 그를 정죄했다.[8] 대적들이 공격에
직면한 바울은 그들이 보수를 위하여 일하는 거짓 말씀의 일꾼들이고
(2:17), 자신들의 양심을 속이고 복음의 진리를 곡해하는 자들이며(4:2), 마
음이 아니라 외모를 자랑하는 자들이라고 반박한다(5:12). 또한 바울은 그
들이 자신들이 행한 기적들을 자랑하면서, 그리스도의 고난이 결여된 헛
된 영광을 추구하는 거짓 사도들이라고 비판한다(10:7, 10-12; 11:18; 12:11).[9] 바

---

7. 참고, Barnett, *The Second Epistle to the Corinthians*, 34; Linda Belleville, *Reflections of Glory* (New York: Bloomsbury, 1991), 212.

8. Paul Brooks Duff, "Transformed 'from Glory to Glory': Paul's Appeal to the Experience of His Readers in 2 Corinthians 3:18," *Journal of Biblical Literature* 127, no. 4 (2008): 763.

9. 물론 이 본문에 언급된 거짓 사도들과 2-7장에서 바울이 공격하는 대적들이 같
    은 자들인지에 대한 의문이 남는다. 그러나 이 두 무리들의 특징은 아주 유사하
    기에, 본 저자는 두 무리가 동일한 그룹일 것이라고 추정한다. 참고, Thomas R.
    Blanton, "Spirit and Covenant Renewal: A Theologoumenon of Paul's Opponents in 2
    Corinthians," ibid.129, no. 1 (2010): 129-51; Jeremy W. Barrier, "Visions of Weakness:
    Apocalyptic Genre and the Identification of Paul's Opponents in 2 Corinthians 12:1-
    6," *Restoration Quarterly* 47, no. 1 (2005): 33-42; Jerry L. Sumney, *Identifying Paul's
    Opponents: The Question of Method in 2 Corinthians*, Journal for the Study of the New
    Testament Supplement Series, (Sheffield, England: JSOT, 1990).

울이 고린도후서 3장에서 자신의 사역과 모세의 사역을 비교하면서 자신의 사도성을 방어하고 있다는 사실은 거짓 사도들이 모세의 가르침과 권위를 자신들의 정체성과 가르침의 중요한 토대로 사용한 유대인 출신 성도들이었다는 사실을 암시한다.[10] 물론 고린도후서에서 할례를 포함한 유대인들의 예식에 대한 가르침은 갈라디아서나 로마서처럼 그렇게 중요하게 논의되고 있지 않다. 아직 고린도교회는 갈라디아 교회처럼 유대주의자들의 공격에 그렇게 깊이 노출되지는 않았던 것으로 추정된다.

고린도교회와 그들을 방문한 거짓 사도들의 공격에 직면한 바울은 자신의 독특한 기독론적 이해 속에서 자신의 사도성과 이방인 사역을 고린도후서 2-7장에 걸쳐서 적극적으로 변호한다. 고린도후서 2:14-7:4는 사도로서의 자신의 사역에 대한 바울의 가장 개인적이고도 애정이 담긴 논의를 담고 있는 편지이다. 자신의 사도로서의 사역에 대한 변론의 시작에서 바울은 먼저 자신을 주 예수 그리스도의 종이요, 하나님을 위한 그리스도의 향기라고 칭한다(2:15; 4:5). 그리고 바울은 대적들이 제시한 추천서의 개념을 성령을 포함한 새 언약의 사역으로 전환하면서, 자신의 새 언약 사역을 모세의 옛 언약 사역보다도 훨씬 우월한 것으로 제시한다(3:1-18). 바울은 말씀으로 사업을 행하는 자들은 자신이 아니라 자신의 대적들이라고 주장하면서, 자신은 하나님의 복음에 관한 지식을 전달하도록 하나님의 은혜로 부름받은 자라고 선포한다(4:6). 여기서 바울은 자신을 추천하는 자는 예루살렘 교회와 사도들을 포함한 인간이 아니라, 하나님과 그리스도임을 분명히 한다. 바울이 행하는 새 언약의 사역의 우월성에 대한 논의를 담고 있는 2:14-4:6은 2:14-7:4의 첫 번째 주요 본문을 형성한다. 그리고 2:14-7:4의 두 번째 주요 본문인 4:7-5:10에서 바울은 참된 그

10. 참고, Lee, *Jesus' Transfiguration and the Believers' Transformation: A Study of the Transfiguration and Its Development in Early Christian Writings*, 52.

리스도의 사역에 내재된 고난과 그 고난이 바라보는 영원한 영광의 부활
에 대해서 묘사한다. 여기서 바울은 자신의 대적들이 그가 경험하고 있는
고난과 죽음의 위협을 그의 사도성에 대한 도전으로 간주하는 것에 대해
서 적극적으로 반론하고 있다. 바울은 자신의 고난은 그리스도의 복음의
능력이 나타나는 통로가 되고, 자신의 죽음은 그리스도의 생명과 부활이
드러나는 사역이 된다고 반박한다. 그리고 2:14-7:4의 세 번째 주요 본문
인 5:11-6:10에서 바울은 그의 사역에 대한 동기(5:11-15), 그가 전하는 복음
의 메시지의 핵심(5:16-6:2), 그리고 그의 새 언약의 사역이 실행되는 모습
과 연관된 여러 특징들에 대해서 묘사한다(6:3-10). 바울은 자신이 죽음을
무릅쓰면서까지 예수의 복음을 전하는 이유는 그 복음 안에 담긴 그리스
도이 사랑 때문이라고 주장한다. 또한 그가 선하는 복음의 메시지에는 죄
없는 그리스도의 죽음을 통하여 세상과 자신을 화목하게 하기 원하는 하
나님의 선한 의도가 담겨 있다고 가르친다. 바울은 예수의 복음이 품은
이러한 하나님의 사랑의 메시지의 탁월성을 인하여, 자신은 복음을 전하
는 중에 경험한 모든 고난과 무시와 괴로움과 핍박을 견뎌낼 수 있었다고
고백한다. 그리고 2:14-7:4의 마지막 주요 본문인 6:11-7:4에서 바울은 참
된 사역자들인 자신과 자신의 선교팀을 고린도교회가 합당하게 대우할
것을 요청한다.[11] 고난 중에서도 그리스도의 복음을 고린도인들에게 전달
한 바울과 그의 동역자들이 보여준 사랑의 헌신에 상응하는 방식으로, 고
린도인들도 그들을 향한 사랑의 반응과 복음에 합당한 거룩한 삶을 살아
야 한다고 바울은 가르친다.

위의 분석을 근거로 해서 볼 때, 우리의 관심 본문이 담긴 고린도후서

---

11.   참고, Harris, *The Second Epistle to the Corinthians: A Commentary on the Greek Text*,
      240-41, 338, 411, 86-87. 비교, George H. Guthrie, *2 Corinthians* (Grand Rapids, Michi-
      gan: Baker Academic, 2015), 151.

2:14-7:4의 구조는 대략 다음과 같이 나열해 볼 수 있다:[12]

    1. 바울의 새 언약 사역의 우월성(2:14-4:6)

        1) 바울의 사역과 사도적 적합성(2:14-3:6)

        2) 두 가지 사역들과 그 대상들(3:7-18)

            (1) 두 사역들: 옛 언약의 사역과 새 언약의 사역(3:7-11)

            (2) 두 대상들: 모세와 바울, 그리고 이스라엘과 교회(3:12-18)

        3) 바울의 사역과 복음의 내용(4:1-6)

    2. 바울의 사역에 포함된 고난과 영광의 소망(4:7-5:10)

        1) 복음과 고난(4:7-15)

        2) 복음과 영원한 영광(4:16-18)

        3) 부활의 소망(5:1-10)

    3. 바울의 사역의 본질과 특징(5:11-6:10)

        1) 바울의 사역의 동기(5:11-15)

        2) 바울이 전하는 복음의 핵심 메시지(5:16-6:2)

        3) 바울의 사역이 실행되는 특징들(6:3-10)

    4. 바울의 사역에 따른 고린도인들의 합당한 반응 요청(6:11-7:4)

---

12. 참고, Guthrie, *2 Corinthians*, 50-51; Jan Lambrecht, *Second Corinthians*, Sacra Pagina Series (Collegeville, Minn.: Liturgical Press, 1999), 9-11; Calvin J. Roetzel, *2 Corinthians*, Abingdon New Testament Commentaries (Nashville: Abingdon Press, 2007), 7-10; Barnett, *The Second Epistle to the Corinthians*, 51-52.

바울의 새 언약 사역의 우월성(고후 2:14-4:6)

고린도후서에서 우리의 관심사인 아담 기독론과 깊은 연관이 있는 두 본문으로 2:14-4:6과 4:7-5:10을 들 수 있다. 따라서 이어지는 논의에서 우리는 이 두 본문들에 대한 해석학적 분석을 먼저 시도한 후, 아담 기독론적 관점에서 아담의 이야기와 연관된 바울의 예수 이해에 대해서 조사해보고자 한다. 우리의 첫 번째 관심 본문인 2:14-4:6에서 바울은 자신이 고린도인들을 포함한 이방인들을 위해서 수행한 '새 언약 사역의 우월성'과 자신의 '사도적 적합성'에 대해서 방어하고자 한다. 바울은 자신의 새 언약 사역의 우월성을 크게 세 가지 방식으로 나누어서 설명한다: (1) 바울의 복음 사역과 그 사역에의 적합성(2:14-3:6), (2) 옛 언약과 새 언약의 두 가지 사역들의 비교(3:7-19), 그리고 (3) 바울의 복음 사역과 그 복음의 내용(4:1-6).[13] 고린도후서 2:14-4:6을 이렇게 삼등분으로 구분하는 가장 중요한 단서들 중 하나는 본문에서 발견되는 '우리'의 정체가 누구를 지칭하는지의 여부이다. 2:14-3:6과 4:1-6에서 '우리'는 좁은 의미에서 바울과 그의 전도팀을 지칭하는 반면에, 3:7-18에서 '우리'는 바울과 그의 전도팀을 포함한 성도들 전체를 지칭하는 교회론적 '우리'이다.[14]

---

13. Lambrecht는 고린도후서 2:14-4:6이 A(2:14-3:6)-B(3:7-18)-A'(4:1-6)의 샌드위치 구조로 형성되어 있다고 설득력 있게 주장한다. 참고, Jan Lambrecht, "Structure and Line of Thought in 2 Cor 2:14-4:6," *Biblica* 64, no. 3 (1983): 344-80; Lambrecht, *Second Corinthians*, 67-68; Harris, *The Second Epistle to the Corinthians: A Commentary on the Greek Text*, 241; Margaret E. Thrall, *A Critical and Exegetical Commentary on the Second Epistle of the Corinthians*, 2 vols., I.C.C.N.T. (London; New York: T&T Clark International, 2004), 189-90; David E. Garland, *2 Corinthians*, The New American Commentary (Nashville, Tenn.: Broadman & Holman, 1999), 137-39.

14. Lambrecht, "Structure and Line of Thought in 2 Cor 2:14-4:6," 347.

바울의 사역과 사도적 적합성(2:14-3:6)

고린도후서 2:14-3:6에서 바울은 자신의 사역에 대한 방어를 가장 먼저 하나님께 감사함으로 시작한다. 바울이 하나님께 감사하는 첫 번째 이유는 하나님이 자신과 자신의 동역자들을 하나님에 관한 지식을 온 세상으로 퍼지게 하는 축복의 통로로 사용하고 있기 때문이다(2:14-16). 그리고 바울의 감사의 두 번째 이유는 하나님께서 그리스도 안에서 자신들로 하여금 늘 승리하며 전진하도록 인도해왔다는 사실 때문이다. 여기서 승리 안에서 행하는 전진은 전쟁에서 승리한 후, 고향으로 돌아와 대중들 앞에서 퍼레이드를 진행하는 로마 장군들의 모습에 대한 바울 당시의 정치적 이미지를 담고 있다.[15] 이 승리한 장군에 대한 정치적 이미지를 통해서 바울은 자신이 전한 하나님의 복음의 말씀이 그리스-로마 사회에 가져다 준 강력한 충격을 강조한다.[16] 그리고 승리의 행진을 벌이고 있는 장군의 모습이 자유 시민들에게는 승리를 의미하는 반면에 포로들에게는 쓰디쓴 패배를 의미하듯이, 바울의 사역은 구원을 얻는 자들에게는 생명의 향기인 반면에 멸망하는 자들에게는 죽음의 향기로 기능한다. 여기서 바울은 십자가에서 사형당한 예수 그리스도의 사역을 통해서 하나님의 구원이 이루어지고 예수가 우주의 주인으로 높아진 분이라는 아이러니 속에서, 자신의 육체적인 고난과 약함을 통하여 이루어지는 하나님의 복음 사역의 승리를 이해하고 해석한다. 마치 승리한 군인들이 전쟁터에서 육체적인 고난과 부상을 경험해야 했듯이, 바울도 복음 사역의 전쟁터에서 육체적인 고난과 부상을 경험해야 했다. 이 수사학적 비유를 통해서 바울은 대적자들이 자신의 사역에서 생명을 창출하는 하나님의 지식의 향기를

---

15. Roetzel, *2 Corinthians*, 56-58; Harris, *The Second Epistle to the Corinthians: A Commentary on the Greek Text*, 243.

16. Guthrie, *2 Corinthians*, 153.

경험하지 못하고, 죽음으로 가는 육체적인 고난과 질병만을 보고 있다고 간접적으로 비판하고 있다. 또한 바울은 그들이 자신의 육체적인 고난과 약함이 복음의 전쟁터에서 얻은 자랑스런 훈장임을 이해하지 못하고 있다는 사실도 간접적으로 암시한다. 그러나 바울의 관점에서 볼 때 조금 더 심각한 문제는, 하나님의 말씀을 통해서 자신들의 이익을 도모하는 바울의 대적자들이 바울의 인간적인 약함과 고난을 통해서 바울을 공격하는 것은 그들이 사실상 하나님에 의해서 멸망당할 하나님의 원수들임을 암시해준다는 사실이다(2:16). 이들에 반하여, 바울은 예루살렘으로 보낼 고린도인들의 연보에서 어떤 개인적인 이익도 취하지 않았고(8:20),[17] 주님과 성도들 보기에 존경할 만한 것들만을 추구하면서, 자신의 복음 사역의 동기의 순수성을 굳게 지켰다(8:21). 이 사실을 바울은 하나님 앞에서 그리스도를 통하여 당당하게 선포한다(2:17).

고린도후서 2:16에서 바울은 "누가 하나님의 지식을 전하는 사역에 적합할 수 있는가"라는 중요한 질문을 던진다. 이 질문은 바울과 그의 대적들과 고린도교회 간에 현재 진행중인 참된 사도성에 대한 논쟁을 한 마디로 요약하고 있다. 바울은 이 질문에 대한 해답을 3:5-6에서 명확하게 제공한다. 오직 하나님에 의해서 부름받고 하나님이 적합하다고 선포한 자들만이 하나님에 관한 지식을 제공하는 "그리스도의 향기"(Χριστοῦ εὐωδία; 2:15), 즉 '복음의 사역자들'이 될 수 있다. 바울은 여기서 심지어 예루살렘 교회의 인정조차도, 그리고 그들의 추천서조차도, 참된 사도성에 대한 궁극적인 근거가 될 수 없음을 분명히 한다. 3:5-6에서 바울은 적합성(ἱκανός, ἱκανότης, 2:16; 3:5, 6)이라는 핵심단어를 세 번 사용함으로써 자신의 질문에

---

17. 바울의 예루살렘 연보에 대한 연구를 위해서는 다음의 책을 참조하라. David J. Downs, *The Offering of the Gentiles: Paul's Collection for Jerusalem in Its Chronological, Cultural, and Cultic Contexts*, WUNT 2 (Tübingen: Mohr Siebeck, 2008).

대답하고, 이 대답을 통하여 자신의 사역에 대한 적극적인 방어를 진행한
다. 3:1에서 바울은 먼저 대적들이 자신을 공격한 추천서(συστατικῶν ἐπιστολῶν)
의 결여에 대해서 언급하면서, 이와 직접적으로 연관된 수사학적 질문을
던진다: "우리가 다시 우리 자신들을 추천해야 하느냐?"[18] 이 질문에 대답
하면서 바울은, 고린도전서 3:10-15에서와 마찬가지로, 자신의 사도성에
대한 교회론적 그리고 기독론적 근거들을 제시한다. 바울은 자신이 회심
시킨 고린도 교인들이 바로 예수 그리스도가 자신을 위해서 쓴 추천서라
고 주장한다(고후 3:2-3). 여기서 바울은 자신의 사역의 결과로 회심한 고린
도 교인들의 존재가 바로 자신이 예수 그리스도에 의해서 이방인의 사도
로 쓰임 받고 있다는 참된 사도성의 증거임을 지적한다. 고린도교회의 존
재 자체가 바로 바울의 사도성의 진위여부에 대한 그리스도의 추천을 담
고 있는 편지이다. 여기서 만약 고린도교회가 바울의 사도성의 적합성을
부인한다면, 바울에 의해서 세워진 고린도교회가 자신들에 의해서 스스
로 부정되는 이상한 결과가 발생한다. 고린도교회에게 바울의 대적자들
은 자신들의 사도로서의 정당성을 입증하기 위하여 예루살렘 교회로부터
의 추천서를 제시했으나, 바울의 사역의 결과로 탄생한 고린도교회는 그
가 예수가 세운 적합한 이방인의 사도임을 이미 그들에게 증명한 셈이
다.[19]

　　추천서의 개념으로부터 바울은 두 가지 더 새로운 개념들을 소개하면
서 자신의 논의를 한층 더 발전시킨다. 바울은 '누구에 의해서' 그리고 '어

---

18. 고린도전후서에 사용된 바울의 다양한 수사학적 기술에 대해서는 다음을 참조하
    라. Mitchell, *Paul, the Corinthians, and the Birth of Christian Hermeneutics.*

19. 참고, Albert Paretsky, "'You Are the Seal of My Apostleship in the Lord': Paul's
    Self-Authenticating Word," *Review & Expositor* 110, no. 4 (2013): 621-31; Andrew D.
    Clarke, "The Source and Scope of Paul's Apostolic Authority," *Criswell Theological
    Review* 12, no. 2 (2015): 3-22.

디에 쓰인' 추천서가 참된 사도성의 증거가 되는지에 대해서 더 논의하려
한다.[20] 바울은 그리스도의 추천서는 돌판(혹은 종이)에 잉크에 의해서 쓰인
사람들의 추천서와 달리, 살아 계신 하나님의 성령에 의해서 사람의 마음
판에 쓰인다고 주장한다(3:3). 여기서 우리는 바울이 한 가지 아이러니를
고린도인들에게 제공하고 있음을 본다. 통상적으로 사람의 마음은 오직
하나님만 알 수 있는 가장 은밀한 비밀이 거하는 영역인데 반하여, 바울
의 마음에 새겨진 고린도교회라는 그리스도의 추천서는 모든 사람들에
의해서 알려지고 읽혀진 바 된다는 것이다(3:2). 바울은 고린도교회가 자신
의 사도성에 관한 효과적인 그리스도의 추천서가 되도록 역시한 분은 하
나님의 성령임을 잘 알고 있다. 오직 성령만이 고린도인들의 마음 안에서
내적으로 역사하여 외적으로 모든 사람들에 의해서 관찰이 가능한 변화
를 이끌어 낼 수 있기 때문이다(비교, 고전 2:9-15). 따라서 바울은 고린도에서
자신의 복음 사역을 주도한 분은 하나님의 성령임을 성령이 고린도교회
라는 그리스도의 편지의 저자라고 칭함을 통해서 분명히 한다. 여기서 마
음판과 성령이라는 두 가지 개념들은 에스겔 36:26-27과 예레미야 31:31-
34에 대한 해석학적 메아리로 기능하고 있다.[21] 그리고 이 두 구약의 본문
들은 다 출애굽기 34:12와 34:1-4, 27-28을 인용하면서 종말의 새 언약에
대한 약속을 담고 있다.[22] 에스겔 36:26-27은 성령에 의해서 주어질 새로

---

20. Lee, *Jesus' Transfiguration and the Believers' Transformation: A Study of the Transfiguration and Its Development in Early Christian Writings*, 59.

21. 로마서 8:1-8에서도 바울은 성령을 새 언약의 핵심적인 내용으로 위의 두 구약성
     경 본문들을 인용하면서 강조하고 있다. 여기서 바울은 사람들의 마음을 움직여
     율법의 한계를 극복하고 하나님의 의를 이루는 성령의 사역을 자세하게 묘사하고
     있다.

22. 참고, Furnish, *2 Corinthians*, 197; Joseph A. Fitzmyer, "Glory Reflected on the Face
     of Christ (2 Cor 3:7-4:6) and a Palestinian Jewish Motif," *Theological Studies* 42, no. 4
     (1981): 635; Harris, *The Second Epistle to the Corinthians: A Commentary on the Greek*

운 마음에 대해서 묘사하고 있고, 예레미야 31:31-34는 새 마음에 새겨질 성령의 법을 새 언약이라고 부르며 묘사하고 있다. 바울은 현재의 본문에서 에스겔과 예레미야의 예언들을 함께 연결시켜 고린도교회를 향한 자신의 사역에 적용함으로써, 새 언약의 사역에 대한 구약의 예언자들의 예언의 말씀이 자신의 복음 사역을 통해서 현재 성취되었음을 주장한다. 여기서 옛 언약과 연관된 돌판은 모세가 시내산에서 받은 십계명의 두 돌판을 지칭한다.[23] 그러므로 고린도후서 3장에서 발견되는 새 언약의 성령에 대한 바울의 논의는 로마서 7-8장의 성령 논의와 그 맥을 같이 한다.

바울은 여기서 대적자들이 가져온 추천서와 율법이 기록된 돌판을 상호 연결시킴으로써, 인간의 추천서를 자신의 새 언약 사역이 극복해야 할 옛 언약 사역의 부정적인 편에 위치시킨다. 율법에 근거한 옛 언약 사역이 고린도후서 3장에서 부정적으로 묘사되는 이유는 예레미야와 에스겔의 새 언약에 대한 약속이 이스라엘이 모세의 율법을 파괴한 것에 대한 하나님의 해결책을 담고 있기 때문이다. 이 사실을 바울은 마음 판에 기록된 성령의 법들은 사람을 살리지만, 돌판에 기록된 율법의 문자들은 사람을 죽이는 기능을 한다고 선포함으로써 분명히 한다(고후 3:6). 이처럼 3:1-3에서 추천서를 통해서 마음과 성령을 소개한 바울은 3:4-6에서 살아 계신 하나님의 성령의 개념을 두 가지 방향으로 발전시키고 있다. 첫 번째, 바울의 사역에서 생명을 준 성령을 통하여 바울이 새 언약의 사역의 효과에 대해서 강한 확신을 품을 수 있게 해 준 분은 바로 하나님이다. 그리고 두 번째, 살아 계신 하나님의 이 땅에서의 임재를 의미하는 성령이

Text, 262; Barnett, *The Second Epistle to the Corinthians*, 165; Hafemann, *Paul, Moses, and the History of Israel: The Letter/Spirit Contrast and the Argument from Scripture in 2 Corinthians 3*, 156.

23. Furnish, *2 Corinthians*, 198.

바로 바울의 새 언약을 전적으로 주도한 분이다.[24] 물론 이 두 가지 바울의
확신은 그가 개인적으로 만난 부활한 그리스도를 향하여 가지고 있는 개
인적인 믿음으로부터 시작되었다.

바울은 먼저 고린도교회에 추천서를 제시하지 않은 자신이 다시 자신
을 재천거할 이유가 없는 이유로 그리스도를 통해서 하나님을 향하여 자
신이 가지고 있는 새 언약의 사역자로서의 "확신"(πεποίθησις)을 든다(3:4). 첫
번째, 바울의 확신은, 앞에서 설명된 것처럼, 성령께서 자신을 통해서 역
사하여 고린도교회를 탄생시켰다는 부인할 수 없는 객관적인 사실에 근
거한다. 이 확신을 근거로 바울은 3:5 6에서 자신이 2:16에서 제시한 하나
님의 사역에 대한 사도로서의 적합성의 문제에 대해서 직접적으로 답변
한다. 바울의 사도로서의 적합성에 대한 확신은 자신의 개인적인 능력과
자격에 달린 문제가 아니라, 하나님의 부르심에 달린 문제이다. 고린도전
서 15:9-10에서 이미 바울은 칠삭둥이처럼 부족한 자신이 사도가 된 것은
하나님의 은혜로 말미암는 하나님의 부르심 때문이었다고 고백했다. 고
린도후서 3:1-6에서 적합성의 문제와 함께 돌판 그리고 마음의 법 등이
언급되고 있다는 사실은 바울이 여기서 출애굽기 3-4장에 담긴 모세를 향
한 하나님의 부름과 자신의 부적격성에 대한 모세의 고백 이야기를 간접
적으로 인용하고 있음을 알려준다.[25] 출애굽을 앞두고 자신을 부른 하나님

---

24. Lee, *Jesus' Transfiguration and the Believers' Transformation: A Study of the Trans-
    figuration and Its Development in Early Christian Writings*, 60. 참고, Volker Rabens,
    "Power from in Between: The Relational Experience of the Holy Spirit and Spiritual
    Gifts in Paul's Churches," in *The Spirit and Christ in the New Testament and Christian
    Theology: Essays in Honor of Max Turner*, ed. I. Howard Marshall, Volker Rabens, and
    Cornelis Bennema (Grand Rapids: Eerdmans Co., 2012), 138-55.

25. Carol Kern Stockhausen, *Moses' Veil and the Glory of the New Covenant: The Exeget-
    ical Substructure of II Cor. 3,1-4,6*, Analecta Biblica (Roma: Editrice Pontificio Istituto
    Biblico, 1989), 146-47.

앞에서 모세는 자신의 부적합성을 주장하며 그 부르심을 일차적으로 거
절했다. 그러나 모세의 부적합성에 대한 개인적인 평가보다도, 그를 부른
하나님의 선택이 그의 적합성의 궁극적인 판단기준이 됨을 고린도인들과
바울의 대적들은 부인할 수 없다. 마찬가지로, 바울도 자신의 사도로서의
적합성의 근거를 자신이나 다른 인간들의 평가에서가 아니라 자신을 사
도로 부르신 하나님의 부름에서 찾음으로써, 자신의 사도적 적합성에 대
한 대적자들의 공격을 무력화시킨다.[26]

바울은, 두 번째, 자신의 확신의 또 다른 근거로 자신의 새 언약 사역
을 주도한 성령의 부인할 수 없는 생명을 창출하는 역사를 든다. 고린도
후서 3:6에서 바울은 자신의 새 언약 사역은 죽음을 가져오는 율법의 문
자들을 통해서가 아니라, 생명을 주는 성령을 통해서 행해졌다고 선포한
다. 전통적으로 이 본문은 성령을 통해서 행해진 새 언약의 사역이 율법
을 통해서 행해진 옛 언약의 사역이 가져온 죽음을 극복하고 생명을 주는
것으로 이해되어졌다. 반면에, 바울에 대한 새로운 관점으로 옛 언약과 새
언약의 연속성을 강조하는 일부 학자들은 새 언약의 사역을 통해서 성령
이 옛 언약의 사역을 '완성'하는 것으로 이해한다.[27] 이들에 따르면, 새 언
약이 하나님의 구원사에 등장하는 이유는 옛 언약의 율법이 결함이 있거
나 악하기 때문이 아니라, 단순히 이스라엘이 율법을 지킬 수 없었기 때

---

26. 참고, Harris, *The Second Epistle to the Corinthians: A Commentary on the Greek Text*,
    269.

27. 참고, Sigurd Grindheim, "The Law Kills but the Gospel Gives Life: The Letter-Spirit
    Dualism in 2 Corinthians 3.5-18," *Journal for the Study of the New Testament* 24, no. 2
    (2001): 97; Randall C. Gleason, "Paul's Covenantal Contrasts in 2 Corinthians 3:1-11,"
    Bibliotheca sacra 154, no. 613 (1997): 61-79; Hafemann, *Paul, Moses, and the History
    of Israel: The Letter/Spirit Contrast and the Argument from Scripture in 2 Corinthians 3*,
    160-63.

문이다. 새 언약의 성령은 이스라엘의 굳은 마음을 변화시켜 그들로 하여
금 율법을 지킬 수 있게 해줄 것이다.[28] 이들에게 새 언약은 '옛 언약 더하
기 성령'이다. 이들의 해석학적 동기는 옛 언약과 율법에 대한 바울의 급
진적으로 부정적인 평가를 최대한 희석시키는 것임을 우리는 알 수 있
다.[29] 그러나 바울은 이어지는 3:7-18에서 옛 언약의 사역과 새 언약의 사
역의 연속성이 아니라, 비연속성을 강력한 대조 속에서 더 강조한다. 그리
고 고린도전후서에서 바울은 한번도 자신의 예수 복음을 모세의 율법과
의 연속성 속에서 설명하면서, 고린도 교인들로 하여금 율법을 지키라고
권면하지 않는다. 바울은, 위에서 인급된 일부 새 관점 학자들이 주장하듯
이, 자신의 복음을 '성령을 통해서 성취되는 율법'이라고 이해하지 않고,
"예수 그리스도의 피를 통해서, 즉 성도들의 죄를 위한 예수의 희생의 죽
음을 통해서 성취되는 새로운 언약"이라고 부른다(고전 11:23-26; 15:3).[30] 그리
고 바울은 고린도인들의 경험에서 성령은 율법에 대한 새로운 이해와 지
킴을 강요하지 않고, 영적인 지식과 신령한 은사들, 그리고 예수에 대한
새로운 자각 등을 포함하는 그들의 삶의 전반적인 변화를 가져온 궁극적
인 원인이라고 가르친다(참고, 고전 12-14).[31] 성령이 확증하는 바울의 복음의
핵심은 십자가에 달려 죽은 예수 그리스도인데, 이 예수는 율법의 관점에
서 볼 때 하나님께 저주받은 자이므로 유대인들에게는 걸림돌이 된다(고전
1:23; 비교, 갈 3:13). 바울에게 성령의 사역들 중 최고 사역은 십자가에 달린
예수를 하나님의 메시아요 영광의 주로 받아들이게 하는 것이다(고전 2:5-

28. Wright, *The Climax of the Covenant: Christ and the Law in Pauline Theology*, 182.
29. Lambrecht, *Second Corinthians*, 47.
30. Lee, *Jesus' Transfiguration and the Believers' Transformation: A Study of the Transfiguration and Its Development in Early Christian Writings*, 63.
31. 참고, Rabens, "Power from in Between: The Relational Experience of the Holy Spirit and Spiritual Gifts in Paul's Churches," 138-55.

16; 12:3). 바울이 전한 복음을 통해서 하나님 앞에서 죽어 있던 고린도인들
이 영적으로 살아나고 종말론적인 몸의 부활을 경험할 것이기에(고전 15:45
57), 그의 복음의 효과를 확증한 성령은 생명을 주는 영이라고도 불린다(τὸ
πνεῦμα ζῳοποιεῖ, 고후 3:6). 바울이 이해하는 새 언약의 성령과 그의 사역은 옛
언약 더하기 성령이라는 일부 새 관점 학자들의 단순한 도식으로 결코 설
명될 수 없다.

마지막으로, 바울이 하나님을 향하여 가지고 있는 사도로서의 확신은
그가 섬기는 그리스도와의 친밀한 관계와 그리스도의 복음이 가져오는
생명의 변화를 통해서 더욱 견고해진다. 고린도후서의 시작부터 바울은
자신을 "하나님의 뜻을 따라 예수 그리스도의 사도가 된 자"로 제시한다
(1:1). 바울은 하나님에 의해서 하나님의 아들인 예수 그리스도의 복음을
전하도록 특별한 부름을 받았음을 계속해서 강조한다(1:5; 2:2; 비교, 갈 1:10-
12). 그리고 바울에게 예수 그리스도는 하나님이 세상을 자신과 화해하게
하는 유일한 방편이기에, 바울은 자신의 사역을 "화해의 사역"이라고 부
른다(고후 5:19).[32] 바로 위에서 바울은 자신을 하나님의 지식을 온 세상에 퍼
지게 하는 그리스도의 향기라고 칭했다(2:15). 바울은 예수를 따르던 자들
을 핍박하던 자에서 예수를 위해서 핍박받는 자로의 개인적인 변화를 직
접 경험했고(1:5; 비교, 갈 1:13-23), 예수의 얼굴에 있는 하나님의 영광을 따라
고린도인들이 영광에서 영광으로 변화되고 있음을 직접 목도하고 있다(고
후 3:18-4:6).[33] 바울은 자신과 고린도인들이 경험한 복음의 능력에 따른 부

---

32. 참고, Teresa Okure, "'The Ministry of Reconciliation' (2 Cor 5:14-21): Paul's Key to
the Problem of 'the Other' in Corinth," *Mission Studies* 23, no. 1 (2006): 105-21; David L.
Turner, "Paul and the Ministry of Reconciliation in 2 Cor 5:11-6:2," *Criswell Theologi-
cal Review* 4 (1989): 77-95.

33. 여기서 바울의 개인적인 회심의 경험과 사도로서의 부르심 간의 연관성에 대해
서는 다음에 포함된 다양한 논문들을 참조하라. Richard N. Longenecker, *The Road*

인할 수 없는 변화를 인하여, 예수 복음에 근거한 새 언약의 사역에 자신이 부름받은 자임에 대한 분명한 확신을 가지고 있다.

두 가지 사역들과 그 대상들(3:7-18)

앞에서 바울은 성령의 생명을 주는 사역에 근거한 그리스도에 의해 쓰인 자신의 추천서와 인간에 의해 쓰인 대적자들의 추천서를 상호 비교했다. 그리고 바울은 대적자들의 종이에 쓰인 추천서를 종이보다도 더 안전한 돌판에 쓰인 율법과 연결시켰다. 아마도 유대인 바울과 대적자들의 관점에서 상상할 수 있는 최고의 문서는 하나님의 손기락에 의해서 돌판에 직접 쓰인 율법일 것이기 때문이다. 또한 바울은 하나님의 사역에 대한 자신의 적합성을 논하면서 출애굽기에 묘사된 모세와 하나님의 대화를 간접적으로 상기시켰고, 모세의 율법과 대조되는 자신의 사역의 주체인 성령에 대해서도 언급했다. 이제 고린도후서 3:7-18에서 바울은 모세의 옛 언약의 사역과 자신의 새 언약의 사역을 다각도로 비교하면서, 자신의 사역의 우월성과 자신의 사도로서의 적합성을 동시에 변호하고자 한다. 이 본문의 논의를 통해서 바울은 최고의 문서인 율법을 근거로 한 모세의 사역이 사람들을 변화시킬 수 없는 무능력을 인하여 그들을 죽이는 결과를 초래했듯이, 인간에 의해서 쓰인 추천서에 근거한 그의 대적자들의 사역도 결국은 고린도인들을 변화시킬 수 없는 무능함을 인하여 실패로 끝날 것임을 암시한다.[34] 모세와 자신의 대적자들의 무기력한 사역에 반하여, 바울은 성령이 이끄는 자신의 새 언약의 사역은 고린도인들을 변화시키고 그들에게 생명을 주는 사역임을 분명하게 알려주고자 한다.

---

　　from Damascus: The Impact of Paul's Conversion on His Life, Thought, and Ministry, Mcmaster New Testament Studies (Grand Rapids: Eerdmans, 1997).

34.　참고, Belleville, *Reflections of Glory*, 148-49.

3:7-11에서 바울은 먼저 모세의 옛 언약의 사역과 자신의 새 언약의 사역을 비교한다. 이 비교에서 바울은 모세의 얼굴에 깃든 하나님의 영광과 그 영광을 가리는 베일에 관한 이야기를 담은 출애굽기 34장과 그에 대한 유대인들의 해석학적 전통을 중심으로 자신의 논지를 전개한다.[35] 과거 일부 학자들은 고린도후서 3:7-18에서 바울이 출애굽기 34장에 대한 유대인들의 미드라쉬적 해석을 하고 있거나, 혹은 대적자들의 미드라쉬적 해석을 반박하고 있다고 주장했다.[36] 그러나 고린도후서 3:7-18은 바울이 앞에서 진행된 자신의 논의를 유대인들의 미드라쉬적 해석 방법론을 통해서 창조적으로 발전시킨 결과로 보인다. 3:7-18은 바울의 앞선 논의를 크게 두 가지 방식으로 강화시키고 있다.[37] 첫 번째, 바울은 3:7-11에서 모세의 사역과 자신의 사역을 영광의 개념을 통해서 비교한 후, 자신의 사역이 담고 있는 우월성에 대한 확신을 더 강화시킨다. 그리고, 두 번째, 3:12-18에서 바울은 자신의 우월한 사역이 생명을 주는 하나님의 성령에 의해서 주도되고 있다는 증거로 자신의 사역을 통해서 고린도인들에게 발생한 영광스러운 변화를 제시한다. 반면에, 모세의 옛 언약 사역은 하나님의 영광을 베일로 가려 어떠한 변화도 유대인 청중들 가운데서 발생시키지

---

35. 참고, Barnett, *The Second Epistle to the Corinthians*, 178-81; Harris, *The Second Epistle to the Corinthians: A Commentary on the Greek Text*, 275-80. 비교, Stockhausen, *Moses' Veil and the Glory of the New Covenant: The Exegetical Substructure of Ii Cor. 3,1-4,6*; Hafemann, *Paul, Moses, and the History of Israel: The Letter/Spirit Contrast and the Argument from Scripture in 2 Corinthians 3*.

36. 참고, Linda Belleville, "Tradition or Creation? Paul's Use of the Exodus 34 Tradition in 2 Corinthians 3.7-18," in *Paul and the Scriptures of Israel*, ed. Craig A. Evans and James A. Sanders (Sheffield: JSOT, 1993), 165-86. 비교, Willem Cornelis van Unnik, "With Unveiled Face: An Exegesis of 2 Corinthians 3:12-18," *Novum testamentum* 6, no. 2-3 (1963): 153-69; Furnish, *2 Corinthians*, 230.

37. Lee, *Jesus' Transfiguration and the Believers' Transformation: A Study of the Transfiguration and Its Development in Early Christian Writings*, 66.

못했다.[38] 이제 이 두 가지 바울의 해석학적 강조점들을 중심으로 3:7-18
에 대해서 조금 더 자세히 살펴보도록 하자.

(1) 옛 언약의 사역과 새 언약의 사역(3:7-11)

바울은 고린도후서 3:6에서 죽음을 가져오는 기록된 문자와 생명을
가져오는 성령의 비교를 통하여 자신의 사도로서의 적합성을, 그리고 자
신의 이방인 사역의 정당성을 일차적으로 방어했다. 이제 3:7-11에서 바울
은 문자와 성령이 대표하는 모세와 자신의 사역을 영광이라는 핵심 단어
를 중심으로 한번 더 비교하고자 한다. 여기서 영광은 그리스-로마 개념
인 개인적인 평판과 연관된 명예가 아니라, 히브리 개념인 하나님의 영광
스러운 임재와 연관이 더 깊은 개념이나. 사실 영광은 고린도후시 3-5장
에 담긴 바울의 논의를 주도하는 가장 핵심적인 개념이다.[39] 바울은 모세
와 자신의 사역이 포함하는 영광이라는 주제에 대해서 세 가지 수사학적
질문들을 던진다(7, 9, 11절). 바울은 이 수사학적 질문들에서 유대인들의 해
석학적 기준인 '칼 바호메르'(작은 것에서 더 큰 것으로)를 차용하면서, 자신의
사역이 모세의 사역보다도 훨씬 더 많은(πολλῷ μᾶλλον), 그리고 항구적인 영

---

38. 물론 많은 학자들은 모세의 옛 언약의 긍정적인 효과들을 강조하기 원했고, 새 언
약의 사역이 가져온 영광의 변화에서 새 언약의 우월성을 희석시키려 시도했다.
참고, Hafemann, *Paul, Moses, and the History of Israel: The Letter/Spirit Contrast and
the Argument from Scripture in 2 Corinthians 3*; Duff, "Transformed 'from Glory to
Glory': Paul's Appeal to the Experience of His Readers in 2 Corinthians 3:18," 759-80.
39. 참고, Jan Lambrecht, "Transformation in 2 Cor 3:18," *Biblica* 64, no. 2 (1983): 245-46;
Newman, *Paul's Glory-Christology: Tradition and Rhetoric*; Belleville, *Reflections of
Glory*; James R. Harrison, *Paul and the Imperial Authorities at Thessalonica and Rome:
A Study in the Conflict of Ideology*, WUNT (Tübingen, GermaNew York: Mohr Siebeck,
2011), 201-69.

광을 소유하고 있다고 주장한다.[40] 출애굽기 34장에서 잘 나타나듯이, 율
법을 받은 모세의 얼굴은 하나님의 영광을 그 위에 띠게 되었고, 그 영광
은 그가 율법을 통해서 수행한 옛 언약의 사역이 가진 신적인 기원을 증
명하는 역할을 한다. 그러나 바울은 자신의 새 언약 사역에 동반된 하나
님의 영광의 정도가 모세의 옛 언약 사역에 동반된 영광의 정도를 훨씬
초월한다고 선포한다. 이를 통해서 바울은 자신의 새 언약 사역의 신적인
기원을 강조할 뿐만 아니라, 모세의 사역과 비교하여 자신의 이방인을 향
한 새 언약 사역의 우월성을 강조한다. 이에 더하여, 바울은 모세의 사역
은 정죄를 통한 죽음의 사역임에 반하여 자신의 사역은 의를 가져다주는
성령의 사역이라고 부름으로써, 자신의 사역의 우월성을 한층 더 강조한
다. 바울은 정죄와 죽음을 가져오는 율법의 사역과 생명을 가져오는 성령
의 사역 간의 대조를 로마서 7:7-8:7에서 가장 극명하게 설명했다.

3:7-11에서 바울은 자신의 새 언약 사역과 모세의 옛 언약 사역을 영광
과 그 사역이 초래한 결과들을 통하여 강하게 대조하고 있다. 바울은 먼
저 모세의 사역을 "죽음의 사역"(7절), "정죄의 사역"(9절)이라고 부르면서,
"사라져버리는 사역"(τὸ καταργούμενον, 11절)이라고 칭한다.[41] 모세의 사역이 정
죄와 죽음의 사역인 이유는 그의 사역이 돌판에 기록된 율법에 바탕을 두
고 있기 때문이다. 비록, 바울이 고린도후서에서는 율법이 가져오는 정죄

---

40. 참고, Nina L. Collins, "Observations on the Jewish Background of 2 Corinthians," in *Paul and the Corinthians: Studies on a Community in Conflict: Essays in Honour of Margaret Thrall*, ed. Trevor J. Burke and J. K. Elliott (Leiden; Boston: Brill, 2003), 75-94.
41. 참고, Furnish, *2 Corinthians*, 203; Thrall, *A Critical and Exegetical Commentary on the Second Epistle of the Corinthians*, 1:252. 비교, Hafemann, *Paul, Moses, and the History of Israel: The Letter/Spirit Contrast and the Argument from Scripture in 2 Corinthians 3*, 305-07.

와 사망의 선고에 대해서는 자세히 설명하고 있지 않지만, 그가 고린도에 머물면서 기록한 로마서 7장에서는 율법이 인간의 약함으로 말미암아 죄에 대한 정죄와 사망을 가져왔다고 분명하게 가르치고 있다. 또한 고린도전서 15:56에서 바울은 죽음의 쏘는 것은 죄인데 죄의 능력은 율법이라고 말함으로써, 율법과 죄와 사망 간의 부정적인 연결고리를 부각시킨다. 고린도후서 3:6에서도 바울은 이미 율법의 기록된 문자가 죽음을 가져온다고 선포했다. 그럼에도 불구하고, 바울은 모세의 사역이 그 사역에 동반된 하나님의 승인과 임재를 상징하는 하나님의 영광을 소유했음을 부정하지 않는다. 왜냐하면 율법은 선하신 하나님으로부터 온 선한 선물이기 때문이다(비교, 롬 7:13). 바울에게는 모세와 그가 받은 율법이 문제가 아니라, 율법으로 말미암아 모세의 얼굴에 머물게 된 하나님의 영광을 쇠인 된 이스라엘 사람들이 똑바로 쳐다볼 수 없었다는 사실이다(고후 3:7). 유대인들의 전통에서 죄인인 인간은 하나님의 영광을 직접적으로 대면할 수 없는 것으로 이해된다(참고, 사 6장; 겔 1장). 그러나 바울은 자신의 새 언약의 사역과는 달리, 모세의 옛 언약의 사역에 동반된 하나님의 영광은 일시적인 것이었음을 헬라어 단어 τὴν καταργουμένην를 통해서 강조한다. 바울에 따르면, 모세가 자신의 얼굴을 베일로 가린 이유는 이스라엘 사람들로 하여금 사라지는 하나님의 영광을 보지 못하게 하기 위해서였다(고후 3:13).[42]

반면에, 바울은 자신의 이방인을 향한 새 언약의 사역을 "성령의 사역"(3:8), "의의 사역"(9절)이라고 부르면서, "풍성한 영광이 넘쳐나는 영원한 사역"이라고 칭한다(11절). 바울에게 성령은 죽어 있는 자들에게 생명을 주는 하나님의 창조의 영이며, 고린도인들에게는 그리스도의 주 되심에

---

42. 베일과 가림을 통하여 펼쳐지는 바울의 수사학적 기술에 대해서는 다음을 참조하라. Mitchell, *Paul, the Corinthians, and the Birth of Christian Hermeneutics*, 58-78.

대한 새로운 자각과 풍성한 영적인 은사들을 허락한 신적인 은혜의 통로
이다. 모세의 사역을 지탱하는 율법과는 달리, 바울의 사역을 지탱하는 성
령은 사람들의 마음 안에서부터의 변화를 통하여 하나님께 순종함으로
하나님 앞에서 의롭다고 칭함을 받게 한다. 이 사실을 바울은 로마서 7-8
장에서 율법과 성령이 인류에게 가져온 변화를 통해서 자세히 설명하고
있다. 그러나 로마서에서 바울이 보이는 하나님의 의에 대한 과도한 관심
에 반하여, 고린도후서에서 바울은 단지 5:21에서 "하나님께서 죄가 없는
예수를 우리를 위하여 죄로 여기시고, 우리로 하여금 그 안에서 하나님의
의가 되게 해주었다"고 선포한다.[43] 그리고 고린도전서 1:30에서 바울은
예수가 우리의 지혜와 능력, 의로움과 거룩함, 그리고 구속이 되었다고 간
결하게 선포한다. 바울이 그리스도와 연관하여 성도들의 의로움을 고린
도전후서에서 이처럼 간결하게 선포할 뿐 자세히 설명하지 않고 있다는
사실은 고린도교회 성도들이 이미 바울의 선포에 대해서 잘 알고 있었음
을 전제한다.[44] 그리고 바울은 모세의 사역에 깃든 하나님의 임시적인 영
광에 반하여, 자신의 사역에는 모세의 영광보다도 더 풍성하고 우월한 영
광이 항구적으로 임했다고 선포한다(9, 11절).[45] 바울과 그의 사역에 임한 하
나님의 영광은 부활한 후 주로 높아진 예수 그리스도가 현재 소유하고 있
는 하나님의 영광이다(3:17; 4:6). 모세의 경우와 마찬가지로, 바울에게 임한

---

43. 참고, Mark A. Seifrid, *Christ, Our Righteousness: Paul's Theology of Justification*, New
    Studies in Biblical Theology (Downers Grove, Ill.: Apollos/Intervarsity Press, 2000).

44. Lee, *Jesus' Transfiguration and the Believers' Transformation: A Study of the Transfigu-
    ration and Its Development in Early Christian Writings*, 67.

45. Harris, *The Second Epistle to the Corinthians: A Commentary on the Greek Text*, 290-
    92; Grindheim, "The Law Kills but the Gospel Gives Life: The Letter-Spirit Dualism in
    2 Corinthians 3.5-18," 102-08. 비교, Hafemann, *Paul, Moses, and the History of Israel:
    The Letter/Spirit Contrast and the Argument from Scripture in 2 Corinthians 3*, 287.

그리스도의 영광은 그가 전한 복음의 신적인 기원과 그의 사역에 임한 성령을 통한 하나님의 능력 있는 임재를 의미하면서, 예수 그리스도를 통한 새로운 창조와 그에 따른 아담이 상실한 영광의 회복을 의미한다(비교, 고후 5:17).[46] 그리고 바울은 모세의 사역보다도 자신의 사역이 훨씬 더 우월한 이유 중의 하나를 그들의 사역에 임한 영광의 효과에서 발견한다. 모세의 사역에 임한 영광은 모세 개인의 영광스러운 변화를 가져오는데 그쳤고 그 변화는 일시적이었지만, 바울의 사역에 임한 영광은 바울과 그의 복음을 접한 모든 성도들의 영광스러운 변화를 지속적으로, 그리고 항구적으로 가져왔다(3:18-4:6).

(2) 모세와 바울, 그리고 이스라엘과 교회(3:12-18)[47]

바울은 이제 모세의 사역과 그 사역에 임한 영광의 일시성과 더불어 그의 사역이 초래한 정죄와 사망에 대해서 증명해야 할 책임 아래 놓인다. 뿐만 아니라, 비올 자신의 사역에 임한 영광의 항구성과 더불어 생명을 창출하는 지속적인 효과에 대해서도 증명해야 한다. 이를 위해서 바울은 모세의 율법을 읽고 있는 옛 언약의 백성들과 자신의 복음을 통하여 성령을 경험하고 있는 새 언약의 백성들의 경험에서 발생한 두 가지 사역의 효과들을 대조한다. 옛 언약의 백성들이 모세의 얼굴에 머문 영광을 '가린' 베일을 인하여 마음의 굳어짐을 경험하는 반면에, 새 언약의 백성들은 바울이 '당당하게 공개'하며 제시하는 그리스도의 영광을 통하여 영광에서 영광에 이르는 계속적인 변화를 경험한다. 얼굴에 베일을 두르지

---

46. Lee, *Jesus' Transfiguration and the Believers' Transformation: A Study of the Transfiguration and Its Development in Early Christian Writings*, 68, 52-57.

47. 이 본문에 대한 구조적인 분석에 대해서는 다음을 참고하라. Harris, *The Second Epistle to the Corinthians: A Commentary on the Greek Text*, 293-94.

않은, 따라서 당당하게 혹은 열린 마음으로(παρρησία, 3:12)[48] 확신에 찬 바울
이 전하는 그리스도의 영광은 그가 선포한 복음을 통해서 간접적으로, 그
리고 내면적으로 성도들에게 계시된다. 성도들은 바울과 모세처럼 하나
님의 영광을 직접적으로 대면하여 보지 않고, 바울이 전한 예수의 복음을
통하여 '거울을 통해 보듯이'(κατοπτριζόμενοι, 3:18) 간접적으로, 그리고 마음의
내적인 깨달음과 변화를 통해서 경험한다(4:6).[49] 자신의 얼굴을 베일로 가
린 모세와 달리, 당당하게 자신의 얼굴을 노출하여 자신에게 임한 그리스
도의 영광을 공개적으로 증거한 바울의 태도는 바울이 고린도인들에게
무엇인가를 숨기는 경향이 있다는 대적들의 공격에 대한 적극적인 방어
를 담고 있다(1:17). 그리고 바울의 복음은 모호하고 감춰져 있다는 그들의
섣부른 판단에 대한 바울의 적극적인 해명도 담고 있다(4:2-3).

지금까지 모세와 그의 얼굴에 깃든 영광과 그 영광을 가린 베일에 대
해서 논의한 바울은 3:13 이르러, 이스라엘 사람들의 마음의 베일과 굳어
짐으로 대화의 주제를 전환한다. 출애굽기 34장에서 모세는 자신의 얼굴
에 머문 하나님의 영광이 이스라엘 사람들을 두렵게 한다는 사실을 깨달
고 자신의 얼굴을 베일로 가렸다(34:30). 그러나 바울은 이 성서적 이야기

---

48. 이 헬라어 단어는 원래 회중에서 당당하게 말할 수 있는 그리스의 자유로운 시민
의 권리와 특권을 일컫기 위해서 사용되던 기술적인 단어였다. 따라서 원래 이 단
어는 자유로운 인간의 자유함에 대한 가장 중요한 표시로 기능했다. 참고, Heinrich
Schlier, "παρρησία," in *TDNT*, vol. 5, 871. 그러나 현재의 본문에서 바울은 정치적인
의미보다도 자신의 개인적인 솔직함을 의미하기 위해서 이 단어를 사용하고 있다.
참고, Garland, *2 Corinthians*, 181; Guthrie, *2 Corinthians*, 218.

49. 이 단어의 해석을 위해서는 다음을 참조하라. Harris, *The Second Epistle to the Cor-
inthians: A Commentary on the Greek Text*, 314; Barnett, *The Second Epistle to the Cor-
inthians*, 207; Lambrecht, "Transformation in 2 Cor 3:18," 246-51. 비교, Laura Tack, "A
Face Reflecting Glory: 2 Cor 3,18 in Its Literary Context (2 Cor 3,1-4,15)," ibid.96, no.
1 (2015): 85-112.

에 자신의 해석을 더하여, 모세가 자신의 얼굴을 베일로 가린 목적은 그
의 얼굴에서 사라져가는 영광의 마지막을 보여주지 않기 위해서 였다고
선포한다.[50] 바울의 관점에서 볼 때, 모세의 얼굴에 머문 영광이 사라진다
는 사실은 그의 사역이 종결된다는 것을 의미한다(고후 3:11). 영광의 마지막
순간을 의미하는 헬라어 단어 τέλος는 목표나 목적을 의미하기도 한다. 이
런 의미에서 일부 학자들은 고린도후서 3:13에서 바울은 그리스도를 통한
율법 사역의 성취를 말하고 있다고 주장한다.[51] 또 다른 학자들은 이 단어
가 모세의 얼굴에 깃든 하나님의 영광이 목이 곧은 그의 백성들을 향하여
표현되는 정죄와 심판의 결괴를 의미한다고 주장한다.[52] 그러나 7, 11, 13
절의 맥락을 고려해 볼 때, 13절에서 이 헬라어 단어는 마지막, 혹은 종식
을 의미한다고 보는 것이 가장 설득력 있는 의견이다.[53] 그리고 바울은 14
절에서 모세를 모세의 율법으로 확장시켜 해석하면서, 모세의 얼굴을 덮
은 베일은 율법을 읽는 이스라엘 백성들의 마음을 덮은 영적인 베일이라

---

50. 본 저자는 고후 3:12-18이 출애굽기 34:33-35에 대한 미드라쉬, 즉 그리스도인 주
석이라는 의견에 반대한다. 비교, Harris, *The Second Epistle to the Corinthians: A Commentary on the Greek Text*, 292.

51. 참고, Steven Richard Bechtler, "Christ, the Telos of the Law: The Goal of Romans 10:4," *The Catholic Biblical Quarterly* 56, no. 2 (1994): 288-308; Ira Jolivet, "Christ the Τέλος in Romans 10:4 as Both Fulfillment and Termination of the Law," *Restoration Quarterly* 51, no. 1 (2009): 13-30; John Paul Heil, "Christ, the Termination of the Law (Romans 9:30-10:8)," *The Catholic Biblical Quarterly* 63, no. 3 (2001): 484-98.

52. 참고, Hafemann, *Paul, Moses, and the History of Israel: The Letter/Spirit Contrast and the Argument from Scripture in 2 Corinthians 3*, 357-62.

53. 참고, Harris, *The Second Epistle to the Corinthians: A Commentary on the Greek Text*, 299; Lambrecht, *Second Corinthians*, 52; Belleville, *Reflections of Glory*, 201-03; Grindheim, "The Law Kills but the Gospel Gives Life: The Letter-Spirit Dualism in 2 Corinthians 3.5-18," 111; Thrall, *A Critical and Exegetical Commentary on the Second Epistle of the Corinthians*, 1.256. 비교, Guthrie, *2 Corinthians*, 220-21; Hafemann, *Paul, Moses, and the History of Israel: The Letter/Spirit Contrast and the Argument from*

고 은유적으로 해석한다. 모세의 베일이 이스라엘 사람들의 마음을 덮고 있기에, 그들의 마음은 돌처럼 딱딱하게 굳은 상태로 머무르게 된다(14-15 절). 바울은 "오늘 날까지"(ἄχρι τῆς σήμερον ἡμέρας, 14절; ἕως σήμερον, 15절)라는 표현을 두 번 사용함으로써, 모세의 율법과 과거 이스라엘에 대한 자신의 평가를 자신의 시대에까지 연장하며 적용한다. 여기서 바울은 모세의 때 이후로 어떤 다른 변화도 없이 여전히 영적인 베일이 유대인들의 마음을 덮고 있다고 선언한다. 바울에게는 유대인들과 유대인 출신 제자들이 자신과 자신의 복음에 대해서 지속적으로 공격하는 것이 바로 그들 마음의 굳어짐의 명백한 증거라고 이다.

그러나 유대인들의 마음을 덮고 있는 베일은 그들이 예수를 향하고 그의 복음을 읽을 때, 그들의 마음에서 제거된다(고후 3:14, 16). 앞에서 자신과 모세의 사역을 비교한 바울은 이제 그 두 사역들이 기반으로 하는 율법과 복음, 그리고 그 두 사역들의 수여자들인 유대인들과 교회 공동체들을 함께 비교하기 시작한다. 여기서 바울은 그의 사역의 기반인 예수의 복음이 모세의 사역의 기반인 율법보다도 훨씬 더 우월한 것임을 그 둘의 효과를 통해서 강조하려 한다. 예수의 복음은 예수를 향하는 자들의 마음 안에서 어두움의 베일을 제거하고, 그 안에 깃들이 하나님의 영속적인 영광을 통해서 그들을 변화시킨다. 반면에 모세의 율법은 그 율법을 읽는 자들의 마음을 덮어 예수 그리스도를 보지 못한 채, 영적인 어두움 속에 계속 거하게 한다. 여기서 학자들은 고후 3:16에 언급된 주가 누구를 지칭하는지에 대해서 논쟁했다. 어떤 이들은 출애굽기의 모세의 경험이 성령에 의해서 변화되는 모든 이들의 경험의 모형이 됨을 주장하면서, 그리고 옛 언약과 새 언약의 연속성을 강조하면서, 16절의 주를 히브리 성경의

Scripture in 2 Corinthians 3, 357-58.

하나님으로 이해한다.[54] 그러나 현재의 본문에서 바울은 모세와 그의 사역을 자신의 새 언약 사역과 대조되는 부정적인 영역에 위치시켰고, 옛언약과 새 언약의 연속성보다는 비연속성을 더 강조하고 있다. 그리고 14절에서 바울이 옛 언약의 베일이 그리스도 안에서 제거된다고 분명하게 밝혔다는 사실은 16절의 베일을 제거하는 바울의 주는 예수 그리스도를 가리키고 있음을 분명히 알려준다.[55] 고린도전후서에서 바울은 오직 구약을 인용하는 경우에만 주를 하나님으로 제시하고(고전 1:31; 2:16; 3:20; 고후 3:17), 그 외의 모든 경우에는 예수를 자신의 주라고 부르고 있다(고전 1:2-9; 2:8; 1:3).[56] 하나님과 예수를 동시에 언급하고 있는 고린도전서 8:6에서 바울은 하나님을 아버지로, 그리고 예수 그리스도를 주로 칭한다.[57] 그리고 우리의 현재 본문의 결론을 의미하는 고린도후서 4:5에서 바울은 자신의 복음의 핵심 가르침이 '예수를 주라고 선포하는 것'이라고 말한다. 물론 예수 그리스도는 이 땅에서의 하나님의 임재를 의미하기에, 그의 뒤에는 언제나 하나님이 함께 거하고 있음을 우리는 부정할 수 없다. 바울에게 주 예수 그리스도는 보이지 않는 하나님의 형상을 의미하고(고후 4:4-6), 그가 전하는 주 예수 그리스도의 복음은 하나님이 그를 통하여 세상을 자신

54. Hafemann, *Paul, Moses, and the History of Israel: The Letter/Spirit Contrast and the Argument from Scripture in 2 Corinthians 3*, 388, 92.

55. 참고, Belleville, *Reflections of Glory*, 254 n.3; Gordon D. Fee, *God's Empowering Presence: The Holy Spirit in the Letters of Paul* (Peabody: Hendrickson, 1994), 312 n.92. 비교, Belleville, *Reflections of Glory*, 254 n.4; Fee, *God's Empowering Presence: The Holy Spirit in the Letters of Paul*, 312 n.92.

56. Lee, *Jesus' Transfiguration and the Believers' Transformation: A Study of the Transfiguration and Its Development in Early Christian Writings*, 72-73.

57. 참고, Andrey Romanov, "Εἰς Κύριος and Ἡμεῖς in 1 Corinthians 8:6: An Investigation of the First Person Plural in Light of the Lordship of Jesus Christ," *Neotestamentica* 49, no. 1 (2015): 47-74.

과 화해하도록 초청하는 내용을 담고 있기 때문이다(5:18-19).[58]

고린도후서 3:17-18에서 바울은 3장 전체의 내용을 요약하면서 자신의 논의의 잠정적인 결론을 제시한다. 17절에서 바울은 앞에서 언급된 베일을 제거해 주는 주의 정체에 대한 두 가지 정보를 더 제공한다. 주는 영이시고, 주의 영이 있는 곳에는 자유함이 있다. 바울은 자신의 서신들에서 다양한 종류의 자유함을 언급한다(비교, 롬 8:21; 고전 10:29; 갈 2:4; 5:1, 13): 썩음과 죽음으로부터의 자유함, 음식을 먹을 자유함, 그리고 율법으로부터의 자유함. 그러나 현재의 본문에서 바울이 의도하는 자유함은 그리스도를 통해서 소유하게 된 하나님과의 두려움 없는 열린 관계와 연관이 깊다.[59] 주의 영은 새 언약의 주체인 성령을 가리키고, 새 언약의 사역이 제시하는 자유함은 얼굴에 어떤 베일을 두르지 않고 하나님의 영광을 쳐다볼 수 있는 자유함이다. 성령은, 바울이 3절에서 성령을 살아 계신 하나님의 영이라고 부르는 데에 잘 나타나듯이, 구약에서 주로 하나님의 이 땅에서의 임재를 의미한다. 그러나 고린도후서에서 성령은 이제 주로 높아진 예수의 이 땅에서의 임재를 의미한다.[60] 성도들의 경험적 관점에서 볼 때, 그들은 이제 부활한 주 예수의 임재와 계속적인 사역을 성령을 통해서 경험하게 된다. 이런 측면에서 이제 성령은 '그리스도의 영'이라고 불린다(롬 8:9;

---

58. 참고, Guthrie, *2 Corinthians*, 308-10.

59. Ibid., 226.

60. 참고, James D. G. Dunn, "The Lord, the Giver of Life": The Gift of the Spirit as Both Life-Giving and Empowering," in *The Spirit and Christ in the New Testament and Christian Theology: Essays in Honor of Max Turner*, ed. I. Howard Marshall, Volker Rabens, and Cornelis Bennema (Grand Rapids: Eerdmans Co., 2012), 1-17; Thrall, *A Critical and Exegetical Commentary on the Second Epistle of the Corinthians*, 1.280; Barnett, *The Second Epistle to the Corinthians*, 200-03. 비교, Wright, *The Climax of the Covenant: Christ and the Law in Pauline Theology*, 183-84; Fee, *God's Empowering Presence: The Holy Spirit in the Letters of Paul*, 311.

갈 4:6; 빌 1:17). 고린도후서 3:6에서 바울은 성령을 생명을 주는 분이라고 칭했는데, 여기서 사용된 헬라어 단어 ζῳοποιεῖ는 이미 고린도전서 15:22, 36, 45에서 생명을 주는 영이 된 부활한 예수를 지칭할 때 사용되었다. 바울에게 생명을 주는 새 언약의 성령의 사역은 생명을 주는 영이 된 부활한 예수 그리스도 자신의 사역을 의미한다.[61]

고린도후서 3:18에서 바울은 자신의 새 언약의 사역의 가장 핵심적인 내용인 영광의 변화를 설명하면서 모세의 사역과 자신의 사역 간의 대조와 비교를 마무리한다. 바울은 자신의 새 언약의 사역을 통해서, 즉 자신이 전한 예수의 복음의 빛을 통해서 계시된 주의 영광을 본 성도들이 계속해서 영광스럽게 변화되는 경험을 한다고 선포한다. 여기서 바울은 영광스러운 변화의 대상으로 바울 자신과 동역자들을 포함한 모든 성도들을 의미하는 ἡμεῖς πάντες('우리 모두')라는 헬라어 표현을 사용한다. 이 표현을 통하여 바울은, 첫 번째, 모세와 달리 자신은 자신의 복음을 베일로 감추지 않고, 자신이 만난 모든 사람들에게 공개적으로 계시하였음을 알려준다. 그리고, 두 번째, 여전히 자신들의 마음이 베일로 덮인 모세의 옛 언약의 청중들과는 달리, 바울은 자신의 새 언약의 사역의 대상들은 예외없이 다 주의 영광에 노출되어 지속적인 과정을 통한 영광스러운 변화를 경험한다고 선포한다(μεταμορφούμεθα[62] ἀπὸ δόξης εἰς δόξαν).[63] 이렇게 하여 바울은 거

---

61. James D. G. Dunn, "'The Letter Kills, but the Spirit Gives Life' (2 Cor. 3:6)," *Pneuma* 35, no. 2 (2013): 163-79; Lee, *Jesus' Transfiguration and the Believers' Transformation: A Study of the Transfiguration and Its Development in Early Christian Writings*, 74-75.

62. 변화를 의미하는 헬라어 단어 μεταμορφούμεθα에 대한 자세한 논의를 위해서는 다음을 참조하라. Max Whitaker, *Is Jesus Athene or Odysseus?: Investigating the Unrecognisability and Metamorphosis of Jesus in His Post-Resurrection Appearances*, WUNT 2 (Tübingen: Mohr Siebeck, 2019), 49-63; Lee, *Jesus' Transfiguration and the Believers' Transformation: A Study of the Transfiguration and Its Development in Early Christian Writings*, 77-79.

짓된 동기를 숨기고 하나님의 말씀을 곡해하여 이익을 취하려 한 자신의
대적자들과 달리, 바울 자신은 하나님의 복음의 말씀에 담긴 진리를 숨기
지 않고 정직하게 공개하였음을 알려준다(비교, 2:17; 4:2-3). 뿐만 아니라, 자
신의 복음 사역을 통하여 계시된 그리스도의 영광, 곧 하나님의 영광을
통하여 고린도인들의 변화가 실질적으로 발생했음을 강조하면서, 고린도
교회가 바로 바울 자신의 사역에 대한 그리스도의 추천서임을 다시 한번
분명하게 한다(비교, 3:1-3; 5:12).

바울의 사역과 복음의 내용(4:1-6)

고린도후서 4:1-6은 2:14-3:18에서 논의된 바울의 중요한 개념들을
'개념적인 그물'(conceptual net)처럼 다시 모아 요약 정리하면서, 바울의 사역
에 대한 첫 번째 주요 본론을 구성하는 2:14-4:6 전체의 결론부로 기능한
다.[64] 이 사실을 우리는 바울이 4:1을 시작하는 헬라어 접속사구 διὰ τοῦτο('그
러므로')를 통해서 쉽게 유추할 수 있다. 4:1-6에서 바울은 그의 사역과 행동
의 진실성, 그리고 복음에 대한 투명성에 관한 대적들의 공격을 3:7-18의
논의를 중심으로 다시 한번 방어하고자 한다. 세 번에 걸친 헬라어 표현

---

63. "영광에서 영광에 이르는" 이 헬라어 표현에 대한 다양한 해석에 대해서는 다
    음을 참조하라. Harris, *The Second Epistle to the Corinthians: A Commentary on the
    Greek Text*, 316-17. Duff는 이 표현에서 첫 번째 영광을 이방인들이 율법을 통해
    서 경험한 죽음이라고 해석한다. 그러나 이 해석은 고린도후서 3장의 전체적인 문
    맥과 상충된다. 참고, Duff, "Transformed 'from Glory to Glory': Paul's Appeal to the
    Experience of His Readers in 2 Corinthians 3:18," 759-80. 비교, Jan Lambrecht, "From
    Glory to Glory (2 Corinthians 3,18): A Reply to Paul B Duff," *Ephemerides theologicae
    Lovanienses* 85, no. 1 (2009): 143-46.

64. Guthrie, *2 Corinthians*, 153-54; Harris, *The Second Epistle to the Corinthians: A Com-
    mentary on the Greek Text*, 320-21.

οὐκ … ἀλλὰ는 대적들의 의견과 바울의 의견을 극명하게 대조한다.[65] 현재의 본문에서 바울은 바로 앞에서 언급된 하나님의 영광과 모세의 빛나는 얼굴을 기독론적으로 재해석하고, 또 베일과 마음 그리고 추천서의 개념들을 자신의 사역에 적용하면서, 자신의 사역에 대한 첫 번째 변론을 마무리한다.[66] 뿐만 아니라, 바울은 자신이 2:16에서 제시한 하나님의 사역에 대한 적합성의 문제에 대한 해답을 여기서 한번 더 분명하게 제시한다. 하나님에 관한 지식을 전하도록 '하나님에 의해서 직접 부름 받았다'는 사실이 바로 바울과 그의 동역자들의 사도적 적합성에 대한 가장 중요한 증거이다. 4:1-6에서 바울은, 2:1-17에서와 마찬가지로, '우리'라는 단어를 통해서 회심한 모든 성도들이 아니라, 그들에게 복음을 전한 자신과 동료 사역자들을 지칭한다. 이러한 관찰은 독자들로 하여금 2:14-4:6에서 바울이 자신의 논리를 전개하는 방식은 자신의 사역에 대한 대적들의 도전과 의문으로 시작하여 옛 언약과 새 언약의 대조를 거친 후, 이 대조를 근거로 자신의 사역을 방어하는 순서를 따르고 있음을 알려준다.[67]

바울은 먼저 자신의 사역은 모세의 베일로 대표되는 대적자들의 거짓된 술수와는 대조적으로, 모든 정직함과 투명함을 통해서 수행되었다고 선포한다(4:1-2). 이 주제들은 모두 2:14-3:6에서 바울이 이미 토론한 것들이다. 또한 바울의 복음이 어떤 이들에게 베일에 가린 것처럼 보이는 이유는 그들의 마음이 이 세상의 신에 의해서 가림을 입었기에, 그 복음이 전하는 그리스도의 영광을 볼 수 없기 때문이다(4:3-4).[68] 여기서 우리는 바

---

65. Harris, *The Second Epistle to the Corinthians: A Commentary on the Greek Text*, 320.

66. 참고, Tack, "A Face Reflecting Glory: 2 Cor 3,18 in Its Literary Context (2 Cor 3,1-4,15)," 104-06.

67. 참고, Guthrie, *2 Corinthians*, 152-53.

68. 대적자들로 하여금 바울의 복음의 본질을 보지 못하게 한 베일의 내용에 대한 논의에 대해서는 다음을 참조하라. Roetzel, *2 Corinthians*, 69.

울을 향한 대적자들의 공격에 대한 간접적인 정보를 얻을 수 있으며, 앞에서 바울이 왜 모세의 베일을 통해서 옛 언약의 백성들의 굳어진 마음을 새 언약의 백성들의 변화된 마음과 대조했는지에 대한 이유를 알게 된다.[69] 그리고 바울은 자신의 복음의 핵심은 하나님의 형상인 예수의 얼굴에 머물고 있는 하나님의 영광에 관한 지식의 빛을 어두운 세상에 비추는 것임을 알려준다. 모세가 자신에게 주어진 영광을 베일로 감추어 다른 이들의 변화를 유도하지 못했던 것에 반하여, 바울은 자신이 회심의 때에 경험한 예수 그리스도의 영광의 빛을 다른 이들이 볼 수 있도록 공개해야 한다고 믿고 있다. 바울은 대적자들처럼 자신을 내세우거나 자신의 이익을 추구하지 않고, 예수 그리스도의 종에 불과한 자신의 신분을 겸손하게 받아들이고, 예수를 전하는 일을 자신의 섬김의 본분으로 받아들이고 있다(4:5). 바울의 복음의 핵심이 예수를 주라고 선포하는 것이기에, 예수를 섬기는 바울 자신은 그의 종이되어야 마땅하다고 생각한다. 여기서 바울은 자신의 대적들이 자신들의 사역이 가져온 승리에 도취하여 마치 개선장군처럼 행동하고, 다른 이들을 자신들의 종으로 삼으려 한 사실을 간접적으로 공격하고 있다(비교, 11:5-7; 2:14). 그들에 반하여, 바울 자신은 겸손함으로 주 예수를 섬기고 있음을 알려준다. 바울은 대적들이 자신들의 사역의 성공과 행한 기적들을 통해서 스스로를 향하여 자부심을 느끼고 있는 반면에, 바울 자신은 그리스도를 인하여 경험한 고난과 약함을 자랑한다고 고백한다(비교, 11:21-12:10). 왜냐하면 이어지는 4:6-18에서 자세히 설명되듯이, 바울에게 영원한 하나님의 영광을 체험하고 높아지는 경험은 오직 그리스도를 향한 고난을 통해서 성취되기 때문이다.[70] 이미 바울은 2:14-

---

69. Lambrecht, *Second Corinthians*, 67.

70. 바울에게 고난을 통한 영광은 예수의 그리스도의 순종의 생애의 본질을 의미한다
(비교, 빌 2:6-11). 빌립보서 2:6-11에서와 마찬가지로, 바울은 여기서 이사야의 고

17에서 고난 가운데서도 그리스도의 복음을 전하는 일을 결코 멈추지 않던 자신과 자신의 동역자들을, 온 세상에 하나님의 지식을 전달하는 그리스도의 향기라고 불렀다. 그리스도의 향기는 '고난에 바탕을 둔 영광'에 관한 소식을 담고 있다.

그리고 바울은 자신의 복음의 기원이 인간에게 있지 않고 어두움 가운데서 빛을 창조하신 창조주 하나님에게 있음을 알려준다(4:6; 비교, 갈 1:10-12). 이 사실을 통해서 자신의 사역에 대한 어떠한 인간적인 추천서를 요구할 필요도, 제시할 필요도 없음을 분명히 한다. 고린도후서 10:18에서는 하나님께 인정받는 자들은 스스로를 추천하는 자들이 아니라, 주께서 직접 추천하는 자들이라고 말한다. 그리고 이 선포를 통해서 바울은 자신이 2:16에서 제시한 질문, 즉 누가 하나님의 사역에 직합한가의 여부에 대해서 오직 하나님이 선택하여 부른 자만이 그 사역을 감당할 수 있다고 분명하게 대답한다. 그러나 바울이 4:6에서 창세기 1:3을 인용하면서 자신의 복음 전파 사역을 어두움에 비추는 빛으로 설명할 때,[71] 우리는 바울이 자신의 사역을 하나님의 새로운 창조로 이해하고 있음을 알 수 있다. 이런 맥락에서, 바울은 자신이 전하는 예수 복음을 듣고 믿은 모든 이방인들을 예수를 통해서 새롭게 창조된 하나님의 새로운 피조물이라고 선포한다(고후 5:17). 새 언약의 사역을 통해서 회심한 성도들에게는 모든 옛 것들이 다 지나갔고, 다 새로운 것이 되었다.[72] 어떤 학자들은 4:6에서 바울

난받는 종에 대한 성서적 동기를 차용하고 있다. 참고, Mark S. Gignilliat, *Paul and Isaiah's Servants: Paul's Theological Reading of Isaiah 40-66 in 2 Corinthians 5:14-6:10* (London; New York: T & T Clark, 2007).

71. 여기서 바울은 창세기 본문의 명령형 시제를 미래형으로 바꾸어 자신과 자신의 복음 사역에 대한 예언의 말씀으로 이해한다. 참고, Roetzel, *2 Corinthians*, 70.

72. 참고, Harris, *The Second Epistle to the Corinthians: A Commentary on the Greek Text*, 430-34; Mark A. Seifrid, *The Second Letter to the Corinthians*, The Pillar New Testa-

이 이사야 9:2를 인용한다고 주장하면서, 바울의 복음 사역은 오랫동안 기다려 온 메시아의 시대가 전하는 빛의 성취로 본다. 그러나 창세기 1:3 과 고린도후서 4:6에서 화자는 하나님인데 반하여, 이사야 9:2에서 화자 는 이사야 선지자이다. 그리고 첫 창조 시에 인간의 창조 모델로 하나님 의 형상이 제시되었듯이, 고린도후서 4:4-6에서 새로운 창조에 대한 완전 한 모델로 하나님의 형상인 예수가 제시된다. 따라서 바울은 하나님의 영 광을 자신의 얼굴에 품고 있는 예수를 하나님의 형상이라고 부르는데 전 혀 주저함이 없다(4:4).[73] 바울은 자신이 다메섹에서 부활한 예수 곧 영광의 주를 만나고 회심했을 때, 자신은 하나님의 창조의 빛을 접하고 새로운 피조물로 새롭게 창조되었다고 이해한다(비교, 갈 2:15-20).[74]

바울의 사역에 포함된 고난과 영광의 소망(고후 4:7-5:10)

고린도후서 2:14-4:6을 통해서 바울은 자신의 사역의 정당성을 자신의 사역은 성령이 주도하는 새 언약의 사역으로, 성도들에게 실질적인 변화를 가져 오는 효과적인 사역으로, 그리고 그 기원이 사람이 아니라 하나님에게 있다는 세 가지 사실을 통해서 증명했다. 그리고 바울은 자신의

---

ment Commentary (Grand Rapids, Michigan: Eerdmans Publishing Company, 2014), 250-55.

73. 참고, Paul Niskanen, "The Poetics of Adam: The Creation of אדם in the Image of להים א," *Journal of Biblical Literature* 128, no. 3 (2009): 417-36; Harm W. Hollander, "Seeing God 'in a Riddle' or 'Face to Face': An Analysis of 1 Corinthians 13.12," *Journal for the Study of the New Testament* 32, no. 4 (2010): 395-403.

74. 현재의 본문에서 바울은 자신의 특별한 회심의 경험을 언급하는 동시에, 모든 성도들의 회심과 동일한 경험으로 일반화시키고자 한다. 참고, Lambrecht, *Second Corinthians*, 69. 비교, Roetzel, *2 Corinthians*, 71.

새 언약의 사역은 하나님에 관한 지식의 빛을 담은 예수 그리스도의 영광
의 복음에 근거한 사역이라고 주장했다. 그러나 여기서 바울은 자신이 여
전히 설명해야 할 한 가지 어려운 문제에 봉착한다. 그 문제는 고난을 인
하여 육체적으로 연약하고 보잘것없는 바울을 통해서 어떻게 하나님의
영광의 빛이 세상으로 비추어질 수 있는가의 여부이다.[75] 그러므로 이어지
는 본문 4:7-5:10에서 바울은 자신의 죽음의 고난을 통해서 그리스도의
생명이 자신의 복음을 접한 고린도인들의 삶에서 드러나고 있음을 먼저
보여주고자 한다. 또한 바울은 현재 고난받는 자신과 고린도인들이 미래
의 영광으로 덧입혀질 부활의 생명을 누리게 될 것을 약속한다. 여기서
바울은 새로운 창조의 모형이요 하나님의 형상인 그리스도의 삶의 패턴
이 자신의 삶과 사역을 설정하고 있음을 전제하고 있다. 그리스도가 고난
의 사역을 통하여 높아지고 영광의 부활을 경험했듯이, 그의 종이 되어
섬기는 바울도 그가 허락할 영원한 영광의 부활을 소망하면서 현재 자신
의 사역에 포함된 고난을 참아내고 있다.

고린도후서 4:7-5:10은 크게 세 개의 본문들로 나누어진다. 첫 번째,
4:7-15에서 바울은 현재 자신이 경험하고 있는 고난의 의미에 대해서 설
명하고, 두 번째, 4:16-18에서는 현재의 고난과 비교할 수 없는 미래의 영
광의 중함에 대해서 묘사하고, 그리고 세 번째, 5:1-10에서는 고난 중에 있
는 자신과 자신의 청중들에게 성령을 통해서 약속된 미래의 부활에 대해
서 가르친다. 이처럼 4:7-5:10에서 바울은 자신의 사역에 대한 방어와 대
적들에 대한 공격을 중단하고, 대신 자신이 정말 묘사하고 싶은 '모든 성
도들의 영광스러운 미래'로 청중들의 관심을 돌린다.[76] 이 영광스러운 미
래는 육체의 부활을 통한 변화를 전제로 하고, 그 변화는 하나님의 형상인

---

75. Barnett, *The Second Epistle to the Corinthians*, 227.
76. 참고, Lambrecht, *Second Corinthians*, 76.

예수를 포함한 다양한 아담 기독론적 전제들을 통해서 묘사되고 있다.

복음과 고난(4:7-15)

고린도후서 4:7-12에서 바울은 헬라어 표현 δὲ를 통하여 영광스러운 자신의 새 언약의 사역에서 자신의 고난과 죽음에 대한 이야기로 주제를 전환한다. 헬라어 단언 δὲ는 4:7-12의 주제가 3:7-4:6에서 선포된 생명을 주는 성령의 새 언약의 사역과 성도들이 경험하는 영광스러운 변화와 급격한 대조를 이룸을 알려준다. 바울은 하나님의 영광에 대한 논의를 4:16-18에서 다시 전개할 것인데, 이에 앞서 먼저 자신이 현재 경험하고 있는 죽음의 고난이 왜 자신의 생명의 사역에서 꼭 필요한지를 설명한다. 물론 바울이 여기서 자신의 육체의 고난에 대해서 논의하는 이유는 자신의 보잘것없는 외모와 고난에 대해서 트집잡고 있는 대적들의 공격 때문이다. 그들은 바울의 현재적 고난과 보잘 것 없는 외모는 그에 대한 하나님의 심판의 결과라고 믿고 있다. 바울은 먼저 자신은, 비록 하나님의 영광을 전달하는 하나님에 의해서 선택된 그리스도의 종이지만, 땅에 속한 질그릇에 불과한 연약한 존재임을 겸손하게 고백한다(4:7). 질그릇은 깨어지기 쉬운 특징을 지닌 바울의 연약한 육체를 입은 존재론적 약함을 의미하는 수사학적 표현이다(10, 11절).[77] 바울은 5:1-5에서 이 육체가 불멸의 생명으로 덧입힘을 입을 것이라고 가르친다. 그런데 질그릇 같은 바울 안에 담겨진 하나님의 보화가 무엇인지에 대해서 학자들의 토론이 있었다. 7절의 하나님의 보화는 앞에서 바울이 이미 언급한 것임을 헬라어 표현 τοῦτον이 암시한다. 그러므로 하나님의 보화는 '하나님의 영광의 지식'(4:6), 혹은 그

---

77.   참고, Guthrie, *2 Corinthians*, 253; Seifrid, *The Second Letter to the Corinthians*, 205. 비교, Lambrecht, *Second Corinthians*, 71.

지식을 담고 있는 '그리스도의 영광의 복음'(4:4), 혹은 그 복음을 전하도록 바울에게 은혜로 허락된 '새 언약의 영광의 사역'으로 볼 수 있다.[78]

바울은 질그릇이라는 표현을 통해서 자신은 연약한 육체를 소유한 유한한 존재에 불과함을 겸손하게 고백한다. 이 표현을 통해서 자신은 계속되는 핍박과 고난과 괴롭힘, 그리고 죽음으로부터 자유롭지 못한 연약한 육체를 소유하고 있음을 인정한다(8-9절; 비교, 6:4-10; 11:23-28; 12:10; 롬 8:35-39; 고전 4:9-13; 빌 4:11-12).[79] 그러나 바울은 자신의 죽음의 고난이 그리스도의 사역을 인하여 자신의 몸에 임한 그리스도의 죽음임을 자각하고 있기에, 자신의 죽음의 고난을 통해서 종국에는 그리스도의 생명이 역사할 것을 굳게 믿고 있다(고후 4:10-11). 여기서 우리는 바울이 어떻게 그리스도의 죽음을 자신의 몸에 지니고 있는지에 대해서 실문해 볼 수 있다. 아마도 바울은 자신과 그리스도 간에 존재하는 존재론적 일치 속에서, 자신이 사역 중에 경험하는 고난이 그리스도가 경험했던 그 고난과 동일한 것이라고 믿고 있는 듯하다.[80] 역사적인 예수가 이 땅에서 사역하면서 십자가의 죽음으로 가는 길에서 계속해서 고난을 경험했듯이, 바울도 자신이 예수의 복음을 전하면서 경험하는 고난을, 동일한 십자가의 죽음을 경험하는 과

78. 참고, Harris, *The Second Epistle to the Corinthians: A Commentary on the Greek Text*, 339; Barnett, *The Second Epistle to the Corinthians*, 229.
79. 이러한 육체의 고난에 대한 내용들의 배경으로 학자들은 스토아 철학자들의 전형적인 표현들과 구약을 조사했다. 그러나 이 표현들은 바울 자신의 개인적인 경험들을 근거로 작성된 것으로 보인다. 참고, Lambrecht, *Second Corinthians*, 77-78; Witherington, *Conflict and Community in Corinth: A Socio-Rhetorical Commentary on 1 and 2 Corinthians*, 388-89.
80. Lambrecht, *Second Corinthians*, 77. 참고, Constantine R. Campbell, *Paul and Union with Christ: An Exegetical and Theological Study* (Grand Rapid: Zondervan, 2012), 406-20.

정으로 보고 있다.[81] 바울은 갈라디아서 6:17에서, 예수의 손에 난 십자가의 못 자국을 암시하는 "예수의 흔적들"(τὰ στίγματα τοῦ Ἰησοῦ)을 자신의 몸에 지니고 있다고 고백한다. 그러나 바울은 자신의 약한 몸에 그리스도의 고난이 임할 때, 그리스도의 부활도 함께 임할 것임을 알고 있다. 비록, 바울의 몸은 깨어지기 쉬운 질그릇에 불과하지만, 그 안에 담긴 하나님의 영광의 복음은 그의 약함을 통해서 역사하는 하나님의 능력이기 때문이다(7절; 비교, 롬 1:16-17). 하나님의 능력이라는 표현은 원래 생명을 주는 하나님의 창조주로서의 능력을 의미하나, 현재의 본문에서는 사람들을 영광스럽게 변화시키는 바울이 전하는 복음의 능력을 의미한다.[82] 그리고 바울의 새 언약에서 이 복음의 능력은 성도들에게 생명을 가져다주고, 영광의 변화를 초래한 성령의 사역을 가리킨다(고후 3:6, 16-18).[83] 자신의 연약한 몸 안에 약함과 더불어 하나님의 능력을 소유한 바울은, 자신의 전생애를 통해서 온 수많은 고난과 죽음의 위협에도 불구하고, 파괴되지 않았고 절망하지 않았으며 멸망당하지 않았다(8-9절).[84] 바울은 자신의 사역이 소유한 능력은 연약한 자신으로부터 기원한 것이 아니라 하나님으로부터 온 것임을 강조하면서, 다시 한번 인간의 추천서를 통해서 자신들의 사역의 정당성을 추구하는 대적들과 하나님에 의해서 택함 받은 자신을 비교한다.

81. Thrall, *A Critical and Exegetical Commentary on the Second Epistle of the Corinthians*, 331-33; Guthrie, *2 Corinthians*, 259; Harris, *The Second Epistle to the Corinthians: A Commentary on the Greek Text*, 346. 어떤 학자들은 이 죽음을 성도들이 예수와 세례를 통해서 그의 죽음 안에서 연합하는 것으로 이해하기도 한다(롬 6:3-5). 이 관점에 대해서는 다음을 참조하라. Thrall, *A Critical and Exegetical Commentary on the Second Epistle of the Corinthians*, 333-34.
82. 참고, Harris, *The Second Epistle to the Corinthians: A Commentary on the Greek Text*, 340; Lambrecht, *Second Corinthians*, 72.
83. 참고, Guthrie, *2 Corinthians*, 254.
84. Barnett, *The Second Epistle to the Corinthians*, 227-28.

그런데 바울은 고난의 죽음 가운데서 인정할 수밖에 없는 자신의 약함에는 하나님이 정하신 특별한 계획이 있음을 믿고 있다. 하나님은 바울의 사역의 능력이 그로부터 말미암은 것이 아니라, 하나님으로부터 말미암았음을 알려주기 원한다. 바울은 고린도후서 12:7-10에서도 자신은 비록 삼층천에 올라가 말할 수 없는 것들을 듣고 표현할 수 없는 것들을 보았지만, 자신은 오직 자신의 약함만을 자랑한다고 고백한다. 왜냐하면 바울은 자신의 약함을 통하여 그리스도의 능력이 역사하는 것을 직접 경험했기 때문이다. 인간적인 관점에서 볼 때 결코 영광스럽지 못한 자신의 사역에 동반된 육체적인 고난을 통하여 복음의 능력이 효과적으로 세상으로 전파되는 것을 바울은 개인적으로 경험했다. 따라서 바울은 자신의 고난의 죽음을 통하여 '예수의 생명'(ἡ ζωὴ τοῦ Ἰησοῦ)이 힘 있게 그들 가운데서 드러났다고 선포할 수 있다(4:10-12). 바울이 여기서 언급하는 예수의 생명은 역사적 예수의 이 땅에서 성육신한 삶이 아니라, 부활한 주 예수의 영생을 외미하는 것으로 보인다.[85] 왜냐하면 고린도후서 3-5장의 해석학적 논의는 하나님의 영광의 계시에 따른 영광스러운 변화와 부활을 중심으로 전개되고 있기 때문이다. 이런 면에서, 바울은 자신 안에 임재한 하나님의 능력은 그리스도에게 생명을 준 바로 그 부활의 능력이라고 선포할 수 있다(4:14). 바울은 현재 그리스도의 종으로 살면서 자신이 겪는 모든 육체적 고난 이후에 그가 경험할 그리스도의 부활을 인하여 크게 위로를 얻고 있다고 고백한다.

바울은 자신을 대적하는 거짓 선생들과 달리, 자신의 새 언약의 사역을 통하여 개인적인 이익을 추구하기보다는 그 사역의 대상들인 고린도인들의 영적인 복지에 더 많은 관심을 기울인다. 바울은 철저하게 하나님

---

85. Harris, *The Second Epistle to the Corinthians: A Commentary on the Greek Text*, 346-47.

의 성전인 교회를 온전하게 만들도록 하나님에 의해서 선택된 하나님의 종으로 자신을 이해하기 때문이다(고전 3:9).[86] 현재의 본문에서도 바울은 자신의 고난과 죽음을 통해서 고린도인들의 삶에 그리스도의 생명이 임하는 은혜를 강조한다(고후 4:12-15). 비록 바울은 죽음에 넘겨진 것처럼 고난받고 있지만, 그의 고난의 사역의 결과로 그리스도의 생명이 현재 고린도인들 가운데 역사하고 있다. 따라서 바울은 하나님의 능력을 인한 자신의 사역의 성공에 대해서 자신은 확실한 믿음을 소유하고 있다고 고백한다(13절). 그런데 바울은 자신의 믿음 이면에는 그리스도를 살리신 하나님이 자신과 고린도인들을 살리실 것에 대한 분명한 지식이 있음을 선포한다(14절).[87] 바울은 부활에 대한 희망을 자신의 주관적인 믿음이 아니라, 그 믿음의 기반이 되는, 부활을 주시는 하나님에 관한 객관적인 지식에 속한 것으로 본다. 부활한 예수를 만난 자신의 개인적인 체험 때문에, 바울은 미래에 있을 성도들의 부활을 하나님에 관한 객관적인 지식의 일부로 간주하고 있다. 또한 바울은 자신의 사역의 궁극적인 목표는 고린도인들이 부활의 능력을 경험하여 하나님께 영광을 돌리게 하는 것이라고 가르친다. 바울은 자신의 사역을 철저하게 기독론적으로 해석하는 경향이 있는데, 자신의 사역의 궁극적인 목표도, 그리스도가 하나님께 영광을 돌린 것처럼, 하나님께 영광을 돌리는 것임을 여기서 분명하게 선포한다(4:15; 비교, 빌 2:11).

---

86. 참고, Campbell, *Paul and Union with Christ: An Exegetical and Theological Study*, 369-87.
87. 참고, Harris, *The Second Epistle to the Corinthians: A Commentary on the Greek Text*, 352-53.

복음과 영원한 영광(4:16-18)

바울은 고린도후서 4:7-15에서 고난 중에도 자신이 사도로서의 본분을 포기하지 않고 견딜 수 있었던 이유로 네 가지를 들었다: (1) 자신의 약함을 통해서 역사하는 하나님의 능력, (2) 예수와 연합된 운명체로서의 자신의 삶과 사역,[88] (3) 성도들 가운데서 역사하는 예수의 생명, 그리고 (4) 현재의 영광이 예표하는 미래의 부활의 영광. 이제 이어지는 본문에서 바울은 자신이 그토록 소망하는 마지막 부활의 영광에 대해서 조금 더 상세하게 설명하기 원한다. 그런데 4:16-5:10의 주체인 '우리'는 복음을 믿고 회심한 모든 성도들을 가리키는 교회론적인 우리라기보다는, 새 언약의 사역자인 바울과 그의 동역자들을 일차적으로 지칭한다.[89] 왜냐하면 이 본문의 일차적인 목적은 바울이 왜 현재의 고난 속에서도 낙심하지 않고, 계속해서 복음의 사역에 희망을 가지고 전진하는지에 대한 이유를 알려주기 때문이다. 그럼에도 불구하고, 바울은 자신이 희망하는 현재의 고난을 뛰어넘는 미래의 영광의 경험이 자신을 포함한 모든 성도들에게 보편적으로 적용되는 구원의 종말론적 결론임을 분명히 알려주기 원한다. 따라서 바울은 5:10에서 예수의 종말의 심판대 앞에 설 사람들을 '우리 모두'라고 칭하고, 5:17에서는 영광의 변화를 경험할 새로운 피조물로 그리스도 안에 속한 '모든 이들'을 든다. 여기서 바울은 자신과 자신의 동역자

---

88. 바울의 신학의 가장 현저한 특징은 그의 '그리스도 안에서'라는 기독론적 표현에서 발견된다. 이 표현을 통해서 바울은 그리스도가 자신의 새로운 존재의 영역이 되었음을 알려준다. 참고, Dunn, *The Theology of Paul the Apostle*, 390-412; Harris, *The Second Epistle to the Corinthians: A Commentary on the Greek Text*, 431; Campbell, *Paul and Union with Christ: An Exegetical and Theological Study*, 67-199.

89. Seifrid, *The Second Letter to the Corinthians*, 214; Harris, *The Second Epistle to the Corinthians: A Commentary on the Greek Text*, 358; Lambrecht, *Second Corinthians*, 80; Roetzel, *2 Corinthians*, 77. 비교, Barnett, *The Second Epistle to the Corinthians*, 246.

들을 뛰어넘어 모든 성도들을 종말론적 심판과 영원한 영광의 수혜자들 속에 포함시키고 있다.[90] 바울은 이미 3:18에서, 비록 이 본문의 일차적인 목적이 자신의 새 언약 사역의 변증이지만, 복음을 통해서 주의 영광을 목도한 성도들이 영광에서 영광으로 이르는 변화를 현재 경험하고 있다고 선포했다. 여기서 우리는 바울이 자신의 사역의 정당성을 변론하고자 하는 궁극적인 목적은 자신의 사도성의 정당성 확보가 아니라, 자신이 세운 고린도교회를 보존하고자 함임을 알 수 있다. 그러나 현재의 본문에서 바울은 먼저 성도들의 영광스러운 변화의 과정에는 종말론적인 마침이 존재함을 알려주고자 한다. 그 종말론적인 변화의 마침은 바로 성도들이 부활의 영광으로 덧입힘을 입고 영생을 소유하게 되는 것이다. 바울은 이 사실을 고린도전서 15장에서 아담과 예수의 땅과 하늘에 속한 형상 간의 대조를 통해서 자세히 설명했는데, 고린도후서 4:16-5:10에서도 자신과 성도들의 몸에 일어날 하나님의 형상에 따른 영광스러운 변화를 중심으로 다시 한번 설명하고자 한다.

고린도후서 4:7-15에서 바울은 새 언약의 사역을 담당하고 있는 자신의 현재의 고난과 미래의 부활의 소망에 대해서 자세히 논의했다. 바울은 이 본문에서 이미 자신의 사역과 성도들의 경험 간에 놓인 밀접한 연관성을 여러 번 강조했다. 바울의 대적들이 자신과 고린도교회를 이간질하여 분리시키려 시도했던 것에 반하여, 바울은 자신의 사역의 목적과 현재의 모든 고난을 참고 인내한 이유를 고린도교회 성도들의 영적인 복지에서 찾는다. 이 사실을 바울은 4:15에서 다음과 같이 한 마디로 표현한다: "모든 것이 다 너희들의 유익을 위해서이다"(τὰ πάντα δι᾽ ὑμᾶς).[91] 심지어 4:6에서

---

90. 참고, Barnett, *The Second Epistle to the Corinthians*, 253; Seifrid, *The Second Letter to the Corinthians*, 229.

91. 참고, Guthrie, *2 Corinthians*, 264-65.

바울은 자신과 자신의 동역자들을 예수를 위하여 '고린도인들의 종'으로 여긴다고 고백한다. 그러므로 4:16-18에서 바울은 새 언약의 사역의 대상들인 고린도교회 성도들이 이제 자신과 동의한다는 전제하에서, 자신이 경험하는 현재의 고난과 미래의 영광의 소망에 참여하는 자들로 그들을 함께 포함시켜 논의한다. 이 미래의 영광을 바울은 5:1-10에서 성도들의 몸이 경험할 부활의 영광으로 자세히 묘사할 것이다.

4:16을 시작하면서, 바울은 헬라어 접속사 διὸ('그러므로')를 통하여 4:7-15에서 논의된 토론의 결론을 이제 도출하고, 그 결론을 바울 자신과 자신에게 동의하는 모든 성도들의 삶에 적용하고자 함을 알려준다.[92] 바울은 자신이 예수의 고난을 짊어지고 수고함으로써 예수의 생명이 자신과 성도들의 삶에서 어떻게 발생하는지를 자세히 설명하기 원한다. 바울에게 예수의 죽음과 부활은 인류의 왕으로 군림한 사망을 정복하고, 예수의 부활의 생명이 다스리는 새로운 시대를 여는 종말론적 사건이다(비교, 롬 5:12-21). 따라서 바울은 인간의 운명과 자신의 사역을 예수의 죽음과 부활이라는 종말론적 렌즈를 통해서 해석한다.[93] 이런 맥락에서, 고린도후서 4:16의 '쇠퇴해져 가는 겉사람'은 8-9절의 고난과 10-12절의 죽음을 한 마디로 요약하고, '날마다 새로워지는 속사람'은 7절의 하나님의 능력과 10-11절의 예수의 생명, 그리고 14절의 부활을 한 마디로 요약한다. 인간의 겉사람과 속사람에서 발생할 복음의 효과를 중심으로, 바울은 이 시대와 오는 시대에 관한 자신의 종말론적 대조를 통하여 성도들의 삶을 묘사한다.[94]

---

92. Barnett, *The Second Epistle to the Corinthians*, 249-50; Roetzel, *2 Corinthians*, 74.

93. Roetzel, *2 Corinthians*, 74.

94. 참고, Vincent P. Branick, "Apocalyptic Paul," *The Catholic Biblical Quarterly* 47, no. 4: 664-75; Lisa M. Bowens, "Lnvestigating the Apocalyptic Texture of Paul's Martial Imagery in 2 Corinthians 4-6," *Journal for the Study of the New Testament* 39, no. 1 (2016): 3-15; James R. Pambrun, "Aesthetic Experience and Paul: Reading with Leander Keck

이 시대는 일시적이고 보이는 것들로 채워진 반면에, 오는 시대는 영원하고 보이지 않는 것들로 채워질 것이다. 그리고 이 시대가 끝나고 오는 시대가 시작하는 순간은 바로 하나님이 성도들을 부활시키는 바로 그 순간이다(4:14). 그 날에 모든 성도들은 다 예수 그리스도의 심판대 앞에 서서 자신들이 육체를 입고 사는 동안 행한 행동들의 본질에 따른 보상을 받게 될 것이다(5:10). 바울에게 종말론적 상급은 이 땅에서 육신을 입고 사는 삶의 질에 달려 있는 문제이다. 물론 이 때 발생할 인간의 삶에 대한 종말론적 평가는 심판도 포함될 수 있음이 전제된다.

바울의 시대들을 구분하는 종말론적 이분법은 성도들의 겉사람과 속사람으로 구성된 존재론적 이분법과 고난과 영광의 이분법을 통하여 한층 더 심화된다. 이 시대에 속한 성도들의 겉사람(ὁ ἔξω ἡμῶν)은 날마다 쇠퇴해져 가지만, 그들의 속사람(ὁ ἔσω ἡμῶν)은 날마다 새로워진다(4:16). 바울은 여기서 인간을 구성하는 외적인 몸과 내적인 영혼을 한 인간의 두 개의 구분되는 실체들인 겉사람과 속사람으로 제시하지 않는다. 바울은 영육의 엄밀한 구분에 대한 헬라적 이해뿐만 아니라, 인간에 대한 전인적인 관점을 가진 히브리적 이해에 의해서도 크게 영향을 받았다. 따라서 바울은 인간을 하나의 총체적인 실체로 보면서, 두 가지 다른 관점, 즉 자연적인 피조물의 유한성과 그리스도 안에서 새로운 피조물이 가지는 영생의 측면에서 나누어 평가하고 있다.[95] 성도들의 겉사람의 쇠퇴해짐은 아담의

and Christaan Beker on Paul's Apocalyptic Way of Thinking Part One," *Science et Esprit* 66, no. 3 (2014): 445-58.

95. 참고, *A Critical and Exegetical Commentary on the Second Epistle of the Corinthians*, 348-51; Barnett, *The Second Epistle to the Corinthians*, 250; Lambrecht, *Second Corinthians*, 80-81; Harris, *The Second Epistle to the Corinthians: A Commentary on the Greek Text*, 359-60; H.D. Betz, "The Concept of the 'Inner Human Being'(Ὁ Ἔσω Ἄνθρωπος) in the Anthopology of Paul," *New Testament Studies* 46 (2000): 315-41.

자손으로서의 그들의 자연적인 태생적 기원을 인하여 죽음을 향하여 달려가는 육체를 입은 그들 존재의 유한성을 가리킨다. 그런 면에서 성도의 겉사람은 '그들의 몸'(σῶμα, 4:10), '유한한 육체'(θνητῇ σαρκὶ, 4:11), 그리고 '비루한 몸'(τὸ σῶμα τῆς ταπεινώσεως, 빌 3:21)과 깊은 연관이 있다.[96] 반면에, 그들의 속사람의 새로워짐은 그들 안에 거하는 영광스러운 변화를 주도하는 하나님의 생명의 영을 인하여 영생을 향하여 달려가는 그들 존재의 불멸성을 가리킨다(3:6, 17-18; 5:5). 하나님의 성령의 생명을 주는 사역의 결과 그리스도 안에 속한 성도들은 다 새로운 피조물이 되었다(5:17). 하나님의 새로운 피조물인 성도들은 '불멸의 영적인 몸'(σῶμα πνευματικόν, 고전 15:44)을 부활의 때에 소유할 것이다. 그러나 바울은 부활의 영적인 몸의 형성이 이미 성도들 안에 진행되고 있음을 ἡμέρα καὶ ἡμέρα('날마다')라는 표현을 통해서 강조한다. 이 날마다의 변화를 바울은 고린도후서 3:18에서 그리스도의 영광의 형상에 따른 영광에서 영광에 이르는 (내면에서 발생하는) 지속적인 변화라고 설명했다.[97] 쇠퇴하는 겉사람과 날로 새로워지는 속사람의 대조는 4:7-12에서 바울이 언급한 질그릇과 예수의 죽음, 그리고 하늘의 보화와 예수의 생명 간에 존재하는 대조를 한층 더 심화시킨다.[98] 물론 여기서 바울은 자신의 고난으로 점철되어 죽음을 맞이하게 된 비루한 외모를 인하여 자신의 사역과 사도로서의 정당성을 공격한 대적들의 영적인 어두움을 지적하려 한다. 그들은 바울의 쇠퇴해져 가는 겉사람 안에서 발생하고 있는 성령이 유도하는 속사람의 새로워짐을 전혀 보지 못하고 있기 때문이다.

---

96. Harris, *The Second Epistle to the Corinthians: A Commentary on the Greek Text*, 360.
97. 새로워짐은 그리스도에게 속한 새로운 피조물이 날마다 지속적으로 경험하는 종말론적인 변화를 의미한다. 참고, Seifrid, *The Second Letter to the Corinthians*, 217.
98. Barnett, *The Second Epistle to the Corinthians*, 251.

바울의 종말론적 이분법을 강화시키는 또 다른 요소는 현재의 고난과 미래의 영광 간에 놓인 이분법적 차이이다. 4:17-18에서 바울은 성도들의 인간적 존재가 소유한 겉사람과 속사람의 이분법적 구분에서 현 시대의 고난과 미래의 영광 간에 놓인 종말론적 이분법으로 눈을 돌린다. 현 시대의 고난은 현재 우리의 겉사람이 겪고 있는 쇠퇴함을 의미하고, 오는 시대의 영광은 우리의 속사람이 경험하고 있는 새로워짐의 결정적인 성취를 의미한다. 오는 시대의 영광은 하늘에 속한 불멸성을 의미하면서, 그리스도 안에서 새로워진 피조물인 성도들이 존재하게 될 새 시대의 존재론적 영역이다.[99] 17절에서 바울은 현재의 고난이 미래에 올 지극히 큰 영광에 비해서 지극히 가벼운 것에 불과하다고 선포하는 동시에, 영광의 영원성에 비추어 현재의 고난은 지극히 순간적인 현상이라고 가르친다. 여기서 바울은 현재의 고난의 어려움을 부정하는 것이 아니라, 현재의 고난은 사라질 현 시대에 속한 일시적인 현상임을 지적하고 있다. 그런데 바울은 현재의 고난이 미래의 영광에 의해서 대치되어야 할 부정적인 현상이 아니라, 자신과 모든 성도들을 위하여 미래의 '설명할 수 없을 정도로 영원히 중한'(καθ' ὑπερβολὴν εἰς ὑπερβολὴν αἰώνιον βάρος, 17절) 영광을 창출하는 긍정적인 역할을 하고 있다고 가르친다. 바울은 자신의 겉사람이 경험하는 고난을 그리스도가 경험한 바로 그 고난으로 이해하고 있기에, 그리스도의 고난과 마찬가지로 자신의 고난도 영원한 영광을 창출하기 위한 필수불가결한 준비로 간주한다(비교, 1:6-7; 2:15). 그리고 바울은 종말론적 이분법 속에서 현재에 속한 것들이 우리의 눈에 보이는 것들임에 반하여, 미래에 속한 것들은 우리의 눈으로 볼 수 없는 것들임을 강조한다(18절). 또한 바울은 눈에 보이는 것들은 현 시대에 속해 있기에 잠시 있다가 사라질 것

---

99. Ibid.

임에 반하여, 보이지 않는 것들은 미래의 시대에 속하여 영원할 것임을
강조한다. 바울은 여기서 자신의 외모를 공격하면서, 자신들의 외모를 자
랑하고 인간적인 추천서를 인하여 자만하는 대적자들을 간접적으로 공격
하고 있다.[100] 그들은 눈에 보이지 않는 영원한 것들을 볼 수 없는데, 이는
그들의 마음을 이 세상의 신이 어둡게 했기 때문이다(4:4).

부활의 소망(5:1-10)

바울은 고린도후서 4:16-18에서 성도들이 경험하고 있는 현재의 고난
의 실체와 미래에 경험할 영광의 소망을 종말론적 이분법을 통해서 자세
히 설명했다. 이 본문에서 바울은 겉사람이 경험하는 고난에 반하여 속사
람이 경험하는 날마다의 새로워짐과 그 새로워짐의 목표인 영원한 영광
에 대해서 가르쳤다. 사실 이 영원한 영광으로의 변화는 하나님의 성령에
의해서 이미 성도들 안에서 시작된 것이라고 바울은 3:18에서 주장했다.
이제 5:1-10에서 바울은 성도들이 경험하는 영광스러운 변화의 마지막을
하나님이 만들어 주실 영광의 몸, 즉 하늘에 속한 부활의 몸의 개념으로
자세히 설명하고자 한다.[101] 바울은 성도들의 눈에 보이지 않는 하나님의
영광과 그에 따른 부활의 몸을 생생하게 묘사하여 현재의 고난을 참고 이
겨낼 소망을 그들에게 제시하기 원한다. 따라서 바울은 이제 자신의 사역
과 사도성을 변론하는 것을 잠시 멈추고, 자신의 사역의 대상인 고린도
교인들이 그들의 현재의 고난 가운데서도 미래의 소망을 인하여 믿음 가
운데 강건하게 서기를 원한다.

---

100. 참고, Roetzel, *2 Corinthians*, 74.
101. 4:7-18과 5:1-10 간에 존재하는 긴밀한 연관성에 대한 분석에 대해서는 다음을 참
　　조하라. Harris, *The Second Epistle to the Corinthians: A Commentary on the Greek
　　Text*, 365-67; Roetzel, *2 Corinthians*, 76; Furnish, *2 Corinthians*, 288.

바울은 앞에서 강한 종말론적 대조 속에서 자신의 현재의 고난과 미래의 영광, 죽음과 생명, 그리고 사라짐과 영원함 등을 논의하고, 이를 통해서 자신의 복음 사역과 성도들의 경험을 종말론적으로 설명했다. 5:1-10에서도 바울은 동일한 맥락 속에서 '무너질 이 땅에서의 장막'과 '영원히 지속될 하늘의 장막'을 상호 대조하면서 자신의 논의를 발전시킨다.[102] 바울은 먼저 성도들은 땅의 장막의 무너짐을 인하여 벌거벗은 채 발견되지 않고,[103] 하늘의 장막으로 덧입혀 짐을 경험할 것이라고 선포한다.[104] 여기서 우리가 소유한 땅의 장막은 첫 창조에 속한 유한성을 상징하는 우리의 죽을 몸을 직접적으로 가리킨다. 반면에 우리가 덧입을 하늘의 장막은 하나님이 준비한 영광으로 덧입혀진 영적인 몸을 가리킨다. 그런데 바울은 5:4에서 하늘의 장막을 설명하면서, 죽을 것이 생명에 의해서 삼킨바 될 것이라고 가르친다. 고린도전서 15:42-54를 근거로 살펴볼 때, 이 표현이 의미하는 바는 성도들의 죽을 몸이 하나님의 불멸의 영광에 의해서 덧입혀지는 질적인 변화를 경험하여 부활의 몸이 되는 것을 의미한다.[105] 바

---

102. 장막을 의미하는 헬라어 단어 σκῆνος는 출애굽 시 광야에서 하나님의 임재를 모신 장막을 지칭할 때 쓰인 단어이다(비교, 출 40:34-38). 하나님의 임재인 성령을 모시고 있는 성도들의 몸은 이와 유사한 의미로 장막이라고 불릴 수 있다. 참고, Harris, *The Second Epistle to the Corinthians: A Commentary on the Greek Text*, 370; Seifrid, *The Second Letter to the Corinthians*, 220.

103. 벌거벗음의 의미에 대한 학자들의 다양한 의견을 위해서는 다음을 참조하라. Harris, *The Second Epistle to the Corinthians: A Commentary on the Greek Text*, 385-86.

104. 필로는 몸이 결여된 영혼을 벌거벗었다고 말한다(*On the Virtues* 76). 그리고 제2성전시대 유대교 문서에서 몸이 결여된 영혼의 개념이 종종 발견되기도 한다(참고, 1에녹 39:4; 71:14). 참고, Joseph Osei-Bonsu, "Does 2 Cor 5:1-10 Teach the Reception of the Resurrection Body at the Moment of Death," *Journal for the Study of the New Testament* 9, no. 28 (1986): 81-101. 여기서 본 저자는 아담이 타락한 후 하나님의 영광을 상실한 채 존재하게 된 상태를 바울이 마음 속에 생각하고 있다고 본다. 이 사실에 대해서는 추후에 더 자세히 설명할 것이다.

105. 참고, Barnett, *The Second Epistle to the Corinthians*, 259-60; Harris, *The Second Epistle*

울은 이 불멸의 영광을 그리스도가 소유한 '하늘의 형상'이라고 부른다(고후 4:4; 고전 15:49). 그런데 고린도전서 15장에서 바울은 우리가 그리스도의 형상에 따른 하늘의 영광을 덧입는 사건을 부활의 때에 일어날 미래의 사건으로 가르치고 있다. 그런데 고린도후서 3-5장에서 바울은 현재 이미 그 영광스러운 변화의 시작을 우리의 속사람이 경험하고 있다고 강조한다. 현재의 본문에서 바울은 이 땅의 장막이 무너지는 것은 육체의 죽음을 가리키는데, 이 때 성도들의 속사람이 벌거벗은 채 발견되지 않고 영광의 몸으로 덧입혀질 것이라고 선포한다.[106] 여기서 우리는 바울이 자신의 인간 이해에서 새로운 피조물인 성도들은 종말론적인 신체의 시작을 현재 이미 맛보고 있는 동시에, 그 실체의 절정을 미래에 경험할 것으로 이해하고 있음을 본다. 또한 바울은 땅의 장막과 하늘의 상막의 비유를 통해서 부활 전후의 성도의 몸의 비연속성을 강조하는 동시에, 그의 정체의 연속성도 강조하고 있다.[107]

그러나 바울은 이러한 종말론적 소망을 소유한 성도가 현재 경험하는 고난을 결코 과소평가하지 않는다. 이 사실을 바울은 고린도후서 5:2, 4에서 우리가 하늘로부터 오는 장막으로 덧입혀지기를 간절히 갈망하면서 '신음'하고(στενάζομεν) 있다고 표현함으로써 잘 보여준다. 바울은 이 헬라어 단어 στενάζομεν을 통해서 로마서 8:23에서는 몸의 구속을 기다리는 성도들의 신음을, 그리고 로마서 8:26에서는 성도들을 위해서 중보하는 성령

---

to the Corinthians: *A Commentary on the Greek Text*, 373, 75-76; Seifrid, *The Second Letter to the Corinthians*, 226.
106. 물론 바울은 여기서 성도들이 죽고 주님의 재림의 때에 부활을 경험하기 전까지의 중간 단계에 어떤 상태에 처해 있을지에 대해서는 자세히 가르치고 있지 않고 있다. 그러나 5:8에서 바울은 죽음 이후 성도들은 주님과 함께 거하게 될 것임을 암시해준다.
107. Seifrid, *The Second Letter to the Corinthians*, 220.

의 신음을 묘사했다. 그럼에도 불구하고, 바울은 성도들의 부활의 몸에 대한 자신의 확신을 강력하게 표현하는 것을 결코 망가하지 않는다. 바울은 성도들이 경험할 부활의 몸에 대한 소망을 단순히 믿는다고 표현하지 않고 '우리가 안다'(οἴδαμεν, 고후 5:1)라고 표현함으로써, 그 소망에 대한 자신의 강한 확신을 여과없이 보여준다. 현재를 이기는 미래의 소망에 대한 이런 확신을 바울은 고린도후서 4-5장 전반에 걸쳐서 강하게 표현하고 있다: "그러므로 우리는 낙심하지 않는다"(4:16); "그러므로 우리는 항상 확신한다"(5:6).[108] 바울이 현재의 고난과 죽음의 위협에도 불구하고, 부활의 몸에 대한 소망을 굳게 붙들 수 있는 것은 그 약속을 만드신 분이 하나님이기 때문이다(5:5). 바울은 자신이 만난 부활한 예수를 통해서 객관적인 하나님의 부활의 증거를, 그리고 자신을 그리스도 안에서 새로운 피조물로 만들어주었다는 믿음에서 주관적인 하나님의 부활의 증거를 찾고 있다.[109] 그리고 하나님은 부활의 몸에 대한 약속의 보증으로 성령을 보내어 성도들 안에 현재 거하게 하였다. 바울은 로마서 8:10-11에서 그리스도의 죽은 몸에 생명을 준 하나님의 능력인 성령이 성도들의 죽은 몸에도 동일하게 생명을 줄 것이라고 가르친다. 현재 성도들 안에 거하면서 예수의 하늘의 영광의 형상을 따라 그들의 속사람을 영광에서 영광으로 변화시켜가고 있는 성령이 바로 성도들의 영광스러운 부활의 몸을 창조하는 주체이다. 그러므로 바울은 성령을 성도들의 '부활에 대한 하나님의 보증'이라고 부르는데 전혀 주저함이 없다(고후 5:5; 1:21-22). 바울에게 성령은 성도들이 경험하고 있는 종말론적 현재와 미래 간의 긴장을 가장 잘 보여주는 종말론적 실체이다.[110]

---

108. 참고, Barnett, *The Second Epistle to the Corinthians*, 256.
109. Seifrid, *The Second Letter to the Corinthians*, 229.
110. 참고, Barnett, *The Second Epistle to the Corinthians*, 266-67.

현재의 고난에도 불구하고, 꺾이지 않는 바울의 소망의 근원은 세 가
지로 요약된다: (1) 영광의 부활의 몸의 확실성(5:1), (2) 그 부활의 몸에 대
한 보증인 성령의 증거(5:5), 그리고 (3) 자신의 죽음은 주 예수와 함께 거
하게 되는 것임에 대한 흔들리지 않는 믿음(5:8). 바울에게 이 세가지 근거
들 배후에는 다 하나님이 역사하고 있다. 많은 바울 학자들은 바울이 자
신의 죽음 직전에, 혹은 직후에 예수의 재림을 기대하고 있었다고 생각한
다(비교, 고전 7:31).[111] 그래서 바울은 성도의 죽음과 예수의 재림 시에 경험할
부활 간의 시간이 매우 짧을 것이라고 믿었고, 이 중간기 동안에 성도들
의 몸의 상태에 대해서는 충분한 정보를 알려주지 않고 있다고 생각한다
(비교, 고전 15:52). 그러나 고린도후서 5:6-10에서 바울은 성도들의 죽음 이후
이 몸이 상태에 대한 정보를 우리에게 간략하게 제공해준다. 부활을 경험
할 예수의 재림의 날, 모든 성도들은 다 그리스도의 심판대 앞에 서서 그
들의 행위들에 대한 보상, 혹은 심판을 받을 것이다(5:10; 비교, 갈 5:6; 롬 2:6-
10). 바울은 여기서 자신의 사도성과 사역에 대한 진실성에 대한 심판을
사람들이 아니라 그리스도로부터 받게 될 것임을 알려준다. 바울은 자신
이 하나님 앞에서 신실하게 복음을 위하여 수고하며 많은 고난을 감내하
였음으로, 자신의 고난의 행위에 대한 그리스도의 상급을 기대한다.[112] 물
론 바울은 여기서 자신의 대적자들이 자신을 공격하는 마음의 동기들을
그리스도가 엄밀하게 살펴볼 것임을 경고한다. 그들의 숨은 동기들과 그
동기들에 따른 악한 비방의 행위들에 대한 그리스도의 심판이 그들에게
임할 것이다. 그런데 심판의 날 전까지의 시기를 바울은 "우리가 비록 몸
으로부터 떠나 있으나, 주와 함께 거하게 되는 시기"라고 말한다(5:8).[113]

---

111. 참고, Lambrecht, *Second Corinthians*, 88-89.
112. 참고, Roetzel, *2 Corinthians*, 77.
113. 살전 4:13-18과 5:10, 그리고 고전 15:50-58에서 바울은 이 시기를 성도들이 잠을

'몸으로부터 떠나 있는 것'은 죽음을 의미하고, 그 죽음 이후에 성도들은 자신들의 본향인 천국에서 주 예수 그리스도와 함께 거하게 된다고 바울은 믿고 있다. 물론 이때 성도들의 상태는 육체가 썩어 없어져 영으로만 존재하는 벌거벗은 상태일 것이다. 그리고 이 벌거벗은 상태를 벗어나 영광의 몸을 덧입는 순간은 그리스도의 재림 시에 발생할 부활의 때이다. 바울은 성도의 존재가 '그리스도 안에 속한' 새로운 피조물이므로, 그리스도의 임재로부터 벗어나는 그 어떤 순간도 상상할 수 없다. 왜냐하면 성도들은 이미 그리스도와 세례를 통하여 하나로 연합되었고, 그리스도를 자신들의 새로운 존재론적 실체로 옷 입었기 때문이다(비교, 롬 6:3-5; 갈 3:26-27).[114] 심지어 육체의 죽음조차도 성도와 그리스도 간에 존재하는 이 친밀한 교재를 결코 파괴하지 못한다(비교, 롬 8:31-39). 이 사실은 바울에게 보는 것을 따라 걷는 것이 아니라, 믿음을 따라 걷게 하는 또 다른 확신의 근거를 제공한다(고후 5:6-7). 바울과 그의 대적들의 눈 앞에 보이는 것들은 고난받는 약한 육체와 그 육체의 죽음이지만, 바울은 그 이면에 놓인 다가오는 영광과 불멸과 부활을 소망을 가지고 바라보고 있다.

예수, 하나님의 영광의 형상과 새 언약의 사역

고린도후서 3-5장에서 바울은 자신의 사역의 정당성의 가장 확실한 증거로서, 그리고 그리스도가 자신을 위하여 성령을 통해서 쓴 가장 권위

자는 시기라고 부른다.

114. 참고, Campbell, *Paul and Union with Christ: An Exegetical and Theological Study*, 310-22; Richard N. Longenecker, *The Epistle to the Romans: A Commentary on the Greek Text*, NIGTC (Grand Rapids, Michigan: Eerdmans, 2016), 611-15.

있는 추천서로서 성도들의 영광스러운 변화를 제시하고 있다(3:18). 성도들의 영광스러운 변화는 바울이 행하는 새 언약의 사역의 주체인 성령이 그들 안에서 날마다 영광에서 영광으로 변화시키는 사역의 결과이다. 그리고 바울은 성도들의 영광스러운 변화는 하나님의 형상으로서 하나님의 영광을 그 얼굴에 품고 있는 예수 그리스도의 영광을 따라 이루어진다고 가르친다(4:4). 이 영광스러운 변화의 절정은 부활한 예수가 영광의 몸을 입고 영생을 누리고 있듯이, 성도들의 죽은 몸이 불멸의 영광으로 덧입힘을 입는 것이다.[115] 불멸의 영광으로 덧입힘을 입은 부활의 몸을 바울은 하나님이 성도들을 위해서 준비한 '하늘의 장막'이라고 부른다. 바울은 이 부활의 소망과 부활이 가져올 영원한 영광의 지극히 중함을 인하여 현재의 고난을 참고 견딘다고 고백한다. 부활과 영원한 영광에 대한 바울의 이러한 믿음은 예수를 부활시킨 하나님의 객관적인 사역에, 그리고 자신 안에 거하는 성령의 주관적인 증거에 그 뿌리를 두고 있다. 그런데 우리는 고린도후서 3-5장의 영광스러운 변화에 대한 바울의 논의가, 고린도전서 15장에서와 마찬가지로, 아담의 이야기에 바탕을 둔 그의 기독론에 크게 의존하고 있음을 본다.[116] 고린도후서에서도 바울은 예수를 하나님의 영광을 소유한 하나님의 형상이라고 부르고, 그 형상을 따른 변화를 새로운 창조로 이해한다. 그리고 하나님의 형상인 예수를 통한 영광스러운 변화는 아담이 가져온 사망을 극복하는 부활의 사건을 그 궁극적인 목표로

---

115. 참고, Campbell, *Paul and Union with Christ: An Exegetical and Theological Study*, 333-42, 97-98.

116. 참고, Nicholas A. Meyer, *Adam's Dust and Adam's Glory in the Hodayot and the Letters of Paul: Rethinking Anthropogony and Theology*, Supplements to Novum Testamentum, (Leiden; Boston: Brill, 2016), 164-75; C. Marvin Pate, *Adam Christology as the Exegetical & Theological Substructure of 2 Corinthians 4:7-5:21* (Lanham, Md.: University Press of America, 1991).

삼고 있다. 아담의 사망의 원인은 하나님에 대한 불순종이었기에, 바울의
복음이 가져온 하나님의 영광에 따른 변화는 성도들의 외면적인 변화뿐
만 아니라, 성령의 새 언약의 사역을 통한 그들의 내면적인 변화를 포함
한다. 그러므로 이 부분의 논의에서 우리는 앞에서 자세히 분석한 고린도
후서 3-5장을 근거로, 그 안에 담긴 아담 기독론적 함의에 대해서 관찰해
보고자 한다.

모세와 아담, 그리고 하나님의 형상에 따른 영광스러운 변화

성도들의 영광스러운 변화에 대한 바울의 논의는 고린도후서 3:18에
서 간략하게 언급되고 있다. 이미 앞에서 자세히 살펴보았듯이, 성도들의
변화에 대한 바울의 논의는 출애굽기 34장의 모세의 영광스러운 변화 이
야기를 토대로 설명되고 있다. 그러나 고린도후서 3장에서 바울은 출애굽
기 34장에 대한 미드라쉬적 주석을 쓰고 있는 것이 아니라, 그 이야기와
연관된 유대인들의 다양한 해석을 이용하여 자신의 새 언약이 가져 오는
영광스러운 변화를 설명하고 있다.[117] 모세에 대한 유대인들의 이해에 따
르면, 그가 시내산에서 두 번째로 율법의 돌판을 받은 후 경험한 영광스
러운 변화는 하나님의 중재자로서의 모세의 특별한 지위를 대변한다. 이
사건을 계기로 모세는 선지자들 중의 선지자인 '그 선지자'로 이해되었고
(벤 시라 46.1), 심지어는 '이스라엘의 왕'(비극작가 에스겔 96-100)으로 그리고 '하
나님의 선택된 아들'(벤 시라 45.1)로 세워진 것으로 이해되었다. 바울과 동시
대의 유대인 사상가 필로는 시내산에서 발생한 모세의 영광스러운 변화
를 신적인 인간이 신이 되는 경험(theosis of the divine man)과 동일시한다(출애굽

---

117. Lee, *Jesus' Transfiguration and the Believers' Transformation: A Study of the Transfigu-
ration and Its Development in Early Christian Writings*, 52-53.

기에 대한 질문과 답변 2:46-47; 2:29).[118] 필로에게 변화된 모세는 인간의 영역에 머무는 동시에, 신의 영역에서 하나님과 함께 거하는 자로 이해되었다. 유대인들의 이해에서 모세에게 임한 하나님의 영광은 율법의 기원이 하나님으로부터 말미암았음을 알려주고, 그의 영광스러운 변화는 율법의 중재자로서의 그의 특별한 지위를 계시해주었다.[119] 이러한 유대인들의 전통에 동의하면서, 바울은 고린도후서 3장에서 새 언약의 사역의 중재자인 자신에게도 하나님의 영광이 임했음을 주장한다. 그러나 바울은 모세의 얼굴에 머문 영광이 일시적인 현상이었음을 강조하면서, 그의 탁월한 중재자로서의 특권과 지위를 깎아내린다 반면에 바울은 자신에게 인한 하나님의 영광은 항구적인 현상임을 하나님의 영광이 머무는 예수의 복음의 항구성을 중심으로 강조한다. 바울은 모세의 사역이 지닌 영광의 일시성을 뛰어넘는, 자신의 사역에 임한 하나님의 영광의 항구성을 통하여 자신의 새 언약 사역의 우월성을 주장한다.

흥미롭게도, 일부 유대인들의 전통에서는 모세의 영광스러운 변화가 아담의 이야기를 통해서 재해석되고 있다.[120] 예를 들면, 권위 있는 율법 선생 벤 시라는 아담에게는 생명의 법과 지식이 주어졌기에, 모든 피조물

118. Ibid., 54. 참고, Tikhon Alexander Pino, "An Essence-Energy Distinction in Philo as the Basis for the Language of Deification," *The Journal of Theological Studies* 68, no. 2 (2017): 551-71; Peder Borgen, "Moses, Jesus, and the Roman Emperor: Observations in Philo's Writings and the Revelation of John," *Novum testamentum* 38, no. 2 (1996): 145-59.

119. 참고, Hafemann, *Paul, Moses, and the History of Israel: The Letter/Spirit Contrast and the Argument from Scripture in 2 Corinthians 3*, 197; Newman, *Paul's Glory-Christology: Tradition and Rhetoric*, 244.

120. 다음에 인용하는 예들은 저자가 이미 저자의 다른 책에서 상세하게 다루었다. 참고, Lee, *Jesus' Transfiguration and the Believers' Transformation: A Study of the Transfiguration and Its Development in Early Christian Writings*, 55-57.

들 위에 뛰어나도록 그에게 영광이 주어졌다고 가르친다(벤 시라 17:11-13; 49:16). 그리고 벤 시라는 하나님이, 마치 시내산에서 율법을 주시면서 이스라엘과 언약관계를 형성하신 것처럼, 아담에게도 율법과 자신의 영광을 계시하면서 인류와 언약관계를 형성했다고 말한다. 물론 벤 시라는 아담의 타락 이후로 하나님의 영광이 그를 떠났고, 마침내 시내산에서 모세에게 율법을 허락하면서 이스라엘과 언약을 맺으실 때, 하나님이 자신의 영광을 다시 인류에게 허락했다고 가르친다(45:1-5). 이런 측면에서 볼 때, 모세가 하나님의 율법과 영광을 받고 하나님과 얼굴을 맞대고 교제하는 특별한 관계에 놓인 사건은 아담의 타락을 극복하는 새로운 창조로 이해될 수 있다.[121] 그러나 이스라엘의 역사에서 모세가 하나님의 영광을 회복한 것은 아담의 타락을 극복하는 우주적인 사건이 아니라, 모세 개인에게만 영향을 미친 하나의 이벤트성 사건에 그쳤다. 왜냐하면 모세가 하나님의 율법과 영광을 회복하는 그 순간, 시내산 밑에서 이스라엘 사람들은 황금 송아지를 만들어 경배함으로써 하나님의 분노를 유발했기 때문이다. 그리고 이어지는 이스라엘의 이야기에서 그들은 하나님의 율법을 지속적으로 파괴함으로써, 하나님의 영광의 회복을 경험하기는커녕 약속의 땅에서 쫓겨나는 하나님의 진노를 경험했다. 이 사실은 후대의 선지자들로 하여금 새로운 언약, 즉 마음에 새겨진 하나님의 율법을 의미하는 성령의 새 언약을 기대하게 만들었다. 이런 맥락에서, 바울이 새 언약에 관한 예레미야와 에스겔의 예언을 자신의 사역에 적용한다는 사실은 예수의 영을 통한 새 언약의 사역을 이스라엘의 반역의 역사를 넘어서 아담의 타락의 역사까지도 극복하는 우주적인 새 창조의 사건으로 이해하고 있

---

121. Hafemann, *Paul, Moses, and the History of Israel: The Letter/Spirit Contrast and the Argument from Scripture in 2 Corinthians 3*, 433; Newman, *Paul's Glory-Christology: Tradition and Rhetoric*, 111-12, 225.

음을 암시한다.[122] 새 언약의 사역의 핵심적 주체인 성령이 창조 시에 하나님을 도운 하나님의 생명의 영이었다는 사실은 이 추론에 큰 설득력을 더해준다.

바울과 동시대의 유대인 사상가 필로는 모세의 영광스러운 변화를 보이지 않는 하나님의 영광의 형상에 따른 변화라고 가르친다.[123] 필로에 따르면, 시내산에서 모세는 환상 중에 하나님의 형상을 목격하였는데, 그 형상은 모든 피조물들의 본질에 대한 신적인 청사진이다(Moses I.158f.). 필로는 이 형상을 "로고스"(logos), 곧 말씀이라고 부른다(Conf. 95-97).[124] 그런데 여기서 필로는 모세가 하나님의 형상을 따라 변화됨으로써, 모든 이들이 본받아야 할 영광스러운 변화의 모범(pattern)이 되었다고 주장한다. 후대의 사마리아인들과 랍비들이 모세 이해를 신펴보면, 모세의 얼굴에 있는 영생의 빛은 아담에게 임한 최초의 하나님의 영광의 빛으로 이해된다. 그들의 해석에서 구원은 하나님의 영광을 가져 오는 메시아를 통한 하나님의 형

122. 참고, Scot McKnight, "Covenant and Spirit: The Origins of the New Covenant Herme-neutic," in *The Holy Spirit and Christian Origins: Essays in Honor of James D.G. Dunn*, ed. Graham Stanton, Bruce W. Longenecker, and Stephen C. Barton (Grand Rapids: Eerdmans Co., 2004), 41-54; Volker Rabens, *The Holy Spirit and Ethics in Paul: Trans-formation and Empowering for Religious-Ethical Life*, WUNT 2(Tübingen: Mohr Sie-beck, 2010), 195-96; Dunn, "The Lord, the Giver of Life": The Gift of the Spirit as Both Life-Giving and Empowering," 1-17.

123. 이 부분의 논의에 대해서는 다음을 참조하라. Lee, *Jesus' Transfiguration and the Believers' Transformation: A Study of the Transfiguration and Its Development in Early Christian Writings*, 56.

124. 참고, Jiří Hoblík, "The Holy Logos in the Writings of Philo of Alexandria," *Communio viatorum* 56, no. 3 (2014): 248-66; C. J. de Vogel, "Platonism and Christianity: A Mere Antagonism or a Profound Common Ground?," *Vigiliae christianae* 39, no. 1 (1985): 1-62; Michael W. Pahl, "The ' Gospel' and the 'Word': Exploring Some Early Christian Patterns," *Journal for the Study of the New Testament* 29, no. 2 (2006): 211-27.

상의 회복이다.[125] 그런데 이와 유사한 맥락에서, 자신들의 변화된 지도자를 따라 경험해야 될 동일한 변화의 필요성이 쿰란 공동체에 의해서도 가르쳐진다. 쿰란 공동체는 자신들의 지도자인 의로운 선생의 얼굴에 하나님의 영광의 빛이 비췄고, 그의 빛나는 얼굴이 많은 이들의 얼굴이 빛나도록 유도한다고 주장한다(1QH 7:6-25; 2:1-19; 2:31-39; 4:5-5:4).[126] 또한 그들은 자신들의 얼굴을 비추는 하나님의 영광의 빛은 그들의 마음에도 영향을 미쳐서, 모세의 율법에 대한 새로운 이해를 통해서 하나님과의 새로운 언약 가운데 거할 수 있게 된다고 믿는다(1QS 5:7-9; CD 6:19; 1QpHab 2). 흥미롭게도, 쿰란 공동체의 구성원들은 하나님과의 언약을 갱신하면서 아담이 잃어버렸던 하나님의 영광을 자신들이 다시 회복할 것으로 기대한다(1QS 4:23; CD 3:20; 1 QH 17:15).

이처럼 제2성전시대 유대인들의 이해에서 출애굽기 34:28-35에 담긴 율법과 모세의 영광스러운 얼굴, 그리고 언약에 관한 이야기는 아담의 이야기를 통해서, 그리고 미래에 올 메시아의 출현을 통해서 다양한 각도로 재해석되었다.[127] 앞에서 우리는 로마서에서 발견되는 바울의 아담 기독론에 대한 논의를 전개할 때, 바울도 하나님의 영광과 언약 그리고 아담의 잃어버린 영광에 대한 유대인들의 전통에 대해서 잘 알고 있었다고 주장했다. 로마서에서 우리는 인류의 상태에 대한 바울의 이해가 아담의 이야기 아래서 하나님의 영광에 이르지 못하는 상태로 묘사되고 있음을 보았

---

125. 참고, Dunn, *The Theology of Paul the Apostle*, 100-05; Belleville, *Reflections of Glory*, 48-52.
126. 참고, Fitzmyer, "Glory Reflected on the Face of Christ (2 Cor 3:7-4:6) and a Palestinian Jewish Motif," 639-44.
127. 영광에 대한 바울의 유대적 배경에 대한 간략한 논의에 대해서는 다음을 참조하라. Harrison, *Paul and the Imperial Authorities at Thessalonica and Rome: A Study in the Conflict of Ideology*, 232-51.

다(롬 3:23). 바울에게 예수 그리스도는 인류에게 죄와 사망으로부터의 자유와 하나님의 영광의 회복을 가져다주는 새 아담으로 이해되었다(롬 5:12-21). 또한 고린도전서 15장에서 우리는 하늘의 형상, 즉 하나님의 영광을 소유한 부활한 주 예수를 따르는 영광스러운 변화를 바울이 성도들의 마지막 구원의 절정으로 제시하고 있는 것을 살펴보았다. 이런 맥락에서 볼 때, 고린도후서 3:18에서 묘사되는 새 언약의 영광스러운 변화는 아담의 잃어버린 영광의 회복을 의미한다고 볼 수 있다. 왜냐하면 바울은 성도들의 영광스러운 변화가 하나님의 형상인 예수의 영광을 따른 변화라고 주장하고 있기 때문이다(4:4-6).[128] 물론 헬라인들의 관점에서 이 영광스러운 변화는 영웅적인 인간이 신이 되는 신격화의 변화로(apotheosis) 이해될 수 있었나.[129] 또한 새 언약의 영광스러운 변화는 하나님의 형상인 예수 그리스도의 영광에 따른 변화를 의미하기에(고후 3:18; 4:4), 예수는 새 아담으로서 아담이 잃어버렸던 태초의 하나님의 영광을 다시 계시한 메시아로 이해된다. 이런 측면에서, 바울에게 예수는 필로의 모세가 시내산에서 보았던 만물의 창조의 청사진을 의미하는 바로 그 완전한 형상이다. 바울에게 하나님의 형상인 예수는 모든 성도들이 따라야 할 영광스러운 변화의 유일무이한 신적인 패턴을 제시한다.

그런데 바울에게 성도들의 영광스러운 변화는 외면적인 현상에만 머무는 것이 아니라, 그들의 내면적인 변화도 포함하는 전인적인 현상이다. 이 내면적인 변화는 성령이 주도하는 새 언약의 핵심으로서, 그들의 마음

---

128. 참고, Meyer, *Adam's Dust and Adam's Glory in the Hodayot and the Letters of Paul: Rethinking Anthropogony and Theology*, 117-208.

129. Stephen Finlan, "Can We Speak of Theosis in Paul?," in *Partakers of the Divine Nature: The History and Development of Deification in the Christian Traditions*, ed. Michael J. Christensen and Jeffery A. Wittung (Grand Rapids: Baker Academic, 2007), 57.

470 바울의 아담 기독론과 새 관점

이 하나님의 법을 즐거워하면서 하나님께 순종하는 삶을 살아내는 것을
의미한다(비교, 롬 12:2-3). 고린도후서 3:18에서 변화를 의미하는 헬라어 단
어 μεταμορφούμεθα는 로마서 12:3에서 하나님의 뜻을 따라 성도들의 마
음이 새로워지는 내적인 변화를 가리킨다.[130] 새 언약의 사역이 목표로 하
는 마음의 변화는 순종을 통하여 자신을 드린 예수의 삶에서 가장 잘 보
여지는데(롬 5:19; 빌 2:6-9), 이 순종의 마음은 바로 아담의 타락의 원인이 되
었던 불순종의 마음을 극복하는 것이다. 다시 말하면, 바울의 새 언약의
사역은 아담의 타락을 극복하는 예수의 순종의 마음을 성도들의 변화된
마음에서 창조해가는 새 창조의 사역이다(비교, 고후 5:17).[131] 새 언약의 사역
의 중재자인 바울은 자신의 겉사람이 고난과 죽음을 인하여 날마다 쇠퇴
해져 가고 있지만, 자신의 속사람은 날마다 새로워지고 있다고 선포한다
(비교, 4:10-16). 날마다 새로워지는 속사람은 십자가의 죽음을 통해서 하나
님께 순종한 예수의 모범을 따라 하나님께 완전히 순종하는 삶을 실현해
가는 것을 의미한다. 바울은 자신의 사역에 포함된 고난에 예수처럼 기꺼
이 순종함으로써, 부활한 예수가 소유한 하나님의 영광을 자신도 소유할
것을 기대하고 있다(4:17). 결국, 바울에게 성도들이 경험하는 그리스도의
형상에 따른 영광스러운 변화는 아담의 불순종의 죄를 극복하는 내면적
인 변화와, 그가 가져온 사망을 넘어서는 하나님의 불멸의 영광을 인류가
다시 회복하는 외면적인 변화를 포함하는 사건이다. 이 사실은 고린도전
서 15장과 고린도후서 5장에서 왜 바울이 예수의 새 언약이 가져오는 영

130. 참고, Eliezer Gonzalez, "Paul's Use of Metamorphosis in Its Graeco-Roman and Jewish Contexts," *DavarLogos* 13, no. 1 (2014): 57-79; M. David Litwa, "Transformation through a Mirror: Moses in 2 Cor. 3.18," *Journal for the Study of the New Testament* 34, no. 3 (2012): 286-97.

131. 참고, Rabens, *The Holy Spirit and Ethics in Paul: Transformation and Empowering for Religious-Ethical Life.*

광스러운 변화의 절정을 죽음을 극복하는 부활 사건에서 찾는지에 대한 분명한 이유를 제공한다. 그러나 고린도후서에서 묘사되는 영광스러운 변화의 독특성은 그 변화의 절정이 미래의 부활의 사건에서 발견되는 동시에(비교, 고전 15; 빌 3:10-21), 현재 성도들의 삶에서 이미 그 변화가 시작되었다는 사실이다(고후 3:18).[132] 그리고 그 변화의 종말론적 완성에 대한 하나님의 보증으로 성도들 안에 거하는 새 언약의 성령이 이 영광스러운 변화의 사역을 진행해 가고 있다.

예수, 하나님의 영광의 형상

앞에서 우리는 모세의 영광스러운 변화에 대한 유대인들의 다양한 해석이 고린도후서 3장에서 묘사되는 성도들의 영광스러운 변화에 대한 바울의 해석에 큰 영향을 미친 것을 살펴보았다. 유대인들은 모세의 영광스러운 변화는 그가 받은 율법의 신적인 기원에서 비롯되어 율법의 중재자로서의 그의 탁월한 특권에 대한 근거를 제공하는 것으로 이해했다. 그러나 바울은 모세의 옛 언약의 사역에 임한 영광과 자신의 새 언약의 사역에 깃든 영광과의 비교를 통해서 자신의 새 언약의 사역의 우월성을 강조한다.[133] 특별히 바울은 모세의 얼굴에 머문 하나님의 영광이 일시적인 현상이었던 것에 반하여, 그의 복음에 머문 하나님의 영광은 항구적인 현상임을 지적한다. 예수가 하나님의 영광을 지닌 하나님의 영원한 형상인 만큼, 바울이 전하는 예수의 복음이 비추는 하나님의 영광도 영구적인 것이다. 바울에게 하나님의 완전한 형상인 예수 그리스도의 등장은 옛 언약의

---

132. 참고, Lee, *Jesus' Transfiguration and the Believers' Transformation: A Study of the Transfiguration and Its Development in Early Christian Writings*, 77-79.

133. 여기서 사용된 바울의 미드라쉬 해석법에 대해서 다음을 참조하라. Collins, "Observations on the Jewish Background of 2 Corinthians," 75-94.

영광의 시효가 종결되었음을 의미한다. 바울의 관점에서는, 이 사실을 안 모세는 자신의 얼굴을 떠나는 영광의 마지막을 감추기 위하여 자신의 얼굴에 베일을 착용했다. 그리고 이제 성도들의 변화의 완벽한 모범은 율법이 비추던 모세의 일시적인 영광이 아니라, 모세의 영광이 가리키는 복음에서 발견되는 하나님의 형상인 예수 그리스도의 영광이다.

바울은 고린도후서 3:18과 4:4, 6에서 하나님의 형상이라는 개념을 사용하여 그리스도의 얼굴에 머문 하나님의 영광과 성도들의 영광스러운 변화를 연결시킨다. 성도들의 영광스러운 변화는 '동일한 형상'(τὴν αὐτὴν εἰκόνα, 3:18)으로 변화를 의미하는데, 여기서 동일한 형상은 영광의 주 예수가 소유한 형상을 가리킨다.[134] 물론 학자들은 예수가 하나님의 형상이라는 데에는 이견이 없지만, 3:18에서 언급된 그 형상으로의 변화의 본질에 대해서는 다소 의견을 달리한다.[135] 형상이라는 개념은 외모의 시각적 표현과 연관이 깊은 단어로서, 예수 그리스도가 보이지 않는 하나님의 정확한 시각적 표현임을 의미한다. 인간의 눈에 보이는 하나님의 외모는 영광이므로, 부활한 예수를 볼 때 성도들은 하나님의 영광을 본다(비교, 히 1:3).[136] 물론 하나님의 영광스러운 외모는 그의 신적인 본질의 표현이므로, 하나님의 형상인 예수는 하나님의 신적인 본질에 참여하고 있음을 우리는 알 수 있다.[137] 바울에게 하나님의 형상인 영광의 주 예수는 성도들의 변화의 청사진으로 기능한다. 원래 하나님의 형상이라는 개념은 창세기 1:26-27

---

134. 참고, Harris, *The Second Epistle to the Corinthians: A Commentary on the Greek Text*, 315.
135. 참고, Belleville, *Reflections of Glory*, 290. 비교, Duff, "Transformed 'from Glory to Glory': Paul's Appeal to the Experience of His Readers in 2 Corinthians 3:18," 773.
136. Harris, *The Second Epistle to the Corinthians: A Commentary on the Greek Text*, 331.
137. 참고, Seifrid, *The Second Letter to the Corinthians*, 197. 그리고 더 상세한 분석을 위해서는 제3장에서 전개된 빌립보서 2장에 대한 우리의 분석을 참조하라.

에서 아담의 창조와 연관되어 가장 먼저 사용되었던 개념이다. 이어지는
유대인들의 해석 전통에서 하나님의 형상은 하나님의 영광과 동의어처럼
사용되었고, 타락 후 아담이 벌거벗은 채 발견된 이유는 하나님의 형상이
그를 떠났기 때문으로 이해되었다. 고린도후서에서 바울은, 로마서와 고
린도전서에서와 마찬가지로, 하나님의 영광과 형상의 두 용어들을 마치
동의어처럼 사용하고 있다.[138] 예수가 하나님의 형상인 이유는 그의 얼굴
에 하나님의 영광이 머물러 있어, 그를 통해서 하나님의 영광이 계시되고
있기 때문이다. 그런데 학자들은 여기서 예수의 얼굴에 머문 하나님의 영
광이 그가 선재하던 때 하나님과 같이 계셨던 예수의 하늘의 영광을 의미
하는지(비교, 고전 8:6; 골 1:15; 빌 2:6), 아니면 이 땅에서 새로운 아담을 대표한
성육신한 예수이 영광을 의미하는지에 대해서 논쟁했다.[139] 후자의 경우,
성육신한 예수가 자신의 인성 안에서 타락한 아담의 잃어버린 하나님의
형상을 회복했다고 이해한다.[140] 물론 우리는 빌립보서 2:6-11에서 선재한
예수의 겸손한 낮아짐과 그의 공생애가 아담의 불순종과 대조적인 빛 아
래서 그를 새 아담으로 묘사하고 있음을 부인할 수 없다.[141] 그러나 바울은
고린도전서 15장에서 선재한 예수 혹은 성육신한 예수가 아니라, 부활하
여 우주의 주로 높아진 예수를 마지막 아담이라고 칭하고 있다(고전 15:45;

138. 빌립보서 2:6에서 바울은 형체라는 개념을 소개하여, 영광과 형상을 다른 서신들
에서와는 약간 다른 각도에서 소개하고 있다. 참고, Markus N. A. Bockmuehl, "'The
Form of God' (Phil 2:6): Variations on a Theme of Jewish Mysticism," *The Journal of
Theological Studies* 48, no. 1 (1997): 1-23; Ulrich W. Mauser, "God in Human Form,"
Ex auditu 16 (2000): 81-99.
139. 이 논쟁과 연관된 학자들의 견해에 대한 요약에 대해서는 다음을 참조하라. Meyer,
*Adam's Dust and Adam's Glory in the Hodayot and the Letters of Paul: Rethinking An-
thropogony and Theology*, 136-38.
140. Dunn, *The Theology of Paul the Apostle*, 199-203.
141. 참고, 이승현, "빌립보서 2:6-11을 통해서 본 바울의 기독론적 구약 사용," 215-56.

15:20-23). 땅에서 기원한 아담의 땅의 형상과 대조되는 하늘의 형상을 소유하고 있는 분은 부활한 주 예수 그리스도이다. 우리는 고린도전서 15장에서 바울이 아담의 이야기를 통해서 부활한 예수와 성도들이 경험할 부활 간의 연관성에 대해서 설명하고 있음을 미리 살펴보았다. 물론 바울에게 부활한 주 예수와 선재한 하나님의 아들, 그리고 성육신한 예수를 엄격하게 구분해서 이해하는 것은 불필요하다. 예수의 부활과 높아짐은 그의 선재 시의 결정과 공생애의 고난과 엄밀하게 구분되어 이해될 수 없기 때문이다.[142] 그럼에도 불구하고, 바울은 하나님의 형상을 성육신한 예수보다도 부활한 예수와 더 긴밀하게 연결시킨다. 이는 예수가 부활을 경험하고 우주의 주로 높아진 사건을 통해서 하나님의 영광이 우주적으로 공개되었기 때문이다(참고, 빌 2:9-11).

고린도후서 3-4장에서도 바울은, 고린도전서 15장에서와 마찬가지로, 하나님의 영광을 그 몸에 소유하고 있는 부활한 예수를 하나님의 형상으로 이해하고 있다. 그런데 고린도전서에서는 바울이 성도들의 예수의 형상을 따르는 변화를 자신들의 부활의 때에 경험할 것이라고 약속했던 것에 반하여, 고린도후서에서는 그 변화를 이미 이 땅에서 경험하기 시작했다고 가르친다. 물론 고린도후서 3:18에서 바울이 가르치는 성도들의 영광스러운 변화의 시작은 그들의 겉사람에서가 아니라, 그들의 속사람에서 주로 발생하는 현상이다(4:16). 바울은 이 세대에 속하여 아담으로부터 물려받은 유한한 본성을 소유한 자신의 겉사람은 고난을 인하여 날마다 쇠퇴해져 가면서, 죽음을 향해 달려 가고 있다고 고백한다. 오직 새 언약의 성령을 모시고 사는, 따라서 오는 세대에 속한 본성으로 채워지는 성도들의 속사람이 이미 이 땅에서 영광스러운 변화를 경험하고 있다.[143] 그

---

142. Ibid., 239-48.
143. 참고, 이승현, "아담의 저주에 대한 해결책으로서의 성령," 75-106.

리고 바울은 성도들의 겉사람이 영광스러운 변화를 경험하는 때는 부활의 때이며, 그 때 진흙 항아리와 같은 그들의 죽을 몸이 영원한 생명으로 채워진 영광으로 덧입혀질 것이라고, 즉 그들의 죽을 몸이 생명에 의해서 삼킨바 될 것이라고 가르친다(5:1-5). 그러므로 이 땅에 속한 본성을 대표하는 육체는, 그것이 예수의 것이든 성도들의 것이든, 바울이 생각하고 있는 하나님의 영광으로서의 형상과는 관계가 멀다.[144] 바울이 생각하는 하나님의 형상은 부활한 예수가 자신의 몸에 소유한 영광이며, 부활한 성도들이 그의 영광스러운 모습을 따라 변화된 자신들의 몸에 소유할 하나님의 불멸의 영광이다. 물론 로마서 5:12-21과 빌립보서 2:6-11에서 바울이 설명하듯이, 성육신한 예수의 고난에의 순종은 아담의 불순종을 극복하고 그가 우주의 주로 높아진 후 하나님의 영광을 회복하게 하는 중요한 근거가 된다. 이런 측면에서 볼 때, 부활한 예수에게 적용되는 하나님의 형상은 아담에게 속했던 태고적 영광이 아니라, 아담의 창조의 원형이 되었던 하나님의 신적인 영광을 가리킨다. 바울은 그 하나님의 신적인 영광이 부활한 예수의 얼굴에서 현재 발견되고 있다고 주장한다. 이 사실은 바울로 하여금 예수가 하나님의 창조에 하나님의 형상으로 참여한 창조주였음을 주장하게 한다(비교, 고전 8:6). 바울에게 주 예수는 하나님의 형상으로서 하나님과 동일시되고 있다.[145] 이러한 바울의 기독론적 이해는 그가 다메섹

---

144. Meyer, *Adam's Dust and Adam's Glory in the Hodayot and the Letters of Paul: Rethinking Anthropogony and Theology*, 140. 비교, Jonathan D. Worthington, *Creation in Paul and Philo: The Beginning and Before*, WUNT 2 (Tübingen: Mohr Siebeck, 2011), 158 n.77.

145 Hafemann, *Paul, Moses, and the History of Israel: The Letter/Spirit Contrast and the Argument from Scripture in 2 Corinthians 3*, 416. 그러나 Hafemann은 하나님의 형상을 여전히 회복된 새 아담의 인간적인 형상으로 이해하는 경향이 있다(Hafemann, 417-18). 예수가 하늘에서 하나님과 동일시되며 하나님과 함께 경배의 대상이 되는 기독론적 발전에 대해서는 다음을 참조하라. Larry W. Hurtado, *One God, One Lord:*

도상에서 부활한 예수를 영광의 빛 가운데서 처음 만났을 때, 혹은 잠시 후 그 사건을 되돌아 묵상하면서 시작되었을 것으로 추정된다.[146] 빛 가운데 나타난 부활한 예수를 바울은 에스겔 1:18에서 발견되는 하나님의 영광에 관한 전통 속에서 하나님의 보좌에 앉은 하나님의 영광으로 인지하였을 것이다.[147]

우리는 하나님의 형상과 연관하여 두 가지 내용을 더 설명할 필요가 있다. 첫 번째, 하나님의 영광으로 덧입혀질 미래의 몸의 부활과 하나님의 형상과의 연관성이다. 그리고, 두 번째, 고린도후서 3:18에서 바울이 언급하는 현재적 현상으로서의 동일한 형상으로의 지속적인 변화와 거울을 보듯이 간접적으로 그 영광을 경험하는 사건의 의미이다. 전자의 문제는 곧이어 뒤에서 자세히 다루어질 것이므로, 여기서는 후자의 문제에 대해서 먼저 논의해보도록 하자. 고린도후서 3:18에서 바울은 성도들의 영광스러운 변화가 '동일한 형상'(τὴν αὐτὴν εἰκόνα)으로 현재에 지속적으로 발생하고 있으며, 그 변화는 주의 영광을 거울로 보듯이 간접적으로 바라봄을 통하여 발생하는 현상이라고 말한다. 여기서 동일한 형상은 하나님의 영광을 품고 있는 그리스도의 형상을 가리킨다. 그리고 주의 영광을 바라봄을 의미하는 헬라어 단어 κατοπτριζόμενοι는 신약성서에서 단 한 번 나타나는 '하팍스 레고메논'으로서 크게 세 가지 방식으로 이해된다: (1) 거울

Early Christian Devotion and Ancient Jewish Monotheism, Third ed. (London; New York: Bloomsbury T & T Clark, 2015).

146. 참고, Newman, *Paul's Glory-Christology: Tradition and Rhetoric*, 92-104, 229-40.

147. Alan F. Segal, *Paul the Convert: The Apostolate and Apostasy of Saul the Pharisee* (New Haven: Yale University Press, 1990), 99; James D. G. Dunn, "Paul's Conversion-a Light to Twentieth Century Disputes," in *Evangelium, Schriftauslegung, Kirche: Festschrift Für Peter Stuhlmacher Zum 65. Geburtstag*, ed. Jostein Ådna, Scott J. Hafemann, and Otfried Hofius (Göttingen: Vandenhoeck & Ruprecht, 1997), 77-93.

을 보는 것처럼 봄, (2) 거울처럼 반사함, 그리고 (3) 거울을 거치지 않고
단순히 바라봄.[148] 본 저자는 위의 세 가지 해석들 중에서 첫 번째 해석을
가장 선호한다. 고린도후서 3:13에서 바울은 이스라엘이 모세의 얼굴에
놓인 베일을 인하여 하나님의 영광을 볼 수 없었다는 사실과 하나님의 영
광을 목도한 성도들의 경험을 대조하고 있기 때문이다. 따라서 이 헬라어
단어 κατοπτριζόμενοι는 새 언약 안에서 성도들이 모세처럼 하나님의 영
광을 반사하는 것이 아니라, 이스라엘과 달리 예수를 통해 하나님의 영광
을 볼 수 있는 그들의 경험과 연관이 깊다. 그런데 성도들이 하나님의 영
광을 모세나 바울처럼 직접적으로 보지 못하고 거울을 보는 것처럼 보는
이유는 성도들은 그리스도의 영광을 담은 복음의 빛을 통해서 간접적으
로 하나님의 영광을 체험하기 때문이나.[149]

　성도들이 하나님의 형상인 예수의 복음의 메시지를 통해서 거울을 통
해서 보듯이 하나님의 영광을 목도하자, 그들은 영광스러운 변화를 경험
하기 시작한다(μεταμορφούμεθα). 여기서 바울은 영광을 목도하고 변화를 경
험하는 주 대상이 성도들의 속사람의 마음(νοήματα, 4:4; ἐν ταῖς καρδίαις ἡμῶν, 4:6)
이라고 가르친다.[150] 그런데 이 변화는 한 순간에 이루어지는 일회성의 사

148. 참고, Barnett, *The Second Epistle to the Corinthians*, 205; Lambrecht, *Second Corinthians*, 246-48; Furnish, *2 Corinthians*, 239; Hafemann, *Paul, Moses, and the History of Israel: The Letter/Spirit Contrast and the Argument from Scripture in 2 Corinthians 3*, 411; Harris, *The Second Epistle to the Corinthians: A Commentary on the Greek Text*, 314-15; Guthrie, *2 Corinthians*, 227; Seifrid, *The Second Letter to the Corinthians*, 180-81.

149. Lambrecht, "Transformation in 2 Cor 3:18," 249-50; Lee, *Jesus' Transfiguration and the Believers' Transformation: A Study of the Transfiguration and Its Development in Early Christian Writings*, 76.

150. 헬라어 단어 νοήμα와 καρδία는 바울에게 마치 동의어처럼 사용되고 있다. 그러나 전자는 후자에 비해서 조금 더 이성적인 작업이 발생하는 곳으로 바울은 이해한다 (고후 2:11; 3:14; 11:3). 참고, Barnett, *The Second Epistle to the Corinthians*, 220 n.50.

건이 아니라, 날마다 계속해서 발생하는 지속적인 변화이다(ἀπὸ δόξης εἰς δόξαν, 3:18; ἡμέρᾳ καὶ ἡμέρᾳ, 4:16). 그리고 현재 이 변화는 성도들의 겉사람의 변화 보다도, 속사람의 변화를 가리키고 있다. 변화를 의미하는 헬라어 단어 μεταμορφούμεθα는 신약에서 총 4번 나타난다. 이 단어는 두 번 예수의 변화 산상에서의 영광스러운 외적 변화를 의미한다(막 9:2; 마 17:2). 그리고 고린도후서 3:18이외에 또 다른 한 번은 로마서 12:2에서 발견되는데, 여기서 이 동사는 하나님의 뜻에 따른 마음(νοῦς)의 변화를 가리킨다.[151] 고린도후서 3:18에서 바울은 새 언약의 백성들이 성령의 역사로 하나님의 뜻을 따라 순종하게 되는 내면적인 변화를 더 염두에 두고 있다. 물론 5:1-10에서 바울은 이 영광스러운 변화의 마지막은 성도들의 겉사람이 경험할 영광스러운 부활의 몸이라고 분명히 강조한다. 그러므로 바울의 신학에서 성도의 영광스러운 변화는 내적인 그리고 외적인 변화 둘 다를 포함하는 현상이고, 현재는 내면적인 본질의 변화를 먼저 경험하고 있는 시기이다.

고린도전서 11:7에서 바울은 창세기 1:16-27을 상기하면서 남자를 하나님의 형상이요 영광이라고 부른다. 그리고 고린도전서 15:45-49에서 바울은 부활한 예수 그리스도가 하늘의 형상을 소유한 마지막 아담이라고 가르친다. 그리고 우리의 현재 본문인 고린도후서 3:18과 4:4에서 바울은 예수를 하나님의 영광을 소유한 하나님의 형상이라고 부른다. 이런 맥락 속에서, 우리는 고린도후서에 등장하는 하나님의 형상 개념도 창세기의 아담 이야기와 연관해서 이해되어야 함을 알 수 있다. 이러한 이해는 바울이 고린도후서 4:6에서 창세기 1:3을 인용하면서, 그리스도의 복음을 통하여 하나님의 영광의 빛을 우리 마음에 비추어주는 것을 하나님

---

151. 참고, Harris, *The Second Epistle to the Corinthians: A Commentary on the Greek Text*, 315-16; Lee, *Jesus' Transfiguration and the Believers' Transformation: A Study of the Transfiguration and Its Development in Early Christian Writings*, 77.

이 빛을 창조한 사건과 동일시하고 있다는 사실에서 더 분명해진다. 창세기의 이야기에서 첫 아담은 자신의 창조의 모형이 된 하나님의 형상, 즉 영광을 상실하고 벌거벗은 채 죄 가운데서 발견되었다(비교, 롬 3:23, 8:29).[152] 이와 연관된 아담의 운명은 그가 죽음을 경험하는 존재로 전락했다는 사실이다. 반면에, 하나님의 영광이요 형상인 그리스도를 따라 그 안에서 새 언약의 백성들이 된 성도들은 영광스러운 존재로 날마다 변화되어 간다. 흥미로운 사실은 하나님의 참된 형상인 영광의 주 예수를 따른 성도들의 변화의 마지막은 부활한 몸을 입고 영생을 누리는 것이다. 마지막 아담인 예수 안에서 성도들은 정확하게 첫 아담의 타락이 운명을 거슬러, 타락 전 하나님이 인류에게 의도한 불멸의 영광의 상태로 다시 돌아간다.[153] 그러므로 성도들은 이제 그리스도 안에 속한 새로운 피조물이라고 불리고, 그들과 연관된 모든 옛 것들은 다 사라졌고 모든 것들이 다 새로워졌다(고후 5:17). 바울이 행하는 새 언약의 사역은 마지막 아담인 예수를 통한 새로운 창조의 사역이기에, 유대인과 이방인, 남녀, 그리고 신분적 차이들에 따른 모든 구분과 차별을 초월한다(비교, 갈 3:27-28). 율법을 포함한 유대인들의 특권도 이방인들의 열등한 위치도 새 창조의 사역 앞에서는 다 무의미해진다. 따라서 바울은 이방인들을 향한 자신의 사역에서 율법의 유무와 상관없이, 하나님의 형상인 그리스도의 영광을 담은 예수의 복음만을 담대하게 전한다. 바울은 아담의 저주를 극복하는 새로운 인류의 새로운 운명은 율법이 아니라 복음을 통해서만 가능하며, 이 사실은 현재 복음을

---

152. 이승현, "아담의 저주에 대한 해결책으로서의 성령," 81.
153. 물론 이 사건을 아담의 타락 전으로 돌아가는 사건이라기보다는, 아담의 실패를 극복하는 사건으로 이해할 수 있다. 예수의 사역에 대해서 어떤 점을 강조하고 싶은지에 따라서 상이한 표현들이 가능하다. 비교, Meyer, *Adam's Dust and Adam's Glory in the Hodayot and the Letters of Paul: Rethinking Anthropogony and Theology*, 146.

통해서 성령이 주도하는 내면적인 변화를 경험하고 있는 성도들의 경험
을 통해서 객관적으로 증거되고 있다고 주장한다.

영원한 영광으로 덧입혀질 부활의 몸

고린도후서 3-4장의 하나님의 형상과 하나님의 영광, 그리고 그 영광
에 따른 성도들의 변화 등의 개념들이 창세기의 아담 이야기와 연관해서
해석되어야 함을 앞에서 살펴보았다. 마지막으로, 우리가 이 부분의 논의
에서 조금 더 살펴보고자 하는 것은 고린도후서 4-5장에 등장하는 영광스
러운 부활의 몸을 입는 사건과 창세기의 아담 이야기와의 연관성이다. 사
실 고린도전서 15장에서 이미 우리는 바울이 성도들의 부활을 아담의 이
야기 속에서 마지막 아담 예수의 하늘의 형상을 덧입는 사건으로 설명하
고 있는 것을 살펴보았다. 바울에게 죽음은 아담의 타락의 결과 하나님의
영광이 떠난 결과로서, 그 안에 속한 모든 인류가 그와 함께 맞이해야 할
피할 수 없는 운명이다(롬 5:12). 반면에 예수에게 속하여 그와 연합한다는
것은 아담의 죽음을 극복하고 예수와 함께 부활의 생명을 경험하는 새로
운 창조의 사건을 의미한다(고전 15:20-22). 그리고 예수가 가져다주는 부활
의 생명은 하나님의 불멸의 영광의 회복을 의미한다. 그런데 고린도후서
4:7-5:10에서 바울은 고린도전서 15장에서 발견되지 않는 부활에 대한 새
로운 개념들을 더 소개한다.[154] 먼저, 고린도후서 4:7-13에서 바울은 영원

---

154. 이 본문에 대한 분석을 Pate는 예수의 고난을 통한 잃어버린 아담의 영광을 되찾
    는 사건으로 설명한다. 참고, Pate, *Adam Christology as the Exegetical & Theological
    Substructure of 2 Corinthians 4:7-5:21*. 본 저자는 여러 곳에서 Pate의 고린도후서 해
    석에 동의할 수 없지만, 그의 기본적인 주장에는 설득력이 있다고 본다. 물론 고
    린도후서 4:7-5:21에는 이사야의 고난받는 종에 대한 다양한 해석학적 메아리들
    이 많이 올리고 있다. 참고, Gignilliat, *Paul and Isaiah's Servants: Paul's Theological
    Reading of Isaiah 40-66 in 2 Corinthians 5:14-6:10*.

한 영광을 덧입는 사건의 전제조건으로 예수의 고난에 참여하는 것을 든다. 바울은 성도들이 예수의 생명을 경험하기 위해서는 복음의 사역자들이 먼저 예수의 고난과 죽음을 경험해야 한다고 주장한다. 왜냐하면 그들이 경험하는 그리스도의 고난을 통해서 그리스도의 생명이 그들의 사역의 대상자들인 성도들 안에서 역동적으로 역사하기 때문이다. 이 가르침을 통해서 바울은 자신들의 화려한 사역과 인간적인 추천서를 자랑하는 그의 대적들에게 참된 복음의 사도의 자격이 무엇인지를 가르친다. 그리고, 두 번째, 바울은 성도들의 속사람은 부활이 가져올 종말론적 미래의 영광스러운 변화를 이미 현재 경험하고 있다고 선포한다(3:18). 바울은 고린도후서 5:17에서 그리스도에게 속한 모든 성도들은 다 새로운 피조물이 되었고,[155] 따라서 그들과 관련된 모든 옛 것들은 다 사라졌고 보는 것이 다 새로워졌다고 선포한다.[156] 옛 것들의 사라짐에 대해서 바울은 과거형 동사 παρῆλθεν를 사용하고, 새로워짐에 대해서는 현재 완료형 동사 γέγονεν를 사용한다. 이 사실은 바울의 관점에서 성도들을 향한 새 창조의 사역은 이미 과거에 그리스도의 사역을 통해서 발생한 일회적 사건이고, 그의 결과로 새로워지는 현상은 현재에도 계속해서 성도들에게 영향을 미치고 있는 현재 진행형의 실체임을 알려준다.[157] 물론 성도들의 겉사람은 미래의 때에 영원한 영광으로 덧입혀질 것인데, 이 영광스러운 몸을

---

155. '옛 것', '보라', 그리고 '새 것' 등의 표현들은 이사야 43:18-19가 현재의 본문에서 성서의 메아리적 배경으로 존재하고 있음을 알려준다. 참고, Lambrecht, *Second Corinthians*, 97.

156. 여기서 헬라어 표현 ἐν Χριστῷ는 바울의 기독론적 핵심 표현으로서 그리스도와 성도들 개인과 공동체 전체 간에 놓인 긴밀한 인격적 연합과 참여를 의미한다. 참고, Campbell, *Paul and Union with Christ: An Exegetical and Theological Study*, 67-217; Harris, *The Second Epistle to the Corinthians: A Commentary on the Greek Text*, 431-31; Lambrecht, *Second Corinthians*, 97.

157. 참고, Barnett, *The Second Epistle to the Corinthians*, 297.

바울은 하나님이 준비한 하늘의 처소 혹은 장막이라고 부른다. 바울은 하늘의 처소가 이미 성도들을 위해서 하나님에 의해서 준비되었다고 말한다(5:1). 그러므로 영광스러운 겉사람과 속사람의 변화와 부활을 포함한 성도들의 회심과 구원의 사건들은 한 마디로 예수를 통해서 이루어지고 있는 하나님의 새 창조의 사건이라고 부를 수 있다. 이 사실은 고린도후서 4:7-5:10의 부활과 부활의 몸에 대한 바울의 설명은, 고린도전서 15장에서와 마찬가지로, 아담 기독론적 관점에서 이해될 때 그 의미가 가장 분명하게 드러남을 알려준다.

첫 번째, 고린도전서에서와 달리, 고린도후서 4:7, 16에서 바울은 자신이 부활에 대한 소망을 간절히 바라는 이유들 중 하나로 하나님의 영광의 복음의 사역을 품고 있는 자신의 질그릇, 즉 겉사람이 날마다 죽어가고 있기 때문이라고 고백한다.[158] 여기서 질그릇을 의미하는 헬라어 표현 ὀστράκινος σκεῦος는 아담의 몸이 흙으로 지어지고, 그에게 속한 인류가 유한한 육체를 가진 존재에 불과함을 상기시킨다.[159] 바울은 부활의 때에 그들의 겉사람의 본질인 죽음을 경험해야 할 질그릇이 생명에 의해서 삼킨바 될 것이라고 가르친다(5:4). 고린도전서 15:47에서 바울은 이미 아담이 땅에서 기인한 유한한 존재임을 하늘에서 기인한 영원한 마지막 아담과 대조하면서 상세하게 설명했다. 고린도후서 4:7, 16에서 바울은 성도들이 아직 마지막 아담이 소유한 하늘의 형상으로 덧입혀지기 전, 그들은 여전히 첫 아담의 땅의 형상을 소유한 유한한 존재임을 고백한다. 아담의

---

158. 바울 당시 고린도에서 사람들은 진흙으로 그릇모양 도자기를 만들고, 불 밝힌 등을 그 안에 두어 밤에 걸어 다닐 때 사용하곤 했다. 이 값싼 질그릇의 비유는 고린도인들에게 효과적인 수사로 기능했을 것이다. 참고, Witherington, *Conflict and Community in Corinth: A Socio-Rhetorical Commentary on 1 and 2 Corinthians*, 387.

159. Meyer, *Adam's Dust and Adam's Glory in the Hodayot and the Letters of Paul: Rethinking Anthropogony and Theology*, 146.

땅의 형상은 자연적인 몸이 지닌 썩음과 약함 그리고 불명예를 의미하기에(고전 15:42-44), 질그릇에 불과한 성도들의 겉사람은 이 첫 아담의 형상을 덧입고 있는 연약한 몸을 가리킨다. 아담의 형상을 소유한 질그릇과 같은 몸을 바울은 고린도후서 5:1에서 '무너져가는 땅의 상막'이라고 부른다.[160] 그러므로 성도들의 속사람을 감싸고 있는 땅의 장막은 고난에 취약하고, 결국은 죽음을 경험하면서 파괴될 것이다. 바울은 성도들의 땅의 장막, 곧 연약한 몸이 무너지고 난 직후, 즉 육체의 죽음을 경험한 상태를 '벌거벗은 상태'라고 부른다(γυμνοί, 고후 5:3). 이 벌거벗은 상태는 성도의 죽음과 부활의 몸을 입는 사건들 간에 존재하는 종말론적 중간상태를 의미한다(비교, 고전 15:37).[161] 속사람을 감싸고 있던 겉사람이 무너졌음으로, 속사람은 마치 벌거벗은 상태로 발견되는 것이다. 죽음이 찾아와 몸이 무너져 벌거벗은 상태는 아담의 벌거벗은 상태와 정확하게 일치하지는 않는 듯 보인다. 왜냐하면 아담의 벌거벗음은 하나님의 형상인 영광이 그의 몸을 떠난 상태를 이미하기 때문이다. 그러나 바울의 창세기 이해에서 하나님의 불멸의 영광이 떠난 아담의 몸은 이미 하나님의 죽음의 선고를 받고 죽은 몸이 되었다. 곧 그의 몸이 썩어 흙으로 돌아갈 때, 아담은 자신의 벌거벗음의 정점을 경험할 것이다. 고린도후서 5:3에서 언급되는 육체의 죽음으로서의 벌거벗음은 아담의 벌거벗음의 가장 최종적인 단계, 즉 하나님의 영광을 상실하고 벌거벗은 그의 상태의 최종적인 모습을 의미한다고 볼 수 있다.

그러나 바울은 성도들의 땅의 장막이 무너질 때, 그들은 아담처럼 벌거벗은 채 발견되지 않고 하나님이 준비한 장막 안에 곧 거할 것이라고

---

160. 여기서 우리는 지혜서 9:15의 메아리를 듣는다.

161. 참고, Lambrecht, *Second Corinthians*, 83. 바울은 죽음보다도 이 중간상태의 벌거벗음을 더 피하고자 한다.

약속한다. 창세기의 이야기에서 마치 벌거벗은 아담을 위하여 하나님이 가죽 옷을 준비했던 것처럼(창 3:21), 마지막 아담 예수와 그에게 속한 자들을 위하여 하나님은 자신의 손으로 만든 하늘의 장막을 이미 준비했다. 그리고 하늘의 장막의 가장 큰 특징은 바로 영원한 영광과 생명이다(고후 5:1, 4; 4:17). 이 영원한 영광을 바울은 하나님의 능력이라고도 부른다(4:7). 흥미로운 사실은, 썩지 않음과 영광과 능력은 고린도전서 15:42-49에서 언급된 마지막 아담 예수가 소유한 하늘의 형상이 지닌 바로 그 특징들이다. 다시 말하면, 하나님이 벌거벗은 성도들을 위해서 준비한 새로운 장막은 예수가 소유한 하늘의 형상을 따라 영광과 영생과 능력으로 덧입혀진 부활의 몸이다. 그러므로 현재 수많은 고난과 죽음을 경험하면서 자신의 연약한 질그릇, 즉 아담에게 속한 몸이 파괴되는 고통을 경험하고 있는 (διαφθείρεται, 고후 4:16) 바울은 하늘의 장막, 즉 생명으로 채워진 부활의 몸으로 덧입혀지기를 간절히 갈망하면서 '신음'하고 있다(στενάζομεν, 5:2, 4).[162] 바울은 이 헬라어 단어 στενάζομεν을 자신의 서신서에서 네 번 사용하는데, 고린도후서 5:2, 4에서 발견되는 두 번의 경우를 제외하고는 로마서 8:22-23에서 두 번 사용한다. 흥미롭게도, 로마서 8:22-23에서 바울은 성령의 첫 열매를 경험한 성도들이 피조물들과 함께 자신들의 몸의 구속을 간절히 기다리면서 신음하고 있다고 가르치면서 이 단어를 사용한다. 이 단어는 욥기 31:38-40에서 발견되는데, 이 본문에서 욥은 창세기 3:17-19에 기록된 인간의 죄에 대한 피조물의 저주를 자각하며 슬퍼한다.[163] 그리고 바

---

162. 바울은 고후 5:1-2에서 '장막에 거한다'와 '의복처럼 덧입는다'는 두 가지 표현들을 동시에 사용하면서 성도들의 부활의 몸의 소유를 묘사한다. 참고, Harris, *The Second Epistle to the Corinthians: A Commentary on the Greek Text*, 369-71.

163. 참고, Richard N. Longenecker, *The Epistle to the Romans: A Commentary on the Greek Text* (Grand Rapids, Michigan: Eerdmans, 2016), 725.

울은 로마서 8:26에서 성도들을 향한 성령의 중보와 신음을 묘사하면서, 이 동사의 명사형 단어(στεναγμοῖς)를 사용한다. 그러므로 바울에게 있어서 성도들이 신음하면서 현재 간절히 갈망하고 있는 대상은 그들의 몸의 구속을 의미하는 하늘의 장막, 즉 부활의 몸이다. 그러나 성도들의 신음은 단순히 희망 없는 상황에서 경험하는 절망적인 고통의 표현이 아니라, 종말론적 긴장 속에서 하나님이 미리 준비하신 것을 희망 하면서 간절히 기대하는 '종말론적 해산의 고통의 표현'이다.[164] 성도들은 이미 부활의 희망에 대한 보증으로 하나님의 성령을 자신들 안에 모시고 살고 있기 때문에, 그들이 경험할 부활의 몸이 부인할 수 없는 종말론적 실체임을 굳게 믿고 있다.

그러나 성도들이 하늘에서 거할 때 덧입고 있을 부활의 몸은 실그듯, 즉 그들의 겉사람과 완전히 상이한 별개의 새로운 그 무엇이 아니다. 바울은 고린도후서 5:4에서 하늘의 장막을 '유한한 것이 생명에 의해서 삼킨바 된(καταποθῇ) 것'이라는 표현을 통해서 자세히 설명하고 있다. 여기서 바울은 이사야 25:8을 인용하고 있는데, 동일한 부활의 승리를 노래하고 있는 고린도전서 15:54에서 바울은 이미 이 본문을 인용했다. 이사야 25:8의 인용을 통하여, 바울은 성도들의 부활의 몸이 그들의 질그릇 같은 연약한 몸을 대체하는 새로운 몸이 아니라, 이 질그릇이 지닌 죽음에 굴복하는 본질이 하나님의 생명에 의해서 삼킨바 되고 영원한 영광으로 채워진 몸임을 알려준다. 이 사실은 성도들의 땅의 장막과 하늘의 장막 간에 존재하는 질적인 비연속성과 더불어, 존재론적 연속성이 함께 존재함을 알려준다. 예수의 부활의 몸이 십자가에 못박힌 이 땅에서 기인한 그의 몸이 영광스럽게 변화된 것처럼, 성도들의 부활의 몸도 이 땅에서 그들이

---

164. Barnett, *The Second Epistle to the Corinthians*, 264.

입고 있는 질그릇과 같은 몸이 영광스럽게 변화된 것이다.[165] 바울은 이 같
은 이해를 이미 고린도전서 15장에서 씨앗의 비유를 통해서 자세히 설명
했다. 바울은 성도들의 죽은 몸이 씨앗처럼 땅에 묻히게 되면, 그 안에서
하늘의 영광으로 채워진 썩지 않을 몸이 탄생할 것이라고 가르쳤다(고전
15:42). 그리고 마치 씨앗이 뿌려진 후 꽃이 피어나는 시간이 필요하듯이,
육체의 죽음과 부활 간에는 벌거벗음이라는 종말론적 중간상태가 존재할
수 있음을 바울은 암시한다. 이 부활의 몸을 바울은 아담의 자연적인 몸
과 대조되는 마지막 아담의 '영적인 몸'이라고 부른다(고전 15:44). 성도들이
경험할 부활의 몸, 즉 영적인 몸은 예수가 지닌 하늘의 형상을 그 특징으
로 지닌 몸이다.

그런데, 두 번째, 고린도후서에서 바울은 고린도전서에서 가르치지 않
았던 부활에 관한 새로운 사실 하나를 더 알려준다. 그것은 미래의 부활
사건이 이미 성도의 현재의 체험 속에서 영광스러운 변화로 경험되고 있
다는 사실이다. 고린도전서에서 바울은 성도들의 부활의 몸의 경험을 종
말의 정해진 순서를 따라 발생할 미래에 속한 사건으로 제시했다(고전
15:23-24). 바울이 고린도전서를 쓸 당시, 고린도교회는 '이미 실현된 종말
론적 사상'(over-realized eschatology)에 물들어 자신들이 이미 하나님의 나라의
완전함을 경험하고 있기에 육체의 죽음을 경험할 필요가 없다고 믿었다
(비교, 고전 4:8). 이에 바울은 고린도전서에서 부활의 미래성에 대한 강조를
통하여 그들의 성급한 영적인 자만을 치료하기 원했다. 그러나 고린도후
서를 쓸 당시, 바울은 자신의 육체에 수많은 고난을 경험하면서 육체적

---

165. 참고, René López, "The Nature of the Resurrection Body of Jesus and Believers,"
   Bibliotheca sacra 170, no. 678 (2013): 143-53; Pieter F. Craffert, "'Seeing' a Body into
   Being: Reflections on Scholarly Interpretations of the Nature and Reality of Jesus' Res-
   urrected Body," *Religion & Theology* 9, no. 1-2 (2002): 89-107.

죽음을 목전에 두고 있었다(고후 1:8-11).[166] 이에 바울은 부활은 단지 미래에 일어날 믿음의 대상만이 아니라, 그리스도의 새로운 창조를 통하여 이미 자신들 안에서 발생한 현재적 실체가 되었음을 깨닫고 크게 위로 받는다. 바울은 자신과 성도들에게 주어진 새 언약의 성령이 바로 예수의 부활을 이끌었고, 따라서 성도들의 부활을 완성할 하나님의 능력임을 깨닫는다. 그러므로 바울은 자신과 성도들이 모시고 사는 성령을 하나님이 부활의 확실성에 대해서 직접 확증하는 증거인 부활의 보증이라고 부른다(5:5). 그런데 더 놀라운 사실은 부활의 보증인 성령이 자신이 거하고 있는 성도들 안에서 부활로 표현될 영광스러운 변화의 과정을 이미 시작했다는 것이다(3:18). 이 영광스러운 변화를 바울은 '속사람이 날마다 새로워지는 변화'라고 부른다(4:16). 물론 바울의 종말론적 긴장 속에서 성노들이 현새 경험하고 있는 성령이 유도한 영광스러운 변화는 그들의 속사람에 집중되어 있고, 그들의 겉사람의 완전한 변화는 부활의 때에라야 경험할 것이다.[167]

어쨌든지 가에, 고린도후서에서 바울은 고린도전서에서와 달리 부활이 가져올 미래의 영광스러운 변화와 더불어, 그 영광스러운 변화가 성도들의 삶에서 이미 시작되었음을 강조하고 있다. 성도들이 경험하는 영광스러운 변화의 끝에는 하나님의 영원한 영광으로 채워진 부활의 몸, 즉 하늘의 처소를 덧입는 사건이 있을 것이고, 이 때 성도들은 자신들의 본향인 하늘에서 주 예수와 함께 영원히 거하게 될 것이다(고후 4:8).[168] 이와

---

166. 바울은 고린도후서 4:8-10에서 자신의 고난에 대한 리스트를 언급하고 있다. 이 리스트는 바울 당시 헬라 철학자들이 자주 인용하는 리스트와 유사하다. 참고, Witherington, *Conflict and Community in Corinth: A Socio-Rhetorical Commentary on 1 and 2 Corinthians*, 388-89.

167. 여기서 우리는 바울이 헬레니즘의 영향 아래서 인간의 육체와 영혼을 다소 구분하고 있음을 본다. 참고, Ibid., 389.

168. 바울은 갈라디아서 3:27에서 세례를 통하여 성도들이 그리스도로 옷 입었다고 선

유사한 생각을 바울은 빌립보서 3:20-21에서도 잘 보여주고 있다. 이 빌립보서 본문에서 바울은 성도들의 참된 시민권은 이 땅이 아니라 하늘에 있음을 알려주면서, 주 예수가 거한 하늘이 바로 그들의 본향임을 분명히 해준다.[169] 바울은 성도들이 주 예수를 만날 날을 간절히 갈망하고 있는데, 이는 주 예수가 그들의 연약한 몸을 그의 영광의 몸과 같이 변화시켜 줄 것이기 때문이다. 주 예수의 부활의 몸에 깃든 영광은 하나님의 영광이고, 이 하나님의 영광을 품고 있는 예수는 곧 하나님의 형상이다. 결국, 고린도후서에서 바울이 갈망하고 있는 부활의 몸도 창세기의 아담 이야기에 바탕을 둔 그의 기독론적 이해 아래서 설명되고 있음을 우리는 부인할 수 없다. 성도들이 하늘의 형상인 예수 그리스도의 영광의 몸과 같은 변화를 자신들의 몸에 경험하는 것은 첫 아담의 타락과 저주의 결과인 죽음을 극복하는 사건이고, 하나님이 인류를 위해서 준비한 창조의 목적을 다시 회복하는 새 창조의 사건의 결론이다.[170] 그러므로 우리는 바울의 아담 기독론의 가장 핵심적인 개념들 중 하나는 죽음을 극복하는 하나님의 불멸의 영광으로서의 하나님의 형상에 있음을 알 수 있다. 이 사실을 가장 잘 대변하는 신학적 표현은 바울이 자주 언급하는 '영광의 소망'이다(비교, 고후 3:12, 18; 4:14, 16).[171] 그리고 고린도후서 3-5장에서 바울은 아담 기독론의 관점에서 성령의 중요성을 성도들의 속사람의 현재적 변화와 겉사람의 부

포한다. 바울에게 그리스도와의 이러한 존재론적 연합은 그의 부활의 몸을 덧입는 사건을 포함한다.

169. 참고, Gary L. Nebeker, "Christ as Somatic Transformer (Phil 3:20-21): Christology in an Eschatological Perspective," *Trinity Journal* 21, no. 2 (2000): 165-87; Peter Doble, "'Vile Bodies' or Transformed Persons?: Philippians 3.21 in Context," *Journal for the Study of the New Testament* 24, no. 4 (2002): 3-27.

170. 비교, Meyer, *Adam's Dust and Adam's Glory in the Hodayot and the Letters of Paul: Rethinking Anthropogony and Theology*, 146.

171. 참고, Barnett, *The Second Epistle to the Corinthians*, 255.

활의 주체로서의 그의 정체성을 통해서 강조했다. 결국, 아담의 저주를 극복하는 새 아담의 새 창조의 사역은 새 언약의 실체인 성령을 통해서 이루어진다.

결론

　바울은 고린도후서 3-5장에서 자신이 성령을 통해서 수행하는 새 언약의 사역을 근거로 자신의 사역과 이방인의 사도로서의 정당성을 방어하고자 한다. 고린도전서에서와 달리, 고린도후서에서 고린도교회를 방문한 바울의 대적들은 예루살렘 교회의 추천서를 보여주면서, 추천서를 제공하지 않고 고린도교회를 방문한 바울의 사도성과 이방인 사역을 문제 삼는다. 또한 바울의 대적들은 당시 고난을 통하여 약해진 바울의 연약한 육체를 자신들의 사역의 화려함과 비교하면서, 바울에게 임한 고난은 하나님의 심판의 결과라고 성급하게 결론 내리며 바울을 정죄한다. 이에 바울은 자신의 사역을 통해서 세워진 고린도교회가 바로 성령에 의해서 쓰인 자신을 추천하는 그리스도의 편지라고 선포한다. 그리고 기록된 율법에 근거한 모세의 사역에 깃든 영광과 자신의 새 언약의 사역의 영광을 비교하면서, 자신의 사역의 신적인 기원과 우월성을 동시에 변호한다. 비록 모세에게 임한 하나님의 영광은 모세 개인의 일시적인 변화에 그쳤지만, 바울을 통해서 전해진 예수 그리스도의 복음에 담긴 하나님의 영광은 성도들의 지속적인 변화를 유발하고 있다. 또한 바울은 대적들이 자신의 고난받는 연약한 몸을 위하여 준비된 영원한 영광의 중함을 보지 못하고 있다고 비난한다. 마치 그리스도가 고난의 십자가의 죽음을 경험한 후 부활의 몸을 입고 우주의 영광의 주로 높아진 것처럼, 바울은 자신도 연약한 육체를 삼킬 영원한 생명의 능력으로 가득 찬 영광의 몸을 소망하고 있다고 고백한다.

고린도후서 3-5장에 담긴 영광스러운 변화와 부활의 몸에 관한 바울의 가르침은 여러 면에서 고린도전서 15장에 담긴 그의 가르침과 유사하다. 이 사실은 고린도후서에서 보여지는 영광스러운 변화와 부활에 대한 바울의 가르침도 그의 아담 기독론적 빛 아래서 해석되고 있음을 알려준다. 고린도후서 3-5장에서 바울은 성도들의 영광스러운 변화는 하나님의 영광을 품은 하나님의 형상인 예수를 따라 그와 같이 변해가는 것이라고 가르친다. 하나님의 형상인 예수는 고린도전서의 하늘의 형상과 마찬가지로 하나님의 영광과 생명의 능력을 소유하고 있다. 따라서 그에게 속하여 그와 연합한 성도들의 겉사람, 즉 질그릇과 같은 몸은 예수의 부활의 몸과 같은 영광스러운 변화를 경험할 것이다. 이 변화된 몸을 고린도후서에서 바울은 하나님이 준비하신 하늘의 장막이라고 부른다. 그런데 고린도후서에서 바울은 고린도전서에서 언급하지 않았던 영광스런 부활의 변화에 대한 세 가지 요점을 더 가르친다. 첫 번째, 종말론적인 미래에 발생할 부활의 영광스러운 변화가 이미 성도들의 경험 속에서 내주하는 성령의 사역을 통하여 시작되었다. 이 영광스러운 변화를 성도들은 그들의 내면이 새로워지는 과정을 통하여 경험하고 있고, 그 변화의 절정은 곧 성도들의 겉사람 곧 육체의 부활에서 발견될 것이다. 그리고 두 번째, 성도들의 땅의 장막이 무너지는 순간, 즉 그들의 육체가 죽고 썩어지는 순간과 부활의 몸을 덧입는 순간 사이에는 종말론적 중간상태가 존재할 수 있다. 이 종말론적 중간상태를 바울은 벌거벗은 상태라고 부른다. 그러나 바울은 이 벌거벗은 상태에서도 성도들은 하늘에서 예수 그리스도와 함께 거할 것임을 알려준다. 그리고 세 번째, 성도들이 영광스러운 부활의 몸, 즉 그리스도의 생명을 경험하기 위해서는 사도들의 고난의 순종과 희생을 필요로 한다. 그리스도의 영광스러운 변화에 선행하여 십자가에서의 죽음이 요구되었듯이, 사도들의 고난의 희생을 통해서 예수의 생명이 성도들의 삶 가운데서 나타나기 때문이다. 그러므로 바울에게는 그가 육체에 경험하는 고난과 육체의 쇠퇴함은 수치스러운 불명예가 아니라, 그리스도의 생명이 영광의 부활의 몸으로 이방인들 가운데 나타나기 위한 필수불가결한 사역적 요소이다. 이 가르침을 통하여 바울은 자신의 연약한 육체를 인하여 자신의 복음 사역과 사도성을 비판하는 대적들이 정작 예수 그리스도의 고난에 담긴 의미, 즉 고난 이후에 경험될 하나님의 능력의 부활을 이해하지 못하고 있음을 엄중하게 경고한다.

　고린도후서에서 예수는 바울에게 하나님의 영광을 소유한 하나님의 형상이다. 따라서 영광의 주 예수는 성도들이 성령을 통해서 경험해야 할 영광스러운 부활의 변화의 모델이 된다. 마치 첫 번째 창조에서 아담이 하나님의 형상을 따라 창조되었듯이, 성도들은 하나님의 참된 형상인 예수를 따라 새롭게 창조된다. 그들이 경험하는 새로운 창조의 핵심은 그리스도의 영광에 따른 변화를 그들의 겉사람과 속사람에 경험하는 것이다. 그리고 이 영광스러운 변화의 마지막은 죽음을 극복하고 하나님의 영생을 자신들의 몸에 경험하는 것이다. 이런 면에서, 하나님의 형상인 예수에 따른 영광스러운 변화는 아담의 타락의 결과인 죽음을 극복하는 현상이고, 아담이 잃어버렸던 하나님의 형상을 다시 자신들 안에 회복하는 사건이다. 물론 바울에게는 처음 아담이 소유했던 하나님의 형상은 원래부터 그에게 속했던 것이 아니고, 부활한 예수에게 속한 실체이다. 예수는 아담을 극복하는 새로운 아담인 동시에, 아담처럼 하나님의 형상을 따라 창조된 피조물이 아니라 온 세상의 창조의 청사진이 되었던 바로 그 하나님의 형상 그 자체이다. 그리고 첫 번째 창조에서 하나님의 신이 수면에 머물면서 창조의 실행에 동참했던 것처럼, 새 창조에서도 성령은 그리스도를 통한 하나님의 새 창조의 모든 과정을 완성시키는 하나님의 창조의 능력으로 기능한다. 아담의 저주를 극복하는 마지막 아담의 새 창조의 사역은 새 언약의 경험적 실체인 성령을 통해서 이루어진다. 성도들은 하나님의 창조의 능력과 새 아담 예수의 창조의 사역을 그들 안에 거하고 있는 성령을 통해서 현재 경험하고 있고, 또 미래에 더 완전한 형태로 경험할 것이다. 바울에게 성령은 미래의 종말론적 결말에 대한 하나님의 증거로서의 현재적 경험적 실체이다.

제9장
바울의 아담 기독론의 형성과 발전

　　이번 장에서 저자는 위에서 언급된 바울 해석에 관한 새로운 방법론적 제안들의 도움을 통해서 어떻게 바울의 신학적 세계의 여러 구성 요소들이 그의 아담 기독론의 형성과 발전에 영향을 미쳤는지를 자세히 관찰해보고자 한다. 이미 다른 논문에서 저자는 바울의 이방인 선교와 사도직에 대한 변론의 필요성이 그로 하여금 아담 기독론을 변증적으로 발전시키도록 유도했다고 주장했다.[1] 다메섹 사건 이후, 바울은 이제 더 이상 하나님의 구원의 계획이 유대인들에게만 한정된다고 믿지 않는다. 왜냐하면 그의 이해에서 복음은 유대인과 이방인의 구분없이 모든 이들에게 구원을 주는 하나님의 능력인 하나님의 의를 담고 있기 때문이다(비교, 롬 1:16-17). 복음이 유대인들을 초월한 모든 인류를 위한 하나님의 구원의 계획을 담고 있다는 사실은, 바울에게 예수와 비교될 만한 역사적으로 중요한 인물은 모든 인류의 아버지인 아담 밖에 없음을 암시해준다.[2] 이런 해석학적

1.　본 장은 저자가 이미 다른 곳에서 출판한 논문을 출판사의 허락을 받은 후, 이 책의 형태에 맞게 수정, 번역, 그리고 확장한 내용을 담고 있다. 참고, Seung Hyun Simon Lee, "Paul's Gentile Mission and Apostleship as Hermeneutical Exigency for His Presentation of Jesus as the New Adam," *Korean New Testament Studies* 19(2), 525-559.

2.　Hooker, *From Adam to Christ: Essays on Paul*, 3.

흐름 속에서, 바울은 하나님의 구원의 복음의 효과적인 사역의 결과로 예수 그리스도 안에서 하나님의 형상을 소유한 새로운 종말론적 인류가 유대인들과 이방인들로부터 구성되어 새롭게 창조됨을 본다(롬 8장; 고후 3-4장; 빌 3장).[3]

그러나 이방인 선교와 사도직이 요구하는 해석학적 긴급성이 다메섹 사건이 바울에게 끼친 아담 기독론적 영향의 중요성을 제거하지는 않는다. 다메섹에서 부활한 예수를 영광 중에 만난 사건은 바울로 하여금 부활한 예수를 아담의 동기들로 먼저 이해하도록 유도한다. 영광, 죽음과 부활, 죄와 순종, 그리고 통치와 같은 핵심 개념들은 바울로 하여금 부활한 예수가 아담의 이야기와 깊은 연관이 있음을 깨닫게 해준다. 다시 말하면, 바울의 아담 기독론의 형성과 발전에 있어서 첫 번째 단계는 다메섹 사건이 이방인 선교에 대해서 가지는 함의가 아니라, 아담 이야기 속에서 예수에 대한 기독론적 이해의 성숙과 발전이었다. 먼저 아담의 이야기 속에서 예수의 죽음과 부활의 의미에 대해서 깊이 고민한 후에야 비로소 바울은 새로운 아담으로서의 예수의 사역을 자신의 이방인 선교와 사도적 자격에 대한 배경으로 이해·발전시킨다. 그리고 곧이어 바울은 자신의 이방인 사역과 사도직의 정당성을 하나님의 영광을 품은 하나님의 형상인 예수를 따르는 이방인들의 변화, 즉 하나님의 원수들에서 하나님의 사랑받는 백성으로서의 신분적 변화, 그리고 이에 뒤따라 발생하는 영광스러운 존재론적 변화에서 발견한다. 이러한 영광스러운 변화는 이방인들과 유대인들 모두가 자유롭지 못한 아담의 악한 마음, 즉 할례받지 못한 마음이 초래한 인류의 비극에 대한 하나님의 구원론적 해결책을 의미한다.

---

3.   라이트가 주장하듯이, 만약 바울이 이스라엘의 회복을 염두에 두고 있다면, 그는 모세를 그리스도에 대한 평행적인 인물로 간주했을 것이다. 그러나 바울은 모세와 율법을 일시적인 현상으로 보고 있다(갈 3장; 롬 4-5장). 참고, Ibid.

물론 이렇게 바울의 아담 기독론이 예수에 대한 새로운 이해를 중심
으로, 그리고 바울의 이방인 선교와 사도직에 대한 중요성을 중심으로 발
전하는 과정에서, 아담에 관한 바울의 유대인 전통과 초대교회의 예수 전
통이 결정적인 영향을 미쳤다는 사실을 우리는 부인할 수 없다.[4] 바울의
이 두 전통들은 그의 사상 기저에서 안정된 신학적 토대로 기능하면서,
그의 새로운 예수 체험, 즉 다메섹 사건과 지속적이고도 역동적인 대화
가운데 놓이게 되었기 때문이다. 바울의 마음에서 발생하는 이러한 역동
적 대화 속에서, 바울의 아담에 관한 예수 이해와 연관하여 유대인들의
전통은 그의 예수 이해에 해석학적 빛을 비출 뿐만 아니라, 예수 사건을
통해서 그 자체의 해석학적 변화도 경험하게 된다. 바울이 예수에 대해서
새롭게 가지게 된 믿음 체계는 아담에 대한 유대인늘의 선동 그 자제에
대한 이해와 해석을 혁신적으로 변화시키기 때문이다.[5] 또한 다메섹 사건
이후, 바울이 이방인 공동체들에 동참하여 생활할 때 바울은 예수의 부활
과 자신의 회신 사건 사이의 3년 기간 동안에 폭발적으로 발전한 초대교
회의 예수 전통을 접하게 된다. 이 예수 전통은 바울로 하여금 예수와 아
담 간의 차이와 대조를 더욱더 선명하게 보게 해준다. 이러한 새로운 전
통과 옛 전통, 그리고 새로운 경험 간의 충돌로 발생하는 지속적인 변증론

---

4.   R. Scroggs와 A.J.M. Wedderburn은 바울이 아담 기독론을 고린도의 영지주의자들
     이 견지했던 두 아담-인간 견해를 수용한 것의 결과로 보는 E. Brandenburger's의
     이론을 거절한다. 비교, Stephen Westerholm, "Sinai as Viewed from Damascus: Paul's
     Reevaluation of the Mosaic Law," *Road from Damascus* (Grand Rapids: Eerdmans,
     1997), 68-157. 그들은 바울의 아담 기독론을 바울의 유대적 배경과 기독교 배경,
     그리고 다메섹 체험을 통해서 설명하려 한다. 아담 기독론에 대한 선행 학문적인
     논의를 위해서는 다음을 참조하라. Kim, *The Origin of Paul's Gospel*, 175-95.

5.   Philip C. Almond, *Mystical Experience and Religious Doctrine: An Investigation of the
     Study of Mysticism in World Religions*, Religion and Reason (Berlin; New York: Mou-
     ton, 1982), 166-67.

적 대화 속에서, 바울이 다메섹 사건에서 경험한 부활한 예수에 대한 시각적 그리고 청각적 경험들은 그의 아담 기독론의 발전을 주도하는 동기로 기능한다.[6] 비록 우리는 바울이 그의 유대 전통과 헬라식 교육 그리고 예수 전통에 깊이 의존하고 있음을 부인할 수 없지만, 다메섹에서 부활한 예수를 만나고 계속해서 그 사건의 의미에 대해서 숙고한 사실이 바울의 아담 기독론의 생성에서 차지하는 중요한 위치를 인정해야 한다. 던은 바울의 이 종교적인 체험을 그가 접한 수많은 신학적 개념들을 사유의 불속에 집어 넣어 새로운 형태의 개념들을 생산하게 한 '사상적 용광로'라고 부른다.[7]

그러므로 이번 장의 주제는 바울의 과거와 현재의 전통들과 새로운 경험들 속에서 이루어진 변증론적 대화의 결과로 어떻게 바울이 아담 기독론을 형성 발전시켰는지를 살펴보는 것이다. 이를 위해서, 우리는 바울의 아담에 관한 유대인 전통, 다메섹 체험, 그의 이방인 사역과 사도직, 그리고 예수 전통들이 어떻게 그의 아담 기독론에 영향을 미쳤는지에 대해서 자세히 관찰해 볼 것이다. 이번 장에서 이루어질 우리의 논의는 앞 장들에서 행해진 바울의 서신들의 주요 본문들에 대한 우리의 해석학적 논의를 공시적으로, 그리고 통시적으로 사용하면서 진행될 것이다. 우리는 하나의 기원으로부터 시작해서 한두 개의 궤적으로 바울의 아담 기독론이 형성·발전되었다는 가설을 거부하고, 바울의 신/구 전통들과 새로운

---

6. Larry W. Hurtado, "Religious Experience and Religious Innovation in the New Testament," *JR* 80, no. 2 (2000): 187; Luke Timothy Johnson, *Religious Experience in Earliest Christianity: A Missing Dimension in New Testament Studies* (Minneapolis: Fortress, 1998).

7. James D. G. Dunn, *Jesus and the Spirit: A Study of the Religious and Charismatic Experience of Jesus and the First Christians as Reflected in the New Testament* (Grand Rapids: Eerdmans, 1997), 3-4.

체험들이 그의 마음 안에서 지속적으로 이루어 낸 변증론적 대화들의 결과로 아담 기독론이 역동적으로 형성·발전되었다고 전제한다.

아담에 관한 유대인들의 전통

아담 기독론에 대한 바울 학자들의 일반적인 무관심에도 불구하고,[8] 일부 학자들은 아담과 연관지어 묘사되는 바울의 예수 이해를 설명하기 위하여 바울의 유대적 선통을 분식하려 시도했다.[9] 그러나 학자들의 이런 시도에 반하여, 존 레비슨(John R. Levison)은 유대인 저자들은 자신들의 저술 의도에 따라 다양한 아담 주제들을 특별한 일관된 전통석 양식에 구애빋지 않고 사용했다고 주장한다.[10] 또한 레비슨은 바울에 관한 논의에서 학자들이 아담 모티프나 아담 기독론이라는 용어들을 사용하는 것이 학문적으로 합당한 것인지에 대해서 질무한다. 유대인들의 문헌에서 아담 신화라고 분명하게 정의된 개념이 존재하지 않는다는 레비슨의 주장은 일견 옳은 듯 보인다. 그럼에도 불구하고, 유대인들의 아담 전통에는 레비슨이 주장하는 것보다도 훨씬 더 일관된 형태로 아담에 관한 이야기들이 반

---

8. 이 부분에서 우리는 아담에 관한 모든 이야기들을 그것들이 등장하는 역사적·문학적 상황 속에서 자세하게 다룰 수 없다. 그러므로 우리는 선행 학자들의 아담 연구를 기반으로 아담 전통에 관한 공통된 패턴과 개념들만 간략하게 제공할 것이다. 본 저자는 저자의 현대적 전제들을 고대의 문서에 강요하지 않도록 최선을 다할 것이다.

9. Scroggs, *The Last Adam: A Study in Pauline Anthropology*; Barrett, *From First Adam to Last*; Jervell, *Imago Dei. Gen 1, 26f.* Im Spätjudentum, in der Gnosis und in den paulinischen Briefen; Kim, *The Origin of Paul's Gospel*.

10. Levison, *Portraits of Adam in Early Judaism: From Sirach to 2 Baruch*.

복해서 등장하고 있다.[11] 제2성전시대 유대인 저자들은 일반적으로 동의
하기를, 현재 인간의 비극적인 삶의 형태는 아담의 죄에 대한 저주 때문
이고, 이 저주의 문제를 해결하기 위해서는 하나님이 준비한 종말의 때와
그의 메시아를 기다려야 한다. 이 종말의 때에 의로운 자들은 타락 전 아
담이 누렸던 특권들을 다시 누리게 될 것이기 때문이다. 바울은 죽음은
아담의 죄의 결과로 인류에 들어온 현상이라는 구약성경과 유대인들의
해석학적 주장을 진리로 받아들인다. 따라서 바울에게 예수의 부활은 아
담의 죄에 대한 죽음의 저주를 되돌리는 사건이다. 그리고 바울에게 하나
님의 메시아인 예수는 종말론적으로 기대되었던 새로운 시대를 연 인물
이고, 그에게 속한 자들은 새로운 종말의 시대가 가져오는 축복, 즉 영광
을 포함한 아담의 타락 전 아름다운 상태를 다시 향유할 것이 약속된다.
뿐만 아니라, 다른 유대인 저자들과 마찬가지로, 바울은 아담 이야기를 통
해서 인간의 상태를 악한 마음에 의해서 통제받는 노예의 상태로 이해하
고, 이 악한 마음의 문제를 이스라엘의 역사와 그의 메시아의 사역을 이
해하는 해석학적 도구로 사용한다(비교, 롬 1:18-32; 7:7-13; 에녹1서 37; 85-90). 그
러므로 우리는 바울이 자신의 다메섹 경험을 통해서 얻어진 예수에 대한
새로운 영감을 가지고, 이미 잘 발전된 아담에 관한 유대인들의 담론에
적극적으로 참여하고 있다는 사실에 대해서 알 수 있다.[12] 바울의 아담 기
독론적 논의들은 유대인들의 기존 아담에 관한 담론들에 의해서 크게 영
향을 받았음을 우리는 부인할 수 없다. 이제 우리는 유대인들의 아담에
관한 담론을 아담 이야기에 근거한 인간관과 이스라엘의 역사, 그리고 미

---

11. 비교, Robert Hayward, "The Figure of Adam in Pseudo-Philo's Biblical Antiquities,"
     Journal for the Study of Judaism in the Persian, Hellenistic and Roman Period 23, no. 1
     (1992): 1-20.

12. Dunn, *The Theology of Paul the Apostle*, 90.

래에 올 메시아와 그의 사역을 중심으로 자세히 살펴보도록 하자.

아담과 유대인들의 인간관

아담과 연관하여 유대인 저자들이 보여주는 가장 중요한 관심사는 창세기 1-3장에 나오는 전통적인 아담의 신화를 확장하거나, 확고하게 하거나, 혹은 그의 자서전을 만드는 것이 아니다. 그리고 유대인들의 이해에서 아담은 어떤 형태로든지 그가 잃어버린 것들을 다시 되찾는 과정에 포함되거나,[13] 종말론적인 회복의 과정에 포함된 구원자로 등장하지도 않는다.[14] 대신 유대인들의 이담 전통에서 아담이 묘사되는 가장 중요한 목적은 그들이 생각하는 인간관에 대한 배경으로 기능하는 것이다. 유대인 저자들은 현재 인류가 경험하고 있는 불행한 상태에 대해서 실명하거나, 혹은 의로운 자들의 높아진 상태를 타락 전 아담의 숭고한 상태와 비교하며 묘사하기 위해서 종종 아담 이야기를 논의한다. 이제 이 두 가지 사실들에 대한 유대인들의 아담 이해에 대해서 조금 더 자세히 살펴보도록 하자.

(1) 아담의 죄와 그의 결과로서의 죽음

첫 번째, 구약 성서의 저자들은 후대의 독자들에게 두 개의 독립된, 그러나 긴밀하게 연관된 아담 해석을 유산으로 물려주었다. 창세기의 아담 이야기는 인류가 경험하고 있는 죄와 죽음에 관해서, 그리고 현재 세상에

---

13. 모세의 묵시록에서 거룩한 백성의 구원은 아담의 부활과 회복에 의해서 선행될 것으로 기대된다. 그러나 이 문서에서 높아진 아담의 역할은 두 번째 아담으로서의 바울의 예수와 비교할 만한 것이 못된다. 비교, Gary A. Anderson, *The Genesis of Perfection: Adam and Eve in Jewish and Christian Imagination* (Louisville: Westminster John Knox, 2001), 35-46.

14. Scroggs, *The Last Adam: A Study in Pauline Anthropology*, 51.

존재하는 비극적인 상황에 대한 이유를 설명해준다. 그리고 창세기는 하나님의 형상을 따라 하나님의 의도대로 창조된 아담, 즉 타락 전 인류의 이상적인 상태에 대한 중요한 정보도 제공한다.[15] 이처럼 인간의 기원과 현재 상태에 대한 설명을 담은 창세기의 아담 이야기는 제2성전시대 유대인들의 문헌에서 한층 더 발전한 형태로 발견된다. 왜냐하면 제2성전시대 유대인들은 이방인들의 압제 하에 놓인 하나님의 백성들의 고난과 하나님의 공의의 문제에 대한 설명을 제공할 필요를 더 간절히 느꼈기 때문이다. 예를 들면, 유대인 선생 벤 시라는 아담과 이브에 관한 전체적인 이야기에 대해서 잘 알고 있었던 것으로 보인다(벤 시라 17-18). 창세기의 이야기에 대한 지식과 연관하여, 시라는 죽음을 아담의 원죄의 결과로 인식하고 있다(25:24). 또한 벤 시라와 동시대인 주빌리의 저자도 아담의 불순종이 인간의 불행한 상태에 대한 가장 결정적인 원인이라고 믿고 있다(주빌리 3:17-31). 그러나 솔로몬의 지혜서는 아담의 범죄와 타락을 언급하고 있지만(10:1), 아담의 죽음의 책임을 그를 시기한 사탄에게로 돌린다(2:23-24). 아담에 관한 제2성전시대 유대인들의 기억은 그의 죄와 타락, 그리고 그의 결과로 인류에게 들어온 죽음 등에 집중되고 있다.

그러나 죽음과 현재의 고난을 아담의 범죄로 돌리면서, 아담 이야기에 가장 많은 논의를 할애하는 자들은 유대 묵시론자들일 것이다. 예를 들면, 에스라4서는 첫 번째 환상에서 주장하기를, 아담은 하나님의 계명을 깨트렸고, 그의 결과로 하나님은 그와 그의 자손들에게 죽음의 형벌을 선고했다. 에스라4서의 저자에게 죽음은 아담의 자손들이 소유한 유전적인 현상인 동시에, 예외가 존재하지 않는 전 우주적인 현상이다(3:7; 7:48; 7:68-69; 8:35). 따라서 에스라를 포함한 모든 인간들은 다 아담의 타락한 세

---

15. Ibid., 16.

상으로부터 오는 지속적인 고통을 경험하고 있다. 이 고통은 인류를 지배하는 인류 안에 존재한 '악한 마음'이 가져온 비극적인 결과이다. 이 악한 마음은 태초에 아담의 마음에 심겨진 '악한 씨앗'의 결과로 아담과 그의 자손들의 내면에서 탄생한 것이다(3:20-27; 4:30). 또한 바룩2서도 역시 육체적으로나 역사적으로 모든 인류의 아버지가 되는 아담이 육체적 죽음을 그의 모든 자손들에게 가져왔고, 그 과정 속에서 인류의 수명을 단축시켰다고 가르친다(18:1-2). 현 세대는 아담의 죄에 의해서 오염되었고, 따라서 죄의 권세로부터 고통 당하는 시기로 바룩2서는 이해한다. 바룩2서에서 죄의 권세는 의로운 자들과 불의한 자들 모두에게 영향을 미치는 우주적인 권세로 등장한다(23:1-7; 24:1). 바룩2서가 검은 물이라고 은유적으로 칭하는 아담의 죄는 모든 종류의 악과 고난을 인류의 역사에서 유발시킨 궁극적인 원인이다. 심지어는 천사들조차도 지구로 내려와 인간 여자들과 관계하게 하는 부정한 결과를 유발하였다(56:6-16; 비교, 창 6). 그러나 바룩2서에서 아담은 그의 모든 후손들에게 자신의 죄의 결과로 죽음을 소개했지만, 개개의 인간들은 모두 '자신들 스스로의 아담'이 되어 다 죄를 짓고 자신들의 죄에 대한 형벌로서의 죽음을 경험하게 되었다(54:13-22). 그러므로 인류 개인은 자신의 죄에 대해서 전적으로 책임이 있는 존재이다. 두 개의 전형적인 유대 묵시문학 작품인 에스라4서와 바룩2서는 기원 후 70년경 예루살렘 성전 파괴 직후에 쓰인 작품들로 보인다. 그러나 에스라4서와 바룩2서는 제2성전시대 유대교에서 잘 발견되는 아담 모티프들과 상당한 정도의 연속성을 보여주기에, 그들은 여전히 바울 당시 혹은 그 이전의 유대인들의 사상에서 존재한 아담에 관한 담론들에 대한 직접적인 증거들로 간주될 수 있다.[16]

---

16. 참고, Dunn, *The Theology of Paul*, chapter 3 section 1; Levison, *Portraits of Adam in Early Judaism: From Sirach to 2 Baruch*, 120-59.

(2) 타락 전 아담의 본성과 의로운 자들의 종말론적 본성

두 번째, 아담에 관한 유대인들의 전통을 살펴보면, 타락 전 아담의 훼손되지 않은 본성과 오는 종말론적 시대 인간의 회복된 본성 간에 긴밀한 연관성이 있음을 알 수 있다. 비록 현 시대는 아담의 저주에 의해서 오염되었지만, 회복된 새 시대는 아담이 현 시대에 가져온 부정적인 효과들이 극복되고 타락 전 과거의 아름다움이 회복된 시대일 것이다. 이런 측면에서, 인간의 마지막 종말론적 존재에 대한 묘사는 타락 전 에덴동산에서 아담이 소유했던 '완전한' 모습을 통해서 묘사되곤 한다. 유대인들의 전통에서 처음 피조물인 아담은 천사들이 소유하고 있는 하나님의 영광, 혹은 빛으로 둘러싸여 있었다고 전해진다. 다시 말하면, 타락 전 아담의 본성은 천사들의 신적인 본성과 유사한데, 이 신성한 본성이 그의 흙으로 만들어진 몸 안에 내재하고 있었다.[17] 모세의 묵시록 20장과 21:6, 그리고 에녹2서 30:11에 보면, 아담의 몸은 영광으로 가득 차 있는 것으로 묘사된다. 또한 쿰란 공동체의 문서들을 살펴보면, 아담의 영광은 종말론적인 영광에 대한 참고 자료로 언급되고 있다(1QS 4:23; CD 3:20; 1QH 17:15).[18] 쿰란 공동체는 하나님의 의로운 자들인 자신들의 공동체 구성원들이 태초부터 인류에게 허락된 영광을 다시 물려받을 것이라고 주장한다. 쿰란 공동체의 의로운 자들을 위하여 예비된 이 영광은 아담이 타락 전 에덴동산에서 소유하던 바로 그 신적인 영광이다(바룩2서 51; 54:15, 21; 15:8; 에녹1서 39:9; 50:1; 58:2). 다른 유대인들의 문서에서도 '고귀한 돌들의 빛'이 의로운 자들에게 주어

---

17. 고린도후서 4:7에서 바울도 자신의 흙으로 빚어진 항아리 같은 몸에 놀라운 하늘의 보화를 소유하고 있다고 고백한다.

18. 이 예들은 Scroggs에 의해서 더 상세하게 논의되고 있다. 참고, Scroggs, *The Last Adam: A Study in Pauline Anthropology*, 27-28.

지고, 그 결과 그들도 태초의 아담처럼 자신들의 외모에서 빛을 발할 것이라고 약속된다(모세의 묵시록 20:1-2, 창세기 랍바 12:6; 18; *LAB* 26:13; 엘리에제르의 금언 12:4).[19]

이스라엘의 역사에서 발생한 아담의 저주의 극복

이스라엘의 역사에서 유대인 저자들은 이스라엘과 일부 유대인 영웅들을 아담과 비교·대조하곤 한다. 에녹1서 37장과 85-90장에 보면, 아담은 다른 모든 족장들과 함께 '흰 소'의 형상을 한 채로 등장한다. 곧이어 메시아가 등상하는데, 그 메시아도 역시 흰 소의 모양으로 나타나고, 그가 회복하는 하나님의 구속된 모든 백성들도 다 흰 소의 모양으로 변화된다. 흰 소는 긍정적인 형태로 아담을 묘사하는 표현이다. 그리고 벤 시라 49:16에서 아담은 첫 번째 이스라엘 사람으로 기억된다. 아담은 아브라함 전에 존재하던 사람이지만, 벤 시라는 그를 유대인들의 역사에 긍정적으로 포함시킨다. 이런 문맥적 상황 속에서 아담은 이스라엘의 첫 번째 족장으로 기억되거나, 이스라엘의 아버지로 긍정적인 모습으로 묘사되곤 한다.[20] 그러나 이러한 아담에 관한 긍정적인 기록들은 극히 예외적이다. 대부분의 유대인 문서들에서 아담은 하나님의 명령에 대한 그의 불순종을 인하여 부정적으로 기억되고, 그의 불순종에 대한 저주는 하나님의 백성을 이끄는 지도자들이 극복해야 할 대상으로 묘사되고 있기 때문이다. 일반적으로 제2성전시대 유대인들은 구약성경이 묘사한 아담에 관한 부정적인 해석학적 틀 안에서 그를 이해하고 있다.

창세기의 이야기에서 아담은 하나님과 같아지고 영생을 추구하다가

---

19. 본 저자는 이 예들을 Hayward로부터 빌렸다. 참고, Hayward, "The Figure of Adam in Pseudo-Philo's Biblical Antiquities," 13.

20. 이 생각은 역시 랍비들의 문서에서 발견되고 있다. 참고, Scroggs, 32-33.

하나님의 뜻을 거역하고 생명에서 죽음으로 추락했다. 그러나 이스라엘의 역사에서 순종하는 믿음의 조상 아브라함은 자신이 사랑하는 약속의 아들 이삭의 죽음을 앞두고 생명의 문제를 하나님의 손에 맡긴 후, 그의 생명을 다시 되찾았다. 창세기의 기록에서 하나님의 뜻에 대한 아브라함의 순종은 하나님에 대한 그의 순전한 믿음의 결과이고, 그의 순종은 하나님에 대한 불신앙과 불순종으로 대변되는 아담의 불경건을 극복한 사건으로 볼 수 있다.[21] 예를 들면, 바룩2서에서 아담의 타락 이후 세상에 임한 영적인 어두움은 '검은 물'로 묘사된다(바룩2서 57장). 그런데 아브라함과 모세는 이 검은 물을 몰아내고 세상에 '밝은 물'을 가져다주는 거룩한 인물들로 기억된다. 바룩2서에 따르면, 아브라함과 그의 거룩한 자손들 안에는 기록되지 않은 율법이 효과적으로 기능하고 있었고, 그 율법에 대한 순종의 결과 생명의 약속이 그들 안에 심겨졌다. 그러나 비록 아브라함의 순종이 아담의 불순종을 극복하고 그로 하여금 이스라엘의 새로운 아버지가 되게 해주었지만, 아브라함의 순종의 효과는 다소 국지적인 영역에 머문 채 아브라함 개인의 운명에만 긍정적인 영향을 미쳤다. 아브라함이 세상에 가져온 순종의 효과는 아브라함 개인을 넘어서, 그가 살고 있는 온 세상을 아담의 저주로부터 회복시키지는 못했기 때문이다.

이스라엘의 역사에서 신성한 율법을 통해서 아담의 저주를 끝낸 최고의 사건으로 모세와 시내산 사건이 제시된다(비교, 바룩2서 17-18).[22] 아담의 대형으로서의 모세는 하나님이 그에게 율법을 하사할 때, 아담의 어두움에 거하는 모든 이들에게 빛을 비추어 줄 아담이 잃어버린 영광을 다시 획득

---

21. 아담과 비교되는 인물로 등장하는 아브라함에 대한 논의를 위해서는 다음을 참조하라. Barrett, *From First Adam to Last*, 35-45.
22. Jervell, *Imago Dei. Gen 1, 26f. Im Spätjudentum, in Der Gnosis Und in Den Paulinischen Briefen*, 91ff.

한다(비교, 출 34장; 바룩2서 59장).[23] 모세는 창조주 하나님께 자신을 복종시킴으로써 아담이 실패했던 순종의 문제에서 성공한다. 아담의 실패가 하나님의 명령을 어기는 사건으로 불순종의 구체적인 모습을 띄었듯이, 모세의 성공은 하나님의 계명에 대한 순종이라는 구체적인 모습을 띈다. 흥미롭게도, 랍비들의 문서에서 아담의 죄는 율법에 대한 불순종으로 이해된다.[24] 탐욕을 금하는 것이 율법의 본질이기 때문이다.[25] 랍비 문서인 신명기 랍바 11:3에 따르면, '누가 위대한 자인가'에 대한 논쟁이 모세와 아담 간에 발생한다. 아담은 먼저 하나님의 형상을 통해서 자신이 창조되었다는 사실을 근거로 자신의 위대함을 주장한다. 반면에 모세는 아담이 하나님의 형상으로 소유한 그 명예로운 상태에 계속해서 머물지 못했던 사실을 지적하면서, 자신은 시내산에서 자신의 얼굴에 하나님의 영광을 다시 회복했다고 반박한다. 랍비들은 이러한 모세의 주장에 동조하여 모세를 높이면서도, 시내산 아래서 이스라엘인들이 황금 송아지를 만들어 경배할 때 영생과 함께 모세가 회복한 영광을 다시 상실했음을 안타깝게 고백한다.

그러나 이스라엘의 주요 전통에서는, 비록 모세가 그의 얼굴에 하나님의 영광을 비추고 있었지만, 사라지지 않는 빛으로서의 하나님의 영광을 소유하고 있는 것은 바로 하나님으로부터 기원한 율법이다. 하나님의 선물인 율법이 소유한 하나님의 영광의 빛은 아담의 어두움과 강하게 대조된다(솔로몬의 지혜서 18:4; 바룩2서 18:1-2; 54:13-22). 유대인들의 일반적인 이해

---

23. 고린도후서 3장에서 바울이 모세의 영광에 관한 이 유대인들의 전통을 자신의 목적에 맞게끔 수정하여 사용하고 있음을 우리는 앞장에서 자세히 살펴보았다.
24. Scroggs, 32-33.
25. 로마서 7장에서 바울은 이러한 맥락 속에서 율법을 비판하고, 그에 대한 대안으로 새 아담 예수의 성령을 제시하고 있음을 우리는 앞에서 살펴보았다.

에서, 율법의 계명들을 순종하며 따르는 자들은 하나님의 영광 가운데 살게 될 뿐만 아니라, 생명의 나무를 포함하여 아담이 잃어버렸던 것들을 다시 소유하게 될 것이 약속된다(비교, *LAB* 28:8-9; 필로 위서 2:163-62; 에스라4서 7:90-91; 8:52).[26] 율법에 순종하는 의로운 자들은, 유대인들의 전통에서, 하나님의 영광을 대면하여 보는 것을 두려워하지 않을 것이다. 왜냐하면 그들은 하나님의 영광으로 덧입혀진 채, 영생을 소유하면서 태양처럼 밝게 빛나는 신적인 존재들이 될 것이기 때문이다(비교, 에스라4서 7:79; 90장; 바룩서 4:1-2; 바룩2서 50:2).[27]

그러나 유대인들의 전통에서 이스라엘은 아담의 이야기와 비교하여 두 가지 다른 방향으로 묘사되고 있다. 한편으로, 이스라엘은 아담과 같은 '하나님의 첫 아들'로 긍정적인 빛 아래서 묘사된다(출 4:22; 에스라4서 6:53-59). 예를 들면, 에스라4서의 저자는 온 세상이 아담의 경우처럼 이스라엘을 위해서 창조되었다고 주장한다(에스라4서 7:10-11). 특별히 시내산에서 이스라엘은 하나님의 창조를 재현하면서, 첫 번째 창조를 뛰어넘는 새로운 창조의 대상으로 이해된다. 왜냐하면 하나님이 그의 가장 고귀한 소유인 율법을 이스라엘에게 계시해 주었기 때문이다. 유대인들의 이해에서 이 율법은 아담의 창조 전에 이스라엘을 위해서 하나님이 미리 예비하신 것이다.[28] 인간의 완전함이 율법 안에 놓여 있기 때문에, 이스라엘은 하나님이 창조 시에 의도한 완전한 인간 됨을 완성할 존재로 간주된다. 따라서

---

26. 참고, Barrett, 3장.

27. 이처럼 아담의 이야기를 통해서 율법과 영광을 이해하는 유대인들의 전통은 바울의 아담 기독론적 영광 이해가 그들에게 전혀 새로운 것이 아니라, 바울이 기존의 유대인 전통을 그의 새로운 기독론적 전제 하에서 새롭게 해석한 것임을 알게 해 준다.

28. Anderson, *The Genesis of Perfection: Adam and Eve in Jewish and Christian Imagination*, 41.

에스라4서의 저자는, 비록 다른 모든 국가들도 아담으로부터 말미암았지
만, 이스라엘이야말로 세상을 통치할 아담의 특권을 물려받을 유일한 아
담의 계승자라고 주장한다(6:54-56). 에스라4서의 저자는 이스라엘만이 하
나님의 유일한 첫 아들로 불린다는 사실을 통해서 이러한 자신의 주장을
뒷받침한다(비교, 사 40:15-17). 따라서 종말의 시대의 끝에는 이스라엘을 다
스리지 않은 국가들은 구원을 경험하는 반면에, 이스라엘을 통치했던 이
방 국가들은 모두 파괴될 것이다(비교, 바룩2서 72:4-6).

그러나, 다른 한편으로, 이스라엘은 아담과 마찬가지로 율법의 계명들
을 준수하는 일에 실패했고, 그 결과 약속의 땅으로부터 쫓겨나는 비극적
인 경험을 했다. 이스라엘의 망명 경험은 불순종을 인하여 에덴동산에서
쫓겨난 아담의 경험과 유사하게 비교된다(비교, 에스라4서 14:30).[29] 마치 아담
처럼 이스라엘도 시내산에서 주어진 율법을 인하여 탐욕을 불러 일으키
는 죄를 경험했다. 모세가 율법을 받고 있는 바로 그 순간, 시내산 자락에
서 이스라엘은 우상에게 굴복하여 자신들의 통제되지 않은 탐욕에 복종
했기 때문이다. 그 결과, 광야의 40년간의 긴 여행 중에 계속되는 죽음과
살육이 그들에게 임했다. 신명기 27-30장에서 모세는 약속의 땅에 들어간
이스라엘이 하나님의 계명을 지키는 일에 실패할 것이라고 미리 경고하
며 예언한다. 왜냐하면 하나님이 그들에게 "자각하는 마음과 볼 수 있는
눈과 들을 수 있는 귀"를 제공하지 않았기 때문이다(신 29:4). 그러나 동시
에 모세는 그들의 회개를 전제로 그들이 다시 회복될 것에 대해서도 약속
한다. 에스라4서의 저자도 이스라엘에게 율법을 허락한 하나님을 찬양하
는 동시에, 그들로 하여금 율법을 지킬 수 있도록 그들의 '악한 마음'을 제
거하지 않은 사실을 인하여 하나님께 불평한다(에스라4서 3:20-27). 에스라4

---

29. 이런 면에서 곤경의 개념은 바울이 자신의 해결책의 빛 아래서 창조하기 전에 이
미 이스라엘의 역사에 존재하고 있었다는 Thielman의 주장은 옳다고 볼 수 있다.

서의 저자에 따르면, 이스라엘은 아담의 인생의 부정적인 좌표를 따르면서 아담처럼 하나님의 계명에 불순종했다. 아담에게 속한 다른 모든 국가들과 마찬가지로, 이스라엘도 그 악한 마음으로부터 전혀 자유롭지 못했기 때문이다. 따라서 에스라4서의 저자는 이방인들처럼 죄와 죽음의 연합체에 묶여버린 이스라엘의 현재 상태를 인하여 크게 통곡한다.[30]

그런데 유대인 선지자들은, 한편으론, 하나님의 율법을 범한 사실을 인하여 이스라엘을 정죄하면서도, 다른 한편으론, 하나님이 그들을 회복시켜줄 것에 대한 종말론적 희망을 결코 포기하지 않는다. 그 실례로, 포로기 선지자 예레미야와 에스겔은 이스라엘의 죄 된 경향성에 대해서 비판하는 바로 그 맥락에서, 그들의 비극적인 곤경에 대한 하나님의 계획을 담은 낙관적인 메시지를 제공한다(렘 31:31-34; 겔 36:26-27). 그들은 예언하기를, 하나님은 그의 백성들에게 '새로운 할례받은 마음'을 주어 율법을 지킬 수 있게 해줄 것이다. 이 할례받은 새로운 마음이 바로 예레미야와 에스겔이 약속하는 종말의 성령을 의미하는 새 언약의 핵심이다. 바울은 로마서 8장과 고린도후서 3장에서 이들의 새 언약에 대한 예언의 말씀을 자신의 기독론적 틀로 재해석하고 있다. 그리고 사해 문서들을 살펴보면, 죄로부터의 구속은 '할례받지 못한 귀'(1QH 18:20), 혹은 '먼지의 귀'(1QH 18:27)를 뚫어, 사람들로 하여금 하나님의 말씀을 들을 수 있게 해주는 것으로 묘사된다. 쿰란 공동체의 구성원들은 하나님의 종말론적인 백성으로서 들을 수 있는 귀를 통하여 그들의 마음에 율법이 새겨져 있다고 굳게 믿고 있다(1QH 4:10; 18:20, 23, 27).[31] 유사한 맥락에서, 주빌리도 하나님이 이스라

---

30. 이러한 에스라4서의 이해는 유대인과 이방인의 구분없이 모든 이들을 다 아담의 죄 아래 묶고 있는 로마서 1-3장의 바울 이해와 매우 유사하다.

31. 이 점에 대해서 더 보기를 원한다면, 참고, Frank Thielman, *From Plight to Solution: A Jewish Framework for Understanding Paul's View of the Law in Galatians and Ro-*

엘의 마음에 할례를 행하고 자신의 영을 그들에게 허락하여, 그들이 다시는 하나님의 계명을 어기지 않게 될 것이라고 약속한다(1:22-25; 5:12). 이처럼 제2성전시대 유대인들의 이해에서 종말의 성령을 포함한 새 언약은 할례받은 마음을 통하여 아담의 불순종하는 악한 마음과 저주를 극복하는 사건으로 이해되었다. 바울은, 비록 이러한 유대인들의 새 언약에 대한 이해와 그 맥락을 같이하지만, 자신의 기독론적 특이점을 통해서 새 언약에 대한 이해를 더 새로운 방식으로 발전시킨다. 앞 장에서 자세히 살펴보았지만, 바울은 성령의 새 언약의 사역을 십자가에 달려 죽고 부활한 예수 복음이 핵심으로 이해하고, 기록된 율법 대신에 자신이 전하는 예수의 복음에 귀 기울일 것을 요청하고 있다.

아담, 메시아, 그리고 율법

유대인들의 이해에서 타락 전 아담의 본성과 종말론적으로 회복된 인류의 본성 간의 연관성은 아담이 인류 역사의 종말론적 드라마에서 어떤 역할을 할 것인지에 대해서 질문하게 한다. 그러나 유대인들의 문헌에서 아담은, 때로 그의 부활이 의로운 자들의 부활을 선행할 것으로 기대되긴 하지만, 종말론적인 드라마에서 어떤 메시아와 같은 중요한 역할을 할 것으로 기대되진 않는다. 반면에, 아담과 구분되는 유대인들이 기대하는 메시아는 아담이 잃어버린 것들을 다시 회복하는 역할을 할 것으로 종종 기대된다(열두 족장의 유언 18:10-14). 아담이 잃어버린 것들은, 랍비들의 전통에서 볼 때, '영광', '불멸', '큰 신장', '땅의 열매', '생명나무 열매', 그리고 '빛'이라고 칭해진다(창세기 랍바 12:6; 민수기 랍바 13.12; 출애굽기 랍바 30.3).[32] 그러

---

mans, Supplements to Novum Testamentum, (Leiden; New York: E.J. Brill, 1989), 32-42.
32. Scroggs, 51.

나 여기서 흥미로운 사실 한 가지는 유대인들의 문헌에서 메시아는 결코 두 번째, 혹은 마지막 아담이라고 불리지 않는다는 것이다.[33] 이 호칭은 유독 바울에게서만 발견되는 바울의 아담 기독론의 독특한 특징으로 보인다. 유대인들의 기대에서 메시아가 행하는 여러 중요한 역할들 중 하나는 사람들이 율법에 대해서 가지는 태도에 따라 그들을 심판하고, 그 심판의 결과에 따라 생명과 영생, 혹은 멸망을 가져다주는 것이다. 여기서 우리는 유대인들의 이해에서 메시아의 역할이 다소 율법의 역할 아래 복속되는 것으로 묘사됨을 부인할 수 없다.

에스라4서의 저자는 그의 세 번째 환상에서 하나님의 아들 메시아의 부활 후, 보편적인 부활이 그 뒤를 따르고, 곧이어 심판대 앞에 선 인류를 향한 하나님의 심판이 있을 것이라고 예언한다(에스라4서 6:35-9:25). 그에 따르면, 하나님은 이 심판을 아담의 창조의 때에 이미 준비하였다. 하나님의 심판의 때에 창조의 새로운 회복과 더불어, 율법을 지켰던 자들의 영이 하나님께로 돌아올 것이고, 율법을 파괴함으로써 하나님을 욕되게 한 자들의 영은 그들의 몸과 함께 소멸될 것이다(7:75-78). 이 과정에서 의로운 자들은 아담이 잃어버렸던 위대한 하나님의 영광을 다시 받게 될 것이다. 소위 '독수리 환상'이라고 불리는 에스라의 다섯 번째 환상에서는, 하나님의 종말의 때까지 숨겨둔 다윗과 같은 메시아가 일어나 하나님의 백성들 중 남은 자들을 짐승으로부터 구원할 것이다(11:1-12:51). 이 메시아와 같은 존재는 여섯 번째 환상에서 "인자 같은 분"이라고 불린다(13:1-58). 이 인자 같은 분은 역시 '하나님의 아들'이라고 불리면서, 모든 피조세계를 구속할 메시아적 인물로 이해된다. 그러나 여기서 분명한 점 한 가지는 이 종말의 메시아는 아담과 분명하게 구분되는 존재라는 것이다.[34]

---

33. Kim, *The Origin of Paul's Gospel*, 265.
34. 물론 다니엘의 인자가 하나님으로부터 왕권과 권세를 물려받는다는 측면에서, 아

바룩2서는 영광 중에 등장하는 기름부음 받은 자에 대해서 묘사한 후, 그의 출현 후 발생한 그를 기대하던 자들의 부활에 대해서 언급한다. 그리고 곧이어, 의로운 자들의 회합과 악한 자들의 심판(비교, 38:2), 그리고 창조의 갱신과 회복을 묘사한다(30:1-32:7). 의로운 자들은 그들의 마음에 율법의 열매들을 심은 자들이고(32:1), 그들은 종말의 때에 메시아로부터 오는 안전한 보호가 보장된다. 반면에, 하나님을 자신들의 창조주로 인정하지 않고, 아담의 죄를 따라가며 율법을 파괴한 자들은 멸망으로 치달을 것이다(48:49-50). 그러나 의로운 자들은 부활, 영광스러운 변화, 그리고 영생을 경험하고, 새로운 불멸의 세계에서 천사들과 같은 존재들이 될 것이다(50:2). 이 모든 사건들은 기름부음 받은 메시아가 종말의 때에 등장하는 그 종말의 시기에 발생할 사건들이다(72:4-6). 그 때 메시아는 하나님 니리의 보좌에 앉아 아담의 죄의 모든 부정적인 효과들을 다 제거하고, 영원한 안식과 기쁨 그리고 영생을 인류를 위하여 회복해 줄 것이다(비교, 56:66ff). 또한 메시아는 피조세계에 대한 인간의 통치와 권세를 회복함으로써, 아담의 죄의 또 다른 저주인 노예 됨의 문제를 극복할 것이다. 바룩2서에서 메시아는 썩음을 종식시키고 썩지 않음을 시작시킬 분이다. 그러나 에스라4서의 저자에게 메시아의 가장 중요한 임무는 사람들로 하여금 창조주 하나님께 복종하도록 만들고, 그들로 하여금 율법을 준수하게 하는 것이다. 이런 의미에서, 메시아의 역할은 다소 율법에 의존하거나 복종되는 경향성을 띤다고 볼 수 있다. 율법을 지킴으로써 하나님을 창조주로 공경하는 것은 인류로 하여금 아담이 상실한 모든 것들을 다시 회복하게

담과 일견 유사한 기능을 하는 것을 우리는 부인할 수 없다(단 7:13-14). 그리고 흥미롭게도, 다니엘의 인자는 하나님으로부터 받은 왕권과 권세를 통해서 이스라엘의 원수인 '짐승들'을 복종시킨다. 따라서 우리는 인자에 대한 사상에서 아담에 대한 해석학적 메아리가 전혀 존재하지 않는다고 말할 수 없다.

하고, 그들이 다시 찾은 것들로 하여금 썩음에 굴복하지 않게 해줄 것이다(85:3-6). 이 본문들에서 우리는 메시아와 율법이 아담의 이야기를 통해서 해석되고 있음을 잘 관찰할 수 있다. 이러한 유대인들의 해석학적 경향성은 바울이 자신의 메시아 예수와 그의 사역을 아담의 이야기를 통하여 해석할 수 있는 비옥한 해석학적 토양으로 기능한다.

바울의 다메섹 체험과 아담 기독론에 대한 함의

앞에서 우리는 아담에 관한 유대인들의 이해를 살펴봄으로써, 바울이 유산으로 물려받은 제2성전시대 유대인들의 전통이 그의 아담 기독론의 형성에 끼친 영향에 대해서 살펴보았다. 바울은 자신이 유산으로 물려받은 유대인들의 해석학적 전통 속에서 자신의 아담 기독론을 발전시킬 수 있는 비옥한 해석학적 토양을 제공받았다. 이제 현재의 논의에서 우리는 바울이 다메섹 도상에서 만난 부활한 예수를 자신이 유산으로 물려받은 유대인들의 아담 이야기의 배경 속에서 어떻게 이해했는지에 대해서 살펴보고자 한다. 예수의 제자들을 핍박하러 다메섹으로 가던 도중 바울은 자신이 과거에 한번도 만난 적이 없던 부활한 예수를 만난다(갈 1장; 빌 3장; 비교, 행 9, 22, 26장). 아마도 회심 전 바리새인 사울은 예수에 대한 소문을 간접적으로 접하기는 했을 것이다. 바울에게 다메섹에서 부활한 예수를 만난 사건은 그의 인생을 송두리째 바꾸어버리는 사건이 되고, 그의 신학적 방향성을 완전히 새롭게 변화시켜버리는 패러다임 전환 사건으로 기능한다. 왜냐하면 부활한 예수를 만난 바울에게 그 만남은 그가 소유하고 있던 기존의 바리새적 신학체계를 완전히 새로운 관점에서 재고해볼 것을 요구했기 때문이다.[35] 당시의 바울의 신학체계는 구약성서와 아담의 전통을 포함한 율법중심의 유대인 해석전통을 중심으로 구성되어 있었다. 그러므로 현재의 논의에서 우리는 바울의 다메섹 도상에서의 체험을 바탕으로 아담 기독론과 연관된 몇 가지 중요한 질문들을 제기하고, 그 질문들에 대해서 답변해보고자 한다. 바울은 부활한 예수와의 만남에서, 혹은 그 만남을 반추하면서, 무엇을 보고, 또 무엇을 느꼈을까? 특별히 바울에게 예수는 아담 이야기와 연관하여 어떤 분으로, 그리고 무엇을 한 분으로 이해되었을까? 죽음을 이기고 부활한 예수와 그의 영광스러운 외모는 바울의 아담 기독론의 씨앗으로 그의 마음에 심겨졌을까? 이어지는 논의에서 우리는 이 질문들에 대해서 상세히 답해보고자 한다.

그리스도의 현현으로서의 바울의 다메섹 체험과 기독론적 함의

바울은 자신의 다메섹 도상에서의 회심과 이방인의 사도로의 부르심의 체험을 갈라디아서 1장과 빌립보서 3장에서 공개적으로, 그리고 고린도전서 9장, 15장과 고린도후서 3-4장에서는 다소 암시적으로 언급하고 있다. 그의 제자인 누가는 바울의 다메섹 체험에 대한 이야기를 사도행전 9장, 22장, 26장에서 세 번에 걸쳐 상세하게 묘사하고 있다. 물론 누가는 이 사건에 대한 세 번의 묘사에서 전반적으로 동일한 구조를 유지하고 있지만, 그 세부적인 내용에 있어서는 다소의 변화를 주고 있다.[36] 사실 바울의 다메섹 체험의 본질은 바울신학에 대한 연구에서 뜨겁게 토론된 주제

---

35. 이에 대한 자세한 논의를 위해서는 다음의 책에 포함된 다양한 논문들을 참조하리. 참고, Richard N. Longenecker, *The Road from Damascus: The Impact of Paul's Conversion on His Life, Thought, and Ministry* (Grand Rapids: Eerdmans, 1997).
36. 누가의 역사성은 학자들의 논쟁의 대상이 되었으므로, 본 저자는 바울 자신의 이야기들을 보다 중요한 일차적인 자료로, 그리고 누가는 바울에 대한 보조적인 자료로만 사용할 것이다.

들 중의 하나이다.[37] 그러나 바울의 다메섹 체험의 본질에 대한 이해에서 우리가 아무리 조심스럽게 접근한다고 할지라도, 본질상 다메섹 체험은 기독론적 함의로 가득 찬 그리스도의 현현임을 부인할 수 없다.[38] 왜냐하면 다메섹 도상에서 바울은 영광에 둘러싸인 부활한 예수를 만나고, 그가 하나님의 아들이라는 사실에 대해서 알게 되기 때문이다. 이 기독론적 체험은 예수의 정체와 사역에 대한 바울의 이해를 새롭게 할 뿐만 아니라, 예수는 하나님의 메시아요 우주의 주로 높아진 분이라는 초대교회의 선포에 바울이 궁극적으로 동의하게 만든다. 그리고 그 본질상 기독론적인 이 체험은 바울의 종교적인 사상체계와 헌신의 방향에 있어서도 획기적으로 새로운 변화들을 만들어낸다. 예수를 핍박하던 자에서 예수를 위해서 핍박받는 자로의 변화가 그 한 예이다. 그러므로 우리는 바울의 다메섹 체험을 그의 회심과 이방인 사도로의 부르심 둘 다가 포함된 그의 인생의 분수령이 된 사건으로 간주한다. 만약 바울의 아담 기독론이 그의 신학체계의 한 축을 이루고 있다면, 다메섹에서 바울이 경험한 부활한 예수에 대한 체험이 그의 아담 기독론에 지대한 영향을 미쳤을 것이라고 우리는 쉽게 추론할 수 있다.

---

37. 이 주제에 대한 가장 광범위한 학문적 토론을 위해서는 다음을 참조하라. 참고, Segal, *Paul the Convert: The Apostolate and Apostasy of Saul the Pharisee.* 간략한 요약을 위해서는 다음을 참조하라. 참고, James D. G. Dunn, "A Light to the Gentiles": The Significance of the Damascus Road Christophany for Paul," *Glory of Christ in the New Testament* (Oxford: Clarendon Pr, 1987), 253-62; James D. G. Dunn, "Paul's Conversion--a Light to Twentieth Century Disputes," *Evangelium, Schriftauslegung, Kirche* (Göttingen: Vandenhoeck & Ruprecht, 1997), 348-56.

38. 율법주의 유대교 아래서 죄책감에 시달린 바울의 카타르시스적 자유함으로 바울의 다메섹 사건을 이해하는 오래된 해석은 이제 더 이상 설득력이 없다. 바울은 자신의 회심 전후의 삶을 비교하면서, 죄와 죄책감에서 의와 평화로의 이동으로 설명하지 않는다. 참고, Larry W. Hurtado, "Convert, Apostate or Apostle to the Nations: The "Conversion" of Paul in Recent Scholarship," *SR* 22, no. 3 (1993): 284.

(1) 하나님의 현현에 비교될 만한 바울의 그리스도 체험

첫 번째, 빛 가운데 등장한 부활한 예수와의 만남은 바울에게 구약성
경에서 묘사되는 하나님의 영광스러운 현현(Theophany)과 비교될 만큼 의미
있는 영광의 그리스도의 현현 사건(Christophany)이다.[39] 부활한 예수 그리스
도를 본 환상의 체험에서 바울은 자신이 영광에 둘러싸인 신적인 존재를
마주하고 있다는 자각에 휩싸이게 된다(고전 9:1-2; 고후 4:4-6). 그리고 바울은
그 당시에 충격적으로, 그리고 시간이 흐름에 따라 신학적으로 더 깊이,
이 신적인 존재가 바로 하나님의 영광으로 옷 입혀진 높아진 주 예수 그
리스도임을 깨닫게 된다(갈 1:1-16). 바울은 나중에 자신이 체험한 부활한 예
수와의 만남은 베드로와 열두 사도, 그리고 500여 명의 형제자매들이 체
험했던 부활한 예수와의 만남과 동일한 종류의 체험이라고 주장한다(고전
15:3-11). 바울은 자신의 서신들에서 이 체험을 근거로 자신의 이방인 사도
직의 정당성을 적극적으로 방어한다. 보통 환상적 종교체험은 그 체험 당
사자가 이미 소유하고 있던 기존의 종교적 전통에 의해서 이해되고 설명
되는 경향이 있다. 이런 맥락에서, 바울은 자신이 경험한 그리스도의 현현
체험을 이해하기 위해서 자신의 종교적 유산인 구약성경에 등장하는 하
나님의 영광스러운 계시에 대한 성서적 전통으로 자신의 눈을 돌린다.[40]
이사야와 에스겔이 본 하나님의 보좌에 앉은 하나님의 영광 체험이 한 좋
은 예이다(비교, 사 6장; 겔 1장). 하나님의 현현에 대한 유대적 이해는 바울로

39. 구약성경에 드러난 하나님의 현현 전통과의 비교 속에서 그리스도의 현현을 논하
는 학문적 이해에 대해서는 다음을 참조하라. Simon S. Lee, *Jesus' Transfiguration
and the Believers' Transformation: A Study of the Transfiguration and Its Development
in Early Christian Writings*, WUNT 2 (Tübingen: Mohr Siebeck, 2009), 24-29.
40. 비교, Margaret E. Thrall, "The Origin of Pauline Christology," in *Apostolic History and
the Gospel* (Exeter, Eng: Paternoster Pr, 1970), 309.

하여금 영광 중에 나타난 예수 그리스도의 정체를 하나님의 영광 혹은 신적인 출현의 관점으로 이해하도록 유도한다.

하나님의 영광에 대한 성서적 전통에서 특별히 에스겔이 묘사하는 하나님의 왕좌에 앉아 있는 인간의 모습을 띈 이는 '주의 영광의 모습과 같은 외모'(겔 1:28, 70)라고 불린다. 여기서 하나님의 영광은 이 땅에서 하나님이 인간의 모습으로 현현할 때 인간의 눈에 관찰되는 외모를 가리키는 전문적인 용어로 기능한다.[41] 하나님의 이 난해한 인간과 같은 외모는 소위 다니엘의 인자와 연관되어 발전한다(단 7:13; 에녹1서 37-74장). 하나님의 보좌에 앉아있던 인간의 모습을 한 영광스러운 이가 하나님의 메시아로 하늘로부터 등장하여 하나님의 구원을 성취하는 대리자로 기능한다. 제2성전 시대 유대교 문서에서 이 영광스러운 메시아는 '인간의 모습을 한 분,' '그 인자와 같은 분,' 혹은 간략하게 '인자'라고 불린다. 이와 연관하여, 유대인들의 전통에서 아담의 영광스러운 외모는 종종 하나님의 형상의 개념으로 설명되고, 이 하나님의 형상은 아담이 범죄했을 때 그가 상실한 것으로 이해된다.[42] 하나님의 영광에 관한 성서적 전통에서 잃어버린 하나님의 형상, 혹은 형체(창 1:26)는 빛 가운데 계시된 인간의 모습을 띈 하나님의 계시와 연관되고, 종종 하나님의 이름을 소유한 천사장에 대한 묘사에서 사용되곤 한다. 바울이 자신의 다메섹 체험을 그 자체로 상당한 발전을 이미 경험한 유대인들의 영광 전통을 통해서 묵상하면서, 영광 중에 거하는 부활한 예수를 하나님의 영광스러운 형상이라고 인지했다는 견해는 충분한 설득력이 있다(고후 4:4, 4).[43] 그러나 영광스러운 예수를 하나님의 형상과 동일시한 이해는 다메섹에서 즉각적으로 발생했다기보다는, 이

41. Segal, *Paul the Convert: The Apostolate and Apostasy of Saul the Pharisee*, 99.
42. Ibid., 41.
43. Kim, *The Origin of Paul's Gospel*; Thrall, "The Origin of Pauline Christology," 309-10.

사건의 의미에 대한 이후의 숙고 중에 바울의 마음 속에서 발생한 예수에
관한 발전된 이해로 보인다. 왜냐하면 하나님의 형상으로서의 부활한 예
수와 하나님과의 관계가 다메섹 도상에 선 바울에겐 아직 명백하게 정리
되지 않았을 것이기 때문이다. 십자가에 달려 처형당한 범죄자가 부활한
하나님의 메시아라는 사실 그 자체만으로도 바울은 감당할 수 없는 정신
적인 혼란에 휩싸였을 것이다. 큰 정신적인 충격에 휩싸인 다메섹의 바울
이 예수에 관한 모든 것을 단번에 선명하게 보고 이해할 수 있을 것이라
고 기대하는 것은 지나치게 많은 것을 그에게 요구하는 것이다.

(2) 바울의 예수에 대한 재평가

두 번째, 다메섹에서의 부활한 예수의 현현을 제험한 바울은 곧이어
예수의 정체와 역할에 대해서 다각도로 재해석하기 시작한다. 아마도 자
신의 다메섹 사건 이전에 이미 바울은 십자가에 달려 죽은 예수가 부활한
하나님의 메시아라는 초대교회의 선포의 메시지에 대해서 들었을 것이
다. 십자가에서 하나님에 의해서 저주받은 예수가 하나님의 메시아라는
초대교회의 선포는 바울로 하여금 그들을 핍박하게 한 직접적인 원인으
로 기능했다(비교, 갈 3:13).[44] 또한 예수에 관한 초대교회의 선포를 접한 바울
은 그들의 예수 중심의 신앙체계가 그가 붙들고 있던 율법 중심의 신앙체
계와 공존할 수 없다는 사실을 깨달았을 것이다. 바울에게 율법은, 던이
지속적으로 주장하듯이, 단지 유대인의 정체성의 표식으로서가 아니라,
그들의 종말론적 운명을 결정짓는 유대인들의 구원 이해의 핵심 개념이
었기 때문이다. 바울은 자신의 다메섹 체험을 묘사할 때, 그 사건을 '하나

---

44. 신명기 21:22-23을 인용하면서 십자가에 달린 예수를 하나님에 의해서 저주받은
    자로 간주한 주장은 회심 전 바울 자신이 적극적으로 동참한 주장이었다. 이 예수
    가 하나님의 메시아라는 제자들의 선포는 바울의 분노를 촉발했을 것이다.

님의 아들의 계시'(갈 1:16)라고 부르면서, 자신이 '우리 주 예수 그리스도를
보았다'라고 고백한다(고전 15:1-11; 빌 3:4-11; 갈 1:3). 다메섹 체험은 바울에게
가장 일차적으로 예수에 대한 그의 평가를 완전히 뒤바꿔 놓은 기독론적
체험이다. 바울이 자신의 서신들에서 보여주는 논쟁적 논의들의 가장 중
요한 근거는 하나님의 아들로서의 예수의 정체와 역할에 대한 선포적 표
현들(갈 1:1-11; 4:4-6; 롬 1:3-4; 8:32), 십자가에 달린 메시아로서의 그의 정체(고전
15:1-11), 그리고 영광의 주로 높아진 그의 신분(고전 8:6; 빌 2:6-11) 등의 새로운
기독론적 이해들이다. 다메섹 사건 이후, 바울은 예수가 메시아라는 초대
교회의 선포에 설득당하고,[45] 부활한 예수가 그의 얼굴에 하나님의 영광
을 품고 반사하면서 하나님의 보좌 우편에 앉도록 높아진 우주의 주인이
라는 선포에도 적극적으로 동조하게 된다. 바울은 예수가 하나님의 아들
이요 메시아이라는 제자들의 복음 선포를 저지하기 위해 그들을 핍박했
으나, 이 사건 이후 그는 그 복음의 메시지의 선포를 위해서 핍박받는 대
상이 된다. 그럼에도 불구하고, 다메섹 사건 당시의 바울의 예수 이해는
앞으로 그의 사도로서의 사역을 통해서 진행될 지속적인 발전을 여전히
기다리고 있었다. 그가 처음 제자들로부터 전달받은 예수 전통과 이방인
공동체들에서의 삶과 사역의 경험은 구약 성경을 포함한 유대인들의 전
통과 함께 그의 예수 이해를 다양한 방면으로 심화·발전시킬 것이기 때문
이다. 특별히 바울이 예수의 높아진 상태에 대한 성서적 근거로 초대교회
가 시편 100:1과 다른 메시아적 시편들을 사용하는 것을 듣자마자, 바울
은 즉각적으로 예수를 '온 세상의 주'라고 부르는 초대교회의 고백에 적
극적으로 동참하며 변론할 것이다.[46]

---

45. 비교, Dunn, "Paul's Conversion--a Light to Twentieth Century Disputes," 351.
46. 이 점에 대해서는 바울에 대한 초대교회 전통의 기여를 평가할 때 다시 조금 더 자

(3) 죽음을 극복한 부활한 메시아로서의 예수

세 번째, 유대인들이 고대하던 메시아가 마침내 예수라는 분을 통해서 그들에게 왔다는 자각에 바울이 동참하자마자, 바울은 예수에 관한 두 가지 더 중요한 기록론적 함의에 대해서 깨닫게 된다. 예수는 십자가에 달려 죽었으나 부활을 통하여 죽음을 극복한 분이다. 따라서 바울은 예수의 십자가의 죽음과 부활의 의미에 대해서 깊이 숙고하게 된다. 첫 번째, 바울이 경험한 부활한 예수의 죽음의 의미에 대해서 먼저 살펴보도록 하자. 바울은 자신은 복음을 사람으로부터가 아니라 하나님으로부터 그의 아들의 계시를 통하여 직접 받았다고 주장한다(갈 1장). 그런데 바울은 고린도전서 15:3에서 고린도에 있는 청중들에게 그가 전한 복음의 시작에서 "성경을 따라 우리의 죄를 위하여 그리스도가 죽었다"라고 선포하면서, 이 복음은 자신이 처음 제자들로부터 받은 것이라고 고백한다.[47] 아마도 여기서 바울은 자신이 예수의 메시아 되심에 대해서 처음 인지한 것은 다메섹 도상이었음을 고백하는 동시에, 더 많은 복음적 함의들을 초대교회의 전통을 통해서 얻게 되었음을 인정하고 있는 듯하다. 어쨌든 이러한 초대교회의 기독론적 선포는 바울에게 십자가에 달린 메시아라는 신학적인 난제에 대한 충분한 해답을 제공한다. 갈라디아서 3:13에서 바울은 "누구든지 나무에 달린 자마다 저주받은 자이다"(신 21:23)라는 표현을 인용하면서, 십자가에 달린 메시아 예수에 대한 초대교회의 신앙을 향한 유대인

세하게 설명할 것이다.

47. Hengel과 Schwemer에 따르면, 죄 없는 메시아의 속죄의 죽음은 처음 제자들에게, 특별히 헬라파 유대인 출신 성도들에게, 성전의 제사제도를 무의미한 것으로 만들어버렸다. 그리고 그들로 하여금 성전에 대한 공개적인 비판과 의식적 율법에 대해서 부정적인 견해를 가지게 했다. 참고, Martin Hengel and Anna Maria Schwemer, *Paul between Damascus and Antioch: The Unknown Years* (Louisville: Westminster John Knox, 1997), 99.

들의 변론에 대해서 알게 해준다(비교, 4QpNah. 1:7-8; 11Q19 64:6-13). 과거 자신의 회심 전 동참했던 이 유대인들의 반박에 대해서, 바울은 "우리를 율법의 저주로부터 구속하기 위하여 십자가에 달려 스스로 저주받은 자가 되셨다"라고 대답한다. 다른 모든 유대인들과 마찬가지로, 회심 전 사울에게 십자가에 달려 죽은 메시아는 그 자체로 말이 안되는 '모순된 장벽'에 불과하다(고전 1:23). 왜냐하면 십자가에 달린 예수는 단지 세상의 통치자들에 의해서 저주를 받은 것이 아니라, 하나님으로부터 직접 저주를 받은 자이기 때문이다(비교, 신 21:22-23). 그러므로 갈라디아서 3:13의 고백 이면에는, 다메섹 체험을 인하여 바울이 십자가에 달린 예수에 대한 자신의 견해를 180도 수정한 사실이 존재함을 우리는 알 수 있다.[48] 이런 면에서, 우리는 바울의 다메섹 체험은 그의 회심을 포함한 신학적 혁명의 시작이었다고 주장할 수 있다.[49]

그런데, 두 번째, 바울에게 메시아 예수의 십자가 처형만큼이나 충격적인 사건은 그가 부활을 통하여 죽음을 극복했다는 사실이다. 하나님에 의해서 저주받은 자가 하나님 의해서 다시 살아나게 됨을 경험했다는 사실은 바울을 큰 충격에 휩싸이게 한다. 인류의 역사에서 아무도 죽음에서 다시 살아난 자가 없었고, 또 바울의 유대인 전통에서 부활은 종말의 시대를 여는 메시아가 행할 첫 번째 사역으로 이해되었기 때문이다. 이에

---

48. Dunn, "A Light to the Gentiles": The Significance of the Damascus Road Christophany for Paul," 264. 그러나 다른 논문에서 던은 예수의 메시아 됨을 부인하던 바울이 그 사실을 인정하게 된 계기가 다메섹 사건이었음을 부정한다("Paul's Conversion--a Light to Twentieth Century Disputes," 351). 그러나 갈라디아서 1:23에서 분명히 바울은 다메섹 사건 직후 자신이 과거 핍박하던 예수를 이제는 믿고 전하는 자가 되었다는 다른 성도들의 보고를 자랑스럽게 받아들이고 있다.

49. Philippe H. Menoud, "Revelation and Tradition: The Influence of Paul's Conversion on His Theology," *Interpretation* 7, no. 2 (1953): 133-34.

부활한 예수를 본 바울은 자신의 체험에서 메시아가 연 종말론적인 새 시대의 시작을 본다. 바울 이전의 예루살렘의 유대인 출신 그리스도인들은 예수의 부활을 자신들의 눈으로 직접 경험했고, 그 결과 그들에게 보내진 성령의 선물을 자신들의 삶에서 공동체적으로 경험했다. 이 성령은 선지자 요엘이 종말의 때에 그의 백성에게 부어질 것으로 약속된 하나님의 선물이라고 베드로는 선포한다(비교, 행 2, 4장).[50] 회심 후 바울은 이제 자신도 예수의 부활과 종말론적인 성령체험의 증인들 중의 하나가 되었음을 인지하고, 그들의 고백과 선포에 적극적으로 동참한다(비교, 고전 15:1-11; 갈 3:2; 4:4-6). 물론 이스라엘의 역사에는 엘리야와 에녹처럼 죽음을 경험하지 않고 곧바로 하늘로 올라간 영웅들이 존재한다. 그러나 일반적인 측면에서 볼 때, 죽음은 아담에게 속한 모든 인간들이 보편적으로 경험해야 할 우주적인 실체였다. 그리고 부활을 통해서 죽음을 극복한다는 것은 오직 종말의 때에나 가능한 것으로 유대인들은 이해했고, 그 부활의 첫 열매는 메시아라고 믿었다. 또한, 유대인들의 묵시전통에 따르면, 종말의 때는 메시아가 이끄는 일반적인 부활과 함께 하나님의 두려운 심판이 발생할 것으로 기대되었다. 데살로니가전서에서 바울은 그가 데살로니가에서 선포했던 복음을 요약하면서, "우리는 다가오는 진노로부터 우리를 구원할 하나님이 직접 살리신 그의 아들이 하늘로부터 올 것을 기다리고 있다"라고 고백한다(살전 1:10). 유대 묵시전통에 깊이 영향받은 바울은 유대 묵시론자들이 고대하던 종말의 때의 시작이 메시아 예수와 그의 부활을 통해서 마침내 시작되었다는 사실을 다메섹 체험을 통해서 깨닫게 된다. 예수의 부활 직후, 종말의 선물인 성령이 이 땅에 부어졌고, 바울 자신도 이 성령

---

50. 물론 일부 누가 학자들은 베드로의 설교의 역사성에 대해서 의문을 품으면서, 베드로의 입을 통해서 누가가 자신의 이해를 전하고 있다고 주장한다. 사도행전에 등장하는 제자들의 설교는 그 자체로 깊은 학문적인 연구의 대상이다.

의 체험에 동참했다는 사실은 바울의 이러한 종말론적 확신을 더 견고하게 해준다. 그러므로 바울은 이제 예수의 부활이 시작한 우주적인 부활의 결론을 간절히 기다린다(비교, 고전 15; 고후 4-5). 물론 바울에게 죽음을 극복하는 부활의 사건은 아담의 죄의 결과인 죽음의 저주를 극복하는 사건이므로, 바울이 곧 부활한 예수를 아담의 이야기를 통해서 이해하고 설명할 것이라는 것은 너무도 자명하다.

아담의 저주의 극복으로서의 예수의 생애

이제 아담의 이야기에 대한 유대적 전통을 토대로 바울의 다메섹 체험이 가지고 있는 아담 기독론적 발전과 다양한 함의에 대해서 관찰해보도록 하자. 바울은 부활한 예수와의 만남을 통해서 약속된 메시아의 시대가 마침내 도래했고, 종말론적인 마지막 때가 그의 부활을 통해서 시작되었다고 분명하게 자각한다. 이제부터 바울은 그의 사유와 삶에 포함된 모든 것들을 다 메시아의 시대에 대한 종말론적 성취의 관점에서 보기 시작한다. 나사렛 예수는 바울에게 이스라엘의 메시아에 대한 종말론적 소망이 역사적으로 성취되고 실현된 분이다. 따라서 바울은 부활한 예수를 종말의 시대의 상징인 '죽은 자들로부터의 첫 열매'라고 부르면서, 일반적이고 보편적인 부활이 그의 뒤를 따라 곧 발생할 것이라고 믿는다. 게다가 바울은 자신의 삶과 사역뿐만 아니라, 자신이 돌보는 이방인 성도들의 삶에서도 종말의 성령이 활발하게 역사하는 것을 관찰하게 된다(갈 3:2-5; 롬 5:1-5; 비교, 욜 3:1-2; 행 2:17-18). 바울은 자신이 종말의 시대의 시작을 종말의 메시아 예수와 그가 보낸 성령을 통해서 역동적으로 경험하고 있다고 굳게 믿고 있다. 성령이 동반된 초대교회 신앙의 역동성은 바울서신뿐만 아니라, 사도행전 전반에 걸쳐서 보편적으로 발견되는 현상이다.

영광 중에 부활한 예수가 아담이 세상에 가져온 죽음을 비롯한 그의 타락의 모든 결과들을 극복하기 시작했다는 생각은 아담 이야기에 관한 유대인들의 묵시전통에 익숙한 바울의 마음 속에 자연스럽게 발생했을 것이다. 우리가 위에서 이미 살펴보았듯이, 부활은 아담의 저주인 죽음의 극복으로서 메시아의 시대에 발생할 것으로 기대되었다. 또한 부활과 더불어, 메시아의 등장은 의로운 자들에게 약속된 영광과 통치의 회복을 가져올 것으로 유대인들에 의해서 기대되었다. 그런데 바울은 부활을 통해서 죽음을 극복한 예수가 세상의 주로 높아지고, 하나님의 영광과 우주적인 통치를 이미 개인적으로 회복한 것을 믿게 된다. 죽음을 극복하는 부활과 영광 그리고 통치의 개념들은 바울로 하여금 예수를 아담과 대조되는 인물로, 그리고 아담의 타락과 저주를 극복한 인류의 메시아로 이해하도록 유도한다. 그리고 곧 바울은 예수의 높아짐은 하나님의 계시된 뜻, 즉 십자가에서의 죽음에의 순종의 결과임을 알게 되고, 이런 측면에서 예수의 순종과 높아짐의 생애는 아담의 불순종과 저주받은 생애와 비교될 수 있음을 깨닫게 된다(갈 1:4; 비교, 막 14:36). 바울은 케노시스 시에서 예수의 생애를 아담의 생애와 비교하면서 시공간의 축들을 통하여 역동적으로 묘사하고 있다(비교, 빌 2:6-11).[51] 바울은 이제 예수의 정체와 사역을 아담과의 대조를 통해서 이해하게 되고, 아담의 저주의 극복으로서의 예수의 삶과 높아짐은 기독론적, 구원론적, 인간론적, 그리고 선교론적 측면에서 다양한 함의들로 가득 차 있는 사건임을 곧 깨닫게 된다.

새 관점 학자들이 이미 강조하였듯이, 다메섹 사건 전 바울은 자신의 율법 준수의 문제에 있어서 자책하는 영혼이었다기보다는, 율법으로 의로워질 수 있다는 다소 낙관적인 견해를 소유하고 있었다(비교, 빌 3:4-6). 그러나 하나님의 아들이 인류를 율법의 저주와 아담의 저주로부터 구속하

---

51. 참고, 이승현, "빌립보서 2:6-11을 통해서 본 바울의 기독론적 구약 사용," 「신약논

기 위하여 십자가에서 희생당해야 했다는 자각은 바울로 하여금 인간의
죄성과 저주아래 놓인 인류의 처지의 심각성을 온전하게 깨닫게 해주었
다.[52] 유대 묵시전통은 지혜가 인간의 악한 본성을 극복하도록 도와줄 수
있다는 견해를 소유한 지혜전통에 비해서, 인간의 본성에 대해 다소 비관
적인 태도를 견지하고 있었다. 그러나 에스라4서와 바룩2서에 잘 나타나
듯이, 이러한 묵시전통조차도 인간은 자유의지를 근거로 율법을 준수하
는 것을 선택할 수 있다고 주장했다.[53] 이 사실은, 왜 묵시전통은 인간의
종말론적 운명이 주로 율법의 수행에 대한 그들의 태도에 의해서 결정된
다고 보았는지에 대한 이해를 제공한다. 그러나 바울에게 하나님의 아들
의 죽음의 필요성은 인간에 대한 유대 묵시전통의 비관론을 율법조차도
극복할 수 없는 정도로 더 극단적인 방향으로 발전시키도록 유도한다(비
교, 롬 5:12-14; 1:18-3:20).[54] 다메섹 사건 이후 바울은 인류는 아담 이후로 죄의
권세에 완전하게 포로로 잡혀버려서, 그 어떤 선한 행위도 선택하지 못한
채 하나님의 의 앞에서 정죄를 당하여 죽음을 경험해야만 한다고 믿게 된
다(비교, 롬 1-3장). 인류의 역사의 시작부터 아담과 그에게 속한 인류 간에 죄
안에서의 완전한 연합이 존재했기에 아무도 아담의 운명으로부터 자유롭

단」26(1) (2019), 215-256.

52. Westerholm, "Sinai as Viewed from Damascus: Paul's Reevaluation of the Mosaic Law," 155-56.
53. 특별히 에스라4서의 우리엘 천사는 이 견해를 가장 적극적으로 대변하면서, 인간의 본성에 관한 비관적인 관점을 견지하는 에스라를 반박한다.
54. Westerholm이 주장하듯이, 바울의 생각이 해결책에서 곤경으로 이동했다는 E. P.Sanders의 평가는 옳다. 그러나 곤경에서 해결책이라는 방향도 바울의 전통적 배경을 이루는 구약성경과 이어지는 외경에서 반복해서 발견되고 있다는 Thielman의 주장도 옳다. 참고, Westerholm, "Sinai as Viewed from Damascus: Paul's Reevaluation of the Mosaic Law," 155.

지 못하다고 바울은 이해하게 된다.[55] 이 사실은 바울이 왜 율법이라는 특별한 선물을 소유한 유대인들조차도 이방인들과 동일한 운명 속에 처해 있었다고 선포하는지에 대한 이유를 우리에게 제공한다. 바울에게는 하나님의 아들이라는 우주적인 해결책만이 아담의 죄와 죽음의 저주라는 우주적인 곤경을 상대할 수 있다.[56]

그러나 메시아의 시대를 사는 새 인류는 예수와의 새로운 연합을 통해서 하나님의 선물인 율법조차도 다룰 수 없는 인간의 마음 안에 있는 죄의 문제를 그 뿌리부터 극복할 수 있게 된다(롬 8:3-4; 10:6-8). 이미 유대인들의 전통에서 선지자들은 유대인들을 포함한 인간의 마음은 너무 심하게 부패해 있어서, 오직 악한 마음을 바꾸어 놓는 신적인 해결책만이 사람들로 하여금 율법에 복종할 수 있게 해준다고 선포했다(겔 36:26-27; 렘 31:31-34; 13:23). 또한 유대 묵시론자들도 하나님의 은혜로운 간섭을 인하여 인간의 악한 마음들이 제거되고, 인간이 더 이상 아담의 불순종의 운명을 따르지 않을 것으로 기대했다. 이러한 할례받은 마음에 대한 유대인들의 기대는 성령을 포함한 새 언약에 대한 기대로 이어졌다. 이런 맥락 속에서, 바울은 예수의 부활 후 즉각적으로 인류에게 허락된 종말론적 선물로서의 성령이 이미 성도들 안에서 이 새로운 마음의 변화를 일으키고 있다는 사실을 자각하게 된다(고후 3장). 따라서 성령이 통치하는 새로운 마음을

---

55. Brendan Byrne, "Interpreting Romans Theologically in a Post-"New Perspective" Perspective," *HTR* 94, no. 3 (2001): 236.
56. 바울의 신학은 해결책에 의해서 결정되고 그의 신학함의 과정은 해결책에서 곤경으로 움직인다는 Sanders의 주장은 옳다. 그러나 인류의 곤경은 해결책인 예수의 빛 아래서 바울이 만들어낸 것이라는 Sanders의 주장은 틀렸다. Eskola와 Thielman이 잘 보여주었듯이, 인류의 곤경은 유대인들의 묵시전통에 이미 잘 발견되고 있다. 바울은 단지 하나님의 아들의 희생이라는 고귀한 해결책의 빛 아래서 그 곤경을 더 급진적으로 발전시켰다.

소유한 예수에게 속한 새 인류는 이제 자신들 안에 내재한 아담의 악한 마음을 극복하고 율법의 요구들을 만족시킬 수 있게 된다(롬 8:1-4). 이런 면에서, 바울에게 예수는 율법을 대치하는 분이 아니라, 율법이 요구하는 하나님에 대한 완전한 순종을 그의 영인 성령을 통해서 가능하게 해주는 분으로 이해할 수 있다. 물론 완전한 시대의 증거인 예수를 가리키는 몽학선생으로서의 율법의 기능은 예수의 등장과 함께 즉각적으로 폐지된다(비교, 갈 3:23-25).

바울의 이방인 선교와 이방인 공동체에서의 삶

앞에서 우리는 바울이 소유한 아담에 대한 유대인들의 전통을 근거로 그가 새롭게 경험한 다메섹 체험의 기독론적 의미를 재고해보았다. 바울이 다메섹에서 경험한 체험은 본질상 예수에 대한 새로운 이해에 바탕을 둔 기독론적 체험이다. 하나님에 의해서 저주받은 자로 간주되었던 예수가 사실은 하나님의 아들 메시아요 우주의 주로 높아진 분이라는 새로운 자각은 바울로 하여금 새로운 종말론적 시대가 이제 막 시작되었다는 깨달음을 가지게 한다. 그리고 자신이 만난 예수가 십자가에서 죽고 부활한 후, 우주의 주로 높아진 분이라는 사실은 바울로 하여금 예수의 정체와 사역을 아담 이야기의 빛 아래서 이해하게 해준다. 바울이 예수의 생애의 시작이 하나님의 뜻에의 순종의 결과였다는 사실을 깨닫게 될 때, 그는 순종한 예수의 이야기가 불순종을 통해서 인류의 운명을 바꾸어버린 아담 이야기와 상호 대조되고 있음을 깨닫게 될 것이다. 이처럼 바울의 마음 속에서 아담 기독론적 이해가 계속해서 형성 발전되고 있음을 우리는 감지할 수 있다. 또한 바울이 이방인들의 공동체에서 이방인들의 사도로 예수의 복음을 전할 때, 그는 아담의 이야기와 예수의 이야기가 함께 이방인들의 구원에 깊은 연관성이 있음을 더 자각하게 된다. 특별히 바울이 회심 후 동참한 이방인 공동체에서의 경험은 그들 안에서 하나님의 형상인 그리스도를 따라 영광스러운 변화를 유도하는 성령의 역사가 발생하고 있음을 통해서 바울의 아담 기독론을 한층 더 성숙시키는 요소로 기능한다. 본 저자는 그리스도를 하나님의 영광스러운 형상으로 이해하는 바울의 신학적 결정은 다메섹 사건에서가 아니라, 그가 이방인들의 공동체에서 사역하는 중에 발생한 것으로 생각한다. 그러므로 이어지는 논의에서 우리는 바울의 다메섹 체험의 또 다른 중요한 요소인 그의 이방인 사역과 사도직이 그의 아담 기독론의 형성과 발전에 대해서 미친 영향에 대해서 지세히 살펴보고자 한다.

바울의 이방인 선교와 율법의 기능에 대한 재평가

다메섹에서 만난 부활한 예수의 경험은 바울에게 종말의 시대에 펼쳐질 하나님의 구원의 계획에 대해서 수많은 새로운 영감들을 계시해준다. 바울의 다메섹 경험의 핵심에는 이스라엘의 메시아인 예수가 서 있고, 그의 죽음과 부활은 새로운 종말의 시대를 시작하면서 하나님의 과거의 언약들에 대한 그의 신실함을 계시해준다(비교, 롬 1-4장).[57] 그리고 영광의 주로서 예수가 계시하는 하나님의 영광은 성도들이 경험할 다가올 종말론적 영광임을 바울에게 암시해준다.[58] 뿐만 아니라, 바울의 다메섹 경험은 젊

---

57. P. H. Menoud, R. B. Hays, 그리고 N. T. Wright는 바울의 다메섹 체험을 이런 방식으로 해석한다. 그들의 해석에 대한 요약과 참고문헌에 대한 정보를 위해서는 다음을 참조하라. 참고, Bruce C. Corley, "Interpreting Paul's Conversion -- Then and Now," *Road from Damascus* (Grand Rapids: Eerdmans, 1997), 16.

58. S. Kim, A. Segal, 그리고 C. C. Newman은 이 견해를 적극적으로 옹호하고 있다. 참고, Corley, 16-17.

은 바리새인 바울이 자신의 조상들의 전통에 대해서 가지고 있던 자부심을 산산이 부수어 놓는 패러다임 변화의 사건이다. 바리새인 바울의 조상들의 전통은 율법과 그 율법에 대한 해석학적 전통들을 배경으로 유대인들의 종교적 체제의 중심을 형성했다(갈 1:13-14; 빌 3:2-10).[59] 바리새인 바울은 자신이 교회를 핍박함으로써 그의 조상들의 전통이 요구하는 것을 완성한다고 믿었던 반면에, 다메섹 체험 이후의 바울은 자신이 높아진 주 예수의 제자들을 공격함으로써 하나님에 대항해 싸운 신성 모독자에 불과했음을 깨닫게 된다(비교, 고전 15:9).[60] 다메섹 사건에서 바울은 자신의 죄에 대한 죄책감에서 용서받음으로의 카타르시스적 회심을 경험하지는 않지만, 하나님이 그의 바리새적 열심을 승인하는 것이 아니라 핍박받는 성도들의 예수에 대한 그들의 믿음을 승인한다는 사실을 발견하고 극도로 당황하게 된다. 그 결과 바울은 그가 예수에 대해서 가졌던 기존의 부정적인 견해를 전면적으로 수정하고, 예수에 대해서 발견한 새로운 이해를 바탕으로 그의 조상들의 전통과 그 전통에 대한 자신의 열정을 전적으로 재고하도록 압박받는다. 의심의 여지없이, 다메섹 사건이 바울에게 가져온 엄청난 충격은 예수의 복음과 그의 조상들의 전통 간에 존재하는 긴장과 갈등을 즉각적으로 인식하고 해결하도록 유도한다.[61] 물론 이제 바울은 예수 복음의 빛 아래서 자신이 소유했던 조상들의 전통을 전면적으로 재고

---

59. Dupont, 183.

60. Segal에 따르면, 바울의 해석학적 과정에 대한 우리의 연구에서는 한 가지 사실을 기억해야 한다. 바울이 율법에 대한 열정적인 헌신으로 그리스도인들을 핍박했다는 기억은 그의 머릿속에 계속해서 머물러 있었다. 참고, Segal, *Paul the Convert: The Apostolate and Apostasy of Saul the Pharisee*, 126.

61. 비교, Hengel and Schwemer, *Paul between Damascus and Antioch: The Unknown Years*, 100-5; James D. G. Dunn, "In Search of Common Ground," *Paul and the Mosaic Law* (Tubingen: Mohr Siebeck, 1996), 314.

한다.

　나아가 다메섹 사건 중에 받은 이방인 선교의 사명과 사도직은 바울에게 이방인들을 하나님의 백성에 포함시키고(롬 1:5; 11:17-36), 자신을 이방인들의 사도로 세우고자 하는 하나님의 깊은 의도에 대해서 알게 해준다(갈 1:16).[62] 하나님이 자신의 아들의 계시를 통하여 바울로 하여금 이방인들 가운데서 그를 전파하도록 의도했다는 그의 주장의 심각성을 고려해 볼 때, 바울의 이방인 선교는 다메섹 사건에 대한 추후의 묵상의 결과라기보다는 그 경험의 핵심적인 요소들 중 하나였음이 틀림없다.[63] 다메섹 사건 이후 즉각적으로 바울은 다메섹에 있는 이방인 공동체와(갈 1:17; 비교, 행 9:8), 곧이어 안디옥에 있는 이방인 공동체에 동참한다(갈 1:21). 이 두 공동체는 바울의 회심 선에 이미 이방인 선교에 적극적으로 관여한 교회들이다. 그곳에서 바울은 헬라파 제자들을 통해서 초기 예수 전통에 대한 새로운 지식을 습득하고, 이방인 성도들 안에서 진행되고 있는 하나님의 성령의 변화의 사역을 목격하게 된다. 이방인 성도들과의 공동체 생활을 통해서 바울은 그의 다메섹 체험에 포함된 이방인 선교사역으로의 부르심의 의미를 더욱더 분명하게 깨닫게 된다. 그러므로 이제부터 바울은 새로운 이방인 공동체들을 예수에 대한 그들의 믿음을 근거로 하나님과 의로운 관계 속에 놓이게 된 참된 하나님의 백성 공동체로 인정하게 되고, 그

---

62. J. Munck, E. P. Sanders, J. D. G. Dunn 그리고 K. Stendahl은 이 견해를 옹호한다.

63. 비교, Donaldson, *Paul and the Gentiles: Remapping the Apostle's Convictional World*, 210, 50-51. Donaldson에게 바울의 이방인 선교는 율법에 의해서 창출된 경계들의 소멸이 결과이다 메시아가 죽어야만 하는 필요성은 죄를 다루는 일에 있어서의 율법의 부적합성과 따라서 율법의 권위가 제거되었다는 사실을 함께 증명한다. 율법의 퇴위는 유대인들을 이방인들과 동일한 죄 아래 가두어 버림으로써 그들 간에 존재하던 인종적 경계를 허물어 버린다. 그러나 이러한 견해는 설득력이 없다. 왜냐하면 바울은 다메섹 사건 이후 즉각적으로 이방인 선교에 참여했기 때문이다.

사실을 정당화하는 변론의 사역을 위하여 자신의 모든 노력을 기울인다. 그러므로 이방인들의 사도로서의 바울의 신학함의 행위는 부활한 예수에 대한 환상과 회심, 그리고 부르심을 포함한 그의 다메섹 체험과 더불어, 그 후에 이방인 공동체들 속에서 살면서 체험한 그의 개인적인 경험에 크게 의존한다. 이방인 공동체들에서 바울은 종말론적 성령이 이방인들을 변화시키는 하나님의 능력으로 역사하고 있는 것을 목격한다. 이방인들의 내면의 변화를 통하여 하나님의 뜻에 순종하도록 성령은 역사하고, 그들의 외면을 부활한 영광의 주 예수의 몸과 같이 변화시킬 것을 바울은 깨닫게 된다. 바울의 이방인 선교 사역은 그의 기독론이 아담의 이야기를 통해서 한층 더 성숙해지도록 유도하는 중요한 동기로 기능한다.

바울이 동참한 이방인 공동체들은 예수를 향한 그들의 믿음을 통해서 경험한 성령의 변화의 능력을 근거로 세워진 공동체들이다(갈 3:2-5; 롬 5:5; 고전 12:3). 그들이 현재 할례를 포함한 율법의 일들을 통하지 않고서도 하나님과의 의로운 관계에 서 있다는 사실은 바울에게 굉장히 중요한 의미를 내포한다. 바울은 하나님이 육체의 모양으로 율법 아래 자신의 독생자를 직접 보냄으로써. 유대인과 이방인들 간의 모든 차별과 반목을 제거했다는 놀라운 사실을 깨닫게 된다(비교, 갈 4:4-6). 이에 바울은 하나님의 아들에 의해서 시작된 종말의 시대에 놓인 율법의 위치와 기능을 새롭게 재해석해야 할 긴급한 해석학적 필요성을 느낀다. 물론 바울은 율법이 하나님으로부터 온 거룩하고 선한 선물로서 하나님의 백성들에게 여전히 의미 있는 실체임을 부인할 수 없다(롬 7:7, 12, 14). 따라서 바울은 때로 율법을 그리스도에 대한 약속들을 포함한 성경으로 확대해서 이해하거나, 혹은 그리스도가 올 때까지 백성들을 지도하는 몽학선생으로 이해한다. 그러나 바울에게 율법의 가장 중요한 기능은 인간은 결코 죄의 힘을 극복할 수 없기에, 하나님의 진노 아래서 정죄받을 수밖에 없다는 사실을 확증해준다는 것이다(비교, 갈 3:19-26; 롬 1:18, 5:13; 7:7-25).[64] 이러한 율법에 대한 바울의 해석학적 발전과정 속에서, 율법은 더 이상 바울에게 '누가 하나님과의 의로운 관계 속에 거하는가'에 대한 궁극적인 판단의 기준으로 기능하지 못한다. 또한 율법은 죽어 있는 죄인들을 살아나게 할 수 없다는 사실이 바울에게 더 분명해진다(갈 3:21).[65] 대신에 종말의 메시아의 영인 성령은 '그리스도의 법', 혹은 '종말론적 시대의 참 법'으로서, 선지자들이 인류의 악한 마음에 대한 해결책으로 기대했던 소망의 완성으로 등장한다(롬 8:1-3; 비교, 렘 31장; 겔 36장; 고후 3장). 율법 앞에 선 이방인들과 유대인들은 자신들의 인종적 전통적 차이에 따른 그 어떤 특권적 차이를 경험하지 못하기에, 그들은 다 하나님과의 의로운 관계를 맺고 유지하기 위하여 성령의 역사를 필요로 한다. 그리고 성령의 역사는 주 예수에 대한 믿음의 창출과 더불어, 율법이 이루고자 했던 하나님의 의로운 요구에 대한 순종을 가능하게 한다(롬 8:3-4). 여기서 바울은 예수와 그의 복음을 단순히 율법을 대치하는 것으로 제시하기 위하여 믿음과 율법의 일들을 항상 대조하는 것은 아니다. 바울은 성령이 창조한 새로운 이방인 공동체들을 정당한 하나님의 백성 공동체의 일원으로 제시하기 위하여, 유대인들과 이방인들 간에 존재하는 오래된 반목과 대치들을 제거할 목적으로 믿음과 율법의 일들을 종종 비교하곤 한다.

---

64. 비교, Richard B. Hays, "Three Dramatic Roles: The Law in Romans 3-4," *Paul and the Mosaic Law* (Tubingen: Mohr Siebeck, 1996), 151-64; Brendan Byrne, "The Problem of Nomos and the Relationship with Judaism in Romans," *CBQ* 62, no. 2 (2000): 303.

65. 로마서 5:12-21에서 바울은 유대인들과 이방인들을 아담의 저주 아래서 동등한 존재들로 간주한다. 왜냐하면 율법의 소유여부가 이스라엘을 죄의 곤경으로부터 구해주기보다는, 도리어 상황을 더 악화시키기 때문이다(비교, 롬 2:17-3:20; 7-8). 참고, Wright, "Adam in Pauline Christology," 371.

바울의 이방인의 사도로서의 새로운 정체성: "이방인들을 위한 빛"

바울이 이방인 선교에 대한 그의 부름을 다메섹 사건의 핵심적인 내용들 중 하나로 간주하고 있다는 사실(갈 1:16)은[66] 바울이 이방인 선교에 적극적으로 관여한 시점이 자신의 처음 유대인 선교가 실패한 후가 아니라, 자신의 사도로서의 사역의 시작부터였음을 추론하게 해준다.[67] 그가 본 부활한 예수에 대한 환상체험과 더불어, 이방인들을 위한 사도로서의 부르심은 다메섹 사건이 바울에게 허락한 중요한 의미들 중 하나였음이 틀림없다(갈 1:15-16).[68] 다메섹 체험의 핵심 내용들 중의 일부분으로서의 바울의 이방인 사도직은 그의 자기 정체성에 대한 인식과 앞으로의 사역 방향에 지속적으로 영향을 미칠 것이다.[69]

다메섹 사건 이전의 자신의 삶을 묘사하면서 바울은 그의 조상들의 전통을 향한 열정 때문에 헬레니스트들을 포함한 예수의 초기 제자들을 핍박하는 데 열심이었음을 고백한다(갈 1:14).[70] 헬라어를 말하는 디아스포

---

66. 비교, Dunn, "A Light to the Gentiles": The Significance of the Damascus Road Christophany for Paul," 251; Terence L. Donaldson, "Israelite, Convert, Apostle to the Gentiles: The Origin of Paul's Gentile Mission," *Road from Damascus* (Grand Rapids: Eerdmans, 1997), 69.

67. Francis Watson, *Paul, Judaism, and the Gentiles: A Sociological Approach* (Cambridge Cambridgeshire; New York: Cambridge University Press, 1986).

68. 구약의 하나님의 현현과 신약의 그리스도의 현현에 관한 이야기들에서는 공통적으로 하나님과 부활한 예수로부터 오는 파송을 담은 청각적 요소들이 발견된다. 그러므로 바울이 다메섹 체험에서 소명을 청각적으로 받았으리라는 추측은 상당히 설득력이 있다. 누가는 자신의 사도행전 이야기에서 이 사실을 잘 묘사하고 있다(행 9, 22, 26). 비교, Seyoon Kim, "The "Mystery" of Rom 11:25-6 Once More," *NTS* 43, no. 3 (1997): 412-29.

69. 비교, Hengel and Schwemer, *Paul between Damascus and Antioch: The Unknown Years*, 97.

70. Martin Hengel, *Between Jesus and Paul: Studies in the Earliest History of Christianity* (London: SCM Press, 1983), 1-29; Troels Engberg-Pedersen, "Paulus Som Hellenist,"

라 출신 유대인들을 의미하는 헬레니스트들(혹은, 헬라파 유대인들)은 이스라
엘의 메시아에 대한 복음을 율법의 일들을 지킬 것을 요구하지 않은 채
이방인들에게 전했다. 이를 통해서, 바울의 관점에서 볼 때, 헬레니스트들
은 하나님 앞에서 특별한 민족적 특권을 소유한 백성으로서의 이스라엘
의 정체성에 큰 위협이 되었다.[71] 이 사실은 바울로 하여금 다메섹으로 가
서 이들을 핍박해야 할 중요한 동기로 기능했다. 그러나 바울은 다메섹에
서의 부르심의 결과로 하나님의 백성에 이방인을 포함시켜야 한다고 설
득당하고, 자신의 유대적 전통과 신앙체계를 이방인들에 대한 긍정적인
빛 아래서 다시 재고하도록 내적으로 강권당한다.[72] 나아가 바울은 예수
그리스도를 단지 율법을 대치하는 '정체성의 표식'으로가 아니라, 유대인
과 이방인으로 구성된 새 인류에게 구원을 주는 '하나님의 능력'으로 이
해하게 된다(롬 1:16). 만약 이제 이방인들과 유대인들이 함께 동등한 자격
으로 하나님의 종말론적 백성을 구성해야 한다면, 물론 예수 그리스도에
게 속함을 통해서, 이 사실의 즉각적인 함축은 바울이 율법의 기능과 하
나님의 백성의 의미에 대해서 심각하게 재고해보아야 한다는 것을 의미
한다.[73] 이런 측면에서 볼 때, 바울이 율법과 전통적인 이스라엘의 개념에

Dansk teologisk tidsskrift 56, no. 3 (1993): 189-208. 비교, Craig C. Hill, *Hellenists and Hebrews: Reappraising Division within the Earliest Church* (Minneapolis: Fortress, 1992); Todd C. Penner, *In Praise of Christian Origins: Stephen and the Hellenists in Lukan Apologetic Historiography*, Emory Studies in Early Christianity (New York: T & T Clark, 2004).

71. Dunn, "Paul's Conversion--a Light to Twentieth Century Disputes," 362; Jacques Dupont, "The Conversion of Paul, and Its Influence on His Understanding of Salvation by Faith," in *Apostolic History and the Gospel* (Exeter, Eng: Paternoster Pr, 1970), 185.

72. 비교, Donaldson, "Israelite, Convert, Apostle to the Gentiles: The Origin of Paul's Gentile Mission," 70.

73. Longenecker는 주장하기를, 비록 율법에 대한 비판은 이방인들의 교회로의 유입
에 대한 논쟁들의 결과였지만, 사물을 사람으로 대치하는 것은 점진적인 변화의

대해서 보여주는 부정적인 평가는 그의 이방인 선교의 원인이 아니라, 피할 수 없는 결과로 보인다.[74] 이러한 저자의 주장은 이방인 선교에 대해서 별로 열정을 보이지 않았던 예루살렘의 유대인 출신 제자들이 자신들의 율법 중심 유대인 전통과 어떠한 충돌, 혹은 긴장을 느끼지 않은 채, 예수를 향한 자신들의 새로운 믿음을 유지할 수 있었다는 사실에 의해서 더 강화된다.

브레데(W. Wrede), 스텐달(K. Stendahl), 레이재넨(H. Räisänen) 그리고 던은 강조하기를, 바울은 자신의 다메섹 체험을 종교적인 회심으로 간주하는 대신에, 유대인들에 의하여 소외되었던 이방인들에게 복음을 전해주어야 할 선지자적 부름으로 이해한다. 그들에 따르면, 이 사실은 갈라디아서 1:15-16과 고린도전서 9, 15장에서 바울이 이사야 42:7, 49:1, 6, 그리고 예레미야 1:5를 인용하고 있다는 것에 잘 나타난다.[75] 본 저자는 다메섹 사건

결과였다. 참고, Richard N. Longenecker, "A Realized Hope, a New Commitment, and a Developed Proclamation: Paul and Jesus," *The Road from Damascus*, ed. Richard N. Longenecker (Grand Rapids: Eerdmans, 1997), 58. Dunn이 율법과 복음의 대치의 형성을 다소 이른 시기로 추정하는 반면에, 그는 여전히 바울의 율법에 대한 비판을 유대인들의 편협함에 제한시킨다. 참고, James D. G. Dunn, "Paul and Justification by Faith," *Road from Damascus*, ed. Richard N. Longenecker (Grand Rapids: Eerdmans, 1997), 90.

74. 따라서 본 저자는 복음과 대조적으로 율법에 대한 바울의 비판은 안디옥 사건에서보다는, 다메섹 사건 직후 그의 이방인 사역의 시작에 발생한 것으로 추정한다(비교, 갈 2). 바울은 아마도 자신의 이방인 사역의 시작부터 이방인들의 할례를 요구하지 않았을 것이다. 이러한 율법이 결여된 복음은 전직 바리새인 바울에게, 만약 그가 율법에 대한 자신의 견해를 혁신적으로 재고하지 않았다면, 선택의 옵션이 될 수 없었을 것이다.

75. Dunn, "Paul and Justification by Faith," 86-87. 참고, John Knox and Douglas R. A. Hare, *Chapters in a Life of Paul*, Rev. ed. (Louvain, Belgium; Macon, Ga.: Peeters; Mercer University Press, 1987); Krister Stendahl, *Paul among Jews and Gentiles, and Other Essays* (Philadelphia: Fortress, 1976); Heikki Räisänen, "Paul's Conversion and the Development of His View of the Law," *NTS* 33, no. 3 (1987): 404-19.

에서 하나님이 바울로 하여금 이방인들의 빛이 되라는 이스라엘에게 준
사명을 성취하도록 선지자적 사명을 주었다는 그들의 주장에 적극적으로
동의한다. 그럼에도 불구하고, 본 저자의 견해로는, 다메섹 체험은 바울에
게 신지자적 부름인 동시에, 바울의 신앙체계의 전적인 변화를 요구하는
회심을 의미한다. 물론 여기서 바울의 회심은 유대교에서 기독교로의 일
반적인 회심이 아니라, 바리새적 유대교에서 메시아적 유대교로의 특별
한 회심이다.[76] 이방인들의 빛이 되라는 이사야를 통한 하나님의 부르심
에서 바울은 하나님이 창조 시에 보여준 세상을 향한 관심을 깨닫게 된다
(비교, 고후 4:1-6). 바울의 관점에서 볼 때, 유대인들은 이방인들을 향한, 그리
고 하나님의 백성의 정의에 대한 편협한 태도를 인하여 온 세상을 향하여
창조주 하나님이 가지고 있는 우주적인 관심을 무시하였다. 하나님은 이
스라엘의 하나님으로서 이스라엘과 세운 언약적 의무를 지고 있지만, 동
시에 하나님은 세상의 창조주로서 세상을 돌보아야 할 피조세계와의 언
약적 책임도 소유하고 있다. 다메섹 사건이 바울에게 깨닫게 해준 결정적
인 사실들 중 하나는 이스라엘이 하나님과 특별하고도 배타적인 관계에
놓여 있다는 유대인들의 편협한 태도가 온 세상을 향한 창조주 하나님의
언약적 은혜를 차단하고 있다는 것이다. 바울에게 하나님의 은혜는 유대
인들과 유대교로 회심한 이방인들에게만 제한되지 않고, 모든 이들에게
열려 있는 창조주의 보편적인 은혜여야 한다.[77] 이에 바울은 이스라엘을
향한 언약적 의무라는 제한된 개념을 뛰어넘어, 창조와 온 인류를 향한
하나님의 보편적 언약적 의무로 자신의 관심을 돌린다.[78] 이 창조주 하나
님의 피조세계를 향한 언약적 의무는 바울의 아담 기독론을 성숙시키는

---

76. 비교, Segal, *Paul the Convert: The Apostolate and Apostasy of Saul the Pharisee*, 117.

77. Dunn, "Paul and Justification by Faith," 93.

78. Ibid.

또 다른 신학적 요소로 기능할 것이다.

　　다메섹에서 바울이 경험한 하나님의 아들의 계시는 이방인 사도로의 부르심을 통하여 바울로 하여금 이스라엘의 하나님이 또한 이방인들의 하나님임을 알게 했다. 이 사실은 바울에게 하나님의 아들의 복음은 이스라엘에게만 제한되는 것이 아니라, 유대인들에게처럼 값없이 이방인들에게로 제공되어야 함을 알려준다.[79] 그러나 NPP에 속한 많은 학자들이 종종 주장하듯이, 하나님이 충실하게 지켜야 할 언약이라는 개념이 얼마나 바울의 신학에서 중요한 기능을 하는지에 대해서는 질문해 볼 필요가 있다. 왜냐하면 언약이라는 개념은, 던이나 라이트가 주장하는 것처럼, 그렇게 자주 바울의 서신들에서 중요하게 논의되고 있지 않기 때문이다. 언약이 가장 중요하게 다루어지는 고린도후서 3장에서 바울은 율법에 근거한 시내산 언약을 변화를 가져다주지 못하는 약한 것으로, 그리고 성령의 새 언약에 의해서 대치된 것으로 제시하고 있다. 그런데 이 본문에서조차 언약은 바울의 이방인 사역의 정당성을 증명하기 위한 증거로 기능할 뿐만 아니라, 하나님의 형상인 예수의 영광스러운 변화 사역에 대한 배경 이야기로 기능한다. 그리고 바울의 복음에 대한 해석학적 열쇠로 인종적 이스라엘에 대한 하나님의 신실함을 주장하는 NPP 학자들은 왜 바울이 이방인들이 하나님의 백성으로 유입되는 사건이 유대인들이 예수의 복음을 거절함으로써 가능해진다고 보는지에 대해서 설명해주어야 한다(비교, 롬 11).[80] 그리고 예수의 복음과 하나님의 아들의 계시가 왜 그리고 어떻게 이스라엘뿐만 아니라, 온 세상에 대한 하나님의 신실한 헌신에 대한 바울의

79.　Dunn, "Paul and Justification by Faith," 95-96.

80.　만약, Dunn과 Wright가 다른 곳에서 주장하듯이, 바울이 하나님의 백성의 개념을 재고하고 있다면, 인종적 이스라엘에 대한 하나님의 언약적 신실함의 개념도 심각한 개념적 변화를 경험하지 않을까?

재발견에 기여했는지에 대해서도 설명해주어야 한다. 이 문제들을 우리
는 뒤에서 더 자세히 살펴볼 것이다.

　갈라디아서 1장에서 바울은 자신의 회심과 이방인의 사도로의 부르심
을 회상하면서 이사야 49:1-6을 인용한다. 이사야 49:4에서 하나님은 자
신의 영광을 이스라엘에게 계시하여 그들로 하여금 이방인들의 빛이 되
게 하겠다고 선포한다(비교, 사 49:6). 바울은 예수가 그가 소유한 종말론적
인 영광을 인하여 이방인들을 향하여 약속된 빛인 분임을 믿게 되었다.
이 사실은 바울이 예수의 복음에 기반을 둔 그의 이방인 선교를 통하여
하나님의 새 창조의 실행자로서의 고난받는 종에 관한 이사야의 예언의
성취에 동참하고 있다고 믿고 있음을 우리에게 알려준다.[81] 이 관찰은 우
리의 바울 아담 기독론에 관한 논의에서 굉장히 중요한 역할을 감당할 것
으로 보인다. 왜냐하면 이방인들의 빛 혹은 하나님의 영광이 계시될 때,
이스라엘과 이방인의 자녀들의 숫자가 크게 증가할 것으로 예언되기 때
문이다(사 42:21). 이 자녀의 증가에 대한 약속은 하나님이 아담에게 요구한
존재론적 책임이다(창 1: 28). 그리고 이사야는 메시아가 올 때 땅이 회복되
어 새롭게 창조된 낙원처럼 될 것이라고 예언하는데, 땅의 회복은 한편으
로 아담의 저주로부터 피조세계의 해방을 의미한다. 만약 바울이 다메섹
에서 피조세계에 대한 하나님의 신실함의 중요성을 다시 발견하고, 동시
에 빛의 모티프가 창조의 이야기에서 중요한 역할을 감당하고 있다면, 바
울은 쉽게 이방인들의 빛인 예수를 창조 이야기를 통해서 이해할 것이다.
고린도후서 4:6에서 바울은 창세기 1:3과 이사야 9:1을 인용하면서, 하나
님의 영광을 품은 예수를 하나님의 형상으로, 그리고 복음을 통해서 그의
영광이 이방인들의 마음에 비추어지는 사건을 하나님이 빛을 창조한 사

81.　비교, Gordon D. Fee, *Pauline Christology: An Exegetical-Theological Study* (Peabody: Hendrickson, 2007), 486-87.

건과 동일한 새창조의 사건으로 이해하고 있다. 이 사실은 바울의 예수 이해가 그의 효과적인 이방인 사역을 통하여 아담 기독론적으로 한층 더 발전하고 있음을 잘 보여준다.[82]

여기서 우리는 바울의 다메섹 사건과 연관하여 다음과 같이 질문해 볼 수 있다: 메시아의 빛이 바울에게 '다메섹'에서 비추어진 사건에 그 어떤 중요성이 존재하고 있는가?[83] 이사야 9:1의 약속은 유대인들의 사상에서 한 특정한 지역과 연관이 있어 보인다. 요세푸스에 따르면, 납달리 지파의 영역은 다메섹까지 이르렀다고 보고된다(Ant. 86). 그리고 쿰란 공동체의 『창세기 비록』(Genesis Apocryphon)은 다메섹이 위치한 요단 동쪽의 북쪽 지역에 특별한 관심을 보인다(1QApGen 21:28-22:10). 또한 아브라함이 롯과 그의 가족들을 되찾기 위하여 이방인 왕들을 추적한 곳은 다메섹의 북쪽에 위치한 헬본(Helbon) 땅이었다(창 14장; 1QApGen 22:10). 그리고 에센 공동체의 주거지가 다메섹에서 발견된 사실은 그들이 메시아의 시대가 거기서 시작할 것이라고 믿었다는 것을 알려준다(CD 6:5, 19; 8:21; 19:34; 20:12). 그들은 민수기 24:17의 "메시아의 별"이 다메섹 지역에서 떠오를 것으로 기대했다(CD 7:14-18). 바울은 이방인들을 비추는 빛과 메시아에 관한 이사야의 예언의 말씀들이(사 11:10, 66:18-21) 자신의 선교활동을 통해서 성취되고 있다고 믿기 때문에(롬 15:12, 16-24), 다메섹에서 자신이 경험한 메시아의 강력한 빛은 이방인들의 종말론적 회합의 시작을 의미한다고 보았을 수 있다. 바울은 이 종말론적 회합의 시작을 그가 동참한 다메섹의 이방인 성도들의 공동체에서 성취되기 시작한다고 믿었을 수 있다.

---

82. 비교, Hurtado, "Religious Experience and Religious Innovation in the New Testament," 237.
83. 본 저자는 이 주장은 실례들과 함께 Riesner로부터 빌려 왔다. 참고, Riesner, 237-46.

그러나 바울은 하나님의 백성들 속에 이방인들을 포함시키고자 하는 그의 노력을 더 정당화하기 위해서는 예수의 메시아 됨 그 이상이 요구됨을 깨닫게 된다(비교, 롬 10:9, 15:12; 사 9:5-6).[84] 예루살렘의 유대인 출신 성도들의 이방인 교회를 향한 태도는 예수의 메시아 됨을 인정하는 것과 예수의 복음을 이방인들에게 선포하는 것이 별개의 문제임을 분명히 보여주기 때문이다. 예루살렘의 유대인 출신 성도들은 예수의 복음을 이방인들에게 전하는 일에 별로 관심이 없었을 뿐만 아니라, 율법이 결여된 이방인들을 향한 바울의 복음에도 적극적으로 반대했다(비교, 갈 2:1-15). 유대인 출신 성도들로부터 오는 그의 이방인 사역에 대한 반대에 직면한 바울은 예수가 이방인들을 포함한 온 우주를 통치하는 영광의 주라는 사실을 통해서 그의 이방인 사역을 한층 더 정당화시키고자 한다(비교, 고후 3.1-4:6; 빌 2:6 11, 3:1-10).[85] 이사야 9:1-10, 66:18-21과 같은 본문들에서 하나님의 영광은 이방인들에게 비추고, 그의 결과로 이방인들이 모여 이스라엘의 하나님을 경배할 것으로 예언된다. 마찬가지로, 바울의 마음 속에는 하나님의 영광이 주 예수 그리스도를 통해서 계시되는 것과 이방인들의 회심 간에는 직접적인 연관성이 존재한다는 강한 믿음이 존재한다(고후 4:1-6).

모든 인류의 주로서의 예수의 정체는 유대인들뿐만 아니라, 이방인들의 영적인 복지를 위해서도 매우 중요한 역할을 담당한다. 예수가 모든 이들의 주이기에, 그는 유대인들뿐만 아니라 이방인들까지도 책임을 지고 있는 분으로 바울은 이해한다. 이에 바울은 예수에 대한 믿음을 이방

---

84. 바울은 예수에 내한 묘사에서 그리스도보다도 주를 더 선호한다는 사실이 관찰되었다. 이는 아마도 그리스도라는 개념이 이방인들에게 큰 의미를 부여하지 못했기 때문일 수 있다. 그러나 주라는 개념이 그의 신학적 비전에 더 큰 의미를 주었기 때문에 그리스도보다도 더 선호했던 개념으로 보인다.
85. 비교, Dupont, 23.

인들이 하나님의 백성으로 유입될 수 있는 보편적 근거임을 강조하고, 이 강조를 위해서 바울은 자신의 서신들에서 '어떤 육체도,' '어떤 인간도,' 혹은 '유대인과 이방인 모두' 등의 표현을 반복해서 사용한다.[86] 이런 측면에서 볼 때, 바울이 빌립보서의 케노시스 시에서 예수를 아담 이야기를 통해서 묘사하면서 그를 주라고 부른다는 사실은 결코 우연의 일치가 아닌 듯 보인다. 바울이 등장하기 전 초대교회는 이미 시편 110편을 통하여 예수를 우주의 통치자로 높아진 주님으로 이해하고, 그리고 시편 8편을 통하여 아담에게 의도되었던 통치를 현재 예수가 소유하고 있다고 선포했다. 그리고 초대교회는 이 두 시편들을 함께 연합하여 우주의 주요 통치자인 예수의 영광과 권세를 노래하곤 했다(막 12:36; 14:61-62). 바울이 예수에 대한 이러한 초대교회 전통을 접했을 때, 그는 우주의 주로 높아진 예수를 세상의 왕으로 세워졌던 아담과 적극적으로 비교할 신학적인 동기를 발견한다.[87] 바울은 피조세계에 대한 하나님의 신실함을 강조하기 위해서 예수의 우주의 주 되심을 강조했지만, 예수의 주 되심에 대한 그의 확고한 믿음은 곧이어 아담과의 비교로 그의 기독론적 이해를 몰고간다.

이방인 공동체에서의 바울의 삶과 경험

자신의 다메섹 경험 후 이방인 공동체들에 동참한 바울은 그들의 생성과 성장이 주 예수 그리스도의 임재를 의미하는 종말의 성령이 일으키는 변화의 사역의 결과임을 목격한다. 이에 새로운 이방인 공동체들의 존재를 변호하면서, 바울은 추상적인 교리적 논쟁을 통해서가 아니라 과거

---

86. 비교, Simon J. Gathercole, *Where Is Boasting?: Early Jewish Soteriology and Paul's Response in Romans 1-5* (Grand Rapids: Eerdmans, 2002).

87. 본 저자는 바울의 아담 기독론에 관한 예수 전통의 역할에 대해서 논의할 때 이 점에 대해서 더 자세히 설명할 것이다.

언약 밖에 거하던 이방인들이 이제 예수의 영을 체험함을 통해서 실질적
으로 아브라함과 아담과 세운 하나님의 언약의 대상이 되었다고 주장한
다(비교, 갈 3장).[88] 이제 바울의 사도적 목표는 창조에 대한 하나님의 신실함
에 대한 믿음과 아브라함에게 주어진 하나님의 약속을 근거로 유대인들
과 이방인들 간의 차별들을 극복하여 새로운 인류, 혹은 새로운 이스라엘
을 창조하는 것이다. 물론 바울에게 새 인류의 창조는 예수에 대한 믿음
을 근거로 예수와 연합하여 그에게 속하게 된 새로운 예수 공동체를 의미
한다. 이 새로운 예수 공동체의 탄생을 지켜본 바울은 이 공동체 안에서
율법의 일들로 표현된 과거의 모든 차별들이 더 이상 의미없는 극복된 현
상임을 알게 된다. 율법의 일들을 통해서 자신들의 하나님을 향한 공경을
표현하는 것은 선택사항이지, 하나님과의 의로운 관계의 근거가 되지 않
음을 깨닫게 된다. 유대인과 이방인이 하나님과의 의로운 관계에 놓이게
되는 것은 더 이상 율법의 일들을 통해서가 아니라 "예수-믿음"을 통해서
이다(비교, 갈 2:15-21).

　바울의 회심의 의미는, 시갈에 따르자면, 그가 바리새적 유대인 공동
체를 떠나 이방인 그리스도인 공동체에 동참한 사건을 통해서 가장 잘 표
현된다.[89] 바울의 회심 후 그의 신앙이 형성되는 초기에 그는 이방인 공동
체에 속해 있었고, 그 결과 이방인 공동체는 그의 다메섹 체험과 이방인
사도직의 의미를 더 깊이 이해할 수 있도록 도와주는 역할을 했다. 여기
서 우리는 다메섹에 있던 이방인 공동체들의 정체와 기원, 그리고 예배의

---

88. 비교, Charles H. Talbert, "Paul on the Covenant," *Review & Expositor* 84, no. 2 (1987): 299-313.

89. Segal, *Paul the Convert: The Apostolate and Apostasy of Saul the Pharisee*, 12. Segal은 나아가 과거와 현재 간에 존재하는 문법적 대조에 대해서도 언급한다(빌 3:6; 고전 15:9; 갈 1:23). 이 시간적 대조는 우리에게 다메섹 체험 후 바울은 더 이상 바리새 인이 아님을 분명히 해준다.

형태 등에 대해서 질문해 볼 수 있다. 이미 예루살렘에서는 일부 헬라어를 말하는 유대인 출신 그리스도인들(Hellenists)이 헬라어를 말하는 디아스포라 출신 유대인들에게 복음을 전하기 시작했다(비교, 행 6:9).[90] 이 헬라파 유대인들은 곧 사마리아로 가서 여전히 하나님의 백성의 구성원들로 간주될 수 있는 사마리아인들에게 복음을 전하고(행 8:4-25), 그 다음엔 경건한 이방인들에게도 복음을 전하기 시작한다(행 8:26-39). 이 경건한 이방인들을 향한 선교사역에서 헬라파 유대인들은 할례의 의무와 예식적 율법을 지킬 책임을 요구하지 않았을 것으로 추정된다.[91] 그러나 다메섹 사건 전 바리새인 사울의 관점에서 볼 때, 헬라파 유대인 출신 그리스도인들의 이방인 선교행위는 율법의 일들을 포기함으로써 이스라엘의 정체성과 순수성을 훼손한 행위에 불과했다. 이 율법의 일들은 마카비가 이끄는 유대인 혁명주의자들이 유대교의 근본 가르침으로 강조하던 것이다.[92] 헬라파 유대인 출신 그리스도인들은 그들의 이방인 사역에 대한 정당성을 예수에 대한 믿음이 이방인으로 하여금 하나님의 백성의 한 구성원으로 만들어주기에 충분하다는 기독론적 사실에서 발견했다. 헬라파 유대인 출신 그리스도인들은 스데반의 순교를 시작으로 예루살렘에서 발생한 유대인들의 핍박을 피해서 다메섹과 안디옥으로 도망쳤다. 그들은 이 지역의 회당들에서 발생하는 모임들에 자연스럽게 참여했고, 동시에 자신들의 집과 같은 사적이고 개별적인 장소에서 메시아적 공동체로 따로 모여 예배

---

90. 헬라파에 대한 사도행전의 묘사의 역사성에 대해서 논쟁이 있었다. 비록 우리는 사도행전의 역사성에 조심스럽게 접근해야 하지만, 본 저자는 헬라파에 대한 Martin Hengel의 평가가 최근까지 가장 설득력이 있다고 생각한다. 참고, Hengel and Schwemer, *Paul between Damascus and Antioch: The Unknown Years*: 24-90.

91. Hurtado, "Religious Experience and Religious Innovation in the New Testament," 109.

92. 참고, Dunn, "Paul's Conversion--a Light to Twentieth Century Disputes," 361-62.

드리곤 했다.[93]

　바울이 다메섹의 기독교 공동체에 동참했을 당시, 헬라파 유대인 출신 성도들은 이미 그 지역의 유대인 회당들에서 일종의 소란을 야기했던 것 같다. 이방인들이 율법의 일들을 엄격하게 준수하지 않음에도 불구하고, 예수를 믿음으로 유대인들과 동일한 하나님의 백성의 구성원들이 될 수 있다는 그들의 선포는 다메섹의 유대인들에게도 동의할 수 없는 파격적인 메시지였기 때문이다. 그러나 다메섹 사건 이후 바울은 십자가에 달려 죽은 예수가 하나님의 약속된 메시아요 세상의 주라는 새로운 인식 하에서 구약성경을 읽고 해석하면서, 그가 동참한 이방인 공동체들의 입장을 이해하고 대변하기 시작한다. 이 과정에서 바울은 이방인들도 이젠 율법 아래에 있을 필요없이 예수 안에 거함으로써, 하나님의 종말의 백성됨에 유대인들과 동등한 권리를 소유하고 있다고 주장한다.[94] 이러한 주장을 뒷받침하는 신학적 근거로서 바울은 '예수로 옷 입는다', 혹은 '예수와 하나가 된다' 등의 세례표현들을 고안해내고, 이 표현들을 통해서 할례, 안식일법, 그리고 음식법과 같은 유대인들의 정체성의 표현들에 의해서 만들어진 유대인과 이방인의 모든 차이들을 제거시킨다. 그 결과 탄생한 바울의 세례공식은 갈라디아서 3:26-28에서 가장 잘 표현되고 있다. 바울의 세례공식을 따르면, 예수 안에서 성, 신분, 그리고 율법의 차이들을 극복한 예수 안에 속한 새로운 인류의 출현이 등장한다(비교, 고전 12:13). 이 새로운 인류는 이방인과 유대인으로 구성된 예수의 몸을 이루는 교회 공동체이다.

　예수 그리스도로 옷 입는다는 표현을 통해서 바울은 로마서 13:14와

93. 다메섹의 헬라파 출신 그리스도인들에 대해서는 다음을 참조하라. 참고, Hengel and Schwemer, *Paul between Damascus and Antioch: The Unknown Years*, 24-90.
94. Ibid., 108-09, 293.

갈라디아서 3:27에서 예수를 통한 성도의 삶의 존재론적인, 그리고 윤리적인 함의를 표현하고 있다.[95] 존재론적 측면에서 볼 때, 예수로 옷 입은 성도들은 아브라함의 가정에 하나님의 백성으로 속하게 하고(비교, 갈 3:27; 고후 3:18), 곧이어 성령을 통한 종말론적 변화의 대상이 된다(고전 15:53-54; 빌 3:20-22). 학자들은 '예수로 옷 입는다'는 바울의 세례공식 표현이 어디로부터 기원했는지에 대해서 질문했다.[96] 유대인 문서 『아담과 이브의 생애』에서 이브는 파라다이스에서의 자신들의 순수함을 상실한 사건을 기억하며 슬퍼한다. 그녀는 고백하기를, "내 눈이 열려 내가 벌거벗은 것을 보게되었다. 나를 의복처럼 두르고 있던 모든 의로움을 상실한 채. 나를 감싸고 있던 영광으로부터 변화된 채"(20:1).[97] 이브는 그녀의 영광과 의로움을 상실하였으므로, 자신이 벌거벗고 있음을 자각하게 되었다고 전해진다. 흥미롭게도, 여기서 우리는 윤리적 개념인 의로움이 존재론적 개념인 영광과 마치 동의어처럼 함께 등장하고 있음을 보게 된다(비교, 롬 1-3장). 이에 웨인 믹스(Wayne Meeks)는 바울이 세례의식에서의 옷 입는 개념을 영광의 의복을 포함한 파라다이스 모티프에서 발견하고 기독론적으로 발전시켰다고 주장한다.[98] 만약 믹스의 주장이 옳다면, 바울의 세례 신학은 두 번째 아담 예수가 유대인들과 이방인들을 자신 안에 포함시켜 하나님의 자녀

---

95. Ibid., 294.
96. 유대인들의 묵시문학에서는 영광으로 옷 입는 현상이 종종 발생한다. 이 현상은 인간이 천사와 같은 신적인 존재들로 변화되는 것을 의미한다. 예를 들면, 에녹은 천사들이 준 옷을 입고 그들 중의 하나가 된다. Becker는 헬라의 신비주의를 이 옷 상징화의 기원으로 보지만, Hengel은 동의하지 않는다. 참고, Jürgen Becker, *Paulus: Der Apostel Der Völker* (Tübingen: Mohr Siebeck, 1989), 111. 비교, Hengel and Schwemer, *Paul between Damascus and Antioch: The Unknown Years*, 294.
97. 저자는 이 예들을 다음의 책에서 빌려왔다. 참고, Hengel and Schwemer, 294-95.
98. Almond, *Mystical Experience and Religious Doctrine: An Investigation of the Study of Mysticism in World Religions*, 155.

들을 생산해내는, 혹은 창조해내는 사건을 의미한다. 이런 면에서 예수는 하나님의 자녀들을 충만하게 생산하여 온 땅을 채우라는 아담에게 주어진 하나님의 명령을 완수한다(창 1:26-28).

예수 전통

복음을 하나님이 계시한 예수를 통해서 직접적으로 받았다고 고백하는 바울은 자신의 서신들에서 종종 초기 기독교의 신앙을 담은 전통적인 공식들을 직접적으로 인용하거나, 혹은 예수 전통을 간접적으로 언급하곤 한다.[99] 이 전통들에 대한 어떤 해석학적 설명없이 긴결하게 인용히고 있다는 사실은 그의 청중들이 이미 바울이 인용하는 전통들에 익숙하다는 사실을 알려준다. 예를 들면, 바울이 로마인들에게 그들의 공통된 믿음의 대상인 예수의 아들 됨을 상기시킬 때, 예루살렘 교회에 속한 예수 전통을 어떠한 설명도 없이 간략하게 인용한다(비교. 롬 1:3-4). 이 사실은 바울의 신학적 전제들이 그보다 먼저 부름받은 사도들의 복음에 대한 이해와 더불어, 예수와 그의 가르침과 직접적인 연속선상에 놓여 있다고 생각하는 바울의 믿음을 잘 보여준다. 바울은 자신을 예수와 견줄 만한 '기독교의 두 번째 창시자', 혹은 '예수의 메시지와 사역을 곡해한 자' 같은 현대 학자들의 의견에 결코 동의하지 않을 것이다.[100]

예수의 죽음과 부활 이후 1-2년 이내에, 이 두 사건이 그의 제자들의 삶과 믿음에 끼친 혁명적 중요성을 인하여 제자들의 예수 전통은 폭발적

---

99. 바울신학에서 예수 전통의 해석학적 메아리에 대한 포괄적인 예들의 분석을 위해서는 다음을 참조하라. 참조 Dunn, *The Theology of Paul the Apostle*, 4.2.

100. Ibid., 732.

인 발전을 경험하게 되었다.[101] 바울은 다메섹 사건 이전에 예수의 제자들의 선포에 대한 약간의 간접적인 지식을 소유하고 있었다. 바울은 그들의 신학적 입장이 자신이 소유한 조상들의 전통과 양립할 수 없다고 믿었기에 그들을 핍박하기에 이르렀다. 그러나 다메섹 사건 이후 바울은 이방인 성도들의 공동체에 동참하고, 거기서 바울은 이방인 공동체의 선생들로 가르치던 헬라파 유대인들을 통해서 예수 전통에 대해서 자세히 배우게 되었다. 예수 전통은 바울 전에 이미 부활한 예수가 세상의 주로 높아졌음을, 그리고 그의 주권이 이방인들에게까지 미친다는 사실을 포함하고 있었다.[102] 여기서 우리는 이방인 공동체의 정당성을 아담 기독론적 입장으로 방어하는 바울의 신학함의 과정에서 예수 전통이 구약과 유대인들의 전통, 그리고 다메섹 경험과 함께 또 다른 신학적 중심축으로 기능하였었는지에 대해서 질문해보아야 한다.

　처음 예수의 제자들에게 그들의 선생 예수의 잔혹한 죽음에 대한 기억은 너무도 생생했다. 그들이 어떻게 십자가에 달려 고통받으며 죽어간 예수의 죽음을 쉽게 잊어버릴 수 있었겠는가? 그러나 그들이 부활한 예수를 만난 사건은 너무도 혁명적이고, 너무도 예상치 못했던 경험이었기에, 가장 잔혹하고 비극적 형태의 죽음인 예수의 십자가형조차도 그의 복음의 한 핵심적인 부분으로 여겨지게 되었다. 부활한 예수와의 극적인 만남 이후, 예수의 제자들은 종말론적 선교적 열망을 가지고 예루살렘으로 돌아왔다. 그들은 동료 유대인들에게 예수의 부활의 위대성과 종말론적 심판관인 인자의 임박한 도래에 대해서 알려주면서, 그들이 회개해야 할 필

---

101. 비교, Martin Hengel, *Studies in Early Christology* (London; New York: T&T Clark International, 2004), 112.

102. 참고, James D. G. Dunn, *Beginning from Jerusalem* (Grand Rapids: Eerdmans, 2009), 241-321.

요에 대해서 경고했다(비교, 행 2-7장). 예수의 제자들은 자신들의 종말론적 선교적 열정이 담긴 자신들의 신앙을 효과적으로 담아 간결한 메시지로 표현하고자 했다. 마틴 헹겔에 따르면, 그들의 복음 선포의 메시지는 주로 세 가지의 요소들을 중심으로 구성되있다: (1) 종말론적 시대의 시작으로서의 부활한 예수의 나타남의 경험, (2) 예수의 그리스도임에 대한 주장과 가르침에 대한 기억, 그리고 (3) 메시아에 관한 시편들을 포함하여 유대인들이 암송하고 있는 종말론적 메시아에 대한 인용들.[103] 예수의 처음 제자들은 메시아에 대한 시편들을 높아진 메시아에 대한 예언적 성취로 노래하었고, 그들의 신교적 선포와 유대인들과의 신학적 논쟁에서 자주 인용하곤 했다. 이 과정에서 유대인들의 메시아에 대한 이해와 첫 제자들의 메시아 이해가 함께 뒤섞이면서 전통의 혼합 현상(traditional mixing)이 발생하고,[104] 이 혼합된 전통이 부활한 예수에게 배타적으로 적용되면서 메시아 예수의 정체와 사역과 기능을 설명하는 예수 전통으로 변화·발전되었다.[105] 그러므로 이어지는 논의에서 우리는 이렇게 바울에게 전달된 초대 교회의 예수 전통이 그의 아담 기독론의 형성과 발전에 어떤 영향을 미쳤

---

103. Hengel, *Studies in Early Christology*, 220-21.

104. Ibid., 108.

105. 이 사실은 왜 학자들이 바울신학의 발전 경로에 대해서 그토록 상이하고 다양한 옵션들을 제공했는지에 대한 이유를 알려준다. 바울의 머리 속에서 대부분의 신학적인 개념들이 상호 긴밀하게 연결되어 있기에, 학자들은 바울의 사고의 발전방향에 대한 다양한 경로들을 제시하고, 그 경로들은 종종 상호 충돌하는 모습으로 보이곤 했다. 사실 학자들의 바울신학 발전 방향의 재구성은 그들이 어디서 시작해서 어디에 도착하고 싶은지에 대한 개인적인 선호도에 깊이 의존했다. 이런 면에서, 바울의 해석자들은 항상 자신들의 전제를 비판적으로 살펴볼 수 있어야 하고, 자신들의 동기들도 살펴보아야 한다. 우리에게 필요한 바울 읽기는 그의 신학의 일부를 해석할 수 있는 것이 아니라, 그의 신학 전부를 최대한 잘 설명할 수 있는 것이어야 한다. 해석학적 방법론에 대한 논의를 위해서는 이 책의 서론을 참조하라.

는지에 대해서 살펴보고자 한다. 이어지는 논의에서 우리는 예수 전통에
속한 인자, 메시아적 시편, 그리고 선재와 지혜 등의 개념들이 바울의 아
담 기독론의 형성과 발전에 어떻게 영향을 미쳤는지에 대해서 자세히 관
찰해보고자 한다.

인자

학자들은 인자의 의미가 단순한 '인간'을 의미하는지, 혹은 하나님 앞
에선 '인간 선지자'를 의미하는지,[106] 혹은 '나 자신'을 의미하는 아람어 숙
어적 표현인지,[107] 아니면 종말론적 심판관인 '다니엘의 인자'를 의미하는
지에 대해서 심각한 토론을 벌여왔다.[108] 그러나 인자에 관한 이러한 학자
들의 논쟁의 역사에도 불구하고, 역사적인 예수가 인자라는 표현을 오직
자신에게만 적용하며 사용했었다는 사실에는 의심의 여지가 없어 보인
다. 복음서의 전통에서 이 땅의 메시아적 선생, 혹은 하늘로부터 오는 종
말론적 심판관의 개념으로 인자를 언급하는 인물은 예수 외에는 없다. 심
지어 그의 제자들조차도 예수를 향하여 이 호칭을 사용하지 않고 있다.[109]

---

106. 본 저자는 이 생각을 François Bovon으로부터 배웠다.

107. Knox and Hare, *Chapters in a Life of Paul*, 3-32; Stendahl, *Paul among Jews and Gen-tiles, and Other Essays*, 17-43; Räisänen, "Paul's Conversion and the Development of His View of the Law," 21-56; Watson, *Paul, Judaism, and the Gentiles: A Sociological Approach*. 비교, Paul Owen and David Shepherd, "Speaking up for Qumran, Dalman and the Son of Man: Was Bar Enasha a Common Term for 'Man' in the Time of Jesus?," *JSNT*, no. 81 (2001): 81-122.

108. 인자에 관한 최근의 포괄적인 분석에 대해서는 다음을 참조하라. 참고, Gabri-ele Boccaccini, *Enoch and the Messiah Son of Man: Revisiting the Book of Parables* (Grand Rapids: Eerdmans, 2007); L. W. Hurtado and Paul L. Owen, *"Who Is This Son of Man?": The Latest Scholarship on a Puzzling Expression of the Historical Jesus*, Li-brary of New Testament Studies (London; New York, N.Y.: T & T Clark, 2011).

109. 복음서의 인자에 관한 논의를 위해서는 다음을 참조하라. 참고, Lee, *Jesus' Trans-*

그러나 예수의 부활 후, 인자의 정체에 관한 복음서의 불명확함은 완전하게 극복되고 모든 오해는 깔끔하게 제거된다. 왜냐하면 예수와 하늘로부터 오는 종말론적 심판관으로서의 인자가 제자들에게 동일한 한 인물로 인지되었기 때문이다. 부활 전 예수 자신이 자신의 사역과 정체를 오는 인자의 사역과 정체와 불가분의 관계에 놓인 것으로 가르쳤기에(비교, 막 8:32-38), 그의 부활을 경험한 교회 공동체들은 신속하게 예수와 이 하늘로부터 오는 종말의 심판자 인자를 동일한 인물로 간주하기 시작했다.[110] 특별히, 임박한 예수의 재림에 대한 기대 속에서 제자들은 종말의 심판관으로 다시 오실 예수가 바로 다니엘의 종말론적 인자라는 사실에 즉각적으로 동의하였다.

인자라는 용어는 '사람의 아들(인간)의 모습을 가진 분'의 형태로 다니엘 7:13-14에서 가장 먼저 등장한다(ὡς υἱὸς ἀνθρώπου; כבר אנש): 이 본문에서 '인자 같은 이'는 하늘로부터 온 구원자로서 하나님의 고통받는 백성들을 대표하면서, 하나님으로부터 영광과 세상에 대한 권세를 부여받는다. 곧이어 인자는 하나님의 백성을 핍박하는 짐승들로 대표되는 권세자들을 그가 하나님으로부터 부여받은 권세로 멸망시킨다. 다니엘 7:13-14에 등장하는 인자와 짐승들에 관한 환상은 창세기 1-2장의 창조 이야기에 대한 메아리를 포함하고 있다.[111] 창조에서 하나님이 짐승들을 창조하고 인간을 그들의 왕이요 주인으로 세웠듯이, 다니엘서에서 인자는 하나님으로부터 짐승들을 다스릴 권세를 수여받은 왕 같은 심판관 인물이다. 다니엘의 맥

---

figuration and the Believers' Transformation: A Study of the Transfiguration and Its Development in Early Christian Writings, 39-45.

110. Hengel, *Studies in Early Christology*, 114-16.

111. James D. G. Dunn, "Why "Incarnation"?: A Review of Recent New Testament Scholarship," *Crossing the Boundaries*, ed. Stanley E. Porter, Paul Joyce, and David E. Orton (Leiden: E J Brill, 1994), 239.

락에서 짐승들은 이스라엘과 하나님의 거룩한 백성을 괴롭힌 이방 국가들을 상징하기에, 인자는 하나님이 세운 이스라엘을 대표하는 하늘로부터 온 그들의 구원자이다. 물론 인자가 하늘로부터 온 개인적인 인격을 소유한 구원자인지,[112] 혹은 단순히 하나님의 성도들을 대표하는 상징인지에 대해서는 약간의 학문적인 논란이 있었다. 그러나 다니엘의 인자에 대한 유대인 해석전통은 그를 개인적인 인격을 가진 종말론적 심판관으로 이해하면서, 다른 메시아적 개념들과 함께 연관지어 이해했다. 다니엘 7장의 인자 이야기는 유대인들이 자신들을 하나님의 창조의 목적의 결정판으로 제시하기 위하여 창세기 이야기를 사용한 것에 대한 좋은 예이다.

에녹1서의 비유들에서 인자는 다니엘서에서보다도 훨씬 더 발전된 형태로 묘사되고,[113] '왕과 같은 메시아', '이사야의 고난받는 종', 그리고 잠언 8장의 '지혜' 등의 유대인 메시아 개념들과 함께 혼합된 형태로 발견된다.[114] 또한 에녹1서에서 인자는 선택된 자, 의로운 자, 하나님의 아들, 그리고 메시아 등으로 불리면서, 종말의 때의 마지막에 계시될 것으로 약속된다(51:3; 55:4; 61:8; 62:2). 그리고 어떤 학자들은 주장하기를, 인자는 에스겔이 인간의 모습으로 관찰했던 하나님의 영광의 인격화의 결과이다(비교, 겔 1

---

112. Ibid., 238.

113. 에녹의 비유의 저작시기는 항상 논쟁의 대상이 되고 있는데, 본 저자는 이 문서에 기독교의 흔적이 없으므로 바울 전에 쓰인 것으로 보는 견해에 동의한다. 만약 이 문서가 바울 이후에 쓰여졌을지라도, 이 문서는 여진 바울 시기의 인자에 관한 유대인들의 전통을 보존하고 있는 듯 보인다. 왜냐하면 이 문서에 등장하는 인자 전통은 바룩2서, 에녹4서, 그리고 공관복음서들에 등장하는 인자 이해와 유사하기 때문이다. 참고, Lee, *Jesus' Transfiguration and the Believers' Transformation: A Study of the Transfiguration and Its Development in Early Christian Writings*, 39-45.

114. 전통들의 혼합화 현상은 인자에 관한 전통이 초대교회 저자들의 손에 닿기 전 이미 유대인들의 인자에 관한 이해에서 발생했다.

장). 김세윤에 따르면,[115] 구약성경의 하나님의 현현에 대한 환상들은 두 개의 다른 방향으로 발전했다: (1) 하나님의 외모가 인간의 형체로 드러나거나, 하나님의 형체 혹은 영광이 인자 같은 신적인 구원자의 형태로 인격화되는 현상을 포함한 묵시론적 발전;[116] 그리고 (2)지혜 혹은 말씀이 하나님의 형상 혹은 현현을 드러내는 존재로 묘사되는 지혜서와 필로가 보여주는 경향성.[117] 김세윤은 바울이 다메섹에서 부활한 예수를 만날 때, 그는 예수의 얼굴에서 영광을 보고 가장 먼저 예수를 인자와 같은 하늘로부터 온 신적인 존재로 인식했다고 주장한다. 그러나 이러한 주장은 증명하기가 매우 힘들고, 바울의 서신서에 포함된 그의 기독론적 이해는 다메섹 사건을 시작으로 해서 그의 전생애를 통해서 진행된 그의 기독론적 신학함의 결과임을 우리는 기억해야 한다. 다시 말하면, 바울이 부활한 예수를 만날 당시 그의 인자 이해와 영광 이해가 어떤 형태로 존재했으며, 어떻게 바울은 부활한 예수에게 인자의 개념을 즉각적으로 적용할 수 있었는지에 대해서 우리는 합리적으로 설명해 주어야 한다. 그러나 이러한 주장에 대한 가장 큰 도전은 바울의 서신들에서 인자의 개념이 그리 빈번하게 등장하지 않는다는 사실이다.

사실 인자라는 개념은 바울서신에서 단 한 번도 발견되지 않는다. 왜냐하면 인자에 대한 헬라어 표현 υἱὸς ἀνθρώπου는 헬라어를 말하는 이방인들에게 어떤 중요한 의미론적 함의를 전달하지 않기 때문이다. 인자에 해당하는 헬라어 표현은 단순히 '사람의 아들', 즉 인간이라는 의미만을 전달한다. 이에 인자에 관한 유대적 배경에 익숙하지 않은 이레니우스를

---

115. 참고, Kim, *The Origin of Paul's Gospel*, 206-8, 45-46.

116. Christopher C. Rowland, *The Open Heaven: A Study of Apocalyptic in Judaism and Early Christianity* (New York: Crossroad, 1982).

117. Hays, "Three Dramatic Roles: The Law in Romans 3-4," 17-89.

포함한 초대 교부들이 인자라는 표현에서 예수의 인성을 강조했다는 사
실은 매우 시사하는 바가 크다. 따라서 바울은 인자, 즉 '사람의 아들 같은
이'라는 표현에서 '사람의'라는 표현을 제거하고 아들만을 남겨 놓는다.
그 결과 아들이 인자의 기능을 담당하는 전문적인 용어로 바울의 서신들
에서 사용되고 있다. 예를 들면, 데살로니가전서 1:10에서 바울은 데살로
니가의 성도들을 칭찬하고 있는데, 그 칭찬의 이유는 그들이 '오는 진노로
부터 그들을 구원할 아들'을 인내심을 가지고 기다리고 있기 때문이다.[118]
이 칭찬의 이면에는 분명하게 다니엘의 인자 사상과 종말론적 심판의 개
념이 그 배경으로 존재한다. 그리고 종말론적 심판자로서의 인자에 관한
전통은 초대교회의 예수 전통에서 높아진 주의 개념(시 110편; 8편)과 연결되
어 예수에게 배타적으로 적용되었다. 물론 바울은 이 예수 전통을 자신의
아담 기독론적 발전의 중요한 신학적 토대로 활용한다(비교, 막 14:62; 행 7:55-
56). 예를 들면, 바울은 예수를 땅에서 기인한 아담과 비교하면서 '하늘로
부터 온 사람/아담'이라고 칭하는데, 이 표현은 하늘로부터 기인한 다니
엘의 인자 전통과 깊은 연관이 있다(고전 15:47).[119] 흥미롭게도, 동일한 본문
에서 바울은 하늘로부터 온 사람 예수가 왕권과 능력을 부여받고 원수들
을 제압하는 종말의 한 장면을 묘사한다(15:24-28).[120] 다니엘의 맥락에서 인
자는 하늘로부터 와서 하나님께 다가오고 그로부터 능력과 권세를 부여

---

118. Fee, *Pauline Christology: An Exegetical-Theological Study*, 83-84; Kim, "The 'Mys-
tery' of Rom 11:25-6 Once More," 502-16; Kim, Paul and the New Perspective: Second
Thoughts on the Origin of Paul's Gospel, 170.

119. 비교, Wedderburn, "Philo's Heavenly Man," 301-26.

120. Hengel, *Studies in Early Christology*, 170; Hays, "Three Dramatic Roles: The Law in
Romans 3-4," 75. Chester에 따르면, 바울이 이 전통을 고린도의 상황에서 이용하
는 것에 있어서 놀라운 사실은 바울이 이 전통을 오랜 과거의 인물들에 적용하는
것이 아니라, 그의 동시대의 역사와 경험에 적용하고 있다는 사실이다. 바울이 그
리스도에게 높아진 중재자와 하늘의 신적인 인물의 개념들을 즉각적으로 적용할

받는 심판자이다. 고린도전서의 맥락에서 예수도 하늘로부터 와서 종말
론적 능력과 왕권을 권세자들에게 행사하는 마지막 아담으로 묘사된다.
다니엘의 맥락에서 인자의 통치의 대상은 짐승들로 대변되는 이방인 지
도자들이고, 고린도전서의 맥락에서 예수의 통치의 대상은 사망을 정점
으로 하는 인류의 지배자들이다. 따라서 우리는 바울의 하늘로부터 온 아
담과 다니엘의 하늘로부터 온 인자 간에 많은 유사성이 존재함을 부인할
수 없다. 유대 묵시전통으로부터 많은 영향을 받은 바울이 인자의 전통에
관해서도 다소 영향을 받았음을 우리는 쉽게 추론해 볼 수 있다.

메시아와 연관된 시편들(Royal Psalms)

메시아에 관한 시편들 중에서 시편 110편은 초기 예수의 제자들에게
특별한 중요성을 가진다. 왜냐하면 시편 110편은 부활 후 높아진 예수의
현재 상태에 대한 그들의 질문에 해답을 제공하기 때문이다. 시편 110:1은
다음과 같이 노래한다:

> 주께서 내 주에게 말씀하시기를, '너는 내가 너의 원수들로 너의 발등상이
> 되게 하기까지 내 우측에 앉아 있으라.'

초대교회 예수 전통은 시편 110:1을 근거로, 부활한 예수는 현재 하나
님의 보좌 우편에 앉아 계시도록 높아지셨고, 그의 원수들을 최종적으로
정복할 순간을 기다리고 있다고 주장한다. 또한 시편 2:7의 도움을 근거

수 있는 이유는 그가 다메섹에서 경험한 부활한 예수와 잘 일치하고 있기 때문이
다. 참고, Andrew Chester, "Jewish Messianic Expectations and Mediatorial Figures
and Pauline Christology," *Paulus Und Das Antike Judentum* (Tübingen: Mohr Siebeck,
1991), 75-76.

로, 초대교회는 부활한 예수를 '능력의 하나님의 아들'이라고 주장한다(비교, 롬 1:3-4). 예수의 부활과 하나님의 보좌 우편으로의 높아진 것은 예수가 하나님을 자신의 아바 아버지라고 부를 수 있다는 것에 대한 증거로 기능한다. 그런데 하나님 아버지와 아들 예수 간에 놓인 친밀한 가족관계에 대한 메시지는 바울의 복음의 핵심 메시지들 중의 하나이다(비교, 갈 1:16; 롬 1:16-17). 그리고 하나님의 아들은 하나님의 구원의 계획에서 그가 소유하고 있는 독특한 역할과 하나님과의 특별한 가족적인 관계를 인하여, 지혜 전통의 빛 아래서 선재성을 곧 획득하게 된다. 그래서 선재한 하나님의 아들은 하나님이 정한 충만한 때에 세상으로 보내져 율법 아래 살게 되었다고 바울에 의해서 주장된다(갈 4:4; 비교, 롬 8:3).[121] 물론 예수와 하나님의 친밀한 관계는 예수의 성육신과 희생을 자신의 아들을 희생한 아버지의 사랑의 표현으로 제시한다.

바울의 서신들에서 시편 110:1은 로마서 8:33-34과 고린도전서 15:25에서 분명하게 인용되고, 고린도전서 16:22와 빌립보서 3:20-22에서는 간접적으로 전제되고 있다. 로마서 8:33-34에서 바울은 부활 후 높아진 예수는 현재 성도들을 위해서 중보하는 제사장의 역할을 감당하고 있다고 가르친다. 높아진 제사장의 개념은 시편 110:1, 4에서 이미 시편 기자에 의해서 표현된 개념이다. 사실 시편 110:1의 기독론적 사용이 예루살렘 교회의 처음 아람어 청중들에게 의미했던 바는 부활 후 높아진 예수가 '그들의 주'가 된다는 사실이다. 바울은 이 예수 전통의 기독론적 선포를 예루살렘 교회로부터 물려받았다. 이 사실은 바울이 자신의 이방인 교회들에서 행한 성만찬의 예식에서 이 표현을 헬라어가 아니라 아람어로 낭송하곤 했다는 사실에서 잘 발견된다(비교, 고전 16:22). 하나님의 보좌 우편에

---

121. 종말론을 기원으로 해석하는 다음의 논의를 참조하라.

앉아 있는 주 예수의 현재 상태는 바울과 예루살렘 교회 둘 다에게, 그가 하나님의 통치를 공유하면서 하나님의 보좌에 참여하고 있다는 놀라운 사실을 의미한다.[122]

고린도전서 15:25에서 바울은 시편 110:1과 8:7 둘 다를 함께 혼합해서 인용하고 있다. 고린도전서의 인용에서 바울은 시편 110:1의 "너의 발등 상"이라는 표현을 시편 8:6의 "너의 발 아래"라는 표현으로 대치한다.[123] 이 두 시편들의 연합은 바울 전에 형성된 예수 전통에서 이미 이루어진 것으로 보인다(막 12:36). 왜냐하면 시편 110:1의 높아짐의 동기와 시편 8:7 의 권세들의 정복의 동기가 상호 설명해주는 해석학적 기능을 하고 있기 때문이다. 그런데 시편 110:1은 주라는 호칭을 포함하고 있는 반면에, 시 편 8은 인자와 사람/아담이라는 두 호칭들을 포함하고 있다.[124] 이 두 시편 들에서 아담과 주라는 호칭들이 권세라는 공통 개념을 통해서 연결되고 있으므로, 고린도전서 15장에서 이 두 시편들을 인용한 바울은 자연스럽 게 주 예수를 아담과 비교하며 묘사하고 있다. 또한 시편 80:15-17에서 하 나님의 메시아는, 에녹1서에서 다니엘의 인자가 높아진 메시아와 연합되 어 나타나듯이, '하나님의 아들', '우편의 인간/아담', 그리고 '인자'라고

122. 막 십자가에서 처형된 역사적인 인물 예수가 하나님의 보좌를 공유하는 다윗의 주 라는 주장은 비기독교 유대인 관점에서는 결코 받아들일 수 없는 참담한 주장이었 을 것이다. 마가복음 14장에서 산헤드린 공회가 예수를 죽이려 하고, 사도행전 7장 에서 유대인 군중이 스데반을 죽이려 했던 이유는 예수가 하나님의 보좌를 공유한 다는 주장 때문이었다. 이러한 기독교인들의 주장의 발전에 대해서는 다음을 참조 하라. 참고, Larry W. Hurtado, *Lord Jesus Christ: Devotion to Jesus in Earliest Christianity* (Grand Rapids, Mich.; Cambridge, U.K.: Eerdmans, 2003); idem., *One God, One Lord: Early Christian Devotion and Ancient Jewish Monotheism* (Philadelphia: Fortress, 1988).

123. Hengel, *Studies in Early Christology*, 137-72; Kim, *Paul and the New Perspective: Second Thoughts on the Origin of Paul's Gospel*, 206-08.

124. 히브리서는 두 본문들을 동시에 아들인 예수에게 적용하고 있다(비교, 히 1:1-7).

교차적으로 불리고 있다. 마찬가지로, 예루살렘 교회의 처음 아람어를 말하는 청중들은 하나님의 아들인 높아진 메시아(시 8편, 110편)와 인자(단 7:13)를 함께 연합하여 예수에게 적용한다. 이 개념들의 연합된 사용과 예수에게로의 적용은 예수 전통에서 예수가 재판받는 장면에 가장 분명하게 나타난다(막 14:61-62; 비교, 행 7:55-60).[125] 시편 110편과 8편, 그리고 다니엘 7장을 함께 연합함으로써, 처음 예수의 제자들은 부활한 예수가 권세와 영광을 소유한 종말론적 인자요 하나님의 우편에 높아진 하나님의 아들 주 예수라는 자신들의 신앙을 표현할 수 있게 되었다. 부활한 예수의 높아짐은 하나님의 보좌 우편에 하나님의 아들로 함께 앉게 된 것과 온 우주를 통치하고 다스릴 수 있는 그의 종말론적 권세를 통해서 묘사된다.[126] 물론 이러한 초대교회의 시편 이용은 그 안에 담긴 권세와 왕권을 지닌 아담/사람의 개념을 통해서 바울의 아담 기독론에 많은 영감을 제공한다.

예수의 부활 후 아주 이른 시기부터, 그의 처음 제자들은 그의 높아짐을 인자, 주, 그리고 하나님의 아들 등의 호칭들과 연관된 전통을 시편의 메시아 전통과 함께 연계해서 사용함으로써 표현했다.[127] 특별히 시편 110편과 8편 그리고 다니엘 7장의 연계를 통해서 처음 제자들은 예수가 하늘의 보좌에 앉도록 높아진 사건과 창조세계에 대한 그의 통치권을 소유하게 된 두 사건들을 설명할 수 있었다. 그리고 여기에 더하여, 시편 8:5-6은 영광과 명예로 관 씌어짐이라는 개념을 더해주었다. 시편 8:5-6은 그 자체의 맥락에서 피조세계에 대한 인간과 아담의 통치권과 높아짐을 노래하고 있다. 그리고 시편 8:4에서 아담과 인자가 그들의 높아짐과 함께 동시에 등장한다는 사실은 초대교회 성도들로 하여금 이 시편을 인간 예수

---

125. 마가복음 14:61-62은 마가복음 자체보다도 훨씬 오래된 수난 전통의 일부이다.

126. Hengel, *Studies in Early Christology*, 210.

127. Ibid., 170.

의 생애와 높아짐을 묘사하도록 즉각적으로 채용하게 유도했다(비교, 히 2:6-10).[128] 바울이 예수 전통을 통해서 이러한 개념들의 연합된 사용을 접하게 되었을 때, 그는 부활한 예수의 우주의 주와 종말론적 심판관인 인자로 높아짐에서 아담/인간의 높아짐을 위한 하나님의 창조의 의도의 완성을 본다(빌 2:6-11; 고전 15:23-28; 비교, 창 1:26-28).[129] 여기에서 바울은 하늘로부터 기인한 영광스러운 아담에 관한 고린도전서 15장의 자신의 예수 묘사에 대한 신학적 영감을 부여받는다.

만약 바울에게 예수의 높아짐이 인류의 대표자로서의 아담의 높아짐에 대한 완성을 의미한다며, 바울은 곧 구원이 예수가 현재 소유한 하나님의 형상, 즉 하나님의 영광에로의 변화를 포함한다고 이해하게 될 것이다(롬 8:29; 고전 15:49; 고후 3:18, 빌 3:20-22).[130] 주 예수 그리스도가 하늘로부터 와서 성도들의 낮은 몸을 그의 영광의 몸으로 변화시켜줄 것이라는 바울의 독특한 '변화-구원관'은 예수의 높아짐을 전체 인류의 대표자로서의 아담의 높아짐에 대한 성취로 보는 이해로부터 자연스럽게 그의 구원관이 발전한 결과로 보인다. 이와 유사한 맥락에서, 바울은 빌립보서 3:20-22에서 성도들의 영광스러운 종말론적 변화를 설명하면서 부활한 예수의 영광스러운 몸의 계시를 그 전제로 제시한다. 빌립보서 3:20-22에서도 바울은 그가 다메섹에서 본 부활한 예수와의 영광스러운 만남을 기억하고

128. Dunn은 히브리서의 이 예를 바울 이전의 아담 전통의 예로 간주하지만, 그는 히브리서가 바울 이후의 전통에 속한다는 사실을 잊은 것은 아닌가 싶다. 비교, Dunn, *Christology in the Making: A New Testament Inquiry into the Origins of the Doctrine of the Incarnation*, 110-11.

129. 비교, Segal, *Paul the Convert: The Apostolate and Apostasy of Saul the Pharisee*, 57; Kim, *Paul and the New Perspective: Second Thoughts on the Origin of Paul's Gospel*; Dunn, *Christology in the Making: A New Testament Inquiry into the Origins of the Doctrine of the Incarnation*, 109-13.

130. 비교, Thrall, "The Origin of Pauline Christology," 309-10.

있다고 볼 수 있다.[131] 바울이 '종말-태고'(Endzeit-Urzeit)라고 알려진 기원으로
의 회복이라는 특별한 형태의 유대인 종말론을 접할 때, 그의 변화-구원
관은 아담 기독론적 방향으로 한층 더 발전하게 될 것이다. 이제 이 사실
에 대해서 이어지는 논의에서 조금 더 자세히 살펴보도록 하자.

창조의 기원으로서의 종말론: "선재와 지혜"

우주의 주로 높아진 예수가 동시에 권세를 가진 인자요 능력을 가진
하나님의 아들이라는 고백은 초대교회 성도들에게 즉각적으로 두 가지
중요한 질문들을 제기하게 했다. 첫 번째, 예수와 유대교의 다른 중재자
들, 즉 주의 천사와 지혜, 그리고 율법과 성전에서의 희생을 포함한 구원
의 방편들과의 관계는 어떻게 되는가? 그리고 두 번째, 만약 하나님이 자
신의 아들인 예수를 통해서 그의 구원의 마지막 종말론적 성취를 이룬다
면, 이스라엘의 역사와 창조의 시작에서 아들의 역할은 각각 무엇인가?
위의 처음 질문에 대해서 초대교회는 하나님의 구원 계획 속에서 예수가
차지하는 초월적인 가치가 유대인들의 모든 중재자들의 중요성을 지극히
미미하게 만들어버린다고 주장한다.[132] 초대교회는 어떤 메시아적 존재나
천사들도 예수의 지위와 역할에 견줄 만한, 혹은 위협이 될 만한 의미 있
는 인물로 이해하지 않는다. 그리고 동시에 초대교회는 메시아적 존재들
과 율법이 소유한 모든 구원론적 기능들을 다 예수의 독특한 지위와 기능
속으로 흡수시켜 버린다. 이 현상 이면에는 하나님의 구원의 성취에 있어
서 중요한 역할들은 모두 예수를 통해서 이루어진다는 그들의 믿음이 존
재한다. 이러한 관찰은 예수의 처음 제자들이 하나님의 아들, 인자, 그리

---

131. 참고, Kim, *Paul and the New Perspective: Second Thoughts on the Origin of Paul's Gospel*, 173.
132. Hengel, *Studies in Early Christology*, 114-16.

고 주와 같은 모든 메시아적 개념들을 혼합한 후, 한 인물 예수에게 배타적으로 적용한다는 사실을 통해서 입증된다.

두 번째 질문에 대해서, 아들 예수는 그가 하나님 아버지와 맺고 있는 특별한 가족관계와 동일한 보좌를 공유한다는 사실 때문에 창조와 이스라엘의 역사에 임한 하나님의 구원의 행위들에 적극적으로 참여한다고 초대교회는 이해한다. 예수가 전체 우주를 향한 종말론적 통치권을 소유하기 위해서는 그가 창조의 시작부터 하나님의 구원의 계획에 적극적으로 관여했어야만 한다. 그러나 이 점을 강조하기 위해서 초대교회는 예수에 관한 선재의 개념을 필요로 한다.[133] 선재한 예수의 정체와 사역을 표현하기 위해서 초대교회는 케제만(E. Käsemann)이 '고기독론의 어머니'(mother of high Christology)라고 부르는 유대인들의 지혜 개념을 도입힌다.[134] 잠언 8:29에서 지혜는 먼저 하나님 곁에서 놀고 있는 하나님이 기뻐하는 아이로 등장한다. 그리고 이렇게 선재한 지혜는 하나님의 창조 과정 중에 적극적으로 관여한다. 유대인 선생 벤 시라도 지혜를 하나님의 보좌에 앉아 계신 분으로서 창조의 중재자라고 부른다(벤 시라 24). 솔로몬의 지혜서에서 하나님은 솔로몬의 기도에 응답하면서, 태초부터 하나님과 함께 존재하면서 하나님의 영광의 보좌를 공유하는 지혜를 그에게 보내어준다(지혜서 9:10). 유대인들의 이해에서 이 선재한 지혜는 하나님의 형상이라고 불리면서, 보이지 않는 하나님의 정확한 표현을 의미한다.[135] 그러나 높아진 예수와 지혜가 둘 다 하나님의 보좌를 공유하면서 하나님과의 가족관계에 놓인

133. 비교, Martin Hengel, *Der Sohn Gottes: Die Entstehung Der Christologie Und Die Jüdisch-Hellenistische Religionsgeschichte* (Tübingen: J. C. B. Mohr, 1975), 69-71; Thrall, "The Origin of Pauline Christology," 311.

134. 비교, Hengel, *Studies in Early Christology*, 116.

135. Kim은 바울이 아담 기독론과 지혜 기독론을 하나님의 형상으로서의 예수 개념으로부터 발전시켰다고 주장한다(참고, Kim, *Paul and the New Perspective*, ch.5). 그

선재한 존재들이기에, 초대교회는 예수를 신속하게 선재한 지혜와 동일
시한다(비교, 고전 1:30; 10:4). 그들의 기독론적 이해에서는 예수 이외의 또 다
른 존재가 하나님의 보좌를 예수와 함께 공유하는 것을 상상할 수 없다.
예수와 전재한 지혜가 동일시되는 과정에서 예수는 창조와 계시의 중재
자로서의 지혜의 기능을 자신의 정체와 사역 속으로 흡수한다.[136] 초대교
회에게는 심지어 선재한 하나님의 지혜조차도 부활하고 높아진 예수보다
도 더 우월하거나 높은 존재, 혹은 경쟁자로 간주될 수 없다.[137] 지혜와의
동일시 이후, 예수의 이 땅에서의 등장을 의미하는 성육신은 이제 하나님
이 선재한 아들을 구원의 목적을 위하여 하늘로부터 보내는 사건으로 이
해된다. 이러한 이해의 결과로, 초대교회의 기독론적 이해의 핵심을 이루
는 '보냄의 공식'(sending formula)이 탄생한다(갈 4:4-6; 비교, 골 1:15-20).[138]

　　보냄의 공식에 대한 새로운 지식을 통해서 바울은 이제 예수의 십자

　　러나 본 저자는 하나님의 형상으로서의 예수 개념은 바울의 아담 기독론의 형성
　　에 영향을 끼쳤던 여러 요소들 중의 하나였을 것으로 이해한다. 본 저자는 형상의
　　개념과 보냄의 공식이 아담 기독론이 지혜 기독론과 연합되는데 영향을 끼쳤을 것
　　으로 추론한다. 왜냐하면 지혜 기독론은 예수의 선재의 개념으로부터 시작하여 그
　　자체의 독자적인 발전 방향에 대한 궤적이 존재하기 때문이다. Hengel은 하나님의
　　형상의 개념이 선재한 예수를 하늘의 아담과 연결시킨 동기라고 주장한다(참고,
　　Sohn, 75).
136. 만약 하나님이 궁극적으로 그리고 단 한 번에 그의 아들 예수 안에서 자신을 계시
　　한 것이 사실이라면, 시내산 계시와 모세에 관한 아들의 관계가 새롭게 규정되어
　　야 했을 것이다. 공통된 유대인들의 이해를 따르면, 하나님은 이스라엘 백성에게
　　율법 안에서 모세를 통하여 그의 마지막 계시를 제공하였다. 유대인들의 전통에서
　　이후의 모든 선지자들의 선포는, 심지어는 메시아의 선포를 포함하여, 율법에 굴복
　　해야 하는 것으로 이해되었다. 이런 측면에서, 바울이 예수를 율법의 결론으로 보
　　면서 율법을 퇴위시킨 것은 그의 동료 유대인들에게 도발적인 행위로 이해되었을
　　것이 틀림없다.
137. 비교, Hengel, *Der Sohn Gottes: Die Entstehung Der Christologie Und Die Jüdisch-Hel-
　　lenistische Religionsgeschichte*, 72.
138. Kim은 이 보냄의 공식을 바울이 만든 것으로 간주하지만(비교, Kim, *The Origin of*

가에서의 죽음을 하나님의 뜻에 대한 선재한 아들의 순종의 표현이요 고난받는 종으로서의 겸손함으로 이해할 뿐만 아니라(비교, 막 14:33-42; 빌 2:6-9), 하늘과 땅을 아우르는 예수의 생애를 불순종한 아담의 생애와 대조되는 것으로 묘사할 수 있게 된다.[139] 빌립보서에 등장하는 케노시스 시에 따르면(빌 2:6-11), 하나님의 형체로 존재하던 예수는 노예의 형체를 입고 이 땅에 인간의 모습으로 등장하는 것으로 묘사된다.[140] 이 사실에 대해서 우리는 3장에서 이미 자세히 관찰해보았다. 예수는, 하나님의 형상을 따라 창조되었으나 하나님의 명령에 불순종했던 아담과 달리, 그리고 비록 하나님의 형체를 소유하여 죽음을 경험할 이유가 없었음에도 불구하고, 아담의 저주인 죽음을 하나님의 뜻에 대한 자신의 순종의 표현으로 자발적으로 자신의 운명으로 받아들인다. 그 결과 예수는 온 우주에 대한 통치권을 가진 우주의 주로 하나님에 의해서 높아지게 된다. 우주적인 주권을 소유한 세상의 주로 높아진 예수는 피조물의 왕에서 퇴위당한 아담과 모든 면에서 강한 대조를 이룬다. 우주에 대한 권세를 지닌 높아진 주 예수는 이제 창조세계에 대한 통치를 상실한 아담과 모든 면에서 강하게 대조된다. 빌립보서의 맥락에서 바울은 높아진 주 예수가 다시 종말의 심판관

Paul's Gospel, 114), 바울과 아무런 신학적 접촉이 없던 요한이 이 공식을 사용한다는 사실은 보냄의 공식이 바울 전 예수 전통에 속한 것임을 알려준다.

139. Dunn은 빌립보서 시의 분석에서 예수는 단지 선재한 존재라는 개념의 형상화라고 주장한다. 참고, Dunn, *Christology in the Making: A New Testament Inquiry into the Origins of the Doctrine of the Incarnation*, 114-21. 그러나 본 저자는 Wright와 Byrne에 동의하면서, 선재의 개념이 빌립보서 시에 전제되어 있다고 본다. 왜냐하면 인간의 형체를 입고 성육신하기 전 예수는 인간이 되기 전 어떤 결정을 스스로 내려야 했기 때문이다. 신재의 개념은 그리스도아 아담 간에 존재하는 대칭적인 구도를 해친다기보다는, 오히려 그 둘 간의 대조를 더욱 강화한다. 비교, Wright, *The Climax of the Covenant: Christ and the Law in Pauline Theology*, 56-98; Brendan Byrne, "Christ's Pre-Existence in Pauline Soteriology," *TS* 58, no. 2 (1997): 314-21.

140. 본 저자는 이 시를 바울 자신의 저작물로 본다.

으로 돌아올 때, 그의 영광의 몸의 형체를 따라 성도들의 낮은 몸을 변화시켜 줄 것이라고 가르친다(빌 3:20-21). 바울에게는 영광의 몸을 소유한 부활한 예수가 곧 하나님의 형상이요, 그의 부활의 몸에 따른 변화가 곧 성도들을 위하여 예비된 종말론적 몸의 구속이다(고후 4:4-6). 이처럼 바울의 이해에서 선재와 지혜의 정체와 역할에 대한 개념들은 한 인물 예수에게 배타적으로 적용되고, 그의 생애와 결정을 아담의 불순종과 저주받은 생애와 대조적인 것으로 묘사하는 데 유익하게 기능한다.

결론

바울의 아담 기독론의 형성과 발전을 일직선 모델을 통해서 하나의 기원으로부터 추적해 가는 방식은 방법론적으로 정당화될 수 없다. 왜냐하면 바울의 머릿속에서 발생한 아담 기독론을 포함한 그의 신학적 사유는 다양한 방식으로, 그리고 역동적인 묵상의 과정을 거쳐서 진행되었기 때문이다. 다행히 최근의 바울신학 이해에서는 조금 더 복잡한 해석 모델들을 통해서 바울의 아담 기독론의 형성과 발전에 영향을 미친 다양한 원인적 요소들을 함께 고려했다. 그의 신학적 사유에 영향을 미친 신/구 요소들로, 다메섹 체험, 초기 예수 전통, 이방인 공동체 경험, 그리고 아담에 대한 유대인들의 해석전통 등을 들 수 있다. 우리는 이러한 다양한 요소들이 바울의 마음 안에서 지속적인 변증법적 대화 가운데 놓이게 되고, 그 결과로 그의 독특한 아담 기독론이 형성·발전되었다고 추론한다. 따라서 우리는 이번 장에서 개개의 바울의 신학적 요소들이 그의 마음 안에서 발생한 변증법적 해석학적 대화에 어느 정도로, 그리고 어떤 형태로, 기여했는가를 관찰함으로써, 그의 아담 기독론의 형성과 발전을 논의했다. 물론 우리는 아담 기독론의 형성과 발전에 있어서 바울신학에서 그의 다메섹 경험이 가지고 있는 특별한 중요성을 결코 간과할 수 없다. 그럼에도 불구하고, 바울의 이방인 선교와 사도직이 그의 아담 기독론적 사유에 대한 해석학적 동기로 기능했음을 부인할 수 없다. 왜냐하면 이방인들의 구원에 대해서 가장 유용한 기독론적 개념은 예수의 우주의 주인으로서의 위치와 하나님의 창조세계에 대한 신실함이기 때문이다. 그리고 이 과정에서 아담 이야기에 대한 유대인들의 해석전통과 예수의 높아진 지위에 대한 예수 전통은 바울의 해석학적 토양으로 기능했다.

　아담 기독론적 관점에서 볼 때, 바울은 다메섹 도상에서 만난 빛 가운데 등장한 부활한 예수를, 부활을 통해서 죽음을 극복한, 따라서 아담의 저주를 극복한 분으로 이해한다. 그리고 영광 중에 나타난 예수는 부활 후 높아짐을 통하여 아담이 잃어버렸던 영광과 통치를 다시 회복한 분으로 이해된다. 여기서 예수의 높아짐의 근거는 하나님의 뜻에 대한 순종으로서의 예수의 십자가 상에서의 죽음이다. 예수가 아담의 저주인 죽음을 자신의 운명으로 받아들인 순종의 행위는 불순종을 통해서 죽음을 가져온 아담과 예수를 강력한 대조 속에 놓이게 한다. 아담의 저주를 극복하고 아담이 잃어버린 것들을 회복한 사건은 유대인들의 묵시 전통에 따르면 종말의 메시아의 시대에 발생할 것으로 기대되었다. 바울과 초대교회에게 예수는 의심의 여지없이 종말론적 시대를 연 하나님의 메시아이다. 그러나 다른 유대인 그리스도인들이, 비록 그들이 부활한 예수에 대한 동일한 경험을 바울과 공유하지만, 예수를 아담 이야기를 통해서 묘사하는 데 별로 관심을 보이지 않는다는 사실은 바울이 가진 그 어떤 신학적 독특성이 그로 하여금 예수를 아담 이야기의 배경 속에서 보도록 유도했다고 추론하게 해준다. 바울의 이 신학적 독특성은, 저자의 견해로는, 그의 이방인 사도직과 사역, 그리고 이방인 공동체에서의 경험과 연관이 깊다.

그러므로 본 저자는 바울의 아담 기독론을 형성시키고 발전시킨 가장 핵심적인 동기는 바울이 다메섹에서 받은 이방인 사도로서의 부르심과 이어지는 그의 이방인 선교에서 찾아야 한다고 생각한다. 바울의 이방인 사역과 사도직이 그의 아담 기독론의 형성에 대한 해석학적 긴급성을 제공했다는 것이다.

바울은 자신의 이방인 사역이 모든 피조세계에 대한 주이신 예수의 특별한 사역으로부터 말미암았다고 이해한다. 왜냐하면 피조세계에 대한 예수의 주권은 바울로 하여금 하나님의 구원이 유대인들에게만 제한되고, 이방인들에게 미치지 않는 것을 견딜 수 없게 한다. 바울에게 있어, 자신의 아들을 희생한 하나님에 관한 복음의 소식은 이스라엘을 넘어서 온 피조세계를 향한 창조주 하나님의 신실함의 표현이기 때문이다. 따라서 바울은 이스라엘에 대한 하나님의 언약적 신실함의 필요성 이전에, 창조 세계에 대한 하나님의 창조주로서의 언약적 신실함의 필요성을 본다. 심지어 바울은 하나님께서는 아브라함에게 허락된 하나님의 이스라엘을 향한 언약 안에 이미 이방인들을 포함시켜서, 온 세상을 향한 창조주 하나님의 신실함을 보여주고 싶었다고 믿는다. 이런 맥락 속에서, 바울은 모세의 언약은 율법에 근거한 인종적 종교적 구분과 차이로 말미암아 이방인들을 동등한 하나님의 백성의 구성원들로 포함시킬 수 없음을 본다. 이에 바울은 모세의 언약을 넘어서 아브라함의 언약 전에 존재한 아담의 언약으로 자신의 관심을 돌린다. 바울은 새 인류의 시작을 가져온 새 아담 예수와의 연합을 통하여 과거 모세의 언약의 바깥에 거하던 이방인들이 이제 하나님의 은혜의 대상이 되고, 그의 백성의 구성원들이 될 수 있음을 본다. 이제 새 아담으로서의 예수의 역할 속에서 바울은 이방인들과 유대인들로 구성된 종말론적 새 인류의 출현을 본다. 따라서 바울은 자신의 이방인 사역을 통하여 하나님께서 창조의 시작부터 의도한 참된 인류의 창조에 기여한다고 굳게 믿는다. 이 과정 속에서 바울의 이방인 사역과 사도직은 그로 하여금 예수를 아담의 이야기를 통해서 온 피조세계에 의미 있는 존재로 이해하고 묘사하도록 유도하는 해석학적 동력으로 기능한다.

바울이 예수를 아담 모티프들을 통해서 이해하는 해석학적 행위는 일차적으로 기독론적 해석활동이다. 왜냐하면 바울은 아담과의 대조와 비교를 근거로 예수의 생애와 정체의 함축적인 의미들을 설명하기 때문이다. 그러나 바울이 자신의 아담 기독론적 예수 이해가 가지는 다양한 신학적 함축들을 발견하는 데에는 그리 많은 시간이 걸리지 않는다. 예수 새 아담이 가져온 구원은 아담의 운명을 거슬러 순종하는 마음을 가진 새 인류의 창조로 이해되고, 이 새 인류는 땅에 속한 아담의 형상에서 하늘에 속한 새 아담의 형상으로의 변화를 경험한다. 그리고 이 새 인류에게 할례와 율법, 혹은 다른 율법의 일들이 만들어내는 모든 구분들은 이제 어떤 의미도 소유하지 못한다. 새 인류의 정체성의 표식은 믿음의 세례를 통해 새 아담 예수에게 속하는 것이기 때문이다. 또한 바울이 속한 세2성전시대 유대교는, 아담의 죄와 저주를 반복하는 이스라엘의 행위에서 할례받지 못한 악한 마음의 문제를 보았다. 이스라엘의 선지자들은 이러한 할례받지 못한 마음을 지닌 인간의 딜레마에 대한 해결책으로 하나님의 종말론적 선물을 기대했다. 하나님의 종말론적 해결책은 마음에 새겨진 법으로서의 성령을 포함한 새 언약으로 제시되었다. 바울은 부활한 예수가 생명을 주는 영이 되어 그에게 속한 인류의 변화를 시작하였고, 그들의 마음 안에 자신의 영인 성령을 허락하여 그들의 할례받지 못한 마음을 변화시키기 시작했음을 자신의 이방인 사역에서 목격한다(비교, 고후 3장). 바울에게 예수는 종말의 영을 이 땅에 허락한 종말의 시대를 여는 약속된 메시아이다. 그리고 종말의 영이 시작한 성도들의 내면적인 변화는 그들에게 임한 종말론적 변화의 시작을 의미하고, 예수 새 아담의 영광스러운 몸이 지닌 형상에 따른 그들의 부활한 몸의 변화는 그 종말론적 변화의 마지막을 의미한다(고전 15장; 빌 3:20-22; 고후 4-5장). 이처럼 바울의 이방인 선교의 필요성 속에서 예수에 대한 기독론적 이해로 시작된 바울의 아담 기독론은 인간의 변화를 포함하는 변화-구원론으로 점차 발전해 간다. 우리가 앞 장들에서 살펴 본 바울의 아담 기독론과 연관된 여러 본문들은 특별한 시기에 특정한 환경 하에서 그의 아담 기독론의 형성과 발전이 어떤 모습을 띄고 있었는지에 대한 중요한 정보들을 제공해준다.

제10장
바울의 아담 기독론과 새 관점

최근까지 바울 학자들은 바울에 관한 새 관점(NPP)의 도전 아래서 제기된 논의들과 연관된 다양한 바울의 신학적 개념들을 여러 각도에서 재고하였다.[1] 이 과정에서 학자들은 수많은 책들과 논문들을 양산해내면서, 바울과 그의 종교적 모토였던 제2성전시대 유대교의 본질에 대한 우리의 이해를 향상시켰다. 그럼에도 불구하고, 바울 학자들은 바울의 아담 기독론과 연관해서는 충분한 관심을 기울이지 않았다.[2] 이 사실은 바울에 대한 객관적이고 심도 있는 이해를 추구하는 독자들에게 다소 실망스럽게 다

---

1. 이번 장은 본 저자가 장신논단에서 이미 발표한 논문을 허락을 받고 사용하여, 이 책의 목적에 맞게 번역·확장·수정하여 다시 실은 것이다. 참고, SeungHyun Simon Lee, "Paul's Adam Christology in the Post-New Perspective Reading," *Korea Presbyterian Journal of Theology* 46(3) (2014), 67-90.
2. 바울의 아담 기독론에 대한 최근의 논의는 그리 활발하지 못했다. 참고, Seyoon Kim, *The Origin of Paul's Gospel*, American ed. (Grand Rapids: Eerdmans Co., 1982); James D. G. Dunn, *Christology in the Making: a New Testament inquiry into the Origins of the Doctrine of the Incarnation* (Philadelphia: Westminster Press, 1980). 98-127; N. T. Wright, *The Climax of the Covenant: Christ and the Law in Pauline theology*, 1st Fortress Press ed. (Minneapolis: Fortress, 1992). 18-40. 최근에 김세윤은 Dunn과 이 주제에 관하여 비판적인 논의를 벌였다. 참고, Seyoon Kim, *Paul and the New Perspective: Second Thoughts on The origin of Paul's Gospel* (Grand Rapids: Eerdmans, 2001), 165-213.

가온다. 왜냐하면 NPP와 그에 대해 비판적인 학자들 간의 논쟁의 중심에
섰던 다양한 신학적 개념들이 바울의 아담 기독론과 밀집한 관계에 놓여
있기 때문이다.[3] 최근 바울 학자들의 관심을 받았던 주제들은 율법의 기능
과 율법의 일들의 정의, 예수의 정체, 칭의와 종말론적 구원, 언약, 하나님
의 의, 그리고 이방인들의 포함의 문제 등이다. 앞에서 자세히 살펴보았지
만, 이러한 문제들이 다루어지는 여러 본문들에서 바울은 예수를 아담과
대조·비교하며—아담 기독론적 틀을 통해서—자신의 논지를 전개하고 있
다. 이 사실은 바울의 아담 기독론에 대한 적합한 이해가 NPP와의 논쟁
이후 정체된 바울신학을 한 단계 더 전진하게 해 줄 것임을 알려준다. 그
러므로 이번 장에서 우리는 먼저 NPP의 도전에 대해서 다양한 각도에서
관찰해본 후, 옛 관점과 새 관점의 장단점을 참조한, 새 관점 이후의 바울
읽기를 제시하고자 한다. 그리고 마지막으로 NPP의 도전의 배경 속에서,
새 관점 이후의 바울 읽기에 바울의 아담 기독론에 대한 이해가 어떻게
도움이 될 수 있을지에 대해서 다양하게 고민해보고자 한다.

우리는 왜 바울에 관한 새 관점 이후의 관점을 필요로 하는가?

샌더스와 던, 그리고 라이트와 그들의 견해의 추종자들로 대변되는
NPP는 바울의 종교적 배경이었던 제2성전시대 유대교에 대한 새로운 이

---

3. 본 저자는 NPP 안에도 엄청난 다양성이 존재하기에, NPP라는 한 단어로 바울에
   관한 새 관점을 균질한 운동으로 제시할 수 없음을 잘 알고 있다. 본 저자는 단지
   이 단어를 우산 개념(umbrella term)으로 사용하여 최근의 바울에 관한 새로운 읽기
   를 지칭하기 위하여 사용한다.

해를 통해서 새로운 바울 읽기를 시도했다. 샌더스는 바울의 종교적 배경인 당시의 유대교가 옛 관점이 주장하듯이 율법주의적 종교가 아니라, 하나님의 은혜로운 언약에 근거한 언약적 율법주의(covenantal nomism)였다고 주장했다. 던과 라이트는 이러한 샌디스의 관찰을 바울에게 직접적으로 적용하여, 바울 해석의 논란의 대상이 되었던 율법과 율법의 일들의 역할을 유대인들의 정체성의 표식, 혹은 국가적 배지로 해석했다. 이들은 옛 관점과 새 관점으로 첨예하게 대립되는 이분법적 구도 아래서 바울에 관한 옛 관점의 흔적을 지우고, 새 관점 읽기를 통해서 바울을 유대교와 강한 연속성 상에 놓인 인물로 묘사하려 시도했다. 그러나 곧이어 발생한 NPP에 대한 다양한 반발은 제2성전시대 유대교의 복잡성을 보여주었고, 샌더스의 언약적 율법주의의 패턴은 이 복합성을 담아 내기에 너무 협소한 개념임을 증명하였다. 그리고 바울의 신앙적 기반 중 하나인 유대 묵시전통은 율법 준수를 단순히 언약 안에 머물기 위한 하나님의 은혜에 대한 인간의 반응 차원을 넘어서, 인간의 종말론적 구원을 결정하는 가장 중요한 요소로 이해했음을 보여주었다. 또한 제2성전시대 묵시전통은 인간 안에 존재한 악한 마음을 근거로 율법을 지킬 수 없는 비관적 인간관을 견지하고 있었다. 자신의 신앙적 근간을 바리새적 유대교에서 배웠던 바울은 다메섹 예수 체험에 따른 급격한 신학적 패러다임의 변화를 경험했다. 이 사실은 그의 신학적 경향성이 유대교와의 연속성뿐만 아니라, 비연속성의 특징도 가지고 있음을 알려준다. 이에 현재의 논의에서 우리는 바울에 관한 새 관점을 다시 한번 재고해보고, 옛 관점으로의 회귀가 아니라 새 관점 이후의 더 객관적이고 설득력 있는 관점을 창출한 후 조금 더 균형 잡힌 바울 읽기를 시도해보고자 한다.

제2성전시대 유대교의 복잡성

NPP가 바울 연구에 기여한 한 가지 분명한 점은 바울의 전통적 토대가 된 제2성전시대 유대교를 단순히 '율법제일주의적 종교'(legalistic religion)로 환원해서는 안 된다는 것이다. NPP의 시작에서 중요한 역할을 한 샌더스는, 바울 당시 유대인들은 하나님과의 언약관계에 들어가기 위해서 율법을 준수한 것이 아니라, 그 안에 머물기 위해서 율법을 준수했다고 주장했다.[4] 유대인들이 하나님과의 언약관계에 들어갈 수 있는 것은 인간의 노력과 무관하게 오직 하나님의 은혜로운 선택을 통해서였다. 그리고 유대인들이 율법을 준수하기 위해서 그토록 집착한 이유는 그들이 하나님과의 언약관계 속에 계속해서 머물기를 원했기 때문이다. 이러한 샌더스의 유대교 이해가 소위 말하는 '언약적 율법주의'이다(covenantal nomism).[5] 샌더스의 견해를 따르면서, 던은 바울에 관한 새 관점이라는 용어를 만들어내고, 라이트는 샌더스의 유대교 이해를 바울 연구에 직접적으로 적용한다. 던과 라이트는 율법의 일들을 유대인들의 구원의 기초로 이해한 소위 옛 관점의 전통적인 바울 읽기에 반발하면서, 율법의 일들은 유대인들에게 '정체성의 표식'(identity marker), 혹은 '국가적 배지'(nationalistic badge)로 기능하면서 그들을 이방인 죄인들과 구분하는 역할을 했다고 주장한다. 그런데 여기서 우리가 논의해보아야 할 가장 긴급한 질문은 "그렇다면 바울은 그 당시 유대교의 어떤 점을, 그리고 왜, 그토록 집중적으로 비난했는가?"

---

4. 샌더스가 주장하듯이, 언약과 율법이 상호 간에 쉽게 구분될 수 있는 개념들인지 여전히 의문스럽다. 시내산에서 주어진 율법은 이스라엘의 신성한 선택과 이스라엘의 순종에 대한 신성한 요구 둘 다를 의미하기 때문이다. 율법은 동시에 선물이자 요구이기에, 율법과 언약은 상호 쉽게 구분할 수 없는 개념들이다. 심지어는 아브라함도 하나님과의 언약관계에 율법, 즉 할례를 행함으로써 들어갈 수 있었다..

5. E. P. Sanders, *Paul and Palestinian Judaism: A Comparison of Patterns of Religion* (London: S.C.M., 1977).

이다. 만약 위의 학자들의 주장처럼 바울 당시의 유대교가 율법제일주의
적 종교가 아니었다면, 유대교의 무엇이 그토록 바울의 마음을 거슬렸는
지 우리는 질문해보아야 한다. 이 질문에 대한 답으로 던은 하나님의 구
원에서 이방인을 제외시킨 유대인들의 편협한 태도를 제시한다. 유대인
들은 자신들의 편협한 태도를 인하여 이방인들의 빛이 되라는 하나님의
부르심을 거절했다.[6]

　　그러나 언약적 율법주의와 NPP는 곧 다양한 방향에서 제기된 다양한
도전들에 직면했다. 비록 이 논문에서 NPP에 대한 모든 비판들을 다 요약
할 순 없지만,[7] 이번 장의 논지의 전개를 위해서 저자는 몇 가지 핵심적인
요점들을 중심으로 NPP에 대한 학자들의 비판을 요약해보고자 한다. 왜
냐하면 NPP에 대한 비판들을 언급하지 않은 채 새 관점 이후의 바울 읽기
를 제시할 순 없기 때문이다. 첫 번째, 어떤 학자들은 주장하기를, 샌더스
의 언약적 율법주의는 우리가 유대교를 이상적인 형태의 한 균일한 종교
로 보았을 때만 기능한 개념이다. 그러나 실상 제2성전시대 유대교는 결
코 균일한 하나의 종교가 아니었고,[8] 그 안에 다양한 해석학적 경향성을
지닌 역동적이고 복합적인 실체였다.[9] 따라서 샌더스의 언약적 율법주의

6.　비교, Dunn, "Paul's Conversion--a Light to Twentieth Century Disputes," 77-93; Wright, *The Climax of the Covenant: Christ and the Law in Pauline Theology*.

7.　유용한 요약을 위해서는 다음을 참조하라. 참고, Byrne, "Interpreting Romans: The New Perspective and Beyond," *Interpretation* 58, no. 3 (2004): 245-47; idem., "Interpreting Romans Theologically in a Post-"New Perspective" Perspective," 228-29; Stephen Westerholm, "The "New Perspective" at Twenty-Five," in *Justification and Variegated Nomism Volume 2, the Paradoxes of Paul* (Tübingen: Mohr Siebeck, 2004), 1-38.

8.　Gary G. Porton, "Diversity in Postbiblical Judaism," *Early Judaism and Its Modern Interpreters* (Philadelphia, Penn: Fortress, 1986), 57-80; George W. E. Nickelsburg and Robert A. Kraft, "Introduction: The Modern Study of Early Judaism," ibid., 21.

9.　Timo Eskola, *Theodicy and Predestination in Pauline Soteriology*, WUNT 2 (Tübin-

모델은 제2성전시대 유대교 안에 내재한 이 복합성에 담긴 다양한 유대인들의 해석학적 경향성들을 공정하게 담아낼 수 없다. 예를 들면, 쿰란 공동체는 회개와 사죄를 하나님과의 언약적 관계에 머무는 수단으로서뿐만 아니라, 그 관계로 들어가는 필수적인 관문으로 주장했다. 게다가, 쿰란 공동체는 자신들을 제외한 모든 유대인들을 이방인 죄인들과 동등한 죄인들로 간주하면서, 엄격한 율법준수가 동반된 의식적 세례를 통해서만 자신들의 공동체의 구성원들이 될 수 있다고 가르쳤다.[10] 쿰란 공동체는 자신들의 공동체 밖에 존재하는 유대인들은 율법에 대한 그들의 방만한 태도로 인하여 구원을 상실할 존재들로 간주하였다. 이처럼 제2성전시대의 어떤 유대인들에게 율법은 언약 안에 거할 수 있는 방편으로 이해되었지만, 다른 이들에게 율법은 언약 관계 안으로 들어가기 위한 핵심적인 방편이었다. 만약 샌더스의 언약적 율법주의 개념이 제2성전시대 유대교에 대한 타당한 해석 모델이 될 수 없다면, 그 개념에 근거한 NPP의 여러 주장들은 제2성전시대 유대교의 복합성을 담아낼 수 있는 새로운 모델을 제시해야 한다.

묵시론적 경향성을 지닌 유대인들의 문헌

두 번째, 비록 샌더스는 제2성전시대 유대교를 포함한 종교들을 그들의 총체적인 실체들로 간주하며 상호 비교했지만, 그는 제2성전시대 유대

---

gen: Mohr Siebeck, 1998); Timo Eskola, "Paul, Predestination and "Covenantal Nomism"--Re-Assessing Paul and Palestinian Judaism," *Journal for the Study of Judaism in the Persian, Hellenistic and Roman Period* 28, no. 4 (1997); D. A. Carson, Peter Thomas O'Brien, and Mark A. Seifrid, *Justification and Variegated Nomism*, 2 vols., WUNT 2 (Grand Rapid: Baker Academic, 2001).

10.   Timo Laato, *Paul and Judaism: An Anthropological Approach*, South Florida Studies in the History of Judaism (Atlanta, Ga.: Scholars Press, 1995).

교의 또 다른 한 축인 묵시전통을 예외적인 것으로 간주하며 자신의 논의
의 대상에서 제외했다. 유대인들의 묵시전통은 샌더스가 주장하는 언약
적 율법주의를 거절하거나, 하나님의 은혜로운 선택을 보충할 개인들의
선택을 종말론적 구원의 중요한 요소로 포함시키는 '혼합적 율법주의'를
채택했기 때문이다(synergistic nomism).[11] 예를 들면, 샌더스가 예외적이라고
칭하는 에스라4서를 보면, 유대인들의 종말론적 구원은 개인들의 율법준
수에 직접적으로 의존한다. 에스라4서의 저자에게 율법은 단지 하나님과
의 언약관계 속에 머물기 위한 수단이 아니라, 그의 종말론적 구원 여부
를 결정지을 수 있는 핵심 개념이다. 그리고 『아브라함의 유언』도 종말의
신판을 묘사하면서, 개인의 마지막 운명은 종말론적 심판의 저울에 담긴
그들의 선악의 무게에 의해서 결정된다고 가르친다(13:9-14). 이 사실은 일
부 유대인들이 악보다 더 많은 선한 행위들을 성취하는 데 큰 관심을 기
울였음을 알려준다. 그리고 『스바냐의 묵시』는 두 개의 문서들을 지닌 고
소하는 천사를 묘사하고 있다. 그런데 그의 손에 쥐여진 한 문서는 사람
들의 악한 행동들에 대한 기록을, 그리고 다른 문서는 선한 행동들에 대
한 기록을 담고 있다.[12] 여기서도 역시 개인들의 율법준수에 따른 행위의
질의 여부가 그들의 종말론적 운명을 결정하고 있음을 알 수 있다. 샌더
스에게 이런 경향의 문서들은 제2성전시대 유대교의 전형적인 모습에 어
울리지 않는 예외적인 경우일 수 있다. 그러나 예외적인 경우들이 비예외
적으로 다양하게 발견될 때, 우리는 그 예들을 더 이상 예외적이라고 칭

---

11. John Joseph Collins, "Apocalyptic Literature," *Early Judaism and Its Modern Interpreters* (Philadelphia, Penn: Fortress, 1986), 359-60.

12. 더 많은 논의를 보기 위해서는 다음을 참조하라. 참고, Thielman, *From Plight to Solution: A Jewish Framework for Understanding Paul's View of the Law in Galatians and Romans*, 385.

할 수 없다. 결론적으로, 샌더스는 묵시적인 경향을 지닌 유대 문서들을
제2성전시대 유대교의 정당한 구성원으로 간주하지 않은 채, 제2성전시
대 유대교를 언약적 율법주의라는 균질한 실체로 정의하는 단순화의 오
류를 범했다. 샌더스의 언약적 율법주의는 '비종말론적 사두개인들의 언
약주의'와 '종말론적 구원관'을 구분할 수 없다는 약점이 있다.[13] 일반적인
측면에서 볼 때, 제2성전시대 유대교는 하나님의 은혜를 강조했다는 샌더
스의 견해에는 설득력이 있지만, 제2성전시대 유대교는 여전히 율법적 혹
은 혼합적 경향성을 띤 다양성을 그 안에 내재한 복잡한 종교 현상이었
다.

유대교의 언약적 회원자격(covenantal membership)과 비관적 인간관

세 번째, 샌더스, 던 그리고 라이트는 바울의 신학을 이해하는 해석학
적 열쇠로 언약적 관계 속에 포함되는 것, 혹은 아브라함의 가정에 속하
는 것 등을 강조했다. 그러나 그들은 자신들의 주장을 증명하는 과정에서
종종 유대인들의 인간관, 특별히 묵시전통에 속한 비관적 인간관의 역할
을 무시하곤 했다.[14] 예를 들면, 던은 율법에 대한 바울의 비판의 중심에는
율법을 지킬 수 없는 인간의 한계보다도, 할례와 안식일 법, 그리고 음식
에 관한 법들을 포함한 특정한 율법의 일들에 대한 유대인들의 배타적인
자세가 놓여있다고 주장한다.[15] 던에 따르면, 바울이 비판하는 유대인들의
문제는 이러한 율법의 일들로 구성된 국가적인 배지들을 통해서 이방인

13. Eskola, "Paul, Predestination and "Covenantal Nomism"--Re-Assessing Paul and Pales-
    tinian Judaism," 411.
14. Gathercole, *Where Is Boasting?: Early Jewish Soteriology and Paul's Response in Ro-
    mans 1-5*, 249.
15. 예를 들면, Dunn, "Paul and Justification by Faith," 95-99.

들이 아브라함의 가족의 구성원으로 유입되는 것을 차단했다는 것이다. 반면에 하나님이 아브라함과 세운 언약 안에는 그 시작부터 이방인들을 하나님의 백성으로 포함시킬 계획이 들어 있었다. 던은 바울이 이러한 유대인들의 편협한 태도에 반박하면서, 율법의 일들과 믿음 간의 대조를 창조했다고 주장한다. 그리고 이러한 대조를 바울이 창조한 시점은, 던에 따르면, 안디옥 사건 직후이다(갈 2:11-14).[16] 그러나 갈라디아서에서 바울은 할례라는 특별한 문제에 대해서 언급한 이후에 그 할례의 문제를 일반적인 율법의 문제와 직접적으로 연관시켜 논의한다. 바울에게 할례는 단지 하나의 율법의 일에 그치는 것이 아니라, 전체 율법을 대표하는 가장 핵심적인 행위이다. 또한 로마서에서 바울은 예수의 복음이 담고 있는 믿음으로 말미암는 의로움에 대한 선포가 유대인들의 편협한 배타주의에 대한 해결책이 아니라, 율법 앞에 선 인간 육체의 약함의 문제에 대한 해결책이라고 가르친다(비교, 롬 7장).[17] 바울은 율법을 소유한 유대인들도 이 육체의 약함의 문제로부터 자유롭지 못하기에, 그들도 역시 예수의 복음과 믿음을 필요로 한다고 가르친다. 그리고 이 육체의 약함의 원인이 된 악한 마음의 문제를 해결하기 위하여 새 언약의 성령이 제시된다.

비록 던과 라이트는 그들의 저술들에서 바울의 구원관에 대해서 지속적으로 설명하고 있지만, 그들의 해석은 악한 마음으로 인해서 율법을 지

---

16. 하나님의 은혜에 대한 바울의 강조는 종종 비논쟁적 상황에서 발생한다(고전 1:18-2:5; 9:15-18; 고후 12:9). 이 사실은 우리에게 하나님의 구원의 계획은 바울에게 단순히 인종적인 차이나 하나님의 은혜와 일들 간의 대조를 극복하는 것, 혹은 아브라함의 가정에 이방인들이 포함되는 것을 훨씬 뛰어넘는 사건임을 알려준다. 로마서에서 바울은 모든 인류를 불순종의 감옥에 가둠으로써 하나님이 모두에게 자비를 보여주려 한다고 가르친다(롬 11:32).

17. Gathercole, *Where Is Boasting?: Early Jewish Soteriology and Paul's Response in Romans 1-5*, 266; Laato, *Paul and Judaism: An Anthropological Approach*.

킬 수 없다는 바울이 제시하는 인간 존재의 근본적인 문제를 무시하는 경향을 보인다. 이 악한 마음의 문제는 유대 묵시문학과 선지서들이 가장 심각한 인류의 문제로 간주하고 있다. 다시 말하면, 율법의 일들을 단순히 정체성의 표식이나 국가적 배지로 간주하여 이방인들을 향한 유대인들의 차별의 근거로 보는 던과 라이트의 해석은 묵시적 유대교의 인간관에 깊이 영향받은 바울을 완전히 설명할 수 없다는 약점을 노출한다. 바울의 관점에서 보면, 율법의 일들은 이방인들뿐만 아니라 유대인들조차도 인간의 악한 마음으로 말미암는 죄에 대한 하나님의 선고로부터 자유롭게 해주지 못한다. 특히, 인류의 죄에 대한 해결책으로 하나님의 아들이 십자가에서 희생의 제물로 드려졌다는 사실은 바울에게 인간이 안고 있는 존재론적 악함의 문제가 얼마나 심각한 것인지를 우리에게 잘 알려준다. 바울에게는 율법의 일들은 이러한 인간의 존재론적 악함, 혹은 구원을 얻을 수 없는 악한 마음에 대한 궁극적인 해결책이 될 수 없으므로, 하나님이 직접 제시하는 의로움의 선물이 믿음을 근거로 인류에게 새롭게 제공되어야만 했다(롬 3:21-26; 9:30-10:4).[18] 성도들의 믿음은 예수의 희생과 그를 다시 부활시킨 창조주 하나님의 복음에 대한 신뢰와 긍정의 태도를 담고 있다(비교, 롬 10:8-10). '예수-믿음'(Pistis Christou)을 기독론적으로 해석하든, 인간론적으로 해석하든지 간에, 바울이 제시하는 '구원 얻는 믿음'은 객관적인 예수의 희생의 사역에 대한 주관적인 인간의 믿음의 반응을 필요로 한다. 따라서 바울에게 인간의 믿음은 그의 구원에 대한 객관적인 근거가 아니라, 하나님의 능동적인 구원의 제시에 대한 인간의 수동적인 수용의 행위이다.

제2성전시대 묵시전통의 인간에 대한 이런 비관적 평가는 악한 마음

---

18. Byrne, "Interpreting Romans Theologically," 231.

이라는 주제를 중심으로 바울, 유대 묵시문학, 사해문서, 그리고 구약성서의 선지서들에서 공통적으로 발견된다. 이스라엘의 죄를 향한 경향성, 혹은 율법을 완전히 지킬 수 없는 그들의 무능력은 그들의 곤경에 대한 하나님의 미래의 구원의 계획을 필요로 하고, 그 계획은 새로운 출애굽 사건(사 42:13, 48:21; 52:12), 혹은 배반하는 마음으로부터의 구속으로 제시되곤 한다(렘 31장; 겔 36장).[19] 심지어는 신명기 30장에서 모세조차도 이스라엘의 죄와 그에 대한 하나님의 심판의 진노를 소개한 후에(신 29장), 하나님께서 그들의 '마음에 할례'를 행할 계획에 대해서 약속해준다. 왜냐하면 이스라엘이 하나님의 율법을 지키지 못한 이유는 그들의 할례받지 못한 마음과 들을 수 없는 귀 때문이다. 예레미야와 에스겔이 약속한 새 언약은 종말론적 성령에 의해서 할례받은 마음을 인류에게 허락하는 하나님의 구원의 계획을 담고 있다. 이 악한 마음으로 표현된 인류의 곤경을 극복하기 위해서 바울은 종종 자신의 복음에 대한 논의를 할례받은 마음의 성취로서의 개개인의 변화로 설명하곤 한다(비교, 고후 3장; 빌 4:18-20).[20] 바울은 부활한 예수가 이 땅에 보낸 성령이 인간의 악한 마음을 극복하는 새 언약의 종말론적 성취라고 믿고 주장한다. 그러므로 바울의 관점에서 볼 때, 이방인과 유대인 모두에게 필요한 것은 단순히 아브라함의 가정에 속할 수 있는 언약적 회원권이 아니다. 하나님과의 언약관계에 놓여 있던 과거의 이스라엘이 광야와 약속의 땅에서 실패했다는 사실은 언약적 회원권이 인류의 문제의 궁극적인 해결책이 되지 못한다는 사실을 알려준다. 유대 묵시전통의 영향 아래서 비관적인 인간관을 소유한 바울의 관점에서 구원은 인간의 악한 마음을 해결할 더욱더 강력한 조치를 필요로 한다. 바울

---

19. Thielman, *From Plight to Solution: A Jewish Framework for Understanding Paul's View of the Law in Galatians and Romans*, 34-35.
20. 이에 대한 상세한 논의를 위해서는 제8장을 참조하라.

은 자신과 이방인 공동체가 경험한 하나님의 아들의 영, 즉 종말론적 성
령에서 하나님이 인류에게 허락한 이 궁극적인 구원의 조치를 발견한다

'신앙 속의 바울'(Paul of faith),
혹은 '역사적인 바울'(the historical Paul)?

NPP는, 한편으로는, 유대교를 오래된 율법주의적 종교의 오명으로부
터 자유롭게 해주었고, 다른 한편으로는, 바울의 독자들이 후대의 어거스
틴과 펠라기우스의 논쟁이나 루터와 가톨릭의 논쟁을 바울의 서신들로
주입하지 못하도록 경고하는 순기능을 했다. 물론 본 저자는 위의 후대의
기독교인들의 바울 이해가 바울에 대한 완전한 오해에서 비롯되었다고
생각하지 않는다. 모든 바울의 해석가들은 자신들의 특별한 역사적 신학
적 환경 속에서, 그리고 자신들의 필요를 위해서 바울을 해석하기에, 필연
적으로 그들의 바울 해석은 다소 주관적인 이해를 담고 있을 수 있다. 그
러나 우리는 바울도 자신의 유대적 개념들을 자신의 새로운 기독론적 관
점에서 새롭게 해석했고, 그의 해석은 동시대의 유대인들과 유대인 출신
성도들의 관점에서 지나치게 주관적인 해석으로 간주되었음을 기억해야
한다. NPP에 따르면, 은혜 지향적인 기독교와 율법주의적 유대교 간의 오
래된 대조를 통해서 바울을 읽고 해석하는 것은 시대착오적 행위일 뿐만
아니라, 바울 이해에서 유대교에 대한 근거없는 부정적인 희화화를 영속
화시키는 잘못을 범한다.[21] 그러나 프란시스 왓슨(Francis Watson)이 반발하듯
이, 우리가 옛 관점과 새 관점의 자로 잰 듯한 엄격한 이분법에 근거하여,
옛 관점의 신앙 속의 바울과 새 관점의 역사적인 바울을 대치하는 두 개

21.   Francis Watson, "Constructing an Antithesis: Pauline and Other Perspectives on Divine
and Human Agency," (Aberdeen: Paper presented to a Colloquium on Divine and Hu-
man Agency in Paul and Early Judaism, 2004), 1.

의 다른 해석들로 받아들여야 하는지에 대해서는 의문이 든다. 우리는 우리의 주관성이 결여된, 전적으로 객관적인 역사적 관점을 성취할 수 없기 때문이다. 그리고 NPP를 주장하는 학자들이 종종 강조하듯이, 바울에 관한 옛 관점과 새 관점이 우리의 바울 이해의 모든 면에서 항상 대치되는 것으로 묘사되어야 하는지도 의문이다. 왜냐하면 이 두 관점들 안에도 학자들의 다양한 견해들이 넓은 스펙트럼 안에 존재하고 있기 때문이다.[22] 과연 많은 학자들이 주장하듯이, 옛 관점과 새 관점은 둘 다 그 범위가 분명한 균질한 해석학적 실체들인가? 우리에게 바울의 해석에 대한 제3의 선택지는 존재하지 않는 것인가? 현재 다소 정체되어 있는 바울 읽기를 조금 더 앞으로 전진시키기 위해서 우리 바울 학자들은 새 관점과 옛 관점의 엄격한 이분법을 극복하는 새로운 바울 읽기에 동의해야 한다.

NPP가 강조하듯이, 제2성전시대 유대교는, 일반적인 측면에서 볼 때, 율법의 일들을 통해서 의를 추구하는 종교가 아니라, 언약에서 명시되는 하나님의 은혜에 그 근본적인 근거를 둔 은혜의 종교이다. 그렇지만 우리가 위에서 방금 살펴보았듯이, 어떤 유대인들은 율법을 완전하게 지킴으로써 하나님의 은혜를 경험하고자 하는 율법주의적 경향성을, 혹은 율법과 은혜를 둘 다 강조하는 혼합주의적 경향성을 보인다. 그들은 특별히 종말론적 구원을 이룩하기 위해서 이스라엘과 개개의 유대인들이 율법의 완성을 향한 완전한 헌신을 보여주어야 한다고 주장한다. 바울이 속한 제2성전시대 유대교 안에서 어떤 이들은 자신들의 구원을 위해서 전적으로 하나님의 은혜에 의존하기도 했지만, 다른 이들은 율법주의적, 혹은 혼합주의적 경향성 속에서 인간의 노력을 하나님의 은혜만큼 강조했다.[23] 그리

---

22. 예를 들면, 우리는 새 관점 그룹에 함께 포함시킬 수 있는 던과 헤이즈의 '예수-믿음'에 대한 견해 차이가 낳은 다양한 논쟁들을 잘 알고 있다.

23. 이를 위해서는 Timo Eskola의 글들을 참조하라.

고 많은 유대인들에게 율법과 언약은 샌더스의 주장처럼 그렇게 쉽게 분리될 수 있는 개념들이 아니다. 특별히 유대 묵시주의자들에게 마지막 종말론적 구원은 그들의 율법에 대한 엄격한 헌신에 전적으로 의존하는 문제이다. 이러한 다양성을 그 특징으로 하는 제2성전시대 유대교의 역사적 배경 속에서 바울의 갈등은 유대인들의 율법주의와 협력주의, 그리고 비슷한 혼합주의적 경향성을 소유한 유대인 출신 그리스도인 그룹들을 향하고 있었을 것이다. 결국, 새 관점 학자들이 종종 냉소적으로 조롱하듯이, 옛 관점은 바울의 대적으로 무에서 허수아비 인간을 창조해내지 않았다. 옛 관점이 바울의 대적으로 간주한 율법중심주의적 유대교는 제2성전시대 유대교에서 잘 발견되고 있기 때문이다. 우리는 옛 관점과 새 관점에 대한 엄격한 이분법보다도, 그리고 옛 관점의 바울은 믿음의 바울이고 새 관점의 바울은 역사적인 바울이라는 냉정한 총체화(totalizing)적 이분법보다도, 이 두 관점들이 바울의 해석에 효과적으로 제시하는 긍정적인 영감들을 모아서 새로운 해석의 모델을 제시할 필요를 느낀다. 이 새로운 통합적 관점을 통해서 우리는 옛 관점과 새 관점이 그들의 일방적인 해석을 통해서 놓친 바울에 대한 다양한 이해들을 새롭게, 그리고 균형있게 강조할 수 있을 것이기 때문이다.[24]

NPP는 바울의 과거 신앙체계와 새로운 신앙체계 간에 놓인 연속성에 대한 강조로 우리의 관심을 유도하는 긍정적인 기능을 했다. 다메섹 사건 이후 바울은 여전히 유대인으로 남았고, 자신의 소명을 이스라엘 백성 안

---

24. 일부 학자들은 이미 새 관점 이후의 관점의 필요성에 대해서 목소리를 높였다. 참고, Francis Watson, "Constructing an Antithesis: Pauline and Other Perspectives on Divine and Human Agency'; Charles H. Talbert, "Paul, Judaism, and the Revisionists," *CBQ* 63, no. 1 (2001): 12; and Byrne, "Interpreting Romans Theologically in a Post-"New Perspective" Perspective."

에 머물면서 수행해야 할 선지자의 사명으로 간주했다(비교, 롬 11장; 갈 1:10-16).[25] 그러나 NPP는 다메섹 사건 이후 바울은 바리새적 유대인으로서의 삶을 즉각적으로 중단하고, 그의 종교적인 헌신과 생각에서 혁명적인 변화를 경험했다는 사실을 간과했다. NPP는 다메섹 사건 전에 예수 복음을 핍박하던 바울이 다메섹 사건 이후 예수 복음을 위하여 핍박받는 존재가되었다는 사실의 중요성을 망각했다. 이 변화는 사실 바울의 신학적인 체제가 180도 다른 방향으로 바뀌어 버렸음을 의미한다. 또한 NPP는 유대묵시전통이 바울의 신학 세계에 미친 심각한 영향을 간과했고, 바울의 비관적 인간관의 급진성도 무시했다. 그들은 유대교를 언약적 율법주의라고 부르면서 옛 관점의 율법주의적 희화화에서 해방시키는데 너무 집중한 나머지, 제2성전시대 유대교 안에 존재하던 다양성을 무시한 채 바울당시의 유대교를 지나치게 단순화하고 균질화하는 오류도 범했다. 바울은 결코 그의 동료 유대인들과 유대인 출신 그리스도인들에 대한 자신의변론에서 율법제일주의적 허수아비 인간을 창조해 낸 것이 아니라, 협력적 혹은 율법제일주의적 경향성을 가진 그의 실제 대적들이 야기한 실질적인 문제들에 대해서 반응했다.

그러므로 우리는 옛 관점과 새 관점의 엄격한 이분법에 근거하여 한관점만을 선택하지 말고, 두 관점들이 제시하는 유용한 영감들을 근거로 '새 관점 이후의 새로운 관점'을 통해서 바울을 읽고 해석해야 한다. 물론이 새 관점 이후의 바울 읽기에서 우리는 바울과 그의 동료들을 유대인들

---

25. Dunn과 Wright는 종종 그들의 바울신학 이해에서 바울의 유대적 배경을 가장 중요한 자리에 위치시킨다. 그리고 그들의 바울 이해가 바울서신들에서 발견되는 본문들과 충돌할 때, 그들은 바울의 새로운 믿음의 급진성을 포기하고 유대교 안에 머무르도록 강요한다. 비교, Hurtado and Owen, *"Who Is This Son of Man?": The Latest Scholarship on a Puzzling Expression of the Historical Jesus*, 383.

을 향한 과거와 현재의 오해와 편견들로부터 자유롭게 해주어야 한다. 그리고 우리는 바울의 옛 조상들의 전통과 그의 그리스도를 향한 새 믿음 간의 관계에 존재하는 연속성과 비연속성 둘 다를 함께 균형있게 고려해야 한다. 바울의 마음 속에서 옛 전통과 새 경험은 항상 새로운 긴장 관계 속에서 진행되는 다양한 신학적 대화의 과정을 거쳤다. 그리고 바울은 단순히 학문적인 사유를 통해서 가장 논리적으로 완벽한 이론을 창출하는 데 관심이 있었던 것이 아니라, 새로운 삶의 환경 속에서 실질적으로 이방인들과 유대인들에게 해방을 가져오는 진리의 능력을 추구했다. 신학자인 동시에 목회자요 선교사인 바울은 자신의 복음을 모든 이들에게 구원을 주는 하나님의 능력이라고 부른다(비교, 롬 1:16-17). 또한 바울의 독자들은, 바울이 자신의 이방인들을 향한 복음 사역이 구약 성경에 기록된 하나님의 신성한 구원계획을 성취한다고 굳게 믿었다는 사실을 기억해야 한다. 바울은 자신의 믿음에 정직했고 자신의 사역에 헌신된 사람이었다. 바울에 따르면, 구약에 기록된 하나님의 신성한 구원 계획은 이방인과 유대인이 어떠한 구분과 차별 없이 동등한 조건으로 하나님의 백성의 구성원들이 되는 것이다. 그리고 바울에게 하나님의 백성의 구성원들이 되는 유일한, 그리고 궁극적인 조건은 그리스도를 향한 믿음을 통하여 그와 연합하는 것이다(비교, 갈 3장; 롬 11장).[26] 이러한 복음 이해에서 바울은 율법과 율법의 일들을 포함한 자신의 유대적 특권들의 무능함을 분명하게 자각했다. 새 관점 이후의 바울 읽기에서 우리는 이러한 바울에 관한 다양한 정보들 중 일부만을 선택해서 설명하는 것이 아니라, 그에 관한 모든 정보들을 다 잘 설명하도록 노력해야 한다.

---

26. 바울의 신학에서 예수와의 연합은 '예수 안에서'라는 표현을 통해 그의 서신서 여러 곳에서, 지속적으로 그리고 반복적으로 등장한다.

새 관점 이후의 바울 읽기에서 아담 기독론은 왜 중요한가?

새 관점 이후의 바울 읽기에서 아담 기독론의 역할은 많은 바울 학자들이 생각하는 것보다도 더 중요하다. 왜냐하면 NPP와 그에 대한 비판이 상호 논쟁하는 바울신학의 핵심 개념들이, 앞장들에서 잘 발견되었듯이, 예수를 아담의 모티프들을 통해서 묘사하는 본문들 속에서 빈번하게 발견되기 때문이다. 다시 말하면, 지금까지 논쟁이 되었던 바울신학의 핵심 개념들에 대한 바울 학자들의 논의가 아담 기독론에 대한 이해를 통해서 크게 전진할 수 있다는 것이다. 앞에서 이미 언급되었지만, NPP와 그에 대한 학자들의 비판은 곤경으로부터 해결책, 유대인들의 비관적 인간관, 바울신학의 묵시적 경향성, 율법의 기능과 율법의 일들의 정체와 역할, 그리고 언약 등에 집중되어 있다. 바울의 신학체계에서 이 개념들은 바울이 다메섹에서 경험한 예수와 그의 부르심, 그의 이방인 사역과 사도직, 그리고 하나님의 맥싱의 정의 등과 밀접하게 연관되어 있다. 그리고 이 후자의 개념들은 바울이 자신의 아담 기독론을 발전시키는데 필요한 신학적 동기들과 자양분으로 기능했다. 이 사실은 최근 바울 학자들의 논쟁의 대상이 되었던 바울신학의 핵심 개념들이 그의 아담 기독론적 논의에 깊이 뿌리를 두고 있음을 알려준다. 이에 우리는 이어지는 논의에서 바울의 아담 기독론에 대한 강조가 가져올 새 관점 이후의 바울 읽기에 대한 긍정적인 효과들에 대해서 관찰해보고자 한다.

보편적인 인간의 죄성과 해결책으로부터의 곤경

첫 번째, 샌더스는 주장하기를, 바울은 죄에 대한 그리스도의 죽음이라는 하나님의 완전한 해결책으로부터 인류의 곤경을 유추해내기 전까지

는 보편적인 인간의 죄성의 문제에 대해서 알지 못했다.[27] 샌더스에 따르
면, 바울에게는 예수가 모든 인류를 위한 우주적인 해결책이 되었기에, 그
는 다른 모든 것들을 다 인간의 곤경으로 간주하게 되었다. 이러한 샌더
스의 주장이 바로 소위 '해결책으로부터 곤경'(from solution to plight)이라는 표
어의 의미이다.[28] 바울이 해결책으로 간주하는 예수가 바울신학의 궁극적
인 시작이라는 샌더스의 강조점은 상당히 설득력이 있다. 왜냐하면 바울
의 서신들에서 발견되는 모든 증거들은 다 부활한 예수의 계시가 바울의
종교적인 생각과 헌신에서 혁명적인 변화들을 이끌어 내었음을 입증하고
있기 때문이다. 그러나, 이미 위에서 살펴보았던 것처럼, 이스라엘의 악한
마음에 대한 선지자들의 비판과 더불어, 타락한 인류의 곤경은 바울 전에
이미 구약과 구약 외경의 수많은 본문 들에서 전제되고 있다(예. 창 1-3; 대하
6:36; 욥 15:14-16; 시53:1-3; 에스라4서 3:20-27; 7:116; 8:35). 특별히 유대 묵시전통에
서 인간의 악한 마음은 인류가 해결해야 할 가장 시급한 문제로 바울 전
에 이미 중요하게 다루어지고 있다. 따라서 바울이 예수라는 우주적인 해
결책으로부터 인간의 보편적인 곤경의 문제를 유추해 내었다는 샌더스의
주장은 그 근거를 상실한다. 바울은 자신의 유대적 전통으로부터 아담의
타락에 따른 비관적인 인간관을 물려받았고, 그 비관적인 인간관을 근거
로 자신의 기독론을 전개한다(롬 5:12-21). 물론 여기서 우리는 예수라는 해
결책의 비교할 수 없는 무게가 바울로 하여금 유대 묵시론자들이나 선지
자들보다도 더 급진적으로 인간의 무능함을 자각하게 했음을 부인할 수

---

27. Sanders, *Paul and Palestinian Judaism: A Comparison of Patterns of Religion*, 497-502,
     54-55.

28. Sanders의 해결책으로부터 비난으로의 표어에 대한 더 많은 비판을 위해서는 다음
     을 참조하라. 참존. Thielman, *From Plight to Solution*. 그러나 Thielman은 바울의 부
     활한 예수 경험으로 말미암는 바울의 곤경 이해의 급진성을 충분히 강조하지 않는
     듯 보인다.

없다.

바울은 다른 유대인들과 마찬가지로 인류의 죄악된 본성을 전제하면서, 인류의 죄에 대한 하나님의 진노의 심판을 당연한 것으로 받아들이고 있다. 바울은 유대 묵시론자들처럼 율법을 소유한 아브라함의 육체적 자녀들인 유대인들 조차도 아담에게 속하여 아담의 저주로부터 자유롭지 못한 인류임을 전제하고 있다. 바울은 자신의 사역 중에 이방인들에게 이러한 비관적 인간관에 대해서 가르쳤을 것이다. 따라서 바울은 자신의 독자들이 성서에 등장하는 아담의 타락 이야기를 잘 알고 있다고 믿기에, 그의 서신들에서 아담의 타락 이야기를 설명할 필요를 느끼지 않는다(비교, 롬 1; 3).[29] 바울이 가진 비관적인 인간관은 유대인과 이방인의 모든 구분들을 상대화 시킴으로써, 그들에게 제시된 예수라는 해결책의 우주적 보편적 성향을 더 강조한다. 바울에게는 우주적인 해결책인 예수가 두 번째 혹은 마지막 아담으로서 처음 아담이 인류에게 가져온 저주와 그 부정적인 효과들을 되돌린 인물이다. 이런 측면에서, 우리는 샌더스의 '해결책에서부터 곤경으로'라는 영감 있는 표어를 다소 수정할 필요를 느낀다. 새 관점 이후의 바울 읽기는 바울이 하나님 자신의 아들의 희생이라는 하나님의 고귀한 해결책의 무게의 빛 아래서 유대교에 이미 존재하던 비관적인 인간관을 더욱더 급진적으로 발전시켰다고 이해한다.

---

29. 로마서 7장에서 바울은 죄의 권세 아래서 고통받는 아담에게 속한 인류를 묘사한다. 죄라는 보편적인 곤경은 율법의 등장과 그에 따른 이스라엘과 유대인들의 구분보다도 우시학적으로 시간적으로 더 빠른 현상이다. 뿐만 아니라, 그 두 무리들 간의 구분의 등장은 죄 안에서 유지되는 인류의 연합을 제거하는 데 아무런 도움이 되지 못한다. 이 사실에 대해서 조금 더 보기를 원한다면 다음을 참조하라. 참고, Donaldson, *Paul and the Gentiles: Remapping the Apostle's Convictional World*, 107-36.

묵시론자 바울

두 번째, 많은 바울 학자들이 이미 강조했듯이, 유대 묵신전통은 바울 신학의 한 축으로서 현세대와 오는 세대의 이원론적 세계관을 통해서 그에게 지대한 영향을 끼쳤다.[30] 바울이 부활한 예수를 다메섹에서 만나고 그가 동참한 이방인 공동체들에서 하나님의 성령의 변화를 일으키는 능력을 목격했을 때, 그는 새로운 종말론적 시대가 예수를 통해서 이제 막 도래했음을 깨닫게 된다. 왜냐하면 메시아의 부활과 성령의 부어짐은 유대 묵시전통에서 새로운 시대의 개막을 알리는 가장 핵심적인 사건들이기 때문이다. 이러한 묵시적인 전통은 다니엘, 에녹1서, 바룩2서, 에스라4서, 그리고 사해문서들과 같은 제2성전시대 유대인들의 문서에서 빈번하게 발견된다.[31] 여기서 우리는 샌더스가 이러한 묵시전통을 제2성전시대 유대교에서 예외적인 종교현상으로 간주했던 것을 기억해야 한다. 왜냐하면 묵시전통에 담긴 신학적 경향성이 그가 정의한 언약적 율법주의의 패턴에 규합하지 않았기 때문이다. 그러나 만약 이러한 묵시전통이 지혜전통과 더불어 제2성전시대 유대교의 중요한, 그리고 정당한 구성원들 중 하나라면, 샌더스의 언약적 율법주의의 개념은 묵시전통을 수용할 수 있는 방향으로 전면 수정되어야 한다. 만약 샌더스의 언약적 율법주의 개념이 묵시전통을 수용하여 그 정당성을 확보해주지 못한다면, 언약적 율법주의 개념은 제2성전시대 유대교를 아우르는 보편적인 개념이라기보다는 한 특정한 종교적 이해방식으로 축소되어 이해되어야 한다. 사실 제2

---

30. J. Louis Martyn, *Theological Issues in the Letters of Paul* (Nashville: Abingdon Press, 1997); Johan Christiaan Beker, *Paul's Apocalyptic Gospel: The Coming Triumph of God* (Philadelphia: Fortress, 1982); Beker, *Paul the Apostle: The Triumph of God in Life and Thought.*

31. 에스라4서와 바룩2서는 기원후 1세기 말로 그 저작시기가 추정된다. 그러나 이 두 작품들은 여전히 제2성전시대 유대교의 신학적인 특징들을 잘 보여주고 있다.

성전시대 유대교에 내재된 다양성과 복잡성은 언약적 율법주의라는 단 하나의 패턴으로 일반화되어 묶이는 것을 거부한다. 이 사실은 개 관점 이후의 바울 읽기는 유대교의 복합성을 설명하는 방식으로 전개되어야 함을 알려준다.

　　예를 들면, 에스라4서는, 비록 그 안에 하나님의 은혜와 인간의 죄악된 의지 간에 긴장이 존재하지만, 개인의 마지막 구원은 그들의 엄격한 율법준수에 직접적으로 의존한다고 본다(7:116; 13:55). 흥미롭게도, 에스라4서도 아담의 악한 마음을 인류의 곤경의 직접적인 원인으로 간주하면서, 오는 메시아의 시대가 해결할 핵심적인 문제로 본다. 이 악한 마음의 문제는 묵시전통을 예외적인 현상으로 간주하는 샌더스의 언약적 율법주의가 결코 설명할 수 없는 개념이다. 에스라4서에 따르면, 인지라고도 불리는 하나님의 아들 메시아가(13:3) 죽음으로부터 부활할 때(7:28-44), 그가 메시아의 왕국을 의로운 자들에게 가져다주고 의로운 자들은 아담이 잃어버렸던 영광으로 덧입혀질 것이다. 이 영광은 의로운 자들이 자신들의 부활 후 즐길 영원한 불멸의 생명을 대표한다. 비록 에스라4서가 묘사하는 메시아적 계획에서 율법이 여전히 중요한 역할을 감당하지만, 에스라4서의 메시아와 바울의 메시아 간에는 상당히 유사한 패턴이 존재함을 우리는 부인할 수 없다. 특별히 에스라4서와 바울의 메시아는 공통적으로 아담의 타락과 저주를 극복하고, 아담이 잃어버렸던 하나님의 영광과 통치를 회복하는 존재들로 묘사된다. 만약 바울의 아담 기독론이 그 당시 유대 묵시전통의 아담과 메시아에 관한 보편적 신학적 경향성에 깊이 의존하고 있었다면, 우리는 샌더스의 견해와 달리 유대 묵시전통을 제2성전시대 유대교의 예외적인 현상이 아니라, 본질적 현상들 중의 하나로 간주해야 한다. 만약 이러한 본 저자의 견해가 옳다면, 바울에 관한 새 관점 이후의 해석에서 우리는 언약적 유대교뿐만 아니라, 묵시론적 유대교도 중요한 바울의 신학적 전통들 중 하나로 중요하게 고려해야 한다.

바울의 신학적 출발점으로서의 다메섹 경험

세 번째, 바울의 다메섹 체험이 그로 하여금 율법의 기능을 포함한 그의 유대교적 사상체계를 전면적으로 재검토하도록 유도했기에, 그 체험은 바울에 관한 학문적 토론의 중심에 서 있었다.[32] 따라서 학자들은, 바울이 특히 영광 중에 등장한 부활한 예수를 하나님의 영광에 관한 성서적 전통을 따라 해석하고 있기에, 그리고 아담의 타락인 죽음에 대한 극복을 포함하고 있기에, 다메섹 체험이 바울의 아담 기독론의 형성에 관한 신학적 출발점이 되었다고 일반적으로 동의한다.[33] 또한 많은 학자들은 그의 다메섹 체험이 그의 인생 전체를 바꾸어버리는 패러다임 채인저의 기능을 담당했다고 강조한다.[34] 그러나, 바울의 다메섹 체험을 회심이라고 부르는 것에 강하게 반발하면서,[35] 바울에 대한 Sonderweg해석을 주창하는 학자들은—예를 들면, 크리스터 스텐달, 로이드 개스턴, 존 게이저, 그리고

---

32. Richard N. Longenecker, *The Road from Damascus: The Impact of Paul's Conversion on His Life, Thought, and Ministry*, Mcmaster New Testament Studies (Grand Rapids: Eerdmans, 1997); Dunn, *Paul and the Mosaic Law*; Kim, *Paul and the New Perspective: Second Thoughts on the Origin of Paul's Gospel*; Donaldson, *Paul and the Gentiles: Re-mapping the Apostle's Convictional World*.

33. Dunn, *Christology in the Making: A New Testament Inquiry into the Origins of the Doctrine of the Incarnation*; Segal, *Paul the Convert: The Apostolate and Apostasy of Saul the Pharisee*; Kim, *The Origin of Paul's Gospel*.

34. Terence L. Donaldson, "Jewish Christianity, Israel's Stumbling and the Sonderweg Reading of Paul," *JSNT* 29, no. 1 (2006): 52; Hurtado, "Convert, Apostate or Apostle to the Nations: The "Conversion" of Paul in Recent Scholarship," 284; Hengel and Schwemer, *Paul between Damascus and Antioch: The Unknown Years*, 100.

35. Segal, *Paul the Convert: The Apostolate and Apostasy of Saul the Pharisee*. Philippe H. Menoud 이 사건을 '신학적 회심'이라고 부른다. 참고, Menoud, "Revelation and Tradition: The Influence of Paul's Conversion on His Theology," 131.

스탠리 스타우워즈—바울의 다메섹 체험의 본질로 이방인들을 향한 사도적 부름을 제시한다.[36] 그들은 다메섹 체험 이후 바울이 결코 유대교를 떠나지 않고, 회당에서 유대인들에게 복음 전하는 일을 계속한 사실에 주목한다. 그러나 본 저자는, 시걸의 견해에 동의하면서, 바울의 다메섹 체험은 이방인들의 사도로의 부름인 동시에, 예수 중심의 메시아적 유대교로의 회심이었다고 생각한다.[37] 다메섹 체험 후 바울은 바리새적 유대교에서 메시아적 유대교로 회심한 동시에,[38] 이방인들에게 복음을 전하기 시작한 유대인들의 관점에서 '배교적인' 이방인들의 사도가 되었다.[39]

NPP는 바울 학자들에게 바울의 회심은, 마치 루터의 경험처럼, 율법주의적 유대교 아래서 자책하던 한 영혼이 경험한 카타르시스적 해방이 아니었음을 강조했다. 왜냐하면 자신의 과거 바리새적 체험에서 바울은 율법 준수에 대해서 다소 낙관적인 견해를 견지하고 있었기 때문이다. 그러나 우리는 그가 다메섹 도상에서 경험한 신학적 혁명의 정도를, NPP를 견지하는 많은 학사들이 주장하듯이, 결코 과소평가하지 말아야 한다. 예수의 복음의 추종자들을 핍박하던 바울이 그 복음의 추종자가 되어 핍박을 경험하게 되었다는 사실은 다메섹 체험이 바울에게는 인생의 방향을

---

36. 참고, Donaldson, "Israelite, Convert, Apostle to the Gentiles: The Origin of Paul's Gentile Mission."

37. 비교, Hengel and Schwemer, *Paul between Damascus and Antioch: The Unknown Years*, 97-105; Dunn, "Paul's Conversion--a Light to Twentieth Century Disputes," 348-63.

38. 만약 시대착오적인 실수를 피하기 위하여 우리의 바울에 대한 연구에서 회심이라는 단어가 더 정확하게 정의 내려져야 한다면, 우리는 바울의 회심을 '바리새적 유대교에서 메시아적 유대교로의 회심'이라고 부를 수 있다. 혹은 우리는 바울이 유대교 내의 바리새파에서 크리스챤 메시아파로 자신의 충성된 헌신을 변경했다고 말할 수 있다.

39. Donaldson, "Israelite, Convert, Apostle to the Gentiles: The Origin of Paul's Gentile Mission," 283.

완전히 바꾸어 놓은 혁명적인 사건이었음에 대한 부인할 수 없는 증거이기 때문이다. 다메섹 체험은 바울로 하여금 그의 절대적인 헌신의 대상이었던 조상들의 전통을 시작부터 끝까지 완전히 재고해 볼 것을 요청했다. 물론 다메섹 체험 후 바울은 더이상 자신의 조상들의 전통에 과거처럼 헌신할 수 없음을 발견하고, 부활한 예수의 빛 아래서 자신의 전통을 급진적으로 다른 방향으로 해석하기 시작했다. 결국 이러한 급진적인 재해석은 바울로 하여금 동료 유대인들과 많은 유대인 출신 그리스도인들의 핍박의 대상이 되게 했다. 유대인들의 관점에서 볼 때 바울은 더 이상 조상들의 전통에 충분히 헌신하는 합리적인 유대인으로 보이지 않았기 때문이다.

그런데 바울의 다메섹 체험은 기본적으로 기독론적 체험이다. 예수에 대한 바울의 견해가 완전히 바뀌는 사건이었기 때문이다. 그 중에서도 빛 가운데 등장한 부활한 예수의 모습은 바울로 하여금 하나님의 영광의 현현으로 그를 이해하게 했다. 그리고 십자가에 달려 죽었던 예수의 순종의 죽음은 영광과 함께 아담의 이야기 속에서 예수를 이해하도록 유도했다. 죽음은 창세기에서 아담의 불순종의 죄와 타락에 대한 하나님의 저주의 결과이고, 예수의 부활은 아담의 저주인 죽음에 대한 극복을 의미한다. 그리고 하나님에 대한 순종의 결과 주로 높아진 예수의 생애는 불순종을 인하여 피조세계의 왕에서 피조세계의 원수로 전락한 아담의 인생과 대조된다. 바울의 아담 기독론의 한 근간을 이루는 이 바울의 다메섹 체험은 새 관점 이후의 바울 읽기에서도 매우 중요하게 다루어 져야 한다. 그렇다면 다메섹 체험에 바탕을 둔 바울의 아담 기독론은 새 관점 이후의 바울 읽기에서 중요한 토론 주제들 중 하나로 학자들의 더 많은 관심의 대상이 되어야 한다.

바울은 언제 율법과 신앙 간의 대조를 만들었는가?

네 번째, 위의 세 번째 요점을 더욱 확장시키면서, 학자들은 바울이 언제 율법과 믿음 간의 극명한 대조를 만들었는가에 대해서 논쟁했다. 이 논쟁 속에서 발생한 가장 중요한 질문은 다음과 같이 조금 더 구체적으로 요약될 수 있다. 예수가 율법을 완성, 혹은 대치했다는 바울의 이해는 안디옥 교회에서 이방인들을 수용하는 문제로 유대인 출신 그리스도인들과 벌인 논쟁의 빛 아래서 점진적으로 발전했는가(갈 2:11-21)? 아니면 다메섹에서 부활한 예수를 만난 계시체험의 즉각적인 결과였는가?[40] 이 질문과 연관된 다른 중요한 논점은 바리새인 사울의 율법 중심적 유대교와 그리스도인 바울의 그리스도 중심의 신앙체계 간에 존재하는 연속성과 비연속성 간의 문제이다.

율법에 대한 질문은 바울의 이방인 사도로서의 초기 사역에서 그렇게 중요한 질문으로서 기능하지 않았다는 NPP의 주장은 일견 설득력이 있어 보인다. 왜냐하면 초창기 바울에게 제일 중요한 질문은 "예수는 누구이며, 그는 우리를 위해서 무엇을 해 주었는가?"였기 때문이다. 바울의 신학함의 시작점은 부활한 예수와의 만남으로 말미암는 기독론적 자각과 그로부터 받은 이방인 선교였을 것이 틀림없다.[41] 그러나 만약 이방인 선

---

40. Longenecker, "A Realized Hope, a New Commitment, and a Developed Proclamation: Paul and Jesus," 58; Donaldson, "Israelite, Convert, Apostle to the Gentiles: The Origin of Paul's Gentile Mission," 69; Donaldson, *Paul and the Gentiles: Remapping the Apostle's Convictional World*, 250-51; Dunn, "Paul and Justification by Faith," 95-96; Dunn, "A Light to the Gentiles": The Significance of the Damascus Road Christophany for Paul," 251; Hengel and Schwemer, *Paul between Damascus and Antioch: The Unknown Years*, 98-105.

41. 이런 면에서, 해결책에서 곤경으로라는 구호로 바울을 읽는 Sanders의 시도는 정당해 보인다. 물론 제2성전시대 유대교에 대한 새로운 이해 속에서 그의 구호가 약간의 수정이 필요함은 부정할 수 없다.

교가 하나님의 아들의 계시가 품은 핵심적인 함의들 중 하나로서 이후의
바울의 사역의 근간으로 작용했다면, 이방인 선교가 바울의 과거 율법 중
심적 유대교적 사유체계에 대한 재해석에 미친 영향은 NPP가 생각하는
것보다도 훨씬 컸을 것이다. 그의 사도적 사역의 시작단계부터 바울의 이
방인 사역에의 부름과 이방인 공동체의 경험은 그로 하여금 이방인들의
하나님의 백성으로의 포함에 대한 예수의 역할과 연관하여 율법의 기능
을 재고하도록 유도했을 것이다. 바울의 아담 기독론은 그가 율법의 일들
을 통해서가 아니라, '예수 안에서' 하나님의 종말론적 백성의 새로운 탄
생을 꿈꾸고 있었음을 우리에게 알려준다. 던이 반복해서 주장하듯이, 율
법은 언약의 표현이며 수호자면서 하나님 앞에서 이스라엘의 거룩함을
결정하는 동시에, 그들을 이방인들로부터 분리시키는 정체성의 표시로서
의 기능을 했다.[42] 그러나 만약 이스라엘이 하나님을 향하여 소유한 특별
한 관계에 대한 주장이 유대인과 이방인 회심 자들에게만 제한되지 않고
모든 이들에게 열려 있는 창조주 하나님의 은혜를 가로막는다면, 바울은
하나님 앞에서의 의로운 위치에 대한 유일한 근거로서의 율법의 지위에
대한 그의 과거 견해를 수정할 것이다. 바울은 다메섹에서 계시된 예수를
통한 이방인을 포함하는 하나님의 새로운 백성의 형성계획에 대한 자각
을 근거로 율법의 역할에 대한 자신의 견해를 수정한 듯 보인다. 회심 후
바울은 이제 하나님의 은혜로 가는 길이 이방인들에게도 활짝 열리게 되
었고, 그의 결과로 이방인들도 율법의 일들을 통해서가 아니라 그리스도
의 구원의 죽음을 통해서 이제 하나님의 백성의 구성원들이 될 수 있다는
사실을 깨닫게 되었다.[43] 이 깨달음은 바울이 자신의 과거 율법 중심적 하
나님의 백성 이해에 대한 변증에서 전환하여, 예수를 아담의 모티프들을

---

42.   예를 들면, Dunn, "Paul and Justification by Faith," 95-96.
43.   Ibid., 93.

통해서 이해 설명하게 하는 해석학적 긴급성으로 기능했다.

갈라디아서 3:26-28에서 잘 요약되고 있듯이, 바울은 이방인들에게 모든 이들이 다 하나님의 종말론적 가족에 차별없이 동참할 수 있고, 과거에 율법을 통해서 형성된 제한들은 다 폐기되었다고 선포한다.[44] 던이 주장하듯이, 만약 예수의 계시가 바울에게 이스라엘의 하나님이 이방인들의 하나님이고, 하나님의 아들의 복음은 이스라엘에게만 제한되지 않고 이방인들까지 포함하고 있다면, 그의 이방인 사역은 그와 연관된 모든 논쟁들과 더불어 바울로 하여금 율법의 일들을 향하여 그의 다메섹 경험이 가지고 있는 의미를 대조적인 용어들로 표현하도록 유도했을 것이다.[45] 그러므로 바울이 율법에 대한 자신의 견해를 심각하게 재고한 시점은 다메섹 체험 이후 많은 시간이 흘러 이방인 사역에 대한 논쟁을 경험한 뒤가 아니라, 그의 회심의 경험 직후에 즉각적으로 발생했을 것으로 추정할 수 있다.[46] 그리고 그의 율법의 기능에 대한 재고는 그의 이방인 사역과 그들의 구원에 대한 예수의 역할과 직접적으로 연관이 있다. 이방인들을 향한 예수의 구원의 사역이 아담 기독론을 통해서 가장 선명하게 드러나므로, 율법에 대한 학자들의 논의는 아담 기독론에 대한 바른 이해를 통해서 한층 더 성숙해질 수 있다.

바울의 아담 기독론의 형성과 출현은 하나님이 이방인들을 향해서 가지고 있던 창조주로서의 신실함에 대한 자각과 깊은 연관이 있다. 여기서 우리가 질문해보아야 할 문제 하나는 창조주 하나님의 이방인들을 포함

---

44. Hengel은 이 메시지가 바울의 사역의 후반에 형성된 것이 아니라, 그의 사역의 시작부터 선포된 그의 핵심 메시지들 중의 하나였다고 주장한다. 참고, Hengel and Schwemer, *Paul between Damascus and Antioch: The Unknown Years*, 108.

45. Dunn, "Paul and Justification by Faith," 95-96.

46. 비교, Dunn, "In Search of Common Ground," 314.

한 인류를 향한 신실함의 역할에 율법이 어떤 역할을 하는가의 여부이다. 물론 이 문제에 대한 해답으로 바울과 유대인들은 상이한 이해를 제공할 것이다. 바울의 경우, 두 번째 아담으로서의 예수는 아담의 저주를 극복함으로써, 즉 죄의 형벌로서의 죽음을 극복하고 아담이 상실했던 영광과 통치를 회복함으로써 온 인류를 향하여 하나님이 의도하였던 계획을 완성하였다. 바울은 사망을 극복하기 위해서는 죄의 문제가 해결되어야 하고, 죄의 문제를 해결하기 위해서는 불순종의 마음의 문제가 해결되어야 함을 알게 되었다. 그리고 예수의 희생의 죽음이 죄와 사망의 문제를 다루는 하나님의 해결책으로, 그리고 성령이 불순종의 마음의 문제에 대한 해결책으로 제시되었다는 사실은 바울로 하여금 이방인들의 구원을 향한 율법의 효용성에 대해서 의문을 품게 한다. 바울은 이방인들에게 율법에 대한 엄밀한 준수가 아니라, 새 아담 예수와의 연합과 그의 능력의 영역인 성령과의 긴밀한 유대를 권고한다. 유대인들의 문헌에서는 율법을 소유한 이스라엘을 통해서 인류를 향한 하나님의 계획이 완성될 것으로 묘사되곤 한다. 그들에게는 인류를 향한 하나님의 구원에서 메시아는 율법의 기능을 더 강조하는 방식으로 기능한다. 그러나 바울은 예수를 두 번째 아담으로 제시하면서, 율법과 하나님의 백성으로서의 이스라엘에 대한 정의를 포함한 그의 과거의 믿음 체계를 전폭적으로 재해석하게 되었다. 바울의 아담 기독론이 이러한 재해석이 낳은 변론적인 맥락에서 주로 발견된다는 사실은 학자들로 하여금, 자신들이 바울과 그의 율법 해석에 관하여 어떤 견해를 견지하든지에 상관없이, 더 많은 관심을 이 주제로 돌려야 함을 알려준다.

언약은 바울신학을 해석하는 가장 중요한 열쇠인가?

마지막으로, 우리는 언약의 개념을 바울의 구원관을 푸는 가장 중요한 해석학적 열쇠로 간주해야 하는지에 대해서도 질문해보아야 한다. 다시 말하면, 라이트가 반복해서 강조하듯이, 바울의 구원론은 단지 '언약의 갱신 신학'에 불과한지에 대해서 우리는 진지하게 되물어 보아야 한다.[47] 왜냐하면 그의 서신들을 통해서 보여지는 바울은 '언약의 신학자'라기보다는, 그리스도를 통해서 하나님이 성취한 사역을 논함에 있어서 간헐적으로 언약적 패턴들을 사용한 것으로 보여지기 때문이다.[48] 샌더스의 언약적 율법주의에 따르면, 율법을 준수하는 것은 사람들로 하여금 언약 안에 머물러 있게 해주고, 그들이 율법을 지키지 못하여 언약 바깥으로 쫓겨나지 않는 이상 그들은 하나님의 구원을 경험할 수 있을 것으로 기대된다. 그러나, 우리가 앞에서 이미 살펴보았듯이, 묵시론적 문서들과 쿰란 공동체의 문서들에서는 유대인들의 율법을 소유한 하나님의 백성으로서의 언약적 정체성이 아니라, 전체 율법에 대한 그들의 순종이 그들의 종말론적 구원을 결정짓는 삶과 죽음의 문제로 제시된다. 뿐만 아니라, 쿰란 공동체에게 하나님과의 언약적인 관계에 들어가는 것은 자신들의 공동체에 동참하는 것과 동일시된다(비교, CD II, 2). 그리고 쿰란 공동체에 가입하기 위해서는 모세의 율법으로 되돌아갈 것을, 조금 더 정확하게 말하자면, 쿰란 공동체가 견지하고 있는 율법에 대한 해석에 적극적으로 동참할 것이 요구된다(1QS V, 8-10; 비교, V, 20; VI, 15; 1QSa I, 2-3).[49] 샌더스의 견해와 달리,

47. Timo Eskola, *Theodicy and Predestination in Pauline Soteriology*, Wissenschaftliche Untersuchungen Zum Neuen Testament 2 Reihe, (Tübingen: Mohr Siebeck, 1998), 212.
48. Bruce W. Longenecker, "Defining the Faithful Character of the Covenant Community: Galatians 2:15-21 and Beyond: A Response to Jan Lambrecht," in *Paul and the Mosaic Law* (Tubingen: Mohr Siebeck, 1996), 97.
49. Lawrence H. Schiffman, "The Concept of Covenant in the Qumran Scrolls and Rabbinic Literature," in *Idea of Biblical Interpretation*, ed. Hindy Najman and Judith H. Newman (Leiden; Boston: Brill, 2004), 272.

쿰란 공동체에게는 율법에 대한 준수여부가 하나님과의 언약적 관계에 머무는 방편이 아니라, 그 관계로 들어가는 직접적인 방편으로 간주되고 있다. 이처럼 바울 이외에도 제2성전시대 많은 유대인들은 언약관계에 대한 집착보다도, 율법준수에 더 많은 관심을 쏟은 듯하다.

또한 묵시론자들의 가장 중요한 관심사는 어떻게 하나님과의 언약적인 관계 속으로 들어가고 그 관계 속에 머무는가가 아니라, 어떻게 다가오는 하나님의 심판을 면할 것인가이다.[50] 유대 묵시론자들처럼, 비록 바울은 어떻게 하나님과의 바른 관계 속으로 들어가고, 또 그 관계 속에 머무는가에 대해서 큰 관심이 있었던 것은 사실이지만, 바울은 어떻게 다가오는 하나님의 진노를 피할 수 있을가에 대해서 더 큰 관심을 보이고 있다(살전 1:10; 롬1:18). 그리고 바울이 머물고 싶은 관계는 하나님과의 바른 언약 관계라기보다는, 예수 그리스도와의 세례를 통한 연합 관계이다(비교, 롬 6). 바울은 로마교회에게 자신의 복음을 설명하면서, 그 복음을 다가오는 하나님의 진노의 심판으로부터 그들을 구해줄 하나님의 의의 계시라고 부른다(롬 1:18). 또한 로마서 2-3에서 바울은 이방인들뿐만 아니라 유대인들도 그들의 불순종을 인하여 진노의 날에 임할 진노를 자신들을 위하여 쌓아 놓고 있다고 비판한다(롬 2:5-6; 3:3-4). 여기서 바울이 말하는 순종은 율법의 모든 계명들에 대한 순종이 아니라, 하나님의 의를 담은 예수의 복음에 대한 순종을 의미한다. 그리고 예수의 복음에 대한 순종은 믿음으로 그 복음의 메시지를 수용하고, 예수와 연합하여 새로운 영역에서 새로운 주인을 모시고 사는 것이다(비교, 롬 5-6). 율법을 통한 언약적 관계 안에 머무는 것, 혹은 언약 자체가 품은 구원론적 중요성은 바울의 서신들의 일부에서 발견되긴 하지만, 그의 신학적 경향성을 결정짓는 해석학적 열쇠

50. Eskola, *Theodicy and Predestination in Pauline Soteriology*, 59.

로 기능하고 있지는 않는다. 바울신학의 해석학적 열쇠는 '예수 안에서'로
표현되는 그의 기독론적 강조이다. 그리고 이 예수 안에서라는 표현은 바
울의 아담 기독론을 한 마디로 요약하는 표현이다.

　바울에게 예수의 복음은 단지 하나님과의 의로운 관계속으로 들어가
거나 그 관계 안에 계속해서 머물게 해주는 방편의 문제가 아니라, 모든
이들에게 임할 하나님의 진노로부터 그들을 구해줄 구원의 방편이다(비교,
롬 1:16-18). 또한 바울은 종종 자신의 복음의 최종적인 효과를 성도들의 그
리스도의 형상에 따른 종말론적인 변화로 결론내리곤 한다(비교, 빌 3:20-22;
고후 3:18; 고전 15). 나아가 바울은 현재 이미 성도들이 종말론적인 변화를 경
험하기 시작했다고 선포하는데, 이 변화는 사실 예수에 대한 믿음을 통해
서 하나님과의 의로운 관계로 들어가고 그 관게에 남아있는 사건의 궁극
적인 목표이다.[51] 따라서 바울의 아담 기독론의 깃발 개념인 '그리스도 안
에서'로 표현되는 바울의 종말론 지향적인 예수 복음이 어느 정도로 묵시
전통을 예외적으로 간주하는 샌더스의 언약적 율법주의와 비교 될만 한
지는 의문이다. 사실 바울에게 언약의 개념은 중요한 해석학적 관심의 내
상이 아닌 듯 보인다. 그리고 언약의 개념이 등장할 때 바울은 모세의 언
약을 뛰어넘어 아브라함의 언약, 그리고 아담의 언약에 더 관심을 보인
다.[52] 물론 종말의 성령으로 대표되는 새 언약은 바울에게 그리스도가 가
져온 새로운 창조의 한 부분으로 중요하게 다루어 지고 있지만(비교, 고후
3-4), 여기서도 바울은 하나님과의 언약관계 안에 머무는 것보다도 그 언

---

51. 예수에 대한 믿음과 예수의 신실함에 대해서 학자들 간의 많은 논쟁이 있었다. 비
록 본 저자는 여기서 이 문제를 자세히 다룰 순 없지만, 개인적은 Hays의 견해보
다 Dunn의 견해에 더 동의한다.
52. 시라 17에서 시내산 사건은 이스라엘의 형성에 가장 근본적인 사건으로 간주되면
서 그 안에 아브라함의 언약을 흡수해 버린다.

약이 가져오는 존재론적 변화에 더 관심을 기울인다. 그리고 앞에서 자세히 살펴보았지만, 고린도후서 3-5장에서 바울은 새 언약을 새 아담 예수의 종말론적인 변화의 사역으로 제시한다.

결론

이번 장의 논의에서 우리는 NPP가 바울 해석에 가져온 다양한 도전들과 그 도전들에 대한 학자들의 비판적인 반응에 대해서 살펴보았다. 이제 우리는 바울을 해석함에 있어서 유대교를 율법제일주의 종교로 보고 그에 대한 대안으로 바울의 복음을 이해하던 과거의 관점으로 다시 돌아갈 수는 없다. 바울은 율법중심적 유대교에서 '자책하고 고통받던 영혼'에서 은혜중심적 기독교에서 자유를 경험한 '해방된 영혼'으로의 회심을 경험한 자가 아니기 때문이다. 그러나 학자들은 바울을 제2성전시대 유대교의 배경에서 해석하고자 시도했던 NPP의 도전의 장점에 대해서 칭찬하는 동시에, NPP가 지닌 해석학적 모델의 약점들에 대해서도 긍정적인 비판을 제시했다. 그들의 비판에 따르면, 바울의 전통적 기반이 되는 제2성전시대 유대교는 단순히 언약적 율법주의라는 한 균질한 패턴으로 환원될 수 없다. 제2성전시대 유대교는 그 안에 다양한 해석학적 동력들을 포함한 역동적인 종교적 실체이다. 그리고 샌더스가 예외적인 종교현상으로 강조하는 유대 묵시전통은 제2성전시대에 속한 다양한 유대인들의 사상적 기반들 중 하나로 중요하게 기능했다. 그리고 바울의 구원관에도 유대 묵시전통이 깊은 영향을 미쳤음을 우리는 부인할 수 없다.

그러므로 우리는 우리의 바울 읽기에서 옛 관점과 새 관점의 엄밀한 가상적인 이분법을 극복해야 한다. 그리고 우리는 이 두 관점들의 단점들을 극복하고 장점들을 함께 수용하여, 바울에 관한 '새 관점 이후의 관점'을 형성해야 한다. 그리고 이 새 관점 이후의 바울 읽기에서는 그의 아담 기독론적 논의에 더 많은 학문적 관심이 기울여져야 한다. 바울은 자신의 예수 복음을 설명하면서, 자신의 서신들의 여러 중요한 본문들에서 예수를 아담과 대조되는 새로운 아담으로 이해 설명하고 있기 때문이다. 그리고 이 아담 기독론적 논의에서 바울은 학자들의 논쟁의 핵심이 되는 언약, 율법, 하나님의 의, 종말론적 구원, 믿음, 그리고 하나님의 백성됨 등의 개념들을 새로운 관점으로 설명하고 있기 때문이다. 그러므로 바울의 아담 기독론에 대한 우리의 심도 깊은 논의는 그 논의에 포함된 다양한 바울의 핵심개념들에 대한 우리의 이해를 높여서, 우리 현대 해석자들로 하여금 바울에 관한 논의를 한층 더 긍정적인 방향으로 한 단계 전진하도록 도와줄 것이다.

제11장
결론

지금까지 우리는 바울의 서신들에 포함된 아담 기독론과 연관된 다양한 본문들을 그 본문들의 배경이 되는 역사적인 상황을 중심으로, 그리고 그 본문들을 포함하는 서신들의 직성동기가 되는 신학적 목회적 문제들을 중심으로 관찰해보았다. 이 책에서 우리가 중요하게 다루었던 본문들은 빌립보서 2:6-11과 3:20-21, 로마서 1-8장, 고린도전서 15장, 그리고 고린도후서 3-5장 등이다. 물론 우리의 아담 기독론에 관한 연구는 위 본문들에만 제한되지 않았고, 위 본문들을 중심으로 아담 기독론과 긴밀하게 연관된 다양한 바울의 본문들을 함께 고려했다. 그리고 이에 더하여 우리는 바울신학의 전통적 배경이 되는 구약성서와 제2성전시대 유대교 문헌들 중, 바울의 아담 기독론과 직접적으로 연관되는 핵심 본문들도 함께 분석했다. 우리는 특별히 바울에 관한 새로운 해석학적 방법론들을 통해서 아담 기독론을 포함한 바울신학의 역동성을 관찰해보고, 그의 주요 신학적 개념들을 아담 기독론과 연계해서 논의해보았다. 이제 결론장에서 우리는 바울서신들의 분석에 대한 지금까지의 관찰을 토대로, 바울의 아담 기독론의 형성과 발전과정에 대한 포괄적인 결론을 내리고자 한다. 그리고 마지막으로 바울에 관한 새 관점과의 비판적인 대화를 통하여, 바울신학이 나아가야 할 긍정적인 방향에 대해서 간략하게 제안해보고자 한다.

앞에서 우리는 바울이 아담 모티프를 통해 예수와 그의 구원 이야기를 다루고 있는 본문들을 그 개별적인 본문들의 역사적 문맥 속에서 자세하게 분석했다. 이제 우리는 이러한 세밀한 분석들을 종합해서 바울의 마음속 가장 깊은 곳에 놓인 아담 기독론적 토대를 다각도로 재구성해보고자 한다.[1] 바울의 서신들은 그 자체로 바울의 신학적 교리를 표현하는 교리서가 아니라, 그가 가진 신학적 이해를 중심으로 이방인 교회들의 실질적 목회적 문제들에 대한 해결책들을 담고 있다. 여기서 우리는 바울이 자신의 핵심적인 신학체계를 통해서, 자신이 다루어야 할 목회적·신학적 문제들에 대한 적용적 가르침의 결과로 서신들이 탄생했다고 전제한다. 따라서 현재 우리가 내리는 결론은 다양한 바울의 본문들을 아담 모티프들을 중심으로 종합적으로 비교·관찰하여, 그 본문들에 담긴 바울의 예수 이해의 다양한 표현들을 가능하게 한 아담 기독론적 전제들을 발견하는 것이다. 앞 장들에 대한 우리의 결론들을 취합해 볼 때, 우리는 바울의 아담 기독론의 뚜렷한 토대가 일관성 있게 등장하는 것을 관찰할 수 있다. 바울은 자신이 유산으로 물려받은 아담에 대한 유대인들의 전통과 초대 교회로부터 전달받은 예수 전통, 자신의 부활한 예수와의 만남과 이방인 사도로서의 부르심, 그리고 이방인 공동체들에서의 생활 경험 등을 바탕으로, 자신의 머릿속에서 발생한 다양한 변증법적 대화를 통하여 나름대로 안정된 형태의 아담 기독론적 예수 이해를 창출해내었다.

바울의 아담 기독론의 첫 번째 중심 축은 예수에 대한 그의 새로운 이

---

1.   앞에서 이미 밝힌 바와 같이, 이 부분의 결론은 저자가 신약논단에서 출판한 다른 논문의 결론을 한층 더 발전시킨 내용을 담고 있다. 참고, Seung Hyun Simon Lee, "Paul's Gentile Mission and Apostleship as Hermeneutical Exigency for His Presentation of Jesus as the New Adam," 552-54.

해를 담은 아담 기독론적 발전에서 발견된다. 바울신학의 가장 큰 특징은 그의 기독론적 강조에 있고, 이 기독론적 강조는 '예수 안에서'라는 표현을 통해 바울서신 전반에 걸친 신학적 표현들을 다양하게 규정하고 있다. 바울은 자신의 회심과 성도로서의 삶 그리고 사도로서의 부름뿐만 아니라, 모든 성도들의 존재의 의미와 봉사 그리고 미래를 '그리스도 안에서'라는 한 표현으로 규정한다. 바울은 그리스도가 자신과 성도들의 새롭고 완전한 존재론적 근거요 영역이라고 굳게 믿고 있다. 그리고 바울은 인류를 향한 하나님의 은혜 표현으로서의 구원이 아들인 예수를 통해서 이루어졌다고 믿는다. 그러므로 '그리스도 안에서'라는 표현은 성도들에게 허락된 하나님의 우주적인 구원의 성취와 적용을 한 마디로 담아내는 표현이다. 바울신학에 내재한 기독론적 강조는 그가 다메섹에서 부활한 예수를 만나 회심하고 그에 의해서 이방인의 사도로 부름받은 사건에 크게 기인한다. 단지 예수를 십자가에 달려 죽은, 따라서 하나님에 의하여 저주받은, 죄인으로 간주하며 그의 추종자들을 핍박하던 바울은 부활한 예수를 만나고 그가 하나님의 아들이요 메시아라는 사실을 깨닫고 큰 충격에 휩싸인다. 이에 바울은 예수를 핍박하도록 유도한 자신의 과거 모든 신학적 전제들을 새롭게 재해석해야 할 필요를 느끼고, 자신의 개인적인 신앙 뿐만 아니라 이스라엘의 역사, 그리고 전 우주적인 역사를 그리스도를 통해서 재해석하게 된다. 그리고 예수 이전에 아무도 죽음에서 다시 살아 돌아온 인간이 없었다는 사실은 바울로 하여금 예수의 특별함에 대해서 자각하게 한다. 바울이 유산으로 물려받은 유대인들의 묵시론적 전통에서 부활은 종말론적 시작을 의미하고, 그 시작을 연 예수는 유대인들이 오랫동안 기대해 온 하나님의 메시아임을 의미한다. 그리고 구약성경의 시작부터 죽음은 아담과 그에게 속한 인류에게 저주로 내려진 불순종의 죄에 대한 하나님의 형벌이다. 이에 바울은 부활한 예수가 아담이 인류에게 초래한 죄의 결과로서의 죽음을 극복하고, 종말론적으로 전혀 새로운 시대를 연 신기원의 인물임을 자각하게 된다. 그러므로 이제 바울에게 인류의 역사는 예수가 오기 전후로 나누어지며, 하나님의 구원사는 아담의 저주를 극복한 예수 새 아담의 새 창조의 사역으로 묘사된다.

뿐만 아니라, 바울은 자신이 만난 하나님의 영광에 휩싸인 부활한 예수가 하나님과의 특별한 관계 속에서 우주의 주로 높아진 분임을 깨닫게 된다(비교, 롬 10:8-10; 빌 2:9-11). 하나님의 영광은 예수와 하나님 간에 놓인 특별한 가족적 계시적 관계를 의미하면서, 우주적인 주권을 소지한 하나님의 아들로 예수를 제시한다. 그리고 예수의 생애에 담긴 죽음에의 순종과 그 죽음을 극복한 부활과 영광, 그리고 우주의 주권은 바울로 하여금 예수를 아담의 이야기 속에서 이해하도록 유도한다. 바울은 아담이 불순종의 죄를 통하여 죽음을 경험하고 하나님의 영광과 피조세계에 대한 주권을 상실한 것에 반하여, 부활한 예수는 순종을 통하여 죽음을 극복하고 부활을 경험하며 하나님의 영광과 주권을 회복한 분으로 이해한다. 뿐만 아니라, 아담의 한 불순종의 행위가 아담 개인에게만 영향을 미친 개인적인 사건이 아니라, 그에게 속한 모든 자손들과 피조세계에까지 악영향을 미친 우주적인 사건이었던 것처럼, 예수의 한 순종의 행위는 그에게 속한 새 인류와 모든 피조세계의 운명을 바꾸어버린 우주적인 사건임을 바울은 깨닫게 된다. 이제 바울의 이해에서 예수는 아담의 저주를 극복하고 파괴된 창조세계의 질서를 회복하여, 하나님의 창조의 의도를 완성하는 인류의 대표자인 새 아담으로 이해된다. 물론 예수가 이룬 창조에 담긴 하나님 의도의 완성은 이제 새 창조라고 불린다(고후 5:17). 그런데 바울은 아담과 비교되는 예수의 삶과 사역의 중요성이 이 땅에 그가 성육신하기 전으로 거슬러 올라감을 보게 된다. 예수가 이 땅에서 자신의 공생애를 시작하기 전, 이미 하늘에서 하나님의 형체를 입고 신성에 참여하던 선재한 예수는 아담과 같은 인간의 생애를 자신의 이 땅에서의 사명으로 받아들인다(비교, 빌 2:6-11; 갈 4:4-6). 그리고 선재한 예수는 아담의 자손들이 경험해야 할 죄에 대한 죽음의 형벌을, 비록 자신은 아무런 죄가 없어 죽음을 경험할 이유가 없지만, 자신의 운명으로 받아들인다. 바울은 예수가 아담/인간이 되고 아담의 저주받은 운명을 자신의 운명으로 받아들인 사건은 하나님의 뜻에 대한 예수의 참된 순종의 표현임을 알게 된다(비교, 롬 5:12-21; 빌 2:6-8). 예수의 순종의 결과로 하나님은 예수를 지극히 높여 우주의 주가 되게 하고, 자신과 함께 만물의 경배의 대상이 되게 한다. 이렇게 하여 바울에게 예수는 단지 아담의 저주를 극복하여 우주의 주로 높아진 하나님의 메시아일 뿐만 아니라, 아담과 그의 자손들에게 의도한 하나님의 창조의 계획을 완성한 새 창조의 실행자가 된다.

두 번째, 바울의 아담 기독론의 또 다른 중심 축은 그의 이방인 선교와 그와 연관된 율법과 복음에 대한 새로운 이해의 방향성에서 발견된다. 부활한 예수를 만나 회심하고 이방인들의 사도가 된 바울에게 예수는 온 세상의 주로 높아진 존재이다. 이 사실은 그의 주권이 율법과 언약을 소유한 유대인들뿐만 아니라, 율법을 소유하지 못한 채 언약밖에 거하던 이방인들까지도 포함하고 있음을 알려준다. 이 사실은 바울로 하여금 이사야를 비롯한 여러 선지자들이 예언한 피조세계를 향한 하나님의 신실함이 예수를 통해서 이루어졌음을 자각하게 한다. 그러므로 이제 예수가 연 새로운 종말론적 시대에서 율법과 언약이 가져오는 구분과 인종적 차이들은 더 이상 어떤 특권적 의미가 없는, 따라서 예수로 옷 입음을 통하여 획득한 새로운 정체성을 통하여 극복한 인류의 상태가 된다(비교, 갈 3:26-28). 물론 바울은 유대인들에게 주어졌던 모든 선행적 특권들이 하나님의 선한 선물들이었음을 부인하지 않는다. 그러나 하나님이 유대인과 이방인에게 허락한 하나님의 아들의 보내심과 그의 영의 선물에 비교해서, 과거의 모든 특권들은 다 상대적으로 미미한 것들로 전락한다(비교, 빌 3:2-10). 이제는 율법의 기록된 문자가 아니라 내주하는 성령이 인간이 마음에 깨닫게 해주는 하나님의 법을 따라야 하고, 예수에게 속하여 예수 안에서 산다는 사실이 새 인류의 모든 정체성을 가장 결정적으로 규정하는 요소가 된다(비교, 롬 6장). 아들 예수를 통해서 언약 바깥에 거하며 하나님의 저주의 대상이었던 이방인들이 이제는 예수의 희생의 피를 통한 새 언약에의 소속을 통하여 하나님의 백성의 참된 구성원들이 될 수 있다. 뿐만 아니라, 율법의 선한 요구를 지킬 수 없었던 유대인들의 할례받지 못한 마음도 성령의 할례를 통하여 마음으로부터 하나님의 법에 순종할 수 있게 된다(롬 8:1-3; 고후 3장). 예수가 가져온 새 언약의 성령을 통하여 유대인들도 자신들 안에 있는 아담의 악한 마음을 극복하고, 하나님이 의도한 부드러운 마음을 가진 새로운 피조물들로 변화되는 경험을 하기 때문이다. 결과적으로, 바울은 순종하는 유대인들과 회심한 이방인들로 구성된 하나님의 새로운 백성, 즉 종말론적으로 새롭게 창조된 새 인류가 예수의 새로운 언약의 결과로 출현함을 보게 된다. 바울에게 이 새로운 인류는 예수의 사역을 통하여 예수 안에서 창조된 새로운 피조물이므로, 예수는 새로운 창조의 모형이 된 하나님의 형상이요 그 형상을 소유한 새로운, 혹은 마지막 아담으로 제시된다. '예수로 옷 입는다'는 바울의 세례적 표현은 하나님의 종말론적 백성인 새로운 인류의 특징을 가장 잘 표현한다. 이 표현은 기존의 옛 인류를 구분하던 사회적, 법적, 인종적 차이들이 예수가 부여한 새로운 정체성으로 인하여 모두 제거되었음을 의미한다(갈 3:27-28). 이런 맥락 속에서, 바울은 창조의 시작부터 하나님이 계획한 예수를 통한 새로운 인류, 혹은 완전한 인류를 새롭게 창조하는 사역에 자신도 이방인 사역을 통해서 적극적으로 동참한다고 믿는다. 이방인 사도로서의 바울의 자의식은 인류의 역사에서 아담을 가장 예수와 대치될 만한 인물로 보도록 유도한다.

세 번째, 바울의 아담 기독론의 또 다른 중심 축은 그가 가진 인간에 대한 새로운 평가와 이해에서 발견된다. 바울이 물려받은 유대 전통에서 인간의 현재적 비극과 고통은 아담의 죄와 저주를 할례받지 못한 악한 마음을 품은 인류가 계속해서 반복한다는 사실로부터 기인한다. 비록, 이스라엘의 역사에서 아브라함과 모세와 같은 일부 특별한 지도자들이 아담의 불순종을 극복하기도 했지만, 그들의 극복은 연관된 특정 개인들에게만 영향을 끼친 국지적인 사건에 그쳤다. 이스라엘의 역사에서 유대인들은 그들의 할례받지 못한 마음을 인하여 아담이 열어놓은 저주의 길을 동일하게 걸어가면서, 아담에게 임한 동일한 하나님의 저주를 경험하였다. 시내산 자락에서 빚어진 이스라엘의 우상숭배 행위와 약속의 땅으로부터의 추방은 이 사실에 대한 부인할 수 없는 증거들이다. 이에 예레미야와 에스겔과 같은 선지자들은 인간의 마음에 주어질 성령으로 구성된 새 언약, 즉 하나님의 종말론적 구원의 간섭을 간절히 희망하게 되었다. 마음에 새겨진 성령의 법이 아담과 인류의 불순종의 마음에 할례를 베풀 하나님의 특단의 해결책으로 기대되었다. 특별히, 이방인들의 통치를 경험하던 제2성전시대 유대인들의 종말론적 전통은 자신들의 현재적 상황을 율법을 지킬 수 없는 인간들의 연약함과 연관시켜 이해했다. 그들은 하나님의 종말론적 구원을 경험하기 위해서는 인간 편에서의 회개가 필요하고, 율법의 계명들에 대한 완전한 순종이 요구된다고 믿었다. 그들은 이 믿음 속에서, 인간의 전적인 타락을 의미하는 악한 할례받지 못한 마음에도 불구하고, 인간의 자유의지의 개선과 협력을 통하여 율법준수가 가능한 것으로 이해했다. 따라서 제2성전시대 유대인들은 율법에 대한 엄격한 준수를 하나님의 메시아에 대한 기대와 함께, 자신들의 종말론적 구원의 전제 조건으로 강조하는 경향을 보였다.

그러나 바울은 인류를 위한 하나님의 해결책으로 하나님의 아들이 직접 희생되어야 했다는 사실을 알게 되자, 인류가 처한 비극적인 상태가 종말론적 유대교가 이해하는 인류의 상태보다도 더 극단적으로 부정적임을 깨닫게 된다. 따라서 바울은 인간의 상태에 대한 제2성전시대 묵시론적 유대교의 평가를 훨씬 더 부정적인 형태로 발전시키고, 아담 이후로 모든 인류는 율법의 소유 유무에 상관없이, 그리고 어떠한 예외도 없이, 다 죄와 사망의 노예가 되었다고 선포한다(비교, 롬 1-3장). 바울은 아담의 후손으로 태어난 아담의 자손들은, 그들의 인종적 특권과 차이 그리고 율법과 할례의 유무와 상관없이, 다 아담의 죄와 그 결과로 이 땅에 들어온 사망의 노예가 되었다고 선포한다. 바울에게 인류가 죄와 사망의 노예 됨으로부터 해방을 경험할 수 있는 유일한 방법은 자신들의 소속을 죽음을 소개한 아담에게서 부활을 소개한 새 아담 예수에게로 옮기는 것이다(비교, 롬 5:12-21). 예수가 하나님이 인류에게 보낸 구원의 해결책이라는 사실을 믿는 믿음과 그 믿음을 근거로 예수와 연합하여 세례를 받는 경험은 인류가 새 아담 예수에게 속하게 해주는 유일한 방편이다. 결론적으로, 바울의 신학에서는 어떤 인간도 스스로를 다가오는 하나님의 종말론적 진노로부터 자신을 구원할 수가 없다(비교, 롬 1:18). 오직 하나님이 자신의 아들의 희생을 통해서 보여준 하나님의 은혜에 긍정적으로 반응하는 믿음, 예수에게 부활의 생명을 허락한 창조주 하나님에 대한 신뢰의 믿음만이 인류로 하여금 새 아담 예수가 가져온 하나님의 종말론적 구원을 경험할 수 있게 해준다(비교, 롬 10:8-10). '예수-믿음'(Pistis Christou)의 표현을 어떻게 해석하든지 간에, 예수의 순종을 통해서 제시된 하나님의 구원의 은혜에 대한 긍정적인 수용의 반응으로서의 인간의 믿음의 중요성은 결코 간과될 수 없는 바울신학의 핵심 개념들 중 하나이다.

네 번째, 바울의 아담 기독론의 또 다른 중심 축은 예수에게 속한 인류

가 경험하는 존재론적 변화로서의 구원 이해에서 발견된다. 새 아담 예수
는 먼저 그의 하나님의 뜻에의 순종을 통하여 종말론적 새 인류가 소유해
야 할 할례 받은 마음의 모델이 되었다. 이 순종의 결과 예수는 죽음을 극
복하는 부활을 하나님의 능력인 성령을 통해서 경험했고, 이제는 생명을
주는 영이요 우주의 주로 높임을 받게 되었다. 그리고 이제 부활한 예수
는 믿음으로 자신과 연합하고 자신에게 속한 새 인류에게 성령을 보내어,
자신의 순종의 길과 높아짐의 길을 동일하게 경험하게 해준다. 성령을 모
시고 사는 새 인류는 자신들 안에서 역사하는 성령의 변화의 능력을 경험
하면서, 자신들의 속사람이 하나님의 뜻에 순종할 수 있도록 변화됨을 경
험한다(고후 3:18; 롬 12:2). 하나님의 종말론적 시간표 속에서 현재는 그들의
마음이 예수의 마음과 동일한 할례받은 마음으로 계속해서 변화되는 과
정의 시간이다. 그리고 그들의 속사람의 변화는 그들의 겉사람의 영광스
러운 변화를 의미하는 부활로 그들을 인도한다. 그들의 겉사람이 약해지
고 마침내 죽음을 경험하여 땅에 묻힌 후, 마치 씨앗에서 식물이 태어나
듯이, 그들의 죽은 몸이 영광스러운 부활의 몸으로의 변화를 경험하게 될
것이다. 이렇게 해서 새 아담에게 속한 인류는 아담의 죄와 사망의 저주
를 새 아담과 생명의 영인 성령을 통해서 극복하게 된다. 물론 그들의 겉
사람이 경험할 부활의 영광스러운 변화는 예수의 재림의 때에 발생할 종
말론적 현상이다. 그런데 여기서 예수는 새 인류의 영광스러운 변화의 모
델이 되는 하나님의 영광스러운 형상으로 기능한다. 예수가 소유한 영광
스러운 하늘의 형상은 강함과 영광, 그리고 영생을 그 특징으로 하고 있
다(고전 15:44-49; 고후 4:4-6; 빌 3:20-22). 예수가 소유한 하늘의 형상은 아담에게
속했던 인류의 약하고 불 명예로우며 죽음을 경험해야 할 땅의 형상을 입
은 겉사람이 영광스러운 부활의 몸으로 변화되는 청사진으로 기능한다.
마치, 첫 장조시에 하나님의 형상을 따라 아담이 창조되었듯이, 새로운 인

류는 하나님의 형상인 예수를 따라 새로운 피조물로 새롭게 창조된다. 그러므로 바울은 예수 안에 속한 모든 성도들은 다 하나님의 새로운 피조물이라고 칭한다. 아담 기독론적 관점에서 바울은 예수가 인류에게 가져다주는 하나님의 은혜의 표현으로서의 구원을 새로운 창조라고 부른다.

마지막으로, 바울의 아담 기독론이 가진 학문적 중요성은 바울에 대한 새 관점과 비교해 볼 때 더욱더 잘 부각된다. 최근 40여년간, 바울 학자들은 소위 새 관점의 측면에서 바울신학에 대한 새로운 해석을 시도했다. 그리고 많은 학자들은 이들과 동조하거나 혹은 반발하면서, 바울의 신학적 개념들을 재조명했다. 이 과정에서 학자들은 바울을 종교개혁으로부터 독립시켜, 제2성전시대 유대교의 배경 속에서 이해하고자 시도했다. 그들은 바울의 서신들에서 그의 신학적 논의를 주도하는 핵심개념들, 즉 율법과 복음, 하나님의 백성, 이방인 선교, 이방인 사도로의 부르심, 종말론적 성령과 언약, 예수의 사역, 그리고 유대인과 이방인의 관계 등에 대해서 수많은 책들을 생산해 내었다. 그러나 안타깝게도, 바울 학자들은 이 핵심개념들이 바울의 아담 기독론과 긴밀한 관계에 놓여 있다는 사실에 대해서 충분한 관심을 기울이지 않았다. 예를 들면, 위의 바울의 핵심적인 신학개념들은 로마서 1-8장에서 집중적으로 발견되고 있는데, 로마서 1-8장의 신학적 토대와 논지의 전개는, 이미 우리가 앞에서 자세히 살펴본 것처럼, 바울의 아담 기독론적 예수 이해를 따르고 있다. 바울에 관한 새 관점은 지나치게 언약의 개념에 치중한 채, 언약적 율법주의 혹은 그의 파생된 형태로 바울의 유대교적 배경을 너무 단순하게 일관화시켜 적용하는 오류를 범했다. 그 결과 새 관점은 제2성전시대 유대교의 복잡성과 다양성을 간과했고, 바울신학에 지대한 영향을 미친 묵시론적 유대교의 역할을 희석시켜버렸다. 바울의 아담 기독론은 바울의 신학이 얼마나 다양한 제2성전시대 유대교와의 신학적 접촉의 산물인지를, 그리고 얼마나 바울이 묵시론적 유대교의 가르침 아래서 자신의 메시아 예수와 그의 복음을 이해하고 있는지를 잘 보여준다. 이에 우리는 바울의 전통적 배경인 제2성전시대 유대교의 복잡성과 다양성, 그리고 그 중에서도 묵시론적 유대교가 바울에게 끼친 영향을 정당하게 인정하면서 바울을 해석해야 한다. 뿐만 아니라, 바울의 아담 기독론적 특징을 합리적으로 수용하면서 바울을 해석하는 새 관점 이후의 바울 읽기(Post-New Perspective reading)를 고민해 보아야 한다.

새 관점 이후의 바울 읽기가 요청되는 또 다른 이유는 옛 관점이 바울과 유대교의 '비연속성'을 지나치게 강조한 반면에, 새 관점은 그 둘 간의 '연속성'을 지나치게 강조했다는 사실에서 발견된다. 바울이 유대교에서 기독교로 회심한 것이 아니라, 유대교의 다양한 전통 속에서 예수 운동을 이해했다는 사실은 바울과 유대교 간에 놓인 연속성을 인정해야 한다는 사실을 의미한다. 그러나 예수의 등장이 바울의 신학을 총체적으로 변화시킨 해석학적 특이점이 되었다는 사실은 그 둘 간에 놓인 비연속성을 받아들여야 한다는 사실을 의미한다. 새 관점 이후의 바울 해석은 바울과 유대교의 관계에 놓인 연속성과 비연속성 간의 균형을 건강하게 유지할 수 있어야 한다. 새 관점 이후의 바울 해석에 대한 우리의 제안은 단지 새 관점 이전의 옛 관점으로 돌아가자는 제안이 아니다. 우리의 제안은 옛 관점과 새 관점의 강점들을 추리고 약점들을 보완하여, 바울에 관한 조금 더 객관적이고 편견 없는 이해와 해석을 시도하자는 것이다. 특별히, 바울의 아담 기독론은 그동안 바울 학자들로부터 마땅한 관심을 받지 못한 채 소외된 영역에 속함으로, 새 관점 이후의 바울 읽기에서는 조금 더 많은 학자들의 관심의 대상이 되어야 한다. 바울의 아담 기독론은 구약의 창조 이야기를 통해서 본 바울의 복음이 유대교와 연관하여 지닌 연속성을 보여주고, 그러나 동시에 예수를 종말론적 새 아담으로 제시함으로써 유대교와 바울의 복음 간의 놓인 비연속성을 증거한다. 바울의 아담 기독론은 예수를 하나님의 새로운 창조의 실행자로 간주하면서, 그 안에서 모든 유대 신학적 개념들을 녹아내어 새롭게 해석하는 '바울신학의 용광로'로 기능한다. 아담의 이야기를 통해서 예수를 이해하고 설명하는 바울의 아담 기독론적 해석에 대한 정당한 관심은 우리로 하여금 새 관점과 옛 관점의 경직된 이분법을 넘어서, 바울에 대한 한층 더 성숙한 이해로 나아가게 해줄 것이다.

Adams, Edward. "Abraham's Faith and Gentile Disobedience: Textual Links between Romans 1 and 4." *Journal for the Study of the New Testament* 19, no. 65 (1997): 47-66.

Aletti, Jean-Noel. "The Rhetoric of Romans 5-8." In *The Rhetorical Analysis of Scripture: Essays from the 1995 London Conference*, edited by Stanley E. Porter and Thomas H. Olbricht, 294-308. Sheffield: Sheffield Academic, 1997.

Allen, Paul L. "Evolutionary Psychology and Romans 5-7: The 'Slavery to Sin' in Human Nature." *Ex auditu* 32 (2016): 50-64.

Almond, Philip C. *Mystical Experience and Religious Doctrine: An Investigation of the Study of Mysticism in World Religions*. Religion and Reason. Berlin; New York: Mouton, 1982.

Anderson, Gary A. *The Genesis of Perfection: Adam and Eve in Jewish and Christian Imagination*. 1st ed. Louisville: Westminster John Knox, 2001.

Aune, David F. "Distinct Lexical Meanings of Anapkh in Hellenistic, Judaiam and Early Christianity." In *Early Christianity and Classical Culture: Comparative Studies in Honor of Abraham J. Malherbe*, edited by John T. Fitzgerald, Thomas H. Olbricht and L. Michael White, 103-29. Atlanta: S.B.L., 2003.

Barclay, John M. G. "The Gift and Its Perfections: A Response to Joel Marcus and Margaret Mitchell." *Journal for the Study of the New Testament* 39, no. 3 (2017): 331-44.

Barclay, John M. G., and Simon J. Gathercole. *Divine and Human Agency in Paul and His Cultural Environment*. Library of New Testament Studies. London: T & T Clark, 2008.

Barnett, Paul. *The Second Epistle to the Corinthians*. NICNT. Grand Rapids: Eerdmans, 1997.

Barrett, C. K. *A Commentary on the Epistle to the Romans*. New York: Harper, 1958.
———. *From First Adam to Last*. Hewett Lectures,. New York: Scribner, 1962.

Barrier, Jeremy W. "Visions of Weakness: Apocalyptic Genre and the Identification of

Paul's Opponents in 2 Corinthians 12:1-6." *Restoration Quarterly* 47, no. 1 (2005): 33-42.

Bassler, Jouette M. "Paul's Theology: Whence and Whither? A Synthesis (of Sorts) of the Theology of Philemon, 1 Thessalonians, Philippians, Galatians, and 1 Cor Corinthians." *SBL Seminar Papers*, no. 28 (1989): 412-23.

Bassler, Jouette M., David M. Hay, and E. Elizabeth Johnson. *Pauline Theology*. 4 vols. Minneapolis: Fortress, 1991.

Bauckham, Richard. *God Will Be All in All: The Eschatology of Jürgen Moltmann*. Minneapolis: Fortress, 2001.

———. "The Worship of Jesus in Philippians 2.9-11." In *Where Christology Began: Essays on Philippians 2*, edited by Ralph P. Martin and Brian J. Dodd, 128-39. Louisville: Westminster John Knox, 1998.

Bechtler, Steven Richard. "Christ, the Telos of the Law: The Goal of Romans 10:4." *The Catholic Biblical Quarterly* 56, no. 2 (1994): 288-308.

Becker, Jürgen. *Paulus: Der Apostel Der Völker*. Tübingen: Mohr Siebeck, 1989.

Beker, Johan Christiaan. *Paul's Apocalyptic Gospel: The Coming Triumph of God*. Philadelphia: Fortress, 1982.

———. *Paul the Apostle: The Triumph of God in Life and Thought*. Philadelphia: Fortress, 1980.

———. "Recasting Pauline Theology: The Coherence-Contingency Scheme as Interpretive Model." In *Pauline Theology*, Vol 1, 15-24. Minneapolis: Fortress, 1991.

———. *The Triumph of God: The Essence of Paul's Thought*. Minneapolis: Fortress, 1990.

Bell, Richard H. "The Myth of Adam and the Myth of Christ in Romans 5.12-21." In *Paul, Luke and the Graeco-Roman World: Essays in Honour of Alexander J.M. Wedderburn*, edited by A. J. M. Wedderburn and Alf Christophersen, 21-36. London; New York: Sheffield Academic Press, 2002.

———. "Rom 5.18-19 and Universal Salvation." *New Testament Studies* 48, no. 3 (2002): 417-32.

Belleville, Linda. *Reflections of Glory*. New York: Bloomsbury, 1991.

———. "Tradition or Creation? Paul's Use of the Exodus 34 Tradition in 2 Corinthians 3.7-18." In *Paul and the Scriptures of Israel*, edited by Craig A. Evans and James A.

Sanders, 165-86. Sheffield: JSOT, 1993.

Betz, H.D. "The Concept of the 'Inner Human Being'(Ὁ Ἔσω Ἄνθρωπος) in the Anthopology of Paul." *New Testament Studies* 46 (2000): 315-41.

Black, Matthew. *Romans: Based on the Revised Standard Version.* New Century Bible Commentary. 2nd ed. Grand Rapids: Eerdmans, 1989.

Blackwell, Benjamin C. "Immortal Glory and the Problem of Death in Romans 3.23." *Journal for the Study of the New Testament* 32, no. 3 (2010): 285-308.

Blanton, Thomas R. "Spirit and Covenant Renewal: A Theologoumenon of Paul's Opponents in 2 Corinthians." *Journal of Biblical Literature* 129, no. 1 (Spr 2010): 129-51.

Boccaccini, Gabriele. *Enoch and the Messiah Son of Man: Revisiting the Book of Parables.* Grand Rapids: Eerdmans, 2007.

Bockmuehl, Markus N. A. "'The Form of God' (Phil 2:6): Variations on a Theme of Jewish Mysticism." *The Journal of Theological Studies* 48, no. 1 (1997): 1-23

Boer, Martinus C. de. *The Defeat of Death: Apocalyptic Eschatology in 1 Corinthians 15 and Romans 5.* Journal for the Study of the New Testament Supplement Series. Sheffield, England: JSOT, 1988.

———, *The Defeat of Death: Apocalyptic Eschatology in 1 Corinthians 15 and Romans 5.* Sheffield, England: JSOT, 1988.

———. "Paul's Mythologizing Program in Romans 5-8." In *Apocalyptic Paul: Cosmos and Anthropos in Romans 5-8*, edited by Beverly Roberts Gaventa, 1-20. Waco: Baylor University Press, 2013.

Borgen, Peder. "Moses, Jesus, and the Roman Emperor: Observations in Philo's Writings and the Revelation of John." *Novum testamentum* 38, no. 2 (1996): 145-59.

Boring, M. Eugene, Klaus Berger, and Carsten Colpe. *Hellenistic Commentary to the New Testament.* Nashville: Abingdon Press, 1995.

Bovon, François. "The Emergence of Christianity." *ASE* 24, no. 1 (2007): 13-29.

Bowens, Lisa M. "Lnvestigating the Apocalyptic Texture of Paul's Martial Imagery in 2 Corinthians 4-6." *Journal for the Study of the New Testament* 39, no. 1 (2016): 3-15.

Branick, Vincent P. "Apocalyptic Paul." *The Catholic Biblical Quarterly* 47, no. 4 (1985): 664-75.

Brown, Colin. "Ernst Lohmeyer's Kyrios Jesus." In *Where Christology Began: Essays on Philippians 2*, edited by Ralph P. Martin and Brian J. Dodd, 6-42. Louisville: Westminster John Knox, 1998.

Bruce, F. F. *Philippians*. New International Biblical Commentary. Peabody: Hendrickson, 1989.

Bultmann, Rudolf. *Theology of the New Testament*. 2 vols. New York: Scribner, 1951.

Burk, Denny. "The Righteousness of God (Dikaiosune Theou) and Verbal Genitives: A Grammatical Clarification." *Journal for the Study of the New Testament* 34, no. 4 (2012): 346-60.

Byrne, Brendan. "Adam, Christ, and the Law in Romans 5-8." In *Celebrating Paul: Festschrift in Honor of Jerome Murphy-O'connor, O.P., and Joseph A. Fitzmyer, S.J,* edited by Peter Spitaler, 210-32. Washington: The Catholic Biblical Association of America, 2011.

――――. "Christ's Pre-Existence in Pauline Soteriology." *Theological Studies* 58, no. 2 (1997): 308-30.

――――. "Interpreting Romans Theologically in a Post-"New Perspective" Perspective." *HTR* 94, no. 3 (2001): 227-41.

――――. "Interpreting Romans: The New Perspective and Beyond." *Interpretation* 58, no. 3 (2004): 241-52.

――――. "Living out the Righteousness of God: The Contribution of Rom 6:1-8:13 to an Understanding of Paul's Ethical Presuppositions." *The Catholic Biblical Quarterly* 43, no. 4 (1981): 557-81.

――――. "The Problem of Nomos and the Relationship with Judaism in Romans." *The Catholic Biblical Quarterly* 62, no. 2 (2000): 294-309.

――――. *Romans*. Sacra Pagina Series. Collegeville, Minn.: Liturgical Press, 1996.

――――. *Sons of God, Seed of Abraham: A Study of the Idea of the Sonship of God of All Christians in Paul against the Jewish Background*. Analecta Biblica. Rome: Biblical Institute, 1979.

Caird, G. B., and L. D. Hurst. *New Testament Theology*. Oxford; New York: Oxford University Press, 1994.

Campbell, Constantine R. *Paul and Union with Christ: An Exegetical and Theological*

Study. Grand Rapid: Zondervan, 2012.

Campbell, William S. "'All of God's Beloved in Rome!' Jewish Roots and Christian Identity." In *Celebrating Romans: Template for Pauline Theology: Essays in Honor of Robert Jewett*, edited by Sheila E. McGinn, 67-82. Grand Rapids: William B. Eerdmans Pub., 2004.

————. "The Contribution of Traditions to Paul's Theology." In *Pauline Theology, Volume II: 1 & 2 Corinthians*, edited by D. M. Hay Minneapolis: Augsburg Fortress, 1993.

Caneday, Ardel B. "Already Reigning in Life through One Man: Recovery of Adam's Abandoned Dominion (Romans 5:12-21)." In *Studies in the Pauline Epistles: Essays in Honor of Douglas J. Moo*, edited by Dane Calvin Ortlund and Matthew S. Harmon, 27-43. Grand Rapid: Zondervan, 2014.

Carson, D. A., Peter Thomas O'Brien, and Mark A. Seifrid. *Justification and Variegated Nomism* WUNT 2 Reihe. 2 vols. Grand Rapid: Baker Academic, 2001.

Casey, Maurice. *From Jewish Prophet to Gentile God: The Origins and Development of New Testament Christology*. Louisville: Westminster/J. Knox Press, 1991.

Chester, Andrew. "Jewish Messianic Expectations and Mediatorial Figures and Pauline Christology." In *Paulus Und Das Antike Judentum*, 17-89. Tübingen: Mohr Siebeck, 1991.

Chester, Stephen J. *Conversion at Corinth: Perspectives on Conversion in Paul's Theology and the Corinthian Church*. London; New York: T & T Clark Ltd., 2005.

Clarke, Andrew D. "The Source and Scope of Paul's Apostolic Authority." *Criswell Theological Review* 12, no. 2 (Spr 2015): 3-22.

Collange, Jean-François. *L'épitre De Saint Paul Aux Philippiens*. Commentaire Du Nouveau Testament. Neuchâtel: Delachaux & Niestlé, 1973.

Collins, John Joseph. "Apocalyptic Literature." In *Early Judaism and Its Modern Interpreters*, 345-70. Philadelphia, Penn: Fortress, 1986.

Collins, Nina L. "Observations on the Jewish Background of 2 Corinthians." In *Paul and the Corinthians: Studies on a Community in Conflict: Essays in Honour of Margaret Thrall*, edited by Trevor J. Burke and J. K. Elliott, 75-94. Leiden; Boston: Brill, 2003.

Collins, Raymond F. *First Corinthians*. Sacra Pagina Series. Collegeville, Minn.: Liturgical Press, 1999.

Conzelmann, Hans. *1 Corinthians: A Commentary on the First Epistle to the Corinthians.* Hermeneia. Philadelphia: Fortress, 1975.

Corley, Bruce C. "Interpreting Paul's Conversion—Then and Now." In *Road from Damascus*, 1-17. Grand Rapids: Eerdmans, 1997.

Craffert, Pieter F. "'Seeing' a Body into Being: Reflections on Scholarly Interpretations of the Nature and Reality of Jesus' Resurrected Body." *Religion & Theology* 9, no. 1-2 (2002): 89-107.

Cranfield, C. E. B. *A Critical and Exegetical Commentary on the Epistle to the Romans.* The International Critical Commentary on the Holy Scriptures of the Old and New Testaments. London; New York: T&T Clark International, 2004.

Crossan, John Dominic. *The Birth of Christianity: Discovering What Happened in the Years Immediately after the Execution of Jesus.* San Francisco: HarperSanFrancisco, 1998.

Cullmann, Oscar. *The Christology of the New Testament.* Philadelphia,: Westminster Press, 1959.

DeSilva, David Arthur. *The Hope of Glory: Honor Discourse and New Testament Interpretation.* Collegeville, Minn.: Liturgical Press, 1999.

Doble, Peter. "'Vile Bodies' or Transformed Persons?: Philippians 3.21 in Context." *Journal for the Study of the New Testament* 24, no. 4 (2002): 3-27.

Donaldson, Terence L. "Israelite, Convert, Apostle to the Gentiles: The Origin of Paul's Gentile Mission." In *Road from Damascus*, 62-84. Grand Rapids: Eerdmans, 1997.

―――. "Jewish Christianity, Israel's Stumbling and the Sonderweg Reading of Paul." *JSNT* 29, no. 1 (2006): 27-54.

―――. *Paul and the Gentiles: Remapping the Apostle's Convictional World.* Minneapolis, Minn.: Fortress, 1997.

Downs, David J. *The Offering of the Gentiles: Paul's Collection for Jerusalem in Its Chronological, Cultural, and Cultic Contexts.* WUNT 2. Tübingen: Mohr Siebeck, 2008.

Duff, Paul Brooks. "Transformed 'from Glory to Glory': Paul's Appeal to the Experience of His Readers in 2 Corinthians 3:18." *Journal of Biblical Literature* 127, no. 4 (Wint 2008): 759-80.

Dunn, J. D. G. "The New Perspective on Paul." In *Jesus, Paul, and the Law: Studies in*

Mark and Galatians, 183-214. Louisville: Westminster/John Knox Press, 1990.

———. "The New Perspective on Paul: Paul and the Law." In *The Romans Debate*, edited by Karl P. Donfried, 299-308. Peabody: Hendrickson, 1991.

———. "Once More: Pistis Christou." In *SBL Seminar Papers*, 1991, edited by Eugene H. Lovering Jr., 730-44. Atlanta: Scholars, 1991.

———. *Romans*. W.B.C.38. Vol. 1, Dallas: Word Books, 1988.

———. *The Theology of Paul the Apostle*. Grand Rapids: Eerdmans, 1998.

———. "Works of the Law and the Curse of the Law (Galatians 3:10-14)." *New Testament Studies* 31, no. 4 (1985): 523-42.

———. "Yet Once More--'the Works of the Law': A Response." *Journal for the Study of the New Testament* 14, no. 46 (1992): 99-117.

———. "Christ, Adam, and Preexistence Revisited." In *Where Christology Began: Essays on Philippians 2*, edited by Ralph P. Martin and Brian J. Dodd, 74-83. Louisville: Westminster John Knox, 1998.

———. *Christology in the Making: A New Testament Inquiry into the Origins of the Doctrine of the Incarnation*. 2nd ed. Grand Rapids: Eerdmans Co., 1996.

———. "How Are the Dead Raised? With What Body Do They Come?: Reflections on 1 Corinthians 15." *Southwestern Journal of Theology* 45, no. 1 (Fall 2002): 4-18.

———. "In Search of Common Ground." In *Paul and the Mosaic Law*, 309-34. Tubingen: Mohr Siebeck, 1996.

———. *Jesus and the Spirit: A Study of the Religious and Charismatic Experience of Jesus and the First Christians as Reflected in the New Testament*. Grand Rapids: Eerdmans, 1997.

———. *Jesus Remembered. Christianity in the Making*. Grand Rapids: Eerdmans, 2003.

———. "'The Letter Kills, but the Spirit Gives Life' (2 Cor. 3:6)." *Pneuma* 35, no. 2 (2013): 163-79.

———. "A Light to the Gentiles": The Significance of the Damascus Road Christophany for Paul." In *Glory of Christ in the New Testament*, 251-66. Oxford: Clarendon Pr, 1987.

———. "The Lord, the Giver of Life": The Gift of the Spirit as Both Life-Giving and Empowering." In *The Spirit and Christ in the New Testament and Christian Theology:*

Essays in Honor of Max Turner, edited by I. Howard Marshall, Volker Rabens and Cornelis Bennema, 1-17. Grand Rapids: Eerdmans Co., 2012.

———. *New Testament Theology: An Introduction. Library of Biblical Theology.* Nashville: Abingdon Press, 2009.

———. "Paul's Conversion—a Light to Twentieth Century Disputes." In *Evangelium, Schriftauslegung*, Kirche, 77-93. Göttingen: Vandenhoeck & Ruprecht, 1997.

———. "Paul and Justification by Faith." In *Road from Damascus*, edited by Richard N. Longenecker, 85-101. Grand Rapids: Eerdmans, 1997.

———. *Paul and the Mosaic Law.* Grand Rapids: Eerdmans, 2001.

———. "Why "Incarnation"?: A Review of Recent New Testament Scholarship." In *Crossing the Boundaries*, edited by Stanley E. Porter, Paul Joyce and David E. Orton, 235-56. Leiden: E J Brill, 1994.

Dupont, Jacques. "The Conversion of Paul, and Its Influence on His Understanding of Salvation by Faith." In *Apostolic History and the Gospel*, 176-94. Exeter, Eng: Paternoster Pr, 1970.

Eastman, Susan. "Double Participation and the Responsible Self." In *Apocalyptic Paul: Cosmos and Anthropos in Romans 5-8*, edited by Beverly Roberts Gaventa, 93-110. Waco: Baylor University Press, 2013.

Engberg-Pedersen, Troels. "Paulus Som Hellenist." Dansk teologisk tidsskrift 56, no. 3 (1993): 189-208.

Eskola, Timo. "Paul, Predestination and "Covenantal Nomism"--Re-Assessing Paul and Palestinian Judaism." *Journal for the Study of Judaism in the Persian, Hellenistic and Roman Period* 28, no. 4 (1997): 390-412.

———. *Theodicy and Predestination in Pauline Soteriology.* Wissenschaftliche Untersu-chungen Zum Neuen Testament 2 Reihe. Tübingen: Mohr Siebeck, 1998.

Esler, Philip Francis. *Conflict and Identity in Romans: The Social Setting of Paul's Letter.* Minneapolis: Fortress, 2003.

Fee, Gordon D. *The First Epistle to the Corinthians.* NICNT. Grand Rapids: Eerdmans, 1987.

———. *God's Empowering Presence: The Holy Spirit in the Letters of Paul.* Peabody: Hendrickson, 1994.

———. *Pauline Christology: An Exegetical-Theological Study*. Peabody: Hendrickson, 2007.

———. *Philippians*. Downers Grove, Ill.: InterVarsity Press, 1999.

Finlan, Stephen. "Can We Speak of Theosis in Paul?". In *Partakers of the Divine Nature: The History and Development of Deification in the Christian Traditions*, edited by Michael J. Christensen and Jeffery A. Wittung, 68-80. Grand Rapids: Baker Academic, 2007.

Fitzmyer, Joseph A. "The Aramaic Background of Philippians 2:6-11." *The Catholic Biblical Quarterly* 50, no. 3 (1988): 470-83.

———. *First Corinthians: A New Translation with Introduction and Commentary*. The Anchor Yale Bible. New Haven; London: Yale University Press, 2008.

———. "Glory Reflected on the Face of Christ (2 Cor 3:7-4:6) and a Palestinian Jewish Motif." *Theological Studies* 42, no. 4 (1981): 630-44.

———. *Romans: A New Translation with Introduction and Commentary*. The Anchor Bible. 1st ed. New York: Doubleday, 1993.

Fletcher-Louis, Crispin H. T. *All the Glory of Adam: Liturgical Anthropology in the Dead Sea Scrolls. Studies on the Texts of the Desert of Judah,*. Leiden; Boston: Brill, 2002.

Fowl, Stephen D. *The Story of Christ in the Ethics of Paul*. Sheffield: Sheffield Academic Press, 1990.

Furnish, Victor Paul. *2 Corinthians*. The Anchor Bible. 1st ed. Garden City, N.Y.: Doubleday, 1984.

Garland, David E. *2 Corinthians*. The New American Commentary. Nashville, Tenn.: Broadman & Holman, 1999.

Garlington, Don B. "Romans 7:14-25 and the Creation Theology of Paul." *Trinity Journal* 11, no. 2 (Fall 1990): 197-235.

Gathercole, Simon J. "Sin in God's Economy: Agencies in Romans 1 and 7." In *Divine and Human Agency in Paul and His Cultural Environment*, edited by John M. G. Barclay and Simon J. Gathercole, 158-72. London; New York: T & T Clark, 2006.

———. "What Did Paul Really Mean?: 'New Perspective' Scholars Argue That We Need, Well, a New Perspective on Justification by Faith." *Christianity Today* 51, no. 8 (2007): 22-28.

―――. *Where Is Boasting?: Early Jewish Soteriology and Paul's Response in Romans 1-5*. Grand Rapids: William B. Eerdmans Pub. Co., 2002.

Gaventa, Beverly Roberts. *Our Mother Saint Paul*. 1st ed. Louisville: Westminster John Knox, 2007.

―――. "The Shape of the "I": The Psalter, the Gospel, and the Speaker in Romans 7." In *Apocalyptic Paul: Cosmos and Anthropos in Romans 5-8*, edited by Beverly Roberts Gaventa, 77-92. Waco: Baylor University Press, 2013.

Gignac, Alain. "The Enunciative Device of Romans 1:18-4:25: A Succession of Discourses Attempting to Express the Multiple Dimensions of God's Justice." *The Catholic Biblical Quarterly* 77, no. 3 (2015): 481-502.

Gignilliat, Mark S. *Paul and Isaiah's Servants: Paul's Theological Reading of Isaiah 40-66 in 2 Corinthians 5:14-6:10*. London; New York: T & T Clark, 2007.

Gleason, Randall C. "Paul's Covenantal Contrasts in 2 Corinthians 3:1-11." *Bibliotheca sacra* 154, no. 613 (1997): 61-79.

Gonzalez, Eliezer. "Paul's Use of Metamorphosis in Its Graeco-Roman and Jewish Contexts." *DavarLogos* 13, no. 1 (2014): 57-76.

Goodrich, John K. "From Slaves of Sin to Slaves of God: Reconsidering the Origin of Paul's Slavery Metaphor in Romans 6." *Bulletin for Biblical Research* 23, no. 4 (2013): 509-30.

Grieb, A. Katherine. *The Story of Romans: A Narrative Defense of God's Righteousness*. Louisville: Westminster John Knox, 2002.

Grindheim, Sigurd. "The Law Kills but the Gospel Gives Life: The Letter-Spirit Dualism in 2 Corinthians 3.5-18." *Journal for the Study of the New Testament* 24, no. 2 (2001): 97-115.

―――. "A Theology of Glory: Paul's Use of Δόξα Terminology in Romans." *Journal of Biblical Literature* 136, no. 2 (2017): 451-65.

Gundary, Robert H. "Style and Substance in 'the Myth of God Incarnate' According to Philippians 2:6-11." In *Crossing the Boundaries: Essays in Biblical Interpretation in Honour of Michael D. Goulder*, edited by Stanley E. Porter, Paul M. Joyce and David E. Orton, 271-93. Leiden; New York: E.J. Brill, 1994.

Gunther, John J. *St. Paul's Opponents and Their Background. A Study of Apocalyptic and*

Jewish Sectarian Teachings. Novum Testamentum Supplements,. Leiden,: Brill, 1973.

Guthrie, George H. *2 Corinthians*. Grand Rapids, Michigan: Baker Academic, 2015.

Hafemann, Scott J. *Paul, Moses, and the History of Israel: The Letter/Spirit Contrast and the Argument from Scripture in 2 Corinthians 3*. WUNT 81. Tübingen: Mohr Siebeck, 1995.

Hamerton-Kelly, Robert G. "Sacred Violence and Sinful Desire: Paul's Interpretation of Adam's Sin in the Letter to the Romans." In *The Conversation Continues: Studies in Paul & John in Honor of J. Louis Martyn*, edited by Robert Tomson Fortna and Beverly Roberts Gaventa, 35-54. Nashville: Abingdon Press, 1990.

Hansen, G. Walter. *The Letter to the Philippians*. The Pillar New Testament Commentary. Grand Rapids: Eerdmans, 2009.

Harris, Murray J. *The Second Epistle to the Corinthians: A Commentary on the Greek Text*. NIGTC Grand Rapids: Eerdmans Co., 2005.

Harrison, James R. *Paul and the Imperial Authorities at Thessalonica and Rome: A Study in the Conflict of Ideology*. WUNT. Tübingen, GermaNew York: Mohr Siebeck, 2011.

Hawthorne, Gerald F. "In the Form of God and Equal with God(Philippians 2:6)." In *Where Christology Began: Essays on Philippians 2*, edited by Ralph P. Martin and Brian J. Dodd, 96-110. Louisville: Westminster John Knox, 1998.

Hawthorne, Gerald F., and Ralph P. Martin. *Philippians*. Word Biblical Commentary. Dallas, TX: Thomas Nelson, 2004.

Hays, Richard B. "Adam, Israel, Christ." In *Pauline Theology, edited by David M. Hay and E. Elizabeth Johnson*, 68-86. Minneapolis: Fortress, 1991.

———. *Echoes of Scripture in the Letters of Paul*. New Haven: Yale University Press, 1989.

———. *The Faith of Jesus Christ: The Narrative Substructure of Galatians 3:1-4:11*. 2nd ed. Grand Rapids: Eerdmans, 2002.

———. *First Corinthians*. Louisville: John Knox Press, 1997.

———. "Justification." In Anchor Bible Dictionary, 1131, 1992.

———. "Psalm 143 and the Logic of Romans 3." *Journal of Biblical Literature* 99, no. 1 (1980): 107-15.

———. "Relations Natural and Unnatural: A Response to J Boswell's Exegesis of Rom 1."

Journal of Religious Ethics 14, no. 1 (Spr 1986): 184-215.

———. "Three Dramatic Roles: The Law in Romans 3-4." In *Paul and the Mosaic Law*, 151-64. Tubingen: J C B Mohr Siebeck, 1996.

Hayward, Robert. "The Figure of Adam in Pseudo-Philo's Biblical Antiquities." *Journal for the Study of Judaism in the Persian, Hellenistic and Roman Period* 23, no. 1 (1992): 1-20.

Heil, John Paul. "Christ, the Termination of the Law (Romans 9:30-10:8)." *The Catholic Biblical Quarterly* 63, no. 3 (2001): 484-98.

Heilig, Christoph, J. Thomas Hewitt, Michael F. Bird, and N. T. Wright. *God and the Faithfulness of Paul: A Critical Examination of the Pauline Theology of N.T. Wright.* WUNT 2. Tübingen: Mohr Siebeck, 2016.

Hellerman, Joseph H. "The Humiliation of Christ in the Social World of Roman Philippi Part 1." Bibliotheca Sacra 160, no. 639 (2003): 321-36.

———. "The Humiliation of Christ in the Social World of Roman Philippi Part 2." *Bibliotheca Sacra* 160, no. 640 (2003): 421-33.

Hengel, Martin. *Between Jesus and Paul: Studies in the Earliest History of Christianity.* London: SCM Press, 1983.

———. *Crucifixion in the Ancient World and the Folly of the Message of the Cross.* London: SCM Press, 1977.

———. *Der Sohn Gottes: Die Entstehung Der Christologie Und Die Jüdisch-Hellenistische Religionsgeschichte.* Tübingen: J. C. B. Mohr, 1975.

———. *Studies in Early Christology.* London; New York: T&T Clark International, 2004.

Hengel, Martin, and Anna Maria Schwemer. *Paul between Damascus and Antioch: The Unknown Years.* 1st American ed. Louisville: Westminster John Knox, 1997.

Henze, Matthias. "4 Ezra and 2 Baruch: Literary Composition and Oral Performance in First-Century Apocalyptic Literature." *Journal of Biblical Literature* 131, no. 1 (2012): 181-200.

Hill, C. E. "Paul's Understanding of Christ's Kingdom in I Corinthians 15:20-28." *Novum testamentum* 30, no. 4 (1988): 297-320.

Hill, Craig C. Hellenists and Hebrews: Reappraising Division within the Earliest Church. Minneapolis: Fortress, 1992.

Hoblík, Jiří. "The Holy Logos in the Writings of Philo of Alexandria." *Communio viatorum* 56, no. 3 (2014): 248-66.

Hofius, Otfried. "The Adam-Christ Antithesis and the Law: Reflections on Romans 5:12-21." In *Paul and the Mosaic Law*, edited by James D. G. Dunn, 165-206. Grand Rapids: Eerdmans, 2001.

———. *Paulusstudien*. WUNT, 51. 2 vols. Tübingen: Mohr, 1989.

Hollander, Harm W. "Seeing God 'in a Riddle' or 'Face to Face': An Analysis of 1 Corinthians 13.12." *Journal for the Study of the New Testament* 32, no. 4 (2010): 395-403.

Holleman, Joost. *Resurrection and Parousia: A Traditio-Historical Study of Paul's Eschatology* in 1 Corinthians 15. Leiden New York: E.J. Brill, 1996.

Hooker, Morna. "Philippians 2:6-11." In *Jesus Und Paulus: Festschrift F. Werner Georg Kümmel*, edited by Werner Georg Kümmel, E. Earle Ellis and Erich Grässer, 151-64. Göttingen: Vandenhoeck und Ruprecht, 1975.

———. „Interchange in Christ and Ethics." *Journal for the Study of the New Testament* 8, no. 25 (1985): 3-17.

———. "The Letter to Teh Philippians: Introduction, Commentary, and Reflections." In *The New Interpreter's Bible*, edited by Leander E. Keck, 467-550. Nashville: Abingdon Press, 2000.

———. *From Adam to Christ: Essays on Paul*. Cambridge England; New York: Cambridge University Press, 1990.

Hoover, Roy W. "Harpagmos Enigma: A Philological Solution." *Harvard Theological Review* 64, no. 1 (1971): 95-119.

Horsley, Richard A. *Paul and Empire: Religion and Power in Roman Imperial Society*. Harrisburg, Pa.: Trinity Press International, 1997.

Hubner, Hans. "Hermeneutics of Romans 7." In *Paul and the Mosaic Law*, edited by James D. G. Dunn, 207-14. Grand Rapids: Eerdmans, 2001.

Hull, Michael F. *Baptism on Account of the Dead (1 Cor: 15:29): An Act of Faith in the Resurrection*. Leiden; Boston: Brill, 2005.

Hultgren, Stephen J. "The Origin of Paul's Doctrine of the Two Adams in 1 Corinthians 15.45-49." Journal for the Study of the New Testament 25, no. 3 (2003): 343-70.

Hurst, Lincoln D. "Christ, Adam, and Preexistence Revisted." In *Where Christology Began: Essays on Philippians 2*, edited by Ralph P. Martin and Brian J. Dodd, 84-95. Louisville: Westminster John Knox, 1998.

Hurtado, L. W., and Paul L. Owen. "Who Is This Son of Man?": The Latest Scholarship on a Puzzling Expression of the Historical Jesus. Library of New Testament Studies. London; New York, N.Y.: T & T Clark, 2011.

Hurtado, Larry W. "Convert, Apostate or Apostle to the Nations: The "Conversion" of Paul in Recent Scholarship." *SR* 22, no. 3 (1993): 273-84.

———. *Lord Jesus Christ: Devotion to Jesus in Earliest Christianity*. Grand Rapids: Eerdmans, 2003.

———. *One God, One Lord: Early Christian Devotion and Ancient Jewish Monotheism*. Philadelphia: Fortress, 1988.

———. "Religious Experience and Religious Innovation in the New Testament." *JR* 80, no. 2 (2000): 183-205.

———. *How on Earth Did Jesus Become a God?* Grand Rapids: Eerdmans, 2006.

Hyldahl, Niels. "Reminiscence of the Old Testament at Romans 1:23." *New Testament Studies* 2, no. 4 (1956): 285-88.

Jenkins, C. Ryan. "Faith and Works in Paul and James." *Bibliotheca Sacra* 159, no. 633 (2002): 62-78.

Jeremias, J. "'Flesh and Blood Cannot Inherit the Kingdom of God' (1 Cor 15:50)." *New Testament Studies* 2 (1955): 151-59.

———. "Pais Theou." *TDNT* 5: 654-716.

Jervell, Jacob. *Imago Dei. Gen 1, 26f. Im Spätjudentum, in Der Gnosis Und in Den Paulinischen Briefen*. Göttingen: Vandenhoeck & Ruprecht, 1960.

Jewett, Robert. *Romans: A Commentary*. Hermeneia. Minneapolis: Fortress, 2007.

Johnson, Luke Timothy. "Life-Giving Spirit: The Ontological Implications of Resurrection." *Stone-Campbell Journal* 15, no. 1 (Spr 2012): 75-89.

———. *Religious Experience in Earliest Christianity: A Missing Dimension in New Testament Studies*. Minneapolis: Fortress, 1998.

———. "Transformation of the Mind and Moral Discernment in Paul." In *Early Christianity and Classical Culture: Comparative Studies in Honor of Abraham J.*

Malherbe, edited by John T. Fitzgerald, Thomas H. Olbricht and L. Michael White, 215-36. Atlanta: SBL, 2003.

Jolivet, Ira. "Christ the Τέλος in Romans 10:4 as Both Fulfillment and Termination of the Law." *Restoration Quarterly* 51, no. 1 (2009): 13-30.

Jonge, *Marinus de, and Johannes Tromp. The Life of Adam and Eve and Related Literature. Guides to Apocrypha and Pseudepigrapha.* Sheffield, England: Academic Press, 1997.

Käsemann, Ernst. "A Critical Analysis of Philippians 2.5-11." *ZTK* 47 (1950): 313-60.

―――. *Commentary on Romans.* Grand Rapids: Eerdmans, 1980.

Keck, Leander E. "The Law and 'the Law of Sin and Death'(Rom 8:1-4): Reflections on the Spirit and Ethics in Paul." In *The Divine Helmsman: Studies on God's Control of Human Events*, Presented to Lou H. Silberman, edited by James L. Crenshaw and Samuel Sandmel, 41-57. New York: KTAV Pub. House, 1980.

―――. "Response to Calvin J. Roetzel." In *Pauline Theology*, V 3: Romans, edited by David M. Hay and E. Elizabeth Johnson. Minneapolis: Fortress, 1995.

―――. "What Makes Romans Tick?". In *Pauline Theology*, edited by David M. Hay and E. Elizabeth Johnson, 3-29. Minneapolis: Fortress, 1991.

Kidwell, Brian. "The Adamic Backdrop of Romans." *Criswell Theological Review* 11, no. 1 (Fall 2013): 103-20.

Kidwell, Robert Brian. "The Adamic Backdrop of Romans 7." Ph.D diss., Asbury Theological Seminary, 2012.

Kim, Seyoon. "The "Mystery" of Rom 11:25-6 Once More." *NTS* 43, no. 3 (1997): 412-29.

―――. *The Origin of Paul's Gospel.* American ed. Grand Rapids: Eerdmans Co., 1982.

―――. *Paul and the New Perspective: Second Thoughts on the Origin of Paul's Gospel.* Grand Rapids: Eerdmans, 2001.

King, Karen L. *What Is Gnosticism?* Cambridge, Mass.: Belknap Press of Harvard University Press, 2003.

Kirk, J. R. Daniel. *Unlocking Romans: Resurrection and the Justification of God.* Grand Rapids: William B. Eerdmans Pub., 2008.

Kister, Menahem. "First Adam" and "Second Adam" in 1 Cor 15:45-49 in the Light of Midrashic Exegesis." In *The New Testament and Rabbinic Literature*, edited by R. Bieringer, 351-65. Leiden; Boston: Brill, 2010.

———. "Romans 5:12-21 against the Background of Torah-Theology and Hebrew Usage." *Harvard Theological Review* 100, no. 4 (2007): 391-424.

Knox, John, and Douglas R. A. Hare. *Chapters in a Life of Paul*. Rev. ed. Louvain, Belgium; Macon, Ga.: Peeters; Mercer University Press, 1987.

Kraftchick, Steven J. "Seeking a More Fluid Model." In *Pauline Theology* Volume II: 1 & 2 Corinthians, edited by D. M. Hay Minneapolis: Fortress, 1993.

Kreitzer, Larry J. "When He at Last Is First!": Philippians 2:9-11 and the Exaltation of the Lord." In *Where Christology Began: Essays on Philippians 2*, edited by Ralph P. Martin and Brian J. Dodd, x, 169 p. Louisville: Westminster John Knox, 1998.

Laato, Timo. *Paul and Judaism: An Anthropological Approach*. Atlanta, Ga.: Scholars Press, 1995.

Lambrecht, Jan. "From Glory to Glory (2 Corinthians 3,18): A Reply to Paul B Duff." *Ephemerides theologicae Lovanienses* 85, no. 1 (2009): 143-46.

———. "God's Own Righteousness." *Louvain Studies* 25, no. 3 (Fall 2000): 260-74.

———. *Second Corinthians*. Sacra Pagina Series. Collegeville, Minn.: Liturgical Press, 1999.

———. "Structure and Line of Thought in 1 Cor 15:23-28." *Novum testamentum* 32, no. 2 (1990): 143-51.

———. "Structure and Line of Thought in 2 Cor 2:14-4:6." *Biblica* 64, no. 3 (1983): 344-80.

———. "Transformation in 2 Cor 3:18." *Biblica* 64, no. 2 (1983): 243-54.

Lee, SeungHyun Simon. "The Edificaion of the Church as Paul's Primary Concern in His Defense of Jesus' Bodily Resurrection and His Apostleship." *Journal of Youngsann Theology* 41 (2017): 129-53.

———. "Paul's Gentile Mission and Apostleship as Hermeneutical Exigency for His Presentation of Jesus as the New Adam," *Korean New Testament Studies* 19.2 (2012): 525-59.

———. "Paul's Adam Christology in the Post-New Perspective Reading," *Korea Presbyterian Journal of Theology* 46(3) (2014), 67-90.

———. *Jesus' Transfiguration and the Believers' Transformation: A Study of the Transfiguration and Its Development in Early Christian Writings*. WUNT2. Tübingen,

GermaNew York: Mohr Siebeck, 2009.

Leese, Jennifer J.J. "Christ, New Creation, and the Cosmic Goal of Redemption: A Study of Pauline Ktisiology and Its Interpretation by Irenaeus." Ph.D diss., Durham University, 2014.

Legarreta, Felipe De J. "The Figure of Adam in Rom 5:12-21 and 1 Cor 15:21-22, 45-49: The New Creation and Its Ethical and Social Reconfigurations." Ph.D diss., Loyola University, 2011.

Levison, John R. "Adam and Eve in Romans 1.18-25 and the Greek Life of Adam and Eve." *New Testament Studies* 50, no. 4 (2004): 519-34.

———. *Portraits of Adam in Early Judaism: From Sirach to 2 Baruch*. Journal for the Study of the Pseudepigrapha Supplement Series. Sheffield: JSOT, 1988.

Lewis, Robert Brian. Paul's "Spirit of Adoption" in Its Roman Imperial Context. London; New York: Bloomsbury T&T Clark, 2016.

Lightfoot, J. B. Philippians. *The Crossway Classic Commentaries*. Wheaton, Ill.: Crossway Books, 1994.

Litwa, M. David. "Transformation through a Mirror: Moses in 2 Cor. 3.18." *Journal for the Study of the New Testament* 34, no. 3 (2012): 286-97.

Lohmeyer, Ernst. *Kyrios Jesus· Eine Untersuchung Zu Phil 2,5-11*. Sitzungsberichte der Heidelberger Akademie der Wissenschaften, 1927.

Longenecker, Bruce W. "Defining the Faithful Character of the Covenant Community: Galatians 2:15-21 and Beyond: A Response to Jan Lambrecht." In *Paul and the Mosaic Law*, 75-97. Tubingen: Mohr Siebeck, 1996.

Longenecker, Richard N. *The Christology of Early Jewish Christianity*. Studies in Biblical Theology,. London,: S.C.M. Press, 1970.

———. *The Epistle to the Romans: A Commentary on the Greek Text*. The New International Greek Testament Commentary. Grand Rapids, Michigan: William B. Eerdmans Publishing Company, 2016.

———, "The Foundational Conviction of New Testament Christology: The Obedience / Faithfulness / Sonship of Christ." In *Jesus of Nazareth: Lord and Christ· Essays on the Historical Jesus and New Testament Christology*, edited by Joel B. Green and Max Turner, 473-88. Grand Rapids: Eerdmans, 1994.

————. *Introducing Romans: Critical Issues in Paul's Most Famous Letter*. Grand Rapids: William B. Eerdmans Pub., 2011.

————. "A Realized Hope, a New Commitment, and a Developed Proclamation: Paul and Jesus." In *The Road from Damascus*, edited by Richard N. Longenecker, 18-42. Grand Rapids: Eerdmans, 1997.

————. *The Road from Damascus: The Impact of Paul's Conversion on His Life, Thought, and Ministry*. Mcmaster New Testament Studies. Grand Rapids: Eerdmans, 1997.

López, René. "The Nature of the Resurrection Body of Jesus and Believers." *Bibliotheca sacra* 170, no. 678 (2013): 143-53.

Mack, Burton L. *A Myth of Innocence: Mark and Christian Origins*. Philadelphia: Fortress, 1988.

Marshall, I. H. "Incarnational Christology in the New Testament." In *Christ the Lord: Studies in Christology Presented to Donald Guthrie*, edited by Donald Guthrie and Harold Hamlyn Rowdon, 1-16. Downers Grove, IL: Inter-Varsity Press, 1982.

Martin, Dale B. *The Corinthian Body*. New Haven: Yale University Press, 1995.

Martin, Ralph P. *Carmen Christi: Philippians Ii 5-11 in Recent Interpretation and in the Setting of Early Christian Worship*. Rev. ed. Grand Rapids: Eerdmans, 1983.

————. *A Hymn of Christ: Philippians 2:5-11 in Recent Interpretation & in the Setting of Early Christian Worship*. 1st ed. Downers Grove, Ill.: InterVarsity Press, 1997.

————. *Reconciliation: A Study of Paul's Theology*. New Foundations Theological Library. Atlanta: John Knox Press, 1981.

Martyn, J. Louis. *Theological Issues in the Letters of Paul*. Nashville: Abingdon Press, 1997.

Mauser, Ulrich W. "God in Human Form." *Ex auditu* 16 (2000): 81-99.

McKnight, Scot. "Covenant and Spirit: The Origins of the New Covenant Hermeneutic." In *The Holy Spirit and Christian Origins: Essays in Honor of James D.G. Dunn*, edited by Graham Stanton, Bruce W. Longenecker and Stephen C. Barton, 41-54. Grand Rapids: Eerdmans Co., 2004.

Menoud, Philippe H. "Revelation and Tradition: The Influence of Paul's Conversion on His Theology." *Interpretation* 7, no. 2 (1953): 131-41.

Mercer, Calvin R. "Jesus the Apostle: 'Sending' and the Theology of John." *Journal of the*

Evangelical Theological Society 35, no. 4 (1992): 457-62.

Meyer, Nicholas A. *Adam's Dust and Adam's Glory in the Hodayot and the Letters of Paul: Rethinking Anthropogony and Theology.* Supplements to Novum Testamentum,. Leiden; Boston: Brill, 2016.

Meyer, Paul W. "The Worm at the Core of the Apple: Exegetical Reflections on Romans 7." In *The Conversation Continues: Studies in Paul & John in Honor of J. Louis Martyn,* edited by Robert Tomson Fortna and Beverly Roberts Gaventa, 62-84. Nashville: Abingdon Press, 1990.

Middendorf, Michael Paul. *The "I" in the Storm: A Study of Romans 7.* St. Louis, Mo.: Concordia Academic Press, 1997.

Mitchell, M. "The Corinthian Correspondence and the Birth of Pauline Hermeneutics." In *Paul and the Corinthians: Studies on a Community in Conflict: Essays in Honour of Margaret Thrall,* edited by Trevor J. Burke and J. K. Elliott, 17-53. Leiden; Boston: Brill, 2003.

———. "Paul's Letters to Corinth; the Interpretative Intertwining of Literary and Historical Reconstruction." In *Urban Religion in Roman Corinth: Interdisciplinary Approaches,* edited by Daniel N. Schowalter and Steven J. Friesen, 312-21. Cambridge, Mass.: Harvard Univ. Press, 2005.

———. *Paul and the Rhetoric of Reconciliation: An Exegetical Investigation of the Language and Composition of 1 Corinthians.* Louisville: Westminster/John Knox Press, 1993.

———. *Paul, the Corinthians, and the Birth of Christian Hermeneutics.* Cambridge; New York: Cambridge University Press, 2010.

Moltmann, Jürgen. *The Coming of God: Christian Eschatology.* Minneapolis: Fortress, 1996.

Moo, Douglas J. *The Epistle to the Romans.* NICNT. Grand Rapids: Eerdmans Co., 1996.

Morgan, Robert. "Incarnation, Myth, and Theology: Ernst Käsemann's Interpretation of Philippians 2:5-11." In *Where Christology Began: Essays on Philippians 2,* edited by Ralph P. Martin and Brian J. Dodd, 43-43. Louisville: Westminster John Knox, 1998.

Müller, Ulrich B. *Der Brief Des Paulus an Die Philipper.* Theologischer Handkommentar Zum Neuen Testament. Leipzig: Evangelische Verlagsanstalt, 1993.

Murphy-O'Connor, J. *Paul: A Critical Life*. New York: Oxford University Press, 1996.

Myllykoski, M. "What Happened to the Body of Jesus?". In *Fair Play: Diversity and Conflicts in Early Christianity: Essays in Honour of Heikki RälsäNen*, edited by Ismo Dunderberg, C. M. Tuckett and Kari Syreeni, 43-82. Leiden; Boston: Brill, 2002.

Nebeker, Gary L. "Christ as Somatic Transformer (Phil 3:20-21): Christology in an Eschatological Perspective." *Trinity Journal* 21, no. 2 (Fall 2000): 165-87.

Newman, Carey C. *Paul's Glory-Christology: Tradition and Rhetoric*. Supplements to Novum Testamentum,. Leiden; New York: E.J. Brill, 1992.

Nickelsburg, George W. E., and Robert A. Kraft. "Introduction: The Modern Study of Early Judaism." In *Early Judaism and Its Modern Interpreters*, 1-30. Philadelphia, Penn: Fortress, 1986.

Niskanen, Paul. "The Poetics of Adam: The Creation of אדם in the Image of אלהים." *Journal of Biblical Literature* 128, no. 3 (Fall 2009): 417-36.

O'Brien, Peter Thomas. *The Epistle to the Philippians: A Commentary on the Greek Text*. The New International Greek Testament Commentary. Grand Rapids: Eerdmans, 1991.

O'Neill, John Cochrane. "Hoover on Harpagmos Reviewed, with a Modest Proposal Concerning Philippians 2:6." *Harvard Theological Review* 81, no. 4 (1988): 445-49.

Oakes, Peter. *Philippians: From People to Letter*. Society for New Testament Studies Monograph Series. Cambridge; New York: Cambridge University Press, 2001.

Okure, Teresa. "'The Ministry of Reconciliation' (2 Cor 5:14-21): Paul's Key to the Problem of 'the Other' in Corinth." *Mission Studies* 23, no. 1 (2006): 105-21.

Olley, John W. "'The Many': How Is Isa 53:12a to Be Understood." *Biblica* 68, no. 3 (1987): 330-56.

Osei-Bonsu, Joseph. "Does 2 Cor 5:1-10 Teach the Reception of the Resurrection Body at the Moment of Death." *Journal for the Study of the New Testament* 9, no. 28 (1986): 81-101.

Owen, Paul, and David Shepherd. "Speaking up for Qumran, Dalman and the Son of Man: Was Bar Enasha a Common Term for 'Man' in the Time of Jesus?" *JSNT*, no. 81 (2001): 81-122.

Pahl, Michael W. "The ' Gospel' and the 'Word': Exploring Some Early Christian Patterns."

Journal for the Study of the New Testament 29, no. 2 (2006): 211-27.

Pambrun, James R. "Aesthetic Experience and Paul: Reading with Leander Keck and Christaan Beker on Paul's Apocalyptic Way of Thinking Part One." *Science et Esprit* 66, no. 3 (2014): 445-58.

Paretsky, Albert. "'You Are the Seal of My Apostleship in the Lord': Paul's Self-Authenticating Word." *Review & Expositor* 110, no. 4 (Fall 2013): 621-31.

Pate, C. Marvin. *Adam Christology as the Exegetical & Theological Substructure of 2 Corinthians 4:7-5:21.* Lanham, Md.: University Press of America, 1991.

Patterson, Orlando. "Paul, Slavery and Freedom: Personal and Socio-Historical Reflections." Semeia 83 (1998): 263-79.

Penner, Todd C. *In Praise of Christian Origins: Stephen and the Hellenists in Lukan Apologetic Historiography.* Emory Studies in Early Christianity. New York: T & T Clark, 2004.

Pino, Tikhon Alexander. "An Essence-Energy Distinction in Philo as the Basis for the Language of Deification." *Journal of Theological Studies* 68, no. 2 (2017): 551-71.

Popkes, Wiard. "Two Interpretations of 'Justification' in the New Testament: Reflections on Galatians 2:15-21 and James 2:21-25." *Studia theologica* 59, no. 2 (2005): 129-46.

Porton, Gary G. "Diversity in Postbiblical Judaism." In *Early Judaism and Its Modern Interpreters*, 57-80. Philadelphia, Penn: Fortress, 1986.

Rabens, Volker. *The Holy Spirit and Ethics in Paul: Transformation and Empowering for Religious-Ethical Life.* Wissenschaftliche Untersuchungen Zum Neuen Testament 2 Reihe. Tübingen: Mohr Siebeck, 2010.

————. "Power from in Between: The Relational Experience of the Holy Spirit and Spiritual Gifts in Paul's Churches." In *The Spirit and Christ in the New Testament and Christian Theology: Essays in Honor of Max Turner*, edited by I. Howard Marshall, Volker Rabens and Cornelis Bennema, 138-55. Grand Rapids: Eerdmans Co., 2012.

Räisänen, Heikki. *Beyond New Testament Theology: A Story and a Programme.* London; Philadelphia: SCM Press; Trinity Press International, 1990.

————. "Paul's Conversion and the Development of His View of the Law." *NTS* 33, no. 3 (1987): 404-19.

Reaume, John D. "Another Look at 1 Corinthians 15:29, 'Baptized for the Dead'."

Bibliotheca sacra 152, no. 608 (1995): 457-75.

Reumann, John Henry Paul. "Gospel of the Righteousness of God." *Interpretation* 20, no. 4 (1966): 432-52.

———. *Philippians: A New Translation with Introduction and Commentary*. The Anchor Yale Bible. New Haven: Yale University Press, 2008.

Richardson, Neil. *Paul's Language About God*. Jsntsup 99. Sheffield, England: Sheffield Academic Press, 1994.

Riesner, Rainer. *Paul's Early Period: Chronology, Mission Strategy, Theology*. Grand Rapids: Eerdmans, 1998.

Robinson, H. Wheeler. *The Cross in the Old Testament*. Philadelphia,: Westminster Press, 1955.

Robinson, John A. T. *The Body: A Study in Pauline Theology*. Colorado Springs, CL: Bimillennial Press, 2002.

Roetzel, Calvin J. *2 Corinthians*. Abingdon New Testament Commentaries. Nashville: Abingdon Press, 2007.

———. "The Grammar of Election in Four Pauline Letters." In *Pauline Theology*. Vol. 2: 1 & 2 Corinthians, edited by D. M. Hay, 211-33. Minneapolis: Fortress, 1993.

———. "Paul and Nomos in the Messianic Age." In *Reading Paul in Context: Explorations in Identity Formation: Essays in Honour of William S. Campbell*, edited by Kathy Ehrensperger and J. Brian Tucker, 113-27. London; New York: T & T Clark, 2010.

Romanov, Andrey. "Εἰς Κύριος and Ἡμεῖς in 1 Corinthians 8:6: An Investigation of the First Person Plural in Light of the Lordship of Jesus Christ." *Neotestamentica* 49, no. 1 (2015): 47-74.

Rosén, Haiim B. *Early Greek Grammar and Thought in Heraclitus: The Emergence of the Article*. Proceedings. Jerusalem: Israel Academy of Sciences and Humanities, 1988.

Rowland, Christopher C. The Open Heaven: A Study of Apocalyptic in Judaism and Early Christianity. New York: Crossroad, 1982.

Sampley, J. Paul. "From Text to Thought World: The Route to Paul's Ways." In Pauline Theology, Vol 1, 3-14. Minneapolis: Fortress, 1991.

Sanders, E. P. *Paul and Palestinian Judaism: A Comparison of Patterns of Religion*. London: S.C.M., 1977.

Sanders, John A. "Dissenting Deities and Phil. 2:1-11." *JBL* 88 (1969): 279-90.

Schenk, Wolfgang. *Die Philipperbriefe Des Paulus: Kommentar*. Stuttgart: W. Kohlhammer, 1984.

Schiffman, Lawrence H. "The Concept of Covenant in the Qumran Scrolls and Rabbinic Literature." In *Idea of Biblical Interpretation*, edited by Hindy Najman and Judith H. Newman, 257-78. Leiden; Boston: Brill, 2004.

Schlatter, Adolf von. *Romans: The Righteousness of God*. Peabody: Hendrickson, 1995.

Schreiner, Thomas R. *Romans*. Baker Exegetical Commentary on the New Testament. Second edition. ed. Grand Rapids, Michigan: Baker Academic, 2018.

———. *Romans*. Baker Exegetical Commentary on the New Testament. Grand Rapids: Baker Books, 1998.

Schweizer, Eduard. „Zum Religionsgeschichtlichen Hintergrund Der Sendungsformel." *Zeitschrift für die neutestamentliche Wissenschaft und die Kunde der älteren Kirche* 57, no. 3-4 (1966): 199-210.

Scroggs, Robin. *The Last Adam: A Study in Pauline Anthropology*. Oxford: Blackwell, 1966.

Segal, Alan F. "Paul's Thinking About Resurrection in Its Jewish Context." *NTS* 44, no. 3 (/ 1998): 400-19.

———. "Paul and the Beginnings of Jewish Mysticism." In *Death, Ecstasy, and Other Worldly Journeys*, 95-122. AlbaNew York: State Univ of New York Pr, 1995.

———. *Paul the Convert: The Apostolate and Apostasy of Saul the Pharisee*. New Haven: Yale University Press, 1990.

Seifrid, Mark A. *Christ, Our Righteousness: Paul's Theology of Justification. New Studies in Biblical Theology*. Downers Grove, Ill.: Apollos/Intervarsity Press, 2000.

———. *The Second Letter to the Corinthians*. The Pillar New Testament Commentary. Grand Rapids, Michigan: Eerdmans Publishing Company, 2014.

———. "Unrighteous by Faith: Apostolic Proclamation in Romans 1:18-3:20." In *Justification and Variegated Nomism*, edited by D. A. Carson, Peter Thomas O'Brien and Mark A. Seifrid, 105-46. Grand Rapid: Baker Academic, 2001.

Seim, Turid Karlsen, and Jorunn Økland. *Metamorphoses: Resurrection, Body and Transformative Practices in Early Christianity*. Berlin; New York: Walter de Gruyter,

2009.

Siikavirta, Samuli. *Baptism and Cognition in Romans 6-8: Paul's Ethics Beyond "Indicative" and "Imperative"*. WUNT 2:407. Tübingen: Mohr Siebeck, 2015.

Silva, Moisés. *Philippians*. Baker Exegetical Commentary on the New Testament. 2nd ed. Grand Rapid: Baker Academic, 2005.

Smith, Jonathan Z. *Drudgery Divine: On the Comparison of Early Christianities and the Religions of Late Antiquity*. Jordan Lectures in Comparative Religion. Chicago: University of Chicago Press, 1990.

Steenburg, Dave. "The Case against the Synonymity of Morphē and Eikōn." *Journal for the Study of the New Testament* 34 (1988): 77-86.

———. "The Worship of Adam and Christ as the Image of God." *Journal for the Study of the New Testament* 12, no. 39 (1990): 95-109.

Stendahl, Krister. "Justification Rather Than Forgiveness." In *Paul among Jews and Gentiles, and Other Essays*, ix, 133 p. Philadelphia: Fortress, 1976.

———. *Paul among Jews and Gentiles, and Other Essays*. Philadelphia: Fortress, 1976.

Sterling, Gregory E. "The Place of Philo of Alexandria in the Study of Christian Origins." In *Philo Und Das Neue Testament*, edited by Roland Deines and Karl-Wilhelm Niebuhr, 21-52. Tübingen: Mohr Siebeck, 2004.

———. "'Wisdom among the Perfect': Creation Traditions in Alexandrian Judaism and Corinthian Christianity." *Novum testamentum* 37, no. 4 (1995): 355-84.

Stockhausen, Carol Kern. *Moses' Veil and the Glory of the New Covenant: The Exegetical Substructure of Ii Cor. 3,1-4,6*. *Analecta Biblica*. Roma: Editrice Pontificio Istituto Biblico, 1989.

Stowers, Stanley Kent. *A Rereading of Romans: Justice, Jews, and Gentiles*. New Haven: Yale University Press, 1994.

Stuhlmacher, *Peter. Paul's Letter to the Romans: A Commentary*. Louisville: Westminster/ John Knox Press, 1994.

Sumney, Jerry L. *Identifying Paul's Opponents: The Question of Method in 2 Corinthians*. Journal for the Study of the New Testament Supplement Series,. Sheffield, England: JSOT, 1990.

Tack, Laura. "A Face Reflecting Glory: 2 Cor 3,18 in Its Literary Context (2 Cor 3,1-4,15)."

Biblica 96, no. 1 (2015): 85-112.

Talbert, Charles H. "Paul on the Covenant." Review & Expositor 84, no. 2 (1987): 299-313.

———. "Paul, Judaism, and the Revisionists." *CBQ* 63, no. 1 (2001): 1-22.

———. *Romans*. Macon, Ga.: Smyth & Helwys, 2002.

Theissen, Gerd. *Psychological Aspects of Pauline Theology*. Philadelphia: Fortress, 1987.

Thielman, Frank. *From Plight to Solution: A Jewish Framework for Understanding Paul's View of the Law in Galatians and Romans*. Leiden; New York: E.J. Brill, 1989.

———. "God's Righteousness as God's Fairness in Romans 1:17: An Ancient Perspective on a Significant Phrase." *Journal of the Evangelical Theological Society* 54, no. 1 (2011): 35-48.

———. *Paul & the Law: A Contextual Approach*. Downers Grove, Ill.: InterVarsity Press, 1994.

Thiselton, Anthony C. *The First Epistle to the Corinthians: A Commentary on the Greek Text*. The New International Greek Testament Commentary. Grand Rapids: Eerdmans, 2000.

Thrall, Margaret E. *A Critical and Exegetical Commentary on the Second Epistle of the Corinthians*. ICCNT 2 vols. London; New York: T&T Clark International, 2004.

———. "The Origin of Pauline Christology." In *Apostolic History and the Gospel*, 304-16. Exeter, Eng: Paternoster Pr, 1970.

Thurston, Bonnie Bowman, and Judith Ryan. *Philippians and Philemon*. Sacra Pagina Series. Collegeville, Minn.: Liturgical Press, 2005.

Tobin, Thomas H. *Paul's Rhetoric in Its Contexts: The Argument of Romans*. Peabody: Hendrickson, 2004.

Tromp, Johannes. "The Story of Our Lives: The Qz-Text of the Life of Adam and Eve, the Apostle Paul, and the Jewish-Christian Oral Tradition Concerning Adam and Eve." *New Testament Studies* 50, no. 2 (2004): 205-23.

Tuckett, C. M. "The Corinthians Who Say 'There Is No Resurrection of the Dead'(1 Cor 15, 12)." In *The Corinthian Correspondence*, edited by R. Bieringer, 247-75. Leuven: Leuven University Press, 1996.

Turner, David L. "Paul and the Ministry of Reconciliation in 2 Cor 5:11-6:2." *Criswell Theological Review* 4 (Fall 1989): 77-95.

Unnik, Willem Cornelis van. "With Unveiled Face: An Exegesis of 2 Corinthians 3:12-18." *Novum testamentum* 6, no. 2-3 (1963): 153-69.

Vlachos, Chris A. "The Catalytic Operation of the Law and Moral Transformation." In *Studies in the Pauline Epistles: Essays in Honor of Douglas J. Moo*, edited by Jay E. Smith and Matthew S. Harmon, 44-56. Grand Rapid: Zondervan, 2014.

———. *The Law and the Knowledge of Good and Evil*. Eugene: Pickwick, 2009.

———. "Law, Sin, and Death: An Edenic Triad? An Examination with Reference to 1 Corinthians 15:56." *Journal of the Evangelical Theological Society* 47, no. 2 (2004): 277-98.

Vogel, C. J. de. "Platonism and Christianity: A Mere Antagonism or a Profound Common Ground?". *Vigiliae christianae* 39, no. 1 (1985): 1-62.

Watson, Francis. "Constructing an Antithesis: Pauline and Other Perspectives on Divine and Human Agency." 1-16. Aberdeen: Paper presented to a Colloquium on Divine and Human Agency in Paul and Early Judaism, 2004.

———. "Paul's Rhetorical Strategy in 1 Cor 15." In *Rhetoric and the New Testament: Essays from the 1992 Heidelberg Conference*, edited by Stanley E. Porter and Thomas H. Olbricht, 231-49. Sheffield: JSOT, 1993.

———. *Paul and the Hermeneutics of Faith*. London; New York: T & T Clark, 2004.

———. *Paul, Judaism, and the Gentiles: Beyond the New Perspective*. Rev. and expanded ed. Grand Rapids: William B. Eerdmans Pub. Co., 2007.

Watts, Rikki E. "For I am not ashamed of the Gospel": Romans 1:16-17 and Habakkuk 2:4." In *Romans and the People of God*. Edited by Sven K. Soderlund and N.T. Wright, 3-25. Grand Rapids: Eerdmans, 1999.

Wedderburn, A. J. M. "Adam in Paul's Letter to the Romans." In *Studia Biblica* 1978, 3, 413-30. Sheffield: JSOT, 1980.

———. "Body of Christ and Related Concepts in 1 Corinthians." *SJT* 24, no. 1 (1971): 74-96.

———. "Philo's Heavenly Man." *NovTest* 15 (1973): 301-26.

———. "The Soteriology of the Mysteries and Pauline Baptismal Theology." *Novum testamentum* 29, no. 1 (1987): 53-72.

Westerholm, Stephen. "The "New Perspective" at Twenty-Five." In *Justification and*

Variegated Nomism Volume 2, the Paradoxes of Paul, 1-38. Tübingen: Mohr Siebeck, 2004.

──────. "Sinai as Viewed from Damascus: Paul's Reevaluation of the Mosaic Law." In *Road from Damascus*, 147-65. Grand Rapids: Eerdmans, 1997.

Whitaker, Max. *Is Jesus Athene or Odysseus?: Investigating the Unrecognisability and Metamorphosis of Jesus in His Post-Resurrection Appearances*. WUNT 2. Tübingen: Mohr Siebeck, 2019.

White, Joel. "'Baptized on Account of the Dead': The Meaning of 1 Corinthians 15:29 in Its Context." Journal of Biblical Literature 116, no. 3 (Fall 1997): 487-99.

Wilckens, Ulrich. Der Brief an Die RöMer. Zürich: Benziger, 1978.

Williams, Sam K. "The 'Righteousness of God' in Romans." Journal of Biblical Literature 99, no. 2 (1980): 241-90.

Wilson, Todd A. "'Under Law' in Galatians: A Pauline Theological Abbreviation." *Journal of Theological Studies* 56, no. 2 (2005): 362-92.

Witherington, Ben. *Conflict and Community in Corinth: A Socio-Rhetorical Commentary on 1 and 2 Corinthians*. Grand Rapids: Eerdmans, 1995.

Witherington, Ben, and Darlene Hyatt. *Paul's Letter to the Romans: A Socio-Rhetorical Commentary*. Grand Rapids: Eerdmans, 2004.

Wolff, Christian. *Der Erste Brief Des Paulus an Die Korinther.* Theologischer Handkommentar Zum Neuen Testament. Leipzig: Evangelische Verlagsanstalt, 1996.

Worthington, Jonathan D. Creation in *Paul and Philo: The Beginning and Before*. WUNT 2. Tübingen: Mohr Siebeck, 2011.

Wright, N. T. "Adam in Pauline Christology." In *SBL 1983 Seminar Papers*, edited by K. H. Richards Chico, California: Scholars Press.

──────. *Christian Origins and the Question of God*. Minneapolis: Fortress, 1992.

──────. *The Climax of the Covenant: Christ and the Law in Pauline Theology*. Minneapolis: Fortress, 1992.

──────. "Harpagmos" and the Meaning of Philippians 2:5-11." *JTS* 37 (1986): 321-52.

──────. "Law in Romans 2." In *Paul and the Mosaic Law*, edited by James D. G. Dunn, 131-50. Grand Rapids: Eerdmans, 2001.

──────. *The New Testament and the People of God*. Vol. 1: Of Christian Origins and the

Question of God. Minneapolis; London: Fortress, 1992.

———. *Paul and the Faithfulness of God*. Christian Origins and the Question of God. London: Society for Promoting Christian Knowledge, 2013.

———. Romans. *NIB* 10. Nashville: Abingdon, 2002.

———. "Romans and the Theology of Paul." In *Pauline Theology*, edited by David M. Hay and E. Elizabeth Johnson, 31-67. Minneapolis: Fortress, 1991.

이승현. "고린도전서 11:23의 Παρεδίδετο의 번역 재고." 42/4 (2018): 45-67.

———. "빌립보서 2:6-11을 통해서 본 바울의 기독론적 구약 사용." 「신약논단」 26/1 (2019): 215-56.

———. "아담의 저주에 대한 해결책으로서의 성령." 「영산신학저널」 40 (2017): 75-106.

———. "아브라함과 이방인의 회심, 그리고 하나님의 영에 대한 바울과 필로의 이해 비교." 「신약논단」 25/3 (2018): 795-830.

———. "하나님과 동등됨"(Tὸ εἶναι Ἴσα Θεῷ)의 의미에 대한 고찰과 빌립보서 2:6-11 해석." 「성경원문연구」 39/10 (2016): 203-22.

———. "아브라함과 성령을 통해서 본 갈라디아인들의 칭의 이해." 「신약논단」 27/1 (2020): 229-269.